蓟门法学

第十三辑

主 编

王文英（中国政法大学法学院分党委书记 副研究员）

陈维厚（中国政法大学法学院院长助理、研工办主任 教授）

编委会

王文英 陈维厚 张恬园 徐嘉慧 吴慧敏 周文轩

黄 颖 冉 雨 陈 哲 周玉琴 余媛媛 王千予

中国政法大学出版社

2024·北京

图书在版编目（CIP）数据

蓟门法学. 第十三辑 / 王文英, 陈维厚主编.

北京 ：中国政法大学出版社, 2024. 8. -- ISBN 978-7
-5764-1641-1

Ⅰ. D90-53

中国国家版本馆 CIP 数据核字第 2024C7G720 号

出 版 者	中国政法大学出版社
地　　址	北京市海淀区西土城路 25 号
邮寄地址	北京 100088 信箱 8034 分箱　邮编 100088
网　　址	http://www.cuplpress.com (网络实名：中国政法大学出版社)
电　　话	010-58908441(编辑室)　58908334(邮购部)
承　　印	保定市中画美凯印刷有限公司
开　　本	720mm×960mm　1/16
印　　张	34.5
字　　数	565 千字
版　　次	2024 年 8 月第 1 版
印　　次	2024 年 8 月第 1 次印刷
定　　价	160.00 元

序　言

　　时光荏苒，岁月如梭。距离 2012 年 3 月 31 日第一届"蓟门法学"研究生学术论文大赛正式启动，已过去了十三年。十三辑《蓟门法学》学术论文集，见证了我们不负韶华的激昂岁月和志存高远的学术追求，也见证了法学院强化研究生学术志趣、学术诚信和能力培养的坚定决心，一批批法学院优秀学子也伴随着这一年一度的学术赛事逐渐成长。经过又一年的酝酿积蓄，法学院学子秉持"路漫漫其修远兮，吾将上下而求索"的信念，积极努力、笔耕不辍，经过评委老师的斟酌筛选，《蓟门法学》（第十三辑）得以顺利集结出版，如期付梓。

　　《蓟门法学》（第十三辑）学术论文集，共收录从众多参赛作品中脱颖而出的论文 37 篇，囊括法学理论、法律史学、宪法学、行政法学、立法学、党内法规、军事法学、法与经济学、法律职业伦理、体育法学、教育法学十一个门类。这些论文从不同角度对我国立法和司法实践中遇到的传统问题、热点问题、难点问题进行了精彩而又不失深度地阐述。与往年不同的是，此辑的论文题材更为广泛、形式更为多样、内容也更为丰富。论文主题涵盖了个人信息的公法保护、公共数据运营中的政府责任、平台经济垄断等学术前沿；侧重于理论探讨、价值评价的论文有之；取材于现实实践、具体操作的论文亦有之；论文作者对工具分析、对比分析等多种论文写作方法的运用也轻车熟路、可圈可点。字里行间，可以感受到学子们对新知的强烈渴望，对疑惑的寻根究底，对学术的坚定执着。翻阅文集，我们可以感受到学子们的思维火花；虽然有些文章和观点还略显稚嫩，存在不足，却依旧可以使我们得到启发。严谨认真的治学态度、求实创新的探索精神将通过莘莘学子薪火相传。

　　"奇文共欣赏，疑义相与析。"期望《蓟门法学》能够为法学学子洞开一个学术窗口，用以展示法学学子的学术成果与勇攀高峰的精神风貌，也希望每一辑优秀论文集的出版，都能够激发研究生学术创作的积极性与问题探索的好奇心、唤起研究生承担社会使命的责任心。希望法学院研究生通过"蓟门法学"研究生学术论文大赛这个平台继续砥砺奋进，不断提高学术水平与能力，为研究生生涯与未来人生奠定基础。

诚然，论文大赛的圆满成功，离不开许多人的支持和帮助。在此，我们由衷地感谢法学院全体老师和同学们的包容与信任，由衷地感谢在百忙之中抽出时间为大赛义务评审论文的各专业的评委老师，由衷地感谢积极投稿参加论文大赛的蓟门学子们。学院研究生会特别是学术部的同学在大赛过程中承担了大量的事务性工作，在此道一声"辛苦了"！

"桐花万里丹山路，雏凤清于老凤声。"相信我们会胼手胝足、砥砺前行，青出于蓝，而胜于蓝，积于跬步，而至千里！

《蓟门法学》编委会

二〇二四年五月

目 录

1

第五部分　立法学

第六部分　党内法规

第七部分　军事法学

第八部分　法与经济学

第九部分　法律职业伦理

第十部分　体育法学

第十一部分　教育法学

第一部分

法学理论

欧盟法视域下原则冲突之解决

——以基本自由为切入

杨导航[*]

摘　要　本文以欧盟法律体系中作为原则的基本自由与公共利益、基本权利之间的冲突为切入点，探究欧盟解决原则冲突的一般性程式。欧盟原则冲突解决的核心在于比例测试，在此之前，存在某种"提前性减负"，旨在尽可能剥离或客观化比例测试中无须主观判断且可以在测试前审查完毕的内容。欧盟法院一般将比例测试分为适当性与必要性测试，而不包括狭义比例测试，并主要依赖必要性测试。鉴于必要性测试仍有主观性缺陷，欧盟还存在类型化、程序审查两种解决路径。

关键词　基本自由　提前性减负　比例测试　类型化　程序审查

一、引言

基本自由在欧洲联盟条约中确立，[1]并作为欧盟的一般法律原则。[2]基于条约，欧盟建立了一个复杂的价值体系，该体系之中容纳了许多不同的目标、利益和价值观，难免彼此会产生冲突，这意味着基本自由不是绝对的，而是可

　＊　杨导航，中国政法大学 2023 级法学理论博士。

〔1〕　基本自由（Fundamental Freedom）也被称为自由流动原则（Free Movement Principle）或自由流动权（Free Movement Right）；欧洲联盟基本自由包括货物、服务、人员、资本四种流动自由；欧洲联盟条约包括《欧洲联盟运作条约》（以下简称为 TFEU）和《欧洲联盟条约》（以下简称为 TEU）；"欧洲联盟"以下简称为"欧盟"。

〔2〕　Case C-265/95 *Commission v France*，EU：C：1997：595，para. 24.

以进行减损的，[1]尤其是遭遇同样被视为一般法律原则的基本权利[2]与具有原则性质的公共利益时。当下，比例测试无疑是最瞩目的原则冲突解决方式。然而比例测试却始终存在着让人诟病的问题，并且主要集中在第三个测试——狭义比例测试（平衡作业）上，即平衡作业缺乏中立性与客观性，导致法律不确定性。[3]公众那种期望法官将两个"质量"明确的原则放在平衡的天平上，天平就会因"质量"的大小而受到自然力量（"重力"）向正确的方向倾斜的想法是完全不现实的，并没有可靠的工具来确定基本自由或基本权利等无形物的"质量"到底是多少，[4]也没有任何中立和客观的标准来评估和比较这些原则。[5]可见法官的判断最终只能依靠直觉与经验，这使得比例测试很难表达为令人信服和透明的法律推理。

为解决（或缓解）上述问题，学者们作出了显著贡献。例如，平衡作业的坚定支持者阿列克西试图通过引入数学符号的方法，利用"重力公式"来衡量和比较原则的相对重力，从而使平衡合理化。[6]当然，司法实践也贡献了许多有价值的解决（或缓解）程式，尤其以欧盟法院为代表。[7]本文将以欧盟基本自由为切入点，探寻欧盟法院处理原则冲突之程式，旨在为当下原则冲突解决之技术提供欧盟法教义学视野下的参考。

二、比例测试前的提前性减负

提前性减负意在尽可能剥离或客观化比例测试中无须主观判断且可以在测试前审查完毕的内容，以减少比例测试的适用频次并减少比例测试中的主观性判断。其主要包括划分理由框架、排除具有绝对优先性的基本权利及禁止侵害基本权利的本质三种类型。

---

[1] [德] 安德烈亚斯·冯·阿尔诺：《欧洲基本权利保护的理论与方法——以比例原则为例》，刘权译，载《比较法研究》2014年第1期，第184页。

[2] TEU 第6条第3款规定，《欧洲保护人权和基本自由公约》所保障的基本权利，以及它们源于成员国共同的宪法传统，应构成欧盟法律的一般原则。

[3] T. Alexander Aleinikoff, "Constitutional Law in the Age of Balancing", *Yale Law Journal*, Vol. 96, 1987, p. 972.

[4] Filippo Fontanelli, "The Mythology of Proportionality in Judgments of the Court of Justice of the European Union on Internet and Fundamental Rights", *Oxford Journal of Legal Studies*, Vol. 36, 3 (2016), p. 644.

[5] Julian Rivers, "Proportionality and Variable Intensity of Review", *The Cambridge Law Journal*, Vol. 65, 11 (2006), pp. 174, 190.

[6] Rivers Julian, Robert Alexy, *A Theory of Constitutional Rights*, Translation, Oxford University Press, 2010, pp. 407-413.

[7] "欧盟法院" 英文名称为 "Court of Justice of the European Union"，简称为 "ECJ" 或 "CJEU"。

（一）公共利益：划分理由框架

欧盟赋予自然人和法人自由流动权，以作为欧盟公民身份象征和实现欧盟内部市场的核心手段。然而，正如上文所言，这些权利并不是绝对的，虽然实现自由流动权是欧盟的核心目标，但有时其他利益和价值观应该优先。TEU 第 3 条第 3 款规定欧盟应建立一个内部市场，但紧接着就列出一系列其他任务和目标，包括可持续发展、平稳的经济增长和稳定的价格、高度竞争的社会市场经济、充分就业、社会进步、保护和改善环境质量、男女平等、保护儿童权利以及尊重文化和语言多样性等公共利益。因此，基本自由时常遭到来自公共利益的某种"正当的损害"。当存在对某一自由或权利不履行时，通常使用的是"损害"，在欧盟语境下，该词被替代为"限制"。[1]欧盟法律体系基于公共利益的限制理由存在两种框架：基于条约的减损（Treaty Based Derogation）以及基于判例法的正当理由（Case Law Based Justification）。

以货物流动自由为例，基于条约的减损来自 TFEU 第 36 条之规定，成员国可出于各种公共利益原因采取限制自由流动的措施。为确保 TFEU 第 36 条不被滥用作阻碍货物自由流动的保护者，欧盟法院拒绝扩大对该条的解释，并一再明确表示条约已然穷尽列举所有的理由。[2]这在某种程度上表明，欧盟条约标志着保护公共利益的最低水平，当然也作为了成员国限制自由流动的自由裁量权的最高水平。根据欧盟条约的规定，基于条约的减损理由主要包括公共政策、公共安全及公共健康等公共利益。[3]

仍以货物流动自由为例，由于欧盟法院拒绝扩大对 TFEU 第 36 条的解释，并一再明确表示条约已然穷尽列举所有的理由，有很多在当今被认为应当保护的重要公共利益在 20 世纪 50 年代被欧盟法院拒绝纳入条约所规定的公共政策范畴之中，如环境保护。[4]但是由于存在许多应该保护一般公共利益的诉求，早期的基本自由判例法诞生了基于判例法的正当理由，其为一种开放式的理由路线，产生的标志是 *Cassis de Dijon* 案中引入所谓"强制性要求"（Mandatory

---

〔1〕 ［德］托马斯·M. J. 默勒斯：《法学方法论》（第 4 版），杜志浩译，北京大学出版社 2022 年版，第 563 页。

〔2〕 Case 231/83 *Cullet v Centre Leclerc*, EU：C：1985：29, para. 30.

〔3〕 针对不同基本自由的基于条约的减损理由请参见 TFEU 第 21、36、45、51、52、62、65 条。

〔4〕 Case 177/83 *Kohl KG v Ringelhan & Rennett SA and Ringelhan Einrichtungs GmbH*, EU：C：1984：334.

Requirements），〔1〕即当成员国或欧盟机构认为相关的任何"基于公共利益的强制性要求"需要满足时，将能够限制自由流动权。〔2〕其他基本自由领域也逐步产生了相应的判例法，如服务流动自由领域的 *Gouda* 案承认了"基于公共利益的迫切性原因"，〔3〕资本流动自由领域的 *Trummer and Mayer* 案表明了"服务于公共利益的压倒性因素"。〔4〕

区分理由框架的直接原因是欧盟法院拒绝扩大对 TFEU 第 36 条的解释。而欧盟法院这样做除了为避免破坏条约的整体性，也是为了区分限制基本自由的行为，对不同的限制行为适用不同的理由框架，从而达到比例测试前的提前性减负。欧盟法院将基本自由的限制行为划分为基于国籍的直接性歧视（即法律歧视）、间接性歧视（即法律上不歧视，但结果或效果上歧视）、非歧视性（即法律上不歧视或法律上有效，但仍然限制自由流动）。由此产生的限制基本自由的规则是，只有诉诸基于条约的减损框架才能捍卫直接歧视性限制，而捍卫间接歧视性和非歧视性限制，则可以诉诸基于判例法的正当理由框架。〔5〕

欧盟也曾经展开过是否仍然有必要维持直接性歧视和其他限制类型之间区别的讨论。如在 *PreussenElektra* 案中，佐审官雅各布斯呼吁关注基于条约的减损与基于判例法的正当理由框架区分正在减弱的趋势。首先，他指出欧盟法院没有正式放弃不能援引迫切性要求的规则与直接歧视性措施；其次，鉴于直接歧视性措施是否可以基于迫切性要求正当化的问题至关重要，他认为欧盟法院应澄清自身立场，以提供必要的法律确定性。〔6〕同样，在 *Brenner IP* 案中，佐审官特尔斯滕雅克主张环境保护应作为公共利益的压倒性要求，以在任何情况下为直接歧视性限制辩护。她随后建议，可以在比例测试中考虑限制货物自由流

---

〔1〕 应该强调的是，在欧盟的判例法中已经很少使用"强制性要求"一词了，取而代之的是"迫切性要求"（Imperative Requirements）或"压倒性要求"（Overriding Requirements）。参见 Case C-110/05 *Commission v Italy*（"*Trailers*"），EU：C：2009：66, para. 59；Case C-384/08 *Attanasio Group Srl v Comune di Carbognano*，EU：C：2010：133, para. 50.

〔2〕 Case 120/78 *Rewe-Zentrale AG v Bundesmonopolverwaltung für Branntwein*（"*Casis de Dijon*"），EU：C：1979：42, para. 8.

〔3〕 Case C-288/89 *Stichting Collectieve Antennevoorziening Gouda and others v Commissariaat voor de Media*（"*Gouda*"），ECLI：EU：C：1991：323, para. 3.

〔4〕 Case C-222/97 *Trummer and Mayer*，EU：C：1999：143, paras. 20, 21.

〔5〕 Catherine Barnard, Steve Peers, *European Union Law*, Oxford University Press, 2020, p. 510.

〔6〕 Advocate General Jacobs, *Opinion for Case C-379/98 PreussenElektra AG v Schhleswag AG, in the presence of Windpark Reufenkoge III GmbH and Land Schleswig-Holstein*，EU：C：2000：585, paras. 228, 229.

动的措施的歧视性质，从而更仔细地审查此类措施的适当性和必要性。[1]韦泽利尔认为当一种模式中所有类型的理由原则上都可用时，这种模式将具有很强的吸引力，但在这种模式下，歧视的存在将使监管机构在证明所选择方案是合理的方面的工作变得特别繁重。[2]欧盟法院目前仍然没有明确地打破基于条约的减损和基于判例法的正当理由之间的区别，原因可能在于，这种模糊化处理会冲击条约中实际规定的有限公共利益理由的重要程度，同时一旦打破这种区别，将会简单地将案件复杂性推到比例测试阶段来分析，增加比例测试的复杂性和主观性。

我们能够发现，欧盟法院默认判例框架下的正当理由中的公共利益不同于条约框架下的减损理由中的公共利益。公共利益内部存在某种类型化区分，这表明公共利益之间存在着某种优先性关系，条约框架下的公共利益重量大于判例法框架下的公共利益，这种区别也会使得在之后的比例测试中，相比于基于判例法的公共利益，法官将会赋予基于条约的公共利益更重的分量。

（二）基本权利：是否存在具有绝对优先性的基本权利

《欧盟基本权利宪章》（以下简称为《宪章》）所阐述的基本权利作为欧盟法律的一般原则，在欧盟法律体系中与基本自由受到同等的保护。[3]这意味着成员国可以为限制基本自由而辩护，理由是国家需要采取措施以保护某种基本权利。如在 Omega 案中，欧盟法院肯定了人类尊严作为基本权利用于限制服务自由的正当性，并确认尊重人的尊严是欧盟法律的一项要求。[4]Schmidberger 案最早确认了应当以平衡的方法解决基本权利与基本自由之间的冲突，在确定案件中所涉及的基本权利可以被限制后，欧盟法院认为必须考虑到案件所有情况来平衡所涉及的利益，以确定这些利益之间是否实现了公平。[5]在反思 Omega 案和 Schmidberger 案后，佐审官特尔斯滕雅克进一步反对将基本自由和基本权利

---

[1] Advocate General Trstenjak, *Opinion for Case C-28/09 Commission v Austria* ('*Brenner IP*), EU：C：2010：770, paras. 83, 89, 90.

[2] Stephen Weatherill, "Free Movement of Goods", *International and Comparative Law Quarterly*, Vol. 61, 2 (2012), pp. 541, 544.

[3] TEU 第 6 条第 1 款规定，《欧盟基本权利宪章》中规定的权利、自由、原则具有与条约相同的法律价值。

[4] Case C-36/02 *Omega Spielhallen-und Automatenaufstellungs-GmbH v Oberbürgermeisterin der Bundes stadt Bonn* ("*Omega*"), EU：C：2004：614, para. 35.

[5] Case C-112/00 *Schmidberger, Internationale Transporte v Planzige v Republik Österreich* ("*Schmidberger*"), EU：C：2003：333, paras. 77, 81.

视为某种等级关系，并强调比例测试的重要性，认为当限制行为是基于行使基本权利时，通过比例测试后，对基本自由的限制才合理。[1]并且对于基本权利的审查还应当贯穿案件始终。欧盟法院在 *Carpenter* 案中明确，只有当某措施符合确保遵守的基本权利时，成员国才有可能援引公共利益理由来为阻碍行使自由流动权的国家措施辩护。[2]这意味着在基本自由与公共利益冲突的案件中，也应当考虑基本权利的限制问题。

一般认为基本权利之间存在阶级性。在 *Schmidberger* 案中，欧盟法院表示该案所涉的基本权利和基本自由在某些情况下可以相互限制，同时也承认了生命权、禁止酷刑和禁止不人道或有辱人格待遇是不可限制的基本权利。[3]这也就解释了为何欧盟法院在 *Abdida* 案中依据《宪章》第 19 条第 2 款[4]禁止将患有严重疾病的第三国国民驱逐到无法提供适当治疗的国家，因为这种对于人员流动自由的追求将严重侵害公民的生命权。[5]因此，当基本自由与绝对优先的基本权利相冲突时，基本自由应当径行让位。

（三）基本权利：是否侵犯基本权利的本质

《宪章》第 52 条第 1 款规定国家的限制措施必须尊重基本权利的本质。[6]在具有开创性的 *Schrems* 案中，欧盟法院认为基本权利的本质意味着每个基本权利都有一个"坚硬的核心"，是必须始终不受干涉的领域。一旦确定一项基本权利的本质受到限制措施的损害，该措施将与《宪章》相悖，而无须进一步适用比例测试。正如 *Schrems* 案判决所显示的那样，损害基本权利本质的措施将自动不成比例。[7]当然，正如欧盟法院在 *Digital Rights Ireland* 案和 *Tele2 Sverige* 案的判决中所表明的那样，一项措施尊重基本权利的本质并不自动意味着它符

---

〔1〕 Advocate General Trstenjak, *Opinion for Case C-271/08 Commission v Germany*, EU：C：2010：183, paras. 186, 189.

〔2〕 Case C-60/00 *Carpenter v Secretary of State for the Home Department*, EU：C：2002：434, para. 40.

〔3〕 Case C-112/00 *Eugen Schmidberger, Internationale Transporte und Planzüge v Republik Österreich* （"*Schmidberger*"）, ECLI：EU：C：2003：333, paras. 77, 80, 81.

〔4〕 《宪章》第 19 条第 2 款规定，任何人均不得被移居、驱逐或引渡至将使其面临死刑、酷刑或其他不人道或有辱人格待遇或处罚的严重风险的国家。

〔5〕 Case C-562/13 *Centre public d'action sociale d'Ottignies-Louvain-la-Neuve v. Abdida*, EU：C：2014：2453, para. 48.

〔6〕 《宪章》第 52 条第 1 款规定，对行使本宪章承认的权利和自由的任何限制必须由法律规定，并尊重这些权利和自由的本质。

〔7〕 Case C-362/14 *Schrems v Data Protection Commissioner*, ECLI：EU：C：2015：650, para. 8.

合比例原则。[1]这表明尊重本质测试和比例测试是两个不同阶段的审查。

对于如何判断一项基本权利本质的范围，欧盟法院确定了一项判断原则，即不受质疑原则：当一项基本权利的内容被掏空或者被质疑时，即认为侵犯了该基本权利的本质。[2]这一点可以参考 *Schrems* 案与 *Digital Rights Ireland* 案和 *Tele2 Sverige* 案之间的差异。在 *Schrems* 案中，欧盟当局对尊重数据主体私人生活的权利的限制十分严重，而在美国政府面前，公民根本没有隐私，因为美国政府机构可以无限制地访问从欧盟转移到美国的所有个人数据的内容。而在 *Digital Rights Ireland* 案和 *Tele2 Sverige* 案中，为了打击严重犯罪，数据保留指令和有争议的国家立法规定了国家有义务采取措施保留原始数据，欧盟法院承认这些措施严重限制了尊重数据主体私人生活的权利，但也确认这些措施并没有损害该基本权利的本质，因为它们不允许保留电子通信的内容，因而可以进行下一步的比例测试。[3]这也使得 *Digital Rights Ireland* 案和 *Tele2 Sverige* 案的限制措施没有 *Schrems* 案的限制措施那么具有争议性。至于如何确定一项基本权利的本质，则需要欧盟法院基于不受质疑原则，在实践中不断总结。[4]

三、比例测试

(一) 概述

在顺利通过上述提前性减负后，案件将会接受比例测试的审查。欧盟条约明文规定比例原则是欧盟法的基本法律原则。[5]不同于德国的三步骤说，欧盟的比例测试一般仅包括适当性测试和必要性测试，而不包括狭义比例测试或者平衡作业。正如欧盟法院表明只有在限制措施对确保实现相关目标是适合的且不超出实现该目标所必需的范围内时，限制基本自由才存在合理性。[6]欧盟司

---

〔1〕 Joined Cases C-293 & 594/12, *Digital Rights Ireland Ltd. v Minister for Commc'ns*, EU：C：2014：238, para. 8; Joined Cases C-203 & 698/15, *Tele2 Sverige AB v Postoch telestyrelsen and Others*, EU：C：2016：970, para. 21.

〔2〕 Case C-524/15, *Luca Menci*, EU：C：2018：197, para. 43.

〔3〕 Joined Cases C-293 & 594/12, *Digital Rights Ireland Ltd. v Minister for Commc'ns*, EU：C：2014：238, para. 39; Joined Cases C-203 & 698/15, *Tele2 Sverige AB v Postoch telestyrelsen and Others*, EU：C：2016：970, para. 101.

〔4〕 Case C-216/18 PPU, EU：C：2018：586, para. 48.

〔5〕 TEU 第5条第1款：欧盟权限的限制受授予原则的约束，欧盟权限的使用受辅助和比例原则的约束。TEU 第5条第4款：根据比例原则，欧盟行动的内容和形式不得超过实现条约目标所必要的内容。

〔6〕 Case C-384/08 *Attanasio Group Srl v Comune di Carbognano*, EU：C：2010：133, para. 51.

法实践中，平衡作业通常是在必要性测试的框架下适用，且欧盟法院倾向于依赖必要性测试并尽量避免适用平衡作业。

（二）基本步骤

第一个步骤是适当性测试。值得一提的是，有时在适当性测试之前会存在正当目的性判断，以确定限制措施意在保护的有效和正当的利益。在欧盟，该判断通常不会被单独列出，一般无需进一步讨论即可决定通过或者拒绝。适当性测试也被称为合目的性测试，即如果限制措施适合实现预期目标，那么采取的限制措施将被视为是适当的。[1]适当性测试也被表述为限制措施只有在以一致和系统的方式实现既定目标时才是适当的。[2]该测试基本上是程序审查，通常讨论十分简短，欧盟法院经常简单地表明该措施"是"或"不是"适当的，[3]而不提供详细推理。[4]

第二个步骤是必要性测试。欧盟法院在 *Cassis de Dijon* 案中首次充分确认限制自由流动的措施只有是实现合法目标所必要的才可接受。该案中，欧盟法院认为相比于强制性的规定酒类产品的酒精含量，在酒类产品的包装上要求标明酒精含量信息被认为是对保护公众和消费者健康限制性更小的替代方案，因此该案中当事成员国对于酒类产品自由流通的限制措施不能通过比例测试。[5]对限制措施必要性的评估通常需要欧盟法院更实质性地考虑是否可以构思出能够实现既定目标但对其他目标限制更小的替代措施。[6]从这个意义上说，评估限制措施的合比例性将考虑替代措施在实现所追求目标方面同样有效的前提下，对于其他目标的限制影响更小。[7]又如在 *Danish Bottles* 案中，当事成员国建立了一套瓶子回收系统以实现保护环境的公共利益，但是该系统只能适配有限的瓶子类型，对于未经批准的瓶子不予以回收，因而该成员国基于此理由限制对不可回收瓶的进口。欧盟法院反对此方案，并认为该成员国可以建立一个将所有瓶子退还给原零售商的系统以达到相同的环境保护效果。因此，欧盟法院否认了当事成员国对不可回收瓶的进口数量限制，认为这是不必要的，因此是不

---

[1] Case C-463/01 *Commission v Germany*, EU：C：2004：797, para. 78.

[2] Case C-384/08 *Attanasio Group Srl v Comune di Carbognano*, EU：C：2010：133, para. 71.

[3] Case 124/81 *Commission v UK*, EU：C：1983：30, para. 32.

[4] Case C-110/05 *Trailer*, EU：C：2009：66, para. 64.

[5] Case 120/78 *Casis de Dijon*, EU：C：1979：42, para. 13.

[6] Case C-443/10 *Bonnarde v Agence de Services et de Paiement*, EU：C：2011：641, para. 35.

[7] Case C-205/07 *Gysbrechts and Santurel Inter BVBA*, EU：C：2008：730, para. 53.

成比例的。[1]

欧盟法院确认了应当由试图证明一项措施合理的一方承担不存在相同有效措施的举证责任，即一般由作出限制措施的一方承担。同时其也承认，举证责任不能太过宽泛，以至于要求措施实施人积极证明，任何其他可想象的措施都无法在相同的条件下实现这一目标。[2]在举证责任之下，为了证明限制基本自由的合理性，成员国当局通常会被要求提供一项基础研究，但这并非意味着不提供该研究当事成员国就没有胜诉的可能性，只不过提供研究能增加胜诉的可能性。[3]有时，欧盟法院会通过对其他国家采用的限制方案进行比较审查来判断当事成员国措施是否通过必要性测试[4]，但一个成员国实施的限制比另一个成员国严格的事实并不意味着前者的限制不成比例，[5]这也被称为"禁止跨管辖理解"。[6]这表明必要性测试仍然依赖具体案件的情况，需要考虑相关成员国所欲追求的目标大小及其旨在提供的保护水平，并反映成员国的道德敏感性。

理论上一般认为比例测试的核心是德国式的第三步测试，也就是狭义比例测试或者说平衡作业，其内涵为，对一项原则的不满足程度或损害程度越高，满足对另一项原则的重要性就越大。[7]从该表述能发现平衡作业存在过度依靠法官自由裁量来决定原则间损害程度与满足程度是否匹配的问题，使得比例测试缺乏中立性和客观性。为避免此问题，欧盟法院通常倾向于依赖必要性测试，平衡作业往往被必要性测试所吸收。[8]例如，在 *Schmidberger* 案中，欧盟法院虽然表示必须平衡所涉及的利益，以确定这些利益之间是否实现公平，[9]但是

---

〔1〕 Case 302/86 *Commission v Denmark*（"*Danish Bottles*"），EU：C：1988：421, para. 6.

〔2〕 Case C-157/94 *Commission v The Netherland*s，EU：C：1997：499, para. 58.

〔3〕 Joined Cases C-316/07, C-358-360/07, C-409/07 and C-410/07, *Markus Stoß*, EU：C：2010：504, paras. 70-72.

〔4〕 Case C-126/91 *Schutzverband gegen Unwesen in der Wirtschaft v Yves Rocher*, EU：C：1993：191, para. 18.

〔5〕 Case C-36/02 *Omega*, EU：C：2004：614, para. 108.

〔6〕 Wolf Sauter, "Proportionality in EU Law：A Balancing Act?", *Cambridge Yearbook of European Legal Studies*, Vol. 15, 2013, p. 459.

〔7〕 Rivers Julian, Robert Alexy, *A Theory of Constitutional Rights*, Translation, Oxford University Press, 2010, p. 102.

〔8〕 Gunnar Petursson, *The Proportionality Principle as a Tool for Disintegration in EU Law-of Balancing and Coherence in the Light of the Fundamental Freedoms*, Lund University, 2014, pp. 137, 148.

〔9〕 Case C-112/00 *Schmidberger*, ECLI：EU：C：2003：333, para. 81.

却以所有限制性更小的替代方案都会对贸易更具破坏性且不可能实现所欲的合法目标的结论来完成平衡作业，很明显该案中平衡作业被必要性测试所吸收。再比如，GC 案的争议点是谷歌是否有义务删除那些不再是相关个人原始信息的搜索结果，为此欧盟法院要求平衡被遗忘权和信息自由之间的冲突，而其平衡作业的方式也是给出一种替代方案，即删除那些对信息自由影响很小的信息，如刑事案件，同时要求运营商调整搜索结果列表，使其提供给互联网用户的总体情况反映法律现状，尤其包含该信息的网页链接必须首先出现在列表中。[1]

（三）比例测试的局限性

尽管欧盟法院尽可能克制对平衡作业的适用，以防止法律的不确定性，但由于"禁止跨管辖理解"，必要性测试仍然依赖具体案件背景，比例测试依旧被批评为一种主观判断，而不是价值中立的法律判断。[2]必要性测试（比例测试）的强度通常会因为成员国不同的道德敏感性而有所不同，这也导致很难做到欧盟法层面的法律确定性，即提供一种清晰、连贯、可预测的欧盟判例法价值。例如，在 Omega 案中，欧盟法院就考虑了德国法对于人的尊严较高的保护水平，并在比例测试中表现了这种国家间的差异性。[3]另外，这种对必要性测试的依赖也会存在某些问题，如很难明确定义某些措施应该有多"有效"，或者欧盟法院能否以及如何能够确定哪些替代手段来实现某种结果。因此，必要性测试也没有为平衡作业提供充分和现成的替代品。当然，侧重必要性测试的适用能够减少平衡作业的频次，以解决判决的主观性过强问题。

我们能够发现，尽管欧盟法院为了避免平衡作业的主观性过强问题而尽量使用必要性测试来解决原则冲突，但是在某些案件中，其为了照顾不同成员国的道德敏感度，通常又会适用不同强度的必要性测试，这又不得不依赖法官的自由裁量权，再次出现了法律确定性缺乏等问题。这表明仅仅依赖必要性测试并非万全之策。接下来把目光转向欧盟其他降低主观性的路径，即类型化与程序审查。

---

［1］ Case C-136/17 *GC and Others v Google*, EU：C：2019：773, para. 66.

［2］ Catherine Barnard, "A Proportionate Response to Proportionality in the Field of Collective Action", *European Law Review*, Vol. 37, 2012, p. 118.

［3］ Case C-36/02 *Omega*, EU：C：2004：614, para. 35.

四、其他降低主观性的两种路径

(一) 类型化路径

法院可以依靠类型化技术来减少比例测试的主观性问题。有学者将类型化定义为"标明边界，将案件事实归类为左边或右边"，[1] 即对于某些情况类型，法院可以创建特定的测试或定义一组特定的因素，然后以类似规则的方式应用于案件的事实。类型化的优势在于使受众可以相对清晰和精确地看出结论是如何推导出的以及出于什么理由，这使得基于类型的法律推理是相对透明的。

当案件无法避免地需要进入到比例测试时，为了减少法官的自由裁量权，欧盟司法实践中出现了对比例测试进行强度层面的类型划分。对于依据何种标准划分的问题，德布尔卡认为欧盟法院在适用比例测试时，不仅要考虑起诉人主张的利益或权利的性质和重要性，以及相关措施所追求的目标的性质和重要性，还要考虑自身的相关专业知识、地位和权限。他认为欧盟法院对相关措施适用比例测试的标准涵盖了从非常温和到相当严格和深入的审查。[2] 特里迪马斯基于行为主体的不同，主张针对欧盟的行为采取较为宽松的"明显不成比例测试"，而针对成员国的行为则采取较为严格的"限制性最小措施测试"。[3] 施瓦兹将比例测试分为八种不同类型，但没有明确解释这些类型的差异。[4] 比较具有代表性的是克雷格基于行为客体的不同，主张从自由裁量政策选择案件到涉及权利的案件，再到与罚金或其他经济负担相关的案件，比例测试的强度或严格程度递增，因此将比例测试的强度区分为三种类型。第一种类型为，当案件涉及政策制定机构具有广泛自由裁量权的政策制定领域时（包括政治、经济和社会领域），采用"明显不成比例"审查，即欧盟法院不会仅仅因为自身认为有更好的行为方式，就推翻并用自己的判断替代相关专业部门制定的政策。这些政策制定往往需要对很多变量进行复杂的评估，因此该类型一般不会启动适当性和必要性审查，除非明显地不成比例，并且证明相关政策是明显不适的举证责任由原告承担。第二种类型为，如果相关措施侵犯欧盟条约或立法所承认的权利，对比例测试则会进行严格解释，即将对比例测试的适当性和必要性进行

---

[1] Kathleen M. Sullivan, "Foreword: The Justices of Rules and Standards", *Harvard law review*, Vol. 106, 1992, p. 59.

[2] Gráinne de Búrca, "The Principle of Proportionality and its Application in EC Law", *Yearbook of European Law*, Vol. 13, 1 (1993), p. 111.

[3] Takis Tridimas, *The General Principles of EU Law*, 2nd ed., Oxford University Press, 2006, p. 138.

[4] Jurgen Schwarze, *European Administrative Law*, Sweet & Maxwell, 2006, pp. 664-665.

深入的审查。第三种类型为，请求审查罚金或者其他经济负担是否过重的案件，此种案件欧盟法院一般不会保持沉默，并且会进一步提高比例测试的严格程度，主要原因是在减轻罚金或其他经济负担的同时不会破坏政策的整体。[1]

（二）程序审查

程序审查的路径并非从直接减少比例测试主观性入手，而是从增加实施比例测试主体的合法性入手，减少公众对比例测试主观性的关注，从而加强公众对比例测试结果的接受度。世界范围内对于基本权利的限制出现过"程序性的转折"，即不审查对基本权利的干涉的实质性和合理性，而是审查涉嫌限制基本权利的立法、行政或司法程序的质量。[2]在欧盟则是欧盟法院不研究问题的实质内容，而是分析立法或行政决策程序是否满足了与透明度、问责制、参与和实况调查有关的程序要求。这种程序审查的好处是，欧盟法院不会被视为对政府、议会或行政机构具有特定合法性或专业知识的事项进行非专业性的干预。[3]当然，如果立法或行政决策有重大缺陷，欧盟法院将被视为能够进行干预的监督机构。[4]有学者也质疑欧盟法院对成员国行为进行实质比例审查的能力和合法性，他们不认同欧盟法院相比于民选机构（立法机构）更能够保护权利和自由，其中一种理由是他们并不认为法律推理是价值中立的，当然他们也不同意由立法机构进行实质比例审查，因为他们认为立法程序容易被特殊利益集团所劫持。他们认为实质比例审查意味着司法可以推翻立法，也即确认维护基本权利或基本自由的唯一监护人是欧盟法院的法官。由此，他们主张程序比例审查，即应当尽量避免欧盟法院审查比例测试的是非曲直，而是审查决策机构是否有效地适用比例测试。这意味着司法审查将仅限于评估决策机构提供的决定理由是否包含比例测试的证据。[5]另一种理由在于成员国之间不同的道德敏感性。如彩票案中，佐审官伯特主张对于彩票的监管需要考虑到每个成员国的社会和文化特征、道德敏感度、关于博彩和投注的组织安排和赌注数量以

---

[1] Paul Craig, *EU Administrative Law*, Oxford University Press, 2018, pp. 642-650.

[2] Janneke Gerards, Eva Brems, *Procedural Review in European Fundamental Rights Cases*, Cambridge University Press, 2017, pp. 2-4.

[3] Ittai Bar-Siman-Tov, "The Puzzling Resistance to Judicial Review of the Legislative Process", *Boston University Law Review*, Vol. 91, 2011, pp. 1940.

[4] Patricia Popelier, Catherine Van de Heyning, "Procedural Rationality: Giving Teeth to the Proportionality Analysis", *European Constitutional Law Review*, Vol. 9, 2 (2013), pp. 230-262.

[5] Tor-Inge Harbo, "Introducing Procedural Proportionality Review in European Law", *Leiden Journal of International Law*, Vol. 30, 1 (2017), pp. 31-33.

及彩票利润的使用方式，进而支持欧盟法院对于成员国法院采取一种下放自由裁量权的态度。[1]当然也有学者反对欧盟法院对国家措施采取程序性而非实质性的审查。[2]如在赌博监管案中，批评者认为，欧盟法院不愿更实质性地参与审查国家赌博限制，这导致在所谓的无国界欧盟市场的不同地区希望参与此类活动的公民和经济行为者很难确定他们的权利将在多大程度上受到限制。对此有学者回应道，对道德敏感领域释放足够的监管空间表现了利用比例测试固有的弹性来管理不同的道德敏感度。[3]然而，这种解释仍不清楚是否有助于保护面临风险的利益或预先判断预期结果。

程序审查方式在道德极其敏感的领域更加明显。如在 GIP 案中，欧盟法院强调，原则上比例测试的适用应当归于成员国法院，因为其是最接近争议本身、案件事实、证据以及利害攸关的公共利益概念。[4]欧盟法院的职责是提供一套连贯完整的比例测试结构，而成员国法院则需要证明其判决结果是根据这一套结构作出的，即使成员国的法律体系有一套更为熟练的比例测试结构。这也体现了欧盟所采取的"边际裁量理论"（Margin of Appreciation Doctrine），即基于成员国宪法价值的多元性或不同的道德敏感度，欧盟法院主张使实质审查归属于成员国法院，而欧盟法院的任务主要是解释欧盟法律，提供适用比例测试的指导意见以及对比例测试进行程序审查。当然这并非意味着欧盟法院将比例测试的实质审查完全下放于成员国法院，某些情况下欧盟法院也会进行实质审查，例如当存在很多对于成员国法院而言难以处理的复杂因素时。典型如周日交易案，[5]该案件中，判断成员国政府禁止周日市场交易的行为是否符合比例测试对于成员国法院来说太过复杂，不同成员国通常会得出不同的结论，因此欧盟法院最终决定由自己来进行实质比例测试。[6]

[1] Advocate General Bot, Opinion for Case C-42/07 *Liga Portuguesa de Futebol Profisional and Bwin International Ltd v Departamento de Jogos da Santa Casa da Misericérdia de Lisboa*, EU：C：2009：519, para. 67.

[2] Floris de Witte, "Sex, Drugs and EU Law: The Recognition of Moral and Ethical Diversity in EU Law", *Common Market Law Review*, Vol. 50, 6 (2013), p. 1545.

[3] Panos Koutrakos, Niamh Nic Shuibhne, Phil Syrpis, *Exceptions from EU Free Movement Law: Derogation, Justification and Proportionality*, Hart Publishing, 2016, p. 139.

[4] Case C-405/98 *Konsumentombudsmannen (KO) v Gourmet International Products AB (GIP)*, EU：C：2001：135, para. 33.

[5] Case 145/88 *Torfaen BC v B & Q plc*, EU：C：1989：593.

[6] Paul Craig, *EU Administrative Law*, Oxford University Press, 2018, pp. 689-692.

五、结论

原则冲突之解决的核心在于比例测试，欧盟法院的原则冲突之解决程式可以说是在以如何尽可能地降低适用比例测试的主观性为中心的。首先，欧盟法院依靠提前性减负过滤掉大部分无须比例测试的案件以及对某些因素做客观化处理，减少了比例测试的频次以及比例测试中需要考虑的因素。欧盟司法实践中的"提前性减负"主要包括三类：第一类，划分两种理由框架以应用于不同类型的限制行为；第二类，划分基本权利类型，承认某些基本权利具有绝对优先性；第三类，承认基本权利的内容具有本质范围与非本质范围，要求基本自由的实现不得侵犯基本权利的本质，侵犯基本权利本质的行为将被直接归于不成比例。其次，为避免平衡作业的主观性过强问题，欧盟法院原则上将比例测试仅分为适当性测试和必要性测试，并主要依赖必要性测试。但必要性测试由于各成员国的道德敏感性不同，仍存在主观性较强的缺陷。最后，欧盟法律体系中还存在类型化和程序审查两种路径以缓解主观性较强的问题。类型化路径通过为比例测试强度划分层级的方式限制法官的自由裁量权。程序审查并非直接从如何减少比例测试主观性入手，而是主张由最接近案件事实的成员国法院对比例测试进行实质审查，以满足不同成员国的道德敏感性，从而降低公民对比例测试主观性的关注度，以此加强比例测试结果的可接受度。可以说欧盟司法实践所展示的原则冲突解决程式具有重要的参考价值。

法的规范性意味着什么？

——从纯粹法学说出发

黄顺利 *

摘　要　法的规范性问题是法理论的核心问题，纯粹法学说对规范性问题作出了独特处理。学界从纯粹法学说中发展出了两类规范性命题，律则规范性命题旨在说明法律中存在一种必然的应当关系，证立规范性命题旨在证立基础规范是法的规范性来源。但是，法律中存在的"应当"关系不具有必然性，基础规范也无法在证立法的规范性的同时符合纯粹性，两种规范性命题都无法成立。相反，弱式律则规范性命题则主张，在参与者视角下，法律中存在一种必然的应当关系，它最能代表纯粹法学说的规范性主张，并在弱式先验论证中得到辩护。

关键词　纯粹法学说　规范性　归结律　基础规范

一、问题的提出

"规范""规范性"和"规范主义"指称的都是规范概念。据考证，规范概念起源于古罗马的建筑学，不仅指称能够画出直角的量角器，也指称无需量角器而只需借助毕达哥斯拉定理就能得出的直角。[1]对法的规范性存在诸多理解。通常而言，法的规范性是指法的应然拘束力，哈特将其表达为"凡是有法律的地方，人的行为在某种意义上是非选择性的或有义务的"。[2]相应地，法

---

* 黄顺利，中国政法大学 2023 级法学理论博士。

[1] Stanley L. Paulson, "Der Normativismus Hans Kelsens", *Juristen Zeitung*, Vol. 61., 11 (2006), s. 529.

[2] H. L. A. Hart, *The Concept of Law*, Oxford University Press, 2012, p. 82.

的规范性问题是法为何具有规范性。

规范性首先被自然法学家接入法律之中，在自然法学家眼中，规范性问题并不构成一个问题，自然、上帝或理性作为规范性权威天然地具有应然拘束力。法律实证主义则区分了实在法和自然法，对实在法的理解必须与社会事实而非道德相联结。凯尔森则重新恢复了规范性在法律和法学研究中的核心位置。在其将近四十年的经典时期或新康德主义时期（1921—1960 年），凯尔森主要致力于发展纯粹法学说，即一门以法律规范为描述对象的规范法学。[1]规范法学对于法的规范性问题的处理别具一格，它剔除了任何有关法律的事实或道德因素，因而既不同于主张法律与道德联结的自然法学，也不同于主张法律与事实联结的法律实证主义。

在对法的规范性问题的处理上，学界目前从纯粹法学说发展出了两种规范性命题：一是对法的规范性的说明，将法具有规范性当作已知条件，并找出认识法的规范性所预设的"应当"范畴，由此形成了律则规范性命题；二是对法的规范性的证立，用基础规范充当法的规范性来源，由此形成了证立规范性命题。如果纯粹法学说的两种规范性命题均能成立，那么纯粹法学说便对法的规范性问题作出了完美处理。但是问题也在于此：这两种规范性命题能否成立？

围绕这一理论问题，本文将分别考查纯粹法学说如何说明并证立法的规范性。首先，在对法的规范性的说明上，律则规范性命题把假言命题当作法律规范的理想语言形式，并从假言命题中得出"应当"范畴，但律则规范性命题最终无法证立（第二部分）。其次，在对法的规范性的证立上，证立规范性命题构造了法律效力链条，并把基础规范当作实在法的终极效力理由，但证立规范性命题同样无法证立（第三部分）。最后，本文主张，虽然从纯粹法学说引出的两种规范性命题都无法得到最终证立，但是一种弱式律则规范性命题最能代表纯粹法学说的规范主义，并且得到了证立（第四部分）。

二、律则规范性命题及其否证

律则规范性命题主张法律中存在一种必然的、类似于法则的应当关系，它与自然中存在的必然的、类似于法则的事实关系相似。[2]自然中的必然关系反

---

〔1〕 Stanley L. Paulson, "The Purity Thesis", *Ratio Juris*, Vol. 31, 3（2018）, p. 276.

〔2〕 Stanley L. Paulson, "A 'Justified Normativity' Thesis in Hans Kelsen's Pure Theory of Law? Rejoinders to Robert Alexy and Joseph Raz", in M. Klatt ed., *Institutionalized Reason: The Jurisprudence of Robert Alexy*, Oxford University Press, 2012, p. 107.

映了因果律，而法律中的应当关系反映了归结律。这种法律上的应当关系在其必然性或法则性的意义上乃是律则论的，在其非因果的、应然的意义上乃是规范的。律则规范性命题的核心指向即建构法律中具有必然性的应当关系，其成立的关键也在于论证该种应当关系的必然性。

（一）律则规范性命题的建构

如欲说明法律中存在某种必然的应当关系，则须先合理重构法律，然后说明此种应当关系的必然性。因而律则规范性命题包括两个步骤，首先重构法律的理想语言形式，其次阐明经过重构的法律中存在必然的应当关系。

1. 法律的理想语言形式

凯尔森对法律的理想语言形式的追求在其早期著作中便有所体现。在《公法理论的主要问题》中，凯尔森便开始确定法律的理想语言形式："法律规范是应被解释为命令还是假言判断，是关于法律规范的理想语言形式问题……法律规范（其理想形式）必须从法律规定的内容出发来建构，……必须从更多的法律规定中概括得出。"[1]在凯尔森的语境中，命令是针对法律主体的义务规范，假言判断则是指由法律官员实施的假言形式的制裁规范，二者又分别被称为次要规范与主要规范。在主要规范与次要规范的关系上，次要规范可被还原为主要规范。[2]因此，只有假言形式的制裁规范才是唯一真正的法律规范，是法律规范的唯一理想语言形式。

原因在于：第一，从"更多的法律规定"中可以发现，法律规范总是采取假设性说法的形式，制裁规范是在一定条件下规定的；[3]第二，采用命令型规范无法区分法律和道德；第三，命令是针对法律主体的，它可能被遵守，也可能不被遵守，恰恰在后一种情况下才显示出法律规范的生命，在这种情况下，法律规范便是由法律官员实施的假言形式的制裁规范。

2. "应当"是先天范畴

经过重构的法律规范以假言命题的形式来表达，该假言命题的前件乃是不法行为，后件乃是制裁。随之而来的问题便是，前件与后件之间如何联结在一

---

〔1〕 Hans Kelsen, *Hauptprobleme der Staatsrechtslehre*：*Entwickelt aus der Lehre vom Rechtssatze*, Verlag von J. C. B. Mohr, 1923, s. 237.

〔2〕 例如，"不应偷窃"只有在"如果某人偷窃，他应当受罚"这个意义上才有效，如此一来，"不应偷窃"这一表达就是多余的简化表达。只有认识到次要规范的存在附属于主要规范，使用次要规范这种表达才是可允许的。Hans Kelsen, *General Theory of Law and State*, Routledge, 2005, p. 60.

〔3〕 Hans Kelsen, *General Theory of Law and State*, Routledge, 2005, p. 38.

起。对于该问题的回答在根本上取决于理论家的理论立场之选择。在法律的理想语言形式的重构中，凯尔森已经表明了其反自然主义的态度，他把法律当作"规范"，把法律规范中的前件与后件的关系当作"应当"关系，而非事实关系。这表明了凯尔森的规范主义立场，如果出现不法行为，则应当施加制裁，但制裁并非必然实行。

"应当"具有双重意义，对应两种意义上的实在法规范，分别是由造法行为创设的法律规范与纯粹法学说对实在法规范所作的描述性陈述，后者即法律命题。[1]法律规范与法律命题的区分是纯粹法学说最重要的概念工具：法律命题是假言命题，它们陈述出"在由这一法秩序所确定的某些条件下，应当出现这一法秩序所确定的某些后果"，[2]其基本形式即"如果有 A 则应当有 B"，A 为不法行为，实施不法行为则应当产生法律制裁 B。

A 与 B 皆为经验事实，抽象掉这些经验事实之后，便只剩下"应当"。此"应当"无法被抽象掉，因而并不是源自经验，只能从人的先天认识能力中寻找起源，它是"理解经验法律材料的相对性先天范畴"。[3]"应当"具有先天范畴的地位，"应当"范畴的先天性质保证了法律中存在必然的、类似于法则的关系。尽管法律命题中的该种功能性联系最终是由法律权威所创设的法律规范建立的，但没有该"应当"范畴，我们将无法理解法律命题中两事实之间的功能性联系。

（二）律则规范性命题的否证

律则规范性命题的成立取决于法律中应当关系的必然性得到证立，而法律中应当关系的必然性诉诸应当范畴的必然性或归结律的必然性。因此，律则规范性命题的证立有两种论证，一种是诉诸康德的范畴理论，另一种是诉诸李凯尔特的方法论形式理论，但这两种论证都无法最终证立律则规范性命题。

1. "应当"范畴无必然性

如果法律中不存在必然的应当关系，甚至根本上不存在应当关系，那么律则规范性命题便崩溃了。在康德那里，范畴应用于对象具有必然性，但凯尔森声称"应当"范畴具有相对性。如果严格按照康德式范畴理论，那么在对范畴

---

[1] H. L. A Hart, "Kelsen Visited", *UCLA Law Review*, Vol. 10, 4（1963），p. 715.

[2] ［奥］汉斯·凯尔森：《纯粹法学说》（第二版），雷磊译，法律出版社 2021 年版，第 92 页。

[3] Hans Kelsen, *Reine Rechtslehre*, Mohr Siebeck, 2008, s. 35.

的形而上学演绎中，假言命题只能引出因果范畴，且从因果范畴中推不出"应当"范畴。[1]但康德与凯尔森处理的论题不同，康德要找到像自然科学那样的经验知识得以可能的条件，凯尔森则追求说明法的规范性得以可能的条件。凯尔森要排除法律的自然科学式的理解方式，反对把法律还原为事实。所以，并不能完全照搬康德的范畴理论。

这样一来，范畴理论便能够为经验性法律实证主义的自然科学式的理解服务，从而将法律现象理解为自然现象，凯尔森并无阻止法律实证主义直接援用康德范畴理论的充分理由。实际上，凯尔森也自知"应当"范畴不具有必然性，他无法排除因果范畴在法律中的必然应用："法律的存在无法像受自然规律支配的自然事实一样来证明，理论无政府主义将法学家眼中的法律看作赤裸裸的权力而非他物，无法用令人信服的论证来反驳这一观点。"[2]

理论无政府主义把法律理解为事实，凯尔森无法在理论上驳倒理论无政府主义，转而援引经验论据来加强论证，法的规范性以及取向于法的规范性的规范法学确已存在。"这样一种取向于作为规范性意义内涵之法的学科，其可能性和必要性已经由千百年来对法律科学的追寻所证明。"[3]这里再次表明凯尔森的理论视角：其实是站在一种具有现实依据的规范性视角之下展开对法的规范性的说明。

但是，经验论据因其自身的局限性而无法在逻辑上驳倒对方，将法律理解为"应当"不具有普遍的说服力。一种可能的补救方式就是为律则规范性命题添加纯粹法学说观察法的规范性的预设视角，这种视角即参与者视角。只要真实地参与法律游戏，"应当"范畴便会必然预设。[4]添加前提的做法弱化了律则规范性命题，对于这样一种弱式律则规范性命题的说明及其证立将在论文最后一部分展开。

2. 归结律不是必然的方法论形式

如果"应当"范畴具有必然性，那么由"应当"所联结的法律规范中前

---

[1] 对此的具体论证可参见黄顺利：《纯粹法理论的"纯粹性"证成了吗？——以〈纯粹理性批判〉为参照》，载《浙大法律评论》2021年版，第89—106页。

[2] Hans Kelsen, *Reine Rechtslehre*, Mohr Siebeck, 2008, s. 48.

[3] 两版纯粹法学说均运用了这一经验论据，说明纯粹法学说并无更有说服力的论据来反对理论无政府主义的主张。参见［奥］汉斯·凯尔森：《纯粹法学说》（第二版），雷磊译，法律出版社2021年版，第137页。Hans Kelsen, *Reine Rechtslehre*, Mohr Siebeck, 2008, s. 48.

[4] See Robert Alexy, *The Argument from Injustice*: *A Reply to Legal Positivism*, Oxford University Press, 2002, pp. 109-110.

件与后件的关系便具有法则的形式，该法则即归结律。从根本上而言，归结律是"应当"范畴的同一表达，但归结律具有与"应当"范畴不同的使用方式。归结律可被视作一种方法论形式，或者说为规范法学所特有的方法论形式。

方法论形式的概念来自李凯尔特，其区分了客观现实的构成性范畴和各种常设学科的方法论形式。[1]客观现实是由诸多范畴所构成的，对客观现实的加工则是各个学科的工作，并且各个学科均以自身特有的方法论形式作为基础。例如，所有自然科学的方法论形式的属便是法则性。将李凯尔特的区分应用于纯粹法学说，"应当"范畴指的是法律的构成性范畴，"应当"范畴如果得到证立的话，仅仅表明它是法律这种客观现实的构成性范畴。但不论"应当"范畴是否被证立，加工法律这种客观现实的纯粹法学说仍可能具有自身的特有方法论形式，即归结律。

问题在于，在纯粹法学说中，构成性范畴在逻辑上优先于方法论形式。纯粹法学说之所以采用归结律作为自身的方法论形式，恰恰是因为其理论对象乃是与自然事实不同的法律规范。法律规范这种客观现实的构成性范畴具有某种独特性，才导致纯粹法学说的方法论形式的独特性，纯粹法学说必须首先确定使得法律这种客观现实具有独特性的构成性范畴为何。如上所论，法律并不必然以"应当"为构成性范畴，纯粹法学说采用归结律作为方法论形式仍然无法被证立，采用归结律作为方法论形式仍不具有必然性。

总之，律则规范性命题主张法律中存在一种必然的、类似于法则的应当关系，但它究竟是法律自身拥有的性质，还是一种法律理论通过某种方法对法律的加工？前一问题优先于后一问题，律则规范性命题不仅在前一问题上没有得到证立，在后一问题上也失败了。如果加入某一前提使得律则规范性命题得以成立，那么我们最好认为纯粹法学说预设了一种参与者视角，它是带有规范性视角的对于法的规范性的说明理论。

三、证立规范性命题及其否证

证立规范性命题主张基础规范是法律规范的规范性来源，基础规范充当了实在法规范的终极效力理由与规范性来源。证立规范性命题与纯粹法学说的关

---

[1] 转引自 Stanley L. Paulson, "A 'Justified Normativity' Thesis in Hans Kelsen's Pure Theory of Law? Rejoinders to Robert Alexy and Joseph Raz", in M. Klatt ed., *Institutionalized Reason: The Jurisprudence of Robert Alexy*, Oxford University Press, 2012, p. 110.

系并不十分明确,它可以从纯粹法学说中引申出来,但也面临巨大的争议。[1]这是因为,一方面,基础规范自身也需得到合理说明,而非仅仅停留于简单的性质界定;另一方面,基础规范若得到合理说明,将损害纯粹法学说的纯粹性。

(一) 证立规范性命题的建构

证立规范性命题首先在实在法规范体系中构造了规范效力链条,然后构造了超出实在法的基础规范。同时,基础规范被界定为"先验逻辑预设"。基础规范保证了实在法规范的统一性和规范性。

1. 基础规范是实在法规范的效力理由

"法律效力"意味着法律规范的应然拘束力,但法律规范自身无法解释为何具有效力,而是从另一法律规范中得到自身的效力,效力因而又成了法律规范之间的联结方式。这样一来,法律规范之间就形成了"效力推理"的关系,诸实在法规范的效力基础最终回溯至宪法的效力,但宪法之上再无任何实在法,凯尔森于是引入了"基础规范"充当宪法规范的效力基础。

法律规范之间的"效力推理"采取三段论的形式,大前提是陈述高位阶规范的应当语句,结论是低位阶规范的应当语句,小前提则是确认某种意志行为存在的事实语句,只有大前提才是结论句的充分条件。[2]某一具体实在法规范的效力理由追溯至某一具体法典,具体法典的"效力理由"追溯至现行宪法,现行宪法的效力理由追溯至先前宪法,并最终追溯至历史上最初立法者制定的首部宪法。[3]

从现行宪法到历史上首部宪法为什么是有效的,实际上已经无法追溯,但既然现行实在法规范已经是有效规范,那么,按照"规范的效力只能来自另一规范",就必定存在一个基础规范来保证现行实在法规范的效力,因而历史上首部宪法必定存在效力理由,正是该"基础规范赋予最初立法者的行为以应当的

[1] 在鲍尔森看来,拉兹和阿列克西在某种程度上都是证立规范性命题的支持者,但鲍尔森认为纯粹法学说不具有证立规范性命题的阐释空间。本文从纯粹法学说中得出证立规范性的方式与拉兹和阿列克西的方式不尽相同。拉兹、阿列克西和鲍尔森的观点分别参见 Joseph Raz, "Kelsen's Theory of the Basic Norm", *American Journal of Jurisprudence*, Vol. 19, 1 (1974), pp. 94–111. Robert Alexy, *The Argument from Injustice: A Reply to Legal Positivism*, Oxford University Press, 2002, pp. 96–98. Stanley L. Paulson, "A 'Justified Normativity' Thesis in Hans Kelsen's Pure Theory of Law? Rejoinders to Robert Alexy and Joseph Raz", in M. Klatt ed., *Institutionalized Reason: The Jurisprudence of Robert Alexy*, Oxford University Press, 2012, pp. 61–111.

[2] [奥] 汉斯·凯尔森:《纯粹法学说》(第二版),雷磊译,法律出版社 2021 年版,第 241 页。

[3] Hans Kelsen, *Reine Rechtslehre*, Mohr Siebeck, 2008, s. 76.

意义。"[1]因此，基础规范便是整个实在法体系的效力理由，也是整个实在法体系的规范性来源。

2. 基础规范的先验逻辑性质

基础规范是在三段论形式下对法律规范的规范性进行某种推理的结果，效力理由是连接实在法规范与基础规范的纽带。[2]追溯效力理由着眼于法律规范之间的效力理由关系，体现了人的理性机能的运用。由于康德是在先验辩证论中处理了人的理性机能，而凯尔森把基础规范的性质界定为"先验逻辑意义上的预设"，我们便有可能借用先验辩证论来说明基础规范的性质。

在先验辩证论中，康德从亚里士多德的"三段论推理"中引申出了"理念"。[3]在"三段论推理"中，理性不断地追问大前提的正确性，力图寻找那个最终的"无条件者"，以实现知识的统一。在"三段论推理"中，"必须去寻求的是：第一，一个主体中定言综合的无条件者；第二，一个序列中假言综合的无条件者；第三，一个系统中选言综合的无条件者"。[4]这三个"无条件者"依次为"灵魂""宇宙整体"和"上帝"，它们都被康德称作"理念"。

法律的理想语言形式乃是假言的，在类比的意义上，"效力理由链条"便与"假言三段论推理"中的"条件序列"无异。通过"效力理由链条"寻找实在法规范的"终极效力理由"，正类似于理性通过"条件序列"寻找"无条件者"。那么，"基础规范"也就类似于康德先验辩证论中的"理念"，"基础规范"的先验逻辑性质指向的是康德先验辩证论中的"理念"。"理念"的特殊之处在于，"理念"不构成知识，它对于知识只能发挥某种调节性作用，引导知识的统一，这与基础规范对实在法规范产生的统一作用如出一辙。

（二）证立规范性命题的否证

基础规范和"理念"具有十分相近的生成逻辑和效果，下面将证明，先验辩证论中的理念的性质与基础规范的性质融贯，但如此一来也损害了纯粹法学说的纯粹性。

---

[1] Hans Kelsen, *Reine Rechtslehre*, Mohr Siebeck, 2008, s. 77.

[2] 追溯实在法规范效力理由能够使得诸实在法规范形成有序的联结，呈现为具有统一性的层级结构，并且从实在法规范已经有效这一点能够反推出所有实在法规范均存在统一的效力理由，认知上的统一性和规范上的有效性即基础规范通过效力推理对实在法发挥的两种效果。

[3] 参见［德］康德：《纯粹理性批判》，邓晓芒译，杨祖陶校，人民出版社2004年版，第262页。

[4] ［德］康德：《纯粹理性批判》，邓晓芒译，杨祖陶校，人民出版社2004年版，第276页。

1. 两种理性推理

纯粹法学说中存在两种不同的理性推理，一种是针对实在法规范的效力推理，另一种是从实在法规范到基础规范的效力推理。这两种不同的理性推理是理性在不同层次的运用，[1]前者对应是一般理性的逻辑运用，后者对应纯粹理性的先验运用，前者是引申出后者的钥匙。

理性的逻辑运用通过"三段论推理"表现出来，理性在"三段论推理"中的主要表现就是将结论命题的客体归摄到被给予的条件（大前提）之下。也就是说，理性的独特机能是统一既有的知性知识，"力图将知性知识的大量杂多性归结为最少数的原则（普遍性条件）"。[2]然而，由于知性知识的统一局限在可能经验范围内，理性就永远无法完全发挥其机能。但一般理性在逻辑运用中毕竟已经表明了自己的独特机能，这对纯粹理性的运用原理提供了指示。如果摆脱知性知识的束缚，就可以引申出纯粹理性原理："如果有条件者被给予，则整个相互从属的本身是无条件的条件序列也被给予（即包含在对象及其连结之中）。"[3]这正是"纯粹理性"在先验运用中的原理。

一般理性的逻辑原理是从"有条件者"推论出"条件序列"，由于局限在可能经验的范围内，不能追溯到"无条件者"。纯粹理性抛开经验的限制之后，"条件序列"随之完备，如果"有条件者"被给予，那么整个"条件序列"以及"无条件者"必定也是预先被给予，"有条件者"背后总是具有一个必然的根据链条。

返回到纯粹法学说就会发现，纯粹法学说中也存在两种理性推理，分别着眼于实在法规范和基础规范。当凯尔森在实在法范围内追溯效力理由的时候，理性引导诸实在法规范统一为规范体系，但这个"条件序列"（效力理由链条）始终是不完备的，它从个别规范开始，到历史上首部宪法为止。抛开实在法的束缚，纯粹理性的先验原理便开始起作用，实在法规范作为"有条件者"存在且有效是有根据的，背后必然有一个完备的"效力理由链条"。而既然实在法规范已经给予，那么，作为"条件序列"的"效力理由链条"及作为"无条件者"的基础规范也必定已经预先给予，即所谓"预设基础规范有效，那么法律

---

〔1〕　参见［德］康德：《纯粹理性批判》，邓晓芒译，杨祖陶校，人民出版社 2004 年版，第 262 页。

〔2〕　［德］康德：《纯粹理性批判》，邓晓芒译，杨祖陶校，人民出版社 2004 年版，第 266 页。

〔3〕　［德］康德：《纯粹理性批判》，邓晓芒译，杨祖陶校，人民出版社 2004 年版，第 266 页。

体系基于基础规范也有效"。[1]这说明，用纯粹理性的先验原理来解释基础规范的先验逻辑性质是恰当的，把基础规范视作"无条件者"或"理念"[2]可以通过先验辩证论来证立。

2. 基础规范的纯粹性问题

用"理念"及其先验原理解释基础规范，从而为基础规范提供某种证立，这固然能得到辩护，但也带来了基础规范的纯粹性问题。在康德那里，理性在先验运用中才可以称得上纯粹理性，纯粹理性的纯粹性是指超出经验局限而得到完全运用。同时，"理念"及其先验原理本身都是超验的。[3]而在凯尔森那里，纯粹性是指使法律规范摆脱自然事实或道德价值，它也是对基础规范理论的要求。[4]基础规范突破了实在法规范的限制，这使得基础规范迥异于法律实证主义。不过，由于"理念"及其原理均是超验的，基础规范的"理念"属性可能会悄然遁入凯尔森所批判的超验"应然"领域，使得基础规范与道德规范难以区分，也就使得纯粹法学说难以区别于自然法理论。

基础规范的纯粹性难以保证，意味着采取先验辩证论证立基础规范最终并不可取。究其原因，在于理性推理及其导向的纯粹理性的特质，纯粹理性必须摆脱经验才能有完全的运用，而一旦如此，纯粹理性的先验运用原理和由此产生的理念都将成为超验的。

凯尔森也面临着类似的问题，局限在实在法范围内无法为实在法规范提供效力理由，而一旦超出实在法，虽然能为实在法规范提供效力理由，却难以保证自身与自然法相区别。凯尔森也认识到，"基础规范理论在这方面某种程度上类似于自然法学说，即根据自然法学说，实在法律体系若符合自然法，便是有效的"。[5]总之，基础规范的先验逻辑性质与基础规范的纯粹性无法同时成立，证立规范性命题与纯粹法学说之间具有内在紧张关系。

四、弱式律则规范性命题及其证立

证立规范性命题虽然能够从纯粹法学说中引申出来，在辩护基础规范的先

---

[1] Hans Kelsen, *Reine Rechtslehre*, Mohr Siebeck, 2008, s. 77.

[2] "无条件者"和"理念"乃是同一个概念。

[3] [德] 康德：《纯粹理性批判》，邓晓芒译，杨祖陶校，人民出版社2004年版，第260页。

[4] See Hans kelsen, Albert A. Ehrenzweig, "Professor Stone and the Pure Theory of Law", *Stanford Law Review*, Vol. 17, 6 (1965), p. 1150.

[5] See Hans kelsen, Albert A. Ehrenzweig, "Professor Stone and the Pure Theory of Law", *Stanford Law Review*, Vol. 17, 6 (1965), p. 1141.

验逻辑性质时，我们却无法同时辩护纯粹法学说的纯粹性。由于纯粹性是纯粹法学说的一贯追求，证立规范性命题便无法从纯粹法学说中得到真正支持。相比之下，律则规范性命题与纯粹法学说具有更强的兼容性，但律则规范性命题的原有主张无法得到证立，一种能够代表纯粹法学说规范性命题的乃是弱式律则规范性命题，与之相适应的辩护方式乃是弱式先验论证。

（一）弱式律则规范性命题

律则规范性命题的原有主张，不论是借助康德式范畴理论还是李凯尔特式方法论形式理论，均无法得到最终证立。在检讨律则规范性命题的证立过程中，我们发现，"应当"范畴仅仅是相对性先天范畴，而纯粹法学说之所以采用这一范畴，是因为纯粹法学说预设了一种参与者视角，它是一种预设了法律参与者视角的对于法的规范性的说明理论。

于是，结合律则规范性命题与参与者视角，便更加符合纯粹法学说对于法的规范性的说明，由此推出了本文主张的弱式律则规范性命题，即在参与者视角下，法律中存在一种必然的、类似于法则的应当关系。参与者视角乃是一种法律人的"法学思维"，"通过分析法学思维（juristische Denkens）能够向人们指出，在法律科学对法（不管是国内法还是国际法）进行描述而形成的法律命题中，实际上运用了一种与因果律虽类似但存在特征区分的原则"。[1]"这样一种特殊的、与因果关联有别的功能性关联……在人类思维尤其是法律思维中扮演着重要角色。"[2]证立弱式律则规范性命题的方法乃是弱式先验论证。

（二）弱式先验论证

先验论证分为形而上学演绎和先验演绎，[3]仿照康德的先验论证，弱式先验演绎之前存在一种弱式形而上学演绎。在纯粹法学说中，这样一种弱式形而上学演绎也是在参与者视角下进行的，法律被重构为假言命题"若有甲则应有乙"，从中抽象掉其中的一切经验性法律材料（具体的不法行为和法律制裁），便只剩下先天范畴"应当"。弱式先验演绎的目标是解释由此得来的"应当"范畴应用于法律的客观必然性。弱式先验演绎又可分为客观演绎和主观演绎，主观演绎是从已知对象出发寻找其所包含的先天范畴，客观演绎则是从先天范

---

[1] Hans Kelsen, "Kausalität und Zurechnung", in Hans R, Klecatsky, René Mareie, Herbert Schambeck hrsg eds., *Die Wiener rechtstheoretische Schule*, Franz Steiner Verlag, 2010, p, 542.

[2] ［奥］汉斯·凯尔森：《纯粹法学说》（第二版），雷磊译，法律出版社 2021 年版，第 135 页。

[3] 形而上学演绎使得范畴从形式逻辑的命题中被发现，先验演绎则解释了范畴运用于经验对象的客观必然性，两种演绎分别对应范畴的发现与证立。

畴推出其应用于对象的客观必然性。

1. 主观演绎

在主观演绎中，康德考察了经验知识的发生过程，经验知识从直观杂多开始，经过"三重综合"才得以可能。[1]将主观演绎用于论证纯粹法学说的"应当"范畴，需要首先提炼出主观演绎的基本思路：[2]

（1）P。

（2）只有 Q 才可能 P。

（3）因此 Q。

其中，P 代表某种已知的经验知识，Q 代表范畴。应用到纯粹法学说中，P 代表纯粹法学说对法律的规范性认识，即将实在法规范表述为"若有甲则应有乙"，Q 则代表"应当"，Q 使得 P 成为可能，也即"应当"范畴使得对实在法规范的规范性认识成为可能，具体展开为：

（1）对实在法规范的规范性认识已经获得（已知）。

（2）只有预设"应当"才可能实现对实在法规范的规范性认识（先验前提）。

（3）因此"应当"已经被预设（先验结论）。

主观演绎表面上来看是一种"无用的分析框架"[3]，实则不然。主观演绎引导我们关注已知条件，并将因其已知条件的不同得出不同的范畴。在参与者视角及其法学思维中，法律人对实在法的规范性认识乃是已知条件，其"已经

---

[1] 这三重综合分别是：第一，"直观中领会的综合"。我们之所以对时间中的杂多有意识，原因在于运用质、量范畴将直观杂多从时间中分开，使杂多得以"联结"和保持，成为一个整体的表象。第二，"想象中再生的综合"。前后相继或伴随的表象能够成为整体，必须以再现在先表象以及"联结"先后两个表象为前提，想象力通过关系范畴使之成为可能，"想象中再生的综合"是"直观中领会的综合"的可能性条件。第三，"概念中认定的综合"。再现表象不能作为一个全新表象而出现，必须与曾经直观的表象保持同一，这是知性通过概念认定来实现的，这里的概念主要指模态范畴，"概念中认定的综合"是"想象中再生的综合"的可能性条件。最终，概念之所以能够起到统一意识的作用，必须以在前和在后的"我"的同一性为前提。所以，"概念中认定的综合"的可能性条件就是"自我意识的先验统一"，经验知识的最高先天条件就是"自我意识的先验统一"（杨祖陶：《康德范畴先验演绎构成初探》，载《武汉大学学报（社会科学版）》1983 年第 6 期）。总之，主观演绎详细地追溯了经验知识的先天条件，最终止步于某种"自我意识"。在"三重综合"中，范畴所起的作用存在层次之别，但共同体现了主观演绎的基本思路。

[2] Stanley L. Paulson, "The Neo-Kantian Dimension of Kelsen's Pure Theory of Law", *Oxford Journal of Legal Studies*, Vol. 12, 3 (1992), p. 327.

[3] Stanley L. Paulson, "The Neo-Kantian Dimension of Kelsen's Pure Theory of Law", *Oxford Journal of Legal Studies*, Vol. 12, 3 (1992), pp. 331-332.

由千百年来对法律科学的追寻所证明"〔1〕，主观演绎在这种已知条件下追溯至其所预设的"应当"范畴。

2. 客观演绎

在客观演绎中，一切命题都是"联结"，"联结"即直观杂多的综合统一。〔2〕但"联结"也有不同的层次，一切"联结"里最根本的就是用"我"来"联结"。每一具体"联结"中都有这个"自我意识"相伴随，即"我思必须能够伴随着我的一切表象"，〔3〕直观杂多最终被综合在"我思"之中。而直观杂多被综合的手段就是范畴，因为范畴是从命题中通过形而上学演绎得到的，直观杂多要形成命题就必须经过范畴的综合作用。这证明了直观杂多只有借助范畴才能被思维，而如果能够证明一个对象只有借助范畴才能够被思维，就是对范畴的客观必然性作了辩护。〔4〕由此，康德对范畴的客观必然性的辩护路径可以归结为"联结—我思—范畴"，其辩护思路就是去证明"我思"只能通过范畴去"思"。

在纯粹法学说中，"应当"关系是假言法律命题的"独特联结方式"，〔5〕纯粹法学说以"应当"认识实在法规范乃是伴随着"法学思维"的综合作用。〔6〕运用客观演绎来证明"应当"范畴的客观必然性，包括"'联结'—'法学思维'—'应当'"三个步骤。

第一步，将实在法规范表述为假言命题是一种"联结"，而假言法律命题"联结"的特殊之处在于，其是对特定不法行为和特定法律制裁的综合统一。

第二步，法律命题的"联结"有不同层次，最高层次是用"法学思维"来"联结"，每一法律命题的"联结"都必须伴随着"法学思维"的综合作用。

第三步，法律命题被"联结"的手段是"应当"范畴，因为"应当"是从假言法律命题中通过形而上学演绎得到的，"法学思维"只能通过"应当"去认识实在法规范。

三个步骤为"应当"的客观必然性作出了辩护，"法学思维"只能借助

---

〔1〕 ［奥］汉斯·凯尔森：《纯粹法学说》（第二版），雷磊译，法律出版社2021年版，第137页。
〔2〕 ［德］康德：《纯粹理性批判》，邓晓芒译，杨祖陶校，人民出版社2004年版，第88页。
〔3〕 ［德］康德：《纯粹理性批判》，邓晓芒译，杨祖陶校，人民出版社2004年版，第89页。
〔4〕 参见［德］康德：《纯粹理性批判》，邓晓芒译，杨祖陶校，人民出版社2004年版，第113页。
〔5〕 Hans Kelsen, *Reine Rechtslehre*, Mohr Siebeck, 2008, s. 34.
〔6〕 Hans Kelsen, "Kausalität und Zurechnung", in Hans R, Klecatsky, René Mareie, Herbert Schambeck hrsg eds. , *Die Wiener rechtstheoretische Schule*, Franz Steiner Verlag, 2010, p, 542.

"应当"去认识法律。需要指出的是，这种辩护仍然只是一种初步的辩护，参与者视角及其相应的"法学思维"是人们参与法律时的一种可能立场和可能思维方式，"应当"范畴的必然性必须在"法学思维"的伴随下得到辩护。

五、结论

在很大程度上，对法的规范性问题的处理是一个如何解释法的规范性的问题。用基础规范证立法的规范性为纯粹法学说带来了更多的难题，纯粹法学说试图在不援引超法律规范的前提下为法的规范性提供一种法律内部的证立，其核心主张是禁止用外部判准判断法的规范性，否则法将失去自身的规范性。但由于证立规范性命题与纯粹性的不兼容，纯粹法学说无法对这一核心主张作出成功的辩护。纯粹法学说的另一核心主张是法律中存在一种必然的应当关系，但是只有在我们把自己构想为法律的参与者，运用法学思维看待法律时，这种必然的应当关系才能成立。在这个意义上，纯粹法学说提请我们注意法的规范性这一概念的性质，反思看待法律和参与法律时的思维与立场。法的规范性最终依赖于我们构想自身的方式，它属于一个与理想上非视角性概念相对的视角性概念。这就启发我们，对于法的规范性的研究应当分为两阶，一阶理论涉及法律具有什么意义上的规范性，二阶理论则涉及法律在什么意义上具有规范性。

动态视角下的"裁判依据"与"裁判理由"

白琳谛[*]

摘　要　裁判文书中"裁判依据"与"裁判理由"的使用情况直接关系到依法裁判与个案正义,借助法的渊源理论对两者进行讨论可以在一定程度上揭示两者的性质与关系,但是法的渊源视角是一种静态视角,它解释不了"裁判依据"及"裁判理由"与具体案件之间的相关性以及两者之间的流动性等问题,也界定不了"裁判理由"。这些问题只有在动态视角下,即在具体裁判过程中才能解释。动态视角下"裁判依据"是作出裁判的依据,"裁判理由"是作出裁判的理由,两者不仅仅是得出裁判结论的论据,更是提供论据进行论证得出裁判结论的过程。在这一过程中,法的渊源理论只是用来说明具体裁判过程中"裁判依据"的资格标准。

关键词　裁判依据　裁判理由　动态视角　法的渊源

一、引言

"公平正义是司法的灵魂和生命。要深化司法责任制综合配套改革,加强司法制约监督,健全社会公平正义法治保障制度,努力让人民群众在每一个司法案件中感受到公平正义。"[1]实现司法个案公平正义是中国特色社会主义法治的必然要求,如何让人民群众在个案中感受到个案正义与裁判过程中使用的"裁判依据"及"裁判理由"存在莫大的关系。因为裁判依据支撑着裁判的合

＊　白琳谛,中国政法大学 2023 级法学理论硕士。
[1]　习近平:《论坚持全面依法治国》,中央文献出版社 2020 年版,第 5 页。

法性，裁判理由可以强化判决的正当性和可接受性。[1]一个裁判依据正确、裁判理由充分的判决才能够让人民群众感受到公平正义。党的二十大报告指出："规范司法权力运行，健全公安机关、检察机关、审判机关、司法行政机关各司其职、相互配合、相互制约的体制机制。强化对司法活动的制约监督，促进司法公正。"[2]裁判文书是司法裁判活动的重要载体，它使得司法裁判过程得以显现，从而使得人们能够对法官进行监督，[3]而裁判文书中的"裁判依据"与"裁判理由"又是我们通过裁判文书监督司法活动的核心对象。

本文首先通过对"裁判依据"和"裁判理由"的来源进行分析，揭示其可能的含义与外延。随后通过法的渊源理论对两者进行界定，揭示用法的渊源理论理解"裁判依据"与"裁判理由"的困境。最后引入动态视角，在具体的裁判过程中揭示法的渊源理论对于两者可能具有的意义，以及动态视角下两者各自的内涵与外延，以及两者有何关系。

二、"裁判依据"与"裁判理由"的混乱现状

刘树德教授对"裁判依据"与"裁判理由"相关的理解作出过较为详细的梳理。[4]以下梳理分析将会排除对"事实依据""心理动机""裁判事实性理由"的考察，主要关注作为论据的和论证过程中的"裁判依据"和"裁判理由"。

（一）裁判依据

"裁判依据"可以理解为单纯的论据，也可以理解为作出裁判的依据。两者的区分并不会产生太大的争议，有争议的是"裁判依据"到底是什么、有哪些。从"裁判依据"的来源来看，我们对裁判依据的认识存在以下几种可能。

---

〔1〕 参见雷磊：《从"看得见的正义"到'说得出的正义'——基于最高人民法院〈关于加强和规范裁判文书释法说理的指导意见〉的解读与反思》，载《法学》2019 年第 1 期。

〔2〕 习近平：《高举中国特色社会主义伟大旗帜 为全面建设社会主义现代化国家而团结奋斗——在中国共产党第二十次全国代表大会上的报告》，载《人民日报》2022 年 10 月 26 日，第 1 版。

〔3〕 参见雷磊：《法教义学的基本立场》，载《中外法学》2015 年第 1 期。

〔4〕 关于裁判依据的问题：一是裁判依据是仅限于规范依据，还是同时包括事实依据和规则依据；二是作为裁判依据的"规范基础"相对于裁判结论而言，是限于最终论证环节，还是同时包括整个论证过程；三是从论证层次而言，裁判依据是限于第一层次，还是同时延伸到第一层次以下的其他层次；四是裁判依据的外延宽于还是窄于裁判理由。关于裁判理由的问题：一是按照裁判理由的说服受众来分，包括判决所根据的理由（begründung）和判决的心理动机（motivation）；二是按照裁判理由的属性来分，包括裁判事实性理由和裁判规范性理由；三是按照裁判理由在裁判论证中的位阶层次来分，包括最终结论的裁判理由和论证最终裁判理由的理由；四是裁判理由是仅指静态的推理理由，还是同时包括静态的推理理由和动态的推理过程。参见刘树德：《"裁判依据"与"裁判理由"的法理之辨及其实践样态——以裁判效力为中心的考察》，载《法治现代化研究》2020 年第 3 期。

第一，裁判依据是否仅限于规范性法律文件。《最高人民法院关于裁判文书引用法律、法规等规范性法律文件的规定》（法释〔2009〕14号）第1条第1句规定："人民法院的裁判文书应当依法引用相关法律、法规等规范性法律文件作为裁判依据。"对此我们存在以下解释：其一，"应当"理解为"应当且仅应当"，人民法院在裁判文书中不仅有引用相关规范性法律文件作为裁判依据的义务，而且只能引用相关的规范性法律文件。依据该解释，裁判依据的外延仅限于规范性法律文件。支持上述解释的理由如下：一是从该司法解释的名称来看，裁判依据仅限于规范性法律文件；二是该司法解释其余条款的规定也仅限于对规范性法律文件的规定；〔1〕三是从裁判文书的样式来看，裁判依据仅限于规范性法律文件；〔2〕四是从立法资料来看，裁判依据仅限于规范性法律文件，最高人民法院工作人员认为该司法解释是为了规范法律的引用问题。〔3〕

其二，只对"应当"作正面的理解，把相关的规范性法律文件作为裁判依据，但是不排除规范性法律文件以外的存在作为裁判依据。依据该解释，裁判依据的外延不限于规范性法律文件。支持上述解释的理由如下：一是无规范性法律文件作为直接裁判依据的，可以适用习惯，进行类推或依据立法精神、立法目的和法律原则进行裁判，〔4〕这似乎意味着除了规范性法律文件作为裁判依据以外，习惯也可以作为裁判依据。二是法律行为也可以作为裁判依据，尤其是在合同纠纷之中，有效的合同可以直接作为法官裁判的依据。〔5〕三是有观点认为宪法和指导性案例在一定条件下也可以作为裁判依据。〔6〕

---

〔1〕 参见《最高人民法院关于裁判文书引用法律、法规等规范性法律文件的规定》（法释〔2009〕14号）第2条至第7条。

〔2〕《人民法院民事裁判文书制作规范》（法〔2016〕221号）规定，"裁判依据是人民法院作出裁判所依据的实体法和程序法条文"。

〔3〕 参见吴兆祥：《〈关于裁判文书引用法律、法规等规范性法律文件的规定〉的理解与适用》，载《人民司法》2009年第23期。

〔4〕《最高人民法院关于深入推进社会主义核心价值观融入裁判文书释法说理的指导意见》（法〔2021〕21号）第5条规定："有规范性法律文件作为裁判依据的，法官应当结合案情，先行释明规范性法律文件的相关规定，再结合法律原意，运用社会主义核心价值观进一步明晰法律内涵、阐明立法目的、论述裁判理由。"第6条规定："民商事案件无规范性法律文件作为裁判直接依据的，除了可以适用习惯以外，法官还应当以社会主义核心价值观为指引，以最相类似的法律规定作为裁判依据；如无最相类似的法律规定，法官应当根据立法精神、立法目的和法律原则等作出司法裁判，并在裁判文书中充分运用社会主义核心价值观阐述裁判依据和裁判理由。"

〔5〕 参见雷磊：《重构"法的渊源"范畴》，载《中国社会科学》2021年第6期。

〔6〕 参见刘树德：《"裁判依据"与"裁判理由"的法理之辨及其实践样态——以裁判效力为中心的考察》，载《法治现代化研究》2020年第3期。

第二，对司法解释的定位也会影响裁判依据是否限定为规范性法律文件。从《最高人民法院关于裁判文书引用法律、法规等规范性法律文件的规定》（法释〔2009〕14号）第2条来看，司法解释也是裁判依据。此处又涉及两种解释：一是司法解释属于规范性法律文件，从而也属于裁判依据；二是司法解释不属于规范性法律文件，但是属于裁判依据。假如我们支持立场一，则前述对于"应当"如何理解的争论仍旧是存在的。如果我们支持立场二，则裁判依据不限于规范性法律文件，但是除了司法解释之外，是否还存在其他作为裁判依据的材料，仍旧是有疑问的。

（二）裁判理由

第一种关于裁判理由的理解是把"裁判依据"和"裁判理由"作为对称来理解。裁判理由似乎可以界定为法律法规、司法解释之外，法官可以用来提高裁判结论正当性和可接受性且不与法律法规、司法解释冲突的一切论据，比如最高人民法院发布的指导性案例，最高人民法院发布的非司法解释类审判业务规范性文件，公理、情理、经验法则、交易惯例、民间规约等。[1]一些司法解释和司法解释性文件也可以支持这种区分。[2]第二种关于裁判理由的理解包括"裁判依据"。《民事诉讼法》第155条规定的"作出裁判的理由"被认为包括裁判依据。根据《人民法院民事裁判文书制作规范》（简称《制作规范》）之规定，裁判理由似乎确实包括裁判依据。[3]

除此之外，我们可以追溯至《民事诉讼法》和《制作规范》探求"裁判理由"可能的内涵。根据《民事诉讼法》之规定，判决书对于理由的描述存在四种情形：一是作出该判决的理由；二是当事人争议的事实和理由；三是判决认

---

［1］《最高人民法院关于加强和规范裁判文书释法说理的指导意见》（法发〔2018〕10号）第13条规定："除依据法律法规、司法解释的规定外，法官可以运用下列论据论证裁判理由，以提高裁判结论的正当性和可接受性：最高人民法院发布的指导性案例；最高人民法院发布的非司法解释类审判业务规范性文件；公理、情理、经验法则、交易惯例、民间规约、职业伦理；立法说明等立法材料；采取历史、体系、比较等法律解释方法时使用的材料；法理及通行学术观点；与法律、司法解释等规范性法律文件不相冲突的其他论据。"

［2］《最高人民法院关于民事诉讼证据的若干规定》（法释〔2019〕19号）第53条第1款第2句规定："法律关系性质对裁判理由及结果没有影响，或者有关问题当事人充分辩论的除外。"《最高人民法院关于适用〈中华人民共和国刑事诉讼法〉的解释》（法释〔2021〕1号）第300条第1款规定："裁判文书应当写明裁判依据，阐明裁判理由，反映控辩双方的意见并说明采纳或者不予采纳的理由。

［3］参见《人民法院民事裁判文书制作规范》（法〔2016〕221号）规定，"理由部分需要援引法律、法规、司法解释时，应当准确、完整地写明规范性法律文件的名称、条款项序号和条文内容，不得只引用法律条款项序号，在裁判文书后附相关条文"。

定的事实和理由;四是适用的法律和理由。[1]根据《制作规范》,当事人争议的事实和理由以及判决认定的事实和理由可以归入"事实"之中,适用的法律和理由可以分别归入"裁判依据"和"理由"项下,作出判决的理由可以归入"理由"项下。我们可以把裁判理由分为两类:一是作为论据的裁判理由,它关注的是静态意义上的作为论据对法律适用的支持,前述第一种裁判理由可以归入此类。二是作出裁判的理由,它关注的是法官提供理由支持判决结果的动态过程以及这一过程中运用的一系列理由。

至此,通过对"裁判依据"和"裁判理由"的分析,并不能得出关于两者内涵与外延的一致性判断,这两个概念的使用也颇为混乱。接下来笔者将会依据学界的通行做法,在法的渊源理论下展开对两者的分析,以期寻找一个关于两者较为合理的解释。

三、法源理论下的"裁判依据"与"裁判理由"

(一)我国法源理论下的"裁判依据"与"裁判理由"

法律渊源可分为正式的法律渊源与非正式的法律渊源,[2]即正式法源与非正式法源,此系我们国家法源分类的主流观点。正式法源指具有明文规定的法律效力,直接作为法官审理案件之依据的规范来源。非正式法源指不具有明文规定的法律效力,但是具有法律意义并可能构成法官审理案件之依据的准则来源。最高人民法院在工作答复中曾指出,指导性案例不是正式法源,因此在裁判文书中不能作为裁判依据引用,但是可以作为裁判理由。[3]这似乎表明裁判依据是正式法源,裁判理由是非正式法源。这里存在两个问题:第一,这种法源分类本身就存在不能解释规章、立法资料、司法解释属于正式法源还是属于非正式法源的问题。[4]如果司法解释属于非正式法源,这就会导致第二个问题,即司法解释与制定法属于不同的法源类型,却可以同时作为裁判依据,而

---

〔1〕《中华人民共和国民事诉讼法》第155条规定:"判决书应当写明判决结果和作出该判决的理由。判决书内容包括:(一)案由、诉讼请求、争议的事实和理由;(二)判决认定的事实和理由、适用的法律和理由……"

〔2〕参见舒国滢主编:《法理学导论》(第二版),北京大学出版社2012年版,第66—79页。

〔3〕参见《最高人民法院对十三届全国人大一次会议第2455号建议的答复》《最高人民法院对十二届全国人大五次会议第1832号建议的答复》《最高人民法院对政协十二届全国委员会第五次会议第0095号(政治法律类014号)提案的答复》。

〔4〕舒国滢、王夏昊、雷磊:《法学方法论前沿问题研究》,中国政法大学出版社2020年版,第303-306页。

司法解释之外的事物却不能作为裁判依据。我们就必须解释为什么不同类型的法源可以同时作为裁判依据，非正式法源中其他的内容却不能作为裁判依据。

为了解决二分法不能对规章和司法解释进行归类的问题，学界引入了必须的、可以的、非必要的法源分类。[1]这种法源理论可以解释法官对待不同法源的义务，也能够超越传统的二分法。一是必须的法的渊源，指在某种情形下法律适用者必须引用和提及的法的渊源，法官对此具有强意义上的义务；二是应该的法的渊源，指法官在某种情形下应该引用或提及的法的渊源，法官对此具有"弱意义"上的义务。如果应当引用，而法官没有引用，则需要对不引用进行证成。三是可以的法的渊源，指允许法律人引用或提及的法的渊源，法官对此没有任何义务。基于该分类我国法的渊源可以分为：必须的法的渊源，即宪法、法律、行政法规、地方性法规、民族自治法规、经济特区法规、特别行政区的规范性文件、国际条约等；应该的法的渊源，即部门规章、地方性规章、司法解释文本等；可以的法的渊源，即立法资料、习惯、政策、道德等。[2]这种分类虽然超越了传统的二分法，但是对于解释"裁判依据"和"裁判理由"的划分将是无用的。如果说把裁判依据当作必须的法的渊源，那么如何解释部门规章可以作为裁判依据却不是必须的法的渊源？对于指导性案例，法官应当参照适用，对于会议纪要并没有规定法官"应当参照"，而是规定法官"可以参照"，此时如何对两者进行归类？

另外一种具备较强解释力的是雷磊教授关于效力渊源与认知渊源的划分。[3]法的渊源系司法裁判过程中裁判依据的来源，在司法论证中发挥权威理由的功能，包括效力渊源和认知渊源。效力渊源是裁判依据的效力来源，它需要具备独立的效力，否则不能成为法的渊源，包括宪法、法律、行政法规等。认知渊源是裁判依据的内容来源，它本身不具备独立的效力，必须与效力渊源一同才能构成裁判依据的权威理由，包括习惯、指导性案例、司法解释。

此处存在的问题是法的渊源是裁判依据的来源，但是我们所谓的裁判依据又是法律、行政法规等规范性法律文件（我们称之为裁判根据的东西），这就会造成互相矛盾。一个可能的解释是，雷磊教授所谓的"裁判依据"系法律规

---

[1] 参见［瑞典］亚历山大·佩策尼克：《论法律与理性》，陈曦译，中国政法大学出版社 2015 年版，第 307—308 页。

[2] 舒国滢、王夏昊、雷磊：《法学方法论前沿问题研究》，中国政法大学出版社 2020 年版，第 309—310 页。

[3] 参见雷磊：《重构"法的渊源"范畴》，载《中国社会科学》2021 年第 6 期。

范,而不是规范性文件,他所谓的"裁判依据"和我们说的"裁判依据"不同。同时雷磊教授认为"裁判理由"属于实质理由,即能够增强结论正当性和可接受性的材料,但是这些材料又不属于法源的一部分。这与我们说的"裁判理由"包括习惯、指导性案例也不同。为了讨论的一致性,我们可以把裁判依据和裁判理由修正为法源本身,这种情况下,裁判依据就是效力渊源,裁判理由属于认知渊源。这种渊源理论能够说明裁判依据对法官具有法律拘束力,法官具有遵守的法律义务,但是它并不能解释法官对于不同类型的认知渊源(也即不同的裁判理由)有何种义务。另外,按照该理论,司法解释被归于认知渊源,这里依然会产生一个如何对待司法解释的问题。此外,这种理论仍旧存在一个重大问题:作为效力渊源的制定法也能够作为认知渊源。注意,这里并非否认效力渊源也可以提供内容,而是说效力渊源本身也可以不作为裁判大前提的效力基础,而仅仅作为裁判大前提的认知来源。如此,效力渊源和认知渊源的划分也被打破了。[1]

(二)域外法源理论下的"裁判依据"与"裁判理由"

德国官方对法源持一种狭义的观点,法源即对法律适用者而言具有约束力的法规范(verbindlichen Rechtssatz)。[2]德国较为通行的法源理论把法源划分为基础性法源(orimäre Rechtsquellen)和法认知源(Rechtserkenntnisquellen),基础性法源系法律、法规或规章,法认知源系没有法之约束力的影响因素。[3]这种二元论系建立在"法适用"与"法制定"二分及"是"与"应当"二分的基础之上。[4]默勒斯教授在此基础上引入次级法源(sekundäre Rechtsquellen),

---

〔1〕 这种法源理论对"裁判依据"和"裁判理由"的解释也会衍生一个深层次的争议。权威理由和实质理由下,我们如何对裁判依据与裁判理由进行归类?权威理由系通过其权威性支持一个命题,而实质理由是通过内容的正确性支持一个命题。雷磊教授把两种法的渊源都归结为权威理由,即我们所谓的"裁判依据"与"裁判理由"都属于权威理由。把裁判理由归结为权威理由实际上预设了一种实证主义的立场,即作为裁判理由的内容需要通过制定法或法官实践的检验。如果我们预设一种非实证主义的立场,即作为裁判理由的内容仅因其正确性就可以作为制定法的理由,我们就可能把裁判理由归结为实质理由。但这不是本文论证的重点,无论预设何种立场,它们仍旧解释不了为何"裁判依据"能够作为"裁判理由"。

〔2〕 〔德〕托马斯·M.J.默勒斯:《法学方法论》(第4版),杜志浩译,北京大学出版社2022年版,第64页。

〔3〕 〔德〕托马斯·M.J.默勒斯:《法学方法论》(第4版),杜志浩译,北京大学出版社2022年版,第64—65页,第128—131页。

〔4〕 〔德〕托马斯·M.J.默勒斯:《法学方法论》(第4版),杜志浩译,北京大学出版社2022年版,第129页。

把传统归入法认知源的法官法、行政规则、私人创设的规范纳入次级法源之中。[1]法官不仅事实上受到次级法源的约束，而且对其有参详义务、辅助性的遵从义务以及推定的约束力。[2]

　　这种法源理论的三分法更为精致，对法认知源或认知渊源进行了更精细的划分。它也把法源聚焦于司法之中，但是持有的仍旧是一种静态视角，仍然面临着上述法源理论面临的同样问题，即如何安置司法解释以及如何解释作为基础性法源的法律为何在具体的案件中可以作为次级法源或法认知源。

　　英美一般会把法源划分为初级法源（primary authority）和次级法源（secondary authority）。初级法源即立法机关发布的法律，包括宪法、判例法和制定法；次级法源非法律，但是具有说服性，包括法律辞典、判例集、法律重述、学术期刊等。[3]简单来说，初级法源是法律，次级法源不是法律。[4]前者对应"裁判依据"，后者对应"裁判理由"[5]。

　　除此之外，也可以把法源划分为约束性法源（binding/mandatory authority）与说服性法源（persuasive authority），前者对法官具有法律约束力，法官必须遵守；后者不具备法律约束力，仅仅具有说服力，能够解释、补充约束性法源。[6]但是我们不能想当然地认为初级法源即约束性法源，次级法源即说服性法源。

---

　　[1]〔德〕托马斯·M. J. 默勒斯：《法学方法论》（第4版），杜志浩译，北京大学出版社2022年版，第65页。

　　[2]〔德〕托马斯·M. J. 默勒斯：《法学方法论》（第4版），杜志浩译，北京大学出版社2022年版，第134—137页。

　　[3] See Bryan A. Garner, *Black's Law Dictionary*, 9th ed., West Press, 2009, p. 153.; E. Allan Farnsworth, *An Introduction to the Legal System of the United States*, 4th ed., Oxford University Press, 2010, pp. 91-97.; Fiona Cownie, Anthony Bradney, Mardy Burton, *English Legal System in Context*, 6th ed., Oxford University Press, 2013, p. 88.

　　[4] See Daniel L. Barnett, *Legal Reasoning and Objective Writing: A Comprehensive Approach*, Wolters kluwer, 2016, p. 37.

　　[5] 我国的"裁判理由"不同于英美所谓的"裁判理由"。英美所谓的"裁判理由"系"ratio decidendi", see Bryan A. Garner, *Black's Law Dictionary*, 9th ed., West Press, 2009, p. 1376. "Ratio decidendi"与"holding"含义大体相同，只不过是在美国判决书中使用"holding"一词，在英国判决书中使用"ratio decidendi", see E. Allan Farnsworth, *An Introduction to the Legal System of the United States*, 4th ed., Oxford University Press, 2010, pp. 53, 62. 所以"ratio decidendi"译为"判决"，应当与我国的"裁判理由"区分开。张骐教授也认为"ratio decidendi"翻译为"判决"较为合适。参见张骐：《论案例裁判规则的表达与运用》，载《现代法学》2020年第5期。

　　[6] See Bryan A. Garner, *Black's Law Dictionary*, 9th ed., West Press, 2009, p. 153.; Thomas R. Van Dervort, David L. Hudson, Jr., *Law and the Legal System: An Introduction to Law and Legal Studies in the United States*, 3rd ed., Wolters Kluwer Law & Business, 2012, pp. 60-61, 96-98.

我们唯一能断定的是约束性法源一定是初级法源，次级法源一定不是约束性法源。次级法源往往只能是说服性法源，但初级法源可以是约束性法源，也可以是说服性法源。[1]比如，虽然先例（precedent）系法律，但是因为管辖的不同，存在约束性先例和说服性先例之别，前者系约束性法源，后者系说服性法源。[2]这就说明我们前段得出的结论是不精确的。初级法源不能对应"裁判依据"，因为并非所有的法律都能够在个案中对法官产生约束力，相对于约束性法源其扩大了"裁判依据"的范围；次级法源也不能与"裁判理由"相对应，其忽视了个案中不具备约束力的法律，相对于说服性法源缩小了"裁判理由"的范围。

把约束性法源作为"裁判依据"，说服性法源作为"裁判理由"更具有解释力，因为它们关注到具体的司法裁判过程，而非停留在立法之中。作为约束性法源，裁判依据意味着对法官具有法律约束力的材料；作为说服性法源，裁判理由意味着对法官不具有约束力，却是能够辅助法官说理的材料。但是这种理论仍然面临着如何安放司法解释以及作为约束性法源的法律在某些情况下也可以作为说服性法源的问题。

（三）法源理论的困境

通过在不同法源理论下对"裁判依据"和"裁判理由"进行检讨，我们在一定程度上揭示了"裁判依据"和"裁判理由"的一些特性，但是这些解释并不充分。除此之外，这些理论都碰到一个问题，即如何安放司法解释。"裁判依据"包括司法解释，但是按照这些法源理论，司法解释又不属于与制定法同类的法的渊源，我们需要对此进行解释。即使我们退一步，把司法解释归入与制定法同类的法的渊源之中，我们还面临着许多问题。即使我们作出最大的让步，把"裁判依据"和"裁判理由"修正到符合相关法源理论，仍旧会面临诸多问题。

我们称之为正式法源、初级法源、效力渊源、必须的法的渊源、基础性法源的事物，在进行体系解释的情况下，都可以归入非正式法源、次级法源、法认知源或说服性法源、次级法源、应当的或可以的法的渊源。在某案件中作为裁判依据的制定法，在另外一个案件中却变成了作为裁判理由的解释性材料，

---

[1] See William M. Lile, et al., *Brief Making and the Use of Law Books*, 3rd ed., West Publishing Company, 1914, p. 12.

[2] See Thomas R. Van Dervort, David L. Hudson, JR., *Law and the Legal System: An Introduction to Law and Legal Studies in the United States*, 3rd ed., Wolters Kluwer Law & Business, 2012, pp. 18-19.

这就导致以上所有对法的渊源的分类都崩塌了，它们解释不了"裁判依据"，也解释不了"裁判理由"。

第一，法源理论忽视了"裁判依据"和"裁判理由"最核心的特征，即与案件的相关性，只有与案件相关的法源才能构成裁判依据。[1]不理解相关性，我们就不能理解为什么同种性质的法源在不同的裁判文书中地位并不相同，比如刑事判决中只能引用法律和司法解释（不包含附带民事）作为裁判依据；就不能理解为什么宪法作为法的渊源不能够作为裁判依据。第二，由于裁判依据和裁判理由"相关性"特质的存在，"裁判依据"和"裁判理由"的界限并非静态不变的，而是流动的。在某个法律部门中作为"裁判理由"的法律法规，在另外一个法律部门可以作为"裁判依据"；在同一个法律部门中，有些法律在某些案件中是"裁判依据"，在另外一些案件中是"裁判理由"；同一个条款，在不同的个案中也可能分别承担"裁判理由"和"裁判依据"的功能。第三，"裁判依据"与"裁判理由"之间的流动在一定程度上是单向的，"裁判依据"可以成为"裁判理由"，但是"裁判理由"并不总能成为"裁判依据"，这就导致"裁判理由"的范围根本就不能被限制在法律、规范等规范性法律文件之外。第四，由于忽视了"相关性"与"流动性"问题，法源理论下的"裁判依据"与"裁判理由"的区分不能完全解决诉讼法上的一些问题，如二审审查中"法律适用"的范围问题，再审申请事由中"法律适用错误"的问题，判决书中争议点的问题。

四、动态视角下的"裁判依据"与"裁判理由"

法源理论下，"裁判依据"与"裁判理由"之所以存在诸多问题，是因为法源理论只考虑一个层次的问题，忽略了两者与个案之间的"相关性"，忽略了"裁判依据"和"裁判理由"是在个案中提出的，它们是动态的，而非静态的。

如果我们持有一个动态的视角，即在具体的裁判过程中看待"裁判依据"和"裁判理由"，可以把有关"裁判依据"和"裁判理由"的问题和理论划分为三个层次：第一，哪些内容有资格作为裁判依据与裁判理由？它解决我们从哪里获取裁判材料的问题。这是法源理论所处理的问题，也是判定"裁判依

---

[1]《最高人民法院关于裁判文书引用法律、法规等规范性法律文件的规定》（法释〔2009〕14号）第1条第1句规定："人民法院的裁判文书应当依法引用相关法律、法规等规范性法律文件作为裁判依据。"也即只有"相关"法律、法规等规范性文件才能作为裁判依据。

据"的形式标准。第二，不同类型的裁判中，裁判依据和裁判理由的范围有何不同？它解决的是不同部门法类型下，从哪里获取裁判材料的问题。这是法源理论与部门法理论要一同处理的问题。第三，在具体的个案中，裁判依据和裁判理由的含义为何？两者有何关系与不同？这是裁判理论需要处理的问题。

（一）动态视角下法源理论中的"裁判依据"与"裁判理由"

第一个层次的问题仅仅涉及"裁判依据"的形式要求，它只能回答哪些内容可以作为裁判依据，回答不了哪些内容可以成为裁判理由，因为裁判理由是内容关涉的，它存在实质标准，那种把法律、法规等排除在裁判理由之外的解释只是从反面定义"裁判依据"是什么，根本界定不了何为"裁判理由"。另外，即使通过法源对"裁判依据"进行界定，相关的法源也仅仅是成为"裁判依据"的一种资格性要求，即成为某种法源只是成为"裁判依据"的必要而不充分条件。

关于"裁判依据"是否限于规范性法律文件以及司法解释是否作为"裁判依据"的问题。通过第三部分法源理论下的检讨，正式法源、初级法源、效力渊源、必要的法的渊源等对制定法持一致的态度，把非制定法以外的内容排除，它们提供的是裁判大前提的效力基础。在这个意义上，裁判依据应当限于制定法。但是有争议的是司法解释的地位如何界定。对此我们有如下主张：一是从法源的角度来看，司法解释似乎一直被认为与制定法不属于同级别，所以将司法解释从规范性法律文件的行列排除。然而，最高人民法院将"司法解释"解释为"裁判依据"，这本身就是自己向自己授权，因此这种解释未必站得住脚。二是承认制定法和司法解释属于不同的法源，但是认为规范性法律文件可以包括两者。这种主张虽然不需要解释两者为何分属不同的法源，但它需要说明两者缘何能够同样作为规范性法律文件，以及缘何能够同样作为裁判依据。三是作一个强意义上的主张，司法解释虽然不是制定法，但是它实质上具有制定法的效力，在法源性质上与制定法相同。[1]

综上可知，第一种主张将排除司法解释作为裁判依据，而后两种主张都能容纳司法解释作为裁判依据。对于三者的争议，我们或许可以提出一个反向追问：某一个判决缺乏制定法支持与缺乏司法解释支持的结果一样吗？在我国，制定法作为裁判的规范基础，它提供裁判的效力基础，如果一个裁判缺乏制定法支持，就不能被认为是一个司法判决。但是，一个判决如果缺乏司法解释的

---

〔1〕 参见苗炎：《论司法解释的性质和效力位阶》，载《中外法学》2023 年第 2 期。

支持，却存在制定法的支持，我们仍然会认为它是一个司法判决。所以在我国，制定法是判决具有效力的必要条件，但司法解释不是，司法解释的效力本身又源于制定法。在这个意义上，司法解释应当从"裁判依据"中排除。至此我们可以对第一部分的问题作出回答：裁判依据应当仅限于规范性法律文件，且该规范性法律文件不包括司法解释。

虽然裁判理由的范围是不可限定的，但是它仍旧需要内部具体的划分，比如：法官对于不同类型的裁判理由有何义务？对指导性案例的"应当参照"与对会议纪要的"可以"参照之间有何区别？

（二）动态视角下部门法源理论中的"裁判依据"与"裁判理由"

第二个层次的问题实际上是在追问各个部门法的渊源。不同部门法的法源不同，因此"裁判依据"也有所不同。基于相同的理由，想要形式上对"裁判理由"进行限定是不可能的，但是因为不同的部门法有各自的实质标准，不同类型的判决书对于裁判理由的要求也不尽相同。不同法律部门的裁判理由至少要求相关的"裁判理由"与本部门法具有"相关性"。

这里争议比较多的还是不同法律部门的"裁判依据"的范围问题，比如：部门规章能否在民事裁判中充当"裁判依据"？行政法规在何种程度上能够在民事裁判中充当"裁判依据"？此外，虽然某些规范性文件与该部门法存在一定的"相关性"，但是囿于形式上的要求，仍旧不能作为裁判依据。比如，根据罪刑法定原则之要求，只有狭义的法律才能充当裁判依据。[1]再比如，我的国宪法与任何部门法案件都具有相关性，但是不能够作为任何法律部门的"裁判依据"。[2]

（三）个案裁判中的"裁判依据"与"裁判理由"

第三个层次的问题涉及整个裁判理论，"裁判依据"和"裁判理由"都应该放在个案中进行理解。在具体的裁判过程中，法官结合当事人的诉讼请求，以认定的事实为基础，围绕双方的争议焦点，寻找相关的法律根据，对法律根据进行选择、解释乃至续造，[3]这整个过程就是裁判文书上"裁判理由"所承载的过程。认识论上的要求本身就是一种实质的道德要求，[4]因此司法裁判论

---

〔1〕 参见张明楷：《刑法学》，法律出版社 2021 年版，第 59—61 页。

〔2〕 参见《人民法院民事裁判文书制作规范》（法〔2016〕221 号）关于"裁判依据"之规定。

〔3〕 参见傅郁林：《判决书说理中的民事裁判逻辑——围绕〈民事诉讼法〉第 155 条展开》，载《中国应用法学》2022 年第 1 期。

〔4〕 See Ronald Dworkin, *Justice for Hedgehogs*, Harvard University Press, 2011, p. 100.

证过程本身就构成一种实质理由。在经过各种论证得出结论之后,我们把这些"理由"和"结论"进行重构,只提取出我们适用的法律根据作为裁判依据。这就意味着"裁判理由"也会引用法律条文,但并非所有法律条文都能够作为裁判依据。因此我们就可以把"裁判依据"界定为作出裁判的依据,把"裁判理由"界定为作出裁判的理由,它们不仅仅是我们得出裁判结论的一系列论据,也是整个提供理由得出裁判结论的过程。

裁判依据和裁判理由之间存在如下关系。其一,裁判依据是对裁判理由中通过一系列的论据进行推理所得出的结果的重构,它本身就蕴含在裁判理由的过程之中,所以我们最后所采纳的裁判依据一定要在裁判理由中得到印证,否则该裁判依据就不具备说服力,甚至可能是错误的适用。其二,裁判依据并不必然包括所有在裁判推理过程中所适用的法律条文,只有在裁判理由中得到印证的、为裁判提供效力基础的法律条文才是裁判依据。因此,裁判依据所表述的条款在裁判理由中一定有所表现,但是裁判理由中的法律条文在裁判依据中未必有所表现。这里也提醒我们,不仅仅"裁判依据"中需要标明所引用的法律条文,"裁判理由"中以法律条文为基础的论证也需要标明引用的条文,特别是对于判决最后适用的条文以及具有重要意义的条文,更要进行清晰引用。除此之外,在适用其他论据时,也需表明其来源,需要对其进行清晰的引用,比如对于学说的引用要标明其所出自的书籍或期刊。其三,法律根据与案件事实的关系也会影响裁判理由与裁判依据的关系。在进行法条检索、法条竞合的判断、法律解释与法的续造等过程中,裁判依据和裁判理由之间的关系都有所不同。在一些案件中,我们如果想适用一些裁判依据,必须提供强的论证,但是在另外一些案件中,我们只需要提供微弱的论证。比如,在法的续造过程中,我们要想适用一个类推的法律条文,必须提供一个充分的裁判理由,但是在一个裁判依据和案件事实高度吻合的裁判中,并不需要提供一个强的裁判理由。

与强的裁判理由和弱的裁判理由相对,我们可以根据案件是否存在直接可以引用的法律条文,把裁判依据划分为直接裁判依据和间接裁判依据。间接裁判依据出现在没有直接可适用的法律条文的情形,在这种情况下需要进行习惯确定、法律续造、适用原则等。其中法律原则、习惯、承载被续造出来的法律规范的法律条文就是间接裁判依据。当裁判依据是一个间接裁判依据时,"裁判理由"的论证过程需要提供强的裁判理由,承担较重的论证负担;当裁判依据是一个直接裁判依据时,"裁判理由"的论证过程只需要提供弱的裁判理由,承担较轻的论证负担。除了权威理由和一些实质理由之外,我们在此还能够引入作为方法论要求的理由，它们本身就能构成一个强的理由。比如，必须说明符合原则适用的条件才能够适用法律原则。

五、结论

我们从法源理论转向个案式的动态视角，以期获得关于两者明晰的理解。但是以上论述并没有消解法源理论对于"裁判依据"和"裁判理由"的意义，它只表明法源理论有一定的局限，将法源理论放在动态视角下来理解"裁判依据"与"裁判理由"更加准确。以上论述并没有表明我们不能从静态意义上来理解"裁判依据"与"裁判理由"，实际上本文所谓的动态视角下的"裁判理由"和"裁判依据"也包括静态意义上作为论据的"裁判依据"和"裁判理由"。本文的核心在于表明，如果脱离个案，脱离具体的裁判过程，我们永远无法真正理解何为"裁判依据"和"裁判理由"。

慎到"势"思想新解

华梦莹*

摘 要 慎到"势"思想是道法家和法家主张的重要基石,囿于时代的局限性和理论的不完备性,其在发展中逐渐僵化并间接使得法家思想走向了物治主义。通过对道家和法家思想精华的正本清源,"势"被重构为一个包容了丰富含义的意象群,在现实层面上表现出客观性和强制性,是君主进行有效统治的事实和规范基础;在观念层面上是"道"在现实世界中的投射,观念和现实之间依靠"势"概念内部具有的连续性相互影响,彼此融贯。

关键词 道法家 慎到 "势" 庄子

一、引言

中国传统社会治理体系中除儒家正统之外,以庄子为代表的道家和以慎到为代表的黄老学派之间也采取了两条不同的政治哲学路径,但在理论上均存在不足之处。老庄一派的道家学者注重对儒家"德-礼"体系的解构,试图用形而上的"道"弥合实然和应然之间的鸿沟,通过"无为"将"道通为一"的观念与政治实践结合起来。整体来看,道家的政治哲学是一曲理想主义的赞歌,强调人可以通过"内圣"实现"无为"和"为"之间的均衡和张力,但能够从自身出发克服人性的圣人实在是少数。据此,本文将目光转向了以黄老学派为代表的道法家,他们尝试借助法这一形而下的"物象"在政治实践中实现道之精神,将法作为衡量"无为"与"为"之间的界限的标准,但在运行过程中又

---

* 华梦莹,中国政法大学 2022 级法学理论硕士。

出现了法和道相分离的现实难题。从慎到"引道入法"的研究路径入手，道家精神如何指导现实、道法家思想如何回归道之真义，两个问题本质上都聚焦到为"法"提供强制力和正当性基础的"势"概念上。它既是问题的成因，也是破除困境的关键，只有顺应道才能成"势"，通过"势"才能有效构建现实秩序。

二、对"势"的基本认识

法家思想发微于王室衰落、战乱纷起的春秋战国时期，相较于以伦理关系为核心、具体交往为素材建构的礼乐制度，法家思想尝试提出一种客观确定的、以一定抽象程度的社会规律为基础的尺度标准。在此过程中，道法家是将道家思想引入法家并作为其政治哲学基础的重要学术群体，其代表人物慎到主要是在"势"概念中完成了"道"向"法"的传递过程。

（一）"势"的基本特征

慎到有关"势"的叙述，最广为人知的是他在《慎子·威德》中所提出的"腾蛇游雾，飞龙乘云，云罢雾霁，与蚯蚓同，则失其所乘也。故贤而屈于不肖者，权轻也；不肖而服于贤者，位尊也"。具体来看，"势"思想表现出客观性和强制性两大基本特征。

1. "势"的客观性

"势"的客观性集中表现为它是根据客观存在所形成的差异性关系。慎到用龙蛇之势来自云雾这一点比喻"势"之重要性，以唯物主义的眼光来看可能比较难以理解，后来韩非子用沉浮比喻"势"之重要性更贴近常识，[1]两者所表达的意思是龙蛇借助了云雾之势而能发挥与蚯蚓不同的神通，千钧和锱铢凭借了船的承载而在水面沉浮，这是自然之势的差异。慎到进而指出，君臣之间本来并没有因为儒家所称的道德高下而存在统治关系，只是因为权位不同才产生了统治者与被统治者的角色分工。这是由君主设立的人为之势，其强弱差异在于民众力量的多寡。

慎到在《慎子·威德》中提出"身不肖而令行者，得助於众也"，表明在令行禁止的背后很重要的是民众的力量，不过这种民心所向的凝聚力并不是来自儒家的圣人模范，而是来源于"下之所能不同，而皆上之用也"。[2]法家和儒家选用人才的标准不同，法家不否认个人道德在社会生活中的重要性，只是

---

〔1〕《韩非子·功名》：千钧得船则浮，锱铢失船则沉，非千钧轻锱铢重也，有势之与无势也。

〔2〕《慎子·民杂》。

相比于根据"尚贤"这一主观标准选取善说会道的文人学士，法家认为按照法律设定的"任能"这一客观标准更能够选拔到真正符合君主治国需要的实用人才。[1]而判断"能"与"否"的标准，则需要由君主根据民众的不同特质进行管理和分配。慎到期待君主"因民之能为资，尽包而畜之……大君不择其下，故足"。[2]假如君主能够使官民各司其职、各得其所，自然会为自己的统治形成坚实有力的民众基础。

2."势"的强制性

"势"的强制性在于就客观差异性关系完成了社会意义上的延续，形成了道法家所主张的"法"，其理想的治理模式是，"名分定，势治之道也。名分不定，势乱之道也"。[3]韦伯曾指出，共同体中存在着两种不同的支配类型，一者是基于利害状况的支配，一者是基于权威的支配。[4]前者的意指和"势"的客观性相类似，是对社会中能力地位存在客观差异的事实描述，但并不必然指出统治权力的流动方向，如墨家仍可以追求"兼爱"和"尚同"；而后者则类似于"势"的强制性特征，表明被统治者并未享有在客观统治事实之外的行动自由，甚至是形式上的选择自由。但在道法家的思想中，两种支配类型得到了统一，"势"和法成为相辅相成的两个对象：第一，法需要以"势"为基础进行统治，"势"所提供的统治逻辑为法建立起了一种服从性权威，法在整个社会中能够被有效制定并得到贯彻执行。第二，"势"通过法的形式在社会中被正当地显现。秩序代表着一种行为结构，而差序则是由自然向社会进行投射的差异性结构。当时实际的政治事实也是如此，法家学者只是点明了这一点，即"势者，胜众之资也"[5]。

因此，相比于纯粹物质属性的自然之势，慎到为人设之势寻找到的民力基础是客观的，其呈现形式却同儒家的治理并无二致，均是由权力上位者根据主观意愿和利益需求人为框设的。社会中固然存在着力量、性别、年龄、出身等差异，但是占据优势地位的群体依其目的创造了种种统治工具和正当性理由，以此将流动的人固定在了一个稳定的等级秩序之中。

---

〔1〕 参见刘泽华：《法家"不尚贤"辨析——战国时期儒法之争问题之一》，载《天津社会科学》2016 年第 6 期。

〔2〕《慎子·民杂》。

〔3〕《商君书·定分》。

〔4〕［德］马克思·韦伯：《支配社会学》，康乐、简惠美译，上海三联书店 2020 年版，第 3—4 页。前者是基于某种独占性地位的支配，后者是基于命令权力与服从义务的支配。

〔5〕《韩非子·八经》。

（二）"势"所受到的限制

尽管"势"构成了君主依法统治的权威基础，并且似乎具有翻云覆雨的威力，但根据"势"的两个基本特征，"势"的运行会受到内在和外在的种种限制。

"势"的客观性特征表明，它来自共同体内呈现出的差异性面貌，同样也将受限于共同体本身。这一支配性权威的根本限制来源于共同体内部，它是且仅是由共同体的最高顶点出发、由中心向不同层次进行辐射的。首先，"势"的范围无法遍及统治疆域不可及的更远国家和地区。因此，区别于以汉族为中心的文化共同体，其他民族并未生活在君主之"势"的社会文化语境中，亦不会受到其客观有效性基础及强制效力的约束，两者间时有摩擦和冲突，进而会使"势"本身面临破碎和融合。其次，"势"的作用有赖于统治者的政治艺术和民众对这种力量差异对比的无意识。当被统治者发现这种角色分工的非必然性，并不再被迫自愿成为"势"的力量基础时，该强制性的神话便会被打破，原先通过"势"组建起来的共同体秩序也将面临分解的危机。

"势"的强制性特征表明，它也会受到诸多不稳定因素所带来的外部限制，这要求其运行不得偏离相应的规范性目的。首先，从社会治理的理想标准来看，慎到指出"故立天子以为天下，非立天下以为天子也。立国君以为国，非立国以为君也"。[1]君主处于权力的最高顶点，但并不是为了私欲而进行统治，而是应当根据天下百姓的利益进行治理。此是"去私存公"的限制之一。其次，从社会治理的现实操作来看，"势"因其客观性而具有"非贤非愚"的中性特征。这一点是韩非对慎到"势"思想进行的辩驳，[2]他主张将"法"和"势"结合起来，即使"势"为"中人"所用，"法"也能为"势"提供一个介于治乱之间的参照标准。此是"依法而行"的限制之二。最后，从社会治理的基本预期来看，即便是出于公利的目的进行治理，君主使用威势也不应当过盛。《管子·版法》中提到，"民不足，令乃辱，民苦殃，令不行"。《吕氏春秋·用民》也指出，"不得其道，而徒多其威，威愈多，民愈不用"。因此，"势"的使用必须要遵循道的基本规律，既能允许君主凭借法令无为而治，也能让官民上下

---

〔1〕《慎子·威德》。

〔2〕参见宋洪兵：《韩非"势治"思想再研究》，载《古代文明》2007年第2期。韩非指出儒法两家的"贤""势"之辩中所暴露出"势"的主要问题在于：它作为一种客观的力量，需要依靠用"势"之人的贤能来实现良好的治理效果，但"势治"和"贤治"本来就是自相矛盾的。《韩非子·难势》中指出："夫贤之为势不可禁，而势之为道也无不禁……夫贤、势之不相容，亦明矣。"

和顺。此是“勿伤民力”的限制之三。

总的来看，慎到所提出的“势”与“贤”有别，认为相对于依凭“贤”的人治来说，依凭“势”的法治在政治实践中更具有正当性和可行性。如果说顺应天道而呈现出来的自然之势是“势”的一个侧面，那么君主代表天道规律所设立的人为之势则是“势”的另一个侧面，因而道法家尝试通过“势”的概念将应然与实然连接起来。不过“势”本身所受到的内部和外部限制，似乎预示着该尝试未能很好实现其所预期实现的目标。

三、“势”的困境：“道”与“法”的分径

“势治”是道法家为法的正当性提供的一剂良药，但“引道入法”的理论尝试也从根源上限制了法家思想的发展，使其难以跳出物治主义的窠臼：法律作为客观统一的统治量度，其自身制定标准却来源不明，有时甚至罔顾人情习俗的影响。这一趋势在道法家的阐述中已有体现，庄子曾认为，慎到“不知道”其思想的基本立场为“于物无择，与之俱往”[1]。慎到强调事物的变化发展是顺应外部环境作用，依照事物自身法则运行的自然过程。因此，道法家摒弃人为设定的各种标准，尝试从事物的本质出发寻找社会的治理规律。

（一）“引道入法”的有益尝试

通过观察自然界的事物对人作为社会存在这一命题进行哲学思考，慎到强调人的无欲、无知、无为。庄子在“天下”篇中指出慎到道家思想的三个关键要点。

第一，“无建己之患”。和儒家从己身出发强调“修身、齐家、治国、平天下”[2]的观点不同，个体在慎到的思想中是处于与万物齐一的地位。也就是庄子所说的，“椎拍輐断，与物宛转；舍是与非，苟可以免”。不同个体的角色身份和社会分工，都应当是像用椎子将不相合的物体拍合那样，嵌合于人与人交往的关系网中并随之变动和发展。人无法按照个体产生的欲望对某事物或对象进行长久的、牢固的占有和控制，而只能发生一种暂时的、因缘际会的关系。[3]达到这种“无欲”的境界，自然也不会存有要使自己作为一个独立个体从万物中显现出来的担忧，而是在摆脱附着于己身上的重重欲望后，轻盈地认识到

---

〔1〕 《庄子·杂篇·天下》。

〔2〕 《礼记·大学》。

〔3〕 参见许建良：《道家道德的普世情怀》，载《哲学动态》2008 年第 5 期。

"吾丧我"〔1〕。

第二，"无用知之累"。"建己"从感性角度否认了人在万物之中的独特地位，"用知"则从理性角度重新审视人的认知和思维活动。前者是观外在，"天地与我并生，而万物与我为一"〔2〕；后者是观内在，"不师知虑，不知前后，魏然而已矣"〔3〕。不论是传统的约定习俗，还是前沿的科技新知，都能够帮助人们更有序地组织生产生活，但这些实践的真理性却未知可否，"人皆知有用之用，而莫知无用之用"〔4〕。人的认知是有局限性的，很难通过主观认识把握万物之"道"的全貌，将从外界习得的经验知识作为颠扑不破的规范或原理，反而是以成见束缚了道心。因此只有回到自己的内心来梳理纷繁的外在现象，以求勘破事物本质蕴含的"道"，这是独立于外在事物变化而相对静止的。

第三，"动静不离于理"。《慎子·因循》中指出，"天道因则大，化则细。因也者，因人之情也"。在达到无欲无知的境界之后，人将自己与万物齐一并由自身观道，这一道并非自证自行，而是要回归到万物之道中进行检视。慎到主张"无为"，并非指事实上的不行动，而是不实施"道"之外的强制性行动。慎到曾提出，人只要顺应自然规律打开窗户、经营耕种和上行下效，便能够获得相应的资源安身立命。〔5〕再看《慎子·民杂》篇，"……臣尽智力以善其事，而君无与焉，仰成而已。故事无不治，治之正道然也"。也就是说，"无为而治"是指不对人们恪守本道的各项行为加以约束，强调的是以"道"为界限的自由主义，顺应万物自为的规律不断审视和修正自身对"道"的认知和实践。

慎到正是取以上三点道法自然的精要，借以说明法的可行性和正当性："法非从天下，非从地出，发于人间，合乎人心而已"〔6〕。因此，慎到选择将世间万物的差异性之间的统一性诉诸法这一客观存在之物。与道家理想中的无为之治相比，慎到通过法为"无"的实质赋予了一种带有规制性的"负向表述"〔7〕，确保万物能够在最基本的层面上切实享有自由发展的可能性。

---

〔1〕《庄子·内篇·齐物论》。

〔2〕《庄子·内篇·齐物论》。

〔3〕《庄子·杂篇·天下》。

〔4〕《庄子·内篇·人间世》。

〔5〕《慎子·威德》：天有明，不忧人之暗也；地有财，不忧人之贫也；圣人有德，不忧人之危也。天虽不忧人之暗，辟户牖必取己明焉，则天无事也；地虽不忧人之贫，伐木刈草必取己富焉，则地无事也；圣人虽不忧人之危，百姓准上而比于下，其必取己安焉，则圣人无事也。

〔6〕《慎子·逸文》。

〔7〕参见许建良：《道家道德的普世情怀》，载《哲学动态》2008年第5期。

（二）"引道入法"的经验反思

以法为度建立民众生活生产秩序的方式曾在中国延续数千年，这似乎表明将道法家学说落足于政治实践是一项有益的尝试。然而通过"法"这一载体来刻画"道"的方式，却未能实现慎到政治理想中的全部内核，甚至后续还间接使得法家思想受到了"物治主义"的批判。

1. 道法家：道德之意和刑名之术的物化

其中最重要的一点是，无论是道法家还是法家所称之法，并没有将"道"之真义言说出来，却以"道"为名获得了强制力。这与黄老学派学说的结构特点密切相关，黄老学派既沿承和发展了老庄的"道德之意"，又结合"刑名之术"对内圣外王的政治哲学思想进行了阐述。[1]换言之，道法家虽然认识到"道法自然"，希望法能够按照"道"的形态制定，并在其运行中规范事物对于"道"的偏离，但是恰恰在这两方面与道相背而行。就"道德之意"来看，慎到将"势"作为他所观察到的"道"，君主借助具有客观性和强制性特征的"势"完成了对"无欲、无知、无为"的解码，从而获得了统治的正当基础，然而"势"所表现出的以强驭弱的自然形态是"道"的表象而非本质。慎到强调的是"道"所寓居的万物的差异性，而庄子看到的是"夫吹万不同，而使其自己也"[2]的统一性。就"刑名之术"来看，慎到的理论既然走向"以道统御万物"[3]的政治思维，则必然要借助某种外在之物将"道"确定下来并予以使用，也就是"刑名之术"。尤其按照慎到"于物无择，与之俱往"的观点来看，将"法"作为统一且客观的衡量标准，并试图借此在政治实践中实现万物的统一性，难免会走向梁启超提出的物治主义。[4]如此来看，慎到对于"齐万物"的理解显然还是基于"物"的形式予以实现，而并非给出一个内蕴于万物本身的规范性理论。

2. 法家：自然之势和人为之势的分裂

在道法家已经失却"道"之真义的前提下，法家舍弃道家思想中某些成分的同时，将"势"的自然面向和人为面向在形式上的关联性也忽略了。从观念上看，自韩非区分法治和"势治"以来，法家似乎已由"势"所受诸限制认识

---

〔1〕 参见郑开：《黄老政治哲学阐幽》，载《深圳社会科学》2019 年第 4 期。

〔2〕 《庄子·内篇·齐物论》。

〔3〕 参见曹峰：《思想史脉络下的〈齐物论〉——以统一性与差异性关系为重点》，载《中国人民大学学报》2020 年第 6 期。

〔4〕 参见梁启超：《先秦政治思想史》，东方出版社 1996 年版，第 196 页。

到道法家思想中"用自然界之理法以解人事"的弊端，人并不是无知无欲的"物"，社会也并不能完全按照不含有价值判断的事实陈述进行治理，而是需要将"势"与"去私存公""依法而行""勿伤民力"等价值取向相结合，共同为法的执行提供效力基础。但不可避免的是，实践中的法治仍然主要以"势"为权力的正当性基础，且未能恰当地平衡"势"中的自然面向和人为面向：若是自然面向更盛，则容易滑向物治主义，即认为"抱法以待，则千世治而一世乱"，指望制定完美的法律来应对社会中发生的诸事端，由于"势"的特性仅能在特定时期满足政治统治的需要，该面向下法的运用在数千年中逐渐走向僵化；若是人为面向更盛，则容易滑向人治主义，即"国皆有法，而无使法必行之法"[1]，使得君主可以随心裁量法度用废，[2]进而强化了"势"者对"失势"者进行管理的社会事实，阻碍了两者间的沟通和转化，将"势"异化为君主的统治工具，而忽略了自然世界中的"强势"与"弱势"之间既存在着区分和对抗，同时又互为组成部分，是相生相成、此消彼长的关系。

"引道入法"的理论尝试表明，人们开始关注身边各种政治力量的变化和较量，并且尝试将"道"和"法"融贯起来。在此过程中，"道"与"法"之间的分歧愈加明显，从基本立场上来看，法家显然是反对人治主义的，但由于当权者在实行法治的过程中不断物化法律，而不得不通过人治的介入来维系法的有效性。如果要进一步捍卫法家的基本立场，首先需要解决的问题应当是法治如何避免物治，以探求如何圆融"势"中的自然面向和人为面向。

四、"势"思想新解：道法关系的正本清源

与西方哲学不同，中国哲学并不直接以概念体系和逻辑关系来规定事物的内涵，而是以格言、比喻、例证等方式表达思想，阐述其中的玄妙道理，例如道、仁、义、理。这是一种前语言、前逻辑的思维，[3]通过运用文学载体将自己对世界及其客观规律的观察和思考言简意丰地呈现出来，[4]因此许多典籍中

---

[1]《管子·七法》。

[2] 笔者认为，在西方法理学的研究脉络中，法律实证主义的立场大概与前者相类似，强调法律是由社会事实产生的实践惯习，有存在的内在理性，而自然法主义的立场大概与后者相类似，强调法律需要维护某些受到承认的道德价值，从外在理性中获得效力的正当性。而处理这两种观点之间的对立调衡显然不是本文所能够展开讨论的重点，本文仍然聚焦在法家学说立场内部的融贯性这一问题上。

[3] 参见王树人：《中国哲学与文化之根——"象"与"象思维"引论》，载《河北学刊》2007年第5期。

[4] 参见严北溟：《从道家思想演变看庄子哲学》，载《社会科学战线》1981年第1期。

的概念时至今日依然具有鲜活的生命力。[1] 法家学者对"法""术""势"三个重要概念也是通过具体的实践行为而非分解要素进行阐释。[2] 当使用这样一种态度来重新观察慎到"势"的概念时,可以发现其道法思想中蕴含着丰富而深刻的意义。

（一）自然之势和人为之势的接壤

首先来看与慎到有关的另一则故事。据记载,楚襄王被齐王所胁,以五百里地换取归国,慎到建议楚襄王听取众朝臣的献策后皆采纳之。于是楚王"遣子良北献地于齐。立昭常为大司马,使守东地。又遣景鲤西索救于秦",以此诱齐王出兵取地,将之陷于"不仁不义"之地,后又迫于秦兵之势只能怅然收兵离去。[3] 按照法家的解读,这里的"势"应当是权势、威势之意,其所指为秦国大军兵临城下所带来的压迫感和威慑感。然而使得齐王不战而退且并无道义上进行谴责之理由的,仅仅是秦国的兵威吗?恐怕也包括子良前往齐国献地和昭常镇守东地的要素,通过合纵连横所形成的全局态势使得齐王骑虎难下、空手而归。

1. "权势"和"形势"

如上所述,按照其内涵以及价值取向的标准,"势"思想至少能够在两个层面上被理解:第一,在工具性价值层面上的"权势"。这一点比较容易理解,上文所涉及的"势"的客观性和强制性的特征,便是法家对"势"思想的经典解读。所谓"抱法处势则治,背法去势则乱"[4],这里的"势"可以被理解为是"法"的正当性基础,并使得法的执行有所依据。而"势"受到的限制,也是与其所期望实现的目的相一致的:既是对"民道"的维护,使得百姓可以安居乐业;也是对"君道"的维护,使得君主为民心所向而能国泰邦固。第二,在目的性价值层面上的"形势、态势"。所谓"腾蛇游雾,飞龙乘云",其"云

---

[1] 比如对"椎拍輐断"的理解。从道家的视角来看,"椎"和"輐"是两种不同的工具,形状都过于锋芒毕露,因而应当将其棱角打磨光滑,使之顺应事物的发展（钱基博：《读庄子天下篇疏记》）;另解,"椎"和"輐"都是无知之物,意在使人们弃知去己,顺应物的发展（顾实：《庄子天下篇讲疏》）。从法家的视角来看,"椎"和"輐"是两种刑具,"椎拍"和"輐断"是两种行刑方式,结合下文的"舍是与非,苟可以免",即是说法家的定罪量刑应当按照事物或事件本身的性质进行裁量（马叙伦《庄子天下篇述义》、高亨《庄子天下篇笺证》）。

[2] 参见赵馥洁：《论先秦法家的价值体系》,载《法律科学（西北政法大学学报）》2013年第4期。

[3] 《战国策·楚二·楚襄王为太子之时》。

[4] 《韩非子·难势》。

雾"既可解为遮蔽天日的权力和威势，也可以解为腾蛇飞龙把握住了"云雾"弥漫的时机，因而能够显现出与蚯蚓之间力量上的差异。同理，"治乱安危。存亡荣辱之施。非一人之力也"[1]。尧舜等君主也并非因为自然禀赋便有帝位威势，而是凭借自身的品行高洁、任能用民，而得到百姓的爱戴并顺势成为具有权威的帝王。

如果仅站在"势"的第一层意义上来理解，就会将"势"的工具价值和目的价值割裂开看待。实际上，两层意义上的"势"具有关联性，"势"既以客观情势为基础，也能够通过人为发生改变，是主客观相结合的一个价值范畴。甚至第一层意义上的"势"本身的出现，正是从第二层意义上的"势"的实现期望降级而来。老子提出，"失道而后德，失德而后仁，失仁而后义，失义而后礼"[2]。因此，"势"的工具性价值的实现绝离不开对其目的性价值的解读，"势"的目的性价值也有其自身的实现方式。

2. 对"势"的隐喻式解读

在某种意义上，"抱法处势"确实减少了人们的思虑和认知需要，提供了客观中立的工具标准，但这种标准所呈现的仅仅是法"肖器"的表象层面，"器"的描述背后存在着一个多层次的"意义组合"[3]：既包括类物的、以统治为导向的法的特性，比如公正、客观；也包括借物引道入法的、不为外物转移的意志和精神，比如"任能用民""天下为公"的要求。因而"工具"仅是对法律的一种隐喻。慎到虽然将法律和"钧石""权衡"相比较，[4]但是所要强调的并不仅是人情世故要做到如物体的重量、长度一样客观精确，而是以物为基准在范围内进行权衡的行为尺度。[5]对于"势"来说亦是如此，"势"从概念上理解有自然之势，有人为之势，然而其深意更超过概念本身。现代有学者将王夫之美学中所提之"势"与中国传统政治学之"势"对勘，指出"势"

---

[1]《慎子·知忠》。

[2]《老子·德经》。庄子也提出过，"道术将为天下裂"（《庄子·杂篇·天下》）。儒家、法家、墨家、道家、名家等诸子百家各执道术一端而成方术。道术和方术并非有评价上的优劣，而是应不同层面的理论需求而生：随着社会复杂性的不断上升，人们开始探索"道"在各实践领域中的运行模式，用以指导日常的生产生活。

[3] 汪太贤：《先秦法的概念隐喻》，载《中国社会科学》2023 年第 2 期。

[4]《慎子·逸文》：厝钧石，使禹察锱铢之重，则不识也；悬于权衡，则牦发之不可差，则不待禹之智也，中人之知，莫不以识之矣。

[5]《慎子·逸文》：君臣之间，犹权衡也。权左轻则右重，右重则左轻，轻重迭相橛，天地之理也。

的概念具有意向性，[1]它由人对客观事物的理解和行动所构成，是将磅礴万里的气势和收束于内的蕴蓄感相统一的概念载体。"离朱之明，察秋毫之末于百步之外；下于水尺，而不能见浅深。非目不明也，其势难睹也"，[2]深潭作为对"势"的隐喻，包含了从自身"晦暗不明、波折动荡"的特征出发的意象群，会延伸到非"势"之物的某些特质上，比如诗句"不畏浮云遮望眼"中的"浮云"大概亦为同义，同时这些意向群又共同指向作为意义申发的客观实在基础的"势"概念本身。

（二）道德之意和刑名之术的解谛

将"势"引申为"形势"也为解读道法思想中有关"道德之意"和"刑名之术"的内部矛盾提供了很好的分析视角，慎到过于强调"势"的客观差异性，因而在实践中产生了"势"与"失势"的分野，进而与"道"的统一性发生了冲突。

1. "势""失势"和"非势"

"势"的工具性价值和目的性价值中各自存在着事实层面的描述和规范层面的描述。一方面是事实层面上的描述，即君主通过权势或顺应情势便获得了有效治理的现实基础。另一方面则是规范意义上的描述，即君主应当手握权势或应当按照"道"呈现出来的态势决断处事。这里包含正反两个方面的解读，君主的权势虽然由于具有某种价值而产生了事实统治的规范性，[3]但囿于时代的局限性，人们所反对的并不是君主之位设立的不妥当，而是在位君主的行为不妥当，因此产生并始终存在着"势"与"失势"之间权力争夺的不平等现象。这种对"势"的理解存在着语义上的模糊和混杂，间接使得后期法家强调的"刑名之术"与道家强调的"道德之意"发生分流。对此应当归本于道家的核心精神进行破除，看到在"势"与"失势"之外存在着另一对"势"与"非势"的概念区分。

"势"与"失势"是物质层面上的"我执"，因为存在着个人或者群体这样

---

[1] 参见张晶：《王夫之诗歌美学中的"势"论》，载《北方论丛》2000 年第 1 期。意向性，指意识的客体关联性，意识活动总是指向某种外在事物并以其为对象和目的。

[2] 《慎子·逸文》。

[3] 参见赵馥洁：《论先秦法家的价值体系》，载《法律科学（西北政法大学学报）》2013 年第 4 期。同道说、救民说、为天下说、国心说四种不同的学说赋予君权以某种价值。如果君主未能达到其神圣地位所需要符合的条件，即并未正当地使用权势或者正确地把握形势，那么百姓便可以揭竿而起，拥立新的君主。

的现实主体，所以围绕该主体所聚集的社会各个要素的多少，产生了有无
"势"的区分。该矛盾的存在具有事实上的合理性，不过这一有无关系是对道
家思想中"诸法本无"的误读。法是"相"，终究不是"道"，将一切按照法生
成的有无关系归属于"道"的相互转化是片面的，"道"所指的并非持有"势"
的主体之转移，而是离开所谓主体的"势"与"非势"的相互转化。物、我、
制度产品和文化产品等诸如此类的天地万物，共同形成了某个时空定点的
"势"，无论任何形状、性质或成分，在形成"势"的角度来说都是平等的。
"积土成山，风雨兴焉；积水成渊，蛟龙生焉；积善成德，而神明自得，圣心备
焉"〔1〕，这讲的就是"势"与"非势"之间的转化和生成过程。也是在此意
义上，庄子曰"道则无遗者矣"〔2〕。同时，"势"在成"势"的过程中又蕴含
了走向"非势"的过程，"非势"是一种和"势"形态不同的、通过负面逻辑
被表达的"势"。不同于"失势"是特定时点依据"非势"的"势"的部分形
成的，"非势"指向的是现阶段"失势"蕴含着向"势"转化的力量。因而摒弃
了"势"与"失势"的是非有无之辩，转而发展出了一种辩证认识和对待的观
点，〔3〕有关"道德之意"与"刑名之术"间的认知矛盾被真正消解了。

2. 对"物治"的反思：以物观之

法的实践运用中确实存在着物化的倾向，但是通过对"势"的隐喻式解
读，法家所受"物治主义"批判的解惑和再建构找到了活的理论源泉。

首先，法的内容建构必须和主体的观察运用相联系，因而不可能是完全客
观的物质存在。中国传统法律并不仅仅作为通常意义上的"法律工具主义"之
用。一方面，民众的生活环境和认知水平必然会影响制定法和适用法的过程和
结果，正因为人将自身作为认知和思考世界的基点，任何对于事物概念的讨论
实际上都与主体的感官功能、思维和理解功能密切相关。抛弃人的主观性而完
全走进客观的自然世界，这是走进了郭象"独化论"的误区。另一方面，将法
律形制为"器物"不仅是希望法律能够提供客观统一的准绳，也是借由人为概

---

〔1〕《荀子·劝学》。笔者认为，很难说"土"与"山""水"与"渊""善"与"德"之间的分
界线在何处，并非是那"最后"的一捧"土""水"或"善"产生了"势"的效果，而是其中的每一个
粒子、单位共同形成了"势"，正是这种"势"的连续性为观念和实践的接壤提供了可能性基础。

〔2〕《庄子·杂篇·天下》。

〔3〕如果用黑格尔的话来说，这种辩证发展的观念呈现为"伟大的历史事件往往经过两次"，而马
克思将其补充为"第一次是作为悲剧，第二次是作为喜剧"。不过马克思是在阶级斗争和革命运动的语
境中提出的，而"道"所表达的则是面对万事万物所持有的平和旷远的开悟态度。参见周泉：《马克思
论悲喜剧转换的历史辩证法》，载《哲学动态》2023 年第 4 期。

念对法本身的功能范围进行限制。"物治主义"对法的简单认识是一种铁口直断，认为法内和法外空间泾渭分明，这是将主客二元截然对立的观点。

其次，法也不是"以死的、静的、机械的、唯物的人生观为立脚点"，隐喻揭示了道家思想中对"物"的认识并非字面含义那样单薄。从深刻理解物之性质，进行借物喻义，再到承载物之价值，使其以义喻物。就是在这种来自道心，又还诸道用的往返过程中，上至天子、下至百姓都能够有一种朦胧渺远的物我之观。这种物我之间的关系并不只是宰制和被宰制的关系，它既相信天道之中"物"是具有一定地位和某种灵性的，同时也关注到人对物的认识和建构的关系，"物物而不物于物"〔1〕。由此可见，对"物治"的误用多是因为概念和意义两者间的本末倒置，"势"的描述性面向实际上只是作为概念表象，但法本身则是物象之中流动的意向，其中蕴含着对当前形势的判断和指引。

由此看来，"引道入法"的研究路径不仅是从政治方法论上进行革新，更是从政治哲学角度提示研究者们，要重视道家思想对中国传统社会的潜在影响，传统社会中后期的治理虽然以礼法共治为显象，本质上仍需要关注儒道精神彼此间不断抗争和融合的趋势，忽视了任何一方都会破坏两者的平衡。

五、总结

中国传统法律一直强调以理论的政治化和实用化为导向，本文通过回溯道家思想的源头，以更好地实现法家治理目标为导向，再次解读以黄老学派为代表的道法家思想中有关"势"的核心观点和理论缺陷，并尝试提出"势"与"道"相互衔接的理论构想。"道"是一种动态平衡的运行规律，顺应天道必须"无为而无不为"，而"势"又是主客观相结合、科学分析与人文关怀相结合的中介范畴。因此，在涉及价值判断的法学领域，研究"势"概念中存在的有关"道"的独特精神气质能够给予我们很多启发。对"势"在双重意义上的理解正是为破裂的"古之道术"拂清尘埃，重新将其中的精神价值弥合成为"今之道术"的过程。"权势"是统治之"术"，是治国理政的功能性基石，"形势"则是世界之"道"，万物在宇宙中顺应规律有序运转。只有不断地观察和体悟此道，法律才能更好地剪除事物运行过程中纷繁的虚象。

---

〔1〕《庄子·外篇·山木》。这一"物观"也可用于反思现代性浪潮中的"人类中心主义"，思考如何回归到人和物自然相生的状态。所谓"类无贵贱"，道家的思想精神正是期冀指引人们认识到人与万物的同等地位，同时又强调人作为万物之首所具有的责任，使万物在彼此界限范围内相协相生。

"法理"概念探析

——以语词和语境为中心

汤　浩*

　　摘　要　近年来，"法理"这一语词使用的混乱现状引起了学者们对"法理"概念的关注。为了深入探析"法理"的概念，首先要把握"法理"这一语词的词义，对这一词义的考察可以从国内和国外两个角度进行。以语词和语境为中心来重新审视法理的含义，可以将法理分为语境中的法理和语境分离的法理两个方面。语境中的法理不具有普遍意义，语境分离的法理才是以往对法理概念争论不休的根源。通过对形而上的法理的考察可知，认识论意义上的语境分离的法理是不太可能的。但是从真理共识论的角度来看，一种实践领域中语境分离的法理是可以达到的，这种主体间性的确定性的法理必然是实践论辩的结果。

　　关键词　法理　语词　语境　法的理念　真理共识论

　　自从法理学这门学科被引进中国以来，尤其是新中国成立以后，学者们对现实问题的法理探讨渐增，并有大量文章以"……法理分析""……法理思考""……法理研究"等为题，但是少有学者对"法理是什么"进行本质性的探讨。[1]不过，张文显教授 2017 年在《清华法学》上发表的长文《法理：法

---

　　* 汤浩，中国政法大学 2022 级法学理论硕士。
　　〔1〕　当然，民国时期学者对"法理"概念的探讨相较而言还是比较多的。例如，胡长清认为法理就是"事物当然之理论""从全体精神所生之原理""事物通常之原理"。除此之外，在民国时期学者的论文和著作中，与"法理"相近的词语还有"条理""理法""性法""学理"等，民国时期学者对"法理"一词的探讨相对较多，主要是因为在当时的民法典中明文规定了"法理"一词。参见胡玉鸿：《民

理学的中心主题和法学的共同关注》将"法理"引入了当代中国法学界的研究视野[1]，以"法理"作为法理学研究中心对象一时成为热潮。但是共识性的"法理"概念仍未被合理地总结出来，因此，就目前来看，对"法理"概念进行探讨仍是必要的。

一、"法理"作为语词的使用现状及其问题

在当前，"法理"一词不仅使用混乱，而且带来了许多问题。"法理"无疑是法理学的研究对象，但是"法理"作为一个语词，它会出现在什么场合以及其应有的含义是什么却不是那么明确。这正是语词自身性质所导致的。正如考夫曼所说的，"没有人使用与他人相同的语言，因此也没有人拥有与别人相同的世界"。因此，"没有一个法律人有与他的同事相同的世界"[2]。即便如此，法学者也应当竭力去构建一个具有最大共识性的"语言世界"，唯此才能实现法律思维的有效传达。但是，由于语言的这些特性，作为语词的"法理"在使用上并没有达成共识，而且这一含混现状造成了许多问题。

（一）"法理"一词使用的含混现状

"法理"作为一个语词在用法上极其不统一，因而造成了一种混乱局面。实际上，人们可能在各种语境和社会生活关系中使用"法理"一词，却很少有人能够在把握其含义的基础上去使用它。现在"法理"越发成为一个流行词，不论是法律人还是非法律人，不论是法理学家还是部门法学家，都在不同的含义上使用"法理"这个词。除此之外，通常人们还把"情理""道理""事理"等语词与"法理"混用，赋予了"法理"许多内涵，导致"法理"一词在使用上形成了一个非常混乱的局面。这种无处不在的"法理"也造成了"法理泛在"这一现象。所谓"法理泛在"就是指法理几乎无处不在，无时不有，无所不能。"法理泛在"引起了法理学界对法理的重新关注[3]，但也引起了许多问题。

（接上页）国时期法律学者"法理"观管窥》，载《法制与社会发展》2018年第5期。

〔1〕 张文显教授在文中总结了"法理"的八种词义，包括"法之道理""法之原理""法之条理""法之公理""法之原则""法之美德""法之价值""法理学"，极大丰富了"法理"一词的内涵。参见张文显：《法理：法理学的中心主题和法学的共同关注》，载《清华法学》2017年第4期。

〔2〕 ［德］考夫曼：《法律哲学》，刘幸义等译，法律出版社2004年版，第167页。

〔3〕 它意味着法理学终于找到了它真正的研究对象，找到了它的安身立命之所和砥砺前行之基；意味着中国法学迎来了从法律之学、法治之学上升至法理之学的契机，迎来了从法的规则之学、秩序之学升华为法的理性之学的飞跃；意味着全面依法治国有了新的理论据点，法治中国建设有了新的学理支撑，中国特色社会主义法治道路有了新的话语力量。参见郭晔：《法理泛在》，载《法制与社会发展》2020年第5期。

（二）"法理泛在"引起的问题

在明确"法理"的概念之前，"法理泛在"其实正在向"法理泛滥"发展，人们在各种含义上使用"法理"，将会导致"什么都是法理"。这可能会造成法理学的研究对象泛化，法理对立法、司法的指导作用减弱以及模糊法与其他规范的界限等问题。

"法理泛在"会导致法理学这一学科的研究对象泛化。法理学有相对特定的研究对象[1]，以区别于部门法学。法理就是作为这一永恒主题而存在的，因此"法理"概念的提炼具有重要意义。[2]而"法理泛在"将导致"法理"核心内涵模糊，无法形成有效的共识性概念。部门法学家在特殊制度的构建以及论证上使用"法理"一词，实质上只是为了增强说服力，其"法理"指称对象各有不同，而无关一般性的、统筹性的"法理"。倘若将这些部门法理论都纳入"法理"的范围，那么将会使法理学的研究对象太过宽泛。

"法理泛在"会使法理对立法、司法的指导作用减弱。在立法和司法中，不同于立法原理和司法原则，法理是更深层次和最为根本性的指导理念，因此立法原理和司法原则是直接指导立法与司法，而法理则是指导如何运用立法原理和司法原则，更进一步说，立法原理和司法原则是对法理的辅助应用。但是，如今"法理"一词尚含混不清，其内涵不明确，难以发挥对立法与司法的指导作用。

"法理泛在"可能会模糊法与其他规范的界限。"法理"是法之"理"，并不是其他规范的"理"，宗教规范、道德规范和行业规范等都有自己独特的"理"，人们用"法理"指称其他规范的"理"时，指的是隐喻意义或比喻意义上的"法理"。[3]

二、"法理"作为语词的中西释义

针对"法理"一词的使用现状以及"法理泛在"带来的问题，"法理"概

---

[1] 法理学研究的对象主要是法和法学的一般原理、基本概念以及法律制度运行的机制，但是它不关心每一具体制度、法律的具体问题，而是对法学带有共同性、根本性的问题和原理作横断面的考察。参见葛洪义主编：《法理学》（第二版），中国法制出版社 2007 年版，第 11 页。

[2] 可以说，之所以执着于将"法理"这个词语上升为中心概念乃至核心范畴并作为法理学的研究对象，其原因在于"法理"这个词语作为概念有助于展示法理学的思想渊源、主体内容、方法要领，有助于实现法理学的知识生产、理论更新与体系完善。参见丰霏：《"法理"概念的意义》，载《理论探索》2019 年第 1 期。

[3] 参见［英］约翰·奥斯丁：《法理学的范围》，刘星译，中国法制出版社 2001 年版，第 139—215 页。

念的提炼成为当下法理学的一个热点。"就目前的研究现状来看，'法理'似乎难以成为一个有效的分析工具，其重要原因就是对于'法理'的界定仅停留在名义的层面，而未进入实质的层面。"〔1〕实际上，如果要对"法理"一词的概念进行提炼，正本清源，达成共识性理解，就避免不了对"法理"一词的各种词义和词源进行考察，以及结合当代法理学的发展去窥探时代赋予"法理"的含义。

（一）中国"法理"词义考察

对国内"法理"一词的考察需要从词源和词义两个角度进行。目前，认为"法理"一词最初起源于汉代是学界的通说观点。〔2〕"法理"最早在《汉书·宣帝纪》中被使用："孝宣之治，信赏必罚，综核名实，政事、文学、法理之士咸精其能。"〔3〕笔者认为这篇文献里的"法理"并不是单独作为一个词语出现的，而是应当将"法理之士"作为一个词语去理解，即掌管司法的官吏，只有这样解释才能使句子通顺。后来，"法理"一词又出现在《东观汉记》中："张禹，字伯达，作九府吏，为廷尉府北曹吏，断狱处事执平，为京师所称。明帝以其明达法理，有张释之风，超迁非次，拜廷尉。"〔4〕而在这一文献中，"法理"是作为一个名称出现的，其含义大致只能借助"法律"和"情理"这两个语词才能理解，因此仍然不能机械地将这里的"法理"看成"法理"概念的源头。

要考察"法理"作为一个概念的源头，应当结合"理"字的意义流变。〔5〕通常认为，在汉代时，"理"字就初步具有了规律以及合法性根据的含义，例如儒家的道德伦理在汉代具有正统思想的地位，所以此时"理"字尤指儒家的道德伦理思想，早已不局限于"管理""纹理"之义。由此，我们可以结合"理"的含义认为"法理"一词作为概念在汉代确实就已经存在了。当然，汉

〔1〕 郭栋：《法理的概念：反思、证成及其意义》，载《中国法律评论》2019年第3期。
〔2〕 程燎原教授相对较早地提出，"法理"一词首现于汉代。参见程燎原：《中国近代"法理学"、"法律哲学"名词考述》，载《现代法学》2008年第2期。
〔3〕 （东汉）班固：《汉书》，中华书局2000年版，卷八，"宣帝纪第八"，第192页，转引自陈翠玉：《中华经典文献中法理概念之考辨》，载《法制与社会发展》2019年第6期。
〔4〕 （东汉）刘珍等撰，吴树平校注：《东观汉记校注》（下），中华书局2008年版，卷四，"百官表"，第142页，转引自陈翠玉：《中华经典文献中法理概念之考辨》，载《法制与社会发展》2019年第6期。
〔5〕 参见郭忠：《法理之"理"的意义流变》，载《上海师范大学学报（哲学社会科学版）》2016年第1期。

代"法理"概念的内涵与后来各朝代相比都是有所不同的，与现代相比更是有差异，其含义经历了一个发展及转化的阶段[1]，在此不赘述。

当代许多学者对"法理"概念作出了新的阐释。虽然"法理"一词由来已久，但是人们对法理的认识一直是感性层面的，即使在当代，人们对法理的认识也没有上升到理性层面，缺乏对法理一般性的抽象认识。受到西方法理学学科的影响，人们对"法理"一词的理解或多或少糅合了西方的传统理性思维以及形而上的思想，所以当代"法理"概念根本无法与西方法理思想割裂。在"法理研究行动计划"开展之前，当代学者对"法理"概念的专门探讨相对较少，但自"法理研究行动计划"开展以后，学者们纷纷研究"法理"的概念：舒国滢教授从本体论和认识论的意义上对"法理"进行总结，认为"法理"就是"正义之理"[2]；李晓辉教授将法理划分为普世性法理（法之"公理"）、共同性法理（法之"通理"）和差异性法理（法之"殊理"）[3]；而胡玉鸿教授将法理界定为法的原理[4]。虽然诸多学者对"法理"的概念进行了总结，但是一个共识性的"法理"概念仍没有形成。结合学者们的论述，对"法理"概念的理解主要有"法的原理""法的精神""法的公理""法律原则""自然法""法的理论""法的理论依据"等。

（二）西方视角下的"法理"

通过考察国内"法理"一词，大致可以了解这一词语的发展脉络，但仍需在西方语言背景下进一步完善对这一词语的认识。有趣的是，虽然国内"法理学"一词是不折不扣的舶来品，但是不难发现，无论是英语文献还是法语、德语文献，并没有与汉语"法理"一词精确对应的词语，所以学者在翻译"法理"时往往难以统一，例如将"法理"翻译为"the reason of law""the theory of law""legal logic"等。这些翻译的不同，实质上表明学者们没有对"法理是什么"达成共识，而是将"法理"理解为"法的原理""法律原则"等。

---

〔1〕 陈翠玉教授在其文章中将古代"法理"一词含义的演化分为四个阶段，即汉代、魏晋南北朝至隋唐时期、宋代以及元明清时期，并且就每个阶段进行了详细地阐述。参见陈翠玉：《中华经典文献中法理概念之考辨》，载《法制与社会发展》2019 年第 6 期。

〔2〕 参见舒国滢：《"法理"：概念与词义辩正》，载《中国政法大学学报》2019 年第 6 期。

〔3〕 参见李晓辉：《论法理的普遍性：法之"公理"、"通理"与"殊理"》，载《法制与社会发展》2018 年第 3 期。

〔4〕 胡玉鸿教授认为，法理是在综合各种法律现象的基础上，由学者所抽象并为社会所认同的有关法律基础、法律根据、法律判准、法律渊源的基础性、普遍性原理。参见胡玉鸿：《法理即法律原理之解说》，载《中国法学》2020 年第 2 期。

因为西方没有独立的与"法理"对应的一词，所以我们只能从西方法理学的研究对象去间接把握"法理"。虽然"法理"一词是我国特有的，但是当代"法理"更深层次的内涵与西方法理学的研究对象脱不开干系。而"西方法理学的研究对象是什么"本身也是一个没有确定答案的问题。在西方历史上存在的众多法学学派中，不同学派对这个问题的回答都是不同的，即使是同一学派中的法学家们的回答也不尽相同。因此，我们必须追溯西方法理学思想的源头。

可以认为，正义与社会秩序哲理是法理学最早的研究对象，因此我们可以将正义与社会秩序哲理视作古希腊时期"法理"的概念。然而，最狭义的"法理学"一词起源于英国，由奥斯丁教授首创。奥斯丁教授在狭义上使用"juris-prudence"一词，意指"实在法哲学"，中文"法理学"一词也是根据这一词翻译而来，这只是学科意义上的法理学，人们对"法理"的研究在此之前就开始了。[1]从实证法学派的兴起开始，形而上的理念逐步脱离法理学的研究对象范畴，直到新自然法学派的回归再度将道德引入法律之中，道德一时又成了法理学的关注对象。英美的法理学与欧陆的法理学具有各自不同的特色，欧陆法理学更倾向于思辨，而英美法理学更侧重于分析的意味，这种差异与它们哲学传统的不同具有密切关系。由此可见，西方法理学的研究对象远不是统一的，更不可能抽象出一个普遍性、根本性的"法理"概念。

三、两种视角下的法理：法理与语境

仅仅梳理国内外对"法理"一词的大致考察是不够的，其无法解决"法理泛滥"的局面。想要真正理解法理是什么，必须从语词本身出发，因为人们所熟悉的法理正是"法理"这个语词。任何语词的含义要么与语境相关联，要么脱离语境演化为概念自身。"语言不是脱离生活形式的一个抽象的、静止的王国，语言的运用是生活形式的一部分。"[2]"法理"也是如此，其不是静止的，作为一个语词，它必然具有两层含义，一种是语境中的，也即指称某个对象，一种是脱离语境的，也即表达某种含义。

（一）语词与语境的关系

在有语境存在的情况下，语词指称什么要看具体的语境。也就是说，凡是

---

〔1〕 奥斯丁在1832年出版的《法理学的范围》中使用"一般法理学"一语，指称"实在法哲学"，以区别当时的政治哲学、道德哲学。参见付子堂主编：《法理学高阶》，高等教育出版社2008年版，第17页。

〔2〕 葛洪义：《法与实践理性》，中国政法大学出版社2002年版，第203页。

在语词之中的，无不先在语境之中。因为语词最初本身没有含义，是语境赋予了语词含义，所以说一开始语词本身是什么并不重要，重要的是语词所在的语境。知道语言中一个词所指的对象，不等于理解这个词的意义，只有掌握了这个词的各种用法，才能真正领会它的意义。所以语词的意义只能在日常生活的具体运用中、具体的语境中加以确定。正如前述，任何语词的初始含义都是语境所赋予的。弗雷格认为，在意义中，我们总是给一个符号加上一个含义和一个指称，在没有含义和指称的场合下，我们就无法谈到符号的意义。[1]可以这样理解，一方面，语词因为语境获得了初始含义，也即指称对象；另一方面，随着语境的反复出现，语词逐渐成为该种语境的标志，并脱离语境生成自己的含义。但是一旦语词形成独立的含义，它也限制着语境的发展，语境的脉络也将依赖于语词。

可以做一个思想实验：在一个没有语词产生的社会，任何第一个使用语词的人都只能在其所处的特定环境中使用这种语词，因此这种语词对于情境之外的人们是没有意义的，它只能指称对象，也就是说脱离了既存的特定的社会关系，语词就只是单纯的符号。然而如果一种情境是普遍的，任何社会成员在一定程度上共享这种情境，那么语词便可能会省略这种情境，并通过社会成员的共识把情境寓于语词之中，语词也就成了这种情境的标志，也就形成了语词的含义。但是共识的范围是有限的，有些语词的含义是不明确的。因此从两个层面来看，语词既是脱离语境的，又是寓于语境之中的。

（二）语境中的法理

语境中的法理就是存在于具体情境的法理，它是相对于脱离语境的法理而言的，并真实地指称某个对象。语境论的基本思想首先由弗雷格提出，他认为只有在语句的语境中才能找到词的意义。[2]例如，法院在某一案件中的判决违反了诉讼程序，法律职业共同体会批判法院的判决违背法理。又如，某一公民认为某案件一审的判决结果不符合法理。这些法理都是语境中的法理，它有具体的背景，在这种情况下，不能从法理本身出发去理解它的含义，只有结合语境才能理解其指称的是什么。语境不只是"法理"的背景墙，其与法理是相互促进的。

在有语境存在的情况下，语境充当了"法理"的背景墙，也即对语境的理

---

〔1〕 参见涂纪亮：《现代西方语言哲学比较研究》，中国社会科学出版社1996年版，第277页。

〔2〕 参见涂纪亮：《现代西方语言哲学比较研究》，中国社会科学出版社1996年版，第379页。

解暗含了"法理"所指称的对象。要想理解法理是什么，就必须去发现"法理"作为语词所处的语境，而且必须免受其字面的干扰。因为在此探讨的是语境存在情况下的"法理"，只有了解语境存在情况下的"法理"，才能发现其指称什么对象，如果只关注"法理"的字面含义，那就没有探讨的意义了。正是在这个意义上，可以类比，语境是"法理"的背景墙，这里的法理仅限于语境中的法理，意思是说人们对法理的理解通常蕴含在语境当中，也即只有在语境中才能发现它指称什么。如前述法院的判决违反了诉讼程序，法律职业共同体批判其违背法理，此处"法理"指的其实就是法律，而法院违反诉讼程序就是"法理"的语境，其充当了"法理"的背景墙。某一公民认为某案件一审判决不符合法理，因为该判决结果与常理不符，这里的"法理"其实是情理的意思，与前述"法理"的含义又不同。这里的语境是一种道德语境，判决结果不符合人们的道德认知充当了"法理"的语境，所以这里的法理显然具有道德意义。又如，某一法官从大前提和小前提直接跳跃到法律结论，而大前提和小前提之间却存在着鸿沟，人们也会批判法官不讲法理，这里的"法理"仅仅指法律推理，也就是逻辑在法律适用中的表现形式。这些"法理"有一个共同点，就是它们都存在于与法律有关的特定场合，并且指称某种对象。因此，总体来看，只有法理存在于特定的情境并且指称对象的时候，才可以说语境充当了"法理"的背景墙。

语境中的法理并不是简单的依赖于语境，两者之间是相互促进的。虽然弄清楚"法理"（语境中的法理）指称什么需要借助语境，但是"法理"语词本身的含义就限制了语境的范围。与其说法理依赖于语境，不如说法理与语境是相互依赖的。"法理"这个语词有着发展的趋势，它的边缘含义会产生新的语境。语言是认识世界的工具，使用"法理"这个语词，同时也是在认识法律现象，从这个意义上讲，语词永远是一个过程，它容纳着语境的变化。与之相同，语境的变化本身也迫使语词本身作出调适。

（三）语境分离的法理

"法理"与语境相互促进的结果就是会形成语境分离的法理。语词在长期的使用过程中会形成自己的含义，此时，语词就可以独立于语境具有意义，语境分离的法理就是独立于语境具有自身含义的法理。还有一些语词，由于其用法较多，含义会非常复杂，容易形成核心与边缘地带的区分，即使是核心地带也难以确定其含义。语境分离的法理便是如此，即使在其核心地带，解释也往往不统一，其一种解释就是法的理念。

语境分离的法理就是脱离具体的情境，具有普遍意义并且有人为规定性的法理，它不指称某个对象，但是涵盖对象的属性，也就起到了间接指称的作用。换句话说，语境分离的法理就是抛开具体场合，而着眼于对"法理"内涵的一般性阐释，其出发点不是语境，它不指称某一具体对象，而是关注语词本身。例如，斯特劳森认为语词本身不起指称的作用，但我们可以在不同场合使用语词去指称不同的对象。因此，语词本身与语词的使用不是一回事，指称某种事物只是语词使用的特征，而不是语词本身的特征。[1]斯特劳森所说的语词与语词的使用的区分正是以语境作为标准的。

语境分离的法理是不依赖于具体语境的，但是语词本身的特点可能使人联想出一种语境，这种假想的语境并不是真的语境，而是通过其他概念将语词经常依赖的语境固定化的结果，由此形成了语词本身的含义。语词当然独立于包含它的句子而具有含义，正是因为事实如此，我们才能理解以前从未听过的句子所表达的思想。[2]然而通过其他概念来使语词存在的语境固定化是一个困难的任务，因为语境是千差万别的，构成语词之语词的含义有时也是复杂的。语词本身含义的形成是以共识为前提的，如果抛开共识和语境断然定义"法理"，那么无疑是自说自话。前述法理学家都是在这种意义上试图阐释"法理"的内涵。

语境分离的法理的一种典型就是形而上的法理，这种观点认为法理是法的理念。这种观点的依据是柏拉图的"理念论"，其试图借助理念去重新定义法理是什么。在"洞穴隐喻"[3]中，柏拉图将世界分为现象世界和理念世界，并且认为理念世界才是最真实的存在，现象世界只是理念世界的模仿。如果将柏拉图的理念论运用到法理，那么"法理"就是法的理念。按照柏拉图的"理念论"可知，现象世界的背后是更重要的本质世界，这个本质世界就是理念世界。由此，为我们所感知的法是一种现象，与法的现象相对应的就是"法理"，也即法的理念。

这种观点认为之所以称某些东西为"法"，是因为它们具有了理念的法的某些永恒不变的性质，但它们不是理念的法，它们只是对理念的法的模仿。这些"法"所具有的永恒不变的性质就是法的理念，而法只有具备所有法的理念才能算是理念的法。总体来看，这种观点认为法理就是符合自然界以及人类社

---

〔1〕　参见涂纪亮：《现代西方语言哲学比较研究》，中国社会科学出版社 1996 年级，第 380 页。

〔2〕　［英］达米特：《弗雷格——语言哲学》，黄敏译，商务印书馆 2017 年版，第 246 页。

〔3〕　［古希腊］柏拉图：《理想国》，郭斌和、张竹明译，商务印书馆 2017 年版，第 275—278 页。

会发展规律、作为法的存在依据并促进法自身存续的永恒不变的法的理念。

前面已经具体阐述了法的理念这种观点，据此种观点，可以判断哪些东西不是法理，从外部对"法理"一词进行限定。但是这种观点明显是有缺陷的，其犯了与"独断论"同样的错误，片面强调理性而摒弃感性经验，认为从天赋观念出发，通过演绎推理即可获得普遍的真理，其代表就是莱布尼兹—沃尔夫体系。把法理看作法的理念的观点与莱布尼兹—沃尔夫体系有异曲同工之处。这种理论只有空洞的概念体系，而位于体系顶点的命题却是一种形而上学的对象，没有任何经验内容可言。

四、问题的核心：语境分离的法理是否可能

通过前述分析可以得知，语境中的法理首先指称对象，其次才有含义，并且其含义是通过语境来确定的。在这种情况下，不同语境的法理指称不同的对象，因此"法理"在语境中重要的是指称对象，我们无法也无需去比较不同语境下的法理，更不可能将某种语境下的法理所指称的对象普遍化。争论之所以会发生，是因为人们想要追求一种普遍意义的确定的法理，也就是语境分离的法理，这才是明确法理概念这一问题的核心。为了明确这一问题，可以考察一种语境分离的法理在认识领域和实践领域分别是否可能。

（一）认识领域中语境分离的法理之考察

在认识领域中，一种确定的语境分离的法理完全从认识论的角度出发，意图寻获关于法理本体的具有百分之百确定性的知识。然而法理本身就是一种超验的存在，任何在认识领域中对法理的探讨最终都会是形而上学的认识对象，故此一种形而上的法理以及在认识领域中一种确定的语境分离的法理都是不可能的。

在认识领域中，语境分离的法理在确定其含义时，往往抛开具体的语境，也就是脱离了经验内容直接去寻求法理是什么，其完全是一种形而上学的做法，故这种语境分离的法理是一种形而上的法理。形而上的法理是一种超验的存在，人们只能在语言中去使用它，却获得不了关于它的经验材料。人们在争论法理时，也往往是事先预设了其存在，因为人们没有明确地由感官感受到法理，只能在语言中去谈论它。"法理"这个语词在使用时指称的对象既可能是实在的，也可能是形而上的，因为它可能存在多种语境。但是不存在语境时，法理本身一定是形而上学的认识对象。语境分离的语词的含义正是人为规定的，正因为统一的形而上学的认识无法达到，这种规定性也难以形成，形而上的法理正是如此。

以往的法理学家试图对法理作出解释时，无非有两种做法：一种是历史的，意图从"法理"的词源去考察含义；另一种是形而上的，脱离经验，意图用理性直接获得对法理的认识。第一种做法是失败的，因为追溯"法理"的历史来源本身比确定"法理"的内涵更为困难，而且语词的含义会发生流变，探求其最初的含义本身无所助益。第二种做法也注定是失败的，因为这种方法在解释"法理"时就已经预设了法理是什么，通过这种预设演绎出来的法理以及体系完全是一种空洞的体系，无法与现实世界发生联系。正如康德所讲的，我们的认识能力是有限的，我们的知性范畴只能对经验材料发生作用，当理性迫使我们用有限的知性去把握无限的整体时，就会陷入二律背反，也就是公说公有理、婆说婆有理。[1]所以，以往的法理学家竭力探求真正的法理是什么，这个任务本身就是不可能完成的。

综上，一种普遍意义上的语境分离的法理是形而上的，一种完全形而上学意义上的法理是不可能被人们所共识的，因为这种做法仅仅将法理局限在认识领域，而这恰恰是不可能的。以往的法理学家也是在认识论的意义上，企图回答法理是什么，然而这是无价值的争论，纵使取得了这种普遍意义的法理也对法律实践起不到任何作用。

（二）实践领域中语境分离的法理之考察

正如前述，一种认识论意义上的绝对正确的法理是不可能的，因而我们只能转向实践领域中语境分离的法理。当将"法理"一词限制在实践领域时，实际上也意味着只能归纳特定的语境来确定其含义，这个语境只能是实践相关的，任何旨趣不在法律实践的语境都将被排除在外。例如，单纯的论文写作、法律职业共同体之外的争论都应被排除在外。因此，实践领域中语境分离的法理实际上是在法律实践中获得普遍支持的行为理由。如郭晔认为："法理是由人的理性认识所凝练、证成法实践的正当性理由。"[2]

真理共识论为实践领域中的法理提供了一种可能的依据，也就是说真理是通过参与实践的人的共识来加以确定的。哈贝马斯在其论辩理论中提出了一种理想的言谈情境，即所有的人都有资格参与论辩，任何主张都可以被问题化并交付考察，任何被主张之事都能够加以评论。[3]因此，他主张真理共识论，认

---

〔1〕 ［德］康德：《纯粹理性批判》，蓝公武译，商务印书馆2017年版，第451页。

〔2〕 郭晔：《法理：法实践的正当性理由》，载《中国法学》2020年第2期。

〔3〕 参见［德］罗伯特·阿列克西：《法律论证理论》，舒国滢译，中国法制出版社2002年版，"代译序"第11页。

为真理是通过所有人的共识来加以确定的。真理共识论的合理性必然伴随着对真理符合论的批判。真理符合论严格地将命题与客观实际——对应。但是他认为，"命题不像图画，图画与它所表达的东西多少有些相像；但真理与现实不是一种可对比的关系"。[1]这种真理并不是纯粹认识意义上的，而是具有实践旨趣的共识性真理。

如果从这个角度出发去考虑，那么实践领域中一种确定性意义上的法理好像成为可能。这种法理表现为主体间性的确定性的法理。所谓主体间性是对以往主体性哲学进行反思和批判所形成的。[2]所以，主体间性必然以真理共识论为基础。主体间性的确定性的法理克服了主体性哲学的缺陷，其能够在主体之间沟通、交流和传达，因而指的是一种在法律实践领域中通过语言交往而形成的共识性法理。基于此，在实践领域中，一种确定的语境分离的法理成为可能。

主体间性与话语是实践领域中语境分离的法理不可或缺的前提。话语的目的是达成一致，更准确地说，是达成共识。哈贝马斯把共识当作有效主张之正当性的必要条件。[3]由此，话语也就成了有效主张之正当性的必要条件。根据哈贝马斯的阐述，一个陈述要想获得正当性，就必须符合或者满足理性话语的前提和程序。这种理性话语的前提和程序通过论辩体现出来，因为论辩本身就是一个理性的互动。因此，任何有关法理的有效主张，都避免不了或者说必须满足理性话语的前提和程序。

我们所要追寻的法理并不是要有百分之百的确实性，而是应该要有主体间性的确定性，这是交往理性的要求。交往理性是哈贝马斯用来代替实践理性的工具，指隐含在人类语言结构中并由所有能言谈者共享的理性。获得这种理性结论的方式就是普遍理性实践论辩。[4]正是通过实践论辩，我们方能得到一种共识的真理，语境分离的法理也正通过论辩这个程序获得了主体间性的确定性。

---

〔1〕 ［英］威廉姆·奥斯维特：《哈贝马斯》，沈亚生译，黑龙江人民出版社1999年版，第43页。

〔2〕 主体性哲学自身有内在矛盾，这便是它没有办法解释作为世间独一无二的主体的我，到底是如何与另一个独一无二的我（即他人）进行沟通、交流和传达。参见孔明安、谭勇：《交往的主体与生成的主体——哈贝马斯与齐泽克的主体间性思想比较研究》，载《安徽师范大学学报（人文社会科学版）》2020年第3期。

〔3〕 参见 ［美］莱斯利·A. 豪：《哈贝马斯》，陈志刚译，中华书局2002年版，第55页。

〔4〕 哈贝马斯指出："使交往理性成为可能的，是把诸多互动连成一体、为生活形式赋予结构的语言媒介，正是这个语言媒介使交往理性成为可能，也正是这个语言媒介为主体间性的引入敞开了大门。"参见孔明安、谭勇：《交往的主体与生成的主体——哈贝马斯与齐泽克的主体间性思想比较研究》，载《安徽师范大学学报（人文社会科学版）》2020年第3期。

这种主体间性的确定性立足于语言共同体的交往实践，[1]而这种交往实践的一个重要方式就是实践论辩。实践论辩对于语言共同体具有重要意义，一种实践论辩的理论是达到作为共识的法理的必由之路，也就为实践领域的法理提供了可能。法律论辩确定了如何获得承认的一般化过程，是一种共识形成的内部过程。作为法律渊源的法理必然涉及法律实践，因此有关法理的论辩固然归属于法律论辩。当然，这是一个过程，并不是一蹴而就的，就像哈特所说的承认规则是一种社会规则一样，作为共识的法理也必须经过长期的实践才能获得主体间性的确定性。主体间性的确定性的法理通过法律论辩的一般程序，并遵守法律论辩的一般规则，就能够达到。这种法理也是一种去形而上学意义上的法理，因为其归根结底是在语言世界中遵守游戏规则所形成的。

---

　　[1]　一方面，主体一直都是出现在一个由语言建构和阐释的世界里，并且依赖着一个合乎语法的意义语境。就此而言，相对于言语主体，语言只是一种前提和客体。另一方面，由语言建构和阐释的生活世界的立足点在于语言共同体中的交往实践。参见［德］于尔根·哈贝马斯：《后形而上学思想》，曹卫东、付德根译，译林出版社2001年版，第42页。

第 二 部 分

法律史学

浅析近代中国破产法的演变逻辑

——以债权人、债务人的权利义务变化为视角

韦　钰[*]

摘　要　纵观近代中国破产法在 1905—1935 年的演变逻辑以债务人视角而言，与其说是"破产免责"，不如说是破产担责的标准和形式发生了改变。在传统中国债务人发生"欠债不还"客观结果即被追究刑责，而在近代破产法中则加入了"诚实换保护"机制。通过要求破产的债务人如实提交相应材料和说明情况，判断其主观动机，进而区分罪与非罪。若判定其破产为善意，担责的形式才可以从刑责变为社会性限权。不过由于其他配套措施的不完备，导致破产法的实施效果并不理想。以债权人视角而言，则是一段逐步从"强分阶级"走向"平等受偿"的历程，平等保护债权的理念在社会上拥有广泛共识，在制度落实上进展较为顺畅。但法定清偿顺次的建立，因遭遇中国多元的本土惯习而屡陷踌躇。

关键字　近代中国　破产法　债务人　债权人

当债务人出现资不抵债的情况时，该如何处理，是近代破产法所欲解决的问题。据民国学者梅汝璈的观察，传统中国以农业为主，工商业则较为薄弱，人们虽然难免贫困，但宗法组织严密，即便债务人资不抵债，亲友也会代为偿

---

* 韦钰，中国政法大学 2022 级法律史学博士。

还。因此晚清以前，并无类似近代破产的制度。[1]清末海禁大开后，中外之间的贸易愈发频繁，商人资不抵债的情况时有发生，按中国传统的处理方式，商人可能面临牢狱之灾。但彼时内忧外患，清政府还望富国强兵以救亡图存，若将欠债商人直接投入大牢，就将丢失发展商业所需的人力、物力。于是，清政府借鉴西方经验编纂了《大清破产律》，这是中国首部近代意义上的破产法。此后又经过不同政府的数次修改、更迭，直至1935年南京国民党政府颁布《中华民国破产法》最终定型。

目前学术界已对近代中国破产法制度的沿革作了充分研究[2]，但对其演变逻辑的勾勒和提炼，尚有探讨的空间。已有研究从债务人角度梳理，认为近代破产法的演变是一个从"负债应偿"到"破产免责"的过程[3]，但忽视了破产案中另一个重要角色——债权人，且既存研究的视野仍局限在破产法本身，忽视了破产者需承担的其他责任形式。笔者拟赓续前贤，综合梳理近代中国有关破产者的相关规范性文件后，细致分析债权人、债务人权利义务的变化，提炼其间的演变逻辑及其法理构建。

一、近代破产法简要历史沿革

在传统中国，"负债应偿"这一理念贯穿始终。若债务人出现资不抵债的情形，可通过官方调解或与债权人协商等方式，减轻部分债务、延长偿还期限、变更偿还方式来化解债务。债务人的亲族戚友若有余力，也将代其清理[4]，否则债务人将有可能面临刑事责任。

时至清末，国门大开，中外商业交流日益频繁，中外商人资不抵债的情况

---

〔1〕梅汝璈：《破产法草案各问题之检讨》，载《国立武汉大学社会科学季刊》1935年第5卷第4期。

〔2〕参见李秀清：《民国时期移植外国商事立法论略》，载《法学论坛》2002年第2期；姚秀兰：《近代中国破产立法探析》，载《现代法学》2003年第5期；王雪梅：《从商人对〈破产律〉的批评看清末的社会法律环境》，载《四川大学学报（哲学社会科学版）》2006年第2期；陈夏红：《近代中国的破产法制及其命运》，载《政法论坛》2010年第2期；张世慧：《中国近代破产制度的孕育与建立（1750—1935）》，华中师范大学2016年博士学位论文。张世慧：《秩序变动与律例增订：19世纪前中期的"京城钱铺关闭例"》，载《史林》2016年第6期。张世慧、史慧佳：《辛亥鼎革与商事审判：1912年上海纯泰钱庄破产案》，载《近代史研究》2020年第1期。

〔3〕蔡晓荣：《从负债应偿到破产免责：破产债务清偿责任衍进的中国法律史叙事》，载《法学家》2013年第6期。

〔4〕梅汝璈：《破产法草案各问题之检讨》，载《国立武汉大学社会科学季刊》1935年第5卷第4期。

时有发生。中国当时对此并无专门的规定，在中国商人破产时，官府会参照"京城钱铺关闭例"将之视为刑事犯罪，"对于侵蚀倒闭商民各款者"，官府可能会采取拘捕监禁等限制人身自由的处罚，并"分别查封寓所资产及原籍家产"，勒令家属限期清偿。[1]后来商人负债不还类案件的增多，官府应对乏力，开始借助商会的力量，由各商会负责清理其负债会员的财产。据梅汝璈观察，有商人会在自己事业濒临破产时，携带现款、票据设法潜逃，债权人却对此无能为力，只能在已经关闭的店门上张贴欠款单据，或组织宣传"挟有毁损债务人名誉之语句"，对债务人实行一种道德批评，并无实际效益。但外国商人破产则不同，依据当时西方破产法，并不会实施限制外国商人人身自由的措施，且偿付责任也仅限于破产者本人。可见，对于中外商人破产的不同处理方式，已达"罪"与"非罪"的质性差异。

为应对此局面，清政府的商部和法律大臣共同商议，编订《大清破产律》，并于1906年4月25日颁布，但因部分条款争议较大，1907年便被明令废止。至北洋政府时期，1915年修订法律馆虽拟定了《破产法草案》，该草案"大多抄自德日旧律，而于其新修正案亦置若罔闻。至于他国法例及世界潮流更勿论矣"[2]，因草案仍存在较多问题，在1915至1927年，法院鲜少引用该草案的规定。从当时的最高审判机关大理院的判例来看，对于破产案件，大理院多根据商业习惯，或参照《大清破产律》的法理来处理。[3]因此，该时期有关破产的相关规范，主要通过判例、解释例的形式展现。南京国民党政府时期，在1934年由司法行政部以1915年的《破产法草案》为基础，修改起草《破产法草案》，但新草案没有考虑到当时各国流行的"和解制度"，也未能吸收中国传统之商业习惯和北洋政府时期通过法院判例积累起来的经验，因此该草案未被采用。新破产法交立法院重新起草，并以《商人债务清理暂行条例》来暂时调整商人破产的事宜。最终《中华民国破产法》通过审议，于1935年10月1日施行。

二、债务人：责任标准的变化与社会性限权

有学者用"破产免责""破产去刑化"来总结近代破产法的变化。[4]但笔

---

〔1〕 张知本：《破产法论》，上海法学编译社1931年版，第21页。

〔2〕 陈夏红：《近代中国的破产法制及其命运》，载《政法论坛》2010年第2期。

〔3〕 戴修瓒：《大理院判决例全书》（序），1931年6月，中国政法大学出版社2013年版，第2页。

〔4〕 姚秀兰：《近代中国破产立法探析》，载《现代法学》2003年第5期。参见张世慧：《中国近代破产制度的孕育与建立（1750—1935）》，华中师范大学2016年博士学位论文。蔡晓荣：《从负债应偿到破产免责：破产债务清偿责任衍进的中国法律史叙事》，载《法学家》2013年第6期。

者以为，"免责"这一表述或许并不严谨。就破产法内部体系而言，其设计是让破产人用"诚实换保护"[1]，所变之处在责任标准的调整，而非责任的完全免除。而从彼时整体的法律体系来看，也能找到种种针对破产者的社会性限权。

（一）债务人责任标准的变化

1906 年 4 月 25 日，载振、唐文治奏请拟定破产律，在该折中提到，有心的"诈伪倒骗者"与无奈的"亏蚀倒闭者"显有不同，后者情有可原，若不加区分地适用"惩罚示儆之条"，虽可预防流弊，却缺乏对商业的"维持调护"[2]，商业将难以发展。于是，在清政府后来编纂的《大清破产律》中，善意破产人不仅能免去刑责，还有各类"体恤性"措施。按照该律，若破产人确实情出无奈，且无寄顿藏匿等情况，在将财产偿还各债后，净绝无余的，负责破产程序的董事可向各债主声明，"在未摊分以前，在财债项下酌提该商赡家之费，约敷二年用度，以示体恤"[3]（参见第 42、48 条）。另外，破产人清偿的债务达到总债务十分之五，便可准破产人"免还余债，由商会移请地方官销案"[4]（参见第 66 条）。另在《大清刑事民事诉讼法》第 173 条专门规定，若债权人被定为破产人，"公堂应发护照暂免因债拘理，如已监禁立即释放，此项护照至末次讯审时缴销"[5]，该条保护债务人在破产期间免于逮捕。

上述对债务的"保护"并非毫无条件。《大清破产律》第 2 条规定，申请破产的善意债务人，需提交如下账簿：历年收支簿、现存银钱簿、现存货物簿、现存产业簿、现存家具簿、借放对数表。主持破产程序的管理人对账目不清楚的地方，可以随时查问破产人。可以说，债务人需通过对自身财产状况的"诚实"换取破产律的"保护"。若商人不诚实，而是"有心倒骗"，例如在破产前，如隐匿、伪造契据，侵吞资产，贱卖资产，透支式经营、借款等，或申请破产后，隐匿资产、私自清偿等（参见第 53 条），[6] 按《大清破产律》第六节的专门规定，仍将面临刑事处罚。

---

〔1〕 现代专利法的一个原则是以"公开换保护"，受此启发，笔者以为，破产法是以"诚实换保护"。

〔2〕 载振、唐文治：《奏商部会法律大臣折：议定商律等由》，光绪三十二年（1906年）四月初二，军机处录副奏折，档号：03-7228-004，第一历史档案馆藏。

〔3〕《大清新法律汇编》，麟章书局1910年版，第589、591页。

〔4〕《大清新法律汇编》，麟章书局1910年版，第596页。

〔5〕《大清新法律汇编》，麟章书局1910年版，第336页。

〔6〕《大清新法律汇编》，麟章书局1910年版，第581、592页。

到了北洋政府时期，在大理院的判例中，例如五年上字第五八号[1]，七年上字第一三〇一号[2]，都表明破产并不意味着债务的消灭或清偿责任的免除，除非当事人之间有明确的免除债务的表示，否则债务人在有"资力回复之时"，仍需要继续清偿。七年上字第一八九号判示"破产人匿产债权人得论求交出"[3]，从此处也可看出破产人负有诚实说明自身财产状况的义务。

在南京国民党政府时期，《商人债务清理暂行条例》第3条、6条也规定，债务人需提出自身财产状况说明书，以及债权人、债务人清册和解方案，清偿办法等材料；对法官或核算人的调查，债务人有详细说明的义务。第7条规定，若债务人有拒绝说明、有不实陈述、有诈害债权人等行为，法院将驳回其申请。[4]《中华民国破产法》亦定有破产人的说明义务，第87条要求破产人提出财产状况说明书以及债权人、债务人清册；第89、122条均规定破产人对自身的财产及业务有答复的义务。[5]该法也专列"罚则"一章，对于破产人隐匿、毁弃资产或账簿，拒绝交代财产或作虚假陈述等行为将被列入科以刑事处罚的范围中（参见第152、153条），并设置了诈欺破产罪、诈欺和解罪，若破产人在破产宣告前一年内或在破产程序中有不利于债权人的处分，或捏造不真实债务等行为，将被判处刑罚。[6]

从上述梳理可以看出，在近代中国破产法的演变中，破产者的责任并未完全免除。虽然对于善意破产人不再施加刑罚，但"善意"的证明责任则被施加于破产者，法律一以贯之地要求破产者详细说明、诚实交代自身的财产状况，并需提供相关材料证明自己对财产已进行了审慎管理，以"诚实换保护"，否则仍面临相应的刑事处罚。

（二）对破产债务人的社会性限权

《大清破产律》制定时，所需的配套制度并不完备，民事、刑事诉讼法等

---

[1] "五年上字第五八号：债务人因家产告罄不能清偿债务者，亦只能于执行判决时，由执行衙门酌量情形办理，不得即借口破产为债务不履行之抗辩"。见郭卫编：《大理院判决例全书》，会文堂新记书局1931年版，第80页。

[2] "七年上字第一三〇一号：债务人财产不足偿债，经减成偿还之后，其余额债权，除当事人间有特别免除之意思表示外，并非当然消灭。故俟债务人资力回复之时，得以更求清偿"。见郭卫编：《大理院判决例全书》，会文堂新记书局1931年版，第144页。

[3] "七年上字第一八九号"，见郭卫编：《大理院判决例全书》，会文堂新记书局1931年版，第120页。

[4] 参见郭卫编：《六法全书》，会文堂新记书局1940年版，第485—486页。

[5] 《大清新法律汇编》，麟章书局1910年版，第337页。

[6] 参见郭卫编：《六法全书》，会文堂新记书局1940年版，第640—655页。

法律也未付诸实践〔1〕，但已有对破产的债务人进行社会性限权的规定，例如在《法院编制法》中规定了"破产尚未偿债务者"不得为推事及检察官。〔2〕在1912 年出版的一本讨论检察制度的书中，探讨了检察官参与破产诉讼的相关规定，并提及破产的目的"在使各债权者得平均之希望，破产之本质在使分配主义之实行，其使各债权者得平均之希望，即以金钱之希望为目的"。对"受破产宣告之债务者，即破产者"而言，破产也并非完全免责，"破产者身上之效力"会受限制，"被停止行使以名誉与信用为基本之公权及私权"。由于"对于破产者身上之效力终不消灭，则就破产者而言，终身丧失一切权利，而就社会一面言，则此破产者不能在社会上富有人格，于社会政策亦大有妨碍"，所以不少国家规定了恢复破产者各项权利的"复权"制度。〔3〕

对社会活动的安全和秩序而言，参与者的名誉与信用是重要基石，而破产意味着信誉的下降，对应的便是对破产者参与社会活动的资格限制。北洋政府时期，限制破产者"以名誉与信用为基本之公权及私权"的思路在各类规范性文件体系中得以体现，简单整理如表1。

表1 对破产者限权的相关规定

序号	限权领域	文件名	具体条款
1	立法	《众议院议员选举法》	第 6 条
2		《省议会议员选举法》	第 5 条
3	司法	《法院编制法》	第 115 条
4		《各县承审员考试暂行章程》	第 5 条
5		《法院书记官考试暂行章程》	第 4 条
6		《修正律师暂行章程》	第 4 条

〔1〕 参见 1907 年户部向民刑编修馆的发文："经敝部调查，修订法律大臣沈家本已奏请颁布《民事刑事诉讼律》。迄今为止，尚没有哪个省将之付诸实施。事实上，破产法与程序法两者相辅相成，两者统一处理自然而然。宪政编查馆已组建专门机构修改该法。该机构已专门任命官员来汇编完整的民商事法典。为了避免内部矛盾，《大清破产律》理当从该部门发往修订法律馆，以便重新编排。"见《本部具奏将破产律咨送法律馆统筹编纂片》，载《商务官报》1907 年第 30 期。

〔2〕 《大清新法律汇编》，麟章书局 1910 年版，第 236 页。

〔3〕 检察制度研究会：《检察制度详考》，出版社不详，1912 年版。

序号	限权领域	文件名	具体条款
7	行政	《文官高等考试法》	第 4 条
8		《文官普通考试法》	第 4 条
9		《县自治法》	第 5 条
10		《市自治法》	第 11 条
11	公共事务	《地方自治模范讲习所章程》	第 2 条
12		《各道地方自治讲习所分所章程》	第 2 条
13		《司法讲习所规程》	第 2 条
14	从业限制	《中国银行章程》	第 2 条
15		《会计师暂行章程》	第 2 条
16		《商会法》	第 7 条
17		《证券交易所法》	第 10 条
18		《物品交易所条约》	第 12 条

资料来源:《现行法令全书》, 出版社不详, 1921 年版。

(三) 困境

时人常称赞中国引入国外的破产制度是顺应世界发展潮流的体现,但该制度常因难以判断债务人是否诚实而陷入困境。证明债务人资产流通状况的账簿,是判断债务人是否善意、区分其罪与非罪的关键证据,因此,近代中国的破产立法,一以贯之地要求申请破产者如实提交相应材料,并负有说明义务。但这些材料的形成,系以规范而完备的不动产登记、公司登记、财务管理制度为前提,在这些配套措施尚不完备的情况下,法院很难判断债务人是否真的破产,也就无法真正保障债权人的权利。因此,破产法的实施效果并不理想,债权人个人拒绝申报的情况屡见不鲜,破产程序难以启动;即便开启了破产程序,也会有破产债权人纠集团体拒不申报,致使破产程序更难进行。[1]

《大清破产律》颁布前两年清政府便已有《公司注册试办章程》,但"在前农工商部注册者仅属寥寥,未见普及"。[2]时人刘再兴分析商界,最不喜官厅

---

〔1〕 王仲桓:《论我国破产法上之免责规定》,载《法学杂志》1939 年第 1 期。

〔2〕《中华民国政府公报分类汇编》,扫叶山房北号,出版时间不详,第 68 页。

干预，不愿配合登记、报告。[1]此后，公司注册、账簿管理制度的施行也进展缓慢。张之洞于1907年9月3日递交的奏折曾对《大清刑事民事诉讼法草案》第67条发表评论，其敏锐指出："现在诉讼，亦援商律，但仿外国不动产登记之法，将民间田房一一登记，庶倒久监追之案，久户一请破产，即可抵偿。今州县无登记所，官吏无登记法，则事前之青顿无可追查，预申之债主无从分别，阳托破产之名，阴遂图吞之计，并得幸免远戍囹圄之苦，是适导人以作伪也"。[2]现代学者也直言，"根据许多会计账簿和记录，《大清破产律》第2条是该法所规定的程序不具有可行性的一个缩影"。[3]

传统中国以债务人"欠债不还"这一客观结果作为处罚的标准，而近代中国的破产法则开始关注债务人临近破产前的具体行为，以此区分其主观动机，让善意破产者有了以"诚实换保护"的机会。由此产生的变化，与其说是"破产免责"，倒不如说是破产担责的标准发生了从"重客观结果"到"重主观动机"的变化。与此同时，因破产意味着破产者名誉与信用的下降，伴随法律等规范性文件的体系化，针对破产者的社会性限权也在逐渐完善，例如在立法、司法、行政等国家机关，以及银行、会计师、商会等对信用要求较高的行业，对破产者均有相应的准入限制；至于带有公正、示范效用的公共事务，也限制破产者的参与。

三、债权人：从"强分阶级"到"平等受偿"

上文讨论系从债务人角度阐释近代中国破产法的演变逻辑。下面转换视角，讨论债权人权利义务的变化。笔者以为这是一个去阶级，从而使债权人在法律上得以平等受偿的过程。

（一）洋款、官款、商款的不同处理

《大清破产律》第40条规定："帮项公款经手商家倒闭，除归偿成数仍同各债主一律办理外，地方官应查明情节，如果事属有心，应照倒骗律严加治罪。"这意味着公款与普通人债权居于同等地位，均平等清偿。该条的规定因"与向章先洋款，后官款，后华洋商分摊之例不合"[4]，引发了争议。

---

〔1〕 刘再兴：《对于破产法草案初稿之我见》，载《法学丛刊》1935年第3卷第5、6期合刊。

〔2〕 张之洞：《遵旨核议新编刑事民事诉讼法折》，载苑书义、孙华峰、李秉新主编：《张之洞全集》（第3册），河北人民出版社1998年版，第1772页。

〔3〕 ［美］托马斯·米特拉诺：《大清破产律：一部法案史》，载陈夏红编：《中国破产法的现代化：从〈大清破产律〉到〈企业破产法〉（1906—2006）》，中国大百科全书出版社2018年版，第323页。

〔4〕 张知本：《破产法论》，上海法学编译社1931年版，第21页。

上海钱业元大亨等商号以此条为依据向商部的禀文，要求户部财政处立案，遇到倒闭亏欠，公款、商款一律公摊。户部财政处回复，"各国银钱行业皆受成于户部，或且以资本之半存之中央金库"，对于其所用的簿册、钞票，户部也有随时检查的权力，可以说"查察极为严密，不患有欺饰隐匿之弊。是以偶遇亏倒，破产之法可以实行"。但当时中国各项贸易，开设任意，"公家并未加以监察，若遇有倒闭，准其一律折扣，恐存款之受亏必甚。"而当时户部银行存放的"多系部款，关系极重；暨各省银行、银号多系公款"，故户部认为对于公款均应暂照旧章办理。[1]因户部的反对，"公款、商款一律公摊"条暂缓施行，公款以其牵涉面广，得以优先受偿。

此后，商家倒闭，资不抵债的案件层出不穷，但"凡遇破产案出，设同被倒欠者有洋款或官公款在内，民商各私债断无足与抗衡之望"[2]。洋款"以历年之条约即各该本国之法律，设因款属洋人之故，不问其债权之性质何若，总较华款为优异"。至于官款，被倒欠时"其追偿之权力以压洋款而不足，以抑商款而有余，盖谓官款固丝毫为重也"。秦瑞玠发文指责："民商各债款，有蹂躏而无保护，平日绝不加以监督为之预防，于先事期使公众免受倒欠之累。一旦破产，事起犹复强分阶级，惟力是视同一债权也而有官款与商款之分，有公款与私款之分，更有洋款与华款之分。"[3]

(二) 官商债权不平等的讨论

破产案中，债权人清偿顺位被"强分阶级"的做法，引社会反感，不少人发文剖析官商债权不平等的危害，倡导国家应一视同仁。秦瑞玠指出，官商之分只是名位上的、职业上的区别，"官民之阶级主存于狱讼赋税一切公事上关系，而非所论于贷借买卖及营业合股等私事之交涉"。若官款用在商业上，则"官款之与商款同为贷借，即同有债权，非可滥用其官力以相凌驾"，力争债权的清偿顺序、效力的强弱，应该"只就债权之性质而区别，非可以各该债权者之身份与地位而区别"。官款既然重要，"宜慎其保持之法，勿轻贷放而逐利冒险"。

1911年《时事新报》还专门以"官商债权不平等影响于国家经济问题"为题，开展了征文活动，促进了"债权平等保护"这一议题的讨论和内涵的挖

---

〔1〕《商部奏破产律第四十条请暂缓实行片》，载《商务官报》1906第8期，1906年6月24日。

〔2〕秦瑞玠：《破产各债主之公平保护说（破产律第四十条释义）》，载《预备立宪公会报》1909年第2卷第13期。

〔3〕秦瑞玠：《破产各债主之公平保护说（破产律第四十条释义）》，载《预备立宪公会报》1909年第2卷第13期。

掘。张锡桐指出，"贪重利，放公款"又"公然享先占独得之权"，会导致国内市场信用被破坏。信用不存将"驱全国资金悉入外国银行业"，若商业被摧残，导致关税减收，国家收入也将愈绌。[1]

烦奴则以"债权属于私权之一种，私权之享有固平等"立论，认为"官商二字，不过名位上之区别，职业上之区别"，但在"债权之行使，则皆可以自由处分者"。因此"官之有债权，非以官权之存在与否而定其债权范围之伸缩"，所以不能"因债权人之为官为商，而履行之期稍分先后。即或不能履行，浸至宣告破产，官商亦必以平等之割合，匀取债务者之剩余财产，以偿其损失"。当时有人以"官款半系国家之款，国家储款待用，故不可一日缓乎"，"官款系官所经放"，若不先清偿，无人能担此责任等理由，为官方遇到破产案，"每判以先理官款，后理商款"作辩解。烦奴逐一反驳："商人之款亦孰非汗血所积，衣食所资者"；另外，"经放债款之任，在商当负责，在官则否？"烦奴直言，正"因官商债权不能得到平等保护，国民鉴于储蓄机关之不可恃，相率投资外国银行，以为确实稳固之担保"。由此而言，"钱业亏倒，市场叠遭空旷"的状况，"官实有以养之"。若资金投在外国银行，"国家一旦有事，欲募集国内公债，又孰从而应之？"因此，官商债权不平等的结果是，"他日举国之人，无一为债权者，即无一非债务者"，最终导致国家的大破产。[2]

赘疣探析官商债权不平等的根由，其认为这与清末官方参与商业有关。在"官与商既无特别之利益"时，"自无意外之损失，既无密切之关系，既无偏袒之争执"。但当"各省官银号、官银钱局、官立银行、钱票、银币，与商界直接往来"时，行政长官显然居于债主地位[3]，这便让"操奇计赢"成了习惯，也为"官款丝毫为重，以胁迫之威权，施蛮横之手段"的局面埋下隐患。当"商人知官场之不足恃，相率而视为陷害。懦者缩小范围，以保其生命财产。黠者且将移其生命财产托庇于外国银行"时，将极大影响国家的财政。[4]

（三）债权人平等受偿的法理构建

以上讨论多从经济角度分析债权人平等受偿的必要性。要落实至法律中，

---

〔1〕 张锡桐：《答官商债权不平等影响于国家经济问题》，载《时事新报（上海）》1911年7月4日。

〔2〕 烦奴：《官商债权不平等影响于国家经济问题》，载《时事新报》1911年7月8日。

〔3〕 赘疣：《官商债权不平等影响于国家经济问题》，载《时事新报（上海）》1911年9月1日。

〔4〕 赘疣："官商债权不平等影响于国家经济问题（续）》，载《时事新报（上海）》1911年9月2日。

还需法理的构建。当时曾有以下几种理论[1]。

1. 共同担保说

此说将债务者之财产视为债权人的共同担保物。此理论意味着，债权人借款给债务人，是以债务人的财产足以担保偿还为前提。但松冈义正认为"世界进化，债权者有信任债务者之才能、德义，借与金钱而不取担保者"[2]，故认为此说不合理。

2. 保护交易说

此说偏重解释破产的平等清偿。由于债务人对不同债权人的感情有所不同，"使无破产之办法，则不能保护取引之安全"。[3]但民法、商法及其他各种法律，都是为了平等保护债权人的利益，因此，此说仍无法说明破产法的独特性及其存在的必要性。[4]

3. 共同损害说

此说认为债务人资不抵债是债权人应共同承受的损害，由于债权人借款时未审慎考察债务人的偿还能力，存在共同过失，因此债权受损的结果就需由债权人共同分担。

4. 社会政策说

此说则将破产视为同保险制度一样的社会政策。若债务人资不抵债时，将自己的所有财产用来偿还部分债权人，就必然导致剩余债权人全然得不到清偿，这将拉大债权人之间的贫富差距。破产法的本质"乃自债务者财产不足所生之损失，使债权者平均分摊之手续也"，由此可以"化贫富之畛域"，避免社会堕落。因此破产是一种"使多数人分担损失，减轻少数人之负担"的社会政策，"实与保险制度同，在实行损失分担主义，利益分配主义，排斥利益独占主义（利己主义）"。债务总金额与债务人所剩财产之间的差额，视为所有债权人共同分摊的"损失"。"损失分担之实行，在以同等视债权者。使于债务者之财产得平等之满足，而平等之满足以一定标准为必要，各财产之金钱的价额于分担

---

〔1〕 参见［日］松岗义正讲述，熊元襄、熊元楷、熊仕昌编：《破产法》，法学社 1914 年版。王去非：《破产法论》，法学研究社 1931 年版。张知本：《破产法论》，上海法学编译社 1931 年版。

〔2〕 ［日］松岗义正讲述，熊元襄、熊元楷、熊仕昌编：《破产法》，法学社 1914 年版，绪言第1—2 页。

〔3〕 ［日］松岗义正讲述，熊元襄、熊元楷、熊仕昌编：《破产法》，法学社 1914 年版，绪言第1—2 页。

〔4〕 王去非：《破产法论》，法学研究社 1931 年版，绪论第 21 页。

损失之实行上，实足为必要之标准。盖金钱之为物，最为公平"。[1]可见，对于债权人而言，平等受偿与平摊损失是破产的一体两面。

（四）债权人平等受偿的制度建立

行至民国，债权人应获平等受偿的理念渐入人心，相应的制度逐渐建立。北洋政府时期，大理院通过判例三年一四七号解释例确定了官商债权的平等受偿，其中写道："国家在私法上之地位与个人同"。因此若公款存放在商号中，如遇商号倒闭，也该受破产法的规制，与其他债权平等受偿，"不能较其他债权人有优先权"[2]。之后的判例中，也坚持了债权平等受偿的原则。例如三年上字第五五〇号判示："凡债务人负有多数债务而其现有财产不足清偿时"，审判衙门调查、扣押其现有财产后，除某项财产上有特别担保者外，均应"按其所负债务总额，平均分配各债权人"，不应有轩轾。[3]四年上字第二四一六号也要求："除有别除权及财团债权人外，不问原因种类债额如何，皆平等分配"。[4]四年上字第二四三七号再强调"债务人财产不敷清偿数人债权，原则上平等分摊"。[5]六年上字第五一〇号则明确"破产债权人均应就破产人财产平均受偿还，不因所欠为存款或往来而有所区别"。[6]可以看到，在该时期，相同性质的债权应平等受偿的理念逐渐树立，并得以制度化。

《中华民国破产法》第 108 条规定，对债务人财产有担保物权的，有别除权，可以不依照破产程序行使其权利。除了别除权外，同一顺位的债权便应平等受偿，如第 112 条规定："对于破产财团之财产有优先权之债权，先于他债权而受清偿，优先权之债权有同顺位者，各按其债权额之比例而受清偿。"[7]

债权人平等受偿已在制度上逐步确立，但对于如银行储蓄存款、劳工债权、典权等具体权利或事项的性质和清偿顺位尚存争议。以存款为例，其性质是债权还是物权，在银行破产时能否行使取回权等问题，在不同时期，有不同的辨别。1907 年，秦瑞玠曾总结各权利的清偿顺次："考东西各国法制债权之质性，最强者为有物上担保类别，只为留置权、先取特权、质权及抵当权之四种，此

---

〔1〕 ［日］松岗义正讲述，熊元襄、熊元楷、熊仕昌编：《破产法》，法学社 1914 年版，绪言第 1—2 页。

〔2〕 大理院编辑处：《大理院解释例要旨汇览》（第三卷），大理院收发所 1919 年版，第 5 页。

〔3〕 郭卫编：《大理院判决例全书》，会文堂新记书局 1931 年版，第 23 页。

〔4〕 郭卫编：《大理院判决例全书》，会文堂新记书局 1931 年版，第 75 页。

〔5〕 郭卫编：《大理院判决例全书》，会文堂新记书局 1931 年版，第 76 页。

〔6〕 郭卫编：《大理院判决例全书》，会文堂新记书局 1931 年版，第 111 页。

〔7〕 参见郭卫编：《六法全书》，会文堂新记书局 1940 年版，第 640—655 页。

皆得尽先归偿，例无折减。余如裁判及管理费用、公家一切税课，亦于破产者之一切财产得有优先权，又若破产者为储蓄银行，时其储蓄各户于该银行之法定供托款项，亦自得优先取偿。"[1]可以看到此时人们还认为对于储蓄存款，应该优先受偿。但到了 1917 年时，北洋政府大理院六年上字第五一〇号却判示："破产债权人均应就破产人财产平均受偿还，不因所欠为存款或往来而有所区别。"存款又被归入普通债权之中，清偿顺次在某种程度上被推后。

综上，以债权人权利义务变化的视角而言，近代中国破产法经历了从"去阶级"走向平等受偿的历程。与平等保护债权人同时进行的，是法定清偿顺次的建立。但应该说前者因在社会上拥有广泛共识而进展较为顺畅，后者因面临中国本土惯习的定性难题以及各种利益的平衡，陷入辗转踌躇之中。

四、结论

清政府于 1905 年颁布了《大清破产律》，这是近代中国破产法的开端。该律的制定，起初系为解决中外商人在资不抵债的诉讼案件中处理方式的不同而带来的不平等问题。此后经历了近 30 年的发展，最终形成 1935 年的《中华民国破产法》。债务人和债权人的权利义务是理解近代破产法演变逻辑的两大重要视角。

就债务人的权利义务变化而言，与其说是"破产免责"，不如说是责任标准的改变。传统中国以"欠债不还"的客观结果作为处罚的标准，近代破产法则转变为关注破产者临近破产前的具体行为和主观动机，期间的数个破产法均一以贯之地要求申请破产者如实提交相应材料，并负有说明义务。因为，这些材料是债务人是否善意、区分债务人罪与非罪的关键，或可将之称为一种破产人用"诚实换保护"的机制。另外，因破产意味着名誉与信用的下降，伴随法律等规范性文件的体系化，针对破产者的社会性限权也逐渐完善，限权范围逐渐涵盖立法、司法、行政等国家机关，在银行、会计师、商会等对信用要求较高的行业，对破产者也有相应的准入限制；对于带有公正、示范效用的公共事务，也限制破产者参与。不过这些机制的运作，要求规范而完备的不动产登记、公司登记、财务管理制度。在当时，这些配套措施尚不完备，法院难以判断债务人是否真的破产，也难以查找和控制债务人的相应财产，因此而无法切实保障债权人的权利。于是，破产法的实施效果并不理想。

---

[1] 秦瑞玠：《破产各债主之公平保护说（破产律第四十条释义）》，载《预备立宪公会报》1909年第 2 卷第 13 期。

就债权人的权利义务变化而言，这是一个从"强分阶级"走向"平等受偿"的过程。起初在司法实践中，洋款、官款、商款的受偿顺序依次递推，引发时人反对。人们从各个角度阐述债权不平等的危害，认为受政治影响的破产制度会导致整个社会经济的混乱，当民众不信任国内的银行，纷纷将钱存入外国银行，以求资金安全时，对于国家经济安全而言，会有不良影响。债权人平等受偿的法律学说在逐步完善，在制度落实上进展较为顺畅。但法定清偿顺次的建立，因西方化的法律与中国多元本土惯习相冲突，需平衡传统与现代，本土与外来等价值，而屡陷踌躇。

商业本就是一场冒险，是人类与不确定性的博弈。如张知本所言："破产一事，从社会方面观之，不外与火灾、震灾等现象相同，只是社会经济上之一种不幸的自然现象。"传统中国曾将破产做有罪处理，但也未能通过此严刑峻法而预防破产的发生，因此法律更应就已发生之破产，谋善后之策。[1] 而如何让破产法真正发挥善后作用，避免陷入更大不公，至今仍是一个需要思考的问题。

---

〔1〕 张知本：《破产法论》，上海法学编译社 1931 年版，第 5—6 页。

从"天下"到"世界"：清末变法修律认知与实践中的内在理路

陈劭颖*

摘　要　"天下"观念作为一种普遍性观念，隐含于传统的政法制度之中并为其提供正当性。在近代西力东侵和西学东渐的背景下，"天下"观念渐渐被"世界"观念所取代，这样的一种转变作为清末法制转型的内在理路贯穿其中，表现为立法理念上"理性"对"天理"的取代、家族主义向国家主义的转向和从义务本位到权利本位的突破。然而，这种转变并不只是单向度地继受外来法律理论和制度，其亦涉及传统观念对外来理论和制度的改造，呈现出新旧融合的特点。

关键词　天下　世界　清末新政　变法修律

一、引言

"天下"作为一个普遍性观念，在清末的转变对于近代以来的社会变革产生了重要的作用；法律改革作为社会变革的重要组成部分，其亦必然受到普遍性观念变迁的影响。关于"天下"的既有研究分为如下几个方向：第一，以"天下"作为基本国家结构，亦即对所谓"古典国制"或"国宪"所展开的研究，如渡边信一郎[1]的研究。此种研究在国内亦有响应，如蒋楠楠[2]、

---

*　陈劭颖，中国政法大学 2023 级法律史学硕士。

〔1〕　[日] 渡边信一郎：《中国古代的王权与天下秩序——从中日比较史的视角出发》，徐冲译，中华书局 2008 年版，第 77—90 页。

〔2〕　蒋楠楠，范忠信：《"华夷共和天下国"：传统中国宏观国家结构及其"宪法"理念新诠》，载《法治研究》2011 年第 2 期。

吴欢[1]。第二，针对"天下"作思想史或观念史研究，如葛兆光[2]、罗志田[3]等。第三，以天下作为疆域史研究的对象，如于逢春[4]。第四，发掘"天下"的政治哲学理论价值，将之构想为一种全新的世界秩序，以期裨益于构建普遍兼容的国际秩序，此研究的代表者为赵汀阳[5]。第五，以"天下"作为儒家政治理想开展的研究，如尤西林[6]等。

然而，有关天下观与近代法制转型的研究似乎在近年来才引起法学学者们的注意，这些研究主要集中在国际法与宪法两个领域，并且大体遵循了"天下–万国–世界"或者"天下–民族国家"的研究路径。王勇聚焦于清末立宪运动的观念史背景演变开展研究。[7]他指出，宪政观念进入清末的中国实质上经历了传统天下观的改造，其最终取得合法性经历了漫长的异化过程；他的研究侧重于华夷之辨等基础性观念对清末立宪运动的影响，旨在指出传统与现代在变革中的交融，但并未将"天下"作为基础性观念进行纵向梳理。涂四益则纵向对宪法里的"民族"观念进行梳理，[8]他分析了近代天下主义的崩溃和民族主义的引入与演变，揭示了作为"种族"的民族观念进入1946年宪法中的过程；但他对天下主义的处理过于简单化，只总结了其以儒家思想为理论基础、以家国同构和朝贡体系为特征，没能深入分析它的内涵及其崩溃在法律意义上的价值。

冯争争指出，晚清战争法的构建经历了从"天下"到"万国"再到"世界"的转变。[9]这其中既有对欧洲战争法的吸纳，也有中国本身天下战争法的

［1］ 吴欢：《作为传统国宪基本理念的"天下为公，立君为民"——兼及"公天下"与"家天下"之辨》，载《哈尔滨工业大学学报（社会科学版）》2015年第3期。

［2］ 葛兆光：《中国思想史：七世纪至十九世纪中国的知识、思想与信仰》，复旦大学出版社2000年版，第328—335页。

［3］ 罗志田：《天下与世界：清末士人关于人类社会认知的转变——侧重梁启超的观念》，载《中国社会科学》2007年第5期。

［4］ 于逢春：《疆域视域中"中国"与"天下"、"中原王朝"与"中央政权"之影像》，载《云南师范大学学报（哲学社会科学版）》2010年第1期。

［5］ 赵汀阳：《天下体系的一个简要表述》，载《世界经济与政治》2008年第10期。

［6］ 尤西林：《有别于"国家"的"天下"儒学社会哲学的一个理念》，载《学术月刊》1994年第6期。

［7］ 王勇：《清末立宪运动的观念史演变背景及其内在逻辑》，载《法学评论》2011年第1期。

［8］ 涂四益：《从传统的"天下共同体"到1946年宪法中的民族——一种观念史的疏理》，载《法学评论》2019第4期。

［9］ 冯争争：《从"天下"到"世界"：晚清战争法的古今之变》，载《环球法律评论》2021年第5期。

保留。谢翀则对《大清国籍条例》的制定意义进行分析。[1]他指出，其事关国民身份的构建，是“只知天下不知国家”的传统认知被颠覆的标志性事件。上述研究都侧重于叙述法律本身的变化过程，未阐明对“天下”的认知转变对法律革新的具体影响及其因果关系。马猛猛以宋育仁的《公法驳正》为中心，分析了宋育仁基于春秋公法试图从儒家普遍主义的角度构建天下秩序的努力，[2]这一研究揭示了“天下”这一概念在近代中国接受西方国际法体系中发挥的过渡作用。但他的研究主要侧重于学人思想的转变，并未从法律实践上加以分析。

然而，在法制转型与观念转变之间，似乎仍有一些维度的联系尚未被解释清楚。从“天下”到“世界”之间，清末的变法修律并不只是线性的由旧到新的进化，而是新旧交织，本质上呈现出政法观念中普遍性与正当性的张力。

二、天下观的固有内涵及其政法制度

作为起源于地理观而延伸至政治、文化领域的观念，“天下”本质上蕴含了两个基本面向：第一，它涉及人的所有知识与行为的最终依据。第二，它涉及基于地理因素或文明程度形成中心与边缘、同类与异类的区分意识。不只限于观念或想象，传统中国基于天下观的意识形态构建了礼法制度、祭祀制度以及对边疆治理的官僚制度。[3]通过制度构建将“天下”观念真正实践，并形成了独特的政法文明。

（一）作为普遍性观念和正当性依据的“天下”

1. 作为普遍性观念的“天下”

当“天下”指涉超越“中国”的更大范围时，在空间上的区分意识便延伸至了文化领域，这种意识主要表现为一种文明上的中心论。[4]指涉文明秩序的“天下”观念以华夷之辨为其重要内容，而表现出包容性与排他性两种内涵。[5]包容与排他是看待夷夏问题的两种维度，即华夷之辨的两种维度。基于此，华夷

〔1〕 谢翀：《论〈大清国籍条例〉的制定及其法律意义》，载《重庆大学学报（社会科学版）》2022年第4期。

〔2〕 马猛猛：《从春秋公法到天下秩序的现代重建——以宋育仁〈公法驳正〉为中心》，载《天府新论》2023年第1期。

〔3〕 吕文利：《中国古代天下观的意识形态建构及其制度实践》，载《中国边疆史地研究》2013年第3期。

〔4〕 葛兆光：《对天下的想象》，载《思想》第29期。

〔5〕 Pines, Yuri, "Changing Views of 'Tianxia' in Pre-Imperial Discourse", *Oriens Extremus*, Vol. 43, 2002, pp. 101–116.

之辨有两个理论，第一是攘夷论，第二是治夷论。[1]此二者皆以礼乐文明为划分夷夏之标准，攘夷论重视夷夏之防，对外采取防备的态度；治夷论则以公羊三世说为依据，通过教化等手段治理天下，从而以夏变夷，达成"王者无外"的境界。然而，不论此二者在对待夷狄的态度上是包容还是排斥，其在本质上都基于文明上的优越感而以居高临下的角度俯视其他文明，并以自身的道德标准去评判他者。总而言之，"天下"观念呈现出以华夏为中心的观念色彩，主张华夏文明是评价世界的普遍性标准。

2. 作为正当性依据的"天下"

天代表着终极真理，由此，天下之人的所有知识和行为都有了终极性依据，即所谓"天不变，道亦不变"。基于天是具有普遍性的，天所代表的终极真理亦有普遍性。此处引孔子一言加以佐证："天下有大戒二：其一命也，其一义也。子之爱亲，命也，不可解于心；臣之事君，义也，无适而非君也，无所逃于天地之间。是之谓大戒。"（《庄子·人间世》）这里的"无所逃于天地之间"，即代表了某种道理的普遍适用。人类不得不行走于天地之间，那么这天下之内的人都必须受到父子亲情与君臣尊卑的束缚，即"尊尊"与"亲亲"。而后随着儒学上升为正统的意识形态，自汉至唐，"尊尊"和"亲亲"成为构建礼法制度的主要依凭，亦是统治者所倡导的行为准则。[2]三纲五常与天道相配，即是道之大原，即是所谓天理。经过儒学的不断发展，至宋明之际，天理上升为一切事物的合理性的来源。[3]基于宋明理学所构建的上天赋予人人心中普遍之理，遵循礼法的正当性的内在来源便有了着落。沟口雄三亦指出，在前近代中国，不同时代的"天理"作为秩序形态意识发挥着不同的超越性机能。[4]因而"天下"这个概念，还时常指代某种永恒不变的真理所施行的领域，即天理所在之处。

（二）基于传统天下观的政法制度实践

1. 以"天下-生民"为视域的传统国宪

突破西方的范式和话语，以"共同体"视角，将宪法解读为共同体的规

---

〔1〕 曾振宇、刘飞飞：《从华夷之辨到价值认同：重审儒家天下观》，载《史学月刊》2022年第6期。

〔2〕 此过程与法律儒家化的过程是同一的。就法律儒家化的过程，可参见黄源盛：《汉唐法制与儒家传统》，元照出版有限公司2009年版；瞿同祖：《中国法律与中国社会》，商务印书馆2010年版。在此不予详述。

〔3〕 李申：《中国儒教史》（上中下卷），江苏人民出版社2018年版，第3页。

〔4〕 ［日］沟口雄三：《中国前近代思想的演变》，索介然、龚颖译，中华书局1997年版，第303页。

则，则可以揭示宪法的核心叙事。[1]苏力从此种视角出发，分析了传统中国的制度构成。[2]马小红认为，"礼" 规定了国家根本组织、有创制功能且具有根本大法的性质，因而应当被认为是古代的 "宪法"。[3]夏扬指出，中国的宪法权威通过 "礼制" "祖制" "律典" 等形式得以实践。[4]本文亦采取此种态度，主张作为共同体的传统中国亦有 "宪法"。

传统中国的宪法并非在 "国家与公民" 的二元对抗视角中展开，而是基于和谐的秩序展开。渡边信一郎认为，前近代中国亦存在着基于宪法和基本性世界观所构建的国家框架，即基于法家/儒家世界观和律令、礼乐、祭祀的 "古典国制"，此种国制下，"天下" 即为统治者受命于天而能够实际支配生民的领域。[5]基于此，古典国制之下的宪法叙事基于 "天下与生民" 的视角展开。不同于 "国家" 这种随时可能侵害个人权利的利维坦，"天下" 是带有道德理想色彩的概念，而为生活于其中的人民当然地享有；天子想要取得对 "天下" 的统治，就必须具有德性，必须重视民生。传统国宪中的一个重要理念即为 "天下为公，立君为民"。[6]这一理念从共同体属性的角度主张 "天下为天下人之天下"，从统治者的角度要求仁爱，并在形式和实质上都起到了宪法的作用。总之，基于 "天下-生民" 视域的传统国宪以 "大公" 和 "民本" 为基本理念，而为中华民族这一共同体所认同。

2. 以天理人情为基础的传统法律制度

陈顾远主张中国的固有法系因来源于天意而有自然法之精神。[7]儒家为正统是因其能代表民族之精神，而以天人合一之说融入固有法系。亦有学者指出，法律的正当性和权威来源于天。[8]基于儒家的主张，人类和宇宙天地是一个整体，法律通过 "天人合一" 和 "人副天数" 理论获得了正当性。基于天人感通

〔1〕 刘茂林、仪喜峰：《宪法是组织共同体的规则》，载《法学评论》2007 年第 5 期。
〔2〕 参见苏力：《大国宪制——历史中国的制度构成》，北京大学出版社 2018 年版。
〔3〕 马小红：《清末民初礼与宪法关系的反思——兼论中国古代社会的共识》，载《现代法学》2021 年第 4 期。
〔4〕 夏扬：《宪法权威的历史塑造与现代表达》，载《河北学刊》2022 年第 4 期。
〔5〕 ［日］渡边信一郎：《中国古代的王权与天下秩序——从中日比较史的视角出发》，徐冲译，中华书局 2008 年版，第 77—90 页。
〔6〕 吴欢：《作为传统国宪基本理念的 "天下为公，立君为民"——兼及 "公天下" 与 "家天下" 之辨》，载《哈尔滨工业大学学报（社会科学版）》2015 年第 3 期。
〔7〕 陈顾远：《中国法制史概要》，商务印书馆 2011 年版，第 52—53 页。
〔8〕 朱勇：《中国古代社会基于人文精神的道德法律共同治理》，载《中国社会科学》2017 年第 12 期。

的法理基础，自然秩序、人文社会与人的性情实现了统一；中国的固有法因而以观察天的垂范而立法，将以三纲为核心的天理入律，使得天理、国法、人情相贯通。[1]"夫人宵天地之貌，怀五常之性，聪明精粹，有生之最灵者也。……《书》云：'天秩有礼，天讨有罪'。故圣人因天秩而制五礼，因天讨而作五刑。"（《汉书·刑法志》）由此言可见，天、人、法三者相通。总之，基于天理人情的传统法律制度以儒家纲常伦理为基本原则，以义务为本位，以家族主义为宗旨。

三、变法修律的观念背景：天下观在清末的转变

前近代中国的一大特色就是道决定器，到了近代，随着中国在御敌外交上的接连失利和西学在近代知识分子中的传播，道与器的关系发生了异变。器的不利使人反思道的不行，传统中国的"道"被时空化，中与西的"道"被人为地新与旧相关联，"道出于一"转变为了"道出于二"。[2]这一过程亦反映在天下观的转变之上，即传统的"天不变，道亦不变"的认知不断遭受冲击，而在此过程中，新的认知逐渐形成。

（一）"天下""万国"与"世界"

随着西力东侵，传统的天下观不断地去中心化。对于中华文明而言，出现了强势的他者介入。"大地八十万里，中国有其一；列国五十余，中国居其一。……列国竞进，水涨堤高，比较等差，毫厘难隐。"[3]这一言正体现了将中国置身于国际秩序中进行思考的观念，而中国被卷入"列国竞争之世"，不得不正视其他文明的存在，既有的天下观念对现实的解释力不断地削弱。郑观应指出："若我中国，自谓居地球之中，余概目为夷狄……夫地球圆体，既无东西，何有中边。"[4]皮锡瑞即有作歌："若把地球来参详，中国并不在中央，地球本是浑圆物，谁居中央谁四傍。"[5]从当时士大夫们的言论中，亦能看到他们清醒地意识到：中国已经不再是大地的中心，而传统的华夏中心观念似乎也不再有效。张之洞在其《劝学篇》一文中便说道："今日之世变，岂特春秋所未有，抑秦汉

---

〔1〕 黄源盛：《中国法史导论》，元照出版有限公司 2012 年版，第 78—84 页。

〔2〕 罗志田：《由器变道：补论近代中国的"天变"》，载《探索与争鸣》2018 年第 8 期。

〔3〕 梁启超：《戊戌政变记》，中华书局 1954 年版，第 4 页。

〔4〕 郑观应：《郑观应集》（上册），夏东元编，上海人民出版社 1982 年版，第 67 页。

〔5〕 叶德辉：《与皮鹿门书》，载王萍主编：《近代中国对西方及列强认识资料汇编》（第四辑），台湾近代史研究所 1988 年版，第 239 页。

至元明所未有也。"〔1〕伍廷芳亦指出："窃维分争之天下与一统之天下异，治分争之天下与治一统之天下必异。……方今海禁宏开，华洋互市，……势成一大战国耳。"〔2〕也就是说，中国已经不再是一统天下而居于中央之中国，而只是万国中的一个国家。

金观涛的研究表明，从观念史的角度而言，19世纪六七十年代的思潮中，传统天下观经过了经世实学的改造，成为仍旧以华夏为中心，捍卫东亚地区的天下秩序但更积极地去运用公法参与国际交往的万国观；至甲午战争后，万国观开始去中心化，儒家伦理退出公共领域；20世纪伊始，"世界"这一词语开始被频繁使用，标志着隐藏在天下观念背后的永恒不变的道德秩序开始为变动不已的由民族国家所构成的人类社会所取代。〔3〕因此，"天下"观念的衰落，"万国"观念的兴起，"世界"观念的流行，正是传统天下观一步步去中心化的结果。这种秩序上的崩塌和观念上的去中心化，使得变法修律成为可能。

（二）"天理""公理"与变法

清末思潮中极为引人注目的一个转变便是天演（或曰进化）的公理代替了原本具有道德意味的天理。比如康有为的《上海强学会后序》即有言："然天道无知，惟佑强者。"〔4〕从某种程度上来说，天演一说被奉行正是因为解决了彼时中国的知识焦虑。以严复翻译《天演论》为标志，传统天下的时间观念被转变，〔5〕治乱兴衰的历史循环论被线性进化论所取代，而中国被安置于文明程度的低位，西方则处在了文明的高位。天演所包含的"合群"与"进化"两种思想，正是当时中国为何会危亡这一问题的答案。于是天演之公理作为对现状强而有力的解释占据了主流。

天演之公理对于变法观念的影响是显而易见的，强弱竞争、进化合群的道理被多次直接与变法相联系。宋伯鲁在《乞速奋乾断明国是方针折》中即指

〔1〕（清）张之洞：《劝学篇》，载王萍主编：《近代中国对西方及列强认识资料汇编》（第四辑），台湾近代史研究所1988年版，第51页。

〔2〕伍廷芳：《上枢府书》，载王萍主编：《近代中国对西方及列强认识资料汇编》（第四辑），台湾近代史研究所1988年版，第161页。

〔3〕金观涛、刘青峰：《观念史研究：中国现代重要政治术语的形成》，法律出版社2009年版，第226—251页。

〔4〕康有为：《上海强学会后序》，载王萍主编：《近代中国对西方及列强认识资料汇编》（第四辑），台湾近代史研究所1988年版，第304页。

〔5〕苏艳：《从文化自恋到文化自省：晚清中国翻译界的心路历程》，华中师范大学出版社2018年版，第50—51页。

出："今晓然于天道之变，古今之殊，无泥古自骄。"[1]康有为亦指出，"变法"以自强是"公理正则，无可遁逃矣"。[2]基于天演之公理，人类社会的秩序已然由原本主张道德文明的天下秩序转变为适者生存、万国竞争的世界秩序，因而变法以图自强的观念便成为清末变法的主要思想动力。在光绪三十二年（1906 年）关于预备立宪的上谕中，便要求各省将军、督抚晓谕士庶人等，"各明忠君爱国之义、合群进化之理"。[3]合群进化之理，便是天演之理。主持修律的沈家本亦认为："天演物竞，强胜乎，弱胜乎，不待明者而决之。"[4]关于修律的上谕即言："务期中外通行，有裨治理。"[5]基于天演之理的变法，其使命便是图强，其评判标准便是中外通行的公理。

四、走进"世界"：清末变法修律的理念与实践

在"天变"之下，道亦变，而评判文明的标准亦变。天下观不能再作为一种兼具普遍性和正当性的观念支撑传统的政法制度了，中国开始真正地走向世界。在外来观念与传统天下观念的互动中，新的政法制度形成了。

（一）转变与改造：从传统国宪到君主立宪制

在走进世界的过程中，作为文明中心而存在的中国，反而成了化外之地，而宪政成了文明的关键。载泽即言，由于国势衰弱和专制政体的特殊，中国被外界"谓为半开化而不以同等之国相等"。[6]所以，实行宪政是"世界所称公平之正理，文明之极轨"，令别国"虽欲造言，而无词可籍"。因此，为了真正融入世界，为了接轨文明，实行宪政便尤为紧迫了。

传统国宪中即有"大公"和"民本"两个重要理念。康有为借助公羊三世说的传统天下观念，对西方传来的宪政观念加以改造，形成了"君民共主"的

---

[1] 宋伯鲁：《乞速奋乾断明国是方针折》，载王萍主编：《近代中国对西方及列强认识资料汇编》（第四辑），台湾近代史研究所 1988 年版，第 253 页。

[2] 康有为：《应诏统筹全局折》，载王萍主编：《近代中国对西方及列强认识资料汇编》（第四辑），台湾近代史研究所 1988 年版，第 310 页。

[3] 上海商务印书馆编译所编纂：《大清新法令 1901—1911》（点校本）（第 1 卷），李秀清、孟祥沛、汪世荣点校，商务印书馆 2010 年版，第 37 页。

[4] 沈家本：《寄簃文存》，商务印书馆 2015 年版，第 211 页。

[5] 上海商务印书馆编译所编纂：《大清新法令 1901—1911》（点校本）（第 1 卷），李秀清、孟祥沛、汪世荣点校，商务印书馆 2010 年版，第 16 页。

[6] 王萍主编：《近代中国对西方及列强认识资料汇编》（第五辑），台湾近代史研究所 1990 年版，第 116 页。

宪法观念。[1]在他的宪政构想中，"天-地-人"即对应"君主-上议院-下议院"，君主作为"天"的代表仍然享有大权。这样的叙事无疑是对传统国宪中"天子-生民"叙事的延续和改造，通过如此的出位之思实现了新旧"宪法"的衔接。戊戌变法归于失败，但康有为"君民共主"的思想和"三权分立"的主张则为后来的宪政所继承。而后的宪政编查馆和资政院所奏拟的《宪法大纲》正体现了新旧"宪法"相互衔接的特点，其主要原则为维护君主大权和适当赋予民权。《宪政编查馆资政院会奏遵拟宪法大纲暨议院选举各法并逐年应行筹备事宜折附清单二件》即言："臣等谨本斯义，辑成宪法大纲，一章首列大权事项，以明君为臣纲之义，次列臣民权利义务事项，以示民为邦本之义。虽君民上下同处于法律范围之内，而大权仍统于朝廷，虽兼采列邦之良规，而仍不悖本国之成宪。"[2]

由此可见，传统天下观念中的"民本"思想被用于诠释宪政的民权，而君臣纲常则继续被用于划定权限。即便实行宪政采取了各国的良法，但本质上仍然要做到不违背"本国之成宪"。在此处，天下作为一种传统的思想资源，被用于转化和接纳西方的宪政理论，从而在清末变法中实现了对"宪政"的本土解读。

（二）新旧融合：修律的理念与实践

1. "理性"的立法理念对"天理"的逐渐取代

自西力东侵、西学东渐之后，中国传统法文化便处在了"不变亦变"的境地。[3]传统的法律制度是建立在天理人情和天人感通的理论基础之上的，法律通过彰显天理而获得正当性。而在变法修律的过程中，人本实证的"理性"渐渐取代了原本的天理而成为法律正当性的来源。[4]西方法学理论中，基于人文主义而视人类理性为法律的唯一来源，以个人主义、自由主义和功利主义而主张保护个人尊严和权利，又于19世纪新社会学说兴起后侧重公益而主张社会立法。清末的变法修律在大量引进外国法的过程中，亦以"浓缩"的方式促进了法律的"理性化"。

原本作为治本之道的纲常名教本如日月照世而不可改，但随着时移事易，

---

〔1〕 邢曙光：《康有为对"君民共主"宪法概念的建构》，西南政法大学2020年博士学位论文。

〔2〕 上海商务印书馆编译所编纂：《大清新法令1901—1911》（点校本）（第1卷），李秀清、孟祥沛、汪世荣点校，商务印书馆2010年版，第117页。

〔3〕 张晋藩：《综论中国法制的近代化》，载《政法论坛》2004年第1期。

〔4〕 黄源盛：《法律继受与近代中国法》，黄若乔出版2007年版，第21—23页。

制度层面的变革不可避免地触及立法理念层面的冲突。改良派尽力调和中西理念之间的冲突，正如沈家本所主张的，"道理自在天壤，说到真确处，古今中外归一致，不必为左右祖也"。[1]。并且，他们试图从第二性、工具的意义上去引进西方的法律制度。有时论指出，传统国粹是根本精神，而无碍于人民在服饰、器物和法律制度上的西化。[2]殊不知，即便是这种出于工具论而引进西方法律制度的进路，仍然会引起第一性的、本质意义上的立法理念的变革，[3]因为在传统的理学构建中，天人、物我之间的打通注定了事物的本质意义与工具意义是相统一的，而西方的良法美意的引入必然不可能只是补缺中法之短，更是使得中法之理与西法之理相抵牾。与前述时论同年的另一篇文章即指出，平等的概念与旧伦理是根本冲突的，君权与民权的冲突也是难以调和的。[4]西方"理性"的产物难免难以与中国传统的理念相兼容，即便立法者如何进行融汇中西的努力，并用西学中源作为掩饰，在引进外来法律制度的过程中，平等、权利等异质于传统政法文化的概念也不可避免地融入了立法理念之中。

2. 从家族主义到国家主义的宗旨转变

如前所述，变法有两个突出的特点：首先，其目的在于自强；其次，其所追求的是"中外通行"。礼法之争的焦点即为是否要删去义关伦常的各项罪名。汪康年曾激烈地反对修订刑律，并写了《痛论颁行新刑律之宜慎》一文。[5]他指出，颁行新刑律并不只是修订删改法律的问题，根本在于"废灭国教"的问题。中国之所以能够历经数朝仍凝聚为一体，正是因为有圣人发明的"相爱而使民自为治"的礼教，正是因为基于"尊尊"和"亲亲"的宗法家族；而若是将刑律中的相关规定舍去，不仅会造成社会秩序的混乱，更是对西方的不当学习，"一概抄袭，亦可怪矣"。因此，抛弃宗法家族，不仅不能解决外患，还会引起内乱。

在礼法之争中，宪政编查馆的杨度在资政院审议刑律草案时为驳斥礼教派

---

〔1〕 沈家本：《寄簃文存》，商务印书馆 2015 年版，第 187 页。

〔2〕 许守微：《论国粹无阻于欧化》，载张枏、王忍之编：《辛亥革命前十年间时论选集》（第二卷）（上册），三联书店 1960 年版，第 52—56 页。

〔3〕 [美] 费正清主编：《剑桥中国晚清史》（1800—1911），中国社会科学院历史研究所编译室译，中国社会科学出版社 1985 年版，第 332 页。

〔4〕 观云：《平等说与中国旧伦理之冲突》，载张枏、王忍之编：《辛亥革命前十年间时论选集》（第二卷）（上册），三联书店 1960 年版，第 21—28 页。

〔5〕 王萍主编：《近代中国对西方及列强认识资料汇编》（第五辑），台湾近代史研究所 1990 年版，第 726—728 页。

而发表演说，他指出修律本源于国家主义而非家族主义。[1]家族主义之害为使得人人只对家庭负责，而修律就是要令家族主义下的孝子贤孙成为国民，中国才能与列强抗衡。尽管体现了纲常伦理的《暂行章程》（《大清新刑律》附录）在礼教派的主张之下保留了下来，但立法宗旨之改变自此而始。而修律宗旨之所谓国家主义者，实质上是借由国家主义而将个人从家族中解放出来，以促进个人主义的法律制度的形成。

3. 从义务本位到权利本位的突破

钟威廉（William. C. Jones）在研究大清律例时认为，中国法律与西方法律的异质之处在于：[2]第一，法律是行政的一个方面，因而有关法律的研究并不"科学"，而是沦为官吏裁判的参考依据；第二，由于只有"天下"和"万民"的概念而无"市民"，法律当中实质亦不存在基于公民个人权利的"民法"；第三，刑法的目的不在于惩治侵犯个人权利的行为，而在于打击危害儒教帝国的行为。基于此，可以认为从形式意义上，传统中国不存在民法。

陈顾远指出，我国传统法制并非没有民法，而是传统法基于义务本位，对于民事关系的调整方式与西方不同，没有成文化、法典化的民法。[3]不同于在法律中正面规定权利，义务本位的法典则以打击危害秩序的行为为宗旨，因为只有当侵犯个人利益的行为构成了对整体秩序的侵害时，才会进入法律中。随着变法修律工作的推进，赋予民权的工作自然而然地由宪法领域延伸到了民法领域。尽管《大清民律草案》未经颁行，清政府已然倒台，但这的确是中国第一部具有现代意义的民法草案，亦标志着古代民事法律传统的结束。[4]此为义务本位之传统法制的一大突破，而为权利本位之法的开端。

五、结论

随着近代中国被卷入"万国竞争之世"，作为文明秩序观的"天下"开始去中心化，中国真正步入了"世界"，中外通行的公理和进化论的观点渐渐占据了主流，西人之法得以被正视和效仿。在这个过程中，具有近代因素的政法制度开始在中国被构建。同时，受到传统"天下"观念和外来理念塑造的清末

---

〔1〕 杨度：《论国家主义与家族主义之区别》，载杨度：《杨度集》，湖南人民出版社 2008 年版，第533 页。

〔2〕 钟威廉（William. C. Jones）：《大清律例研究》，载高道蕴、高鸿钧、贺卫方编：《美国学者论中国法律传统》（增订版），清华大学出版社 2004 年版，第 385—424 页。

〔3〕 陈顾远：《中国法史概要》，商务印书馆 2011 年版，第 352 页。

〔4〕 马俊驹：《中国民法的现代化与中西法律文化的整合》，载《中国法学》2020 年第 1 期。

变法修律，呈现出了新旧相接的色彩。

发达的政法文明和自成一体的"理性"体系，使得近代中国更难以理解西方法律中的"理性"概念，因为西方的历史并不发生在这"普天之下"。从法律与理性的关系来说，自由、平等、民主等价值，甚至连"理性"这个概念本身，在短暂的清末变法中只能被"转化"和"借用"，而不是被真正地理解、接受和认同。因而近代中国的法律的"理性化"与"现代化"，实质上发生在了某种误解之中。例如，时人虽能高呼"法律之学即为权利之学"，[1]却将权利视为竞争的工具而非解放的工具，并且仍以礼法之分来讨论法律。

然而，清末的变法修律使得纯本于家族主义的传统法律制度开始向个人主义的新型法律制度转型，采国家主义立法而将个人解放。现代性正是建立在个人权利的基础之上。这一转型使得法制建设初具现代化的要素，而变法修律的成果为民国所沿袭。

"生生谓之易。"清末的变法修律虽然为革命所取代，却在其中生发出了许多新的政法理念与制度，成为后世反思与借鉴的资源。

---

〔1〕 观云：《权利篇》，载张枬、王忍之编：《辛亥革命前十年间时论选集》（第一卷）（上册），三联书店 1960 年版，第 479—484 页。

宪法学

论授权特定地方人大立法的形式要求

杨仁杰*

摘　要　在授权特定地方人大立法的实践中，2021 年全国人大常委会对海南省人大的授权采取了制定《中华人民共和国海南自由贸易港法》〔1〕的形式。该次实践与其他的授权实践在形式上存在差异，引发了制定海南自贸港法规属于职权立法还是授权立法的疑问。虽然职权立法说存在明显错误，但不能认为授权立法说就没有任何瑕疵。在授权特定地方人大立法的结构和本质内容的基础上，全国人大常委会通过制定法律的形式进行授权会引发授权权力来源上的矛盾。国家立法权包含了授权特定地方人大立法，并且在规范分析的基础上，国家立法权条款可以通过体系解释作为授权特定地方人大立法的规范依据。因此从根本上来说，授权特定地方人大立法以授权决定为形式要求。

关键词　地方人大　授权立法 授权决定　国家立法权

一、问题的提出

与 2015 年《立法法》相比，2023 年《立法法》第 84 条第 2 款和第 3 款新增了浦东新区法规和海南自贸港法规的有关内容。但是《立法法》第 84 条规定并非授权特定地方人大立法的规范依据，一方面，根据立法资料探究立法原意可以得知，立法者认为授权制定浦东新区法规和授权制定海南自贸港法规，"作

＊　杨仁杰，中国政法大学 2023 级宪法学博士。
〔1〕　为表述方便，本文凡涉及我国的法律规范均用简称，如《中华人民共和国海南自由贸易港法》，简称《海南自由贸易港法》。

为新时代地方立法的新实践新发展，有必要在立法法中予以体现"[1]；另一方面，《立法法》通过后的解读内容也明确指出，前述两次立法实践因为具有"象征意义"，所以有必要在《立法法》中进行规定[2]。也就是说，《立法法》第84条规定只是对已有法律实践进行规范文本上的呈现，而并非要实现事后的规范正当性补正。

对于授权特定地方人大立法的考察需要回到最初的授权行为上。迄今为止，先后有5次对经济特区所在地的人大制定经济特区法规的授权，均采用了授权决定的形式。2021年，全国人大常委会制定了《海南自由贸易港法》，其中第10条第1款规定海南省人大能够制定海南自由贸易港法规。同日，全国人大常委会通过了一项授权决定[3]，授权上海市人大制定浦东新区法规。

对前述全国人大及其常委会授权特定地方人大立法的所有行为进行归纳，可以发现在授权形式上存在一个疑问。授权经济特区所在地的人大和授权上海市人大均采用了授权决定的形式，而2021年授权海南省人大却是通过制定法律的形式。那么，这样的区别是否无关紧要呢？答案显然是否定的。正因为授权形式上的区别，学界出现了海南自贸港法规的制定在法律性质上属于职权立法的观点。[4]到底属于职权立法还是授权立法这一问题，其实根本上指向授权特定地方人大立法的规范依据，并且要求揭示其本质上的权力来源。所以，对于授权特定地方人大立法形式的问题，还需要加以分析和澄清。本文将从海南自贸港法规的制定到底属于职权立法还是授权立法这一疑问入手，层层递进地探讨授权特定地方人大立法的结构、本质内容以及规范依据，力求回答授权特定地方人大立法是否具备形式要求这一问题。

二、职权立法和授权立法的疑问

在2000年《立法法》的规范体系下，实务界认为我国授权立法包含两类，一是国务院授权立法，二是经济特区授权立法。[5]而在2023年《立法法》颁

---

[1] 《第十四届全国人民代表大会宪法和法律委员会关于〈中华人民共和国立法法（修正草案）〉审议结果的报告》，2023年3月8日第十四届全国人民代表大会第一次会议主席团第二次会议通过。

[2] 参见童卫东：《新〈立法法〉的时代背景与内容解读》，载《中国法律评论》2023年第2期。

[3] 参见《全国人民代表大会常务委员会关于授权上海市人民代表大会及其常务委员会制定浦东新区法规的决定》，2021年6月10日第十三届全国人民代表大会常务委员会第二十九次会议通过。

[4] 参见姚魏：《论浦东新区法规的性质、位阶与权限》，载《政治与法律》2022年第9期。

[5] 郑淑娜主编：《〈中华人民共和国立法法〉释义》，中国民主法制出版社2015年版，第253页。

布之后，学界也基本都认为上海市人大制定浦东新区法规属于授权立法。〔1〕由此，笔者认为本文问题的焦点就在于，海南自贸港法规的制定属于职权立法还是授权立法。

（一）职权立法说的问题

认为制定海南自贸港法规属于职权立法的职权立法说，对于职权立法和授权立法进行区分的标准为："该立法权产生自宪法法律还是授权决定。"〔2〕职权立法说认为，因为海南自贸港法规的制定直接将《海南自由贸易港法》作为规范依据，所以其属于职权立法。

职权立法说最大的问题是其违背了宪法保留的原则。该职权立法说理解的"职权立法"〔3〕，属于国家权力结构的内容，需要遵从宪法保留的原则，因此不能在普通法律之中首先进行规定。《海南自由贸易港法》是一部由全国人大常委会制定的非基本法律，不属于"宪制性人大立法"，因此不能规定"职权立法"的内容。〔4〕

综上所述，该职权立法说仅从《海南自由贸易港法》的规范文本形式出发，过于机械化地认为海南自贸港法规的制定属于职权立法，没有考虑到权力运行的实质内容，因此违背了宪法的基本理论。

（二）授权立法说的问题

很多观点都认为制定海南自贸港法规具备授权立法的属性。〔5〕虽然学界质

〔1〕 典型观点参见王春业：《论我国立法被授权主体的扩容——以授权上海制定浦东新区法规为例》，载《政治与法律》2022年第9期；姚魏：《论浦东新区法规的性质、位阶与权限》，载《政治与法律》2022年第9期；杨登峰：《关于〈立法法〉修改的几点意见——以科学立法为中心》，载《地方立法研究》2022年第6期；姚建龙、俞海涛：《论浦东新区法规：以变通权为中心》，载《华东政法大学学报》2023年第3期。

〔2〕 姚魏：《论浦东新区法规的性质、位阶与权限》，载《政治与法律》2022年第9期。

〔3〕 该观点认为，规定"职权立法"就是指"对立法权的初次分配"，也就是"第一次授权"。参见姚魏：《论浦东新区法规的性质、位阶与权限》，载《政治与法律》2022年第9期。

〔4〕 "宪制性人大立法"虽然也是法律，但有可能规定"职权立法"，即进行立法权的初次分配。例如1979年《地方组织法》在1982年《宪法》颁布前就规定了省级人大常委会在人大闭会期间行使地方性法规制定权。这是因为"宪制性人大立法"在实质主义宪法观下被认为是实质宪法，即《宪法》以外的法律文本是可以包含实质宪法规范的。"参见黄明涛：《形式主义宪法观及其修正——从"宪制性人大立法"说起》，载《中国法律评论》2022年第3期。

〔5〕 典型观点参见臧昊、梁亚荣：《论海南自由贸易港立法权的创设》，载《海南大学学报（人文社会科学版）》2021年第5期；熊勇先：《论海南自由贸易港法规制定权及其行使》，载《暨南学报（哲学社会科学版）》2022年第8期。

疑授权立法说[1]，但是并没有进行深入的分析探讨。

笔者虽赞成授权立法说的基本立场，但并不认为《海南自由贸易港法》的规定能够为该观点提供充分的论据。因为同其他授权立法实践不同，2021年对海南省人大的这次授权毕竟没有采用授权决定的形式。至少对这一点区别应当进行细致的分析，并在此基础上得出可靠的结论。

因此，本文的问题就进一步转化为，授权决定的形式对于授权特定地方人大立法是否必要，即授权特定地方人大立法是否有形式要求。

三、授权特定地方人大立法的结构和本质内容

笔者认为，为了回答授权特定地方人大立法有无形式要求这一问题，需要首先明确授权特定地方人大立法的结构和本质内容。

（一）授权特定地方人大立法的结构

1. 授权立法的基本结构

授权立法具备一定的基本结构。正如实务界指出的那样，授权立法基本可以分为两部分：其一，全国人大或者全国人大常委会的授权行为；其二，被授权主体将授权决定作为依据行使立法权。[2]同样，授权特定地方人大立法的实践也相应地分为两部分：其一，全国人大或者全国人大常委会的授权行为；其二，特定地方人大将授权决定作为依据行使立法权。

2. 2021年对海南省人大授权的结构

更为细致的考察要回到各次具体的授权实践之中。对于经济特区授权立法和授权上海市人大制定浦东新区法规来说，完整的授权结构都被包含在各次授权决定当中。

要对2021年对海南省人大授权的结构进行分析，只能回到《海南自由贸易港法》的规定当中。在考察了相关规定的文本[3]之后，笔者发现，其中同样不具备与全国人大常委会授权行为相关的内容，只有一个"根据本法"的表述。因此，如果只从规范文本出发，该条款其实完全没有体现出全国人大常委

---

[1] 参见王建学：《国家纵向治理现代化中的立法变通授权》，载《地方立法研究》2023年第2期。

[2] 参见乔晓阳主编：《立法法讲话》，中国民主法制出版社2000年版，第91页。

[3] 参见《海南自由贸易港法》第10条第1款规定："海南省人民代表大会及其常务委员会可以根据本法，结合海南自由贸易港建设的具体情况和实际需要，遵循宪法规定和法律、行政法规的基本原则，就贸易、投资及相关管理活动制定法规（以下称海南自由贸易港法规），在海南自由贸易港范围内实施。"

会的授权，这也正是职权立法说的观点。那么，应当认为对海南省人大的授权是采取了制定普通法律的形式，只有这样，《海南自由贸易港法》才包含完整的授权结构。

简言之，2021 年对海南省人大的授权由全国人大常委会制定《海南自由贸易港法》和该法的有关规定共同构成。在此基础上，本文的问题就可表述为：授权特定地方人大立法能够采取制定法律的形式吗？

（二）授权特定地方人大立法的本质内容

授权特定地方人大立法的本质内容就是授予了特定地方人大对中央立法的变通权，这种变通权的表现是其打破了传统的法律位阶判断标准。限于篇幅，后文的论述仅以 2021 年对海南省人大的授权为例。

《宪法》第 5 条强调了法制统一的价值，"建立起了形式意义上的法规范层级结构"[1]。这种层级结构由《立法法》具体构建，其第 107 条的规定明确了判断一项法律位阶的基本原则，即"上位法的效力高于下位法"，并且有很多其他的规定确立了不同立法之间的位阶[2]。对于法律位阶，一贯的做法主要是根据立法主体的地位来确定。例如，在位阶上，行政法规高于规章是因为国务院领导国务院各部门和各地方政府，而行政法规高于地方性法规则是因为地方权力来自中央授权。[3]

制定海南自贸港法规是一项非常大的权力，因为其显然打破了上述根据立法主体地位来确定法律位阶的传统标准。《海南自由贸易港法》的有关规定明确指出，法律和行政法规是海南自贸港法规能够加以变通的对象。因此，海南自贸港法规的制定主体虽然是海南省人大，但其变通规定的位阶将高于行政法规和法律，只是不包括行政法规和法律当中的基本原则。正如有研究所指出的那样，法律对海南自贸港法规并不存在"上位法的单方废止效力"[4]，因此海南自贸港法规在位阶上并不必然就比法律低。

海南自贸港法规的变通规定处于如此之高的位阶，以至于能够在理论层面认为，海南自贸港法规的变通权是生效地域具有限定的法律制定权和修改权。

---

〔1〕 王旭：《依宪治国的中国逻辑》，载《中外法学》2021 年第 5 期。
〔2〕 例如《立法法》第 98 条至第 100 条以及第 102 条的规定。参见王锴：《法律位阶判断标准的反思与运用》，载《中国法学》2022 年第 2 期。
〔3〕 此处"中央授权"是指《宪法》和"宪制性人大立法"规定的授权，参见郑淑娜主编：《〈中华人民共和国立法法〉释义》，中国民主法制出版社 2015 年版，第 239 页。
〔4〕 王锴：《法律位阶判断标准的反思与运用》，载《中国法学》2022 年第 2 期。

海南自贸港法规的变通可以有两种形式：其一，海南自贸港法规中具有与现行某部法律并不相同的内容，那么海南省人大其实就行使了对该部法律的修改权（只是仅在海南自贸港内发生效力）；其二，如果海南自贸港法规中规定了现有法律未规定的内容，那么海南省人大实际上行使了在这一内容上的法律制定权（只是仅在海南自贸港内发生效力）。有学者对经济特区法规的实践情况进行研究后指出，经济特区法规具备"创制功能"（体现"先行性和试验性"）、"变通功能"（体现"变通"）和"补充功能"（体现"补充性和执行性"）。[1]在对海南自贸港法规进行验证后可以得出结论，其同样具备前述三种功能。"创制功能"和"变通功能"即对应本文所述海南自贸港法规对法律的制定和修改，而"补充功能"实际上是海南省人大采用海南自贸港法规的形式，规定了应当以地方性法规作为形式的规范内容，并不是在行使对中央立法的变通权。

综上所述，海南自贸港法规能够对中央立法进行变通，这体现了授权特定地方人大立法的本质内容。[2]

（三）《海南自由贸易港法》作为授权形式的问题

海南自贸港法规能够对中央立法进行变通，这一结论将揭示《海南自由贸易港法》作为授权形式的问题。也就是说，授权不应当以制定《海南自由贸易港法》的形式来完成。

全国人大常委会制定《海南自由贸易港法》这一立法活动的规范依据毫无疑问来自《宪法》，因为"立法者只能根据宪法立法"[3]。准确来说，前述立法活动根据的是《宪法》第 67 条第 2 项规定[4]。这便意味着，该条《宪法》规定也是全国人大常委会授权行为的规范依据。

但这将引发授权权力来源上的矛盾。尚不论前述《宪法》规定是否意味着

---

[1] 参见何家华、高頔：《经济特区立法变通权的变通之道——以深圳市变通类立法为样本的分析》，载《河南师范大学学报（哲学社会科学版）》2019 年第 2 期；崔文俊：《论经济特区法规的位阶》，载《学术交流》2019 年第 6 期。

[2] 限于篇幅和主题，本文不再更深入讨论授权特定地方人大立法中的变通权问题，较新的研究成果参见屠凯：《司法判决中的经济特区法规与法制统一》，载《当代法学》2017 年第 2 期；林彦：《经济特区立法再审视》，载《中国法律评论》2019 年第 5 期；崔文俊：《论经济特区法规的位阶》，载《学术交流》2019 年第 6 期；王锴：《法律位阶判断标准的反思与运用》，载《中国法学》2022 年第 2 期；李德旺、叶必丰：《地方变通立法的法律界限与冲突解决》，载《社会科学》2022 年第 3 期。

[3] 叶海波：《"根据宪法，制定本法"的规范内涵》，载《法学家》2013 年第 5 期。

[4] 《宪法》第 67 条第 2 项规定："全国人民代表大会常务委员会行使下列职权：……（二）制定和修改除应当由全国人民代表大会制定的法律以外的其他法律。"

全国人大常委会能够将其制定法律之权力授予其他国家机关〔1〕，单从海南自贸港法规制定权的变通权内容出发即可发现其中矛盾。根据《海南自由贸易港法》的有关规定，海南自贸港法规可以对法律和行政法规进行变通，而前述"法律"却明显不只包括了由全国人大常委会制定的法律。海南自贸港法规至少对"非基本法律"都可进行变通，但"非基本法律"的制定主体没有仅限于全国人大常委会，全国人大同样可以制定"非基本法律"。〔2〕简言之，海南自贸港法规实际上能够对全国人大制定的法律进行变通。由此，授权权力来源上的矛盾就凸显了，如果授权制定海南自贸港法规的规范依据是《宪法》关于全国人大常委会法律制定权的规定，海南自贸港法规便不能够对全国人大制定的法律加以变通，因为按照授权理论，全国人大常委会不能将自身并不拥有的权力授予海南省人大。

由此可见，在授权特定地方人大立法结构和本质内容的基础上，全国人大常委会不能通过制定法律的形式来完成授权。

（四）全国人大制定法律作为授权形式的问题

虽然前文确认了全国人大常委会不能通过制定法律的形式来完成授权，但是会有观点认为这只是主体上的瑕疵。如果《海南自由贸易港法》的制定主体是全国人大，整个授权是否就不存在瑕疵呢？

全国人大通过制定法律的形式来完成授权，唯一的解释路径是，认为这项授权是在适用《宪法》第 62 条第 3 项的例外性规定。也即，全国人大制定法律是原则性规定，但在一定例外情形下，全国人大可以将前述立法权部分授予其他主体行使。由于《宪法》规定了全国人大的兜底权力〔3〕，所以似乎能从兜底权力的规定中解释出授权的正当性。

但是需要指出的是，我国的授权地方人大立法制度，甚至是整个授权立法制度，其中授权主体已经确认了是"全国人大及其常委会"。〔4〕也即，如果认为全国人大能够通过制定法律的形式进行授权，全国人大常委会作为授权主体

---

〔1〕 因为《宪法》第 67 条第 2 项规定是用列举方式规定的全国人大常委会职权之一，而"国家机关的权力以宪法列举的为限"。参见童之伟：《"法无授权不可为"的宪法学展开》，载《中外法学》2018 年第 3 期。

〔2〕 参见韩大元、刘松山：《宪法文本中"基本法律"的实证分析》，载《法学》2003 年第 4 期。

〔3〕 《宪法》第 62 条第 16 项规定："全国人民代表大会行使下列职权：……（十六）应当由最高国家权力机关行使的其他职权。"

〔4〕 例如《立法法》第 12 条规定的授权主体就包括全国人大常委会。

将存在重大规范正当性疑问。

综上所述，授权特定地方人大立法不能采用制定法律的形式。

四、授权特定地方人大立法的规范依据

那么，授权特定地方人大立法需要通过授权决定的形式进行的根本原因是什么呢？为了回答这一问题，笔者认为前提是要确认授权特定地方人大立法的规范依据。

（一）授权特定地方人大立法属于国家立法权

有研究明确指出："国家立法权主要包括全国人大的立法权、全国人大常委会的立法权及两者将自身立法权转授其他国家机关行使三个方面内容。"[1]这是因为，授权的基本逻辑是，权力主体只能将自身原本具有的权力授予出去。因此，全国人大或者全国人大常委会授予出去的立法权必然属于国家立法权。那么就会有一种质疑，即认为地方人大享有的地方立法权也由全国人大授予，因此地方立法权在根本上说也属于全国人大。前述观点显然混淆了《宪法》授权和全国人大或者全国人大常委会的授权。地方立法权是《宪法》规定直接授予的[2]，并不是来自全国人大及其常委会的授权，理由是，《宪法》明确规定地方人大也是国家权力机关[3]，"不存在先向全国人大作一次性完整授权，再由后者将权力转授予地方人大的逻辑"[4]。

国家立法权在我国的国家权力体系和多层次立法体制中都位列最高。这种"最高性"决定了国家立法权的主体只有最高国家权力机关。国务院虽然属于中央，但是其行政法规制定权具有独立的法律地位[5]由此就会产生一个问题：如果特定地方人大按照授权行使立法权属于国家立法权，国家立法权行使主体的"独立性"怎么保证呢？笔者认为，能够回应上述问题的是，地方人大按照授权制定法规的行为不应当被孤立地看待，还应该结合全国人大及其常委会授予权力的行为。由此，全国人大或者全国人大常委会仍然是授权的主体，

---

〔1〕 焦洪昌主编：《立法权的科学配置》，北京大学出版社 2022 年版，第 108 页。

〔2〕 《宪法》向地方人大授予立法权的规定有：第 100 条规定授予地方性法规制定权、第 116 条授予自治条例和单行条例制定权。

〔3〕 参见《宪法》第 2 条第 2 款规定："人民行使国家权力的机关是全国人民代表大会和地方各级人民代表大会。"

〔4〕 黄明涛：《"最高国家权力机关"的权力边界》，载《中国法学》2019 年第 1 期。

〔5〕 参见郑淑娜主编：《〈中华人民共和国立法法〉释义》，中国民主法制出版社 2015 年版，第 24 页。

授权依旧是在行使国家立法权，只是将权力授予地方人大"代行立法"。[1]并且在整个授权特定地方人大立法制度体系中，全国人大或者全国人大常委会占据了主导地位。《立法法》的规定表明，全国人大及其常委会对经济特区法规可以采取备案审查、了解变通情况、撤销法规甚至撤销授权等监督手段，前述手段都是为了让全国人大或者全国人大常委会在授权特定地方人大立法制度运行中起到主导作用。

总而言之，授权特定地方人大立法制度在性质上属于国家立法权的行使。

（二）国家立法权的规范分析

《宪法》第 58 条规定了国家立法权的内容，因此为了深入认识国家立法权，首先要对其进行规范分析。经笔者检索，学界目前对国家立法权的规范分析要么不够全面，要么过于滞后。[2]由此导致的结果是，众多对于国家立法权的认识都偏离了规范文本。例如，一种典型观点认为全国人大及其常委会独享立法权，其他主体均不享有立法权。[3]然而，上述观点并不符合《宪法》的规定体例。[4]即便在 1954 年《宪法》的规范背景下，上述观点也难以成立。[5]因此，笔者认为十分有必要在规范层面重新将国家立法权界定清楚。

1. 国家立法权的具体内容

国家立法权的具体内容需要与《宪法》的其他有关规定相结合来进行确认。

第一，国家立法权的具体内容里没有修宪权。根据《宪法》和法律规范，认为《宪法》第 58 条规定不包括修宪权才符合规范文本的逻辑。全国人大才

---

〔1〕 参见卢朝霞、李会艳：《经济特区授权立法若干问题探讨》，载《郑州大学学报（哲学社会科学版）》1997 年第 2 期。

〔2〕 近几年来，对国家立法权进行的专门研究较少。更少部分的研究涉及国家立法权的规范分析，但都不够全面。参见李店标、冯向辉：《我国国家立法权配置优化的面向》，载《学术交流》2018 年第 5 期；周宇骏：《我国国家立法权的内部配置研究》，厦门大学 2019 年博士学位论文；周尚君：《中国立法体制的组织生成与制度逻辑》，载《学术月刊》2020 年第 11 期。

〔3〕 参见蔡定剑：《中国人民代表大会制度》（第四版），法律出版社 2003 年版，第 264 页。

〔4〕 其他立法主体的立法权力虽然受到制约，但仍旧具备完整的宪法地位，仍旧是宪法直接授予的权力。参见陈明辉：《我国央地分权的模式及类型》，载《地方法立研究》2021 年第 4 期。

〔5〕 1954 年《宪法》第 22 条规定："全国人民代表大会是行使国家立法权的唯一机关。"而 1954 年《宪法》第 70 条第 4 款又规定民族自治地方的自治机关能够制定自治条例和单行条例。1954 年《宪法》中的自治条例和单行条例制定便不可能归于国家立法权的一部分。并且在制定过程中，将自治条例和单行条例制定权写入 1954 年《宪法》并未产生什么争议。参见许崇德：《中华人民共和国宪法史》，福建人民出版社 2003 年版，第 200—203 页。

是修宪权主体，全国人大常委会并不是，如果认为国家立法权宽泛地包含修宪权，那么从规范文本的逻辑出发，就会引起一定的矛盾。同时，《立法法》第 10 条也规定了国家立法权，在规范文本上没有涉及修宪权。如果认为国家立法权包括修宪权，就会在一定程度上违反规范文本编排的逻辑。《全国人民代表大会组织法》当中的规范文本表述不是特别明确，但其中也没有涉及修宪权。[1]

第二，关于国家立法权的具体内容，仍需要考虑其是否包括"监督宪法的实施"和"解释宪法"这两项职权。"法律"实际上属于该两项职权所涉的对象范围[2]，"法律"制定权的规范地位要低于该两项职权的规范地位。如果认为国家立法权包括"监督宪法的实施"和"解释宪法"两项职权，一是会对具体制度设计造成阻碍，因为具体制度设计需要更加清晰的规范依据，而非内容复杂不明确、糅合多项权力的规范；二是会模糊"法律"制定权与"监督宪法的实施"和"解释宪法"两项职权之间的规范地位区别，无法凸显《宪法》的最高效力和根本地位[3]。由此，认为国家立法权包括"监督宪法的实施"和"解释宪法"两项职权的观点，既不符合现行《宪法》规范对国家权力的配置，也不利于实现该两项职权对于"法律"制定权的监督。

综上所述，现行《宪法》规定的国家立法权有形式上的限制，仅指制定"法律"的职权。如果仍然含混不清地认为国家立法权包括修宪权以及"监督宪法的实施"和"解释宪法"的职权，便很难对授权特定地方人大立法形成准确的认识，因为特定地方人大被授予的立法权显然只能是制定"法律"职权的一部分。

---

〔1〕《全国人民代表大会组织法》第 5 条规定：＂全国人民代表大会及其常务委员会行使国家立法权，决定重大事项，监督宪法和法律的实施，维护社会主义法制的统一、尊严、权威，建设社会主义法治国家。＂笔者认为这条规定只是罗列了全国人大及其常委会共有的职权和任务，国家立法权与其他的职权和任务只是并列关系。

〔2〕例如，2023 年《立法法》明确了"法律"案起草和审议过程中的合宪性审查要求。参见《立法法》第 23 条规定：＂列入全国人民代表大会会议议程的法律案，由宪法和法律委员会根据各代表团和有关的专门委员会的审议意见，对法律案进行统一审议，向主席团提出审议结果报告和法律草案修改稿，对涉及的合宪性问题以及重要的不同意见应当在审议结果报告中予以说明，经主席团会议审议通过后，印发会议。＂《立法法》第 36 条是关于全国人大常委会审议"法律"案的规定，与第 23 条规定类似，在此不再全文引述。

〔3〕参见《宪法》序言最后一段：＂本宪法以法律的形式确认了中国各族人民奋斗的成果，规定了国家的根本制度和根本任务，是国家的根本法，具有最高的法律效力……＂

2. 国家立法权条款的规范功能

国家立法权条款具备规范解释功能。与1954年《宪法》的有关规定〔1〕不同，现行《宪法》第58条规定表述不再那么绝对，不再强调权力主体的唯一性，也不再过于强调中央垄断广义的"立法"权，留下了一定的规范解释空间。笔者认为，通过对现行《宪法》当中的国家立法权条款进行解释，能够对国务院授权立法、授权特定地方人大立法以及暂时调整或停止法律部分适用等制度设计进行规范正当性论证。由此可见，正是因为《宪法》第58条规定具备前述规范功能，对授权特定地方人大立法进行规范解释才成为可能。

3. 国家立法权条款作为规范依据

依体系解释的方法，国家立法权条款可以作为授权特定地方人大立法的规范依据。体系解释主要有两个要求，一是要考虑法律的上下文关系，二是注重法律的各个条款之间在"事理上的一致性"。〔2〕笔者将《宪法》当中的其他条文与第58条规定相结合，以达到"事理上的一致性"的要求来进行解释。

第一，现行《宪法》的序言当中存在规定"坚持改革开放"的文本。将这些内容结合起来可以认为，国家立法权的行使能够采取授权特定地方人大立法的形式，原因是，授权特定地方人大立法的目的与"坚持改革开放"相吻合。各次授权特定地方人大立法实践的目的与设立经济特区的最初目的〔3〕、打造浦东新区的目的〔4〕、建设海南自由贸易港的目的〔5〕相吻合。可见，授权特定地方人大立法是能够推动我国改革开放的一项立法机制。〔6〕

第二，现行《宪法》规定的央地关系原则〔7〕能够为授权特定地方人大立法进行规范支撑。全国人大或者全国人大常委会作为授权主体，掌握了是否对

---

〔1〕 1954年《宪法》第22条规定："全国人民代表大会是行使国家立法权的唯一机关。"

〔2〕 卡尔·拉伦茨没有使用"体系解释"这一概念，而是运用"制定法的意义脉络"的说法，即认为"体系解释"就是按照"制定法的意义脉络"来理解法律术语。参见［德］卡尔·拉伦茨：《法学方法论》（全本·第六版），黄家镇译，商务印书馆2020年版，第409—413页。

〔3〕 设立经济特区的最初目的是"发展对外经济合作和技术交流，促进社会主义现代化建设"。参见《广东省经济特区条例》第1条规定。

〔4〕 中共中央、国务院指出："将浦东新区打造为社会主义现代化建设引领区是为了支持其高水平改革开放。"参见《中共中央、国务院关于支持浦东新区高水平改革开放打造社会主义现代化建设引领区的意见》，2021年4月23日发布。

〔5〕 建设海南自由贸易港是为了"推动形成更高层次改革开放新格局"。参见《海南自由贸易港法》第1条规定。

〔6〕 参见王建学：《改革型地方立法变通机制的反思与重构》，载《法学研究》2022年第2期。

〔7〕 参见《宪法》第3条第4款规定："中央和地方的国家机构职权的划分，遵循在中央的统一领导下，充分发挥地方的主动性、积极性的原则。"

特定地方人大进行授权的决定权，实现了在授权立法当中的统一领导；而特定地方人大获得能够对法律进行变通的立法权力，自然是在发挥其主动性和积极性。并且需要强调的是，授权特定地方人大立法并不是地方自行扩张权力的结果，全国人大或者全国人大常委会在授权中占据着主导地位，这意味着中央意愿的表达。[1]因此，国家立法权的行使包含授权特定地方人大立法这一形式，符合《宪法》规定的央地关系原则。

（三）授权决定的必要性

国家立法权条款作为授权特定地方人大立法的规范依据，比《宪法》中有关全国人大和全国人大常委会制定法律的职权条款更符合授权立法的逻辑。理由主要有三点：第一，前文已经阐述过，在我国授权立法制度中，不光全国人大能作为授权主体，全国人大常委会也能作为授权主体，而国家立法权条款同样是以"双主体"作为主语。运用国家立法权条款作为规范依据，不会出现授权主体上的疑问。第二，国家立法权条款是一条笼统性质的规定，具有更多可以解释的空间。另两项规定都非常明确，很难从中解释出可以授权特定地方人大立法。第三，国家立法权条款需要有单独存在的理由。另两项规定构成了国家立法权条款的具体内容，如果国家立法权条款不在解释授权特定地方人大立法的规范正当性等方面发挥作用，其便失去了进行单独规定的价值。由此，授权特定地方人大立法不能通过"法律"的形式，否则会导致混淆。

另外，全国人大及其常委会选择通过法律形式还是决定形式行使自身职权，具备相应标准：普遍性事务通过制定法律进行调整，个别性事项通过发布决定加以解决。[2]因为具体的、处理个别情形的指令不符合法律的性质。[3]授权特定地方人大立法很明显具有个别性。个别性意味着，全国人大或者全国人大常委会的授权是一次性的，并不具备法律规范那种被普遍适用的性质。但需要指出的是，授权是个别性的，但授权决定并非只包含个别性的内容；授权决定作为依据，在特定地方人大行使被授予的立法权时得到反复适用。

还有一点理由是，授权决定的形式比法律的形式更能体现规范正当性的论

---

〔1〕 参见郑毅：《论中央与地方关系中的"积极性"与"主动性"原则——基于我国〈宪法〉第3条第4款的考察》，载《政治与法律》2019年第3期。

〔2〕 参见王建学、张明：《海南自贸港法规的规范属性、基本功能与制度发展——以〈宪法〉和〈立法法〉为分析视角》，载《经贸法律评论》2021年第4期。

〔3〕 参见［美］E.博登海默：《法理学：法律哲学与法律方法》，邓正来译，中国政法大学出版社2017年版，第255页。

证。全国人大或者全国人大常委会进行授权的实践，实际上在《宪法》和法律当中都没有明确的依据，需要通过对现有规范条款进行解释来论证其规范正当性。而制定法律一般都是在具备明确规范依据的情形下，其效力来源都较为清晰，因此不太适合以法律条款的形式进行授权。相反，授权决定的形式会具备更大的论证空间。例如近年来全国人大在香港特别行政区立法上的两次授权[1]，其中除了授权，还列出一些《宪法》和法律规范来加强规范正当性论证。

综上所述，授权特定地方人大立法必须采取授权决定的形式。

五、结论

全国人大或者全国人大常委会授权特定地方人大立法在我国推进改革开放的背景下，具有重大的时代意义。[2]因此，在5次经济特区授权立法的实践之后，近年来两次授权特定地方人大立法的实践对于我国多层次的立法体制构建具有重大意义。但是，全国人大及其常委会行使权力仍然应当以《宪法》和法律规范为依据。[3]授权海南省人大制定海南自贸港法规采取制定《海南自由贸易港法》的形式，引发了授权权力来源上的矛盾，在根本上是因为没有认清其在《宪法》中的规范依据。因此，授权特定地方人大立法的形式要求应当受到重视，全国人大或者全国人大常委会的授权行为需要通过授权决定的形式进行。

---

[1] 2020年5月，全国人大授权全国人大常委会制定《香港特别行政区维护国家安全法》。参见《全国人民代表大会关于建立健全香港特别行政区维护国家安全的法律制度和执行机制的决定》，2020年5月28日第十三届全国人民代表大会第三次会议通过。2021年3月，全国人大授权全国人大常委会修改《香港特别行政基本法》附件一和附件二。参见《全国人民代表大会关于完善香港特别行政区选举制度的决定》，2021年3月11日第十三届全国人民代表大会第四次会议通过。

[2] 有学者将授权制定浦东新区法规的时代意义归纳为弥补既有立法体制之不足和为改革提供法治保障两方面，上述意义适用于所有特定地方授权立法。参见姚建龙、俞海涛：《论浦东新区法规：以变通权为中心》，载《华东政法大学学报》2023年第3期。

[3] 参见黄明涛：《"最高国家权力机关"的权力边界》，载《中国法学》2019年。

论个人信息公法保护的主导地位

——以个人信息的复合利益属性为切入点

李博奥[*]

摘　要　我国个人信息保护实现了从公、私法"圈地式"保护模式到统合保护模式的转变。在此背景下，如何协调配置公、私法在个人信息保护体系中的职能定位成为理论与实践发展的首要问题，而不同的立场选择将决定个人信息保护的发展方向。对此，本文从个人信息的复合利益属性这一决定性因素出发，归纳其具备的隐私利益、社会流通利益与国家安全利益属性，并据此选择个人信息受保护权作为个人信息权在宪法层面的基本立场，最终结合各类利益属性的自发性需求实现对个人信息公法保护优位的证成。

关键词　个人信息公法保护　个人信息复合利益　国家保护义务

一、问题的提出

我国个人信息保护研究经历了从公、私法"圈地式"保护模式到统合保护模式的转变，这一过程集中表现在对《个人信息保护法》[1]这一领域性立法的部门法属性讨论中，并最终达至"超越学科利益之争，将《个人信息保护法》的部门法属性讨论转化为个人信息保护的一般理论与制度问题"[2]的共识。

---

[*]　李博奥，中国政法大学 2023 级宪法学硕士。

[1]　为表述方便，本文凡涉及我国的法规范均用简称，如《中华人民共和国个人信息保护法》，简称《个人信息保护法》。

[2]　丁晓东：《个人信息公私法融合保护的多维解读》，载《法治研究》2022 年第 5 期。

在个人信息统合保护的要求下，确立公、私法保护中何者在保护体系中的主导地位即成为实现个人信息有效保护的首要问题，而对优位者的不同选择将直接影响个人信息保护机制构建的价值立场与发展方向。在我国个人信息保护机制建构的初级阶段，相关理论研究与立法实践主要以私法保护为主导，在借鉴域外实践经验的基础上逐步构建与完善个人信息保护机制。而随着近年来个人信息保护实践私法保护不足问题日渐突出，依托于个人自决和市场自律的个人信息私法保护机制未能有效发挥其权利保障功能，且其赋予信息主体以信息控制权的保护模式使得我国个人信息流通与数据要素市场建立也受到了一定程度的限制。[1]在此背景下，部分学者提出建立以个人信息公法保护为主导的个人信息统合保护机制，[2]通过国家权力介入个人信息保护以弥补私法保护优位的不足，但相关成果主要将个人信息公法保护应当处于主导地位作为预设展开研究，而未充分关注到个人信息复合利益属性对其保护机制构成的自发性需求与决定性作用，导致个人信息公法保护优位的主张在具体问题上仍面临争议。

对此，本文以个人信息的复合利益属性为切入点，通过对个人信息多重利益属性展开分析，明确个人信息统合保护机制所需协调的不同利益面向，进而基于分析结果在宪法层面准确选择可包容个人信息多重利益保护需求的基本权利立场，最后依托宪法的根本法功能，结合个人信息不同利益属性的保护需求，确立个人信息公法保护在统合保护机制中的主导地位。

二、个人信息的利益属性分析

个人信息统合保护机制中公私法主导地位的证成，需以个人信息所代表的多重利益属性的不同保护需求为正当性依据，而这一过程又以明晰个人信息的具体利益构成为前提。因此，应当首先就个人信息保护涉及的主要利益类型予以区分并展开分析，以确立个人信息承载的具备法律保护意义的不同利益属性。

（一）个人隐私利益

个人信息作为产生于特定自然人的信息类型固有地包含隐私利益，这一利益源于数据处理技术发展过程中个人信息凸显出的与信息主体生活安宁的关联性，其形成过程可从历史演变与构成要素的角度加以分析。

---

〔1〕 参见丁晓东:《个人信息私法保护的困境与出路》，载《法学研究》2018 年第 6 期。

〔2〕 参见赵宏:《〈民法典〉时代个人信息权的国家保护义务》，载《经贸法律评论》2021 年第 1 期。

在历史演变层面，个人信息经历了涵摄于隐私权保护到作为个人信息权[1]而独立保护的发展过程。隐私权的形成源于美国学者沃伦与布兰代斯提出的隐私保护主张（the claim of privacy），其主要目的在于通过向个人赋权来应对新闻媒体为逐利而过度关注与披露私人生活的社会现象，并将保护个人生活安宁确立为隐私权的核心价值。[2]受此思路影响，隐私权保护范围的界定即以个人生活安宁受侵害风险为标准，逐步将自然人相关信息中具有受侵害可能性的部分纳入其中，使得隐私权的保护对象随着数据处理技术的发展而不断扩张，从而自然地涵盖个人信息。但隐私权保护范围的不确定性在此过程中逐渐暴露，特别是在计算机技术得到广泛应用的时代背景下，隐私权一词成为具有高价值但不确定的概念[3]。为应对新的社会风险，威斯丁在对传统隐私权进行批判的基础上首次提出个人信息保护的命题，并确立了信息主体所享有的个人信息控制权。

与美国类似，德国提出的个人信息自决权同样遵循隐私保护路径而产生。在形成过程方面，德国宪法法院在多个判例中通过对一般人格权条款进行解释而确立了公民对隐私的控制权并逐步扩大保护范围，[4]直至"人口普查第二案"中个人信息自决权正式作为一般人格权的类型之一得以确立，且其保护范围扩张至所有个人信息，"而并不仅限于具有敏感性、私密性的隐私信息"[5]。

通过历史梳理可以看出，当前具有代表性的个人信息保护脱胎于隐私权保护，之后或单独成立保护体系，或取而代之形成全面保护，使得个人信息在形成之初就具备隐私利益，即以保障个人生活安宁免受他人、社会与国家侵扰作为其核心价值。

在构成要素层面，我国《民法典》第 1034 条与《个人信息保护法》第 4 条均借鉴欧盟立法思路，将可识别性作为个人信息的核心认定标准，以凸显个人信息的人身相关性。这一特征使个人信息一方面与个人隐私相联系，从正面

---

[1] 本文使用"个人信息权"来表明笔者认同为个人信息进行确权保护，而不指代具体立场。本文所涉及具体权利属性将进行直接表述。

[2] 参见余成峰：《数字时代隐私权的社会理论重构》，载《中国法学》2023 年第 2 期。

[3] Alan F. Westin, *Privacy And Freedom*, Atheneum Press, 1970, p. 7.

[4] 参见杨芳：《个人信息自决权理论及其检讨——兼论个人信息保护法之保护客体》，载《比较法研究》2015 年第 6 期。

[5] 赵宏：《信息自决权在我国的保护现状及其立法趋势前瞻》，载《中国法律评论》2017 年第 1 期。

表现出个人信息具备隐私利益，另一方面则区别于可允许社会主体任意使用的公共数据，强调个人信息具备的人格属性，即隐私利益，使其需适用区别于公共数据的特定处理规则，即要求个人信息通过"去标识化"过程切断与信息主体间的人身联系后方可转化为公共数据加以处理（见图1），从而在反面表现出个人信息具备的隐私利益。

图1　个人信息数据性质转变过程

（二）社会流通利益

常与个人信息承载的隐私利益相对出现的社会流通利益为个人信息的另一主要利益属性，同时也是个人信息区别于隐私权受保护的重要依据，应当作为构建个人信息保护机制的考量因素之一。

理论研究一般将个人信息社会流通利益内容界定为国家数据安全、数据反垄断、公众自由决策、与隐私信息相连的公共利益四方面。[1]但这一分类方式实质上是对个人信息社会流通利益的具体划分，未能关注到商业利用等非公益个人信息处理情形，限缩了个人信息社会流通利益的表现形式。对此，本文选择以个人信息保护的历史演变与制度目的为依据，将个人信息社会流通利益的内容区分为公共流通利益与市场流通利益。

1. 个人信息的公共流通利益

个人信息社会流通的主要方式之一是政府为实现公共管理与服务目标而实施个人信息处理活动。在此过程中，个人信息的公共流通利益主要表现为以下功能面向。

第一，标识识别功能。个人信息最基本的利用方式是将其作为公民个人信息档案标识符，赋予特定自然人身份代码并将该自然人各项相关信息与之相连接，从而构建公民个人信息档案。"标识自己和识别个人是社会的必然现象"。[2]能够识别该特定自然人的信息均作为受法律保护的个人信息发挥标识作用。以这一机制为基础，国籍与户籍制度、财产所有权制度、婚姻继承制度等基本社

---

〔1〕　参见韩思阳：《个人信息保护中的主观公权利》，载《法商研究》2023年第4期。
〔2〕　高富平：《个人信息保护：从个人控制到社会控制》，载《法学研究》2018年第3期。

会制度才可成立。

第二，信用认证功能。随着公共系统信息互通技术的普遍性与即时性得到长足发展，以个人信息为基础且由政府管控的个人信用评价机制[1]得以建立，个人信息在静态的核对认证功能的基础上拓展出了动态的信用认证功能。具体而言，一方面，统一权威的信用评价标准需要以个人信息的社会流通为前提。"社会信用体系的本质要求信用信息开放，个人征信机制就是以解决市场参与者的信息不对称为目的，……以此保证市场经济的公平和效率。"[2]另一方面，个人信用评估结果因与特定自然人直接关联，使其本身也作为个人信息发挥流通功能。特别是在个人信用评估结果与行政处罚等惩戒机制以及金融交易等商业机制相衔接的背景下，其在实现自身信用认证功能的同时进一步表现出个人信息承载的社会流通利益。

第三，应急管制功能。个人信息的公共流通在突发公共事件中同样具备重要功能。一方面，为有效控制突发公共事件的影响范围，需要利用个人信息准确、迅速确定特定风险源并加以管控，以有效降低风险现实化的可能性。另一方面，由于突发公共事件具有跨地域性，对事件的有效监管依赖于个人信息在不同区域、各层级政府机构及相关主体间的高效流通与即时更新。

以上分析表明，个人信息在现代社会的基本制度与有效管理均建立于个人信息公共流通的基础上，其公共流通利益属性也由此确立。这一论断同样在个人信息权防御内容的发展过程中得到印证，前文提及的美国学者威斯丁即以公共监控（official surveillance）作为个人信息权受侵害的两项风险来源之一并由此展开论述。[3]德国"第二人口普查案"也同样是为应对政府自动化处理个人信息的风险而确立个人信息自决权。[4]

2. 个人信息的市场流通利益

随着大规模数据处理技术的发展与普及，市场主体实现了以较低成本对海

---

[1] 随着数字化金融产业发展，个人信用评估体系的管理主体已不再局限于政府机构，而是包括诸多大型商业金融平台，如蚂蚁金服旗下的芝麻信用管理有限公司、腾讯旗下的腾讯征信有限公司等。除此之外，诸多社交平台同样借鉴金融信用评估体系，设立完全由平台管控的非权威信用评价机制，但也在一定范围内具备较高认可度，如新浪微博设立的阳光信用评价体系。本文此处仅探讨由政府管控的具有社会管理功能的信用评价体系。

[2] 雷继平：《个人征信系统与个人信用信息保护》，载《法律适用》2006年第Z1期。

[3] Alan F. Westin, *Privacy And Freedom*, Atheneum Press, 1970, p. 67.

[4] 参见杨芳：《德国一般人格权中的隐私保护——信息自由原则下对"自决"观念的限制》，载《东方法学》2016年第6期。

量用户信息的高效处理与分析，由此产生的服务针对性与交易成功率的显著提升催生出个人信息商业利用的需求。[1]个人信息由此逐步发展成为核心产业要素，并表现出足以影响其保护规则的市场流通利益属性。

在当前生活消费与公共服务线上化的背景下，个人信息市场流通利益的重要性进一步提高。一方面，个人生活消费已基本对相关领域的线上系统形成依赖，而该类系统均需以个人信息作为运营的基础要素，使得个人社会活动均需基于个人信息流通才可进行。[2]另一方面，个人信息的市场化利用在现代社会也表现出一定的公共性。其一，个人信息的市场流通利益可激励市场主体自主研发更加高效精确的数据处理技术，实现科技水平提升。其二，在国际层面的数据要素市场竞争过程中，个人信息市场流通的合规优化既决定一国在信息市场上的话语权，也可以有效防范非本国市场主体控制本国个人信息的潜在风险。[3]

由此可见，个人信息的市场流通利益不仅在商业化利用方面已发展至相当规模并取得基础产业要素的地位，而且在公共发展领域间接发挥了促进作用。因此，应当认为个人信息的市场流通利益已具备独立且重要的规范意义，应将其作为个人信息的重要利益属性之一，依此准确构建个人信息的统合保护机制。

（三）国家安全利益

个人信息作为集合体所承载的国家安全利益常被归入个人信息的公共流通利益之中，并以此为依据对个人信息的国家保护义务展开论述。[4]但这一分类系基于个人信息公共性所作的概括分类，而未表明个人信息国家安全利益的独立价值及其保护需求。

个人信息国家安全利益的独立地位主要表现在其利益流通范围方面，国家安全利益在个人信息于世界范围内发生跨境流通才具备讨论意义与保护价值，而在无涉其他国际主体的情形下，国内主体对个人信息的处理至多产生针对公共利益的风险，但难以形成国家安全威胁。与之相对应，针对个人信息国家安全利益的理论研究也集中于个人信息跨境流通领域，而较少就一国主权范围内

---

〔1〕 Sille Obelitz Søe, Jens-Erik Mai, "*The Ethics of Sharing: Privacy, Data, and Common Goods*", *Digital Society*, Vol. 2, 2 (2023), pp. 1-28.

〔2〕 参见何玉长、王伟：《数据要素市场化的理论阐释》，载《当代经济研究》2021 年第 4 期。

〔3〕 Nicholas Martin, Frank Ebbers, "*When Regulatory Power and Industrial Ambitions Collide: The 'Brussels Effect,' Lead Markets, and the GDPR*", *Privacy Symposium*, 2022, pp. 129-151.

〔4〕 参见贺彤：《安全作为个人信息保护的法益》，载《财经法学》2023 年第 3 期。

的个人信息处理活动展开国家安全问题研究。[1]

因此，将个人信息承载的国家安全利益与公共流通利益加以混同的分类方法，既未表明个人信息在保障国家安全利益面向中的特殊性，也与《个人信息保护法》专章规定个人信息跨境流通规则的现行立法结构不符。在个人信息国家安全利益在范围层面与其他利益属性具备区分意义的前提下，应当考虑这一利益的独立地位与独特需求，并配置适格义务主体加以实现，以避免利益定位错误而造成的保护落空问题。

基于上述分析，个人信息的主要利益类型得以明确，从而为宪法确立个人信息不同利益属性的基本价值位阶提供了有效指引。此外，以上分类虽未穷尽个人信息承载的全部利益属性，但通过明确其主要利益类型即可为构建个人信息统合保护机制提供基本衡量依据，其余较为分散、细碎的利益类型则有待个人保护实践予以具体衡量，而无需将其作为机制构建基础加以完全考量。

三、个人信息复合利益保护的宪法基础

基于对个人信息主要利益属性的分析，即应进一步在宪法层面确立不同利益属性的次序关系，而不同的次序选择本质上取决于个人信息保护的不同价值取向，且直接关系到公、私法在个人信息保护机制中的职能配置与发展方向。因此，为明确我国个人信息保护的价值立场与规范基础，从而确定个人信息所载利益的次序关系，需首先在宪法层面对个人信息权利属性作出准确界定。

（一）个人信息自决权理论的供给不足

以个人信息自决权为立场的解释结论认为，个人信息权是基于人格尊严而生的本体性权利，信息主体对个人信息处理享有充分的意思自由，在利益保护上倾向于关注个人信息隐私利益的保护，[2]并将个人信息隐私利益的限制情形作为例外加以规定。

以较具代表性的欧盟《通用数据保护条例》（CDPR）为例，该文件采用"个人数据"（personal data）的表述，将保护范围界定为一切可直接或间接识别自然人的信息，从而使传统个人隐私与后发展形成的个人信息均置于个人信息自决权的涵摄范围内。在该模式的起源地德国，则是由德国联邦宪法法院在两项"人口普查案"的审理过程中实现了对个人信息保护态度与模式的转变，并

---

[1]　参见吴玄：《数据主权视野下个人信息跨境规则的建构》，载《清华法学》2021年第3期。

[2]　参见赵宏：《信息自决权在我国的保护现状及其立法趋势前瞻》，载《中国法律评论》2017年第1期。

在"人口普查第二案"中确立了个人信息自决权的宪法依据，从而以个人信息自决权体系取代之前的静态分层保护，确立了个人信息自决权的基本权利地位及其动态保护模式。[1]

总体而言，该解释路径因具有较为成熟的域外理论研究与实践经验，且与我国《民法典》纳入个人信息权益时的保护需求相契合而得到广泛推崇。[2]但随着我国个人信息保护模式的转变，这一解释路径逐渐表现出包容性与衡量性不足的缺陷。如前文所述，个人信息作为多种利益属性的载体，需要采用可容纳不同利益且具备利益衡量空间的模式加以保护。而个人信息自决权则赋予信息主体以控制性的基本权利，虽充分强调了个人信息隐私利益的重要地位，但一方面，因个人缺乏保护能力，使得个人信息隐私利益仍依赖于国家保护，另一方面，使得个人信息的公共流通利益与国家安全利益难以得到有效衡量。由此形成以个人信息隐私利益保护为核心，以信息主体自决为主要途径的个人信息保护模式，与之对应的国家义务内容也围绕着尊重信息主体自决展开，缺乏主动调整能力，最终导致坚持"这一理论进路既不符合公法上个人信息保护的客观实际，也与实定法体系无法契合"[3]，故应当转向其他解释路径以寻求理论供给。

（二）确立个人信息受保护权为解释路径

以个人信息受保护权为立场的解释结论认为，个人信息权是为保护个人信息承载的各类利益而设立的工具性权利，主张由国家承担主要的个人信息保护义务，且仅认可信息主体在部门法领域内有限的个人信息控制权。[4]

个人信息受保护权基于对物权思维、隐私思维等单一个人信息保护思路的批判而形成，并在个人信息的应用场景与风险来源逐步明晰的过程中，将"权利保护请求权"和"本权请求权"确立为主体内容。[5]该模式在形成过程中已考虑到既有权利与域外理论在个人信息保护方面的主要问题，从而在内容上主动克服了上述理论的弊端，形成了可包容评价多种利益属性，且以衡量作为调

---

[1] 参见赵宏：《从信息公开到信息保护：公法上信息权保护研究的风向流转与核心问题》，载《比较法研究》2017年第2期。

[2] 参见韩思阳：《个人信息保护中的主观公权利》，载《法商研究》2023年第4期。

[3] 孔祥稳：《个人信息自决权的理论批评与实践反思——兼论个人信息保护法第44条决定权之适用》，载《法治现代化研究》2022年第4期。

[4] 参见王锡锌：《个人信息国家保护义务及展开》，载《中国法学》2021年第1期。

[5] 参见刘权：《个人信息保护的权利化分歧及其化解》，载《中国法律评论》2022年第6期。

控手段的个人信息保护模式。个人信息受保护权对应的国家义务也从以保障信息主体自决为核心转变为由国家机关根据社会发展条件对个人信息不同利益属性的主动调整与衡量为核心，信息主体具备的各种权利将不再作为基本权利加以保护，而是限定于部门法领域作为一般权利加以保障，且允许国家机关根据社会条件变化施加必要限制或予以变动。

相较而言，个人信息受保护权的立场在我国现行规范体系下更具合理性。在上文对个人信息承载的复合利益进行具有规范意义的拆解后可以看出，个人信息保护机制的建立必须以对上述利益的衡量为核心，否则仍难以避免公、私法保护的杂糅。一方面，该理论排除了个人信息控制权的基本权利地位，克服了因信息主体控制权的绝对性而影响个人信息流通的缺陷。另一方面，该理论强调个人信息的国家保护义务，既可从宏观上有效衡量个人信息承载的不同利益属性，也强调国家在提供制度性保障过程中对信息主体的赋权，为个人信息保护机制中确立公法保护的主导地位并正确进行公、私法的职能定位提供了充分的理论基础。

四、个人信息公法保护优位的证成

根据个人信息受保护权的解释思路，以利益衡量为核心的个人信息统合保护模式得以建立，且使个人信息的不同利益属性均可平等地作为考量要素之一得到关注。在这一机制要求下，即可对个人信息统合保护机制中公、私法保护的功能定位展开分析论证，从而实现对个人信息保护职能的合理调整与配置。

（一）个人信息利益次序的立法确认

个人信息保护机制的准确构建依赖于对个人信息所承载利益的抽象衡量与规范确认，而该目标一般均由国家立法完成，即由具备法律效力的规范性文件加以确认。但以个人信息为产业要素的数据要素市场[1]存在较强的灵活性与专业性需求，使得借由行业规范对个人信息所载利益进行规范衡量与确认也可纳入考量范围内。

因此，对个人信息利益保护的抽象衡量在国家立法与行业立规均具备正当性的前提下，应当对两种路径的功能定位作出有效区分，并为认定公权力介入数据要素市场的必要性与合理性界限提供规范前提。据此，结合前文对个人信息的利益分析来看，其利益次序基准确认方式的影响因素主要包括以下方面。

---

[1] "数据要素市场"系《中共中央、国务院关于构建更加完善的要素市场化配置体制机制的意见》中的正式表述，本文以该概念指代其包含的以个人数据为主要产业要素的市场。

第一，市场主体具备极强的逐利性，导致其处理个人信息的需求不断扩张，这一特征使得数据要素市场主体基于商业目的对个人信息的处理行为成为个人信息保护最主要的考虑因素与限制对象。这一特征反映在个人信息利益保护层面即表现为：个人信息社会流通利益中的市场流通利益得到有效利用，但其个人隐私利益将受到远超必要性的限制与侵害。

第二，数据要素市场的竞争性使得市场主体可自发产生保护所持有个人信息的需求。市场主体盈利的关注点在于数据的集中性，通过掌握更大范围、更为详细的用户数据，市场主体可实现精准的个性化分析，最终演变为大型平台并对所在行业形成"数据垄断"以攫取巨额利益。[1]在此运营模式下，市场主体将自发实施个人信息保护行为。一方面，为加强信息控制程度，市场主体将提高数据访问与处理的封闭性，实现有限数据共享并防止用户信息泄露。另一方面，为增强用户信任度，以持续控制所在市场的数据资源，市场主体倾向于为用户提供足以使其具备安全感的保障措施，变相消除信息主体对个人安宁遭受侵扰的担忧，在形式上形成个人信息隐私利益得到保障的状态。

以上特征表明，行业通过自行协商制定规范进行自律管理的优势在于能够充分表达不同行业对个人信息的利益需求，且这一形式的灵活性可避免规范与个人信息的现实保护需求发生脱节。但行业自律至多可作为利益衡量手段，而无法发挥确认个人信息利益衡量基准的作用，这一功能仍应由国家立法实现。具体而言，以行业规范作为个人信息利益衡量基准主要存在以下风险：其一，市场主体本身的逐利性使其在技术可能的范围内趋向于无限度处理个人信息，使得其本身作为风险源进行自我规制缺乏正当性。其二，市场主体对个人信息采取保护措施的逻辑起点均是其市场竞争机制的特殊性。这一机制即意味着市场主体在其上升期或因保护个人信息而缺乏盈利空间时，将较易降低个人信息保护强度。其三，基于竞争机制的个人信息保护行为，其目的在于维持市场主体的利益垄断与数据控制地位，这一机制可部分实现对个人信息隐私利益的保护，但其追求的市场垄断将阻碍个人信息市场流通利益的有效利用，无法充分实现个人信息受保护权。

因此，对个人信息利益的抽象衡量与规范确认仍应交由国家立法加以实现，而基于行业自律制定的规范则主要发挥其专业性与灵活性，在国家立法确认的个人信息利益衡量结果范围内作出具体规定，以促进个人信息利益的充分实现。

---

〔1〕 参见梁伟亮：《面向元宇宙时代：数据垄断规制的反思与重构》，载《现代经济探讨》2023年第8期。

（二）个人信息流通过程的执法与司法衡量

在规范层面确认个人信息利益衡量结果的基础上，对具体个人信息处理行为的判断则有赖于个案衡量，通过规范适用也可进一步判断规范确认的衡量结果的合理性。

在正当程序原则的要求下，这一机制的执行义务应当由非利益相关方承担，故前述分析的多种利益属性所涉主体均应被排除在执行主体范围外。但因行政主体同时具备个人信息的保护义务与基于公共利益的个人信息处理义务，其虽然在涉及公共流通利益时不具备衡量主体地位，但在涉及个人隐私利益与市场流通利益的情形时仍可作为中立主体作出衡量判断。无论在何种衡量情形下，以市场主体为代表的各类行业相关组织均无法在该机制中发挥衡量主体的功能。据此，对个人信息利益保护的个案衡量应着重从行政执法与司法裁判层面展开论述。

1. 行政执法过程的衡量

行政主体作为个人信息保护的直接监测与实施主体，在作出具体行政行为的过程中必然伴随着对个人信息处理行为的判断衡量。我国《个人信息保护法》第六章将"县级以上地方人民政府有关部门"确立为个人信息保护的职能主体，为相关部门规范个人信息处理行为、采取相应管理措施提供了规范依据。

具体而言，在个人信息收集环节，行政主体应当着重考量对个人信息社会流通利益的保护，根据信息收集主体所属领域的评估标准，[1]对信息处理行为侵害风险与信用程度进行一般性评估。通过对信息收集主体是否存在超出合理范围的风险作出判断，决定是否允许该主体实施个人信息收集行为，以此代替完全由信息主体根据个人意愿作出信息保护的模式，将个人信息隐私利益保护的优先度确定在合理且相对稳定的范围内。

在个人信息收集后的处理环节，行政主体则应加强对个人信息隐私利益的保护程度，特别是在损害实际发生的情形下，行政主体应当采用加重处理主体举证责任等方式提高对个人信息处理行为的审查标准。这一衡量标准变化的合理性在于：因对个人信息收集后处理环节的实时观测难以实现，导致对个人信息的有效控制集中于个人信息收集环节，而收集行为同时又为个人信息社会流

---

[1] 相关评估标准包括《信息安全技术 个人信息安全工程指南》（GB/T 41817-2022）、《信息安全技术个人信息处理中告知和同意的实施指南》（GB/T 42574-2023）、《信息安全技术 个人信息去标识化效果评估指南》（GB/T 42460-2023）、《信息安全技术 生物特征识别信息保护基本要求》（GB/T 40660-2021）等文件。

通的前提条件。因此，为充分发挥个人信息的其他利益属性，使得基于风险预防功能的对收集行为的管控表现出前述宽松态度，其本质上是对个人信息处理主体保护能力的合理预期，而该主体的行为侵害则违背了这一预期，最终导致对其应当采用更为严格的管理措施。

2. 司法裁判过程的衡量

司法机关虽包含检察机关与裁判机关，但仅后者基于中立预设而承担衡量职能。"法官作为一个受'客观价值秩序'直接约束的公权力主体……有义务在衡量私人关系间基本权利冲突的基础上，保障基本权利免受侵害。"[1]

相较于行政执法过程中的衡量，一方面，裁判机关的功能发挥具有被动性与终局性，其权力介入主要集中于争议过程中一方产生诉求的情形，无法如行政主体一样实现对个人信息的常态化保护，而是通常作为争议的最终处理机关发挥补充作用。另一方面，裁判机关具备独立性与中立性，使其具备对涉及行政主体等其他国家机关的个人信息保护争议实施管辖、作出判断的正当性，可以有效解决行政主体在个人信息保护中的双重身份问题。

（三）个人信息国家安全利益公法保护的专属地位

个人信息承载的国家安全利益以国家为专属义务主体，其义务内容依赖于组织、程序等公法规范要求下的行为加以实现，私法规范在该利益的保护过程中则难以发挥效用。

一方面，因"相较于非国家机关主体，国家机关处理的个人信息在数量、规模、颗粒度方面有整体优势"，[2]受公法规范的国家机关成为个人信息跨境流通的主要关注对象，在规范层面即表现为国家机关除遵循个人信息跨境流通的一般规则外，还需承担作为关键信息基础设施运营者的强化安保义务。在此情形，私法规范因法律主体不适格而无法发挥调整功能，国家机关的义务内容与程序规定均依赖于公法规范加以明确。

另一方面，私法规范虽然可适用于一般个人信息处理者实施个人信息跨境流通行为，但其发挥效用需以符合公法规范确定的标准为前提。我国《个人信息保护法》第38条虽允许一般个人信息处理者基于业务需要向境外提供个人信息，但同时设立了三项具体条件，要求处理者满足"通过安全评估""经过专

---

[1] 张翔：《基本权利的规范建构》（第三版），法律出版社2023年版，第186页。

[2] 彭錞：《论国家机关处理的个人信息跨境流动制度——以〈个人信息保护法〉第36条为切入点》，载《华东政法大学学报》2022年第1期。

业认证""约定符合标准"其中之一方可实施个人信息跨境流通行为。在以向个体赋权为主要内容的私法保护思路下，私人主体缺乏观测与评估海量数据跨境流通风险的能力，同时受制于其权利支配范围的有限性，使得私法规范的功能限定在信息主体个体权利保障范围内，而对国家安全利益的保障义务仅能由国家机关有效承接。[1]

由此可见，个人信息所承载的国家安全利益在保护需求与保护要求上均依赖于公法规范的组织与程序保障，且私法规范中的个人信息跨境流通规则本质上仍处在公法规范框架内，而未影响公法保护在个人信息国家安全利益保护方面的专属地位。

五、结论

个人信息的复合利益属性不仅决定了当前统合保护机制的形成，还将继续影响其保护机制的内容构成与职能配置，而个人信息公、私法保护的主导地位的确定即成为这一过程的首要问题。

本文从个人信息多重利益属性的分析出发，归纳其具备的隐私利益、社会流通利益与国家安全利益属性，并据此选择个人信息受保护权作为个人信息权在宪法层面的基本立场，最终结合各类利益属性的自发性需求实现对个人信息公法保护优位的证成。

当然，明确个人信息公法保护的主导地位并不否认私法保护的重要功能，但只有在明确各自职能定位的前提下，个人信息统合保护机制才能得到继续发展。因此，个人信息公法保护主导将为当前时期个人信息保护机制内公私法关系的协调提供基本指引，个人信息所承载的不同利益也将在新的保护机制下焕发新的活力，最终在公私协同下稳步实现《个人信息保护法》第 1 条"促进个人信息合理利用"的立法目标。

---

〔1〕 参见赵海乐：《数据主权视角下的个人信息保护国际法治冲突与对策》，载《当代法学》2022年第 4 期。

公法文化视域下的网络暴力行为治理

吴泳仪[*]

摘　要　现阶段网络暴力治理模式倚赖私主体治理，但私主体治理具有无法全面有效治理的弊端。对此，应当构建联结个人、社会与国家的网络暴力治理模式。基于对社会国家原则理论的分析与框架的提炼，我国宪法上的国家与社会关系应被重构为，个人、国家与社会通过作为"公共利益"的国家任务被塑造成利益共同体；由于"公共利益"的要求，国家有义务保护公民的基本权利，个人承担对他人的义务，但国家也基于"公共利益"对基本权利进行限制。基于这一理解，公权力成为治理主体天然地具有正当性，公私主体均有义务参与治理，因此网络暴力治理应按照"公私协同，全民治理"的模式展开。

关键词　网络暴力　公共利益　社会国家原则　公私协同

一、问题的提出

随着网络技术的发展，网络成为人们生活一部分的同时，也出现了诸多网络暴力的现象。近年来，我国出台了诸多相应规定。2022 年 11 月，《中央网信办秘书局关于切实加强网络暴力治理的通知》（以下简称《网络暴力治理通知》）对各地网信办提出加大网络暴力治理力度的要求。2023 年 9 月，最高人民法院、最高人民检察院、公安部联合印发《关于依法惩治网络暴力违法犯罪的指导意见》（以下简称《惩治网络暴力犯罪意见》）。2024 年 6 月，国家互联

---

[*]　吴泳仪，中国政法大学 2023 级宪法学硕士。

网信息办公室联合公安部、文化和旅游部、国家广播电视总局公布于 2023 年 12 月审议通过的《网络暴力信息治理规定》。除此以外，学界也从不同视角对网络暴力行为提出了多种治理方案。从刑法视角出发的研究居多，主要提出"完善立法、增设罪名"、[1]"解释旧有罪名"[2]等方案。也有学者基于共享共治[3]精神，要求多元协作，并重点加强平台责任[4]，但其视角仍落于刑事规制。近年也有学者从民法角度对个人信息保护、人格权等与网络暴力相关的权利进行研究。上述研究中，部门法研究较多，宏观层面较少，且对治理缺乏整体性把握。与上述研究不同，本文将从公法文化的整体视域出发，讨论如何对网络暴力行为进行治理。由于网络暴力现象对社会影响较大，唯有从公法文化的视角展开分析，将治理放置于国家和社会的文化框架之中，才能对网络暴力行为治理提出整体性方案。

二、网络暴力行为的现状分析

（一）网络暴力的概念

为探究网络暴力的治理方案，首先应厘清网络暴力行为的内涵与外延。我国法律并未对"网络暴力"明确规定，但《网络暴力治理通知》和《网络暴力信息治理规定》分别对网络暴力[5]与网络暴力信息[6]进行了界定。就上述定义而言，结合过往学界研究，需要进一步讨论的问题有：①"不友善信息"与"不良信息"隐含的灰色地带信息是否有必要治理？②定义中的"集中"是否意味着网络暴力要求是多人共同的行为，单人的行为是否足以构成网络暴力？③网络暴力与网络舆论是否应该区分？④网络暴力是否应该包括从网上延伸至网下的暴力？

以上规定隐含的信息是，"不友善"应当与"侮辱谩骂、造谣诽谤、侵犯隐

---

［1］ 参见徐才淇：《论网络暴力行为的刑法规制》，载《法律适用》2016 年第 3 期。

［2］ 参见刘宪权、周子简：《网络暴力的刑法规制困境及其解决》，载《法治研究》2023 年第 5 期。

［3］ 参见张卓、王瀚东：《中国网络监管到网络治理的转变——从"网络暴力"谈起》，载《湘潭大学学报（哲学社会科学版）》2010 年第 1 期。

［4］ 参见刘艳红：《网络暴力治理的法治化转型及立法体系建构》，载《法学研究》2023 年第 5 期。

［5］ 《网络暴力治理通知》指出："网络暴力针对个人集中发布侮辱谩骂、造谣诽谤、侵犯隐私等违法信息及其他不友善信息，侵害他人合法权益，扰乱正常网络秩序。"

［6］ 《网络暴力信息治理规定（征求意见稿）》第 2 条第 2 款规定："本规定所称网络暴力信息，是指通过网络对个人集中发布的，侮辱谩骂、造谣诽谤、侵犯隐私，以及严重影响身心健康的道德绑架、贬低歧视、恶意揣测等违法和不良信息。"

私"程度相当。《网络信息内容生态治理规定》第 7 条[1]对"不良信息"进行了界定，由此可知这一概念包含处于违法与合法灰色地带的信息。但其并非天然排除治理，例如网络上有多人对同一个人进行情绪宣泄，在其并未违法的情况下，仍有需要治理的可能。网络暴力的构成并非大量违法信息的简单集合，而是少数侮辱信息，大量冷嘲热讽信息形成的网络暴力[2]，所谓冷嘲热讽可能并不违法，但会对当事人造成较大的精神压力，以不违法为由将之隔绝于治理范围之外并不合适。概言之，网络暴力的特殊形态——灰色地带充斥的不良信息——使得网络暴力的治理不能以"是否违法"进行界定。单人的行为是否会构成网络暴力则视其对整体网络环境以及相对人所面临的情况具体而定。

至于网络暴力与网络舆论，则应当有所区分。网络舆论是公民行使监督权的一个途径。网络暴力和网络舆论的对象往往不同：网络暴力一般是针对普通个人，而网络舆论更多是针对事件。但在实践中同样应当谨防以网络暴力之借口来管理舆论的现象。

有学者认为网络暴力应当限制于网络空间之中[3]，然而鉴于前述讨论，如果某种网络暴力使得当事人产生了对现实暴力的恐惧，此种恐惧虽然不在网络空间中，但其根源在于网络，且网络传播空间广，使得当事人可能处于随时随地的恐惧中，若将之排除于网络暴力治理范围之外显然不妥。

结合上文的论述，网络暴力治理的对象应当包含：针对个人集中发布侮辱谩骂、造谣诽谤、侵犯隐私等违法信息，其他对个人与社会造成不良影响的信息以及具有从线上延伸至线下可能性的暴力行为。

（二）现有规制体系与实施主体

现有网络暴力行为规制呈现"三法分治"的体系。根据《惩治网络暴力犯罪意见》的规定可知，网络暴力行为涉及刑法、民法和行政法领域。首先，情节严重的网络暴力行为可能符合诽谤罪、侮辱罪、侵犯公民个人信息罪、非法

---

[1] 《网络信息内容生态治理规定》第 7 条规定："网络信息内容生产者应当采取措施，防范和抵制制作、复制、发布含有下列内容的不良信息：（一）使用夸张标题，内容与标题严重不符的；（二）炒作绯闻、丑闻、劣迹等的；（三）不当评述自然灾害、重大事故等灾难的；（四）带有性暗示、性挑逗等易使人产生性联想的；（五）展现血腥、惊悚、残忍等致人身心不适的；（六）煽动人群歧视、地域歧视等的；（七）宣扬低俗、庸俗、媚俗内容的；（八）可能引发未成年人模仿不安全行为和违反社会公德行为、诱导未成年人不良嗜好等的；（九）其他对网络生态造成不良影响的内容。"

[2] 参见张凌寒：《"不良信息"型网络暴力何以治理——基于场域理论的分析》，载《探索与争鸣》2023 年第 7 期。

[3] 参见刘宪权、周子简：《网络暴力的刑法规制困境及其解决》，载《法治研究》2023 年第 5 期。

利用信息网络罪等犯罪的构成要件。其次，尚不构成犯罪的，可能被予以行政处罚。除此以外，法律亦支持民事维权，如网络暴力行为侵犯了受害人名誉权、隐私权等人格权，受害人可以请求行为人承担民事责任。除了法律规制外，平台也有相应的治理义务。网络暴力规制的实施主体除了相应国家机关外，根据《惩治网络暴力犯罪意见》《网络暴力治理通知》《网络暴力信息治理规定》等规定，还有网络服务提供者。但值得注意的是，《网络暴力治理通知》中的部分事项并未明确主体，使得这部分义务的实施主体尚不明确，例如第三部分第4点明确了属于"各地网信部门"的义务，而第3点（审核义务）并未明确义务主体。较为明确的是《网络暴力信息治理规定》，其第二章第7条规定"网络信息服务提供者应当履行网络信息内容管理主体责任"，第三到五章配套规定了一系列网络信息服务提供者的治理责任，并在第六章规定了相关国家机关的监督管理责任。

（三）现有治理模式的弊端

现有治理模式并不能契合网络暴力的特征与治理需要。就《网络暴力信息治理规定》的条文来看，网络服务提供者是实际的治理主要主体。诚然有学者认为《网络暴力信息治理规定》第4条表明网信部门的治理主体地位以及网络服务提供者参与主体的地位[1]，但就该文件整体而言，网络服务提供者承担了信息内容管理主体责任（第7条）、网络暴力信息检测预警责任（第三章）、网络暴力信息处置责任（第四章）、健全网络暴力防护功能责任（第五章），可见文件中网络服务提供者实际承担了绝大部分网络暴力治理的责任。然而，网络服务提供者并不适合作为网络暴力的治理主要主体。其弊端有：

第一，网络服务提供者大多属于平台企业，追求盈利是其理性选择。赋予网络服务提供者网络暴力治理的主要主体地位，使得他们耗费大量的财力精力在治理上，于理不合，同时可能使得他们在治理的同时考虑自己的私利，从而使得其治理浮于表面，对法律进行"遵守与调适"[2]，尽可能减轻自己的治理义务。

第二，无法与网络暴力的特征契合。网络暴力具有影响面广、与公众息息相关、合法与违法交织等特征。网络暴力既可能在线上，也可能延伸至线下；

---

〔1〕 参见敬力嘉：《网络服务提供者网暴治理义务的体系展开》，载《北方法学》2023 年第 5 期。

〔2〕 详见［美］劳伦斯·弗里德曼：《碰撞：法律如何影响人的行为》，邱遥堃译，中国民主法制出版社 2021 年版，第 122 页举一例，酒店通过"一般政策声明"逃避管理责任。

既可能有阴阳怪气的灰色信息，也可能有侮辱诽谤的违法信息。鉴于网络世界没有边界，任何人在现在的网络世界都可能遭受网络暴力。这些特征就注定了网络暴力治理必然不是主要靠网络服务提供者就能够实现的。网络服务提供者无法对网络暴力行为进行整体的治理，例如其无法因为某个暴力行为可能延伸至线下而采取行动，如果说对其苛以向公权力报告的义务，那么何时应当报告显然是平台难以判断的。并且，现阶段的网络暴力很可能在不同的平台同时进行，此时各平台之间进行联动将遭遇困境。至于涉及网络暴力灰色地带信息的现象，何时将违法现象报告至公权力机关，平台决定的权限也会受到正当性的质疑。

第三，其治理有效性存疑。网络服务提供者的治理正当性显然比公权力机关低。鉴于网络暴力与公众息息相关，甚至可能触及人的尊严，如果网络平台在其中承担了主要的治理角色，公众将难以信服其管理。如果平台以公共利益为由限制了言论自由，公众可能会质疑——平台有何种权力去判断某种情况是否符合公共利益。

三、网络暴力行为治理的理论深化

（一）理论基础：社会国家原则

基于网络暴力具有影响面广、与公众息息相关、合法与违法交织等特点，为从整体上构建网络暴力行为的治理模式，本文将目光放置于宪法视域。由于网络暴力行为的治理牵涉国家和社会，为了理解二者的关系以及二者各自的治理范围，便以社会国家原则作为思考的理论基础。本文将社会国家原则分解提炼出框架，并基于这一框架寻求我国宪法下的表达，从而进一步厘清网络暴力行为治理中的个人、社会与国家的关系。

社会国家原则是德国国家和法律秩序的核心组成部分，规定于《德国基本法》第20条第1款。这一规定确立了《德国基本法》的声明之一：国家有责任确保公正的社会秩序，并承担保护社会弱势群体的基本责任。这一原则提供了一项国家目标[1]，但如果未经立法者具体化，则无法从中推导出公民的主观权利，其本身也不能作为国家机关对公民采取行动的基础。诚然对这一原则也有争议，但无论如何，这一原则是对立法者的委托[2]。

---

[1] 参见谢立斌：《宪法社会权的体系性保障——以中德比较为视角》，载《浙江社会科学》2014年第5期。

[2] 参见［德］V. 诺依曼：《社会国家原则与基本权利教条学》，娄宇译，载《比较法研究》2010年第1期。

社会国家原则的核心要义是人与人之间不平等的化解，以及维护人格尊严[1]，其最重要的功能是为国家干涉社会生活提供正当性[2]。《德国基本法》将其所构建的国体类型表述为"社会法治国家"，意味着这是一个能够使个人与社会生活共存并行的国家。这不仅证立了共同体对成员的社会义务，同样证立了共同体成员之间以及成员对于共同体所负有的社会义务[3]。此外，有学者认为社会国从一开始就以"备用性"为目标设立，应当将《德国基本法》第2条第1款视为"备用基准"，也即将社会的自我责任优先用于国家保护，以此回应社会变迁[4]。

鉴于社会国家原则根植于自由主义的土壤，是为了修正资本主义并使其继续发展，如要使其在我国实践中发挥作用，应当对其进行本土化构建。为方便构建，根据上述论述，将社会国家原则提炼为以下四点：其一，社会国家原则的前提是社会国家二分；其二，社会国家原则为国家干预的立法提供正当性；其三，基于社会连带（社会团结）的理念，个人对社会也负有义务；其四，社会国家原则基于其备用性，应当对个人义务设限。

（二）中国话语：社会国家原则的本土化构建

基于上述框架，以下将从我国的宪法实践以及文本中探究中国的话语表达。

1. 个人、社会与国家利益同一的宪法表达

（1）公共利益：社会主义现代化建设

我国宪法中出现了"公共利益"以及"国家、社会、集体和个人的利益"的表达。对于如何理解"公共利益"我国学界素有争论：门中敬认为公共利益的核心含义是"公共目的"，这是对法律进行合宪性解释的枢纽[5]；谢立斌认为公共利益的界定应当根据宪法进行确定，而不得由立法者随意规定[6]。有

---

[1] 参见胡川宁：《德国社会国家原则及其对我国的启示》，载《社会科学研究》2015年第3期。

[2] 参见［德］英格沃·埃布森：《德国〈基本法〉中的社会国家原则》，喻文光译，载《法学家》2012年第1期。此外也参见 Kommers, D. P., "Can German constitutionalism serve as model for the united states?", *German Law Journal*, Vol. 20, 4（2019），pp. 559-567.

[3] ［德］康拉德·黑塞：《联邦德国宪法纲要》，李辉译，商务印书馆2007年版，第165—170页。

[4] 参见［德］Rainer Pitschas：《欧洲化社会国的社会安全体系》，李玉君译，载 Peter Badura/Horst Dreier 主编：《德国联邦宪法法院五十周年纪念论文集》（下册），苏永钦等译注，联经出版事业股份有限公司2010年版，第865—910页。

[5] 门中敬：《含义与意义：公共利益的宪法解释》，载《政法论坛》2012年第4期。

[6] 谢立斌：《论基本权利的立法保障水平》，载《比较法研究》2014年第4期。

学者认为公共利益可以分为"主观的利益"和"客观的利益","主观的利益"是团体内成员的直接利益,"客观的利益"则是超乎于个人利益所具有的重大意义的事务、目的及目标,可以等同于国家任务[1]。基于我国的宪法表达,公共利益这一概念是被拟制而成的总体概念,其内涵会随时代变化而不断修正,具有流动性,但其核心是我国的国家任务,即全面建设社会主义现代化国家。"公共利益"的表述主要出现在《宪法》[2]第10、13条,其中强调"依照法律规定",法律的产生是基于人民的意志,在党的领导下人民意志通过统筹安排与协商形成了法律,这最终的意志即为了更好地进行社会主义现代化建设,构成了公共利益的核心。

(2) 国家保护:基本权利的建构作用

我国宪法中有"公民"与"人民"二分,公民作为法律概念,是否意味着宪法在法律上开辟了一个领域,以此构建个人与国家的关系?实则不然。首先,2018年,"党的领导"被规定于《宪法》"总纲"第1条就表示,在宪法的整体层面,无论是"公民"还是"人民",都具有党的领导这一最本质特征。而论证党的领导被排斥于代表原则之外的"虚实结合[3]"之基础俨然不存。其次,"公民"具有选举权与被选举权(《宪法》第34条),在人民代表大会的形成上,选举必不可少,二者至少在外延上有交集,由于人民是通过党的领导而利益同一,则公民也将在党的领导下不断前往这一目标。因为我国宪法提倡公民应当尊重社会公德(《宪法》第53条),而国家提倡社会主义公德(《宪法》第24条),在这一意义上公民也具备了前往与国家利益同一的纲领性目标。其三,《宪法》第42条采用了"国家主人翁"的用语,虽然在这一用语的主语是"劳动者",但是该条文第1句就说明劳动是公民的光荣职责,第2句又承接第1句要求相关人员以国家主人翁的心态对待自己的劳动,可见在这一意义上公民又被要求具有国家主人翁的心态。个人在国家生活中,既是公民,也是人民,而即便公民是法律概念,其概念背后也具有人民的精神,二者不可完全区分。由此,公民基本权利和义务的规定,是《宪法》关于人民民主专政的国家制度和社会主义的社会制度的原则规定的延伸[4]。在我国宪法的话语下,公民的

---

〔1〕 参见陈新民:《宪法基本权利之基本理论》(上册),三民书局1991年版,第138—139页。

〔2〕 为表述方便,本文凡涉及我国的法律规范均用简称,如《中华人民共和国宪法》,简称《宪法》。

〔3〕 翟志勇:《从〈共同纲领〉到"八二宪法"》,九州出版社2021年版,第96页。

〔4〕 参见彭真:《关于中华人民共和国宪法修改草案的报告——1982年11月26日在第五届全国人民代表大会第五次会议上》,载全国人大常委会法制工作委员会宪法室编:《中华人民共和国制宪修宪重要文献资料选编》,中国民主法制出版社2021年版。

权利是经过奋斗确定的，国家独立富强，才能保障人民的人权[1]。换句话说，基本权利最本质的功能是为了更好地使公民与国家共同建设社会主义。

在此基础上考察国家对基本权利的保护[2]，将个人放置于社会关系中，可以发现国家保护具有双重面向[3]。第一重面向，是公法领域中国家对于地位悬殊的双方进行调整。在社会交往中地位较高的一方往往拥有较大的社会权力，如果社会权力侵害弱势一方，则其已经妨碍到和谐的国家构建，基于国家尊重和保障人权（《宪法》第 33 条），国家应当对相对人进行保护。第二重面向，是私法领域中国家对于地位平等的双方进行调整。对于平等的双方，如果仅从"和谐"出发，则需要论证私人间在何种程度上破坏了国家和谐的构建，陷入论证怪圈。因此国家对地位平等的双方进行调整，应当从反面进行论证，即个人有尊重他人的义务，在违反这一义务时，国家得以进行调整。此将在后文进一步论述。

基于网络暴力的可能形态，两种国家保护均有实践的可能性。特举一例：当某位具有大量粉丝的博主引导其粉丝对某位不知名普通人进行网络暴力时，基于博主所具有的资源和曝光量，其在网络空间中所具有的社会权力更多，此时已难以将其认定为是与普通公民地位平等的私主体。在这种情况下，国家对受害人的保护是基于国家保护的第一重面向。回到例子中，如果在该博主的煽动下，个人对受害人进行了网络暴力，则应当判断个人是否违反了相应的法律法规，但是这远远不够。正如前文所述，网络暴力的形态往往可能是，博主通过煽动他人对个人进行网络暴力，个人遭受了来自大量普通个体的冷嘲热讽。此时应当将所有针对该人进行网络暴力的主体打包，这些人就成为一个拟制的主体，这个主体具有巨大的影响力，成为和普通个人地位悬殊的另一方，其行为足以对社会和谐产生威胁，国家保护的介入具有正当性。

（3）个人责任：作为社会主义事业建设者

个人、社会与国家的关系被表述为"团结一切可以团结的力量"（《宪法》序言第 10 段），团结的目的是进行社会主义事业建设既然个人在宪法上的身份是建设者，则不存在个人与国家的对立，而应该是个人与国家团结合作。因此个人对国家、社会具有相应的责任。在规范中展开，《宪法》第 51、53 条均规定了个人的义务，此义务是从团结的意义上出发的。正因如此，又可推知，个

---

[1] 参见任喜荣：《中国特色社会主义宪法学理论研究》，载《当代法学》2012 年第 6 期。

[2] 参见陈征：《基本权利的国家保护义务功能》，载《法学研究》2008 年第 1 期。

[3] 参见李海平：《个人信息国家保护义务理论的反思与重塑》，载《法学研究》2023 年第 1 期。

人对他人除了有不能干预的消极义务外，还有团结帮助他人的积极义务，这是个人对他人的责任。除此之外，我国宪法也对公民提出了尊重社会公德的要求（《宪法》第53条），这与我国的传统息息相关。《大学》之中有一说，"以修身为本"，如欲明明德于天下，首要的是从个人的"德性"做起，"性本善"是中国人的最高信仰〔1〕。换言之，要达到大同，则应当从私的善做起，从而达到共同善的目的。《宪法》第53条具有教化人性善的意义，将教化的理念融入宪法中，形成了个人对社会所负责任的中国特色表达。

2. 以"公共利益"作为国家保护的界限

前文提及的社会国家原则"备用性"提示我们应当思考国家保护的界限，即在何种情况下国家可予以介入。基于"相互效果理论"，公益条款一方面肯定基本权利之价值，另一方面又借以限制基本权利〔2〕，是以须用基本权利之基本精神解释设限的法律。然而鉴于我国《宪法》中利益同一的表达，则此相互效果又统合于一体。国家保护的界限同样应当基于"公共利益"进行考量，在某一言论触及"公共利益"时，可以对其进行限制。此时公共利益作为一个动态概念，具有三种形态，分别是从国家出发的国家安全，从社会出发的社会秩序，以及从个人出发的人格尊严。但就此而言，公共利益的内涵仍未能完全明确。盖因在不同的情况下，经过权衡后，调和后的公共利益亦有相应区别〔3〕，故而立法还需要进一步加以明确。是以针对网络暴力行为的治理，还需要对网络暴力行为进行分阶段考察，在不同的阶段其可能涉及的公共利益有所区别。

四、网络暴力行为的治理对策

借助社会国家原则形成的框架，现已厘清我国国家与社会的关系，以及其各自在社会主义事业建设中应当承担的责任，从这一基础出发，结合前文提出的现有治理模式的弊端，以下将提出对应的治理方案。

（一）以公为主的公私协同：国家保护的实践

网络暴力治理模式应当选择公私协同的道路，应当明确网络服务提供者的参与者身份，而非主体身份。网络服务提供者成为治理的主要主体的弊端已在前文指出，因为网络暴力的影响面广，如果交由私主体治理，则无法圆满完成。例如，一个人遭受的网络暴力已经不仅仅局限于一个平台，甚至有蔓延到线下

---

〔1〕 参见钱穆：《中华文化十二讲》，九州出版社2011年版。

〔2〕 陈新民：《宪法基本权利之基本理论》（上册），三民书局1991年版，第198页。

〔3〕 参见谢立斌：《基本权利审查中的法益权衡：困境与出路》，载《清华法学》2022年第5期。

的风险，这种情况绝非网络平台能够治理的。这种治理模式的正当性来源于对国家和社会关系的论述：公、私主体作为社会主义事业建设者，都应当对社会的治理承担相应的责任，二者的协同可以使得网络暴力治理在整个社会不存在衔接断层。如前文所述，在公私协同的模式下，由于公权力属于治理主体，不存在平台的报告义务，而是公权力主动介入，同时由平台协助进行治理；而在公权力未能发现相关情况时，平台承担补充发现的责任，对可能违法的行为有报告的义务。

（二）全民治理：个人对社会的责任

除上述治理模式外，还应当塑造数字公民伦理[1]，将对人性善的要求融入网络暴力的治理中。诚然人性善是一个教化上的概念，似乎不应当作为规范上的要求，然而正如前文所说，我国《宪法》要求的遵守社会公德从未放弃对公民的教化。塑造数字公民伦理是生发于我国传统文化的治理思路，是达到和谐的网络社会"釜底抽薪"的一环。在实行教化的过程中，可以通过党这一上下贯通的组织进行公民伦理的宣传，从而使数字公民伦理能够更好地贯彻。

（三）治理界限："公共利益"的动态考察

在网络暴力治理中，对一方进行保护，则会对另一方设限，对此进行衡量时有以下阶段。其一，判断某一言论是否从根本上直接触及"公共利益"，如某些针对国家安全的言论，则应当进行干预。其二，可能违法的言论则可分为意见和事实两种。针对事实，在网络空间中不得以"真正恶意原则"[2]为判断标准。网络用户容易因不明真相而被煽动，此时很可能造成网络秩序的混乱，扩大事件影响的同时也会触及根本的公共利益，因此如果某个事实与当事人有巨大关联，可能引发公众的议论，则需要发出事实的人有较大可能性认可该事实的真实性。针对意见，不妨以"合理评论原则"[3]进行界定。其三，灰色地带的言论如果并非直接触及公共利益，则考察个人的人格尊严是否受到侵犯。对于网络上的一般谩骂，国家无需干预，但如果有大量谩骂使得个人遭受较大侵害，则国家应当介入保护。

---

〔1〕 参见王静：《数字公民伦理：网络暴力治理的新路径》，载《华东政法大学学报》2022年第4期。

〔2〕 张陈弘：《宪法释字讲义》，新学林出版股份有限公司2021年版，第517页："若要成立犯罪，行为人主观上必须是恶意知其所为诽谤言论内容的不实。"

〔3〕 参见刘静怡：《言论自由、诽谤罪与名誉权之保障》，载《月旦法学教室》2005年第37期。

五、结论

基于网络暴力具有影响面广、与公众息息相关、合法与违法交织等特征，仅凭借平台无法对其进行完善的治理。为构建联结个人、社会与国家的网络暴力治理模式，本文借助了社会国家原则理论，将其分割为国家与社会二分、国家对社会的干预、个人对社会的责任、国家干预的界限四个部分，并以中国宪法的话语重新诠释，将其重构为：①国家与社会利益为一体，此利益作为"公共利益"是国家任务，即社会主义现代化建设；②基于利益一体的前提，国家对基本权力的保护具有两个面向，从国家来看，基本权利是为了建构社会主义国家，而国家则应当保护基本权利，从个人来看，个人应当对社会中的他人具有义务；③公共利益应当被作为国家保护的界限。基于重新构建后的理论，公权力作为治理主体天然具有正当性，从而使得网络暴力治理模式"公私协同，全民治理"成为可能，为现阶段网络暴力行为的治理提供了新的思路。但本文所提及的治理模式的实现尚需要法律的落实，国家社会一体治理还需未来进一步在法律中实现。

第 四 部 分

行 政 法 学

政府采购中投诉处理的后续救济途径选择

陈雅心[*]

摘　要　2002 年颁布的《政府采购法》[1]对推动政府采购事业发展发挥了重要作用。在修订过程中，关于政府采购争议投诉处理的后续救济途径问题存在争议。基于解决争议的准司法属性以及明显的改革趋势，投诉处理行为的性质应当为行政裁决。当前理论研究中，供应商对投诉处理的后续救济途径主要包括申请行政复议或提起行政诉讼、提起行政诉讼且一并解决政府采购争议，以及提起"上诉"三种方式。第一种途径不能很好地回应行政裁决的准司法属性，且裁决后进行行政复议存在一定弊端，第二种途径面临着实践效果可能不理想的问题，因此，构建"上诉"路径是值得考虑的改革方向，以行政诉讼作为投诉处理的"上诉"方式更为合理。

关键词　政府采购　投诉处理　行政裁决　救济途径

一、问题的提出

我国于 2002 年正式颁布了《政府采购法》，该法对规范政府采购行为，推动政府采购事业发展发挥了重要作用。实施 20 余年来，该法在实践中也暴露出一些不足，亟需修订完善。[2]基于此，财政部起草了修订草案，于 2020 年 12

　＊　陈雅心，中国政法大学 2023 级行政法学博士。

　〔1〕　为表述方便，本文凡涉及我国的法律规范均用简称，如《中华人民共和国政府采购法》，简称《政府采购法》。

　〔2〕　参见财政部《关于〈中华人民共和国政府采购法（修订草案征求意见稿）〉的说明》，2022年 7 月 15 日。

月公开向社会公开征求意见，并于 2022 年 7 月再次修改，就《政府采购法（修订草案征求意见稿）》（以下简称《征求意见稿》）再次向社会公开征求意见。

救济制度是否完善是决定一项法律制度能否有效运行的重要因素。在《政府采购法》中，投诉是向采购监督管理部门提起，由监督管理部门作出处理决定的一项救济制度，是政府采购中的重要争议解决途径。[1]根据现行《政府采购法》第 58 条规定，对投诉处理不服的，可以申请行政复议或者提起行政诉讼，这反映了立法者将投诉处理决定认定为具体行政行为。[2]而《征求意见稿》对于政府采购争议投诉处理的后续解决机制作出了不同的规定。一方面，第 87 条通过增加供应商质疑的事项范围规定，[3]扩大了投诉所解决的争议范围；另一方面，第 92 条将供应商对投诉处理的救济规定改为在行政诉讼中可以一并解决相关政府采购争议，[4]删除了可以提起行政复议的规定。这一规定与《行政诉讼法》第 61 条规定的一并审理民事纠纷制度相契合，反映了将投诉处理作为行政裁决处理的一种转变思路。

上述转变带来以下困惑：投诉处理这项争议解决方式的性质应当是什么？对其不服，应当采取何种后续救济手段？对此，本文将分析政府采购争议投诉处理的性质，厘清《征求意见稿》的改变逻辑，探究针对政府采购中的投诉处理更适宜采取何种救济途径。

二、投诉处理行为的性质

对投诉处理行为后续救济的研究，需要立基于投诉处理行为的性质之上，从而能够符合规范与理论的框架。当前投诉处理的法律性质不清，故有必要从所解决的争议类型以及投诉处理行为本身的特征来对其性质加以分析。

---

[1]《政府采购法》规定的政府采购争议解决途径为：供应商认为自己的权益因采购文件、采购过程和中标、成交结果受到损害的，可质疑采购人，由采购人作出答复，对答复不满意或其未在规定时间内答复的，供应商可以向同级政府采购监督管理部门投诉。

[2] 参见扈纪华主编：《〈中华人民共和国政府采购法〉释义及实用指南》，中国民主法制出版社 2002 年版，第 199 页。

[3]《征求意见稿》第 87 条规定："供应商认为采购文件，采购过程，中标、成交、入围结果和合同变更、中止、解除使自己的权益受到损害的，可以在知道或者应当知道其权益受到损害之日起七个工作日内，以书面形式向采购人或其委托的采购代理机构提出质疑。"

[4]《征求意见稿》第 92 条规定："投诉人对政府采购监督管理部门的投诉处理决定不服或者政府采购监督管理部门逾期未作处理的，可以向人民法院提起行政诉讼，并可在诉讼中请求人民法院一并解决相关政府采购争议。"

（一）投诉处理所解决争议的性质

政府采购中的争议究竟属于公法还是私法性质的问题始终存在争议。这一定性会对争议解决途径产生影响。依据争议解决主体的不同，若由法院解决纠纷，则根据争议的公私法性质之分，对应的救济途径分别为行政诉讼与民事诉讼；若由行政机关解决纠纷，则通常认为，行政机关解决行政争议的途径为行政复议，依申请和法律法规授权处理民事争议的途径为行政裁决。

自《政府采购法》起草和颁布之初，政府采购行为的性质就受到广泛的讨论，有学者主张行政行为说，[1]有学者主张民事行为说，[2]有学者认为应归属经济法范畴。[3]本文认为对政府采购投诉处理解决的争议性质不可一概而论，这是因为现行法将政府采购行为划分为前后两个阶段。《政府采购法》第 52 条规定的质疑的事项范围，投诉处理的事项范围为"采购文件、采购过程和中标、成交结果"，排除对政府采购合同相关争议的处理。依据第 43 条第 1 款第 1 句的"政府采购合同适用合同法"，合同相关争议应采取民事途径解决。这种对政府采购合同和采购文件、采购过程和中标、成交结果采用不同救济途径的做法，体现了潜在的分段界定，但是并未明确采购人在采购合同签订前行为的法律性质是公法争议还是私法争议，反而导致争端解决程序整体冗长，耗费资源。[4]

对此，双阶理论区分两阶段并明确其性质的处理方式值得借鉴。双阶理论是德国基于公私法严格二分的理论背景，以及因行政机关职权扩张而出现福利国家与给付国家的现实背景，为了约束以私法形式行使的公权力而提出的。[5]我国台湾地区也适用双阶理论，以是否进入订约程序将政府采购行为划分为行政处分阶段和民事履约阶段。[6]借鉴双阶理论，可以将政府采购合同签订前与采购文件、采购过程和中标、成交结果相关的行为认定为行政行为。

此外，值得注意的是，《征求意见稿》对投诉处理的事项范围进行扩展，

---

〔1〕 参见湛中乐、杨君佐：《政府采购基本法律问题研究（上）》，载《法制与社会发展》2001 年第 3 期。

〔2〕 参见朱慈蕴、郑博恩：《论政府采购合同的性质》，载《中国政府采购》2001 年第 1 期。

〔3〕 参见何红锋、汤炀：《从另一个角度分析政府采购合同的性质》，载《内蒙古民族大学学报（社会科学版）》2004 年第 6 期。

〔4〕 参见王错：《政府采购中双阶理论的运用》，载《云南行政学院学报》2010 年第 5 期。

〔5〕 参见郑雅方、满艺姗：《行政法双阶理论的发展与适用》，载《苏州大学学报（哲学社会科学版）》2019 年第 2 期。

〔6〕 参见陈又新：《政府采购行为的法律性质——基于对"两阶段理论"的借鉴》，载《行政法学研究》2015 年第 3 期。

以完善政府采购合同制度。财政部在对《征求意见稿》修订内容的说明中指出其"增加合同纠纷解决机制"，[1]反映了基于对完善救济途径的考量，立法者希望对合同的变更、中止、解除等行为一并采用投诉处理这种政府采购争议领域特殊的争议解决机制。故以下对合同阶段争议的性质一并展开分析。

对于政府采购合同的变更、中止、解除等行为，尽管现行法一律按照民事合同对待，但这种处理忽视了对部分政府采购合同中明显存在的行政属性的特别考虑。对此，有学者认为，从法、德两国规范实践来看，不应寻求截然划分，而应将其看作公法与私法混合的合同或者是有公法因素的民事合同。[2]

相较于混合性质说，通过修法采取一定的标准区分行政协议与民事协议更具有明确性和合理性。首先，从2022年《征求意见稿》来看，一方面，对政府采购的定义包含了"提供公共服务"这种明显的公共目的；另一方面，在法律适用部分直接规定了创新采购合同、政府和社会资本合同适用行政协议的相关规定。相较于2020年《征求意见稿》的规定，进一步明确了部分政府采购合同具有公法属性。其次，将政府采购合同完全作为民事合同，既未反映合同类型化的法制演进逻辑，也与政府采购合同国际发展趋势不一致，因此应该重视政府采购合同的行政性。[3]最后，对于区分民事合同与行政协议可能存在的操作性弱、制度割裂问题，在标准划定上，可以采用"概括＋列举"的方式规定，救济途径上，则可以一并适用投诉处理，对其作特殊化的规则设计。后文将继续论述。

综上所述，政府采购中投诉处理所解决的采购文件、采购过程和中标、成交结果相关争议属于行政争议；若采纳《征求意见稿》的规定，扩大投诉处理所解决争议的范围，则依据政府采购合同的性质不同，相关争议可能是民事争议或者行政争议。

（二）投诉处理行为的性质

投诉制度在我国法律体系中的内涵和具体规则并不明确，投诉处理方式与性质存在差异。在"北大法宝"法律法规数据库中检索发现，有上百个法律文件中出现了"投诉"的表述，此外，还有数个部门规章对特定领域的投诉问题作了专门规定，但相关规定中的"投诉"并不具有同样的含义，处理程序和处

---

〔1〕 参见财政部《关于〈中华人民共和国政府采购法（修订草案征求意见稿）〉的说明》，2022年7月15日。

〔2〕 参见于安：《我国政府采购法的几个问题》，载《法商研究》2003年第4期。

〔3〕 参见肖北庚：《论政府采购合同的法律性质》，载《当代法学》2005年第4期。

理结果的法律效力也有很大的差异。例如，根据《旅游投诉处理办法》，旅游投诉处理机构受理投诉后的处理主要是安排当事双方进行调解，若调解不成，则出具《旅游投诉终止调解书》，投诉人可以依法申请仲裁或者提起诉讼。因此，对投诉处理行为的性质需根据具体情况分析。

对于政府采购中的投诉处理行为性质认定，首先，核心问题在于投诉处理行为的行政权属性与司法权属性的关系。若行政权属性更强，则属于依单方行政权作出的具体行政行为，可以根据《行政复议法》和《行政诉讼法》寻求救济；若司法权性质更强，则属于行政司法行为，更强调被动性与中立性。

这种具体行政行为与行政裁决之间的差异在于：其一，前者通常涉及两方当事人，行政机关为实体法律关系一方当事人，而后者涉及三方，行政机关居于中立地位；其二，前者可能依申请或依职权作出，后者为依申请作出；其三，前者基于行政职权作出，更强调效力，后者属于判断权的运用，更强调公正的价值。[1]由此，不论从投诉处理的解决争议功能来看，还是从程序设计中的公正、保护供应商权益的价值来看，均更倾向于认为政府采购中的投诉处理行为具有行政司法属性的行政裁决性质。

其次，当前的改革方向明确了以行政裁决作为政府采购争议投诉处理行为的定位。中共中央办公厅、国务院办公厅印发的《关于健全行政裁决制度加强行政裁决工作的意见》明确将政府采购活动争议列为行政裁决的重点工作。2019年，司法部、财政部、自然资源部和国家知识产权局开展行政裁决示范创建工作，包括政府采购领域的行政裁决工作。另外，结合2017年《行政复议法》第8条第2款、《行政诉讼法》第61条第1款与《征求意见稿》对投诉处理的后续救济途径规定可知，财政部起草《征求意见稿》时采取的便是将投诉处理作为行政裁决对待的立场。"将政府采购投诉处理改造为行政裁决制度，已成为各方普遍接受的一种改革共识。"[2]基于此，可以以行政裁决作为投诉处理行为的性质，从而使这种争议解决方式的制度设计更加明晰。

最后，关于行政裁决解决的争议范围与投诉处理的冲突，有必要进行理论上的磨合。尽管早期理论认为行政裁决"除了解决部分民事、行政纠纷外，还直接运用准司法程序或称行政程序对相对人实施制裁，提供救济"，[3]但当前

---

[1] 参见苗奕凡、闫尔宝：《政府采购投诉处理救济模式之完善》，载《未来与发展》2023年第5期。

[2] 成协中：《以行政裁决原理进一步完善政府采购争议解决机制》，载《中国招标》2022年第10期。

[3] 马怀德：《行政裁决辨析》，载《法学研究》1990年第6期。

通说认为，行政裁决处理的仅为民事纠纷。中共中央办公厅、国务院办公厅《关于健全行政裁决制度加强行政裁决工作的意见》指出，行政裁决是行政机关根据当事人申请，根据法律法规授权，居中对与行政管理活动密切相关的民事纠纷进行裁处的行为。基于上文对政府采购合同的分类处理，其争议性质也将分为民事与行政两类，若建立两种争议解决机制，则不可避免会造成争议解决的混乱，使得内在一致性更强的一种制度被人为割裂开，反而不利于救济制度的建构和完善。因此，可以维持现有的"质疑-投诉"的争议解决机制，将财政部门的投诉处理理解为一种特殊的行政裁决制度，不仅能解决政府采购民事争议，也能解决政府采购行政争议。

这种制度选择的可行性和正当性在于：其一，政府采购的不同阶段和不同合同类型下，争议具有不同的属性，但它们均为在政府采购这一涉及国家利益、社会公共利益以及当事人合法权益的过程中产生的争议，需予以考虑的因素相似，存在的共性大于差异性，且不同阶段相互关联，适宜共同依据投诉处理制度处理。其二，行政裁决在我国当前的规范和实践中仍不是一项非常完备的制度。行政裁决所涉领域广泛、事项众多，单一的性质界定无法满足多样化的裁决类型依据，政府采购类行政裁决本身具有一定的特殊性，[1]有必要单独加以处理。其三，通过强化投诉处理机构对政府采购争议的集中处理，并加强监督管理，有助于提升裁决作出的专业性与公正性，构建更完善的政府采购投诉处理机制。

三、投诉处理的后续救济途径选择

几乎没有争议的是，投诉处理依然可能未充分保障供应商合法权益，有必要确立其后续救济途径。采取将投诉处理行为认定为特殊的行政裁决的立场之后，如何设计投诉处理的后续救济途径存在着不同的思路。是否还能够保持现行法对投诉处理结果或不作为申请行政复议或提起行政诉讼的制度安排？《征求意见稿》规定的行政诉讼一并解决政府采购争议能否实现目的？部分学者提出的构建新的"上诉"途径有无可行性？以下将分别分析这几种途径，对如何完善投诉处理的后续救济途径作进一步探究。

（一）申请行政复议或提起行政诉讼

投诉人对投诉处理结果不服的，可以申请行政复议或提起行政诉讼，这是

---

[1] 参见宋华琳、苗奕凡：《行政裁决在多元化纠纷解决机制中的定位与完善》，载《北京行政学院学报》2023年第4期。

现行《政府采购法》的规定。这一处理方式的优点在于行政复议与行政诉讼这两种救济途径比较成熟，可以对监督管理部门作出的投诉处理进行有力的监督，救济政府采购中供应商的权利。同时，自该法于2003年实施以来，行政复议机关与法院积累了丰富的解决相关争议的经验。因此，若沿袭这一做法，争议解决机制有完善的制度支撑，对投诉处理的监督效果有实践经验的保障，在实践层面也更易于接受。

然而，在当前将投诉处理行为作为行政裁决来对待时，这一路径是否契合行政裁决自身具有的准司法性存在理论争议，从《征求意见稿》的明显转变也反映出政府采购法的内在逻辑转变导致有必要重新进行制度设计。

在现行法规范的框架下，能否申请行政复议和提起行政诉讼取决于《行政复议法》和《行政诉讼法》的受案范围规定，二者均采取正面规定和反面规定相结合的方式。其中，《行政诉讼法》第61条第1款规定，在涉及行政裁决的行政诉讼中，可以一并解决相关民事争议。这一规定位于"审理和判决"一章，是为便于化解争议而进行的一并审理的制度设计，并不当然意味着行政裁决属于行政诉讼受案范围，仍需根据受案范围的兜底条款判断投诉处理是否属于"行政机关侵犯其他人身权、财产权等合法权益"的行政行为。

2017年《行政复议法》在第8条第2款将行政机关对民事纠纷作出的调解或者其他处理排除出受案范围。[1]其中，"其他处理"的内涵存在争议，一般认为其主要指的是行政裁决，[2]可以理解为该条文将行政裁决排除出行政复议的受案范围。然而，2023年《行政复议法》修改了相关规定，在第12条受案范围反面列举事项中，仅在第4项规定了"行政机关对民事纠纷作出的调解"，明显未将行政裁决排除出受案范围。受案范围的正面列举条款中，亦并未明确列举行政裁决，需判断其是否符合兜底条款中的"认为行政机关的其他行政行为侵犯其合法权益"。

对于政府采购中的投诉处理是否应进入行政复议的受案范围，有学者认为，《征求意见稿》与2023年《行政复议法》所规定的"主渠道作用"和"法治政府建设"有冲突，建议在《政府采购法》修改时不仅保留行政复议作为投诉处理的救济途径之一，而且增加保障落实"主渠道作用"和"法治政府建设"的

---

〔1〕 2017年《行政复议法》第8条第2款规定："不服行政机关对民事纠纷作出的调解或者其他处理，依法申请仲裁或者向人民法院提起诉讼。"

〔2〕 参见许安标：《行政复议法实施二十周年回顾与展望》，载《中国法律评论》2019年第5期。

规定。[1]本文认为这一观点说服力不足，新法将行政复议作为化解纠纷的"主渠道"，但并不意味着任何行政活动都必然应进入行政复议受案范围，应当考察具体情形中行政复议是否具有可行性与有效性。

行政复议的受案范围借鉴诉讼法的规定，由"具体行政行为"扩展至"行政行为"，能够包括行政裁决这种行政行为。然而，对于行政裁决是否侵犯当事人合法权益，需根据具体类型作分析。例如，权属争议类行政裁决具有司法权居中性与被动性的基本特征，应采用以原争议当事人为原被告的民事诉讼模式；侵权、损害赔偿和损失补偿争议类行政裁决是行政机关作出的对外直接发生法律效力的单方行政行为，可以提起行政诉讼对其进行审查。[2]政府采购中的投诉处理行为更偏向何种属性，可以通过规范和实践状况加以分析。

从规范来看，根据《政府采购质疑和投诉办法》第三、四章对投诉提起与投诉处理的规定可知，投诉提起的情形是对质疑答复不满意，或者未在规定时间内作出答复；投诉处理的程序包含书面审查、调查取证等，最后作出投诉事项处理决定。可以看出这与司法审查程序更加近似，体现了准司法特征。从实践来看，政府采购投诉事项与请求及其答复的内容包括：责令重新开展采购活动；认定中标或者成交结果无效，责令重新开展采购活动；撤销合同，要求采购人依法另行确定中标、成交供应商；认定废标无效等。[3]上述结果反映出投诉处理旨在基于投诉的内容对投诉事项作出判断，具备不告不理的被动特征，而处理结果未必直接损害当事人合法权益，亦体现准司法属性。

因此，政府采购领域的行政裁决强调准司法属性，属于行政机关居中裁判行为，不属于侵犯合法权益的行政行为，根据法律规定不应当进入行政复议和行政诉讼的受案范围。

此外，不宜对不服投诉处理行为采取行政复议路径的理由还包括：一方面，行政复议效果不佳。行政裁决与行政复议同属行政司法范畴，存在行政自我监督机制缺乏、复议程序不透明、处理结果公信力低等不利因素。[4]另一方面，

---

〔1〕 参见杭正亚：《行政复议法修订影响政府采购修法的若干方面》，载《中国招标》2023 年第 10 期。

〔2〕 参见宋华琳、苗奕凡：《行政裁决在多元化纠纷解决机制中的定位与完善》，载《北京行政学院学报》2023 年第 4 期。

〔3〕 参见杭正亚：《政府采购救济争议处理：实务指引与案例分析》，法律出版社 2020 年版，第 178—203 页。

〔4〕 参见张帆：《困境与出路：多元纠纷解决机制中的行政裁决制度》，载《西北民族大学学报（哲学社会科学版）》2022 年第 5 期。

效率低下。投诉处理的复议程序发挥化解争议的功能有限，且其结果不具有终局性，导致不当延长对供应商的救济时间，并且浪费有限的行政资源。[1]

因此，对政府采购争议的投诉处理行为申请行政复议和行政诉讼的方式并不适当，当前的后续救济途径规定需通过修改加以完善。

（二）行政诉讼中一并解决政府采购争议

《征求意见稿》删去了《政府采购法》中可以申请行政复议的规定，在第92条"对投诉处理的救济"中规定了在行政诉讼中一并解决相关政府采购争议的方式。尽管基于前一部分的讨论，由于行政裁决的准司法性，不宜进入行政诉讼，但根据《行政诉讼法》第12条第2款的规定，《政府采购法》的规定可以作为行政诉讼受案范围一般规定的例外。因此，还需进一步探究《征求意见稿》规定的可行性。

《征求意见稿》与《行政诉讼法》第61条第1款的表述类似，[2]反映了投诉处理与行政裁决制度的融贯处理。对于这两种制度之间的关系，值得注意的是，由于政府采购争议未必属于民事争议，《征求意见稿》的这一制度设计和行政诉讼一并解决相关民事争议不是严格意义上的同一制度，但《政府采购法》规定的救济方式作为特别规范，基于该领域的特殊需要，在不相冲突的情况下，可以对《行政诉讼法》的一般规范作出例外的安排。

对于行政诉讼中一并审查政府采购争议的探究，可以从行政诉讼一并解决相关民事争议的实施情况与理论研究中得到借鉴。从该制度的发展背景来看，由于民事与行政争议交织的案件中，单独的民事裁判或行政裁判往往无法完全解决相关争议，最高人民法院于2009年倡导行政诉讼一并解决相关纠纷，从而实质性解决争议，促进案结事了，[3]2014年《行政诉讼法》进而授权法院对相关民事争议一并审理和裁判。这项制度能够解决部分问题，但囿于司法体制和诉讼程序上的诸多障碍，法院审查对象不可避免地具有局限性，制度效果有限。[4]

首先，这一制度适用率极低，仍处在"休眠"状态。从司法实践来看，法

[1] 参见苗奕凡、闫尔宝：《政府采购投诉处理救济模式之完善》，载《未来与发展》2023年第5期。

[2] 《行政诉讼法》第61条第1款规定："在涉及行政许可、登记、征收、征用和行政机关对民事争议所作的裁决的行政诉讼中，当事人申请一并解决相关民事争议的，人民法院可以一并审理。"

[3] 参见《最高人民法院关于当前形势下做好行政审判工作的若干意见》（法发〔2009〕38号）。

[4] 参见何海波：《行政诉讼法》（第三版），法律出版社2022年版，第37页。

官运用较为慎重，未能充分实现制度设计目的。其次，《行政诉讼法》及其司法解释对相关制度设计尚不完善，审理程序亦不规范。[1]在审理程序中，法院对行政裁决进行审查的核心在于审查行政机关对民事争议所作判断是否正确，因而，行政机关证明自己行政行为合法性的证据，可能有利于民事争议的一方当事人，从而违反民事诉讼中的公平原则。[2]最后，在处理方式上，法官依法享有的司法变更权有限，在行政裁决中应当对行政机关作出的裁量予以尊重，而当其既处理行政争议，又解决民事争议时，则可能面临尊重行政权与实质化解纠纷之间的张力。因此，行政诉讼一并解决民事争议这种模式依然存在不足之处。

由于制度设计的不完善和实践的保守态度，当前行政诉讼一并解决相关民事争议制度并未有效地开展，即使在《政府采购法》修改时规定这一解决争议的途径，也未必能够充分发挥提升诉讼效率与更好化解争议的效果。因此，《征求意见稿》规定的行政诉讼一并解决政府采购争议的途径同样存在不足。

（三）构建新的"上诉"途径

由于上述两种途径均存在不足，学理上还提出了一种新的救济方式，即对投诉处理结果不服的，以采购人为被告将原政府采购争议"上诉"至法院。[3]

这种主张与现行法及《征求意见稿》规定的最主要差异在于审理对象不同。不论是针对行政裁决申请行政复议还是提起行政诉讼，均以行政裁决的合法性为行政诉讼的审理对象；而"上诉"途径则直接以采购人为被告，以政府采购争议作为直接的处理对象，争议问题能够直接受到审查并得到回应，对于争议的化解更为经济、高效。当然，由于行政裁决是对政府采购争议作出的处理，在审查行政裁决时，既要对程序进行审查，也要对事实认定、法律依据、结论进行审查，同样涉及对政府采购争议的审查，但不可否认的是，行政诉讼以及行政诉讼一并解决相关争议，均不如直接对政府采购争议进行解决来得便捷，并且后者更节约争议解决成本。

自《行政诉讼法》2014年修正以来，行政复议机关作被告的规定受到过不少质疑与反对。行政裁决与行政复议均属于行政司法行为，关键区别主要在于

---

〔1〕 参见北京市第二中级人民法院课题组等：《行政诉讼一并审理民事争议研究》，载《中国应用法学》2019年第1期。

〔2〕 参见闫尔宝、苗奕凡：《行政裁决适用变更判决的法律空间之探讨》，载《法律适用》2023年第8期。

〔3〕 参见苗奕凡、闫尔宝：《政府采购投诉处理救济模式之完善》，载《未来与发展》2023年第5期；成协中：《以行政裁决原理进一步完善政府采购争议解决机制》，载《中国招标》2022年第10期。

所处理纠纷的性质，因此，行政复议与行政裁决在是否可诉这一问题上有一定的相通性。

首先，行政复议具有准司法性，以行政复议机关作出的决定作为法院直接审查的对象，不仅忽视了其具有和行政诉讼相同的居中裁判属性，与法理不符，也有悖国外的通行做法。[1]在德国，"如果诉讼涉及复议决定，原则上，正确的被告就不是复议机关的法定主体，而是作出具体行政行为的原行政机关"。[2]其次，以行政复议机关为被告，可能增加行政机关的成本和当事人的负担，不利于争议及时有效化解。由于争议是由原具体行政行为引发的，法院围绕原行政争议进行判断更加高效。[3]最后，在行政复议体制改革的背景之下，以行政复议机关为被告的制度不利于发挥行政复议化解行政争议的主渠道作用。行政裁决被诉同样存在法理困境、解决争议效率低、制度不协调等问题，因此，以原政府采购争议为司法审查标的更为合理。

由于对原政府采购争议的性质以及"上诉"主体存在不同看法，现有观点在具体方式上有所差异。有学者认为采购人与供应商在合同订立阶段处于平等的民事主体地位，因此若供应商对投诉处理不服，应当以采购人为被告"上诉"至法院，适用民事诉讼的救济程序。[4]还有学者指出，对行政裁决不服的，理想的机制应为以对方当事人为被告，向上一级裁决机构或法院进行"上诉"。[5]

本文认为，以行政诉讼作为投诉处理的"上诉"方式更为合理。原因在于：第一，相较于由行政系统内部的上一级裁决机构作出"上诉"处理，采用司法程序的方式，可以解决裁决机构自身中立性不足的问题，符合司法最终原则的要求。第二，较之《征求意见稿》规定的对于相关政府采购争议可以直接起诉的方式，先进行行政裁决，若不服再提起"上诉"这一方式，秉持在政府采购领域的争议解决中，投诉处理这一行政手段前置的处理原则，保障对该领域问题处理的专业性和公正性。第三，采取民事诉讼的逻辑不符合政府采购领域"采购文件，采购过程，中标、成交、入围结果"的行政性质。在《政府采购法》尚未将质疑事项范围拓宽至合同的变更、中止、解除过程时，依据双阶

---

〔1〕 参见郜风涛主编：《行政复议法教程》，中国法制出版社2011年版，第374页。

〔2〕 [德]弗里德赫尔穆·胡芬：《行政诉讼法》，莫光华译，法律出版社2003年版，第202页。

〔3〕 参见沈福俊：《复议机关共同被告制度之检视》，载《法学》2016年第6期。

〔4〕 参见苗奕凡、闫尔宝：《政府采购投诉处理救济模式之完善》，载《未来与发展》2023年第5期。

〔5〕 参见成协中：《以行政裁决原理进一步完善政府采购争议解决机制》，载《中国招标》2022年第10期。

理论，投诉处理解决的前一阶段争议事项为行政争议。

若依据《征求意见稿》的内容拓宽投诉处理的事项范围，则对于政府采购合同的变更、中止、解除，依据合同属于行政协议抑或民事合同，其救济途径有所区分。若是行政协议中的相关争议，在投诉处理之后以行政诉讼作为"上诉"途径；若是民事合同，则通过民事诉讼进行后续救济。有人认为这种区分方式可能会造成程序混乱，本文认为不区分政府采购合同的性质会导致法律适用上不协调的问题，二者的分界是行政协议这一概念在法律制度中确定下来之后就必然产生和需要面对的，因而需按照其性质分别适用不同的后续救济途径。

四、结论

《政府采购法》修订过程中，对于投诉处理的后续救济方式存在分歧，相较于其他途径，构建新的"上诉"途径能够较好地应对相关问题。这主要是因为，投诉处理作为对政府采购争议的中立裁决，具有准司法属性，近似于司法机关作出的一审裁判，对其不服应当提起"上诉"启动"二审"程序，而非由"一审法官"作为被告。因此，基于法理，不应将负责投诉处理的政府采购监督管理部门作为行政复议被申请人或行政诉讼的被告，而是应当构建"上诉"途径，提供对当事人的后续救济。然而，当前实践中，这一路径的制度基础仍然十分薄弱，即使作为解决争议主渠道的行政复议通过修法强化了行政司法属性，依然可能受到法院的直接审查。因而，行政司法行为"上诉"途径的构造依然任重道远，有待理论研究的进一步推进。

公共数据产品获取权的国家保护义务

蒋晨奥[*]

摘　要　基于安全考虑，公共数据受限开放限制了社会主体对部分原始公共数据的获取权。但在授权运营中，就社会主体对数据产品的获取权是否存在以及实现机制的问题，地方立法对此语焉不详。在"个人—国家"关系中，社会主体的数据获取权体现了个人对国家的积极地位。由于学理和地方立法均承认了运营者的数据产品持有者权，其介入使社会主体行使数据产品获取权的对象从国家转移为运营者，不宜认为国家有直接的给付义务。国家保护义务的框架可完整解释"国家—运营者—社会主体"的三极关系。为履行保护义务，国家一方面应设置社会主体面向运营者获取数据产品的权利规范，保障公平；另一方面应为授权运营者设置公法上的行为义务规范，保障效率。

关键词　公共数据授权运营　数据产品获取权　国家保护义务　数据持有者权

数据可被区分为"公共数据、企业数据、个人数据"。[1]目前，对于公共数据的授权运营实践正在发生：较早的如浙江省德清县、温州市、宁波市鄞州区，广西壮族自治区，江苏省淮安市等地的实例；[2]2023 年 11 月 10 日，湖南

---

[*]　蒋晨奥，中国政法大学 2023 级行政法学硕士。

[1]　《中共中央、国务院关于构建数据基础制度更好发挥数据要素作用的意见》，以下简称《数据二十条》。

[2]　《关于公布德清县车联网领域公共数据授权运营单位的通告》，载 http://www.deqing.gov.cn/art/2023/10/20/art_ 1229212609_ 59066791. html，最后访问日期：2023 年 12 月 31 日；《关于公布公共信用、卫生健康、金融服务领域公共数据授权运营单位的公告》，载 https://www.wenzhou.gov.cn/art/2023/10/20/art_ 1229263034_ 4201394. html，最后访问日期：2023 年 12 月 31 日；《鄞州区首个公共数据授权

省衡阳市公共资源交易中心发布公告，公开竞价出让衡阳市政务数据的特许经营权，[1]尽管交易最终被叫停，但也显示出地方政府将公共数据用于数据要素供给的勃勃雄心。本文将以行政法治原理作为向导，为公共数据授权运营实践中的权利保护提供理论指引。

一、概念厘定与问题界定

（一）公共数据与其开放形态

数据是信息的载体，一般表现为 0 和 1 组合的比特形式。[2]我国目前已有多地颁布了关于数据发展的地方立法。公共数据作为开放的对象，明确其范围为首要问题。一种典型的规范方式是基于数据的来源对公共数据进行定义，这又区分为主体和行为两个方面，其中主体要件是公共管理和服务机构，行为要件是收集、产生、处理等。[3]

公共数据与持有者的开放义务之间存在何种关系？一种认识是，一旦被贴上公共数据的标签，数据持有者即具有向社会开放的义务。[4]在地方立法实践中，情况却并非如此。几乎所有地方数据立法均将公共数据区分为无条件开放、受限开放（有条件开放）和不开放三类。[5]无条件开放的数据由政府主动发布，任何主体均可获取；而受限开放则是具有利用数据的一定技术能力和安全保障措施等实质条件方可申请获取相应的数据。[6]公众有公平地获得无条件开放目录中数

（接上页）运营场景通过专家评审及协调机制审议》，https://dsjj. ningbo. gov. cn/art/2023/11/23/art_1229 715186_ 58943525. html，最后访问日期：2023 年 12 月 31 日；《广西壮族自治区自然资源厅关于公共数据授权运营试点数据运营方选定结果的公示》，载 https://dnr. gxzf. gov. cn/zfxxgk/fdzdgknr/zcfg/btzdgkwj/t174782 67. shtml，最后访问日期：2023 年 12 月 31 日；《关于第一批淮安市公共数据拟授权运营单位情况的公示》，载 http://www. huaian. gov. cn/col/16653_ 544327/art/16987680/1700726578045kBOfcQtd. html，最后访问日期：2023 年 12 月 31 日。

〔1〕《衡阳市政务数据资源与智慧城市特许经营权出让项目交易公告》，载 https://ggzy. hengyang. gov. cn/jyxx/gycqjy/czrgg/20231110/i3160451. html，最后访问日期：2023 年 12 月 31 日。

〔2〕 参见方建业：《论数据财产权私法属性与归属——以数据生产与流通为视角》，载《上海政法学院学报（法治论丛）》2023 年第 6 期。

〔3〕 参见《上海市数据条例》第 2 条第 4 项。

〔4〕 参见丁晓东：《从公开到服务：政府数据开放的法理反思与制度完善》，载《法商研究》2022 年第 2 期。

〔5〕 例如较早采此分类的《上海市数据条例》第 41 条第 2 款规定："公共数据按照开放类型分为无条件开放、有条件开放和非开放三类。涉及个人隐私、个人信息、商业秘密、保密商务信息，或者法律、法规规定不得开放的，列入非开放类；对数据安全和处理能力要求较高、时效性较强或者需要持续获取的公共数据，列入有条件开放类；其他公共数据列入无条件开放类。"

〔6〕 参见《上海市公共数据开放暂行办法》第 15 条。

据的权利不生疑义，而获取受限开放数据的权利则受到审查实质条件的限制。[1]

在概念的问题上，本文依实定法定义，认为公共数据为公共管理和服务机构在履职过程中收集、产生、处理的数据。在开放形态上，公共数据存在无条件开放、受限开放和不开放三类。其中，公众获取受限开放的数据的权利受到技术和安全条件的限制，换言之，立法并未承认私主体公平获取该部分数据的权利，有必要对利用此部分数据的权利展开研究。

（二）从公共数据开放到授权运营

将公共数据以数据产品的形式导入数据要素市场的一个重要前提是其本身是有价值的。比尔·施马佐的数据的经济价值定理认为，数据本身并不重要，从有关客户、产品和运营的数据中所收集的趋势、模式和关系才是有价值的。[2]换言之，在价值实现链条上，存在从数据资源向数据产品过渡的两种数据形态，[3]仅后者在实践场景中具有使用价值。

现实的情况是，目前的公共数据开放仍然面临数据价值低、数据更新慢、数据质量差的难题，[4]地方政府更多聚焦数据平台建设而非数据的利用，数据利用层的指数普遍偏低是各地方政府数据开放的共性。[5]上述现实情况的深层次原因包括公共数据的生产要素化不足和数据要素的配置市场化不足，[6]即目

---

[1] 上述受限开放的实践又反向影响对"公共数据"的定义。有学者认为，公共数据的定义应当从开放形态出发，法律意义上的"公共数据"应当仅指无条件开放的数据，受限开放的数据并非公共数据，而是受公共机构控制的数据。参见高富平：《公共机构的数据持有者权——多元数据开放体系的基础制度》，载《行政法学研究》2023 年第 4 期。笔者在本文中并不采类似认识，因为若抛除现有定义，仅依开放义务进行定性，难免陷入循环论证。

[2] See Bill Schmarzo, *The Economics of Data, Analytics, and Digital Transformation: The theorems, laws, and empowerments to guide your organization's digital transformation*, Packt Publishing Ltd, 2020, p. 45.

[3] 本文认为数据产品包括数据授权运营后具备可重用性的中间样态的"数据集合"。部分学者区分了这一点，即认为在价值链上存在"数据资源—数据集合—数据产品"的过渡样态。本文不再进行此区分，原因在于本文语境下获取权的权利主体同样包括法人。具体可见申卫星：《论数据权制度的层级性："三三制"数据确权法》，载《中国法学》2023 年第 4 期。

[4] 参见张会平、顾勤：《政府数据流动：方式、实践困境与协同治理》，载《治理研究》2022 年第 3 期。

[5] 参见刘阳阳：《公共数据授权运营：生成逻辑、实践图景与规范路径》，载《电子政务》2022 年第 10 期。

[6] 经济学的研究认为，数据要素的市场化包括"数据的生产要素化"和"数据要素的配置市场化"两个方面。前者是指利用数字技术对沉淀的原始数据进行加工，将其激活为可被计算机识别的 0、1 二进制符号；而后者则是指以"看不见的手"——市场——作为配置上述数据要素的方式。参见孔艳芳、刘建旭、赵忠秀：《数据要素市场化配置研究：内涵解构、运行机理与实践路径》，载《经济学家》2021 年第 11 期。

前政府开放的数据大多为前端的数据资源，而非具有机读性和可重用性的高质量数据产品。[1]

在此背景下，公共数据授权运营希望解决的核心问题有二。第一，提升数据要素的供给能力。根据上述背景，公共数据要素存在供给不足的问题，[2]第三方的引入可以提升对公共数据的运营能力，[3]提高数据的质量和可重用性。第二，提升受限公开数据的安全性。由于担心原始数据公开产生的马赛克效应等风险，政府不宜将直接开放的公共数据资源授权给安全可信的第三方主体运营，产出满足安全性要求的数据产品后，再向广泛的社会主体提供。[4]

并非所有类型的公共数据均需授权运营。首先，对于不开放的数据，由于其涉及国家秘密、商业秘密、个人隐私和版权保护等，不予开放。[5]其次，对于无条件开放的公共数据，任何主体均可合法持有，也可对其进行加工、处理，形成数据产品并经营此数据产品用于营利，[6]无需政府额外与运营者签订合同并授权运营，故无需进行特殊讨论。[7]故而，公共数据授权运营的范围包括受限开放的公共数据，不包括不开放的数据。开放的数据由于可被运营者自由使用，本文不对其进行特殊讨论。[8]

表 1 公共数据、开放形态和授权运营之关系

公共数据类型	获取权限	运营
无条件开放的公共数据	社会主体有平等的获取原始数据资源的权利	

---

〔1〕 参见高富平、冉高苒：《数据要素市场形成论———种数据要素治理的机制框架》，载《上海经济研究》2022 年第 9 期。

〔2〕 参见马颜昕：《公共数据授权运营的类型构建与制度展开》，载《中外法学》2023 年第 2 期。

〔3〕 常江、张震：《论公共数据授权运营的特点、性质及法律规制》，载《法治研究》2022 年第 2 期。

〔4〕 参见宋烁：《构建以授权运营为主渠道的公共数据开放利用机制》，载《法律科学（西北政法大学学报）》2023 年第 1 期。

〔5〕 参见常江：《公共数据开放立法原则反思和开放路径构建》，载《华东理工大学学报（社会科学版）》2022 年第 5 期。

〔6〕 高富平：《数据持有者的权利配置——数据产权结构性分置的法律实现》，载《比较法研究》2023 年第 3 期。

〔7〕 授权运营中，生成数据产品时使用公开的数据并不受限制，此为《浙江省公共数据授权运营管理办法（试行）》中所称的"融合计算"。

〔8〕 类似观点可见宋烁：《构建以授权运营为主渠道的公共数据开放利用机制》，载《法律科学（西北政法大学学报）》2023 年第 1 期。

公共数据类型	获取权限	运营
受限开放（有条件开放）的公共数据	获取原始数据资源时需进行实质审核	公共数据授权运营
不开放的公共数据	社会主体无权获取	不授权运营

由于立法并不承认普遍的社会主体（特别是技术条件较差的自然人）享有获取受限开放的公共数据资源的权利，在授权运营场景，公众对于由此部分受限开放数据所产出的数据产品是否享有获取权？授权运营涉及的政府—运营者—公众的权利义务结构为何？此即本文研究的核心问题。

在具体展开分析之前应明确所用概念之内涵。考虑到《数据二十条》的表述，[1]本文将表达公众获取数据行为对应权利概称为"数据获取权"。当进一步强调对权利客体的区别时，可将其区分为"对数据资源的获取权"和"对数据产品的获取权"。由于数据产品对整个市场的赋能效应，本文所讨论的权利主体为市场中存在数据获取需求的不特定的公民、法人或者其他组织。对于这些主体，本文使用区别于国家的"社会主体"或"公众"一词进行代指，"数据获取权"在下文中则称为"社会主体的数据获取权"或"公众的数据获取权"。

二、现实考察：12 地地方政府规章梳理

较上位的、规范整个数据领域的立法（例如前文提到的《上海市数据条例》等）并未明确社会主体对受限开放的数据资源的获取权。除此之外，目前较下位的只规范授权运营的立法也正在逐渐生成。在本部分，笔者将在实然的角度考察地方政府规章对社会主体数据获取权实现机制的规范内容。目前，公开的关于公共数据授权的地方政府规章如下表所示。[2]

表 2　分析对象：现有地方政府规章列表

编号	地区	时间	文件名称
1	成都市	2020 年 10 月	《成都市公共数据运营服务管理办法》[3]

---

〔1〕 参见《数据二十条》第 2 条，"合理降低市场主体获取数据的门槛"，坚持共享共用，释放价值红利。第 7 条，"保障数据来源者享有获取或复制转移由其促成产生数据的权益"。

〔2〕 数据更新至 2023 年 12 月 30 日。表中列举的大部分均为已生效的规范，但也有征求意见稿。

〔3〕 成办发〔2020〕93 号，未主动公开，通过申请信息公开的渠道获取。

续表

编号	地区	时间	文件名称
2	安顺市	2021 年 11 月	《安顺市公共数据资源授权开发利用试点实施方案》
3	青岛市	2023 年 4 月	《青岛市公共数据运营试点管理暂行办法》
4	包头市	2023 年 7 月	《包头市公共数据运营管理试点暂行办法》
5	长沙市	2023 年 7 月	《长沙市政务数据运营暂行管理办法（征求意见稿）》
6	浙江省	2023 年 8 月	《浙江省公共数据授权运营管理办法（试行）》
7	长春市	2023 年 8 月	《长春市公共数据授权运营管理办法》
8	杭州市	2023 年 9 月	《杭州市公共数据授权运营实施方案（试行）》
9	温州市	2023 年 9 月	《温州市公共数据授权运营管理实施细则（试行）》
10	大理白族自治州	2023 年 10 月	《大理州公共数据授权运营管理办法》
11	济南市	2023 年 10 月	《济南市公共数据授权运营办法》
12	北京市	2023 年 12 月	《北京市公共数据专区授权运营管理办法（试行）》

然而，地方立法并无社会主体数据获取权作为"权利"的表达。换言之，几乎所有地方立法均未直接明确承认普遍的社会主体在数据授权运营中有获取数据产品的权利，而是以规范交易模式和使用限制的方式影响公众数据获取权的实现。

社会主体获取数据产品的基本方式为交易，而非无偿获取。交易模式也将间接影响数据获取权的实现。具体而言，在交易模式，要素市场的交易规则大致呈现为统一的场内交易或多元的场外交易两种模式。目前，数据交易主要发生于场外，以点对点的"私人定制"的数据服务模式进行数据流转。[1]对于社会主体获取数据资格的限制，只有少部分地方规定，需要由运营者审核资质能力、使用目的后，运营者方可为使用者提供数据产品和服务。具体可见下表。

---

[1] 参见丁晓东：《数据交易如何破局——数据要素市场中的阿罗信息悖论与法律应对》，载《东方法学》2022 年第 2 期。

表3　社会主体数据获取权的实现机制

编号	地区	交易模式	相关条文	公众获取限制	相关条文
1	成都市	合同模式	第15条	未规定	
2	安顺市	不明确	四、（四）	未规定	
3	青岛市	合同模式	第23条	资质能力、使用目的（运营者审核）	第21、22条
4	包头市	合同模式	第22条	资质能力、使用目的（运营者审核）	第21、22条
5	长沙市	交易所模式	第6条第2、3款、第20条	未规定	
6	浙江省	不明确	五、（五）	未规定	
7	长春市	不明确	第14条第2项	未规定	
8	杭州市	交易所模式	三、（五）4	未规定	
9	温州市	不明确	一、（七）	限授权场景内	一、（六）
10	大理白族自治州	不明确	第4条第4款	另行规定	第15条
11	济南市	交易所模式	第3条第2款、第13条	未规定	
12	北京市	不明确		未规定	

　　据上表可见，目前公众数据获取权利的规范并不完善。一方面，目前地方立法并未明确设定公众的数据获取权，对公众数据获取权的规定大多限于规范运营者行为；另一方面，对运营者行为的规范也较多地以非强制的形式对运营者提出建议，或以"鼓励""探索"等方式对交易作出规范。这或将导致公众数据获取职权的实现受到限制[1]

　　需要说明的是，尽管地方立法并无明确的权利设置规范，但这对下文的理论论证同样有所裨益，换言之，建构理论的思路仍将在上文摹绘的现实中找寻。

---

　　[1]　目前开展的交通领域的数据开放已经大规模地应用到场景中，例如2017年江苏省与百度公司合作，将实时的公交信息向百度公司开放，用户可于百度地图查看江苏省内的公交实时到站信息。类似仅向单一主体开放的做法无疑限制了其他市场主体获取相关数据的权利。《掐点坐车！江苏率先全面实现设区市百度地图实时查公交》，载 https://mp.weixin.qq.com/s/fzESHQ4tzLjH0Ex_ Pf_ F8A，最后访问时间：2023年12月10日。

三、理论考察：公众数据产品获取权的证立

（一）公共数据产品获取权的生成逻辑

与政府信息公开保障公民知情权价值不同的是，作为授权运营上位概念的公共数据开放的主要推动力是数据资源的巨大潜力，其制度价值在于鼓励数据创新应用，挖掘数据价值，实现繁荣经济、改善服务、提升治理能力等。[1]"工业上有使用价值的信息，由于私人经济竞争的原因，被加以保密，或者被保护起来"[2]。步入信息时代后，数据授权运营产出的数据产品同样如此。

公共数据的高效利用和合理流动依赖于技术上数据的可重用性，即市场主体可依靠可重用的初级数据产品制作个性化的高级数据产品（前者可谓面向数据产品的"一级市场"，后者为"二级市场"），同时也有赖于为广泛的公民、法人和其他组织设置数据产品获取权。否则，科层制数据秩序可能会形成一个个的"数据孤岛"。[3]上述推演并非危言耸听。在欧盟公共数据利用制度形成初期，便有部分数据管理者为营利而无理拒绝社会主体的利用申请，或以高标准收费、价格歧视等方式进行寻租，导致了公共数据开放制度的异化与混乱。[4]同时，单独以竞争法的行为规制模式同样存在缺陷。竞争法侧重于事后规制，往往是在对竞争的损害已经发生，或商业机会已经消失的时候进行事后的弥补。[5]故而，基于数据公平流动的要求，为广泛的社会主体——不限于个人——设置获取数据产品的权利有其独特价值。

基于对广泛参与利用公共数据资源的实质公平的考虑，王锡锌教授、黄智杰等提出应当明确公共数据的公平利用权，其基本构造为保障受限开放的公共数据可被社会公众公平获取，该权利适用的场景为公共数据开放，但具体到授权运营场景，情况则变得同中有异。第一，授权运营与公共数据开放共享同一套制度目标。授权运营意在解决公共数据开放可用性低、安全性差等现实问题，

---

〔1〕 参见宋烁：《政府数据开放宜采取不同于信息公开的立法进路》，载《法学》2021年第1期。

〔2〕 ［德］尤尔根·哈贝马斯：《作为"意识形态"的技术和科学》，李黎、郭官义译，学林出版社1999年版，第111页。

〔3〕 参见袁刚等：《政务数据资源整合共享：需求、困境与关键进路》，载《电子政务》2020年第10期。

〔4〕 参见王锡锌、黄智杰：《公平利用权：公共数据开放制度建构的权利基础》，载《华东政法大学学报》2022年第2期。

〔5〕 See Mariateresa Maggiolino, "Policy Recommendation on the Competition Law Issues of the Re-Use of Public Sector Information (PSI)", *Masaryk University Journal of Law and Technology*, Vol. 6, 3 (2012), pp. 378-379.

其目的均在于安全地实现公共数据的生产要素化和数据要素的配置市场化。这都有赖于数据的有序流动，其中当然也包括数据产品。在此意义上，承认公众对授权运营后产生的数据产品有公平获取的权利是必要的。第二，多地均规定了政府有对授权运营的数据产品主张不同意义上收益的权利，[1]但这种定性为国家财产，过度强调资产属性而非社会属性的做法（例如进行排他授权）则与数据开放的价值相悖。[2]类似做法在湖南省衡阳市险些上演，这更反映出在授权运营场景下为社会主体设置一定的数据获取权利是必要的。

（二）主观受益权架构的否定

数据获取权不仅仅是消极意义上的自由权，还是一项具有积极权能的权利，体现了个人对国家的"积极地位"。[3]"国家给付义务—公民的主观受益权"是耶利内克地位理论中"积极地位"的一个典型实现结构。那么，公众数据获取权是否是一项社会主体可对国家主张的主观公权利？换言之，运营者一方主体的存在是否会实质影响给付义务框架的证立？本文认为，应当通过主观公权利说与既有规范体系的融贯性进行判断，[4]其中最关键的就是主观公权利说与目前《数据二十条》中数据权利体系的融贯性。

本文并非依照传统研究的思路，基于政府与运营者之间的关系或公共数据的性质入手进行分析，而是基于实定法普遍确定的事项对该问题进行认识。地方政府规章均承认授权运营者享有数据产品上一定的权利，不论这种权利来源于劳动[5]或来源于双方约定，都得到了规范一定程度上的承认。参考私法学者的解读，本文作如下认识：公共管理和服务机构为数据资源的持有者，享有数据资源持有者权，其将该数据授权运营者进行加工处理，形成形态和价值相对稳定的数据产品后，运营者就享有对数据产品的持有者权，通过结构性产权

---

[1] 例如《温州市公共数据授权运营管理实施细则（试行）》规定，"用于产业发展、行业发展的公共数据有条件有偿使用"；《长沙市政务数据运营暂行管理办法（征求意见稿）》规定，"政务数据资源运营属于政府国有资产有偿使用范围"等。

[2] 参见胡凌：《论地方立法中公共数据开放的法律性质》，载《地方立法研究》2019 年第 3 期。

[3] ［德］格奥格·耶利内克：《主观公法权利体系》，曾韬、赵天书译，中国政法大学出版社 2012 年版，第 79 页。

[4] 参见雷磊：《新兴（新型）权利的证成标准》，载《法学论坛》2019 年第 3 期。

[5] 通过劳动产生数据产权的论述，参见宁园：《从数据生产到数据流通：数据财产权益的双层配置方案》，载《法学研究》2023 年第 3 期。

分置的制度安排，数据产品持有者权可分置出数据产品经营权。[1]运营者可通过数据产品的经营获取利润，作为对运营者的激励措施。

退一步说，即使认为政府与运营者之间的法律关系不同将导致运营者享有的私权不同，这种法律关系的不同也不应波及公众数据权利的行使。既有的研究指出，政府与运营者之间的关系一般为政府采购或特许经营，[2]同时，所有的政府规章均将公众请求获取数据产品的对象界定为授权运营者而非政府，这也加剧了二者之间界限的模糊性。站在公众的视角进行观察，政府采购与特许经营无法清晰地进行界分，即使二者可以界分，也会使公众行使获取权的成本更大。故基于公众无法获知，[3]更难以界分的"政府—运营者"法律关系影响后端公众数据权利实现的机制是不正当的，数据产品上的运营者权利对主观公权利的生成产生了障碍。

另一种可能的认识是，将公共数据视为一种公物，即可将公物利用的权利定性为主观公权利，而非反射利益。[4]有学者采此立场，其理由在于，客观上公共数据具有无形性和公共性，故公共数据应当服务于公共利益而非特定人的私利，结合上述客观属性和功能载荷，应当将公共数据界定为公物。[5]本文并不同意上述观点，而是认为经过授权运营的公共数据产品或不能再定性为公物，理由如下。认识该问题时应当首先对客体（"公共数据""数据资源"和"数据产品"）进行区分，[6]现有研究大多认为数据资源意义上的公共数据为公物。目前地方政府规章对经营者持有的数据产品的定性均从技术角度介入，[7]并未进行公物命名，即未明确作出供公用的意思表示。[8]故难以得出公共数据产品

---

〔1〕 参见高富平：《数据持有者的权利配置——数据产权结构性分置的法律实现》，载《比较法研究》2023 年第 3 期。

〔2〕 参见马颜昕：《公共数据授权运营的类型构建与制度展开》，载《中外法学》2023 年第 2 期。然而根据对地方立法的考察，笔者认为此二者的界分并不清晰。

〔3〕 授权运营协议的不公开以及效力的相对性导致此效果。

〔4〕 梁君瑜：《作为复合型主观公权利的公物利用》，载《时代法学》2015 年第 2 期。

〔5〕 参见齐英程：《作为公物的公共数据资源之使用规则构建》，载《行政法学研究》2021 年第 5 期。

〔6〕 参见刘维：《论数据产品的权利配置》，载《中外法学》2023 年第 6 期。

〔7〕 例如《浙江省公共数据授权运营管理办法（试行）》规定，本办法"所称的数据产品和服务，是指利用公共数据加工形成的数据包、数据模型、数据接口、数据服务、数据报告、业务服务等"。其他地方对数据产品性质的描述或与之高度相似，或未进行规定。

〔8〕 ［德］汉斯·J. 沃尔夫、奥托·巴霍夫、罗尔夫·施托贝尔：《行政法》（第二卷），高家伟译，商务印书馆 2002 年版，第 464 页。另外，一般认为，公物的构成需要实体要件和程序要件，前者包括承载共同利益功能和适用公法规则两个方面，而后者则是行政主体在形式上作出供公用的意思表示（即公物命名）以及该财产实际被投入使用。肖泽晟：《公物法研究》，法律出版社 2009 年版，第 24—25 页。

为公物的结论。

总而言之，"国家给付义务—公民的主观受益权"并不能准确描述授权运营数据流动的公法权利义务框架。授权运营关系的主体不只是"政府—社会"的二元结构，其间运营者的加入导致法律关系更为复杂。一方面，上述政府规章均认为社会公众以交易的方式获取数据产品时，交易的相对方为运营者而非地方政府；另一方面，政府规章在一定程度上也承认了运营者的数据财产权利，例如数据产品持有者权，其中包括分置的对数据产品的经营权。〔1〕私权结构的改变将导致社会主体对数据产品的获取权与前述作为主观公权利的公平利用权在架构上应当有所差别。运营者对数据产品享有一定私权，不论该权利的来源为双方约定、基于劳动获得的自然权利还是法律规定。故需要一个描述"政府—运营者—公众"数据流动秩序的权利义务框架。

（三）国家保护义务的提出

主观公权利本质上是在谈论个人针对国家的地位问题。从上文来看，主观公权利无法证成的理由本质上是国家并非对个人数据产品权利的最直接威胁，谈论个人针对国家的地位并未切中保护个人数据获取权的要害。数据获取权意在防范的对象主要是运营者而非国家，即享有数据产品运营权的运营者侵害普遍社会主体的数据获取权。这种运营者与个体之间的不对等关系的存在导致很难寄希望于通过二者之间的反复博弈而自发地生成公平合理的数据治理秩序，〔2〕而国家保护义务主要用于解释类似的"私人—私人—国家"的法的三极关系。〔3〕

国家保护私人权利免受其他权利主体侵害的架构在理论上被称为国家保护义务。〔4〕同样，耶式的地位理论意义上公民的积极地位不一定通过国家给付义务实现，也可以通过强度较弱的国家保护义务实现。〔5〕与防御权和给付权的功能不同，只有国家保护义务可以架构出"私人—私人—国家"三角关系，其核心是国家保护私人之间的关系，以中立的身份来平衡基本权利主体之间的利益。但这仍然要求国家积极作为，属于积极地位意义上的功能。〔6〕这与公众数据获

---

〔1〕 例如《青岛市公共数据运营试点管理暂行办法》第 19 条。

〔2〕 参见王锡锌：《国家保护视野中的个人信息权利束》，载《中国社会科学》2021 年第 11 期。

〔3〕 参见［日〕小山刚：《基本权利保护的法理》，吴东镐、崔东日译，中国政法大学出版社 2021 年版，第 44—45 页。

〔4〕 参见陈征：《基本权利的国家保护义务功能》，载《法学研究》2008 年第 1 期。

〔5〕 陈征：《基本权利的国家保护义务功能》，载《法学研究》2008 年第 1 期。

〔6〕 参见陈征：《基本权利的国家保护义务功能》，载《法学研究》2008 年第 1 期。

取权既有向运营者请求的积极权能，又要平衡运营者利益的目标相一致。故应在国家的公众数据获取权保护义务的视角下展开理论建构。

在宪法基础上观察，保护公众数据获取权不仅仅是在保护抽象秩序，同样涉及基本权利的保护。在智慧社会背景下，鉴于不掌握大数据技术的普通民众往往缺乏对数据资源和数据利益的分享机制，为了防止数据异变为大数据时代社会不平等、不公平的新型载体和作用机制，[1]有必要在宪法上确立公众公平获取数据的权利。同时也有学者提出，获取、利用数据的权利既关系到人类认知和探索未知的自由，又是社会组织和活动得到开展的前提，是人类文明进步的基础，因而应当作为一项基本权利得到宪法的保护。[2]

从权利性质来看，公众相对于运营者的数据获取权是国家通过制度性保障对个体进行赋权的结果。客观上有序的数据流动秩序，以及在客观法意义上保障公众获取数据产品，有其深刻的必要性。在此框架下，国家保护义务为一积极义务，[3]这种积极义务在于要求国家为社会主体以提供有效的制度供给的方式提供积极保护，以避免授权运营者侵害社会主体公平获取数据的权利，构建数据合理流动的公法权利秩序，体现了公众获取数据受保护权的客观价值秩序功能。[4]在此意义上，公共数据授权运营的规范应当体现出"保护法"的价值取向，具体体现为对广泛的社会主体赋权和对授权运营者的行为进行规制。

四、获取权国家保护义务的展开

公众对国家直接请求数据获取的主观公权利与实定法体系的不融贯性并不意味着国家保护义务的缺位。根据上文所述，在理论和既有实践中，认为国家负有保护公众的数据产品获取权的义务，相对于直接认为个人有相对于国家的主观公权利的法权结构更具合理性。政府虽并不作为公众数据获取权直接的请求对象，但负有通过制定规则设定私权以及对授权运营者的行为进行规制的方式保护公众的数据获取权的义务，即公众的数据产品获取权有客观法的效力。具体展开如下。

---

〔1〕 参见马长山：《智慧社会背景下的"第四代人权"及其保障》，载《中国法学》2019 年第 5 期。

〔2〕 参见高富平：《数据持有者的权利配置——数据产权结构性分置的法律实现》，载《比较法研究》2023 年第 3 期。

〔3〕 其相对的权利可被称为"公众获取数据受保护权"，但其并非"请求"意义上的权利。

〔4〕 参见张翔：《基本权利的规范建构》（增订版），法律出版社 2017 年版，第 38 页、第 226 页以下。

（一）社会主体权利设置义务

向社会主体赋予数据获取权本质上是国家在形成自由范围内平衡数据产品持有者的持有者权和社会主体的数据获取权。

对于一项权利的产生，理论上存在自然权利观念和法定权利观念。前者主张权利随着劳动自然地产生，而后者则主张法律先于权利，权利只能由法律产生。[1] 在传统的自然权利理论下，洛克提出"使任何东西脱离自然所提供的和那个东西所处的状态"的劳动方可拨归为个人的财产，[2] 而洛克所称的"脱离自然状态"，即为格劳秀斯的"先占"。[3] 具体到抽象的数据信息，由于其流动性，先占的控制违背了数据的自由本性，也不利于数据流动价值的最终实现。为限制基于劳动的自然权利的过分扩张以及其不确定性，本文认为应采取法定权利的观念，但法定权利也应有其一定的自然基础。相应地，法官应尊重规范的内容，而非直接基于自然权利观划定数据持有者的权利范围边界。即使认为基于劳动取得的数据持有者权有其自然权利基础，国家也可对财产权进行合理的限制，这表现为在作为私权的持有者权上设置一个履行社会主体数据产品获取义务的负担。

故而，国家应当在立法中为社会主体赋予数据获取权，社会主体可公平地向运营者请求获取其持有的数据产品，运营者不得拒绝交易。

在权利实现的具体制度安排上，本文认为，较为可行的路径是仿照知识产权的法定许可模式，建构一种开放交易结构。公共数据授权运营的权利结构与标准必要专利存在相似之处：在权利结构上，都存在权利主体和不特定社会主体的利益协调结构，都有行政对私主体（运营者或专利权利人）的特别赋权；在制度的价值载荷上，都有促进权利客体流通利用和激励社会主体广泛创新的根本目标。也有学者提出，应当以公平、合理、无歧视原则对授权运营的数据进行定价，[4] 此即体现了对标准必要专利许可费确定方式的借鉴。

（二）运营者行为规制义务

回到数据运营的基本原理，数据要素的市场化配置还对数据质量有较高要

---

〔1〕 在知识产权法中引发的相关争议，可参见李杨：《知识产权法定主义及其适用——兼与梁慧星、易继明教授商榷》，载《法学研究》2006 年第 2 期。

〔2〕 参见［英］洛克：《政府论》（下篇），叶启芳、瞿菊农译，商务印书馆 2011 年版，第 18 页。

〔3〕 参见易继明、李春晖：《知识产权的边界：以客体可控性为线索》，载《中国社会科学》2022 年第 4 期。

〔4〕 参见许可：《从权利束迈向权利块：数据三权分置的反思与重构》，载《中国法律评论》2023 年第 2 期。

求。这意味着运营者不仅有不拒绝社会主体获取数据的义务，还有积极提供优质数据产品和服务的义务。前者通过为社会主体赋予私权实现，后者则依赖于立法直接对授权运营者的行为进行规制。行为规制又可区分为两个方面：第一，确保授权运营的数据安全；第二，确保积极产出可重用性高的高质量数据产品。

第一，安全义务的确立可链接到基于《中华人民共和国数据安全法》确立的义务，现有地方政府规章对运营者的授权运营规范中对此的强调并不鲜见。但应明确的是，运营者的安全保障义务本质上是为了实现国家对公众数据获取权的保护而设立的，不能转换为对运营者的授权，否则可能会侵害公众的数据获取权。例如青岛和包头授权运营者实质审核公众是否具备获取数据产品的技术安全能力，该做法有待考量；浙江向运营者提出了安全义务的要求，以审核数据产品的安全性作为实现安全价值的方式则较为可取。

第二，后者则意在通过运营者行为义务的设置促进社会主体数据获取权的实现，典型的例如要求运营者将数据产品在交易所挂牌等。基于对地方政府规章所规定的交易方式的观察，本文认为，以交易所的方式进行数据交易更有利于公众数据获取权的实现。原因在于，交易所更容易使公众了解交易信息。公众对数据产品进行交易的前提是知晓信息产品的存在。在科层—属地式数据流通的框架内，各地授权运营的实践并不相同，所产出的数据产品也有所不同。在统一性较强的交易所中进行挂牌，是将数据产品进行公开的一种方式。[1]在需求侧观察，公共数据被加工处理成标准化的数据产品，以统一的平台进行交易，可于市场中释放更多的需求。例如，在普惠金融实践场景中，通过处理工商、水电、司法等数据形成可用于商业贷审批和信用监管的数据产品；[2]在商业决策场景中，公共数据产品对区域商业信息的分析结果或可用于辅助小微企业决策。[3]另外，交易所中挂牌的产品有信息公开的要求，也可在一定程度上消解阿罗信息悖论。[4]

---

〔1〕 虽然可以在科层制下的数据交易平台进行交易，然而平台过多并不利于数据的流通。

〔2〕 参见华为技术有限公司、中国信通院云计算与大数据研究所：《基于公共数据授权运营的数据流通建设白皮书》，2023年9月，第56—58页。

〔3〕 这种模式类似于淘宝的"生意参谋"数据库。淘宝基于自身数据库，为淘宝内的商家提供有偿服务。通过"生意参谋"，淘宝内的商家可以看到口径标准统一、计算全面准确的店铺数据和行业数据，进而为企业决策提供参谋。

〔4〕 参见丁晓东：《数据交易如何破局——数据要素市场中的阿罗信息悖论与法律应对》，载《东方法学》2022年第2期。

五、结语

现有对公共数据授权运营的研究依赖"定义—定性—定权利义务关系"的路径，典型的为将公共数据界定为公物，进而导出权利义务关系；或将政府与运营者之间的关系界定为特许经营或政府采购，进而在此框架下构建制度。然而，当实践中数据产品的权利义务结构变得复杂时，上述公物理论和行为类型化尝试的解释力开始变弱，无法为制度建构提供准确的指引。

本文采取了不同的研究路径，即从政府规章对权利义务的规定中发现问题，从更为根本的"个体—国家"的公法关系中寻找理论框架，并在政府规章和实践问题中验证理论框架的契合程度，通过阐发理论解决现实问题。经过上述考察，本文认为应根据国家保护义务理论解释对公众获取数据产品权利的保护，这既与运营者私权的制度安排融贯，激励其产出具有可重用性的数据产品，又可避免运营者过度集中数据资源，使授权运营的根本目的落空。这有赖于国家一方面在私法上为社会主体设置数据获取权，保障公平；另一方面在公法上为运营者设置义务，保障效率。

基于对人在数字社会中的尊严和自由的关切，使个体平等地享受公共数据蕴藏的红利是被宪法保护的价值。如此，社会主体对数据的平等获取也就成为公共数据有序流动框架的核心价值追求。在此基础上更进一步，为运营者准确设置行为义务，使其产出优质可用的数据产品，则是形成数据要素市场化配置的另一块拼图，尚有待后续研究。

行政处罚的地域限制：体系定位与规则建构

石佳乐[*]

摘　要　行政处罚的地域限制是与时间限制、义务内容并列的调控处罚力度的要素之一，实定法基本未就地域限制进行规定，实践中则多有处罚机关增设地域限制的情形。就体系定位而言，行政处罚的地域限制来自根据规范，与来自组织规范和宪法秩序的处罚效力无关。其仅存在于部分行为罚中，是课予相对人不利益的要素之一，以作为处罚内容的法定组成部分和对处罚内容进行额外限制的附款两种形式出现。就前者而言，从处罚设定权的配置以及处罚目的实现的角度出发，法律、行政法规设定的行为罚不具有作为法定内容的地域限制，地方性法规设定的行为罚具有作为法定内容的地域限制，限制的范围是地方性法规所适用的地域。就后者而言，在设罚规范（设定行政处罚的规范）存在决定裁量或等同于决定裁量的要件裁量时，行政机关可以就行为罚施加附款，对其加以地域限制；在设罚规范不存在决定裁量或等同于决定裁量的要件裁量的情况下，行政机关无权就行为罚设置附款。

关键词　行政处罚　地域限制　处罚效力　行为罚　附款

一、引言

《行政处罚法》[1]和设罚规范基本不就地域限制进行规定，但责令停产停业等部分行政处罚为相对人设定的利益剥夺并不能一次性完成，需要在一定地

＊　石佳乐，中国政法大学 2022 级行政法学硕士。
[1]　为表述方便，本文凡涉及我国的法律规范均用简称，如《中华人民共和国行政处罚法》，简称《行政处罚法》。

域范围内持续实现。地域限制往往由行政机关在个案执法决定或规范性文件中予以确定。如在笑果文化公司案中，北京和上海两地文化和旅游局根据《营业性演出管理条例》第 46 条对笑果文化公司作出相应行政处罚，并暂停其在该地的演出活动，[1] 为处罚设置了地域限制。然而，《营业性演出管理条例》第 46 条只就"责令停止演出"进行了规定，并未说明该处罚适用的地域范围。又如《财政部关于规范政府采购行政处罚有关问题的通知》第二点要求禁止参加政府采购等处罚决定"在全国范围内生效"，也是就处罚适用的地域限制的说明，而设定该处罚的《政府采购法》第 77 条等条款未就处罚的地域范围进行规定。这两个案例中的行政机关均自行就处罚的地域限制进行了确定，前者将处罚课予的义务仅局限于处罚机关管辖的地域范围内，后者则明确处罚不具有地域限制。

设置地域限制不仅为部分行政处罚所必需，还在实践中多有体现，但行政机关就设置行政处罚的地域限制的规则并不明确。地域限制的不同在很大程度上决定了行政处罚惩戒力度的差异，将行政处罚的适用限制在全国范围内，还是在设置规范适用的地域范围内，抑或在处罚机关确定的范围内会导致处罚力度截然不同。而学界就行政处罚的地域限制的研究基本空白，本文则旨在说明其性质的基础上厘清其适用规则。下文将先说明体系上存在作为行政行为内容和行政行为附款的两种地域限制，进而说明这两种地域限制可能存在于何种处罚中，最后分别说明两种地域限制应当适用的规则。

二、体系定位：地域限制属于处罚内容或处罚附款

论及具有法效性行为的地域限制，论者往往多易联想到地域效力，前述《财政部关于规范政府采购行政处罚有关问题的通知》中的用语"生效"，即似旨在表明此处是在强调其效力辐射全国。但行政行为的效力与此处强调的"在全国范围内生效"并无关系。不论是否存在地域限制，行政机关的高权宣示在法秩序内具有当然效力，只是在不同地域内的体现存在差异。实际上，行政处罚的地域限制应为处罚的固有内容或对内容的调整，而非效力问题。

---

[1] 参见"文旅北京"微信公众号：《北京文旅局：笑果脱口秀现严重侮辱人民军队情节，罚款超千万》，载澎湃新闻 https://www.thepaper.cn/newsDetail_forward_23114706，最后访问日期：2023 年 8 月 28 日；"乐游上海"微信公众号：《上海暂停笑果文化在沪全部演出，责令其深刻反省整改》，载澎湃新闻网 https://www.thepaper.cn/newsDetail_forward_23116941，最后访问日期：2023 年 8 月 28 日。

（一）地域限制与行政处罚的效力范围无关

所谓行政行为的效力，是指行政行为作为一种法律上的既成事实，[1]依其内容产生的法律效果。尽管此法律事实在不同地域内对不同主体的影响并不相同，但其在一个法秩序内均被得到承认，均属有效。

作为一种具体行政行为，行政处罚针对的是特定具体的事实关系，即相对人特定、事实关系具体。[2]但其效力并非仅基于行为所欲规制的主体，而是基于作出主体的高权地位，在整个法秩序内均具有规范效力，是一种法律上的事实。其对其他主体的效力主要体现为构成要件效力，即其他主体是否需要将处罚作为一个具有法律效力的事实予以尊重。

第一，行政处罚等具有法效性的行为效力来自组织规范所确立的行政机关的高权地位，而非根据规范的个别授权。在法律保留范围外，行政机关的行为并不需要存在根据规范，即使在法律保留范围内，除非诉诸撤销制度，行政行为违法原则上并不影响其效力，违法有效的行为被法秩序容忍。由此，行政行为的效力与行为具体内容的合法性得以分离，[3]就法理念而言，合法性与有效性的分离是在法安定性与实质正义之间进行价值衡量的结果。而从效力来源来看，此种分离也表明行政行为效力并非来自根据规范的个别授权，否则逾越授权的行为无从具有法律效力。在根据规范外，行政法还包括组织规范和规制规范，后者用于辅助行政行为的公正性，如程序规范，但也无法成为行政行为效力的来源。[4]故行政行为的效力来源只能从赋予行政机关高权主体资格的组织规范上寻找依据。亦即行政行为具有效力是行政机关属于高权主体的当然结果，并非来自规范的个别授权，而其高权主体地位的取得则是组织规范授权的结果。由此，是否符合根据规范并不是行政行为成立要件或固有内涵，而组织规范赋予的高权性才是行政行为的首要特征，[5]是行政机关能够作出公法上的意思表示的前提。

---

[1] 法律上既成事实与物理上的既成事实的区分，参见王天华：《法不溯及既往的公法意义》，载《中外法学》2023年第4期。

[2] 参见翁岳生：《行政法》，元照出版公司2020年版，第628—629页。

[3] 参见［日］南博方：《行政法》（第六版·中文修订版），杨建顺译，商务印书馆2020年版，第54页。

[4] 根据规范、组织规范和规制规范的三分，参见［日］盐野宏：《行政法总论》，杨建顺译，北京大学出版社2008年版，第46页。

[5] 参见赵宏：《法治国下的目的性创设——德国行政行为理论与制度实践研究》，法律出版社2012年版，第89页。

第二，行政机关的高权地位在法秩序中被普遍承认，故效力以其为根源的行政处罚等行政行为在法秩序内均有效。首先，如前述，行政行为的效力来自赋予行政机关高权地位的组织规范，[1]此处的组织规范以概括性赋予行政机关高权地位的宪法规范为基础。通过法律法规和决定等方式行使的组织权，只是明确了某一组织属于行政机关，具有作出行政行为的能力。但是特定类型的高权主体之所以能够被创设，进而该主体的高权能够被承认则源自宪法规范。宪法确定的不同类型的国家机构是不同类型的高权主体，立法所建制的高权主体也仅限于宪法所确定的类型。[2]其次，《宪法》第85条、第105条是行政机关这一类高权主体能够被创设的宪法基础，二者分别就国务院和地方政府的地位进行了规定，使得行政机关具有的高权地位得到了宪法承认。最后，由于高权地位最终来自宪法，不仅法秩序下的私人需要承认各国家机关的高权地位，其他国家机关基于宪法上的忠诚合作义务，在组织规范确定某一组织为宪法上的行政机关后，也均需要承认其高权地位。[3]由此，行政机关的高权地位，以及由此高权地位导出的行政行为效力，应当受到法秩序内私人和所有其他机关的尊重，而不受地域的限制。又因前述行政行为的效力来自宪法赋予行政机关普遍的高权地位，故行政处罚的效力也不受地域限制。

第三，行政处罚对地域限制外国家机关的效力体现为构成要件效力，对地域限制外私人的效力体现为其需要将其作为法律上的事实加以尊重。首先，就法秩序内其他行政机关而言，行政处罚具有构成要件效力。行政行为的构成要件效力指国家机关不得废止和偏离其他国家机关已作出的行政行为。其理论基础不仅有前述论及的忠诚义务，还有行政系统内权限分配与行政一体性，后者能够成为行政机关尊重其他机关所作行政行为的特有基础。[4]由于前述理论基础立足于整体法秩序，并不受处罚地域限制的拘束，构成要件效力亦不受限制。其次，就相对人之外的私人而言，行政处罚可能基于立法规定而为其带来不作为的义务，如财政部《会计人员管理办法》第6条第2款即提示了用人单位的

---

〔1〕 关于组织权的分类，参见王锴：《论组织性法律保留》，载《中外法学》2020年第5期。

〔2〕 正因如此，监察体制改革需要诉诸宪法修改，而非仅通过人大立法或决定。参见韩大元：《论国家监察体制改革中的若干宪法问题》，载《社会科学文摘》2017年第8期。

〔3〕 所谓机关忠诚义务，指不同机关基于功能最适原则而被宪法配置了不同类型的权力，各机关之间应当相互尊重对方作出的行为的效力，相互积极配合，以实现国家目标，国家机关否认其他机关所为行为之效力，是对宪法进行的权力配置的违反。我国《宪法》序言就国家机关遵守宪法的表述和第5条就民主集中制的规定等均可成为忠诚义务的宪法基础。

〔4〕 参见王世杰：《论行政行为的构成要件效力》，载《政治与法律》2019年第9期。

不作为义务，[1]此种义务也不因处罚的地域限制而受限。最后，当行政机关就相关资格具有许可权时，构成要件效力和不作为义务合二为一。若行业禁入与许可的范围重合，其他机关在行使许可权时需要尊重此前其他机关作出的处罚，驳回许可申请。

总之，行政处罚等行为的效力不来自根据规范，而来自组织规范以及宪法赋予行政机关的高权地位。其高权地位不仅为法秩序下的私人所承认，也基于宪法上行政机关的忠诚合作义务而应受到其他国家机关的尊重，不受地域限制。故基于高权地位的处罚效力也不受地域限制，构成要件效力等即为其对地域限制外机关或个人产生的效力的体现。

（二）地域限制属于处罚的法定内容或附款

在说明地域限制与行政处罚的效力无关后，地域限制究竟是什么就需要从正面来加以说明。地域限制仅可能为行为罚所具有，是调控处罚力度的要素之一。与处罚效力根植于宪法及组织规范相对应，行政处罚的地域限制则来源于根据规范，是通过调整义务内容而调节处罚力度的概念装置，包括作为处罚内容的地域限制和作为附款的地域限制两种。

1. 地域限制仅可能为行为罚所具有

要正面说明地域限制的本质为何，需要先说明地域限制可能存在于何种行政处罚中，由此方可框定问题讨论的场域。实际上，并非所有行政处罚都可能存在地域限制，部分行政处罚因其义务履行的一次性而与地域范围无关。学界就我国行政处罚的种类存在四分说和五分说两种学说，二者主要差异在于是否承认资格罚和行为罚相分离。[2]而从本文讨论的主题观察，因两类行政处罚的机制存在本质性的差异，在是否可能存在地域限制上存在不同，故采五分说作为讨论框架。

第一，声誉罚和财产罚属于一次性履行的处罚，不存在时间上的延续与空间上的延展，也就不可能存在地域限制。就声誉罚而言，行政机关向社会发布降低相对人声誉的信息，包括其违法与对其违法行为的否定态度，相对人并不承担作为或不作为义务。尽管降低声誉针对的对象可能有所限定，但信息的流动使得声誉罚无法限定地域范围。财产罚则需要相对人一次性履行交付财产的

---

[1] 《会计人员管理办法》第 6 条第 2 款："因违反《中华人民共和国会计法》有关规定受到行政处罚五年内不得从事会计工作的人员，处罚期届满前，单位不得任用（聘用）其从事会计工作。"

[2] 黄海华：《行政处罚的重新定义与分类配置》，载《华东政法大学学报》2020 年第 4 期。

义务，财产范围的框定或取决于法定的罚款范围，或取决于非法财物和违法所得的确定方法，与地域无关。

第二，人身罚具有时间上的延续，但其在空间上彻底剥夺了相对人的行动自由，亦无地域限制的问题。

第三，资格罚是取消了行政许可对相对人的解禁或取消赋予相对人的特权，取消的范围与原许可解禁和特权的范围相当，不存在附加于此处罚的地域限制。进行资格罚的前提是，相对人已经取得了某一许可。吊销许可使得原本对相对人的解禁或赋权永久失效，暂扣许可使得对相对人的解禁或赋权暂时失效，降低资质则是使用一个涵盖事项范围更小的许可替代原许可。三类处罚涉及的地域范围完全取决于原许可覆盖的地域范围，并不存在小于原许可解禁地域范围的资格罚，是故资格罚本身不存在地域限制。

第四，行为罚为在一定时间内禁止相对人从事一定行为，在时间和空间上均存在调整的空间，可以存在时间限制和空间限制。与普遍禁止—个别解禁—取消解禁的资格罚逻辑不同，行为罚是径直在一定范围内限制相对人的行为，此时的禁止可能存在时间或地域范围。如责令停产停业可以是责令相对人停止在某一地域范围内的生产经营业务。需要特别指出的是，学界就行为罚的界定存在差异，有学者将部分任职资格限制也作为资格罚的一种，[1]如《旅游法》第 103 条就吊销许可所附随的限制，又如《公证法》第 42 条就吊销公证员证书所附随的限制。实际上，任职资格限制属于行政处罚的法定附带效果，并不需要行政机关单独进行意思表示，故不属于独立的行政处罚。

就行为罚还有两点需要特别说明，一是有学者认为行为罚和资格罚无异的观点在地域限制这一问题的讨论上并不可取。[2]责令停产停业等行为罚所针对的领域并非必然以取得许可为进入前提，且责令停产停业、责令关闭等处罚的地域范围和时间范围可以小于许可所解禁的范围。此时只是行为罚禁止的行为与许可所解禁的行为在时间和地域上存在重合，二者不一定完全一致。这种差异本质上来源于前述行为罚和资格罚逻辑结构的差异，故在地域限制的讨论中，混淆行为罚和资格罚的观点不可取。

---

[1] 参见陈国栋：《〈行政处罚法〉中限制从业罚的解释与适用》，载《南大法学》2021 年第 4 期；马迅：《行政限制从业的角色定位、实效保障与体系协调》，载《行政法学研究》2022 年第 6 期。

[2] "如降低资质和限制开展生产经营活动均是在减小行政许可的范围，责令停产停业则暂停了生产经营许可的实施，责令关闭事实上与吊销许可证无异。"参见俞祺：《行政处罚设定权的"同位保留"原理》，载《中外法学》2022 年第 4 期。

二是并非所有的行为罚均可以施加地域限制。部分行为罚所限制的领域为行政许可所覆盖，已经在设定行政许可时被一般性地禁止从事。于此领域的行为罚，常表现为禁止相对人申请此领域的行政许可。此时行为罚的地域范围取决于许可的地域范围，行为罚本身无法再施加地域限制。故下文将此种禁止申请行政许可行为的行为罚称为与行政许可相关的行为罚，而此外的行为罚称为与行政许可无关的行为罚，前者不存在地域限制的问题。

总之，只有行为罚可能存在地域限制的问题，其他几类处罚的本质决定了行政机关在作出时，其地域范围已经确定，不需要行政机关就处罚的地域范围作出意思表示，不存在属于处罚内容的地域限制问题。

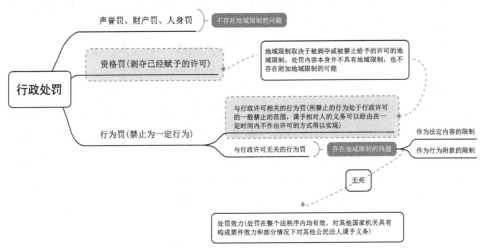

图1　可能具有地域限制的行政处罚种类

2. 地域限制属于调整处罚力度的法定内容或处罚附款

行政处罚的地域限制是决定处罚力度的要素之一。行政机关向相对人作出行为罚后，行为人即负有停止生产、营业等不作为义务。于此，不作为义务的类型、禁止的时间和地域是影响处罚严厉程度的三个要素。三者框定了行为罚的内容，缺少任何一个，行为罚即尚未定型，而三个要素的变化会导致处罚力度的不同。故地域是行为罚三个内容要素之一，是行为罚定型的前提。

由于处罚力度是由根据规范和行政机关的合义务裁量确定的，其依据也应回溯到根据规范上，应当基于行为规范进行确定。行政处罚的根据规范包括了设罚规范和《行政处罚法》中的总则性规范，[1]其基于过罚相当原则与比例原则为特定的应受行政处罚的行为设定了一定力度的处罚。根据规范通过对前述三个要素的限定，初步确定了行政处罚的力度。在根据规范就三要素进行了规定，或至少可以通过解释得出的情形下，尽管在个案执法过程中仍需明确的，被明确之后的三要素依然属于处罚的法定内容。但在根据规范未就三要素进行规定，至少从规范意旨中无从解释的情形下，行政机关就三要素进行的规定已经超越了根据规范确定的处罚的法定内容，而成为行政机关为行政处罚增设的附款。以下就作为法定内容的地域限制与作为附款的地域限制分别予以说明。

第一，如果地域限制为根据规范所设定的规范后果的一部分，则地域限制为处罚内容的固有部分。行政机关在法律授权范围内就地域限制的明确是所谓的内容确定，[2]即行政机关在根据规范的授权下就处罚内容进行的明确。于此又包括两种情形：一是根据规范明确规定了行为罚的地域范围，此时地域限制的有无及其性质较易判断；二是根据规范并未明确规定处罚的地域限制，但是依照规范意旨可以确定处罚的地域范围。何种情形属于规范暗含处罚具有地域限制，在规则建构部分予以论述。

第二，如果地域限制并非根据规范所设定的法律后果的一部分，亦即根据规范并未授权行政机关为其设置地域限制时，行政机关为处罚附加了地域限制，此为对法定的处罚内容的限制，属于处罚的附款。在此值得讨论的问题是作为附款的地域限制的容许性问题。需要注意的是，根据规范往往会就三要素中的时间限制与义务内容进行明确，如行业禁入中的禁入时间和被禁入的行业，但多不规定适用地域。故和其他两个要素相比，地域限制作为处罚附款的情形更为常见。

总之，作为行政处罚的内容要素，处罚的地域限制仅存在于部分行为罚中，以处罚的法定内容和对处罚内容进行限制的附款两种形式呈现。

---

〔1〕 学界有观点认为《行政处罚法》具有总则地位，其和设罚规范之间是总则与分则的关系，也有观点作了更细致的分析，认为《行政处罚法》和具体领域的处罚规范的关系包括基本法和单行法关系、总则和分则关系与一般法和特别法关系。这里的总则性规范仅包括在个案中需要与设罚规范一并适用的规范，如就责任能力的规定等。参见黄学贤：《确立〈行政处罚法〉总则地位的几个问题》，载《苏州大学学报（哲学社会科学版）》2020 年第 5 期；章志远：《作为行政处罚总则的〈行政处罚法〉》，载《国家检察官学院学报》2020 年第 5 期；参见施立栋：《准确把握〈行政处罚法〉与具体领域处罚规定的关系》，载微信公众号"中国法治现代化研究院"，https://mp.weixin.qq.com/s/7Tl_ ezINezuDEmDH krJ6rg，最后访问日期：2023 年 12 月 2 日。

〔2〕 参见赵宏：《法治国下的目的性创设——德国行政行为理论与制度实践研究》，法律出版社 2012 年版，第 379 页。

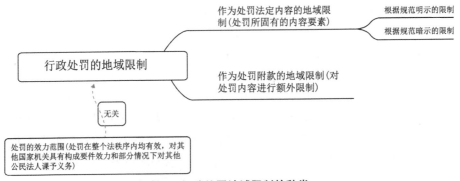

图2　行政处罚地域限制的种类

三、规则建构之一：作为法定内容的地域限制之辨别与适用

在说明存在两种性质的地域限制后，如何辨别作为法定内容的地域限制以及在何种情况下作为附款的地域限制被容许值得说明。由于后者是在根据规范未明示或暗示情形下由行政机关附加的，而现行法中的设罚规范基本不明确指出处罚是否具有地域限制，于此需要先讨论规范是否暗示了地域限制的存在。由于行为罚不能由规章设定，仅需讨论在法律法规中未明确规定的情况下，依据其作出的行为罚不存在作为法定内容的地域限制。而是否具有地域限制的判断，与设罚规范的适用范围存在密切关系。地域限制是对处罚所剥夺的利益进行界定，而不同层级的设罚规范所能剥夺的利益由该规范的制定主体决定。这是央地分权的要求，本质上是对不同层次的法益进行差异化保护，此外还具有合比例的实现预防目的与过罚相当的实现报应目的的功能。

（一）处罚设定权的归属决定处罚地域限制有无

行政处罚的设定应当遵循同位保留原则，[1]处罚种类的创设与为应罚行为选择某类处罚作为法律后果，应当由形成处罚所剥夺的利益的规范同位阶的规范予以制定。该原则本质上是要求限缩行政处罚所能剥夺的利益的范围，防止下位法不当剥夺上位法所赋予或保护的利益种类。具体到行为罚，其本质是限制相对人的行为自由，而行为自由下又容纳了营业自由、职业自由等被型式化的自由权，不同种类的行为罚限制的是不同种类的行为自由。前述同位保留原则会讨论不同种类行为自由由何种规范予以创设，并在此基础上讨论何种位阶的规范可以通过设定处罚予以剥夺该类自由。

---

〔1〕　参见俞祺：《行政处罚设定权的"同位保留"原理》，载《中外法学》2022年第4期。

法律与行政法规所剥夺的利益由其予以创设或保护，此种利益并无地域之别，故在前述理论框架下，法律法规设定的处罚自可不受地域限制地剥夺此利益。与之不同，地方性法规适用地域之外的行为自由并非由该地方性法规创设，而由适用于全国范围的法律、行政法规或当地地方性法规创设，此时适用于某地域的地方性法规限制该地域外的行为自由与宪法分配秩序不合。亦即，私人在地方性法规适用地域之外的一般自由，不应由该地方性法规作出的行政行为加以剥夺。是故，在地方性法规未明示地域限制的情况下，从处罚设定权的角度出发，将其理解为暗示存在地域限制为宜。

（二）地域限制有无关系到报应与预防目的的实现

地域限制的有无也关系到报应与预防目的的实现，而认可地方性法规设定的处罚具有地域限制也契合处罚所具有的报应与预防的目的。

第一，法律与行政法规往往将与行政许可相关的行为罚和与行政许可无关的行为罚同时适用于一类违法行为。由于二者的力度应当大致相当，后者应与前者一样不具有地域限制。如《食品安全法》第135条即将限制申请行政许可和限制相对人从事未被许可覆盖的行为两类后果并列。[1]二者处罚力度不相当会导致过罚失衡，有违公平原则，故从报应目的出发，应采同类解释方法，认为不同种类的行为罚原则上适用的地域相同。如前述，与行政许可密切相关的行为罚没有属于其本身的地域限制，其地域范围为所禁止申请的行政许可覆盖的地域范围。而法律、行政法规作为在全国范围内适用的规范，所禁止申请的许可不可能为地方性法规和地方政府规章所创设的仅在该地域内适用的许可，而只能为在全国范围内适用的许可。故为使两类行为罚惩罚力度大致相当，法律、行政法规设定的与行政许可无关的行为罚的法定适用地域也应为全国。

第二，即使法律、行政法规设定的行为罚一般不与和行政许可相关的行为罚并列，从报应和预防功能的实现出发，也应当认为其不具有地域限制。法律、行政法规设置行政处罚所保护的法益并不局限于特定地域，而行为罚所剥夺的是相对人继续从事此行为所能获得的利益。那么在何种范围内剥夺此种利益才能与侵害法益的行为相当，并能合比例地实现对此类行为的一般预防和特别预防，成为确定不同类别处罚是否具有地域限制的重要因素。由于法律、行政法

---

[1] 《食品安全法》第135条第1款："被吊销许可证的食品生产经营者及其法定代表人、直接负责的主管人员和其他直接责任人员自处罚决定作出之日起五年内不得申请食品生产经营许可，或者从事食品生产经营管理工作、担任食品生产经营企业食品安全管理人员。"

规所剥夺的利益在全国范围内均存在或被保护，而若仅在一定地域范围内禁止相对人为此行为，相对人通过转移行为的地域就会使得制裁效果大打折扣。并且，和地方性法规设定的行政处罚所针对的应罚行为不同，法律、行政法规设定的行政处罚所针对的行为在全国范围内都属于应罚行为，其所保护的法益并不局限于特定地域。而如果给行为罚设定地域限制，相对人可以转移到另一地域继续为行为罚所禁止的行为，可能继续出现侵害规范所保护的法益的行为，使得预防目的落空。

第三，就地方性法规设定的行政处罚而言，在设定处罚的地方性法规适用的地域外，也限制相对人从事一定行为有违过罚相当原则对应的报应目的和比例原则控制的预防目的。[1]首先，地方性法规设定的应罚行为在该地域之外，并不一定是应罚行为，甚至不一定是违法行为。在设定行政处罚的地方性法规适用范围之外的地域也禁止相对人为此行为，会使得相对人在其他地域因一个在该地域不应罚的行为而受到限制，会课予相对人过重的负担，与过罚相当原则对应的比例原则相悖。其次，行为罚通过禁止相对人从事一定行为，进而防止相对人从事依附于此行为上的违法行为。而地方性法规设定的应罚行为在其他地域并不一定为违法行为，亦即此行为在其他地域并不侵害立法所保护的利益，故无预防之必要。是故，将地方性法规设定的行为罚适用于该地域外，超过了预防目的实现的必要。如《宁夏回族自治区枸杞产业促进条例》第48条，为未执行枸杞种植信息登记备案制度的行为设定了包括责令停产的处罚。但法律、行政法规并未为枸杞种植企业设定此种义务，枸杞种植企业也可能在宁夏以外的地域从事枸杞种植行为。若因在宁夏违反该条例设定的义务，而使得企业在宁夏外的生产经营也受到影响，不仅过于严苛，而且对于防止相对人在宁夏地域范围内再次违法也并无必要性。

总之，实定法基本不明示处罚的地域限制，但从处罚设定权以及处罚目的实现的角度出发，认为法律、行政法规设定的行为罚不具有作为法定内容的地域限制，地方性法规设定的行为罚具有作为法定内容的地域限制更为妥当。

四、规则建构之二：作为处罚附款的地域限制之容许性与边界

在明确法律法规设定的行为罚是否存在地域限制后，尚需说明的是行政机

---

[1] 学界基本承认报应和预防都属于行政处罚的目的，但在不同语境下强调不同目的的重要性。如有学者强调风险社会中预防原则的独立性及功能拓展，但是有学者依旧重申报应是行政处罚的首要目的。参见熊樟林：《行政处罚的目的》，载《国家检察官学院学报》2020年第5期；谭冰霖：《环境行政处罚规制功能之补强》，载《法学研究》2018年第4期。

关是否可以在作出处罚时加以附款，使得相对人在小于法定地域范围内的地域被禁止为一定行为。此情形下，处罚机关所附加的地域限制已经超出了根据规范框定的意思表示的范围，不再属于行政处罚的法定内容，而属于行政机关额外附加的意思表示。

（一）作为附款的地域限制在存在决定裁量时具有容许性

在设罚规范存在决定裁量或等同于决定裁量的要件裁量时，应当认为行政机关可以就行为罚施加附款，对其加以地域限制。首先，如果行政机关就处罚的是否作出享有裁量权，举重以明轻，行政机关就调控处罚力度的地域限制也应存在裁量空间。由此，行政机关可以在不背离处罚法定原则的前提下，在个案中拥有灵活处理的余地。其次，尽管大陆法系学理就附款讨论时多以授益行为为模板，[1]且比较法上的行政程序立法所列举附款种类不包括地域限制，但大陆法系学理中就行政附款的讨论并不排除侵害行为存在附款，且我国大陆地区并无行政程序立法。此外，即使在有行政程序立法的国家和地区，就行政程序法所列举附款种类为完全列举还是例举也存在争议。[2]故在我国大陆地区的学理上将地域限制作为附款的一种并无阻碍。最后，就行政机关对处罚作出是否享有裁量权的判断，不宜仅以是否存在决定裁量为标准。[3]当要件中存在"情节严重"等不确定法律概念时，宜将此视为要件裁量，并因此裁量也可以决定处罚是否作出，与决定裁量具有相当的作用，故也将此作为容许行政机关为行政处罚附加地域限制的充分条件。

---

〔1〕 参见赵宏：《法治国下的目的性创设——德国行政行为理论与制度实践研究》，法律出版社2012年版，第384—385页；陈敏：《行政法总论》，自版2019年版，第532页。

〔2〕 参见陈敏：《行政法总论》，自版2019年版，第528页。

〔3〕 学界就不确定法律概念和裁量之间的关系争论已久，相关争议缘起德国，后亦出现在日本、我国。二战后德国通说认为二者存在质的差别，并为我国台湾地区所接受。日本通说则承认不确定法律概念属于裁量。除通说外，尚有多种学说争议。以德国为例，其存在对通说进行批判的统一裁量理论和统一法适用理论，前者又包括了区分要件裁量和效果裁量、只承认要件裁量和将裁量作为法的具体化三种学说。基于司法审查应保持一定强度的考虑，应当区分要件中的不确定法律概念和效果裁量；基于二者之间的流动性与部分概念语义过于模糊的考虑，不能彻底将要件中概念的具体化彻底排除出裁量的范围。故笔者更赞同在区分不确定法律概念和裁量的同时，承认要件中的语义模糊的概念为立法者预留的空间，属于裁量；要件中语义相对确定的概念为不确定法律概念而非裁量，原则上不承认判断余地的存在。参见［德］哈特穆特·毛雷尔：《行政法学总论》，高家伟译，法律出版社2000年版，第132—144页；翁岳生：《行政法》，元照出版公司2020年版，第282—283页；［日］盐野宏：《行政法总论》杨建顺译，北京大学出版社2008年版，第82—86页；盛子龙：《行政法上不确定法律概念具体化之司法审查密度》，台湾大学法律学研究所1998年博士学位论文。

（二）作为附款的地域限制在不存在决定裁量时容许性之否认

在设罚规范不存在决定裁量或等同于决定裁量的要件裁量的情况下，应当认为行政机关无权就行为罚施加附款，否则有违处罚法定原则。处罚法定原则具有处罚行为法定和应罚行为法定两个面向，前者针对的是相对人，后者则指向作出行政处罚决定的行政主体。[1]行政机关在没有权力决定是否作出处罚的情况下，亦即只能于法定的处罚幅度内作出选择裁量。此时，在设罚规范没有将地域范围纳入选择裁量的情况下，行政机关附加地域限制会超过法定的裁量范围，产生裁量逾越的违法后果，有违处罚行为法定的要求。此外，大陆法系就行政行为附款的立法，也要求羁束行为的附款需要满足有法律明确规定或实现法定要件之必要。[2]这也意味着，在立法未将地域范围纳入选择裁量，且行政机关无决定裁量权的情况下，行政机关无法自行为处罚附加地域限制。

五、结语

行政处罚的地域限制问题的讨论会涉及行政行为效力的地域范围、行政处罚的种类划分、行政处罚设定的同位保留原则以及行政行为附款等一系列基础理论问题，而学理就这些问题的讨论仍有待加强，由此才能为具体问题奠定坚实的学理基础。本文讨论的基础即在于行政行为效力的地域范围的讨论，应当区分适用范围和效力范围，前者基于根据规范，后者基于组织规范与宪法秩序。在同一个法秩序下，不同国家机关基于忠诚义务和权力分工，应当相互尊重其他机关的行为，而不得随意废止和偏离，这和不同法秩序下国家机关之间的关系存在着根本性的区别。故行政行为适用范围可以存在限制，如文中所述地方性法规设定的行为罚，但该行为应为同一法秩序下所有的国家机关所尊重。就该问题进一步延伸，会发现地方性法规的效力也应当和其适用范围相区分，地方性法规的适用范围仅局限于当地并无疑问，但这不排斥要求其他地区的国家机关承认该地方性法规为在当地适用的规范，并且在必要时得引用非本地域的地方性法规作为行为依据。这一问题的思考最终要放置于我国国家结构形式与立法体制下，即需要从单一制的国家结构形式和一元多层级的立法体制出发进行讨论。

---

[1] 参见尹培培：《双重面向之处罚法定原则的困境及其出路——基于法的明确性原则》，载《法律科学（西北政法大学学报）》2017年第5期。

[2] 参见赵宏：《法治国下的目的性创设——德国行政行为理论与制度实践研究》，法律出版社2012年版，第383—384页。

论行政诉讼变更判决的扩张适用

常文巧[*]

摘　要　现行《行政诉讼法》[1]对变更判决的适用范围作出了严格的限制，但随着行政权的日益扩张，其法律规定已难以满足行政诉讼监督和护权的需要，司法实践中出现了大量规则外适用变更判决的案例。作为重要的司法经验，以这些案例的分析为起点，可进一步探索和论证变更判决在行政协议案件、行政裁决案件和无裁量案件中扩张适用的空间，以更好地实现变更判决在兼顾救济和效率上的独特价值。并且基于司法尊让原则，对该三类案件的司法变更还应当分别遵循再交涉义务、严守"明显不当"界限和反向说明程序的限制，以切实维护司法权与行政权之间的权力分工。

关键词　变更判决　适用范围　行政协议　行政裁决　行政裁量

一、问题的提出

与其他判决形式相比，变更判决不仅具有效率上的优势，可以做到案结事了，而且能够实质性地化解行政争议，避免因行政机关不重作或者乱重作而使相对人权益遭受"二次伤害"。鉴于此，2014 年《行政诉讼法》将变更判决的适用范围从行政处罚扩大到其他行政行为，规定其他行政行为涉及对款额的确定、认定确有错误的，法院也可以依法判决变更。尽管变更事由已经有限扩张，但在当今行政权力日益扩张、行政行为种类逐渐增多的趋势下，受制于现行法

＊　常文巧，中国政法大学 2022 级行政法学硕士。

〔1〕　为表述方便，本文凡涉及我国的法律规范均用简称，如《中华人民共和国行政诉讼法》，简称《行政诉讼法》。

律极为狭窄的规定，法院在适用变更判决时仍然力有不逮，司法实践中因此存在着相当比例超越法律规定适用变更判决的案例。虽从形式上来看，这些判决应属违法，但基于法律的滞后性特点，我们更应该意识到其所昭示的限定变更判决适用范围的困境，并从理论角度出发对之进行重新审视和深入探究。

本文拟通过对扩张适用变更判决的司法案例进行专题研究，总结其中存在的共性规律，拓展对行政诉讼变更判决的研究视野，在充分论证变更判决适用范围扩张理论正当性和现实可行性的基础之上，结合司法实务和域外经验对变更判决的完善提出建议，以强化其在适用上的可选择性和制度完整性，真正发挥变更判决的权利保障和纠纷解决功能。

二、变更判决的规则外适用现状

截至 2023 年 6 月，本文通过在"北大法宝"网站上以"裁判依据：《中华人民共和国行政诉讼法》第七十七条""裁判结果：变更""案件类型：行政案件""文书类型：判决书"为关键词进行检索，共得到文书 475 份。经认真阅读和比对后，剔除其中重复和不符合标准的部分，最终得到有效样本 446 份。现将 2014 年《行政诉讼法》修订后法院作出变更判决的整体情况分类整理。

表 1　446 份变更判决的适用情形

变更事由	判决数量	所占比例
行政处罚明显不当	331	74.2%
款额确定、认定确有错误	64	14.3%
规则外适用	51	11.4%

由表 1 可见，虽然法院在法定情形外作出变更判决的案例总量不算多，但鉴于变更判决总体的适用率较低，其所占比例几乎与"涉及对款额确定、认定确有错误"的法定情形相同，因此应当引起足够的重视。通过对"规则外适用"变更事由的 51 份裁判文书的研读和总结，其具体变更事由如图 1 所示。

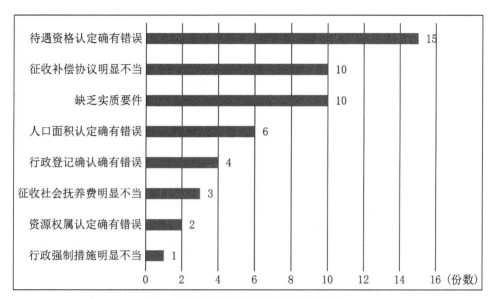

图 1　规则外适用变更判决的具体事由

根据该表，变更判决的规则外适用现状可分析和整理如下。

（一）"明显不当"变更突破行政处罚范围

权威部门认为将明显不当"界定为被诉行政行为结果的畸轻畸重为宜"[1]，即"明显不当"变更仅审查行政处罚的法律效果是否实质合理。然而，经笔者检索，法院对"明显不当"的审查已经超出了行政处罚结果的范围，并主要体现在征收补偿协议案件中。比如，在张继成与万秀区政府行政征收补偿一案中，法院认为，被征收人无法知晓安置房源的具体情况，征收补偿决定的内容明显不当，故判决直接变更《张继成、梧州市万秀区人民政府房屋征收补偿决定二审行政判决书》第 3 条的内容。[2]在此类案件中，法院往往基于公平原则、比例原则等判断行政处罚之外的其他行政行为是否构成"明显不当"，再依据现行《行政诉讼法》第 77 条的规定直接变更，超出了变更判决适用的法定范围。

除征收补偿协议之外，司法实践中还存在少量对行政强制措施和社会抚养费征收在规则外适用变更判决的案例，但由于其不具有典型性，本文不对其作深入探讨。

---

〔1〕　参见袁杰主编：《中华人民共和国行政诉讼法解读》，中国法制出版社 2014 年版，第 197 页。

〔2〕　参见广西壮族自治区高级人民法院（2020）桂行终 1131 号行政判决书。

（二）"确有错误"变更突破"涉及款额"限制

根据《行政诉讼法》第 77 条的规定，无论是行政机关对已有事实的确认，还是就金钱数额作出的认定，[1]"确有错误"指向的具体内容和变更判决的结果都必须与款额直接相关，否则恐有司法权侵入行政权之嫌。在这一点上，我国与德国是相一致的，后者规定，如果原告要求改变行政处理所确定的金额或一个与此相关的确认，法院可以另一数额或者确认代替之。[2]

然而，以"确有错误"为由作出的变更判决已经突破了前述"直接相关"的限制。其详情可归纳为：一是权利认定"确有错误"被纳入变更范畴，主要包括资源权属认定错误和待遇资格认定错误两种情况。比如，在江管农业经济合作社与百色市政府行政处理一案中，最高人民法院结合土地房产证等资料和当地实际管理情况，判决变更 4 号处理决定为争议土地归六我社农民集体所有。[3]再比如，在芦塘村旧一股份合作经济社与狮山镇政府等行政处理一案中，法院认为，相对人的合法权益不应因狮山镇政府作出错误行政处理决定而受影响，判决将相对人享有集体经济组织成员资格的时间变更为 2018 年 7 月。[4]二是事实认定"确有错误"被纳入变更范畴，主要包括人口、面积认定错误和行政登记、确认错误两种情形。比如，在王忠明等与良渚街道办事处行政补偿协议一案中，法院认为王忠明与良渚街道签订的协议未将陈向前列为安置人口，确有错误，判决将协议变更为安置人口 7 人，安置面积 560 平方米。[5]再比如，在朱本格与格尔木市房地产管理处行政管理一案中，法院认为格尔木市房地产管理处的房屋产权登记错误，判决其在 10 日内将"朱本戈"变更为"朱本格"。[6]在前述案件中，无论是权利归属的变更还是错误事实的纠正，判决所指向的变更对象已经超出了款额本身以及与之直接相关的事实认定、法律适用这一范围，应属规则外适用变更判决的情形。

（三）缺乏实质要件作出变更判决

在本次检索中发现有 10 件案例是法院在缺乏实质性理由的情况下擅自作出

---

[1] 参见江必新主编：《新行政诉讼法专题讲座》，中国法制出版社 2015 年版，第 275 页。

[2] 参见王锴：《行政诉讼中变更判决的适用条件——基于理论和案例的考察》，载《政治与法律》2018 年第 9 期。

[3] 参见最高人民法院（2019）最高法行再 134 号行政判决书。

[4] 参见广东省佛山市顺德区人民法院（2017）粤 0606 行初 1193 号行政判决书。

[5] 参见浙江省杭州市中级人民法院（2016）浙 01 行终 367 号行政判决书。

[6] 参见青海省德令哈市人民法院（2018）青 2802 行初 27 号行政判决书。

变更判决的，即完全脱离"明显不当"或"确有错误"的法定情形，因"行政机关提出了新的补偿方案"，"出于保障相对人权益，维护公共利益的考量"，"为了取得更好的法律效果和社会效果"等政策性考虑即判决变更。比如，在戈国琴与上海市虹口区人民政府、上海市人民政府征收补偿一案中，法院判决变更的理由仅为保障相对人安置利益、减少行政成本和各方诉累。[1]在此类案例中，变更判决背离了设立的初衷，成为无原则的"和稀泥"，直接构成了司法权对行政权的过度侵入和削弱。

综上所述，以是否违反权力分工理论为标准，变更判决的规则外适用可归纳为两类：一是"越界"的规则外适用，即法院缺乏实质要件而作出变更判决，此种情形在法治建设中应彻底杜绝；二是"非越界"的规则外适用，即存在客观现实需要和充分法理依据的变更判决扩张适用，此类案件在尊重行政权核心领域的基础上，通过司法变更权的运用最大化地保障相对人的权利，不仅符合行政诉讼变更判决的立法目的和价值，而且还具有扩张当前行政诉讼变更判决适用范围的参考意义。

三、变更判决适用范围扩张的逻辑证成

（一）理论层面的正当性

在《行政诉讼法》中扩张变更判决的适用空间，实质是将国家权力在司法机关和行政机关之间进行重新配置和调整，[2]因此必须首先理顺司法权与行政权之间的关系。在传统法治理念看来，司法权基于谦抑性和中立性的特点，仅具有消极的监督功能。因此，变更判决作为一种司法权积极介入行政权的判决形式，立法者对其适用范围一直保持着极为谨慎的态度，所规定的适用的行政行为类型和涉及的行政管理领域十分有限。然而，在现代国家"服务行政"理念的影响下，行政事务日益复杂、行政行为种类不断增加，立法机关"不得不迫于客观需要的压力而授予行政机关一定的甚至是'尽可能广泛'的自由裁量权。"[3]因此，行政争议类型愈加多样和司法审查过于克制之间的矛盾逐渐凸显，司法权对行政权呈现出一种极为明显的"强维护和弱监督"态势。尤其是变更判决，它通过"编织了一个限制性原则的网状结构，要求法定权力应合理、

---

〔1〕 参见上海市第二中级人民法院（2018）沪02行初36号行政判决书。

〔2〕 参见章剑生：《行政诉讼法基本理论》，中国人事出版社1998年版，第168—169页。

〔3〕 参见孙笑侠：《论司法对行政的合理性审查》，载《公法研究》2002年。

善意而且仅为正当目的行使"〔1〕，是最能体现司法权对行政权审查的一种判决形式。当前范围过于狭窄的司法变更权无法形成对行政权力的有效监督和矫正，"是一种不完善的监督"〔2〕。

正如《吕氏春秋》所云："治国无法则乱，守法而弗变则悖，悖乱不可以持国。"2014年《行政诉讼法》对撤销判决和变更判决适用范围的扩大，即意味着我国行政诉讼制度在审查范围和内容上的巨大进步。对于现行司法审查领域所体现出的滞后性，确有必要在考虑行政目的的前提下，推动变更判决适用范围在司法权和行政权行使的交叉领域进一步扩展，将相对人维护合法权益的诉求转化为实质上对依法行政的有效监督。

（二）实务层面的必要性

实质性解决行政争议的理念已成为引领人民法院行政审判工作的指导思想，《行政诉讼法》在2014年修正时，不仅增加了"解决行政争议"的立法目的，还设置了法院对诉讼请求的释明义务、审理阶段的行政调解制度等相应的落实举措。其中，变更判决在纠纷化解方面具有独特的彻底性和最终性。尤其是针对我国法院判决一直存在的执行难、审判乏力、行政机关态度消极等问题，与作出撤销判决后可能出现"几裁几撤"现象相比较，作出变更判决的法院可以直接触及被诉行政行为背后的实体正义和原被告双方之间的初始纠纷，在行政诉讼中终局确定争讼法律关系，"一步到位"地满足相对人的诉讼利益和要求，真正做到案结事了，从源头上抑制重复诉讼的可能。

波斯纳曾言："在法律中，公正的第二个意义就是效益"，即效率本身就是衡量司法公正的重要因素。按照诉讼经济原则的要求，法院的司法审查应在各种情形下为当事人提供经济便利、合正当性且周延的权利救济途径。〔3〕王锴教授指出，与撤销等判决形式相比，变更判决天然具有效率上的优势。〔4〕因此对当事人而言，若法院依法直接作出变更判决，则不仅能够及时回应当事人的诉求，为其提供最直接有效的救济途径，增强权利保护的实效性，而且变更判决的既定力能够有效避免因行政机关违法重作或怠于重作而造成当事人的"二次

---

〔1〕 ［英］威廉·韦德：《行政法》，徐炳等译，中国大百科全书出版社1997年版，第56页。

〔2〕 孟昭阳：《论行政诉讼司法变更权的改革与完善》，载《中国人民公安大学学报（社会科学版）》2005年第3期。

〔3〕 参见王锴：《行政诉讼中变更判决的适用条件》，载《政治与法律》2018年第9期。

〔4〕 参见林舟文：《两岸行政诉讼法制之研究——以诉讼类型为中心》，五南图书出版有限公司2012年版，第9页。

伤害"，减少当事人的诉累，大大降低其维权成本和执行成本。

变更判决作为行政诉讼制度的重要组成部分，既能体现对公权力不当行使的否定态度，又能完整回应相对人的诉求，在解决行政纠纷和实现诉讼经济方面具有其他判决类型所不能替代的特定优势和价值。[1]但新《行政诉讼法》仅规定了极为有限的司法变更权，其对行政裁量的制约缺位，势必会增加行政相对人合法权益遭受侵害的风险。基于此，应当合理扩大变更判决的适用范围，将更多的行政行为纳入司法变更权的审查之下，真正兼顾行政诉讼制度的公正和效率，缓解纠纷解决需求无限与司法资源有限之间的冲突。[2]

四、变更判决适用范围扩张的具体方式

经上文分析，可以发现规则外适用变更判决的事由存在着一定的共性特点，即集中表现为行政协议"明显不当"、权利认定"确有错误"以及事实认定"确有错误"，这既意味着变更判决在实践与法律上的冲突比较集中，也为变更判决适用范围的扩张指明了方向、划定了范围。鉴于立法的前瞻性，笔者认为就变更判决的扩张适用而言，不宜就事论事，以上事由可进一步归纳为三类。

（一）行政协议案件

行政协议虽兼具行政性和合意性，但归根到底，其本质是合同。基于此，虽然行政机关与相对人无论是在话语权还是在政治资源上，均存在事实上的不平等，但既然行政机关选择用公私合作的方式实现行政管理目标，那么双方当事人就应享有平等的法律地位，即在权利义务和救济途径上的平衡，这样才能充分保障行政协议在订立和履行中合意的真实性、妥当性。然而，按照我国现行法律的规定，行政机关在行政协议的订立和履行过程中处于明显的优势地位，而相对人却要承受行政区划或规划常变常新等导致的不利后果，这既有违契约精神和公平正义原则，恐有以"协商—合作"之名行"命令—服从"之实的嫌疑，也使得行政协议的履行过于刚性，难以适应客观情况的变化。对此，行政诉讼应以控权为手段，允许相对人提起行政协议变更之诉，通过相对人的形成诉权约束行政机关的形成权，以法院介入的方式重新衡量双方当事人之间的权利义务关系，回应原告的实体权利诉求，通过保障相对人的请求权，弥合行政

---

〔1〕 参见江必新主编：《新行政诉讼法专题讲座》，中国法制出版社 2015 年版，第 272—275 页。

〔2〕 参见闫尔宝、苗奕凡：《行政裁决适用变更判决的法律空间之探讨》，载《法律适用》2023 年第 8 期。

机关与相对人之间的实质差异，令合意真实性得以真正实现。[1]

胡建淼教授认为，"行政行为变更的原因主要有两种：一种是行政行为部分内容违法或不当；二是行政行为本身并不存在瑕疵，只是客观情况的变化需要对其部分内容进行相应变更。"[2]相应地，行政协议的司法变更也应分为两种情形，即瑕疵行政协议的变更和非瑕疵行政协议的变更，前者是对其合法性的纠错，后者是对其实质合理性的调整。对此，法院应秉持两种不同的审查路径：对于瑕疵行政协议，行政行为的可撤销是可变更的前提，因此，当行政协议存在《最高人民法院关于审理行政协议案件若干问题的规定》第 14 条规定的胁迫、欺诈等可撤销情形时，若相对人主张变更协议后继续履行，在不违反法律规定、不损害社会公共利益和第三人合法权益的前提下，法院可以基于行政协议条款"确有错误"或"明显不当"直接判决变更。对于非瑕疵行政协议，由于其本身不存在法定的变更事由，鉴于行政协议的双重属性，则可引入民法上的情势变更原则，即法院对行政协议内容的调整仅限于当事人所不能预料且不能归责于当事人的客观变化发生而导致当初之法律效力显失公平的情形，以实现对相对人的补偿救济和公私利益的平衡。在世界范围内，德国、法国等国家和地区在将行政协议案件纳入变更判决适用范围的同时也普遍将情势变更原则扩张适用至公法领域，其实践经验可一定程度上为我国提供借鉴。

（二）行政裁决案件

行政裁决主要包括权属纠纷、补偿纠纷、侵权纠纷等，是行政机关以中间人的身份对平等主体之间的民事权利义务争议作出的处理，具有"准司法"的性质，民事法律关系和行政法律关系交叉存在是其最大的特点。当事人对行政裁决提起诉讼，表面上看是对裁决决定不服，其实是请求法院对行政裁决背后的民事纠纷作出裁判，即原告的最终诉讼目的是民事争议在法律上的了结。[3]换言之，有效解决民事纠纷问题，才是行政裁决案件行政诉讼最主要的目的。对此，撤销、重作等其他判决形式并不能从根本上解决问题，反而会诱发"政府裁而不决，法院决而不裁""几裁几撤"[4]等新问题。而对于案涉民事争议，法院本就享有完全的司法裁判权，只是当一个国家通过法律赋予行政机关处理

---

［1］ 参见沈起：《适用行政协议变更判决的条件与限度》，载《人民司法》2021 年第 25 期。

［2］ 胡建淼：《行政法学》（第四版），法律出版社 2015 年版，第 113 页。

［3］ 参见应松年主编：《当代中国行政法》，中国方正出版社 2005 年版，第 1825 页。

［4］ 谢卫华：《论赋予法院对行政裁决司法变更权的必要性》，载《行政法学研究》2003 年第 3 期。

特定民事纠纷的权力时，行政裁决制度便应运而生。[1]因此，法院在行政裁决案件中适用变更判决只是在行使原有的司法职能，并不存在司法权代替或侵犯行政权的问题。目前，行政法学界和司法实务界均有将变更判决的适用扩展至行政裁决案件的强烈主张。如最高人民法院在（2019）最高法行再134号判决书中载明：人民法院在查明事实、证据充分确凿的情形下，可以依照行政诉讼法第77条规定，依法作出变更判决，直接将土地、山林等自然资源权属判决确认给争议一方。这标志着变更判决适用范围向行政裁决案件扩张的良好开端。且从域外经验来看，英国、美国、日本等虽然在行政裁决司法救济方式上存在差异，但均规定了法院对当事人就行政裁决不服而提起的诉讼享有司法变更权。[2]综上所述，我国应当将行政裁决纳入变更判决的适用范围，并以民事纠纷的解决为起点，对"确有错误"和"明显不当"两项标准予以全面审查。

就"确有错误"标准而言，马怀德教授指出，"大多数的行政裁决案件除了涉及法律问题外，还涉及大量事实问题，所以法院对行政裁决的变更应当设定在案件事实清楚的前提下"。[3]也就是说，行政裁决诉讼案件的审理应秉持"法律兼事实审"[4]的观点，对案件事实是否清楚、是否符合法定职权的要求、适用法律法规是否正确、是否遵循法定程序、是否符合正当程序原则等予以全面审查。[5]若该行政裁决合法，则可以予以维持，若实体性违法，法院则可以直接判决变更。就"明显不当"标准而言，首先，仅可对行政裁决的结果判断"适当与否"，其次，对"明显不当"的审查一直是法院审理过程中的模糊性难题，目前我国普遍认同的判定技术是"利益均衡"的原则审，即运用比例原则对行政行为在"价值"上是否"实质合理且利益均衡"进行判断。[6]尤其是在涉及三方主体、民事关系纷繁复杂的行政裁决案件中，法院更应注意审查行政裁决是否是"对使决策者的价值最大化的可供选择的方案作出选择，在对可供

---

〔1〕 胡建淼：《行政法学》（第四版），法律出版社2015年版，第408页。

〔2〕 参见史华松：《我国行政裁决诉讼中司法变更权的可行性——基于对英国、美国和日本的比较研究》，载《中共杭州市委党校学报》2009年第4期。

〔3〕 马怀德主编：《新编中华人民共和国行政诉讼法释义》，中国法制出版社2014年版，第351—355页。

〔4〕 黄学贤、李凌云：《行政诉讼合法性审查原则的理论研究与实践发展》，载《学习与探索》2020年第5期。

〔5〕 参见杨惠基：《具体行政行为的合法性审查原则》，载《法学》1990年第8期。

〔6〕 参见周佑勇：《司法审查中的行政行为"明显不当"标准》，载《环球法律评论》2021年第3期。

选择的方案及其后果进行综合分析之后所作的选择"[1]，即是否同时满足行为上的必要性、手段上的适当性，以及两者的均衡性，否则就可能构成行政裁决的明显不当。

（三）无裁量案件

无裁量案件包括法律上的无裁量和事实上的无裁量两种情形。其中，法律上的无裁量是指羁束行政行为，法律严格规定了其适用的范围、程序、条件、形式等，行政机关没有自由选择的余地；事实上的无裁量是指"虽然裁量本身允许行政机关在不同的处理方式之间选择，但是在具体案件当中选择余地可能压缩到一种处理方式。只有一种决定没有裁量瑕疵，其他决定均可能具有裁量瑕疵"[2]，即裁量权收缩至零的情形。在无裁量案件中，行政机关实质上已经丧失了裁量空间，行政处理结果仅剩唯一正确选择，除此之外行政机关作出任何行政行为都违背实质意义上的依法行政，如本文检索到的"确有错误"的行政登记、确认，"确有错误"的面积、人口认定，以及其他指向唯一正确结果的行政处理和决定等。这时无论由法院还是行政机关来实施，结果都是一样的，因此不存在司法权干预行政权之嫌，其结果上的一致性为法院进一步作出变更判决提供了理论上的可行性。目前，该观点已经在域外立法中成为共识，如德国、荷兰等国家或地区的行政诉讼法中都规定：法院可以判决变更的事项限于行政机关无行政裁量权或判决余地的情形，或者行政机关的裁量因特殊情形收缩至零的情况[3]。

其中，羁束行政行为只能由行政机关严格按照法律规定作出，不存在"适当与否"一说，仅可采用"规则适用"的法律审来判定是否"确有错误"，即通过解释作为大前提的法律条文的具体内涵，然后根据该羁束行政行为与法定事实情节的符合程度来得出是否因"确有错误"而应变更的裁判结论。而裁量权收缩至零是基于规范外因素或特殊情况而发生的一种"原则—例外"关系的转换，[4]主要特点就是个案决定的无替代可能性。对于此类案件，法院应当在掌握裁量收缩构成要件的基础上具体案件具体分析。综合中外学者和行政法院的观点，裁量收缩的要件有四个：一是被侵害法益的重要性，这是将行政裁量

---

〔1〕 [英] 卡罗尔·哈洛、理查德·罗林斯：《法律与行政》（上卷），杨伟东等译，商务印书馆2004年版，第208页。

〔2〕 [德] 哈特穆特·毛雷尔：《行政法学总论》，高家伟译，法律出版社2000年版，第132页。

〔3〕 参见沈起：《适用行政协议变更判决的条件与限度》，载《人民司法》2021年第25期。

〔4〕 参见史艳丽：《行政裁量缩减论》，载《比较法研究》2012年第2期。

向零收缩的法规范上的压力；二是危险的强度与严重性，即法益侵害程度已经超出了"期待可能"（可忍受）的界限，行政机关必须采取必要措施；三是损害结果的避免可能性，即行政机关若正确地行使效果裁量则足以避免损害结果的发生；[1]四是行政保护的可期待性，即个人在请求行政机关施以援手时，行政机关预防并消除该危险的可能性。[2]总结来说，当相对人的重大法益遭受严重侵害，而行政机关拥有相应的职权和义务可以采取措施消除该危险时，行政裁量必须收缩。但以上四要件仅为决定裁量收缩至零提供了判断标准，并没有将选择裁量逼入死角。在司法实践中，法院还需要结合具体案情进一步对选择裁量收缩至零的情形进行判定。

五、变更判决的适用限制

在国家治理范围极大扩展、社会治理需求加速井喷的现实背景下，必须明确行政机关是公共管理活动的主导者，而法院是有条件的公共治理合作者的主次分工和角色定位，即"法院要扮演的不是决策者，而是监督者"。在这种合作框架中，对于以司法裁判直接取代行政决定的变更判决，应坚持适度、有限的原则审慎适用，这不仅有助于维护行政管理的稳定性，也契合现代国家宪法制度的设计初衷。[3]

（一）行政协议案件：再交涉义务

情势变更制度"仅具有例外性及补充性"[4]，绝不能在实践中被泛化应用。因此，许多学者主张应当引入再交涉义务，即在情势变更发生后，受有不利的一方当事人向法院提起变更诉讼之前，双方当事人应当再次进行交涉，就协议内容重新协商的义务。[5]通过将之作为行政协议变更诉讼法定的、必经的前置程序，不仅可以事先分流部分行政协议变更案件，预防司法权对行政权的过度干预，而且还能提升双方当事人对协议变更的接受度，维护市场秩序和公私合作的稳定。

就其具体适用而言，应当注意以下三点：首先，通说认为，再交涉义务是

---

〔1〕 参见王天华：《裁量收缩理论的构造与边界》，载《中国法学》2014年第1期。

〔2〕 参见王贵松：《行政裁量权收缩之要件分析——以危险防止型行政为中心》，载《法学评论》2009年第3期。

〔3〕 参见张佳俊：《通往机构主义：司法尊让与美国司法-行政关系的重构》，载《美国研究》2021年第1期。

〔4〕 韩世远：《合同法总论》，法律出版社2018年版，第489页。

〔5〕 参见严益州：《论行政合同上的情势变更 基于控权论立场》，载《中外法学》2019年第6期。

一项行为义务，而非结果义务，意即当事人秉持诚实信用和公平交易原则进行磋商即可，并不强制其一定要达成新的协议或某一特定结果。[1]其次，为了防范行政机关单方变更权或相对人形成诉权的肆意行使，确保行政协议变更解除的公正透明，应当使双方当事人均负有再交涉义务，就协议内容积极提出自己的解决方案。最后，再交涉义务的确立是践行正当程序原则的体现，尤其是行政机关对相对人的意见应当充分听取，不得以公共利益为由否定再交涉义务，否则可借鉴《欧洲合同法原则》第6：111条第3款的规定责令其承担损害赔偿责任。[2]

综上所述，当情势变更情形发生时，行政协议双方当事人的再交涉是法院适用变更判决的前提。若再交涉成功，则根据意思自治原则，法院无需启动后续诉讼程序，案涉行政协议应按照双方合意继续履行；若再交涉无果，则法院可依职权介入，在查明事实的基础上作出变更判决以修正情势变更所引起的风险变化。其中，若一方当事人有拖延交涉、制造不必要的事实消除行政协议变更可能性等行为的，法院还有权根据公平原则责令其赔偿对方当事人因此遭受的损失[3]，以保障再交涉义务实效作用的发挥。

（二）行政裁决案件：严守"明显不当"界限

在行政裁决案件的审理过程中，与"确有错误"情形相比，争议焦点往往更集中于"明显不当"的认定上。而就该不确定法律概念，相关立法和司法解释却并未给出具体的审查标准。如果任由法官行使自由裁量权进行判断，不仅会导致"明显不当"适用范围的泛化，也会为司法审判埋下恣意的种子。因此，法院必须节制自身的审查权力，严格把握"明显"和"不当"的限度，避免直接代替行政机关作出决定。

关于"明显"的量化，何海波教授认为，这一问题应该交给一个广大的群体——特定社会下的公众[4]；梁君瑜教授也同样指出，鉴于变更判决作为非常态救济手段的定位，对"明显"的要求宜高不宜低，故采"外观上一见明显说"为宜。目前，理论界和实务界就此问题已基本达成一致，即"明显"是指具有正常理性的人均能发现的不公正性，如德国和日本行政法中所规定的，应

---

〔1〕 参见韩世远：《合同法总论》，法律出版社2018年版，第510页。

〔2〕 《欧洲合同法原则》第6：111条第3款规定："在任何一种情形，法院可以对因一方当事人悖于诚实信用与公平交易之拒绝磋商或者终止磋商而遭受的损失判予损害赔偿。"

〔3〕 参见韩世远：《情事变更若干问题研究》，载《中外法学》2014年第3期。

〔4〕 参见前注。

以一般理性公民所能感受到的"明显"为标准来判断"明显不当"的程度。

从技术上来讲，对于"不当"轮廓的勾勒主要取决于司法实践中的经验积累，其具体情形包括未考虑相关因素、不合理的迟延或差别对待、违反比例原则或既定裁量准则、违背立法目的、方式不当、结果畸轻畸重等；[1]评价标准可归纳为：是否有充分的法律规定作为支撑、是否超过了必要限度、是否损害了国家和社会的公共利益等[2]。值得注意的是，由于行政裁决案件中行政机关对民事问题的"首次判断"是法律赋予的自主空间，司法不得干涉，法院在对案涉民事争议进行"二次判断"时仅可审查行政裁决是否突破了"不当"的最低标准，不得审查行政机关的决定是否为最佳选择。

（三）无裁量行政案件：反向说明程序

由于行政事务的复杂性和专业性，法院和行政机关对于具体个案中裁量空间的判断可能存在不一致的情况，对此应当构建起反向说明程序，给予行政机关说明特殊理由的权利，以防止司法权凌驾于行政权之上。反向说明程序是对司法裁判权所施加的特殊限制，要求法官必须事先听取原被告双方对于案涉行政行为实际上是否具有裁量性的意见和理由。若理由成立，则法官应当尊重行政机关的首次判断权，仅可作出撤销或重作判决；只有理由不成立时，法官才能基于现有法律和事实直接判决变更。具体来说，反向说明程序的构建可以分为四个步骤：首先，根据《行政诉讼法》的规定，法院"可以"适用变更判决，意即法院在撤销、重作、变更判决间有选择权。对此，法院应当结合事实情况、社会因素等，主动就变更判决的"可选择性"进行阐明。其次，行政机关应当积极回应法院的询问，就本案中存在自由裁量空间、其应保留作出行政行为的权利等特殊理由进行简要说明。再其次，基于诉讼权利平等原则，相对人一方有权反驳行政机关的陈述，并表达自身对适用判决形式的意向。最后，由法官在听取双方意见的基础上进行综合判断，并在判决书中详细写明该反向说明程序的经过，形成适用变更判决或撤销重作判决的说明闭环。

在变更之诉中嵌入反向说明程序，一方面，可以借助行政机关的专业性查明案件事实，减少行政行为处理权力的回溯，提高司法审判解决实际纠纷的效率；另一方面，在判决方式发生竞合的情况下，该程序可以加大法院对审判结

[1] 参见于洋：《明显不当审查标准的内涵与适用——以〈行政诉讼法〉第70条第（六）项为核心》，载《交大法学》2017年第3期。

[2] 参见甄宇松、卢政峰：《行政行为明显不当案件的行政判决方式研究——以〈行政诉讼法〉第77条为视角》，载《辽宁公安司法管理干部学院学报》2023年第1期。

果导向的主动性，明晰适用变更判决的理论及依据，在严守司法权与行政权边界的基础上强化变更判决的适用。

六、结语

变更判决是法院依托司法变更权对行政权进行监督和规制的重要手段，弥补了适用其他判决形式不能及时、彻底解决特定行政争议的弊端。为了有效救济相对人权益、提高行政诉讼效率、改善变更判决的适用现状，确有必要从理论和实践的角度深入探讨变更判决扩张适用的可行性，进一步完善我国行政诉讼制度。

本文以司法实务中观察到的变更判决规则外适用案例为出发点和落脚点，通过数据整合和分类汇总，锁定了行政协议案件、行政裁决案件和无裁量案件三个司法变更权扩张适用的潜在方向，并基于国内外文献资料和立法实践分别就这三条路径的具体实践方式进行了初步的设想。当然，基于司法尊让原则，变更判决所指向的司法权对行政权的直接干预还应当受到严格的限制，在实现司法权对行政权加以有效监督的同时，还应当把握好司法变更权扩张的尺度，真正维护和保障好司法权与行政权之间的界限和权力分工。

不当联结禁止原则的本土化构造

金博涵*

摘　要　囿于实践回避、学理误判、方法局限、理论缺陷等原因，肇始于裁量控制、主要适用于附款与行政契约的不当联结禁止原则，在大陆行政法中却成为"失落"概念。但本土化演进过程中，不当联结禁止原则经由对依法行政原则的缝隙补正与行政合理性原则的意涵纳入两种途径，已达成学理及规范肯认。不当联结禁止原则区别于既有依法行政原则、比例原则与正当程序原则，符合严守基本权利的秩序需要，契合超越形式合法的正当需要，回应回归技术伦理的实践需要，也面向整全规范体系的制度需要。应将其作为一项独立的行政法原则。

关键词　不当联结禁止原则　行政法原则　本土化构造

一、问题的提出

公共行政的泛在变迁，使基于裁量的行政过程和行政程序变得更为复杂。行政行为形式自由的确立与行政裁量权的运用，使作为手段的行政行为和授权法目的间的联系更加遥远，也使相对人抵御不当行政行为的可能性显著降低。不缴纳交通罚款即不予通过车辆年检[1]、不遵守防疫规定即实施失信惩戒[2]等现象，就反映了裁量过程中存在的不当联结现象。而不当联结禁止原则作为

＊　金博涵，中国政法大学 2023 级行政法学硕士。

[1]　参见唐嵩与长沙市公安局交通警察支队道路处罚纠纷再审案，湖南省高级人民法院（2019）湘行申 1238 号行政判决书。

[2]　参见赵宏：《最严管控、概括授权与法治界限》，载 https：//www. thepaper. cn/newsDetail_ forward_6126604/，最后访问日期：2023 年 11 月 5 日。

上述现象的原则因应，即要求国家的公权力行为必须与立法目的保持合理正当的关联。

虽然不当联结现象层出不穷，但本土意义上不当联结禁止原则呈"失落"趋势：无论在教科书抑或论著中，都极少能觅见不当联结禁止原则的学理结构；而规范生成与个案运用虽然现实发生，不当联结禁止原则的实践状态却更多基于朴素的道德判断，并无系统理论支撑。学理、实践与需求间的割裂状态，使对不当联结禁止现象的规制陷入某种困境而无法摆脱[1]。我国作为后发法治国，混合继受与本土构建中此种现象固然可解释为保持主体性选择自由、规避"原则泛滥"现象之事实，却需生发一些省思：大陆行政法发展历经三十余个寒暑，学说与实践何以弃不当联结禁止原则而不顾，单纯缘于学术注意力稀缺性，抑或缘于理论自身的"水土不服"？而当方法论持续变迁、法学体系渐至完备，是否应重提这一比较法上已成熟的原则以解决实践中不当联结的实践难题？

二、不当联结禁止原则的发端与定型

梳理中国行政法学的比较法渊源，除"昙花一现"的苏维埃行政法外，多数比较法渊源均形成直接或间接体现其内涵之理论结构，也直接影响了不当联结禁止本土化的泛在演进。

（一）不当联结禁止原则之历史追溯

1. 作为初功能的裁量合法性基准

对不当联结禁止原则（kopplungsverbot）的探索，始德国公法对有约束裁量的合法性控制：裁量"即行政机关对公共利益、正义、目的性等的自行权衡"[2]。而"不当联结"的原初意涵即要求国家公权力的运用务须遵循其运用权力所欲达之目的，须具有实质关联性。作为联邦行政法院确认裁量的合法性的标准，[3]基于判例，公法学家开始对这一原则的理论结构进行证立。对此，沃尔夫以"出售裁量权"对其进行概括，进一步总结为不正当的行政义务联结。[4]在

---

〔1〕 如在黄某某诉重庆市江津区公安局交通巡逻警察支队行政处罚案中，虽然对其案件争议的焦点冠以不当联结禁止原则，但其判决主文中的裁判理由实际上并不涉及不当联结禁止原则的认定及其审查的相关内容。

〔2〕 参见［德］奥托·迈耶：《德国行政法》，刘飞译，商务印书馆2021年版，第106页。

〔3〕 赵宏：《法治国下的目的性创设——德国行政行为理论与制度实践研究》，法律出版社2012年版，第396页。

〔4〕 参见［德］汉斯·J.沃尔夫、奥托·巴霍夫、罗尔夫·施托贝尔：《行政法》（第二卷），高家伟译，商务印书馆2002年版，第370页。

我国台湾地区有学者认为，"行政行使裁量时仍应遵循法律授权之目的及有关之法律界限"〔1〕，也有学者认为裁量滥用即"做成裁量与授权目的不符或系出于不相关之动机"〔2〕。

2. 作为解释域的行政行为附款与行政契约

上述功能预设下，公共行政变迁的诸多变化又为不当联结禁止原则之适用提供了更多可能，尤体现于对行政行为附款与行政契约的规制。不当联结禁止原则之范围开始从单方行为向双方行为扩展，形成解释不当联结禁止原则的两种主要场域：

行政行为附款是不当联结禁止原则适用的主要领域——"任何行政行为之主要处理行为可以通过附加条件即所谓的附款的方式予以补充和限制"。〔3〕"附加条件"之附款系就法律未予规定之事项单方予以规定之手段，具有依法行政原理之例外性质。附款之构造造成诸多适法性矛盾，其非但无法实现消除障碍之基础功能，更因附款之开放性而加诸相对人之不合理负担，加重行政机关的追踪管制责任。〔4〕因而，保障附款之适法性，明确附款之界限，就要求设置附款时应回复至其作成之主行政行为及所根据法律之目的，即"附款必须与主行政行为客观上关联"。对此，毛雷尔认为"一般裁量规则（如遵守法定目的、实质正当性、不同利益的考虑和权衡等）应当使用"〔5〕。德国司法裁判也肯定如果附款欲达成其他目的，而该目的并不属于附款的行政行为所依据的实体法的授权范围，或者该附款对当事人附有实体法所不允许的其他不利影响，就会构成不当联结。〔6〕日本行政法上判决表示"以该法律目的以外的目的附加附款，也不允许"，通过附款来指定酒馆等霓虹灯的色彩是不能允许的。〔7〕我国台湾地区"行政法"教科书在介绍行政行为附款时也提及不当联结禁止原则，如翁岳生认为，"行政处分之附款不仅不得抵触行政处分之目的，更必须与行政处分之目的具有相当之关联"〔8〕。

---

〔1〕 参见陈敏：《行政法总论》（第九版），新学林出版有限公司 2016 年版，第 187 页。

〔2〕 参见吴庚：《行政法之理论与实用》（增订八版），中国人民大学出版社 2005 年版，第 79—80 页。

〔3〕 ［德］哈特穆特·毛雷尔：《行政法学总论》，高家伟译，法律出版社 2000 年版，第 315 页。

〔4〕 ［日］森稔樹. 行政行為の附款の許容性—行政裁量論の一環として—［J］. 早大法研論集 77 号：238.

〔5〕 ［德］哈特穆特·毛雷尔：《行政法学总论》，高家伟译，法律出版社 2000 年版，第 323 页。

〔6〕 BVerwG NJW 1986, 600；DVBL 1982, 307；OVG Lueneburg NJW 1978, 2060. 转引自赵宏：《法治国下的目的性创设——德国行政行为理论与制度实践研究》，法律出版社 2012 年版，第 396 页。

〔7〕 ［日］盐野宏：《行政法总论》，杨建顺译，北京大学出版社 2008 年版，第 124 页。

〔8〕 翁岳生：《法治国家之行政法与司法》，月旦出版社 1994 年版，第 12 页。

行政契约是不当联结禁止原则适用之另一重要场域——行政契约"饱受诟病"的非高权性隐含"出售高权"的风险与"向行政契约逃逸"的隐忧。由此，不当联结禁止原则成为控制合同风险、持守公共利益的风险监控方式。毛雷尔认为，"双务合同是指设定对等义务的合同。为保护公民而防止出卖主权，这种合同在具备特定的条件时才具有适法性，即公民的对待给付必须符合特定目的、为执行公共任务、适当、与合同中给付具有客观的联系（禁止不当结合）。"[1]在日本，明治宪法以来通说认为没有制定法规定的行政契约作为民法上的契约理解，由此，供给契约的法理没能在行政法内部得到发展，不当联结禁止自然无法适用。[2]

虽然上述理论之演进无法构成清晰的学术脉络，但其隐秘联系可通过探究达成，即行政裁量概念的兴起肇始于自由法治国向社会法治国的跃迁过程。"给付行政"大行其道的背景下，对泛滥的自由裁量权进行合目的性控制之不当联结禁止原则，自然具有较强的"给付控制"功能；而分属不同行政行为分类标准的附款行政行为和行政契约虽然在形式上并无关联，但其解释域的扩展过程体现了不当联结禁止原则规制范围从单方行为向双方行为演进的趋势，暗合公共行政之变迁历程。而从更加宏观的视角看待行政行为附款和行政契约之关联，则"行政行为附款从理论上也可作为行政主体和私人之间合意，即委任给契约的一种形态来考虑"[3]。

3. 不当联结禁止原则的成文化趋势

学理上构建不当联结禁止体系的努力也获得了规范肯认。在德国，经过数十年，这一原则已落实于《联邦行政程序法》中。[4]德国《联邦行政程序法》第 36 条第 3 款和第 56 条第 1 款分别针对附款行政行为及双务契约中缔约双方之对待给付提出不当联结禁止之要求。我国台湾地区"行政法"将不当联结禁止原则作为一般原则，已产生成文法依据和判决共识，也产生将其纳入"行政程序法"的呼声。[5]

---

〔1〕 [德]哈特穆特·毛雷尔：《行政法学总论》，高家伟译，法律出版社 2000 年版，第 356 页。

〔2〕 [日]盐野宏：《行政法总论》，杨建顺译，北京大学出版社 2008 年版，第 126 页。

〔3〕 [日]盐野宏：《行政法总论》，杨建顺译，北京大学出版社 2008 年版，第 124 页。

〔4〕 [德]平特纳：《德国普通行政法》，朱林译，中国政法大学出版社 1999 年版，第 231 页。

〔5〕 参见杜宏伟：《行政合同的基础理论与行政程序法的最新发展—第十五届海峡两岸行政法学学术研讨会综述》，载《行政法学研究》2014 年第 1 期。

（二）不当联结禁止原则的本土演进

1. 不当联结禁止原则的理论定位

在我国，主流教科书行政法原则章节中，并无对不当联结禁止原则之介绍。[1]此种情况固然能证明不当联结禁止原则并未实现其基本原则之证成，但并不意味着不当联结禁止原则在理论上的绝迹。如将可得的行政法教材中法律原则章节作一比较，则以合理性原则为核心的裁量控制的纳入趋势是显见的。探讨法律原则层面的演进趋势并非离题太远的"无病呻吟"，而意在印证不当联结禁止原则的本土化定位早已隐含于演进趋势中。不当联结禁止原则之意涵已经由对依法行政原则"缝隙"之补强与合理性原则的意涵纳入等两种途径，在相当程度上获得了学理肯认。

（1）依法行政原则"缝隙"之补正

羁束与裁量：现代行政法中广泛裁量的不可避免性，是对行政权膨胀后授权立法大行其道的膝跳反射，也是立法者通过授权执法者进行能动活动的良好希冀。通过对依法行政原则的"缝隙"进行补正，纳入裁量并对其控制，成为原则体系演进的重要途径。不当联结禁止原则之于裁量控制具有不可或缺性：一者，基于原则在裁量控制过程的贯穿性。立法机关、行政机关和司法机关均可基于不当联结禁止原则，以不同方式对规范与实践进行标准操作；二者，此种机制兼顾道德机制与监督机制。依据朴素、显见的道德感对不当联结现象进行否定是实践样态中的常见情形。在此种状态下的不当联结禁止原则，更多作为一种软法样态而存在。与之相比，比例原则作为道德机制的可行性则应受到质疑。普罗大众可以判断某一事件是"株连""连坐"，却无法依据三阶结构对某一事件进行利益衡量。

契约与处分：合法行政原则之缝隙也可从契约的约束性构造谈起。虽然相当程度上行政机关获得行政行为形式自由之选择权，但就某些特殊领域，则仍应恪守作为基准概念的行政处分（行政行为）形式。这就涉及不当联结禁止原则对行政处分与行政契约之划分。触及不当联结禁止时，即存在行政当局借助契约形式出售高权之嫌疑时，则只得以行政处分方式为之。因不当联结禁止原则而导致行政契约无效之情形[2]，及运用不当联结禁止原则作为协议案件审

---

[1] 笔者经检索，仅城仲模主编之《行政法之一般法律原则》与林合民、李震山、陈春生、洪家殷、黄启祯合著的《行政法入门》将不当联结禁止原则作为行政法一般原则加以详细介绍。

[2] BVerw G, JA2000, 200. 转引自黄锦堂：《行政契约法主要适用问题研究》。

查基准[1]，即充分表明了此种情况下不当联结禁止原则之理论定位。法官审查行政协议时注重强调协议区别于行政行为之"合意性"考量。法院适用行政行为的合法性标准对是否存在隐含的"不当联结禁止"情形，成为行政协议的可行性、能否撤销的关键。

（2）合理性原则理论意涵之"纳入"

何谓合理性原则之意涵，至今仍众说纷纭。但归根到底，则对其内涵之理解必须恢复到社会一般人视角，即"社会一般人所尊重的合乎事情性质的状态"[2]。也正由于一般人之合理状态具有模糊性，合理性原则绝非单一性原则所能概括。下文试图证明不当联结禁止已渗透我国合理性原则，作为其不可或缺之部分：

直接证据在于，在我国行政法初创时期，第一代行政法学者在概括行政合理性原则时，即指出合理性原则的首要意涵在于行政行为必须符合法律的目的[3]。龚祥瑞在引入英国行政法上的合理性原则时也指出，此种合理性原则并非哲学范畴上虚无缥缈的判断，而在于对法权的适当行使[4]。也有学者在比较合理性原则与比例原则间的关系时，强调如果将合理性原则的"合理考虑"等意涵扩展理解，则也有进行合目的性审查的意义。[5]而随着对原则的认识逐渐深入，第二代行政法学者在构建合理性原则内涵谱系时，也纳入了不当联结禁止原则之要求，如胡建淼在论证合理性原则时，即提及行政正当原则，认为行政行为应当符合道德观念和社会一般价值观。情理标准即可包纳不当联结禁止原则内涵中合乎情理的联结关系[6]。章剑生在概括行政法三大基本原则时即提出行政裁量合理原则，也要求行政裁量必须在程序下规范，明确指出此原则与不当联结禁止原则存在关联性[7]。余凌云认为合理性原则具有宽泛意涵，要

---

[1] 参见卡朱米公司诉福建省莆田市荔城区人民政府请求撤销征收补偿安置协议案，福建省高级人民法院（2018）闽行终130号行政判决书。

[2] 参见皮纯协、胡建淼主编：《中外行政诉讼词典》，东方出版社1989年版，第758—760页。

[3] 参见罗豪才：《行政法学》，中国政法大学出版社1999年版，第58页；杨海坤：《行政法与行政诉讼法》，法律出版社1992年版，第25页；王连昌主编：《行政法学》（修订本），中国政法大学出版社1999年版，第55—56页。

[4] 参见龚祥瑞：《比较宪法与行政法》，法律出版社2003年版，第452页。

[5] 参见何景春：《行政比例与合理性原则的比较研究》，载《行政法学研究》2004年第2期。

[6] 参见胡建淼：《行政法学》（第四版），法律出版社2015年版，第51—56页。

[7] 参见章剑生：《现代行政法基本理论》（第二版），法律出版社2014年版，第101—103页。也可参见章剑生：《现代行政法总论》（第2版），法律出版社2019年版，第51页。

求通情达理、公平公正、恰当适度。[1]

2. 不当联结禁止原则的规范分布

与比较法上明确规定不当联结禁止原则的规范结构不同，由于我国目前尚未实现行政法的法典化，分散体系中并无直接规定不当联结禁止的基准性规范。但如进行体系性观察，业已形成的规范体系却隐含不当联结禁止原则的规范群，尤体现于作为规范基石的《行政许可法》[2]《行政强制法》[3]与《行政处罚法》[4]中。

如果将我国行政法上体现不当联结禁止原则之规范同比较法上作一对比，则其缘于内生性而导致的规范碎片化现象体现得较为明显：我国行政法体系中并无不当联结禁止之基准规定，且并无宪法性法律对此进行规定，法律位阶较低。如其符合行政法基本原则之要求，则其应贯穿于实体法—程序法—救济法体系中，但目前，该原则仅在《行政许可法》《行政强制法》《行政处罚法》中有所体现。

更重要的是，此种规范结构也非效力性的，而多为描述性、管理性、宣示性的，即在文本中载明和列举不得联结的情形。此种结构既未表明规定理由，也未提供明确判别结构。由此，既有规范既无法形成较周延的规范群，又无基准性规定对其进行概括，更无法与相应的救济机制和程序机制相呼应。规范的简单构造使其在裁量控制和规范审查中发挥的效用极其有限，从而出现明显不当联结之规定。[5]

（三）不当联结禁止原则之失落原因

1. 实践对裁量控制之回避

"自由裁量权是行政权的核心。"[6]但在承认自由裁量的前提下推进裁量控制陷入重重困境：理念层面，有些政治领导人和行政法学者对于权力的恣意与

---

[1] 参见余凌云：《论行政诉讼上的合理性审查》，载《比较法研究》2022 年第 1 期。

[2] 为表述方便，本文凡涉及我国的法律规范均用简称，如《中华人民共和国行政许可法》，简称《行政许可法》。在《行政许可法》中，共有 2 条规定体现不当联结禁止原则，分别是第 27 条和第 31 条之规定。

[3] 在《行政强制法》中，共有 5 条规定体现不当联结禁止原则，分别为第 5 条、第 6 条、第 23 条、第 28 和第 43 条之规定。

[4] 在《行政处罚法》中，共有 2 个条文体现不当联结禁止原则，分别是第 5 条和第 74 条之规定。

[5] 参见《娱乐场所管理条例》第 5 条；《机动车登记规定》第 54 条。

[6] 参见［美］伯纳德·施瓦茨：《行政法》，徐炳译，群众出版社 1986 年版，第 566 页。

滥用有着生活化的体验和感受，因而在理念接受和制度建构偏好上自然地侧重于"控权"[1]，这压缩了裁量权之适用空间。研究层面，对裁量控制进行研究（"裁量基准"[2]）高峰在第二个十年迈向第三个十年的转折期[3]；规范层面，我国对行政裁量控制的规范体现较为滞后，2007年《行政复议法》首次在法规层面使用"裁量"概念，直至2022年国务院办公厅才出台《关于进一步规范行政裁量权基准制定和管理工作的意见》。构成不当联结禁止基础的裁量控制规范尚未完全展开，依据规范对不当联结现象进行规制和审查则往往无从下手。

2. 学者对体系地位之争议

比较法上通说认为不当联结禁止原则是具有宪法位阶的公法原则，而我国对不当联结禁止原则之体系地位却产生了与之迥异的观点。较早探讨该原则的学者认为，其尚缺少基本原则所具有的基本性价值，并不能成为指导所有行政活动、贯穿全部行政规范的指针，尚达不到基本原则之位阶。[4]也有学者认为，不当联结禁止原则仅应作为行政执法的具体原则而对待。[5]在"合法性原则—合理性原则"二分体系的持续惯性下，上述争议将使不当联结禁止原则纳入行政法基本原则，抑或将其作为独立的基本原则子原则的阻力重重。学者对其体系地位之误判，使不当联结既不能通过基本原则之学理平台锚定其解释域，也不能通过司法实践和学理探讨归纳、整饬其既有的规范内涵。由此即陷入原则虚置之困境。

3. 既往法学方法论之局限

我国行政法肇始于构建以《行政诉讼法》为核心的司法审查框架。自借助《民事诉讼法》起步开始，行政诉讼的运作产生了解释的需求，催生了法释义

---

〔1〕 参见王锡锌：《行政正当性需求的回归——中国新行政法概念的提出、逻辑与制度框架》，载《清华法学》2009年第2期。

〔2〕 如《湖南省行政程序规定》第90条规定："本规定所称裁量权基准，是指行政机关依职权对法定裁量权具体化的控制规则。"

〔3〕 以"自由裁量"为关键词检索，最早文献为1990年陈泉生在《社会科学》发表的《论行政自由裁量权》，被高频引用集中于2000年左右。以"裁量基准"为关键词检索，最早文献为杨建顺于2003年在《法商研究》发表的《论行政裁量与司法审查——兼及行政自我拘束原则的理论根据》，被高频引用多集中于2010年前后。

〔4〕 参见安彦增：《论行政法上的不当联结禁止原则》，中国政法大学2008年硕士学位论文。

〔5〕 参见姜明安主编：《行政执法研究》，北京大学出版社2004年版，第108—111页；郭庆珠：《论不当联结禁止原则对行政管理创新的规制——以创新的法律界限为归宿》，载《学术探索》2010年第6期。

学的萌芽。[1]演进过程中形成的法学方法论也深刻影响了我国行政法学理体系之构建，仅以行政法学体系核心概念之行政行为围绕可诉性（集中于受案范围）而生其范围之争就可见一斑。[2]以法律适用、司法为主要面向的行政法学方法论在对行政行为理论"开疆拓土"的同时，却长期忽略了行政法的执法控制功能。[3]而以诉讼为核心的法学方法论对行政行为合法性的审查又通过"司法尊让"规避了对行政行为"合理性"的审查。也由此，在区分行政违法和行政不当的前提之下，[4]《行政诉讼法》出台伊始即初步承认之合理审查原则，无法得到充分之适用。不当联结禁止原则在此种方法论框架之独立意识中，很难找到自处之定位。

4. 理论结构平面化之缺陷

如对照不当联结禁止原则与比例原则，则比例原则作为一项法规范所蕴含的"释义学结构"及其形貌，应成为其兴起的核心原因。[5]比例原则的阶层式判别结构，为法律适用提供了稳定、具体、可操作的基准结构，从汇丰案以来比例原则关联案件可见一斑，也有学者进行翔实论证。[6]比较而言，不当联结禁止原则结构上的平面性、无序性、抽象性，却成为阻滞其发挥应有功能的技术难题。

合理联结不易探求：既然不当联结之现象应被禁止，则关键在于识别"合理的联结关系"。所谓"联结"，通常是指行政当局要求人民履行一定之义务或负担一定之不利益或给付。[7]对此，李建良指出需要考虑规范对系争之手段所设定的要件构成或规范目的。如行政机关措施所联结的手段与系争规范目的相

---

〔1〕 参见陈越峰：《中国行政法（释义）学的本土生成——以"行政行为"概念为中心的考察》，载《清华法学》2015年第1期。

〔2〕 参见刘莘：《对三十年来行政行为概念研究的反思》，载刘莘：《身土不二：行政法文集》，中国法制出版社2016年版，第84—94页；罗智敏：《行政法法典化背景下我国行政行为理论研究的挑战与应对》，载《行政法学研究》2022年第5期。

〔3〕 参见王贵松：《行政裁量的构造与审查》，中国人民大学出版社2016年版，第13页。

〔4〕 参见许崇德、皮纯协主编：《新中国行政法学研究综述（1949—1990）》，法律出版社1991年版，第522页。

〔5〕 参见蔡宗珍：《公法上之比例原则初论——以德国法的发展为中心》，载《政大法学评论》1999年第2期，转引自梅扬：《比例原则的适用范围与限度》，载《法学研究》2020年第2期。

〔6〕 参见刘权：《目的正当性与比例原则的重构》，载《中国法学》2014年第4期。

〔7〕 赵义德：《析论不当联结禁止原则》，载城仲模主编：《行政法之一般法律原则（一）》，三民书局1994年版，第221页。

同或类似，则应认为其属合理关联。[1]找寻手段所依之授权规范尚属困难，而进行要件化解构和规范意旨探寻则难上加难。此种法解释过程会使原则之适用陷入"不确定法律概念"的漩涡，使法律解释结论的不确定性和不可控性显著增强。

行政目的往往难以探寻：行政机关作出外部行政行为时（多数为侵益行政行为）往往课予人民一定之义务或负担，抑或造成人民其他之不利益，此种负担与义务，系追求一定之行政目的而导致[2]，但问题之关键在于如何找寻行政目的。

首先，行政目的非一单义概念，而是随不同之国家形态而变化。现代法治国家中国家权力行使须符合宪法价值。但是，如何在既成的基本权利体系中实现勾连，仍为未竟之难题，尤其在我国宪法、行政法特殊关系的语境中。其次，即使肯定行政所追求之目的即为公益或公共性之实现，某一事件中具体目的也表现出公益性之不同面向。对公共利益之不确定法律概念的探寻和解释，并不能经由确定性的技术结构达致稳定性。最后，现代行政活动的行政目的往往是多重的。[3]行政活动对应某一主目的之同时，常附加附属目的。就合法性而言，只要经过核准的目的是真的，是支配行为的主要目的，该行为即合法。但如行政活动之手段对应的是混合目的、多重目的，此种情况是否符合不当联结之规范意旨，到底依照其主要目的审查抑或审查各目的后再行决断，往往在技术上无从处理。如在申请商品房建筑许可时，如果因开发商无法提供车位充足的停车场而要求其给付一定金额的"营建费用"，则此种给付之总体目的固然在于保障公共利益。但是，考虑到停车场之主要服务对象其目的更多是保障商品房产权人之生活秩序与生活便利。而对交通和车辆停放秩序之维护，也应作为要求开发商给付金钱之目的而考量。此种情况应以生活法益抑或秩序法益为主目的而考量联结是否正当，因此常陷入不确定性困境。

由此，不当联结禁止内容系抽象规定，其所使用之合理关联、事理上关联或相当性的概念于适用时尚需进一步具体化，而此种具体化之努力常须司法人

---

〔1〕　参见李建良：《行政法上不当联结禁止原则》，载《月旦法学杂志》2002 年第 6 期。

〔2〕　赵义德：《析论不当联结禁止原则》，载城仲模主编：《行政法之一般法律原则（一）》，三民书局 1994 年版，第 221 页。

〔3〕　学者认为，信用规制领域原先具体领域或事项上各具特色的法规范目的，在社会信用体系中已经不再是唯一重要的，与其至少平起平坐的目标是利用现代信息技术，打破部门或领域的信息隔阂，以联合惩戒加强威慑力，以联合激励加强推动力，从而实现效率最大化甚至实现社会诚信、道德水准的普遍提升。

员甚至执法人员完成。[1]其技术成熟度与我国执法实践间的沟壑，仍是现实而巨大的。

三、不当联结禁止原则的意义与内涵

（一）不当联结禁止原则之体系意义

严守基本权利之秩序需要：不当联结禁止的规范构造，虽然经常反映在限制人民基本权利上[2]，但其更在于对基本权利的恪守和维护。不当联结禁止原则作为对公权力机关权力恣意的限制，符合依法行政原理且成为界定基本权利的完全普遍性规定。脱离不当联结禁止原则，虽然行政主体为或不为一定行政行为必然出于一定目的，但此种目的与基本权利保护间的关联是隐秘而遥远的。行为—目的间的联系是否合宪、是否侵犯公民基本权利，一般无法通过具体的行政法制度予以关照，特别是在我国尚未确立宪法诉讼制度的当下，其确立之意义更加凸显。

超越形式合法之正当需要：授权立法与行政裁量在行政规制中的广泛应用，正使得传统意义上基于"议会立法"传导的正当性逐渐消弭。[3]就议会立法，不当联结禁止原则的作用在于，在授权立法前阶段积极执行"禁止授予立法权原理"，尽可能阻止立法机关对行政机关的宽泛授权[4]，以维护传统模式的正当性机制。而在授权立法的过程中，则严守对合法性的限定与约束，在符合合宪性的基础上比照议会立法进一步判断其是否无效及是否符合授权条款性和相关条款性[5]。而就行政裁量，以不当联结禁止为基准，限制设定目的裁量，以手段和目的间的实质联结关系为重点，限缩裁量空间、禁止随意搭附，成为有效规制裁量的先决条件。以不当联结禁止为基准，限制设定目的裁量，以手段和目的间的实质联结关系为重点，限缩裁量空间、禁止随意搭附，成为有效

---

〔1〕 赵义德：《析论不当联结禁止原则》，载城仲模主编：《行政法之一般法律原则（一）》，三民书局 1994 年版，第 221 页。

〔2〕 参见"台湾地区宪制性规定"之基本权利限制条款：以上各条列举之自由权利，除为防止妨碍他人自由、避免紧急危难、维持社会秩序，或增进公共利益所必要者，不得以法律限制之。

〔3〕 传送带模式即行政机关严格执行"代议机关"制定之法律，接受行政程序与司法审查之约束。参见［美］理查德·斯图尔特：《美国行政法的重构》，沈岿译，商务印书馆 2021 年版，第 1—12 页。

〔4〕 参见［美］理查德·斯图尔特：《美国行政法的重构》，沈岿译，商务印书馆 2021 年版，第 40 页。

〔5〕 囿于本文的篇幅和主题，对行政立法中的不当联结并未进行讨论。但是，基于行政变迁的趋势如此，本文对此进行了简要的描述，从而将立法裁量与行政裁量中的不当联结禁止原则置于统一框架下进行讨论。行政立法中之不当联结禁止也应作为学者讨论之一重要命题。

规制并运用裁量的先决条件。

回归技术伦理的实践需要：以失信联合惩戒为例，过于广泛之覆盖面、过于严苛之判别标准、过于严厉之惩戒措施也招致了对技术判别泛道德化的非议[1]。不当联结禁止通常用以判断是"画像基础"信息与信用之联结，因而在此基础上判断奖惩措施与信用表间的联系。[2]以不当联结禁止原则审视惩戒措施及信用敦促之间的联系，可在诸如合法、比例原则无能为力的前提下发挥更加直接、具有针对性的框定信用惩戒边界作用。[3]而以环境影响评价的审批制度为例，《建设项目环境影响评价区域限批管理办法（试行）》第3条第2项规定未完成指标即暂停环评审批。[4]对于旧的污染源没有治理也暂停审批的措施属于法律明确规定的正当联结情形。但当法律位阶较低抑或法律尚未明确规定时，上述规定就产生是否正当联结的疑问。

整全规范体系的制度需要：法典化进程中纳入不当联结禁止原则的作用在于，从引领法典编纂角度，不仅能进一步避免汇纂过程中的规范重复，也直接引导编纂中的规范补全和分则制定。将其纳入法典将提升法典规范的齐整程度。体现或符合"不当联结禁止"的规范将连缀成片，从而实现对不同规范的识别与纳入。但"一般法律原则"理论上可径行适用于案件判决。[5]不当联结禁止进入行政基本法典，将为司法实践提供丰富的论证说理资源，为法官进行创造性、能动性司法活动提供原则依据，从而实现促成规范稳定和协调之应有价值。成文化的不当联结禁止，会直接或间接引致观念上的不当联结禁止，促使法典良性化发展。[6]

（二）不当联结禁止原则之内涵澄清

区别于依法行政原则：有学者认为，对不当联结禁止内涵的不当认定，会

---

[1] 参见贾茵：《失信联合惩戒制度的法理分析与合宪性建议》，载《行政法学研究》2020年第3期。

[2] 参见王瑞雪：《政府规制中的信用工具研究》，载《中国法学》2017年第4期。

[3] 参见沈岿：《社会信用惩戒的禁止不当联结》，载《暨南学报（哲学社会科学版）》2021年第11期。

[4] 《建设项目环境影响评价区域限批管理办法（试行）》第3条第2项规定："对未完成上一年度国家确定的重点水污染物、大气污染物排放总量控制指标的地区，或者未完成国家确定的重点重金属污染物排放量控制目标的地区，暂停审批新增排放重点污染物的建设项目环境影响评价文件。"

[5] 参见王贵松：《论行政法原则的司法适用——以诚实信用和信赖保护原则为例》，载《行政法学研究》2007年第1期。

[6] 参见王青斌：《行政法总则的立法技术》，载《法学》2022年第11期。

使得不当联结禁止原则覆盖所有的违法行政行为，在内涵上等同于依法行政原则。[1]但是，行政行为除应严守法律保留原则的规定外，也应满足合目的性之要求，也即要求为合义务裁量。[2]由此，不当联结禁止原则更多体现于对裁量行为的规制，其应发挥传统依法行政原则对裁量行政行为所不能实现之裁量控制功能。而同时，形式上依据规范锚定的目标、基准行事并不能阻止法规范违反不当联结禁止原则，更不能阻止依照规范而导致的不当联结现象。[3]当行政机关依据规范位阶较低时，基于立法技术等原因，则可能出现不违反法律但同时出现违反不当联结禁止之法规。行政主体作出行为如违背不当联结禁止原则，则应否定其合法性。

区别于比例原则：如探讨比例原则内涵，则其与不当联结禁止原则共同针对的手段和目的关系使二者极易混淆，尤其在通说认为不当联结禁止原则由比例原则导出[4]且二者均涉及利益衡量范畴的前提下。但二者至少存在以下显著区别：

第一，对手段和目的间的重点而言，比例原则传统三阶基准下的目的要素并未得到足够重视，而仅作为考量手段是否具备正当性的基准。就适当性而言，其直接略过行政目的而探讨手段对目的的促进。在适当性的判定过程中，仅要求手段与目的具有同向性与符合性，而对不当联结禁止原则，则进一步要求措施对目的实现具有直接关联性且实质性的关系。其所追求的合理联结，前提在于准确析出行政手段背后经由法律对系争措施设定的要件和规范旨趣，此种基准的析出是判断合理与否的前提。这也是部分学者主张通过增补目的正当性而弥补比例原则结构性缺陷的原因。[5]正由此，有学者认为，不当联结之禁止原则应当在比例原则适用之前首先讨论。如果目的与手段之间并无实质关联抑或连接不当，探讨比例原则将失去意义，自然就无须考虑手段是否适当、侵害是否最小的问题。[6]

---

〔1〕 参见王留一：《禁止不当联结原则：内涵界定与司法适用》，载《福建行政学院学报》2017年第4期。

〔2〕 周佑勇、伍劲松：《行政法上的平等原则研究》，载《武汉大学学报（哲学社会科学版）》2007年第4期。

〔3〕 沈岿：《社会信用惩戒的禁止不当联结》，载《暨南学报（哲学社会科学版）》2021年第11期。

〔4〕 参见李建良：《行政法上不当联结禁止原则》，载《月旦法学杂志》2002年第6期。

〔5〕 参见刘权：《目的正当性与比例原则的重构》，载《中国法学》2014年第4期；许玉镇：《比例原则的法理研究》，中国社会科学出版社2009年版，第55页。

〔6〕 参见欧爱民、谢雄军：《不当联结之禁止原则及其适用方案》，载《湖南师范大学社会科学学报》2008年第5期。

第二，就对目的的约束程度而言，比例原则不仅要求行政机关的目的和手段间具有符合性，更要求其存在一定的比例关系。此种比例关系的判断与析出，需要进一步经由最小侵害原则和均衡原则基准的引入而实现。与之相比，不当联结禁止对手段和目的间的联系仅要求符合性，也即手段合于目的。也由此，有学者认为不当联结禁止原则实质上是对手段、目的间联系质的判断，而比例原则则更多体现为量的判断。〔1〕如引入狭义比例原则对利益衡量方法的运用，则狭义比例原则预设是正当目的是否有必要实现，而不当联结禁止的预设则在于目的必须正当。

第三，就适用场域的分疏而言，比例原则中的适当性原则与不当联结禁止原则的差异不仅体现在传统侵害行政的领域，更体现于计划行政和授益行政中。如果就传统侵害行政而言，则侵害手段必须有助于实现特定目的，此种情况下适当性的违反主要体现于：超出目的限制、手段不可能实现、违反规定、目的无法达成后手段即停等情形。〔2〕虽然对行政相对人课予某种义务的行政手段在大多数情况下都可以直接或间接服务于目的实现而通过合目的性审查，但并非都能将其纳入不当联结禁止原则的规制范围内。如果手段不足以实现行政目的，但符合该手段预设之授权目的，则此种情况并不能由不当联结禁止原则规制。而对于手段超出目的，其部分符合立法目的，因而超出部分才属于不当联结之范围。侵害行政领域的适当性审查标准中，只有部分属于不当联结之规制范围。而如果将其扩展到授益行政和计划行政领域，则上述标准将进一步被限缩和改造。由于行政行为的授益性、互益性特征，违反适当性的仅可能是手段不可能实现之情形，而当其符合增进公共福祉的目的时〔3〕，则不得因其违反规定，超出既定目的而判定其不符合比例原则。此种情况下，不当联结禁止原则的保护范围应随之进行限缩，从而实现保护国家和公共利益，实现对相对人权益的有效维护的制度目标。

区别于正当程序原则：对不当联结行为实施控制的技术手段无外乎事后审查与事前制约。也由此，行政机关预先拟定之程序约束，不免涉及行政法上的正当程序原则。对此，我国行政法比照比较法之制度设计，设置了行政公开、

---

〔1〕 参见王留一：《行政法上之禁止不当联结原则研究》，西南政法大学 2016 年硕士学位论文；戴国立：《高校学位撤销权的法律规制》，载《东方法学》2021 年第 2 期。

〔2〕 参见余凌云：《论行政法上的比例原则》，载《法学家》2002 年第 2 期。

〔3〕 参见梅扬：《比例原则的适用范围与限度》，载《法学研究》2020 年第 2 期。

行政告知、陈述申辩、职能分离（避免偏私）、回避与不单方接触等制度。[1]上述程序机制，内含了对不当联结现象进行事前规制之功能。但相关程序机制的针对性还有待提高。如行政手段之理由附记在我国还尚未建立。行政裁量基准的公开和审查机制也刚刚起步，因此，不当联结禁止原则仍有待"行政程序法"之对其进一步回应。

四、结语

囿于实践回避、学理误判、方法局限、理论缺陷等，肇始于裁量控制、主要适用于行政行为附款与行政契约领域的不当联结禁止原则，在大陆行政法中成为"失落"概念。但不当联结禁止原则经由对依法行政原则的缝隙补正与行政合理性原则的意涵纳入途径，已经达成学理及规范的肯认。重提不当联结禁止原则，其区别于既有依法行政原则、比例原则与正当程序原则，符合严守基本权利的秩序需要，契合超越形式合法的正当需要，回应回归技术伦理的实践需要，也面向整全规范体系的制度需要，应作为一项独立行政法原则。

---

〔1〕 参见姜明安主编：《行政执法研究》，北京大学出版社 2004 年版，第 108—111 页。

"行政处罚权交由" 条款的规范意涵及适用

——基于功能主义的视角

苗凌云*

摘　要　2021 年《行政处罚法》[1]规定可以将行政处罚权 "交由" 有能力承接的乡镇和街道行使，但立法规范语言的模糊性并未明确 "交由" 的性质、范围、途径等规范意涵，导致该制度在实施过程中出现了诸多问题。国家权力配置的功能适当原则所强调的国家职能实现的最优化理论，或许可以在一定程度上为 "交由" 的性质界分及适用提供理论指引。在此理论视角下，将 "行政处罚权交由" 条款界定为行政执法权纵向配置改革的不完全法律转化可能更为适宜，并且应当明确 "交由" 的途径仅限于行政授权。另外，鉴于执法权的纵向配置与其在横向上的相对集中两种制度间的差异，应当尽量消弭 "综合执法" 形式的下放。

关键词　行政处罚权下放　国家权力配置　功能主义

一、问题的提出

在 2021 年《行政处罚法》修订以前，行政处罚由县级以上地方政府具有行政处罚权的行政机关管辖，因而乡镇政府与街道办事处并不具备行政处罚案件的管辖权。然而乡镇政府与街道办事处作为与公民联结的最为末端的行政主体，

---

* 苗凌云，中国政法大学 2021 级行政法学硕士。

[1] 为表述方便，本文凡涉及我国的法律规范均用简称，如《中华人民共和国行政处罚法》，简称《行政处罚法》。

在实践中承担了相当程度的行政管理职责和公共服务职能，却不具备行政处罚、行政许可、行政强制等行政执法权〔1〕，由此产生了大量的"看得见的管不着，管得着的看不见"的现象。

为此，结合国家法治政府建设和国家治理能力和治理体系现代化建设的时代背景，《行政处罚法》在 2021 年修订时，在第 24 条规定可由省级单位决定"将基层管理迫切需要的县级人民政府部门的行政处罚权交由能够有效承接的乡镇人民政府、街道办事处行使"〔2〕，以期能够消除实践中基层政府权责失衡的现象，并在法律规范层面赋予乡镇政府和街道办事处行使行政处罚权的正当性。行政处罚权下放至乡镇政府可以实现县乡职责的差异化配置，明确执法权的纵向流转，推动基层治理的法治化建设，〔3〕在纵向上理顺不同层级政府的事权和职能，因此具有重要意义。

但基于对"交由"这一法律规范语言定性的不同，乡镇政府、街道办事处究竟是否仅因《行政处罚法》第 24 条的规定即成为行政处罚权的法定适格执法主体都尚未形成有效定论，更遑论由法律规范语言的概括性与模糊性而引致的行政处罚权"下放"的决定主体、决定程序、决定方式、下放事项、评判标准等制度构建和实施的关键性内容均未被明确规定。立法规范语言的模糊性固然可以使"原本僵化、刻板的法律体现出灵活、弹性的特点"〔4〕，但过分模糊的法律语言同时也会损害法规范的明确性、降低法规范的可操作性，并会为恣意行政留下可能的空间。故此，应当首先厘清行政处罚权下放条款的性质及其内在法律意涵，并在此基础上进一步细化行政处罚权下放制度的具体事项内容，为行政处罚权下放理论和实践提供行之有效的规范指引。

二、对"交由"定性的争论与反思

关于"行政处罚权交由"的性质界分，理论与实务界并未形成有效定论。

---

〔1〕 参见张晓莹：《行政处罚的理论发展与实践进步——〈行政处罚法〉修改要点评析》，载《经贸法律评论》2021 年第 3 期。

〔2〕 《行政处罚法》第 24 条："省、自治区、直辖市根据当地实际情况，可以决定将基层管理迫切需要的县级人民政府部门的行政处罚权交由能够有效承接的乡镇人民政府、街道办事处行使，并定期组织评估。决定应当公布。承接行政处罚权的乡镇人民政府、街道办事处应当加强执法能力建设，按照规定范围、依照法定程序实施行政处罚。有关地方人民政府及其部门应当加强组织协调、业务指导、执法监督，建立健全行政处罚协调配合机制，完善评议、考核制度。"

〔3〕 参见杨丹：《赋予乡镇政府行政处罚权的价值分析与法治路径》，载《四川师范大学学报（社会科学版）》2021 年第 6 期。

〔4〕 董晓波：《立法语言模糊性：一个法社会学视角》，载《河南大学学报（社会科学版）》2007 年第 2 期。

在本次《行政处罚法》修订之初，应松年教授就指出这是对地方政府级别管辖权的再分配。[1]全国人大常委会法制工作委员会行政法室副处长张晓莹认为《行政处罚法》第 24 条明确了乡镇政府和街道办事处的处罚主体地位，属于对行政处罚实施主体的扩容。[2]而卢护锋教授指出行政执法权下移到乡镇政府及街道办事处时，这种执法权的调整不只是执法权的内部优化，还属于行政执法权的重新配备。[3]叶必丰教授认为，包括行政处罚权交由乡镇政府和街道办事处在内的行政执法权下沉从根本上而言属于执法事权的纵向配置，[4]与此相类似，杨丹博士认为行政处罚权下放归属于执法权的纵向流转。[5]秦前红教授则认为，"行政处罚权交由"应当从两个视角进行观测，从内部视角而言，其实现了处罚权限的纵向划分，从外部视角而言，其完成了行政处罚实施主体的扩容。[6]喻少如教授认为，"行政执法权下沉乡镇（街道）的改革实际上是行政执法事权的再分配"[7]。围绕"行政处罚权交由"产生的争议较为多元，但相关讨论大多过于匆忙地给出结论，而缺乏对得出结论的证成过程，下文分别对管辖权移转和行政处罚主体扩容两类观点进行梳理和讨论。

（一）对管辖权移转的批驳

首先，"交由"的法律性质不应当界定为级别管辖的特殊规则。级别管辖是指"不同层级的行政机关在管辖和处理行政违法行为上的分工和权限"[8]，《行政处罚法》第 23 条[9]规定由县级以上地方政府具有行政处罚权的行政机关管辖负责对行政处罚违法行为进行立案查处，这即是级别管辖的一般规则。

---

[1] 参见应松年、张晓莹：《〈行政处罚法〉二十四年：回望与前瞻》，载《国家检察官学院学报》2020 年第 5 期。

[2] 参见张晓莹：《行政处罚的理论发展与实践进步——〈行政处罚法〉修改要点评析》，载《经贸法律评论》2021 年第 3 期。

[3] 参见卢护锋：《行政执法权重心下移的制度逻辑及其理论展开》，载《行政法学研究》2020 年第 5 期。

[4] 参见叶必丰：《执法权下沉到底的法律回应》，载《法学评论》2021 年第 3 期。

[5] 参见杨丹：《赋予乡镇政府行政处罚权的价值分析与法治路径》，载《四川师范大学学报（社会科学版）》2021 年第 6 期。

[6] 参见秦前红、陈芳瑾：《"行政处罚权交由"的规范阐释——基于〈行政处罚法〉第 24 条第 1 款之展开》，载《法治研究》2022 年第 3 期。

[7] 喻少如、黄卫东：《"行政处罚权交由"条款的"兜底"属性及其适用》，载《哈尔滨工业大学学报（社会科学版）》2023 年第 2 期。

[8] 胡锦光：《行政处罚研究》，法律出版社 1998 年版，第 119 页。

[9] 《行政处罚法》第 23 条："行政处罚由县级以上地方人民政府具有行政处罚权的行政机关管辖。法律、行政法规另有规定的，从其规定。"

同时,《行政处罚法》第 23 条也规定了"法律、行政法规另有规定的,从其规定",这便是行政处罚权县级以上地方人民政府管辖原则的例外规定,如《农业法》第 95 条规定:强迫农民以资代劳的,由乡(镇)人民政府责令改正,并退还违法收取的资金。那么,界定行政处罚权下放条款是否为行政处罚级别管辖的例外规定,就需要探讨《行政处罚法》第 24 条的规定是否满足第 23 条例外规则的条件。如前所述,《行政处罚法》第 24 条并未在法律条文中直接赋予所有乡镇政府和街道办事处以行政处罚权,而是将相关决定权授予了省级单位"决定"行使。根据授权明确性原则,笔者认为,单凭《行政处罚法》第 24 条的规定无法作为乡镇政府和街道办事处具备行政处罚权的法律依据。由此,实质上决定某一乡镇政府和街道办事处是否具备行政处罚权的规范文本便在于省级单位的"决定",而无论省级单位在实践中具体选择何种形式的"决定",都显然绝非可以归属为"法律、行政法规"。而"只有法律、行政法规这两类效力层级的行政法规范在另有规定的情况下才可不执行本条规定。其他行政法渊源如地方性法规、规章等则不在此列。"[1]因此,笔者认为,并不适宜将"行政处罚权交由"条款的法律性质界定为行政处罚级别管辖的特殊规则。

其次,"行政处罚权交由"也并非管辖权的移转问题。除去职能管辖、地域管辖和级别管辖三种基本模式外,还存在几类特殊管辖形式:其一,移送管辖,是指行政机关对行政处罚案件已经立案查处后发现自己没有管辖权,将处罚案件移送给具有管辖权的行政机关管辖。其二,指定管辖,是指在两个以上的行政机关无法确定行政处罚的管辖时,"上级行政机关以决定的形式指定下一级行政机关对某一行政处罚行使管辖权"[2]。此次行政处罚权下放乡镇政府显然并不符合上述两类管辖原则的内涵。其三,管辖权的移转,这是级别管辖中的特殊情况,具体指上级行政机关有权管辖下一级行政机关管辖的行政处罚案件,下级行政机关对其所管辖的案件,认为需要由上一级行政机关管辖的,可以报请上一级行政机关管辖。[3]结合此次行政处罚权下放规范而言,由省级单位来决定乡镇政府和街道办事处能否行使行政处罚权似乎符合其中的"下调性管辖权移转",但有学者认为,下级行政机关能够承受管辖权下调性移转的前提在于该行政机关应当本来就具备有相应行政处罚权,"即如果对某种违法行为,下级不拥有或者不拥有等同的行政处罚权,则上级机关就不能把原本属于自己

---

〔1〕 皮纯协主编:《行政处罚法释义》,中国书籍出版社 1996 年版,第 83 页。

〔2〕 张弘主编:《新行政处罚法通论》,法律出版社 2021 年版,第 97 页。

〔3〕 王连昌等编著:《行政处罚法概论》,重庆大学出版社 1996 年版,第 67 页。

的处罚案件管辖权以决定方式移交给下级机关管辖"〔1〕，但乡镇政府和街道办事处在立法规范调整之前显然并不具备等同的行政处罚权。因此，行政处罚权下放条款并不满足各类特殊管辖规则的适用条件，特别是管辖权的移转。

实质上，行政处罚权下放制度或者说此次修订而成的"行政处罚权交由"条款，其性质与行政处罚的管辖问题无涉。有学者指出，"行政处罚管辖所涉及的是行政处罚主体执法管理权限分工问题"，"是行政处罚主体在行政处罚案件查处上的权限分工"〔2〕。换言之，行政处罚管辖制度的核心在于其是在已经享有相应职能和职权的行政处罚主体之间进行分工与合作的机制，这点从《行政处罚法》第23条的规范表述中也可以看出，已"具有行政处罚权"是划定行政机关间分工也即管辖事项的前提条件。而乡镇政府和街道办事处始终并未被法律明确授予普遍意义上的行政处罚权，并不是法律意义上的"行政处罚主体"，不符合管辖是在已具备行政处罚权主体间进行分工的实质。因此，行政处罚权下放条款既不满足管辖移转的几种已有类型，同时又不符合管辖的本质理念。

综上，"交由"以及行政处罚权下放条款的法律性质并非级别管辖的特殊规定，从根本上而言其并不属于行政处罚管辖问题的范畴。

（二）对行政处罚主体扩容的驳斥

行政处罚主体是指"享有国家行政处罚权力，能以自己的名义从事行政管理活动，制裁行政违法相对人，并能独立地承担由此所产生的法律责任的组织。"〔3〕也即，享有行政处罚权是成为行政处罚主体的基本前提。但行政处罚权是侵益性行政权力，或者限制公民、法人的权利，或者是给公民、法人增加新的义务，"它不是行政管理权的自然延伸，不是行政机关自然就具有的"〔4〕，行政机关若要取得行政处罚权，就必须经法律授权，包括宪法、组织法授予的行政机关的固有职权，以及法律、法规特别授予的权力。那么，"行政处罚权交由"条款能否视为对行政处罚主体的扩容，关键便在于《行政处罚法》第24条是否能够成为乡镇政府获得和行使行政处罚权的依据。

一方面，从授权明确性的角度窥测之。授权明确性原则产生于授权立法领

---

〔1〕 参见应松年、刘莘主编：《行政处罚法理论与实务》，中国社会出版社1996年版，第136页。
〔2〕 应松年主编：《行政处罚法教程》，法律出版社2012年版，第136页。
〔3〕 王连昌等编著：《行政处罚法概论》，重庆大学出版社1996年版，第45页。
〔4〕 吴高盛主编：《〈中华人民共和国行政处罚法〉释义及实用指南》，中国民主法制出版社2015年版，第55页。

域,"要求在立法机关授权行政机关制定法规、规章时,必须就授权之内容、目的、范围加以具体明确规定。"[1]随着法治理论与实践的发展,为了加强对授权行为的规制,授权明确性原则开始在公法领域中普遍适用,包括本文相涉的行政授权领域,行政授权的授权事项、授权范围均应当明确规定,否则极易造成实践中授权不当或者滥用授权的问题[2]。而《行政处罚法》第24条既未明确可以下放的行政处罚权事项范围,也未明确被授予行政处罚权的乡镇政府和街道办事处的范围,该条款无法给行政处罚权下放实践提供可预测性、可操作性、可审查性的标准和指引。因此,《行政处罚法》第24条并不符合授权明确性原则的要求,笔者认为,难以将其认定为乡镇政府和街道办事处成为行政处罚主体的直接法律依据。

另一方面,如若省级单位在实践中并未开展行政处罚权下放工作,或者并未决定赋予辖区内乡镇政府和街道办事处以行政处罚权,该区域内的乡镇政府和街道办事处也难以仅依据《行政处罚法》第24条的规定便得以行使行政处罚权。也即,决定乡镇政府和街道办事处能否享有行政处罚权,享有何种事项和范围内的行政处罚权,真正起到限制效应的规范在于省级单位的"决定"。

并且,《行政处罚法》作为典型的行为法规范,也不宜直接赋予或决定行政机关的职责,或者说这种赋权依据并不充分,行政机关职责的确定更应当通过组织法才能完成[3]。

因此,仅依据《行政处罚法》第24条并不能使乡镇政府和街道办事处实际获得行政处罚权,所以该条款并没有实现直接扩充行政处罚主体的范围的功能,也相应地不适宜将其性质界定为"实现了行政处罚主体的扩容"。

三、功能主义视角下的"行政处罚权交由"条款

(一)功能主义:"行政处罚权交由"条款的规范基础

如前所述,《行政处罚法》第24条并不完全符合管辖权移转和确定行政处罚主体的要求,因此并不适宜将"行政处罚权交由"条款的性质界定为行政处罚管辖权的移转和主体的扩容。事实上,有多位学者均将包括行政处罚权在内

---

[1] 钱建华:《简论授权明确性原则——兼议我国〈立法法〉中授权立法规定之完善》,载《甘肃政法学院学报》2005年第1期。

[2] 参见郭文涛:《重大改革特别授权机制应遵循授权明确性原则》,载《甘肃政法大学学报》2022年第2期。

[3] 参见谭波、赵智:《"行政权下沉"乡镇(街道)法治建设研究——以海南省为例》,载《福建江夏学院学报》2022年第5期。

的行政执法权下沉的性质归属于行政执法权的纵向配置[1]，也即"行政处罚权交由"条款从根本上而言应当归属于国家权力在纵向层级上的配置问题。

在国家权力配置领域，强调立法、行政、司法三权分立的分权学说无疑具有统治性地位，在孟德斯鸠看来，"当立法权和行政权集中在同一个人或者同一个机关之手，自由便不复存在了；因为人们将要害怕这个国王或者议会制定暴毙的法律，并暴虐地执行这些法律。""如果司法权不同立法权和行政权分立，自由也就不存在了。"[2]由此，分权的必要性大体源于对自由正义的推崇以及对国家权力恣意扩张的畏惧。

但这种理想化的、形式化的分权学说随着实践的发展呈现出诸多缺漏并遭到质疑，例如权力间的边界并非如此泾渭分明，此种分类方式可能只是理想化的模型，并且在美国也出现了第四种具备个案裁决、规则制定、起诉、监督行政分支等权力的独立规制机构[3]，分权学说的统治性地位有所动摇，功能主义进路在此背景下应运而生。功能主义更看重各机构之间的"制衡"，更加强调从专业性和功能性的角度来观测国家权力的配置，也就是强调规范配置后的权力应当更容易实现其目标与价值追求，因而国家权力的配置不再仅围绕个人自由的保障而展开，更为关键的是如何有效实现国家设定的各项目标，使国家运作效用的发挥更具有可及性。[4]

虽然功能主义产生于国家权力在横向层级配置的领域，也即对宏观抽象概念的立法、行政与司法进行权力界分的问题，但其在解释国家权力科学、正当配置方面所发挥的价值绝不仅限于此，也应同时适用于微观权力的设置与行使。《行政处罚法》第24条中将行政处罚权交由有能力承接的政府机关来行使的规定，即展现出功能主义所蕴含的应当从功能的实现上审视权力的配置，国家权力应当从将所授权力的功能发挥更为稳妥和有保障的层面来选择承接机关，而不仅仅是从类如行政区划、组织架构等形式层面的内容来考察的深刻内涵[5]，

---

〔1〕 参见喻少如：《"行政处罚权交由"条款的"兜底"属性及其适用》，载《哈尔滨工业大学学报（社会科学版）》2023年第2期；叶必丰：《执法权下沉到底的法律回应》，载《法学评论》2021年第3期；杨丹：《赋予乡镇政府行政处罚权的价值分析与法治路径》，载《四川师范大学学报（社会科学版）》2021年第6期。

〔2〕 ［法］孟德斯鸠：《论法的精神》（上册），张雁深译，商务印书馆1961年版，第156页。

〔3〕 参见宋华琳：《美国行政法上的独立规制机构》，载《清华法学》2010年第6期。

〔4〕 参见张翔：《国家权力配置的功能适当原则——以德国法为中心》，载《比较法研究》2018年第3期。

〔5〕 参见程斌：《行政处罚权下放基层的标准建构》，载《江南论坛》2022年第5期。

这同时也构成了"行政处罚权交由"条款的正当性基础。

功能主义在构成将行政处罚权下放乡镇政府和街道办事处的正当性证成基础的同时，也对行政处罚权下放制度的具体实施提出要求，功能主义视角下国家权力配置的价值目标在于实现国家治理效能，强调将权力配置给在组织、结构、程序、人员上最具优势、最有可能作出正确决定的机关，同时承接权力的行政机关也应当在组织、结构、程序、人员上相应调整以适应职能。[1]因此，在将行政处罚权下放进行纵向配置与流转时，应当确保处罚权力的承接主体确实能有效承接并实现治理效能，这也是《行政处罚法》第24条规定"定期组织评估"和"加强执法能力建设"的根本原因所在。

(二)"交由"——执法权纵向流转改革的"不完全法律转化"

"行政处罚权交由"条款实质上是行政处罚权在纵向层级上的流转，但问题在于，仅以《行政处罚法》第24条的模糊性立法规定是否可以实现执法权纵向配置和流转的定位，能否满足国家权力配置的功能适当要求。

首先，《行政处罚法》第24条的立法目的为在法律层面对改革实践成功经验进行确认。近年来，我国开展了行政执法体制改革的探索，其中，执法权下沉的探索从2010年起就逐渐在各地展开。在各地先行先试的基础上，2019年起中共中央办公厅与国务院办公厅也相继下发多个文件在全国推广行政执法权下沉的改革[2]。但在地方改革实践开展得如火如荼的同时，也始终面临着因突破了《行政处罚法》所规定的"县级以上"行政机关管辖原则而缺乏法律依据之嫌。但通过各地已开展的实践可以观知，部分乡镇政府和街道办事处的确需要借助行政处罚权来对辖区内的行政违法行为进行规制，以便有效开展行政治理，并且先行先试地区所开展的处罚权下放实践也确实取得了一定成效。也即，基层管理的需要和改革实验的效应表明，行政处罚权的执法重心确应向基层转移。因此，《行政处罚法》的修订便顺应改革的需要，试图将实践试验的成功范式转化为法律层面的普适性规定，并赋予行政处罚权下放以正当性和合法性。

其次，"行政处罚权交由"条款希冀实现党内规范性文件向法律"转化"的目的。行政处罚权下放改革归属于行政执法体制改革的重要环节，而在《行政处罚法》修订以前，行政执法体制改革多依据中央与国务院的政策文件开展。按

---

〔1〕 张翔：《我国国家权力配置原则的功能主义解释》，载《中外法学》2018年第2期。

〔2〕 具体内容可参见：中共中央办公厅、国务院办公厅《关于推进基层整合审批服务执法力量的实施意见》《关于深入推进经济发达镇行政管理体制改革的指导意见》。

照《中国共产党党内法规和规范性文件备案审查规定》第2条第2款的规定[1]，党政联合发文即为党内规范性文件较为常见的情形，也即上述的行政处罚权下放制度所依据的中央与国务院联合制发的政策文件，其从性质上而言便属于党内规范性文件。党政联合发文的制发主体既包括中国共产党的各级组织，也包括各级各类行政机关，从而使得党规系统与法律系统存在一定的耦合现象。[2]通过制定党内规范性文件可以有效规范执政党的行为，而国家法律则对社会具有普遍约束力，二者"之间的目标同一性和内在关联性，为实现前者向后者的转化提供了可能性"[3]。党内规范性文件向国家法律的转化需要遵循一定的原则与程序，据此，行政处罚权下放条款尚不能称为"党内规范性文件向国家法律转化"，但也确实在实质意义上实现了《行政处罚法》对地方实践和政策文件在法律层面的吸纳，因此，笔者在此处以"不完全转化"表述其性质。

因此，《行政处罚法》在修订时吸纳了地方实践经验和中央改革政策，试图从纵向上进一步对行政处罚权的层级配置进行划分，"行政处罚权交由"条款的性质也进而归属为执法权纵向配置问题。但由于立法技术的有限和各地乡镇发展不均衡，难以在基本法层面确立统一、明确的下放标准与模式，而最终只能选择模糊性的立法条文表述。但也恰恰因其过于含混的表述而未能提供明确的规范指引，给法律实施留下了"裁量"及恣意的空间，导致各地政府下放实践的混乱与"形式化"。也即，该条文的修改是为迎合时代背景而作出的变通，是一种例外立法或特殊条款，没有带来结构性的变革，[4]自然也并未实现功能适当原则所包含的将行政处罚权配置给合适机关的要求。

（三）"交由"的途径——行政授权

对于《行政处罚法》第24条所规定的"交由"适宜采取的路径，理论和实务也多有争论且未有定论。相关论述总体而言可以分为两种观点：一为多种途径说，即认为行政处罚权下放可以采取包括行政授权、行政委托、"街道吹

---

[1]《中国共产党党内法规和规范性文件备案审查规定》第2条第2款："本规定所称规范性文件，指党组织在履行职责过程中形成的具有普遍约束力、在一定时期内可以反复适用的文件。"

[2]参见李娟：《党规与国法：国家治理体系视角下党政联合发文的二重属性》，载《理论月刊》2023年第9期。

[3]尹传政、戴苗玉：《党内规范性文件向国家法律转化的学理建构》，载《理论探讨》2022年第5期。

[4]张婧飞、姚如许：《行政处罚权下放的法治进路——兼论〈行政处罚法〉第24条》，载《大连海事大学学报（社会科学版）》2022年第5期。

哨、部门报到"等在内的多种途径；[1]二为行政授权说，即有部分学者持有"交由"途径不具有开放性的观点，此类观点认为行政处罚权的授予与转移应当限定在以行政授权的方式来实现。[2]

但是，关于行政机关是否可以成为行政授权和行政委托的对象，其实并不明确。如有学者在其著作中论及行政授权与行政委托时的表述，行政授权包括"将某方面或某项行政职权授予行政机关以外的组织行使并……"[3]"行政机关委托的组织是指受行政机关的委托……的非国家机关的组织"[4]。并且，《行政处罚法》在法律条文中所采用的也是"授权的具有管理公共事务职能的组织""委托……组织"的表述。[5]由此，行政机关似乎被排除在行政授权和行政委托的对象范畴之外，但也有部分学者的表述表示其将行政机关包含在行政授权和行政委托的对象范围中，如"行政机关可以委托其他行政机关或者组织实施一定种类和幅度内的行政处罚"[6]。所以说，行政机关究竟是否可以被包

〔1〕 张晓莹副处长认为，行政处罚权的下放既可以采取直接授予行政处罚权的方式，也可以是委托，"街道吹哨、部门报到"等多种方式；全国人大常委会法制工作委员会立法规划室副主任黄海华认为，"交由"既可以是授权，也可以是委托；司法部行政执法协调监督局局长袁雪石更是列举出相对集中处罚权、交办、委托、设立派驻机构、授权五种途径。参见张晓莹：《行政处罚的理论发展与实践进步——〈行政处罚法〉修改要点评析》，载《经贸法律评论》2021年第3期；黄海华：《新行政处罚法的若干制度发展》，载《中国法律评论》2021年第3期；袁雪石：《中华人民共和国行政处罚法释义》，中国法制出版社2021年版，第171页。

〔2〕 李洪雷教授在《行政处罚法》修订时便指出，执法权下移应由省政府授权；李德旺博士认为，《行政处罚法》第24条实质上是间接行政授权，由省、自治区、直辖市直接依据法律的"交由决定"为基层赋权；江国华教授表示，《行政处罚法》第24条实际上明确了乡镇政府的行政处罚权属于省级政府授权。参见李洪雷：《论我国行政处罚制度的完善——兼评〈中华人民共和国行政处罚法（修订草案）〉》，载《法商研究》2020年第6期；李德旺：《基于暂停法律适用的立法授权研究》，载《现代法学》2021年第4期；江国华、卢宇博：《中国乡镇政府治理体系转型的立法回应》，载《中南民族大学学报（人文社会科学版）》2021年第6期。

〔3〕 秦前红、陈芳瑾：《"行政处罚权交由"的规范阐释——基于〈行政处罚法〉第24条第1款之展开》，载《法治研究》2022年第3期。

〔4〕 刘莘：《中国行政法》，中国法制出版社2016年版，第65—68页。

〔5〕《行政处罚法》第19条："法律、法规授权的具有管理公共事务职能的组织可以在法定授权范围内实施行政处罚。"第20条："行政机关依照法律、法规、规章的规定，可以在其法定权限内书面委托符合本法第二十一条规定条件的组织实施行政处罚。行政机关不得委托其他组织或者个人实施行政处罚。委托书应当载明委托的具体事项、权限、期限等内容。委托行政机关和受委托组织应当将委托书向社会公布。委托行政机关对受委托组织实施行政处罚的行为应当负责监督，并对该行为的后果承担法律责任。受委托组织在委托范围内，以委托行政机关名义实施行政处罚；不得再委托其他组织或者个人实施行政处罚。"

〔6〕 皮纯协主编：《行政处罚法释义》，中国书籍出版社1996年版，第67页。

含为行政授权和行政委托的作用对象，始终并未形成明确定论。

行政机关能否授权、委托行政机关实施行政处罚权，在现行《行政处罚法》中也并未作规定。但《行政处罚法》在最初制定之时曾在征求意见稿和草案中都有此规定，后来在正式通过的《行政处罚法》中却删除了上述内容，而仅对行政机关委托非行政机关的组织实施行政处罚权的有关问题作了规定。正式通过的《行政处罚法》之所以删除上述规定，原因或许在于，两种委托之间的关系可能难以完全界定清楚。二者所依托的基础并不相同，即行政机关间的委托建立在他们之间存在的上下级、指导与被指导等关系，而行政机关与社会组织之间的委托，在委托关系成立之前，双方并不存在任何法律意义上的关系。因此，将两者视为相同性质的委托而并列规定在一个条文之中，有所不妥。但若将行政机关委托行政机关实施行政处罚权的情况单独写成一个条文，当时理论上对此问题的研究深度又不够，尚不成熟。[1]虽然至今距行政处罚法最初立法已过去近 30 年，但对相关问题的研究深度似乎也并无多大进展，所以也未能对这一问题的各种理论观点定分止争从而形成统一定论。

这一争论的关键在于如何理解行政授权和行政委托，认为行政机关不能作为行政授权和行政委托对象的观点忽略了实践中广泛存在的行政机关间的职权移转现象，使行政机关间的授权行为处于法律规范真空状态[2]。笔者认为，可以将行政机关包含于行政授权与行政委托的"组织"范畴之中，否则相对集中行政处罚中关于国务院及其授权的省级单位"可以决定一个行政机关行使有关行政机关的行政处罚权"相关规定的理论基础便有所欠缺。

在行政机关可以被包含在行政授权和行政委托的对象范围内的前提之下，进而论证行政处罚权下放乡镇政府和街道办事处的"交由"应当采取何种途径。行政授权与行政委托的根本区别在于，被授权的组织具有与原行政机关基本相同的法律地位，可以自己的名义行使被授予的职能并承担法律责任，从而成为新的适格行政主体；而受委托的组织并不是行政主体，其在行使职权时必须以委托机关的名义，且由委托机关向外部承担法律责任。[3]在此维度上，笔者认为，行政处罚权下放乡镇政府和街道办事处应当采用行政授权的途径，主

---

〔1〕 参见胡锦光：《行政处罚研究》，法律出版社 1998 年版，第 116—117 页。

〔2〕 参见耿宝建：《行政授权新论——走出理论与现实困境的一种认知尝试》，载《法学》2006 年第 4 期。

〔3〕 参见姜明安主编：《行政法与行政诉讼法》（第七版），北京大学出版社 2019 年版，第 112—117 页。

要原因在于责任承担问题。如若以行政委托的形式作为行政处罚权"交由"的途径，则意味着乡镇政府和街道办事处需得以委托决定主体也即省级单位的名义作出相应行政处罚行为，并且相关行政行为违法的责任也需要由省级单位来承担，这既不利于规范和约束乡镇政府和街道办事处的执法行为，也极大加重了省级单位的负担。并且，"基于行政委托实现的行政处罚权下沉不能触及乡镇权责适配的实质"[1]，以及包括交办，"街道吹哨、部门报到"，设立派驻机构等在内的多种途径，并没有涉及行政处罚权的实体转移与取得，难以从根本上破解乡镇政府权责失衡问题。

出于实质性化解乡镇政府和街道办事处权责失衡的问题，以及有效规范和约束乡镇政府和街道办事处行政处罚执法行为的目的，笔者认为，行政处罚权下放之时的"交由"应当采取"行政授权"的途径。

（四）消弭"综合执法"形式的下放

在各地开展的行政处罚权下放实践中，有相当一部分地方政府采取了以"综合执法"的形式下放行政处罚权的做法[2]，但笔者认为，应当尽量限制以此种形式开展行政处罚权下放。

综合执法是近几年我国行政管理中出现的一种行政执法方式，是"为了解决现实中行政机关权限不清、职能交叉而出现的多头处罚和滥施处罚的现象"[3]，所采取的形式为将原来由多个行政机关分别享有执法权的领域统一交由一个行政机关来执法，以便理顺相关行政领域内的各种关系，避免执法机构过于膨胀。在行政处罚领域开展综合执法的法律依据源自《行政处罚法》第 18 条[4]对实

---

〔1〕 杨丹：《赋予乡镇政府行政处罚权的价值分析与法治路径》，载《四川师范大学学报（社会科学版）》2021 年第 6 期。

〔2〕 事实上，虽然在《行政处罚法》第 24 条中并未明确行政处罚权下放乡镇和街道所应采取的方式，但实践中绝大多数地方政府均"不约而同"地采用了"综合执法"形式的下放。参见《北京市人民政府关于向街道办事处和乡镇人民政府下放部分行政执法职权并实行综合执法的决定》（京政发〔2020〕9 号）；《河北省乡镇和街道综合行政执法条例》；《广东省人民政府关于乡镇街道综合行政执法的公告》（粤府函〔2020〕136 号）；《浙江省人民政府办公厅关于推进乡镇（街道）综合行政执法工作的通知》（浙政办发〔2021〕51 号）；《南阳市人民政府关于开展乡镇（街道）综合行政执法工作的通知》（宛政〔2023〕10 号）；《新乡市人民政府关于印发新乡市开展乡镇（街道）综合行政执法工作方案的通知》（新政〔2023〕15 号）；《辉县市人民政府关于开展乡镇（街道）综合行政执法工作的公告》；等等。

〔3〕 张弘主编：《新行政处罚法通论》，法律出版社 2021 年版，第 74 页。

〔4〕 《行政处罚法》第 18 条："国家在城市管理、市场监管、生态环境、文化市场、交通运输、应急管理、农业等领域推行建立综合行政执法制度，相对集中行政处罚权。国务院或者省、自治区、直辖市人民政府可以决定一个行政机关行使有关行政机关的行政处罚权。限制人身自由的行政处罚权只能由公安机关和法律规定的其他机关行使。"

行综合行政执法的规定，其在性质上属于对行政处罚权的相对集中。但行政处罚权下放乡镇政府和街道办事处并不适宜以"综合执法"的形式开展，原因如下。

其一，行政处罚权下放与相对集中行政处罚权二者的本质有所区别。行政处罚权下放是行政职权在纵向上的配置，是将上级的行政处罚权集中到下级来行使；而相对集中行政处罚权设置的初衷是在横向上对行政职能进行重新分配，将有关部门的职权集中到一个部门行使。[1]相对集中行政处罚权改变的是行政处罚权的所属部门，下放则改变的是处罚权的所处层级。二者是对于行政权力配置的两种不同维度，对权力配置自然有着不同的标准与要求，将二者掺杂在一起适用，极易造成实践的混乱以及规范和监督的困难。

其二，行政处罚权下放与相对集中行政处罚权适用的领域不同。一方面，相对集中行政处罚权适用的领域具有综合性，正如学者所言，"相对集中行政处罚权的领域必须属于综合事项，其存在的客观基础在于多个职能机关之间所管理的事项存在交叉、复合等综合管理事项"[2]，如城市管理、运输管理、食品管理，容易产生职责不清情况下的相互推诿而导致失职不作为或者多头处罚情况下的违法滥罚。另一方面，相对集中的行政处罚事项之间应当具有关联性。如果采取相对集中的领域事项之间并无任何关联，而仍机械化地将其集中在一起由一个行政机关去管理和执法，"非但无助于提高行政效率，相反增加行政管理的难度。"[3]所以，相对集中行政处罚权适用的领域应当是综合管理领域，且被集中的事项之间应当具有关联性，但从"行政处罚权交由"条款的规定可以看出行政处罚权下放事项的标准并非如此。

其三，行政处罚权下放与相对集中行政处罚间的实施基础与功能定位不同。如前所述，相对集中行政处罚权是将有关部门的职权集中到一个部门来行使，其实施的前提在于相关行政部门已具备相应的行政处罚权，也即其是对已享有的行政处罚权的"二次配置"。而在行政处罚权下放之中，乡镇政府和街道办事处在被省级单位决定授予行政处罚权前并不具备相应的处罚权力，其行政处罚权的取得为"初始取得"。故此，从国家权力配置的视角而言，二者并不归属于同一权力配置层级，自然也不适宜混合讨论与适用。

那么，各地政府在实践中借助于综合执法的形式开展行政处罚权下放的做

---

〔1〕 张晓莹：《行政处罚的理论发展与实践进步——〈行政处罚法〉修改要点评析》，载《经贸法律评论》2021年第3期。

〔2〕 应松年主编：《行政处罚法教程》，法律出版社2012年版，第117页。

〔3〕 王敬波：《相对集中行政处罚权改革研究》，载《中国法学》2015年第4期。

法，就是以同一份政策文件既决定了赋予乡镇政府和街道办事处以行政处罚权，又同时实施相对集中行政处罚权。但二者之间存在着上述诸多不同，在同一份文件中清晰划分二者是较为艰难的，会使行政处罚权下放与相对集中行政处罚权的性质、边界、实现、价值等更为含混，极易造成实践中二者均发生异化，并折损于国家权力配置功能主义的实现。

四、结语

行政处罚权下放至乡镇政府和街道办事处的改革意在解决基层权责失衡、治理"悬浮"的困境，并期冀实现国家权力由最为合适、最能实现治理目标的行政机关来享有和行使的权力配置功能适当性追求，故此在理论和实践层面均具有重要意义。但立法规范语言的模糊性似乎难以助推实现这一制度目标，反而招引了学界的争论和实务的混乱。在对围绕"行政处罚权交由"条款性质划分所形成的观点进行梳理和反思后，笔者认为"行政处罚权交由"的法律性质属于行政执法权纵向配置，而相关条款则是改革实践经验向法律的"不完全转化"。鉴于行政处罚权下放归属于权力纵向配置的性质，应当通过行政授权的方式下放行政处罚权，以便能够借助于行政授权机制的严格性、限制性而对行政处罚权的权力移转、责任承担、执法建设等问题提供有效规范和约束。同时由于行政处罚权的纵向下放与相对集中之间的性质差异，应当尽量消弭"综合执法"形式的下放，避免造成两种制度均走向异化的悲剧。此外，在厘定"行政处罚权交由"的性质后，还需要关注和解决的问题是行政处罚权下放具体实施路径的构建，如行政处罚权下放的决定主体、决定方式、事项范围、机构间权责划分等问题仍未在法律和理论层面得到有效规范，而规范指引的缺失极有可能会在实践中影响制度所发挥的实效，未来仍需对相关条款和内容进行进一步研究和细化。

违法性继承后判决效力的可回溯性

——以"如皋冷拉公司连环诉讼案"为例

张恬园[*]

摘　要　关联行政行为诉讼中，法院因违法性继承撤销或判决后行为违法后，判决说理部分对先行为违法性的确认无法得到先机关的尊重，易引发连环诉讼或当事人另行起诉不能的后果。因此，判决的既判力与拘束力应扩张至说理部分，促使判决效力回溯至先行为。这与行政行为公定力理论并不冲突，亦符合行政诉讼的固有特征。但拘束力与既判力的回溯是有边界的，先机关应综合考虑多种情形对先行为作出适当处理，法院应保障当事人对先行为的起诉权，制度细节上也应当保障先机关对判决内容的"知情权"。

关键词　关联行政行为　行政判决效力　违法性继承　效力回溯

一、问题的提出

行政判决效力是我国行政诉讼实践中的一项难题，这种效力不彰的问题还集中体现在多流程的关联行政行为诉讼中。以城市拆迁案为例，当事人在拆迁公告作出时未意识到自身权益的受损，直至拆除阶段才起诉。而作为多流程行政行为，拆迁案的复杂性在司法实践中引发了大量长达十几年的连环诉讼。拆迁连环诉讼的标的可能经过"拆迁许可证—建设工程规划许可证—建设用地规划许可证—立项审批—拆迁文件信息公开"等多次变迁，但最终问题仍然得不

---

* 张恬园，中国政法大学 2022 级行政法学硕士。

到解决。这背后隐藏了判决效力有限与行政活动日趋复杂之间的张力，导致司法机关无法一次性地解决相对人面临的行政纠纷，降低了法院的服判息诉率与司法公信力，给相对人带来了极大诉累的同时耗损了司法与行政资源。

关联行政行为的行政诉讼引发了什么问题？如何更好解决关联行政行为引发的连环纠纷，促进法院实质性解决行政纠纷？如何适度地扩张司法判决的效力？这些问题成为本文关注的核心。本文首先将通过对"如皋冷拉公司连环诉讼案"的分析考察判决效力不回溯引发的实践问题；其次，分析判决效力回溯至判决理由部分的先行为与行政行为的公定力不冲突，且符合行政诉讼的固有特征，得出行政判决效力应当扩张至判决理由部分；最后，本文将思考判决效力回溯的边界何在，促进在不过分侵蚀法的安定性的前提下更好地保障行政诉讼原告的利益。

二、判决效力回溯性的司法实践检视

先行为违法，则代表后行为的依据、前提或事实要件是违法的，那么根据先行为而作出的后行为之合法性则也会打上问号，这便是行政行为违法性继承理论。自从杨建顺教授通过日本法对该理论予以介绍，[1]我国学者从要件构造、内在价值冲突以及司法审查等方面对违法性继承理论进行了研究，在分析相关案例时也多以解决这三方面的问题而切入。然而在因违法性继承确认后行为违法后，先行为的法律状态则讨论较少，并在实践中引发了诸多问题。

"如皋市金属冷拉型材有限公司连环诉讼案"（以下简称"如皋冷拉公司连环诉讼案"）的案情可拆分为以下几个阶段：

A. 2010 年 2 月 23 日：如皋市国土资源局向土地中心颁发建设用地批准书；

B. 2010 年 5 月 1 日：如皋市住房和城乡建设局向土地中心颁发房屋拆迁许可证；

C. 2010 年 7 月 16 日：如皋市政府批复同意收回案涉土地上的国有建设用地使用权；

D. 2011 年 8 月 20 日：如皋市城市管理局强制拆除原告厂房。

就如皋市住房和城乡建设局颁发房屋拆迁许可证的行为（行为 B），如皋市金属冷拉型材有限公司（以下简称"冷拉公司"）向法院提起诉讼。二审法院认为，房屋拆迁是复合行政行为，对房屋拆迁案件进行审查时需对整个拆迁行政过程进行全面审查，若涉及其他机关的前置性行政审批行为，则应当对前置

---

[1] 参见杨建顺：《日本行政法通论》，中国法制出版社 1998 年版，第 400—401 页。

行为合法性一并进行审查。可见在本案中，法院支持违法性继承理论，并采用全面实质性审查的审查标准。

根据《土地管理法》[1]第53条与《土地管理法实施条例》第23条，合法的批准流程应当为"C—A—B"，而本案涉案地块的国有建设用地使用权在2010年7月16日才被政府批准收回，也就是说B的前置行为A违法。法院认为如皋市住房和城乡建设局应当对先行为进行合法性审查，据此，在判决理由部分认定行为A违法，并以此认为行为B事实依据不足，在判决主文部分确认行为B违法。这是违法性继承案件的常用判决方式，但囿于判决效力有限，会引发诸多问题。

（一）判决执行不能

很多学者指出，当法院因违法性继承撤销后行为后，先行为的行政机关应当自行主动撤销先行为。然而，这一建议在实践中执行起来并非想当然的顺利。

首先，先机关对这一判决内容可能并不知晓。这是因为涉及违法性继承的关联行政行为可分为三种：①同一行政机关主导的多阶段行政程序中，先行为是后行为的程序依据；②不同行政主体作出，但先行为是后行为的必要前提；③不同行政主体作出，但先行为是后行为的事实要件。[2]当先后行为是不同机关作出时，针对后机关的行政诉讼中，先机关并不参与，且法律也未规定法院或后机关应当向判决理由部分涉及的行政机关送达判决的义务。这导致先机关根本不知道这一判决的存在，也不会对作出的行政行为进行审查与撤销。

其次，先机关即便知晓判决的内容，对判决理由部分的判断也并不一定会遵守。主流观点认为，法院判决效力的范围原则上只针对当事人请求解决纠纷的事项所作出的判断而发生，即只针对判决主文的判断而发生既判力。[3]也就是说，判决主文的内容才产生"禁止反复"的效力，当事人对判决主文已决的事实不得再起争议，而判决理由部分则仍可争议。那么先机关便可能以此作为理由，告知相对人另行对先行为提起诉讼。

（二）引发连环诉讼

关联行政行为往往一环扣一环，涉及多个行政行为。一方面，若行政相对

---

[1] 为表述方便，本文凡涉及我国的法律规范均用简称，如《中华人民共和国土地管理法》，简称《土地管理法》。

[2] 参见成协中：《行政行为违法性继承的中国图景》，载《中国法学》2016年第3期。

[3] 参见杨建顺：《论行政诉讼判决的既判力》，载《中国人民大学学报》2005年第5期。

人在针对后行为的诉讼中未能实现诉讼请求，便可能穷尽一切可诉的标的不断提起诉讼，导致实现同一个法律效果的复合行政行为被拆成多个诉讼，耗损了司法与行政资源；另一方面，若相对人赢得后行为之诉，但先机关因前文提到的原因未撤销先行为，行政机关仍可能基于此违法的先行为作出损害相对人利益的其他行为，此时，相对人便不得不针对先行为继续提起诉讼。上述两种情况都将导致行政相对人陷入诉讼漩涡，负担极大的诉累。

以"如皋冷拉公司连环诉讼案"为例，除了针对如皋市住房和城乡建设局颁发房屋拆迁许可证的行为（行为 B）提起诉讼，冷拉公司还针对颁发建设用地批准书（行为 A）、[1]拆迁行政强制行为（行为 D）、[2]土地征收行政复议行为、[3]相关的信息公开行为、[4]公安机关的行政不作为、[5]甚至印章刻制备案行为[6]向法院提起了诉讼，从一审、二审到再审经历了 36 次诉讼，5 年内法院针对该案作出了 69 份判决。且不论冷拉公司多次提起诉讼是否存在向行政机关施压的嫌疑，针对同一个案件冷拉公司需要起诉 36 次才能解决问题，这已经暴露出关联行政行为诉讼中法院判决效力有限给当事人带来的极大影响。

（三）另行起诉不能

德国法认为，针对后行为违法性的确认效力不会自动溯及先行为，当事人要确认先行为违法，需要针对该行为单独提起诉讼。[7]然而这一规定在我国存

〔1〕 参见江苏省如东县人民法院（2015）东行初字第 00119 号、江苏省南通市中级人民法院（2015）通中行终字第 00370 号。

〔2〕 参见江苏省南通市中级人民法院（2014）通中行初字第 0023 号、江苏省南通市中级人民法院（2015）通中行初字第 00073 号、江苏省高级人民法院（2016）苏行终 387 号、最高人民法院（2017）最高法行申 157 号。

〔3〕 参见江苏省南京市中级人民法院（2015）宁行初字第 23 号、江苏省高级人民法院（2015）苏行终字第 00399 号。

〔4〕 参见江苏省如东县人民法院（2015）东行初字第 00346 号、江苏省如东县人民法院（2014）东行初字第 00130 号、江苏省如东县人民法院（2015）东行初字第 00347 号、江苏省南通市中级人民法院（2015）通中行初字第 00263 号、江苏省如东县人民法院（2015）东行初字第 00465 号、江苏省如东县人民法院（2015）东行初字第 00518 号、江苏省如东县人民法院（2015）东行初字第 00563 号、江苏省高级人民法院（2016）苏 06 行终 294 号等。

〔5〕 参见江苏省如东县人民法院（2014）东行初字第 00129 号、江苏省南通市中级人民法院（2014）通中行终字第 00279 号、江苏省如东县人民法院（2014）东行诉字第 0045 号。

〔6〕 参见江苏省如东县人民法院（2015）东行初字第 00521 号、江苏省高级人民法院（2016）苏 06 行终 366 号。

〔7〕 参见赵宏：《法治国下的目的性创设——德国行政行为理论与制度实践研究》，法律出版社 2012 年版，第 412 页。

在适用的困难。德国采取的是概括肯定式受案范围，行政相对人在先行为中的救济权利能够得到很好的保障。而在我国，立法技术上沿用概括式规定、肯定式列举与负面清单并存的模式，应受理事项与不应受理事项之间的灰色地带依赖于法院的自由裁量，当事人能否针对先行为另行提起诉讼存在很大的不确定性。

《江苏省高级人民法院关于规范行政案件立案、管辖、协调若干问题的意见》中规定，当事人针对关联行政行为提起诉讼时，应当针对最终对其权利义务产生影响的行为提起诉讼，若坚持对前置行为提起诉讼，法院可以裁定不予受理。在"如皋冷拉公司连环诉讼案"中，冷拉公司先后对后行为 B 与先行为 A 提起诉讼，然而一审法院在关于行为 A 的诉讼中认为，在审查行为 B 时，法院必然会对行为 A 的合法性一并进行审查，因此冷拉公司没有必要单独就行为 A 提起诉讼，否则会造成循环诉讼。因此以行为 A 是过程性行政行为驳回了冷拉公司的起诉。二审法院则认为，先行为 A 的合法性在行为 B 的诉讼中是作为证据出现的，针对行为 B 未审结之前，行为 A 的合法性处于不确定状态，因此以不符合诉讼的一般原理驳回了冷拉公司的上诉。[1]可见，实践中当事人针对关联行政行为的先行为提起诉讼受到诸多限制，常常面临另行起诉不能的问题。

综上所述，后行为虽然因违法性继承被法院确认无效或撤销，但由于判决效力有限，违法的先行为在现实中一直存在，行政机关常常不会主动对先行为予以处理，而相对人不得不对先行为再次提起诉讼，引发了大量的连环诉讼。甚至在有些情形下，相对人无法起诉先行为，导致先行为的效力与合法性处于模糊状态，不利于法的安定性。

三、效力回溯不违反行政行为公定力理论

因违法性继承判决后行为违法后，先行为的效力与适法性状态在学理上存在争议，形成了"效力归于无""有效且合法"两种不同观点。"效力归于无"的观点源自日本法，认为后行为被撤销后，先行为处分的效果也便归于无，即先行为在后行为的判决中不仅被认定违法，且其效力也同时失去。[2]"有效且合法"的观点则认为，先行为违法性的说理体现在判决理由部分，而通常仅判决主文部分才具有既判力，因此针对后行为的判决不影响先行为的有效性与合

---

〔1〕 参见江苏省如东县人民法院（2015）东行初字第 00119 号、江苏省南通市中级人民法院（2015）通中行终字第 00370 号。

〔2〕 参见［日］盐野宏：《行政法总论》，杨建顺译，北京大学出版社 2008 年版，第 98 页。

法性。[1]"效力归于无"的观点有利于保护行政诉讼原告的利益，但是过分侵蚀了行政行为的公定力，而"有效且合法"的观点则易导致连环诉讼。因此，本文提出先行为"违法但有效"的观点，尝试弥补以上观点的不足，适度扩张后行为判决的效力，解决实践问题。

在针对后行为的判决中，确认先行为的违法性不违背行政行为的公定力。

（一）有限的公定力理论

在"郴州饭垄堆矿业有限公司诉中华人民共和国国土资源部国土资源行政复议决定案"中，最高人民法院给出了判断违法性继承的标准：①先行为是后行为的权利来源与内容基础，且先行为的合法性对后行为产生影响；②先行为存在重大且明显违法的情形；③先行为若经过治愈，则违法性截断。[2]这一标准遭到了学界的批评，[3]特别是第 2 条标准虽然与行政许可若干规定相一致，但与大多数学者认为的"先行为应当为一般性违法"相矛盾，因为先行为若无效就意味着后续的行政处分本身违法，这一违法性并不是自先行为处"继承"而来的。[4]当然也有学者对先行为应当为重大且明显违法的观点予以支持，认为有助于促进私权利保护与法安定性之间的平衡。[5]

且先遵照实践中的审判思路，若只在先行为存在重大且明显违法情形下承认违法性继承，那么针对后行为判决之效力回溯至先行为则当然不影响先行为的公定力，这是因为行政行为的公定力是有限的。

关于行政行为的公定力有两种观点：完全公定力说认为行政行为只要未被依法否定都具有完全的公定力，即便其存在重大或明显的违法情形。有限公定力说认为，无效行政行为不具有公定力，可撤销的行政行为具有公定力。[6]根据我国《行政诉讼法》第 75 条，"行政行为有实施主体不具有行政主体资格或者没有依据等重大且明显违法情形，原告申请确认行政行为无效的，人民法院判决确认无效。"由此可见，我国支持的是有限的公定力理论。实践中违法性继

---

〔1〕 参见成协中：《行政行为违法性继承的中国图景》，载《中国法学》2016 年第 3 期。

〔2〕 参见最高人民法院（2018）最高法行再 6 号。

〔3〕 参见杨建顺：《日本行政法通论》，中国法制出版社 1998 年版，第 402 页。将治愈制度无限制地予以承认，将导致偏护行政便宜的结果。只有在重新履行程序对处分的内容完全不可能带来任何变更时，才例外承认违法性的治愈。

〔4〕 参见王天华：《行政诉讼的构造：日本行政诉讼法研究》，法律出版社 2010 年版，第 80 页。

〔5〕 参见马立群、马晶：《多阶段行政行为的法律构造与分阶救济》，载《江苏行政学院学报》2021 年第 5 期。

〔6〕 参见王雅琴：《再论行政行为的公定力》，载《国家行政学院学报》2015 年第 5 期。

承仅在先行为重大且明显违法时发生，此时先行为不具有公定力，因此后行为判决的效力溯及先行为与公定力理论并不冲突。

（二）先行为的形式效力

按照学理上的观点，仅在先行为一般性违法时才发生违法性继承，此时与行政行为公定力理论也不冲突。因为行政行为的公定力是形式的与暂时的，仅推定行政行为有效，而非推定行政行为合法。

尽管通说认为公定力是指行政行为一经作出即被推定为合法有效，[1]但这一观点已经越来越多地受到质疑与批判。"公定力"一词是由日本学者美浓部达吉创造的，其认为只要公法中的国家意思没有被有权机关撤销，这种意思就被推定为合法与有效。但推定合法意味着在诉讼中要求相对人承担证明行政行为违法的举证责任，[2]这对相对人来说是巨大的负担。并且，由于日本坚持"撤销程序的排他性"，推定合法也导致国家赔偿诉讼前必须先提起撤销诉讼，否则不同程序之间将出现司法认定冲突。因此二战后，行政权逐渐丧失与裁判权并列的作为法律宣言机关的地位，认为行政行为应当与私主体的法律行为一样都受裁判权限制。[3]行政行为作出后，只是暂时地认定其具有合法行政行为的效力，即公定力仅使行政行为有效，但并不使行政行为合法。此时合法性与有效性相分离。

在坚持行政机关对其行为合法性承担举证责任的我国，显然推定行政行为合法也将导致举证逻辑上的窘境，因此承认公定力仅推定行政行为有效更为合适。"如皋冷拉公司连环诉讼案"中二审法院也采取了将行政行为合法性与有效性分离的判断思路。那么此时，承认后行为判决的效力溯及先行为，即承认在后行为判决中确认先行为的违法性，也便不与行政行为的公定力相冲突。

（三）审批制改革的影响

随着审批制度改革，"让相对人只跑一次"成为优化重组审批流程的重要原则。这一改革也使得关联行政行为违法性继承过去面临的行政行为公定力冲突有了新的面向。

在传统行政审批模式下，行政相对人需要逐次向不同的行政机关提出申请，

---

〔1〕 参见姜明安主编：《行政法与行政诉讼法》（第七版），北京大学出版社 2019 年版，第 198—199 页。

〔2〕 参见刘东亮：《行政行为公定力理论之检讨》，载《行政法学研究》2001 年第 2 期。

〔3〕 参见［日］渡辺洋三「法治主義と行政権（中）」『思想』416 号（1955）。转引自王天华：《行政行为公定力概念的源流——兼议我国公定力理论的发展进路》，载《当代法学》2010 年第 3 期。

每次申请都会获得一份答复结果。当相对人或利害关系人以先行为违法请求法院撤销后行为时，先行为的生效时间往往已经过去很久，基于先行为可能已经引发了多重法律关系，先行为的公定力以及涉及的法的安定性都较强。此时讨论针对后行为的诉讼效力可否溯及先行为，确实会让行政机关乃至社会主体难以接受。而审批制改革后，政府可以确定某个部门统一受理相对人的申请，并由该部门转告有关部门后统一办理，[1]办理完成后统一向相对人送达审批结果。原本由多个行政行为构成的审批流程，在这种模式下，不同行为之间的区分与先后关系内隐化，相对人愈发难以识别单独的行为。此外，由于审批结果统一送达，先后行为的生效时间凝缩为同一时点，此时若对最终行政行为提起诉讼，并以先行为的违法性确认后行为违法后，判决效力溯及先行为所会引发的公定力理论冲突、法的安定性冲突显然都减弱了。[2]

综上，针对后行为的判决效力溯及先行为不会与行政行为的公定力理论相冲突，先行为的违法性在后行为判决中予以确认，有助于维护司法统一，提升司法机关对行政机关的监督。

四、效力回溯符合行政诉讼特征

确认先行为违法后，若行政机关不予撤销，先行为违法性确认便失去意义。因此不少观点认为，因违法性继承确认先行为违法后，先机关应主动撤销先行为。但针对先行为违法性的说明体现在判决说理部分，行政机关常以不具有既判力为由而不予执行，因此对这一执行义务说明背后的理论依据则成为必然。

（一）后行为判决的拘束力回溯

按照通说，行政判决的效力可分为形成力、既判力与拘束力。形成力指通过判决使被诉行政行为归于消灭，既判力指当事人不得就判决内容提出相矛盾的主张，法院在后诉中不得作出与该判决相矛盾的判决，而拘束力是指判决的内容必须得到遵守。[3]行政机关常常先入为主地认为判决的效力限于判决的主文部分，实际上，拘束力与既判力都可能突破主文范围。

行政判决的拘束力具体来讲是指行政诉讼判决的内容需要得到尊重，要求与案件相关的行政机关应当尊重法院的判决，按照判决的意旨采取行动，消除

---

〔1〕 参见《行政许可法》第 26 条。

〔2〕 参见唐俊麒：《论行政审批改革中的行政行为违法性继承》，载《行政法学研究》2022 年第 2 期。

〔3〕 参见杨建顺：《论行政诉讼判决的既判力》，载《中国人民大学学报》2005 年第 5 期。

与法院判决相矛盾的违法状态。赋予判决拘束力的原因在于，如果法院在判决中确认了行政行为的违法性，但行政机关对该确认不予尊重，仍旧维持或重复作出违法的行政行为，那么相对人即便在诉讼中胜利，其权利在现实中也得不到救济。

拘束力的范围应当包括判决的理由部分。[1]其内在理据在于，判决理由部分作为判决主文的"法律要件"，支撑着主文的裁判内容，"与确定判决存在自身结合在一起而产生实体法上的效果"。[2]拘束力也可被理解为行政机关不得作出与判决内容相矛盾的行为，若拘束力范围仅限于主文部分，那么即便法院在判决理由部分认定行政行为违法，行政机关却仍然可以作出类似的行为，以任何普通人的一般认知恐怕都难以接受。且被诉行政行为的违法性正是基于判决理由部分各个要件的违法性才被证立，若仅判决主文的内容拘束行政机关之后的行为，那么行政机关仍可能基于同一理由，对各个违法的要件重新排列组合进而作出新的违法行为。

以本文的观察对象关联行政行为为例，同样可以得出相同的结果，因此判决赋予判决理由部分拘束力具有现实意义。拘束力课予行政机关禁止反复同一过错的不作为义务，还课予积极的作为义务，要消除被撤销行政行为直接关联产生的一切违法状态，或者进行重新处理。因此，承认判决理由部分的拘束力，也便赋予了关联行政行为中的先机关主动处理违法先行为的义务，防止行政机关以说理部分不具有效力而放任先行为的违法状态持续存在。

（二）后行为判决的既判力回溯

既判力是指确定的行政判决对当事人和法院所具有的强制性通用力，包括积极效果与消极效果两个方面。积极效果是指"禁止反复"，即当事人对已决的事实不得再提起诉讼，消极效果则要求法院处理后诉时受到前诉判决的羁束。在日本法上，既判力的范围原则上只针对当事人请求解决纠纷的事项所作出的判断而发生，即只针对判决主文的判断而发生，例外地承认相抵抗辩理由中的判断具有既判力。[3]既判力制度的必要性在于实现纠纷解决的制度目的，并且有助于避免一个案件数个判决的情况，避免当事人就同一个纠纷反复进行诉讼。

行政判决既判力的范围同样应当得到扩张，这是因为行政诉讼的判决理由

---

[1] 参见王贵松：《行政诉讼判决对行政机关的拘束力——以撤销判决为中心》，载《清华法学》2017年第4期。

[2] 参见［日］圆部逸夫编：《注解行政事件诉讼法》，有斐阁1989年版，第422页。

[3] 参见杨建顺：《论行政诉讼判决的既判力》，载《中国人民大学学报》2005年第5期。

是法定的。[1]民事诉讼理由往往非常庞杂，不同理由的证明力大小、因果关系强度都不相同，且以高度盖然性、或然性权衡标准作为证明标准，因此判决的理由部分往往是两造对抗的结果，并非法律规定，其效力强度自然较低。而行政诉讼的判决理由是法定的，如我国《行政诉讼法》第70条中明确规定了超越职权、违反法定程序等6项撤销判决的理由。行政诉讼判决理由是法律规定的，而非像民事诉讼依据事实和法律推理的过程。之所以行政判决理由法定，是因为行政行为往往事关公共利益，任何主体都不得轻易否定。若是任由法院自由裁量，其造成的司法权力膨胀与法律关系不稳定都是现代社会所难以接受的。因此行政行为的违法性达到何种程度才允许被撤销或确认违法，只能由法律进行规定。

行政诉讼法定判决理由对判决结果具有直接的制约作用。若行政行为符合法定判决理由，那么必然会被判决撤销或确认违法，因此法院在行政诉讼过程中作出的事实认定与法律推理，本质上就是为了推导法定判决理由。判决结果是判决理由的外在表现，判决理由决定了判决结果。判决理由部分的作用如此强大却不能被赋予既判力，显然不利于实质性解决行政纠纷。

此外，法定判决理由具有诉的利益。行政判决主文部分作出确认行政行为违法或是撤销的决定，类似于在刑事诉讼中确定了被告"罪与非罪"，而法定判决理由部分的超越职权、违反法定程序等是行政机关"罪"的理由或形式，其类似于刑事诉讼中的"此罪与彼罪"（即罪名）。[2]在刑事诉讼中，被告既能够对法院判决的"罪与非罪"提出上诉，也能够对罪名提出上诉，因为不同罪名意味着不同的刑事处罚与道德评价，即罪名对当事人具有诉的利益。对于行政机关与相对人来说，法定判决理由同样重要，其对判决主文具有强大的波及效果，对行政机关工作人员的内部追责也会产生影响，因此判决理由部分对行政机关与相对人都具有诉的利益，能够对其提起上诉，也相应应当赋予其既判力。

综上，法院判决的效力应当扩大，赋予判决理由部分拘束力与既判力，如此才能够促进行政机关尊重行政判决，防止法院作出相矛盾的判决。在关联行政行为的诉讼中，这便也意味着判决理由部分对先行为违法性的确认，要求行

---

〔1〕 参见田勇军：《行政判决既判力扩张问题研究——兼与民事判决既判力相关问题比较》，中国政法大学出版社2015年版，第223页。

〔2〕 参见田勇军：《行政判决既判力扩张问题研究——兼与民事判决既判力相关问题比较》，中国政法大学出版社2015年版，第231—232页。

政机关予以遵守并积极对先行为予以处理，对法院来说则意味着在之后的判决中不得作出相矛盾的判决。

五、判决效力回溯的限制及制度细节

如前文所述，在关联行政行为的诉讼中，针对后行为的诉讼确认了先行为的违法性，这种违法性的说明虽然体现在说理部分，但对法院与行政机关具有效力，即这一违法性说明具有既判力与拘束力。然而这种判断仍然是粗疏的，先机关如何知晓该判决内容并予以遵守？应当如何遵守即采取什么措施？如果先机关没有遵守是否还应当保障行政相对人的诉权？这些问题均需要更加细致化的诉讼制度建构。

（一）拘束力回溯的限制：维护法的安定性

后行为判决中的效力回溯至先行为，仅是指判决拘束力与既判力的回溯，形成力并不会回溯，因为法院并没有在判决中对先行为的有效与否、撤销与否作出决定。先行为应当如何处理，仍应当交由先机关予以裁量。也就是说判决理由部分的拘束力并不是要求先机关撤销先行为，而是在尊重法院判决的基础上，对个案进行考察，作出适当的、合乎比例原则的处理。这是因为，虽然效力的回溯不与行政行为的公定力相冲突，但与行政行为公定力之目的——法的安定性仍然是存在冲突的。[1]

行政机关在决定是否要撤销先行为时，要考虑以下三方面的因素：一是考察先行为因何种理由被确认违法。不同的理由对行政机关的拘束力强度不同，如超越职权之判断对行政行为的否定程度最深，相应地对行政机关的拘束力也是最强的，其次是滥用职权，再其次是违反法定程序等。[2]违法程度强，先机关便应当撤销先行为，违法程度弱，先机关便可考虑其他处理方式。二是考察先行为安定性需求是否强烈。判断先行为的安定性需求需要考察先行为是否涉及公共利益、[3]先行为涉及的利害关系人利益保护需求是否强烈、先行为作出的时间长短等因素。三是考察先行为的违法性是否可通过追认、补正与转换等方式治愈。若行政机关要通过治愈制度弥补先行为的法律效力，则应当遵循比

---

〔1〕 参见王贵松：《行政诉讼判决对行政机关的拘束力——以撤销判决为中心》，载《清华法学》2017 年第 4 期。

〔2〕 参见田勇军：《行政判决既判力扩张问题研究——兼与民事判决既判力相关问题比较》，中国政法大学出版社 2015 年版，第 227—228 页。

〔3〕 参见朱芒：《"行政行为违法性继承"的表现及其范围——从个案判决与成文法规范关系角度的探讨》，载《中国法学》2010 年第 3 期。

例原则，并且需要在程序上说明理由，将判断所基于的各种因素向行政相对人进行解释说明。[1]

（二）既判力回溯的限制：保障相对人诉权

以往关于关联行政行为的效力讨论，不愿承认后行为判决效力对先行为的回溯性，是担心侵犯了公民的行政诉权。无论如何，原告尚未对先行为提起诉讼，如果针对后行为的诉讼无法保障相对人权益，或是先机关对先行为的处理侵犯了相对人的权益，抑或先机关在知晓判决内容后仍对先行为不予处理，此时法院以后行为判决的既判力告知相对人诉讼的大门已经关闭，相对人显然难以接受。尽管本文提出扩大后行为判决的效力，是期望能够在一定程度上解决连环诉讼的问题，希望相对人在后行为的诉讼中，能够一次性解决关联的先行为带来的违法性问题，但若是未能解决，则不应限制相对人对先行为提起诉讼，即判决理由部分的既判力应当予以限缩，仅限制法院不得作出相矛盾的判决，而不应限制相对人针对先行为另行提起诉讼，从而通过更强有力的判决赋予行政机关处理先行为的义务。

作出此种限制，是为了更好地保护相对人的权益，但现实中确实存在相对人通过多次提起诉讼以向行政机关施压的情况，例如"如皋冷拉公司连环诉讼案"中虽然法院作出了69份判决，但其中有43份都是针对冷拉公司提起信息公开案作出的，其中有9次当事人撤回起诉或撤回上诉，仅有5次法院支持了冷拉公司的诉请。冷拉公司的权益虽然应当保障，但是此种滥诉施压的方式不可取。因此在针对先行为的诉讼有扩张为连环诉讼之嫌时，法院应当审查当事人是否存在滥诉，防止司法资源的浪费。

（三）制度的细节：保障先机关"知情权"

依据《行政诉讼法》的司法解释，我国行政诉讼与民事诉讼类似，均将判决送达案件当事人，[2]即原告、被告与第三人。依据"如皋冷拉公司连环诉讼案"及相关案例可知，目前在针对后行为的诉讼中，先机关并不作为第三人参与诉讼。那么对判决内容无从得知的先机关，当然不会对其作出的先行为进行处理，所谓的判决理由部分的拘束力，也便无从实现。因此应当设置清晰的送达与告知程序，保障先机关的"知情权"。

---

〔1〕 参见翟翌、李慧玲：《治愈制度在行政行为违法性继承中的适用》，载《甘肃社会科学》2021年第2期。

〔2〕 参见《最高人民法院关于适用〈中华人民共和国行政诉讼法〉的解释》，第50—52条。

具体可从以下几方面保障先机关的"知情权"：一是在关联行政行为的诉讼中，若针对后行为的诉讼涉及对先行为违法性的判断，法院应当告知先机关其有权作为第三人参与诉讼。[1]这是由于后行为判决理由部分可能确认先行为的违法性，表明先机关与本案具有利害关系，其理应参与进诉讼中，有利于法院查明事实。二是法院因违法性继承作出判决后，无论先机关是否参与了诉讼，都应当将判决送达先机关，促使先机关知晓其行为的违法性并及时进行处理，这也是法院作为法律监督机关应当履行的职责。[2]三是后机关在拿到判决书后，也应当主动告知先机关判决内容。由于先后行为之间具有关联性，先机关与后机关应当共同对所涉及的事项进行考察与研究后，对违法行为进行处理，并对受到损害的相对人及利害关系人进行赔偿。四是后行为判决的当事人也有权拿着判决书要求先机关对其违法行为进行处理。

综上，通过有边界的效力回溯，在要求先机关积极处理先行为的同时，也为其设定了灵活处理的空间；在要求法院尊重"先判决"的同时，保障相对人的诉权，并从细节上维护先机关的"知情权"。如此便有助于在关联行政行为的诉讼中，为相对人提供无漏洞的司法保障，并且不过分侵蚀法的安定性与行政机关的"首次判断权"，促进实质性解决行政纠纷。

六、结语与展望

关联行政行为面临的诉讼难题能够通过适度扩展法院判决效力获得解决，从而让处于判决说理部分的先行为违法性得到确认，并赋予先机关对违法的先行为及时处理的义务，要求后法院不得作出相矛盾的判决。但效力的扩张应有限制，不得过分侵蚀法的安定性与相对人的诉权。然而，我国行政强势与司法弱势的问题无法通过扩大法院判决效力的方式得到根治，如何强化行政机关对法院判决的尊重，强调行政行为与一般私人法律行为一样受到司法的审查与裁断，从而更好促进法院对行政权力的监督，推动法治政府建设与实质性解决行政纠纷，仍有待进一步研究。

---

〔1〕 参见雷雨薇：《行政行为违法性继承的司法审查规则构造——以 13 个典型案例为分析对象》，载《华东政法大学学报》2022 年第 3 期。

〔2〕 参见《宪法》第 134 条。

公共数据授权运营中的政府责任研究

——基于担保国家理论的视角

陈宇珺[*]

摘　要　公共数据授权运营源于公共数据开放实践效果不彰之困局，区别于一般性公共数据开放制度，其是独立的公共数据开发利用机制。行政许可说、特许经营说与广义 PPP（公私合作模式）说均反映了公共数据授权运营中隐含的公私协作色彩。授权运营不意味着政府责任的完全移转，政府依据担保国家理论负有保障授权主体确定及授权程序的公平竞争、提供给付持续不中断的保障措施、配套公共数据质量价格监管制度的责任，并承担着当被授权主体运营能力不足时的最终接管责任。

关键词　公共数据授权运营　公私协作　担保国家理论　政府责任

一、问题的提出

公共数据作为规模最庞大的数据类型，具备较高的价值聚合能力与潜在的经济效益，既能辅助政府机关开展行政治理与公共服务，又能助力市场主体生产经营，是兼具公共服务与市场价值属性的基础要素资源。[1]推进公共数据经济价值释放、引导公共数据的运用成为近年数字政府建设的重中之重。

2015 年，为促进公共数据开发利用，我国开始部署公共数据开放制度。鉴

---

* 陈宇珺，中国政法大学 2023 级行政法学硕士。
〔1〕 参见李悦：《激励与规制：公共数据授权运营的法律机制构建》，载《行政与法》2023 年第 6 期。

于公共数据开放制度面临开放数据可用性较低、开放数据利用成效不佳等实践困境，[1]公共数据授权运营模式应运而生。2021年"十四五"规划提出，"开展政府数据授权运营试点，鼓励第三方深化对公共数据的挖掘利用"，欲通过引入授权运营模式深入推进公共数据的开发利用，弥补数据开放制度活力不足的缺憾。自此，各地方逐步开始了公共数据授权运营的探索。其中，《上海市数据条例》首次以专节形式规定了公共数据授权运营制度，广东、浙江、福建厦门等地方出台的数据条例亦明确了本地区建立公共数据授权运营机制（参见表1）。此外，2022年12月出台的《中共中央、国务院关于构建数据基础制度更好发挥数据要素作用的意见》（以下简称《数据二十条》）从数据产权、流通交易、收益分配、安全治理四个方面为政府数据授权运营提供了方向指引，[2]2023年10月《济南市公共数据授权运营办法》突破性地对授权运营的方式作出了规定，彰显出该制度不断深入发展的现实背景。

表1　与公共数据授权运营相关的地方规范性文件（节选）

序号	文件名称	发布时间	效力位阶	关于公共数据授权运营的规定	授权运营方式
1	《吉林省大数据条例》	2023.12	地方性法规	第22条第1款　省人民政府按照国家要求建立公共数据、企业数据、个人数据分类分级确权授权制度，建立数据资源持有权、数据加工使用权、数据产品经营权等分置的产权运行机制。 第36条　在保障国家秘密、国家安全、社会公共利益、个人隐私、商业秘密和数据安全的前提下，省人民政府可以探索建立公共数据授权运营机制，明确授权条件、授权范围、运营模式、运营期限、收益分配办法和安全管理责任，授权符合规定条件的法人或者其他组织运营公共数据。	/

---

[1]　参见宋烁：《构建以授权运营为主渠道的公共数据开放利用机制》，载《法律科学（西北政法大学学报）》2023年第1期。

[2]　吴亮：《政府数据授权运营的公私协作趋向及其法治完善》，载《东方法学》2023年第6期。

序号	文件名称	发布时间	效力位阶	关于公共数据授权运营的规定	授权运营方式
2	《济南市公共数据授权运营办法》	2023.10	地方政府规章	详细规定了公共数据授权运营的概念、授权方式、授权程序、公共数据授权运营平台建设、授权运营监督等内容	综合授权、分区域授权、探索其他授权运营方式
3	《江门市公共数据共享和开放利用管理办法》	2023.7	地方政府规章	第27条第1款 市公共数据主管部门应当依法建立数据主体授权第三方使用数据的机制。涉及商业秘密、个人信息和隐私的敏感数据或者相应证照经数据主体授权同意后，可以提供给被授权的第三方使用。	/
4	《厦门经济特区数据条例》	2022.12	经济特区法规	第31条 建立公共数据授权运营机制，确定相应的主体，管理被授权的允许社会化增值开发利用的公共数据，具体办法由市人民政府制定。市大数据主管部门应当会同相关部门，对被授权运营主体实施全流程监督管理。授权运营的数据涉及个人隐私、个人信息、商业秘密、国家秘密等，处理该数据应当符合相关法律、行政法规的规定。	/
5	《四川省数据条例》	2022.12	地方性法规	第22条 省数据管理机构应当会同相关部门按照国家要求，深化数据要素市场化配置改革，培育公平、开放、有序、诚信的数据要素市场，推进公共数据共享、开放、授权运营，规范数据交易，促进数据要素依法有序流通。 第32条 县级以上地方各级人民政府可以在保障国家秘密、国家安全、社会公共利益、商业秘密、个人隐私和数据安全的前提下，授权符合规定安全条件的法人或者非法人组织开发利用政务部门掌握的公共数据，并与授权运营单位签订授权运营协议。省数据	

序号	文件名称	发布时间	效力位阶	关于公共数据授权运营的规定	授权运营方式
				管理机构应当会同相关部门建立公共数据授权运营机制，制定公共数据授权运营管理办法，报省人民政府批准后实施。数据管理机构应当根据公共数据授权运营管理办法对授权运营单位实施日常监督管理。	/
6	《苏州市数据条例》	2022.11	地方性法规	第15条 本市建立公共数据授权运营机制。市人民政府应当制定公共数据授权运营管理办法，明确授权主体、条件、程序和数据范围、安全要求等。市大数据主管部门应当对被授权运营主体实施日常监督管理。被授权运营主体应当在授权范围内，依托公共数据平台提供的安全可信环境，实施数据开发利用，并提供数据产品和服务。	/
7	《浙江省公共数据条例》	2022.1	地方性法规	第35条第1款 县级以上人民政府可以授权符合规定安全条件的法人或者非法人组织运营公共数据，并与授权运营单位签订授权运营协议。禁止开放的公共数据不得授权运营。	/
8	《重庆市数据条例》	2022.3	地方性法规	第31条 本市建立公共数据授权运营机制。授权运营单位不得向第三方提供授权运营的公共数据，但是可以对授权运营的公共数据进行加工形成数据产品和服务，并依法获取收益。公共数据授权运营具体办法由市人民政府另行制定。	/
9	《上海市数据条例》	2021.11	地方性法规	第三章第三节以专节规定"公共数据授权运营"	/

序号	文件名称	发布时间	效力位阶	关于公共数据授权运营的规定	授权运营方式
10	《广东省公共数据管理办法》	2021.10	地方政府规章	第41条 省和地级以上市公共数据主管部门应当依法建立数据主体授权第三方使用数据的机制。涉及商业秘密、个人信息和隐私的敏感数据或者相应证照经数据主体授权同意后,可以提供给被授权的第三方使用。	/
11	《深圳经济特区数据条例》	2021.7	经济特区法规	第50条第1款 市政务服务数据管理部门应当依托城市大数据中心建设统一、高效的公共数据开放平台,并组织公共管理和服务机构通过该平台向社会开放公共数据。	/

然而,公共数据授权运营作为一项具备先行性的制度,仍面临着数据权属存在争议、授权运营行为法律性质不明、授权运营与数据开放之间界限不清等理论难题。同时,亦因政府责任的缺位而存在被授权主体确定及授权程序的非竞争性、公共数据授权运营的保障措施不完备、监管体系不完善与政府最终接管责任不明确等实践困境。本文拟引入担保国家理论的政府责任形式框架,构建完善公共数据授权运营中的政府责任体系,使公共数据授权运营制度在政府的保障下,充分释放公共数据的活力。

二、公共数据授权运营的制度定位与法律属性

(一)公共数据授权运营的制度定位

明确公共数据授权运营的制度定位需要厘清其与公共数据开放之间的关系,以彰显公共数据授权运营的制度独特性。从概念角度看,总体可将公共数据开放理解为政府及相关的企事业单位依法面向社会提供具备原始性、可机器读取、可供社会化利用的数据集的公共服务;[1]而公共数据授权运营则指大数据主管部门授权符合条件的运营主体在授权运营平台对公共数据进行加工处理,开发形成公共数据产品并向社会提供服务(见图1)。二者的区别主要体现为:第

---

[1] 参见《上海市公共数据开放暂行办法》第3条,《浙江省公共数据开放与安全管理暂行办法》第2条、《山东省公共数据开放办法》第2条之表述。

一，目的不同。公共数据开放侧重于向社会主体提供原始数据；而公共数据授权运营则注重为市场主体所用的数据产品和服务实际产出。第二，主体关系不同。公共数据开放仅涉及公共数据提供方和公共数据需求方，而公共数据授权运营中形成了授权主体、被授权主体、数据需求方三方构造。第三，可供利用的数据范围不同。公共数据开放的数据类型主要包括有条件开放、无条件开放和非开放三类；而公共数据授权运营中的数据则更多指向有条件开放类数据。[1]

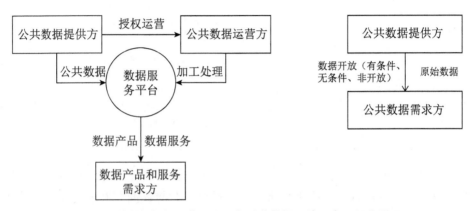

图1　公共数据授权运营（左）与公共数据开放（右）运作图示

从二者的逻辑关系看，公共数据授权运营制度生发于公共数据开放制度实践效果不彰之困局。二者间的逻辑关系存在包含关系、并列关系两种学说。持包含关系说的学者主张公共数据授权运营属于公共数据开放制度的范畴，而此种包含关系又分为两种类型，一是公共数据授权运营与公共数据开放是隶属关系，公共数据授权运营为公共数据开放制度下商业开放的典型方式；[2]二是将公共数据授权运营等同于有条件的数据开放，认为公共数据授权运营仅在数据有条件开放的前提下才具备适用空间，[3]在事实层面将公共数据授权运营与有条件的数据开放画等号。持并列关系说的学者认为，公共数据授权运营是与数据开放并列的、独立于数据开放的公共数据利用方式。但因公共数据授权运营

---

〔1〕　参见宋烁：《构建以授权运营为主渠道的公共数据开放利用机制》，载《法律科学（西北政法大学学报）》2023年第1期；参见周秀娟、王亚：《公共数据授权运营的范式考察与完善路径》，载《电子科技大学学报（社科版）》2023年第3期。

〔2〕　参见李海敏：《我国政府数据的法律属性与开放之道》，载《行政法学研究》2020年第6期。

〔3〕　参见常江、张震：《论公共数据授权运营的特点、性质及法律规制》，载《法治研究》2022年第2期。

的经济激励可能挤占公共数据一般性开放的空间，[1]故在明确二者在公共数据开放利用中的功能定位问题中，亦存在两种不同观点，一是主张公共数据授权运营仅应作为弥补公共数据开放制度缺陷的补充，二是则意图构建以公共数据授权运营为主渠道的公共数据开放利用机制。[2]

将公共数据授权运营理解为区别于一般性数据开放的独立公共数据开放利用方式或更为恰当。从公共数据授权运营模式产生角度看，若数据开放制度可发挥其应有功能，则该模式将没有存在的必要性。[3]故此时公共数据授权运营制度之于数据开放制度具有补充性作用。但是，从法律关系主体角度看，市场主体的直接介入导致该领域主体间的法律关系和权利义务分配更为复杂；从产出结果看，公共数据授权运营制度注重公共数据的增效、强调数据产品与服务产出，对释放数据潜在的经济价值具有一般性数据开放难以比拟的优越性。故应肯定公共数据授权运营制度的独特性。

（二）公共数据授权运营的法律属性

公共数据授权运营的法律属性解决授权运营行为的法律性质问题。该问题对下文探讨担保国家理论在公共数据授权运营领域的适用空间具有重要意义。对此，主要存在行政许可说、特许经营说与广义 PPP 说三种观点。行政许可说根据《行政许可法》第 2 条对行政许可的定义，主张公共数据授权运营是政府通过开放公共数据的积极行为满足申请人需要的活动。在授权行为以前，行政相对人不得从事公共数据运营，故公共数据授权运营符合行政许可"一般禁止的特别解除"特性，系行政许可。[4]有学者将公共数据授权运营归入了更具体的许可范畴，主张其属具备公共服务性质的特许经营行为。公共数据虽非有限资源，但是一种直接关系公共利益的公共资源，可将授权行为视为特定行业的市场准入。同时，持该说的学者亦意识到了公共数据授权运营的实质是行政机关与社会力量合作的表现，故需从"合作关系"的视角对此种模式进

〔1〕 马颜昕：《公共数据授权运营的类型构建与制度展开》，载《中外法学》2023 年第 2 期。

〔2〕 参见肖卫兵：《政府数据授权运营法律问题探析》，载《北京行政学院学报》2023 年第 1 期；参见宋烁：《构建以授权运营为主渠道的公共数据开放利用机制》，载《法律科学（西北政法大学学报）》2023 年第 1 期。

〔3〕 沈斌：《公共数据授权运营的功能定位、法律属性与制度展开》，载《电子政务》2023 年第 11 期。

〔4〕 参见冯洋：《公共数据授权运营的行政许可属性与制度建构方向》，载《电子政务》2023 年第 6 期。

行审视。[1] 广义 PPP 说则认为，公共数据授权运营目的在于引入社会力量，以专业力量对数据进行开发利用，弥补政府自身运营数据存在的能力和知识上的不足，创造并分享更多的增量利益，体现出 PPP 属性。[2] 此外，公共数据授权运营的行政协议说日益受到学界关注，认为公共数据授权运营兼具公法"强制性"与私法"自治性"，其中的被授权主体与授权主体之间均有议价能力且地位更加平等。[3]

2023 年 10 月，《济南市公共数据授权运营办法》首次对公共数据授权运营的概念作出了直接界定，[4] 隐含了对行政协议说采纳的立场。其合理性表现为：首先，行政许可说与特许经营说不同程度地忽略了公共数据授权运营的独特性质。就前者而言，行政许可强调第三方主体的资格准入，而公共数据授权运营的核心步骤在于政府向第三方提供数据并由其产出数据服务和产品，行政许可概念无法涵盖公共数据授权运营的整个操作流程。就主体法律关系来看，公共数据授权运营中授权主体与被授权主体兼具私法上的平等性，双方存在议价协商的可能，这一特性有别于行政许可的单方赋权性，即行政机关主导、被许可主体被动接受的特征。[5] 就后者而言，特许经营说关注到了公共数据授权运营"直接关系公共利益"、仅允许"特定主体"经营的特性，但忽视了公共数据授权运营实践的复杂性与多样性。并非所有公共数据授权运营均以市场竞价方式筛选确定，特许经营说无法涵盖公共数据授权运营的所有现实样态。其次，广义 PPP 说虽突出了公共数据授权运营中反映的公私协作特性，但其概念宽泛且缺乏完备的规制框架，无法为公共数据授权运营实践提供现成的规范指导。[6]

---

〔1〕 参见常江、张震：《论公共数据授权运营的特点、性质及法律规制》，载《法治研究》2022 年第 2 期。

〔2〕 参见肖卫兵：《政府数据授权运营法律问题探析》，载《北京行政学院学报》2023 年第 1 期。

〔3〕 参见李悦：《激励与规制：公共数据授权运营的法律机制构建》，载《行政与法》2023 年第 6 期，第 42 页；参见高灵欣、韩冰西：《公共数据类型化开放视域下授权运营制度的立法构建》，载《上海法学研究》集刊 2023 年第 6 卷。

〔4〕 《济南市公共数据授权运营办法》第 3 条第 2 款："本办法所称公共数据授权运营，是指大数据主管部门或者数据提供单位（以下统称授权单位）按规定与符合条件的法人或者非法人组织（以下统称运营单位）签订公共数据授权运营协议，依法授权其在授权运营平台对公共数据进行加工处理，开发形成公共数据产品并向社会提供服务的行为。"

〔5〕 参见高灵欣、韩冰西：《公共数据类型化开放视域下授权运营制度的立法构建》，载《上海法学研究》集刊 2023 年第 6 卷。

〔6〕 参见沈斌：《公共数据授权运营的功能定位、法律属性与制度展开》，载《电子政务》2023 年第 11 期。

相较之下，行政协议说既在理论上反映了公共数据授权运营中各方权利义务兼具"强制性"与"自治性"特性、具备公私协作的民营化色彩的特征，又体现了实践中公共数据授权运营往往通过公私双方签订协议的方式落实的现实，更全面地涵盖了公共数据授权运营制度的意涵。

三、公共数据授权运营制度面临的实践困境

（一）被授权主体确定及授权程序的非竞争性

我国当前公共数据授权运营实践多采将公共数据独家授权给国有独资企业运营的模式。2018 年成都开始进行公共数据市场化运营探索之时即采用了直接授权成都市大数据集团股份有限公司作为公共数据授权运营商的方式。北京市数据主管部门亦将专门运营金融领域公共数据的权力授予给了北京金融控股集团有限公司。结合贵州贵阳、浙江等地区的公共数据授权运营实践，多数地区的主管部门皆倾向于将公共数据独家授权给本地区的国有独资企业。采该种模式的理由，系主要考虑到政府对授权运营改革进度的宏观把控。将公共数据独家授权给当地国有资产监督管理委员会出资设立的国有独资企业，当地政府更能掌握被授权主体的人事情况及企业管理制度，实现对公共数据授权运营的充分控制，确保改革的安全推进，亦得将运营收益收回国有，增加政府部门开展公共数据授权运营改革的积极性。[1]

但是，直接将公共数据运营资格交由国有企业的做法意味着授权主体的选择缺乏竞争性，最终选出的运营企业亦未经过严格公正的授权程序筛选。这一方面有违公共数据开放利用的公平性，未能为各有能力运营公共数据的私主体提供公平竞争的市场环境，导致地方公共数据授权运营出现"一家独占"的情况，亦为权力寻租提供了操作空间；另一方面不利于激活被授权主体开发产出公共数据产品服务的积极性，无法实现公共数据资源的高效配置。

（二）公共数据授权运营保障措施不完备

首先，授权主体应谨慎考量公共数据授权运营的数据范围。然而，现行各地方数据条例中多并未明确可供授权运营的数据范畴而仅采概括性表述，授权市地方政府另行制定实施办法具体化该问题。这一方面导致部分市级地方政府

---

[1] 参见冯洋：《公共数据授权运营的行政许可属性与制度建构方向》，载《电子政务》2023 年第 6 期；参见周秀娟、王亚：《公共数据授权运营的范式考察与完善路径》，载《电子科技大学学报（社科版）》2023 年第 3 期。

直接套用省级地方性法规关于有条件开放的数据范围作为授权运营的公共数据范围，另一方面使部分市政府在实施办法中对该问题含糊其辞，可供授权运营的公共数据范围存在随意性；或采取总量一揽子授权的方式，将本级政府的现有公共数据与未来新增公共数据集访问和使用权一并授予同一被授权主体，不利于充分开发公共数据，亦可能导致被授权主体偏离自身独特业务优势，增加其转让公共数据的可能。[1]其次，在数据平台运营与实时维护、更新共享公共数据资源方面，当前各系统都专注于建设自身独立的公共数据体系，不同体系间标准、格式不一，"数据烟囱""数据孤岛"普遍存在，公共数据信息的综合性及质量均有较大提升空间。此外，现行地方数据条例对于政府在公共数据授权运营过程中数据利用风险把控、公共数据需求对接与沟通机制中承担何种责任基本处于空白状态，[2]存在授权运营过程中政府助力作用不足之情形。最后，政府对被授权主体的正向激励机制缺失。被授权主体除了承担数据运营及管理的安全保障责任，本应拥有一定的积极权利。然而，当前已有公共数据运营条例对政府激励机制的着墨不足，不利于被授权主体运营活力的激发。

（三）公共数据授权运营监管体系不完善

就数据产品、服务的质量监管而言，政府应在事前对授权运营数据是否符合数据开放的类型、格式、标准进行审查，并建立事后的质量考核评估机制，明确数据产品质量考察指标并予以量化，评估被授权主体的数据处理能力及其产品、服务质量，针对考核情况向运营单位反馈，提高其数据开放水平。[3]就数据产品服务的价格监管来看，鉴于公共数据授权运营具备公共服务属性，政府应当对被授权主体的定价进行严格监管。[4]就公共数据授权运营的信用监管而言，授权运营的行政管理性，要求被授权主体存在违反授权运营协议的行为时，行政机关应对其施以一定的惩戒措施。

但是，各地现行公共数据授权运营规范对于上述内容的规定不甚完备，针对授权运营质量保障的规定分散于各市级地方政府出台的管理办法当中，效力

---

〔1〕 参见冯洋：《公共数据授权运营的行政许可属性与制度建构方向》，载《电子政务》2023年第6期。

〔2〕 参见张会平、顾勤、徐忠波：《政府数据授权运营的实现机制与内在机理研究——以成都市为例》，载《电子政务》2021年第5期。

〔3〕 参见马颜昕：《公共数据授权运营的类型构建与制度展开》，载《中外法学》2023年第2期。

〔4〕 参见宋烁：《构建以授权运营为主渠道的公共数据开放利用机制》，载《法律科学（西北政法大学学报）》2023年第1期。

层级低而不具备普遍适用性。同时，各地方现行公共数据授权运营规范性文件中缺乏关于价格监管机制的设计，更不存在关于价格监管如何具体展开的规定，结合当前公共数据授权运营直接交由国有企业的做法，将增加被授权主体形成垄断、在数据产品定价方面出现权力寻租等情形发生的隐患。此外，信用监管机制的缺位亦不利于政府规范被授权主体的数据运营行为。

（四）政府接管责任规定及实践的不足

公共数据授权运营后，政府并非将所有责任尽数转移给了被授权主体。即，当被授权主体在公共数据授权运营过程中出现运营能力不足、提供不合格公共数据产品服务、存在不当授权运营行为时，政府应当及时介入。

鉴于公共数据授权运营中的数据不仅包含过去政府数据授权运营中的政府数据，也即数据持有者亦不仅仅局限于政府机关本身，还包含着承担履行公共管理和公共服务的所有公共机构。[1]故政府介入可表现为两种形式：其一，当政府本身为公共数据持有者而存在上述情形时，一方面政府应暂时停止授予相应被授权主体从事公共数据授权运营行为的权力，并承担期间公共数据公开及运营的责任。另一方面，政府应敦促被授权主体修正不当行为、改善运营条件，以期其重回市场、恢复继续运营能力。其二，当公益事业和公用事业机构为公共数据持有者时，此种模式下的公共数据授权运营是一种"私-私"合作的模式。故政府此时并不承担直接的接管责任，其仅需履行监督授权主体履行"暂时接管"被授权主体的数据运营权力的义务。

然而，当下关于公共数据授权运营的规定忽略了对于被授权主体履行能力不足或存在不当行为时的政府接管责任规定。如此可能导致当被授权主体出现履行障碍时，公共数据授权运营机制无法有序、顺利地运作，影响公共数据要素活力的充分释放。

四、担保国家理论的引入及其在公共数据授权运营中的适用

上述实践困境表明，私主体介入后政府责任的缺失将极大限制该机制功能的发挥。担保国家理论的引入能够为明确政府在公共数据授权运营领域承担何种责任提供思考进路。

---

[1] 关于公共机构范畴的界定，现行立法的规定大致存在狭义和广义两种，狭义上将公共机构限于政府，广义上除政府之外还包括公益事业和公用事业机构。

（一）分析框架的引入：担保国家理论

首先，担保国家是国家担保责任产生的前提。20 世纪 80 年代末，"福利国家"面临一系列危机[1]，民营化改革成为缓解福利国家中政府负担过重的有力尝试。在此过程中，政府将原属其职权范围内的行政任务向私人与社会释出，不再扮演生产者、给付者、分配者或执行者之角色而担任担保者或监督者的角色，政府负有着对私人部门履行公共任务的过程和结果进行引导的责任和维持一个公平、有序的竞争环境的责任。因此，所谓担保国家，可理解为私人参与公共任务之履行时国家对该公共任务之确实完成所应负担之保证责任。[2]

其次，民营化与公私协作是担保国家理论的适用场域。民营化致力于将原属于国家保留的经济活动去垄断化，政府开放市场，引入私主体加入竞争与公权力机关共同完成行政任务。但一方面，该种公私协作模式并非"消除任务"或"完全私有化"，而仅是行政任务完成方式的改变，履行义务在政府和私主体间进行了重新分配，二者共担任务完成这一终极目标不变，故公权力机关仍应承担保障行政任务顺利完成的义务。[3]另一方面，民营化浪潮固然使民间活力被充分释放、行政效率提高、行政成本有所降低，但亦引发了诸如私主体市场垄断、竞争秩序失控、给付质量降低等问题，故呼唤政府规制力量的介入。

最后，责任形式是担保国家理论的核心内容。主要包括：其一，公平竞争秩序与竞争者合法权益的担保。国家一方面有义务保障私主体获得一个公平而充满竞争的市场，另一方面亦应确保各竞争者的平等参与和竞争自由权，以公平公正的标准和程序挑选出合资质且最具能力的公共服务提供者。其二，给付持续不中断的担保。指国家担保私主体在提供给付服务时，如属于持续性服务，确保其持续、不间断提供；如为一次性服务，需保证其能提供。其三，给付数量、质量及合理价格的担保。即政府应履行对私主体供给的公共服务产出数量、

---

[1] 经济合作与发展组织对福利国家危机进行了描述：①意识形态和价值观的冲突；②经济衰退的危机；③政治和法律方面的危机；④福利开支的危机。参见 OECD, "The Welfare State in Crisis", OECD, 1981. 此外，米什拉也指出福利国家面临四个方面的危机：①政治和法律方面的危机；②福利提供和管理的危机；③财政危机；④经济危机。参见 Mishra, R., "The Welfare State in Crisis: Social Thought and Social Change", Wheatsheaf Books, 1984.

[2] 林明锵：《担保国家与担保行政法-2008 年金融风暴与毒奶粉事件谈国家的角色》，载《政治思潮与国家法学》（吴庚教授七秩华诞祝寿论文集），元照出版有限公司 2010 年版，第 580 页。

[3] 参见杨彬权：杨彬权：《后民营化时代的国家担保责任研究》，中国法制出版社 2017 年版，第 17、40 页。

质量的监督义务，并担保产品服务定价在反映保护需求方权益与私主体发展平衡的合理范围内。其四，最终接管的担保。指当出现私人部门履行公共任务存在瑕疵或不能履行时，政府应接手以保证该任务被无瑕疵地履行完毕。[1]此外，尚有不同学说认为，担保国家责任的形式还包括私人机构内部员工基本权益担保、国家赔偿责任的承担、给付服务普及化均等化担保等内容。[2]

（二）担保国家理论在公共数据授权运营中的适用

担保国家理论在公共数据授权运营中是否具备适用可能性、如何有效地发挥作用需解决两个问题：其一，公共数据授权运营是否、如何体现了民营化及公私合作特性而可被归入担保国家理论的适用范围；其二，担保责任形式如何在公共数据授权运营领域适用。

针对前者，公私协作是为实现公共目的，公私部门通过共同参与、平等互惠与权责共担的方式进行跨部门协作的一种结构性行为。[3]公共数据授权运营中的公私协作趋向表现为供给对象与授权模式的公私协作特性。即，在数据持续、循环使用而不断创新的背景下，利用者互动成为实现数据汇聚、创造更高价值的重要途径，根据《数据二十条》，作为数据持有者的国家可以向社会主体让渡数据加工权和经营权，[4]从而将私主体纳入数据供给对象的范畴。就授权模式的公私协作特性来看，对公共数据授权运营法律属性持不同学说的学者均肯定了公共数据授权运营中蕴含着公私合作色彩，且不同学说背后反映的公共数据授权运营制度逻辑均指向政府通过吸纳民间力量弥补其数据商业利用短板实现数据经济增效。

针对后者，公共数据授权运营中政府承担的担保责任包括：其一，国家有义务为被授权主体提供一个公平且充满竞争的市场环境，保证各主体在基本条件相同时具有同等竞争数据运营的资格，选出最优的竞争者。[5]其二，政府部门承担从源头上保障公共数据安全、实时维护和更新数据资源、加强公共数据

---

[1] 参见杨彬权：《论担保行政与担保行政法——以担保国家理论为视角》，载《法治研究》2015年第4期。

[2] 参见张敏：《政府购买公共服务后的行政担保责任》，载《行政论坛》2015年第5期；参见杨彬权：《后民营化时代的国家担保责任研究》，中国法制出版社2017年版，第98—109页。

[3] ［美］弗里曼：《合作治理与新行政法》，毕洪海、陈标冲译，商务印书馆出版社2010年版，第102—104页。

[4] 参见吴亮：《政府数据授权运营的公私协作趋向及法治完善》，载《东方法学》2023年第6期。

[5] 参见沈斌：《公共数据授权运营的功能定位、法律属性与制度展开》，载《电子政务》2023年第11期。

授权运营过程的监管等责任，保障授权运营过程的有序进行，为数据需求方提供高质量的数据产出。其三，政府应对公共数据授权运营机构的数据产品和服务进行质量和数量监管。确保授权运营方的定价合理且不存在过度溢价之情形。其四，当被授权机构在运营公共数据过程中存在不当行为或者提供不合格公共数据产出时，政府应当及时采取补救和接管措施。此时的接管并非公权力机关运用"收回权"将授权运营资格收回，而仅是一种"暂时性介入"，敦促被授权机构改进不足、改善运营条件，恢复继续运营能力。

此外，鉴于公共数据授权运营中存在由承担公共管理和公共服务的公共机构授权其他私主体运营的情形，该种模式不符合传统担保国家理论的适用范畴。但因其与政府数据授权运营在运营模式上的一致性，可类比适用担保国家理论，将政府承担的责任理解为一种特殊的担保责任。此时，政府更多地退居至次监管地位，公共机构应当首先承担公平竞争秩序及竞争者合法权益，给付质量、数量和价格及给付服务普及化和均等化的保障，并承担最终的接管责任，而政府则应做到监督公共机构全面履行职责。

五、公共数据授权运营中担保责任的制度展开

（一）保障公平竞争环境与竞争者权益

首先，所有制形式不应作为衡量特定企业是否有权参与竞争成为被授权主体的决定性条件，民营企业与国有企业竞争权平等。其次，被授权主体的选择方式与授权运营行为的法律属性密切相关，部分学者采取将授权运营归入政府购买服务或特许经营的范畴予以管理的观点。在政府购买模式中，首先应筛选拥有提供数据公共服务能力的主体，在这一环节，政府主管部门应对相关主体的法律地位、组织规模、人员配备、内部管理能力、承接公共服务的经验和相关社会评价等方面的内容进行考察。[1]其次，政府需通过建立运营评价机制以划分被授权主体的公共数据运营水平。在面临定向购买或难以采用公开招投标的服务项目时，可考虑引入第三方评估机制完成对被授权主体运营能力的评估。[2]而在特许经营模式中，政府应代表国家形式公共资源托管的权力，充分利用市场竞争机制挑选出最优的经营者。[3]再其次，应注重对于公益性目标的考量，

---

〔1〕 马颜昕：《公共数据授权运营的类型构建与制度展开》，载《中外法学》2023 年第 2 期。

〔2〕 参见李丹萍：《政府公共服务外包承包者选择的法律规制研究》，载《广西社会科学》2019 年第 4 期。

〔3〕 参见陈静忠：《论市政公用事业特许经营中的政府职责》，载《湖北行政学院学报》2011 年第 3 期。

选取价格合适、能够最大程度上发挥公共数据要素利用效果并兼顾公共数据利用公平的被授权主体。最后，应当建立过程公开透明、标准明确的授权运营对象筛选程序，以公开招标为主，辅以竞争性谈判等竞争形式，保障被授权主体选择结果经过充分市场竞争，筛选出的运营主体最具授权运营能力。

（二）提供给付持续不中断的保障措施

第一，平衡公共数据安全与授权运营间的关系。至于特定数据是否具备较高的经济社会价值，应将以下因素纳入考量：其一，特定公共数据是否符合政府开放数据的特定目的；其二，是否满足社会公众的迫切需要。[1]实际中，可借鉴北京、深圳、四川成都等地的先进经验，将政府对公共数据开放的特定目的[2]与需求驱动的方式相结合，充分释放公共数据的资源活力。第二，明确政府在公共数据授权运营平台建设及运营保障领域的责任。强化公共数据授权运营平台的统一建设，构建与其他地域相关公共数据的共享交换机制。同时，及时跟进平台公共数据的维护、更新情况。第三，细化针对被授权主体的权益保障法律激励机制。在公共数据要素市场创立初期，出台鼓励支持数据产品内容创新的相关政策，并引入"监管沙盒"改革理论，为运营主体的创新保留试错空间。在公共数据授权运营过程中，采取强化运营平台与监管机构间的信息交互方式对被授权主体的数据利用过程进行监管，实现促进创新与风险管控的平衡。同时，还应制定合理的数据利益分配规则，尊重并保护被授权主体与数据持有者、需求方间达成的利益分配协议，允许被授权主体基于其运营行为取得合理的收益。第四，辅以建立公共数据授权运营的守信法律激励机制。[3]

（三）健全质量价格的监管责任

当前部分地方规范性文件陆续作出了对授权运营监督制度的规范尝试，[4]故在设计政府监管的担保责任制度时，可采"由下而上"吸收地方优秀经验的

---

〔1〕参见宋烁：《构建以授权运营为主的公共数据开放利用机制》，载《法律科学（西北政法大学学报）》2023年第1期。

〔2〕例如，《北京市数字经济促进条例（草案）》明确，除金融外，还将设立医疗、交通、地理空间等领域的公共数据专区推动公共数据开放和社会化应用。2022年8月30日通过的《深圳经济特区数字经济产业促进条例》也确立了卫生健康、社会保障、交通、科技、通信、企业投融资、普惠金融等领域推进公共数据和社会数据融合应用。

〔3〕参见李悦：《激励与规制：公共数据授权运营的法律机制构建》，载《行政与法》2023年第6期。

〔4〕例如，《温州市公共数据授权运营管理实施细则（试行）》《宁波市公共数据授权运营管理实施细则（试行）》《长春市公共数据授权运营管理办法》等地方规范性文件中，均设置了"数据安全与监督管理"章节。

方式予以推进。在产品、服务质量监管层面，需为政府设定在正式授权前对被授权主体所应用的公共数据类型、格式、标准进行再审查的义务，确保授权运营数据的安全性。在公共数据授权运营过程中，公共数据主管部门应承担建立本地方公共数据运营质量评估机制的责任，会同相关专业领域相关部门制定产品质量考察指标并予以公开，并要求授权运营单位向主管部门提交公共数据运营情况报告，定期由其自身或委托第三方专业机构对授权运营产出情况进行评估跟进，给予反馈。在价格监管层面，政府应一方面赋予被运营主体定价权，另一方面对市场主体的定价进行监督控制。关于价格的确认，政府可以组织专家会同价格相关部门、行业协会等编制价格评估指导标准，并授权被运营主体根据上述指导标准自行确定产品服务的最终价格。[1]最后，在信用监管层面，政府主管部门应将对被授权主体的运营情况评估作为某一单位再次申请公共数据授权运营的重要依据，将授权运营成果不合格或存在扰乱公共数据管理制度的被授权运营单位记入公共信用信息管理系统，对其施以失信惩戒，并慎重考量是否批准其再次运营公共数据。

（四）明确政府的最终接管责任

首先，政府应暂时性停止授予特定主体从事公共数据运营的权力，实践中表现为公共数据主管部门暂时关闭其运营域使用权限。其次，政府应敦促被授权主体在其指定或原授权运营协议规定的期限内开展整改，修复不当行为或完善运营能力，并对其整改效果进行评估核查。最后，若该被授权主体完全丧失运营能力或不再符合授权运营的资格要求，政府主管部门应及时撤销运营单位的运营域使用权限，并删除授权运营域内留存的相关数据。由其自行暂时接管该部分公共数据，此时，政府可尝试引入具备专门知识的团队维系数据运营基本运转，并尽快寻找下一符合授权运营条件、具备公共数据运营能力的主体继续开展数据运营。还需将前期授权运营开展情况等信息与承接主体进行交接，确保新被授权主体的运营工作顺利开展。在政府外的公共机构为原数据持有者时，政府无需直接介入公共机构授权其他法人或非法人组织开展授权运营的过程。当被授权主体出现运营能力缺陷或存在不当行为时，应由公共机构承担第一顺位的接管责任，政府数据主管部门在此更多仅需履行督促职责。即，确保公共机构全面正确履行监督被授权主体整改、恢复运营能力的义务，并注意公

---

〔1〕 常江、张震：《论公共数据授权运营的特点、性质及法律规制》，载《法治研究》2022 年第 2 期。

共机构与被授权主体间是否存在恶意串通、刻意隐瞒被授权主体履行能力不足以致削弱公共数据资源增效之情形。

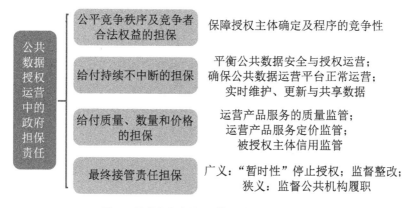

图 2　公共数据授权运营中的政府责任框架

六、结语

公共数据授权运营是数据主管部门为解决公共数据开放适用效果不彰、克服其自身数据利用专业能力有限困局、发掘公共数据要素的市场价值的积极尝试。此种模式的引入并不意味着政府完全不再承担任何公共数据开发利用保障责任。根据担保国家理论，民营化后政府仍应承担政府对私人部门履行公共任务的过程和结果进行引导及维持一个公平、有序的竞争环境的责任。即，做到保障授权主体选择和授权程序的竞争性、为具备资质和能力的私主体提供公平竞争环境并保障自由平等竞争权；平衡公共数据安全与授权运营间的关系、确保数据运营平台的正常运行、实时维护、更新并共享数据资源、为被授权主体的权益保障提供法律激励；对被授权主体的公共数据产出质量、价格进行监督，并对被授权主体开展信用监管；区分公共数据主体承担不同类型的最终接管责任，当其本身为公共数据主体时，被授权主体存在不当行为或运营能力不足，政府应承担暂时性监管与督促相应主体整改的义务，当公共机构为公共数据主体时，政府仅需承担监督公共机构的督促行为的义务。通过令政府在公共数据运营全过程中承担担保责任的方式，确保公共数据授权运营在充分释放数据活力的基础上能够安全有序地健康运行。

行政合规实体激励的合法性研究

——以《行政处罚法》第 33 条为中心

阙瑞欣[*]

摘　要　《行政处罚法》[1]第 33 条的"主观过错条款"及"轻微不罚""首违不罚"条款为企业行政合规实体激励提供了合法性依据。但在解释上，其仍面临企业意志独立性不明、主观过错与合规表现的等价性不足、法律责任落空以及企业与成员责任混同等挑战。对此，应当肯定企业意志的独立性，并通过合规计划的有效性评价来认定企业的过错程度、确立单位作为独立法律主体的组织体责任，以主观过错的认定实现企业与其成员之间责任的分离。

关键词　行政合规　实体激励　行政处罚　企业违法　企业独立意志

一、问题的提出

自 2018 年 4 月 "中兴事件" 以来，[2]习近平总书记从企业合法经营及海

　＊　阙瑞欣，中国政法大学 2022 级行政法学硕士。

　〔1〕　为表述方便，本文凡涉及我国的法律规范均用简称，如《中华人民共和国行政处罚法》，简称《行政处罚法》。

　〔2〕　国商务部工业和安全局（BIS）因为中兴通讯违反了美国对伊朗和朝鲜的出口管制规定，对中兴通讯实施了为期 7 年的出口禁令，导致中兴通讯的主要经营活动陷入停滞。此后中兴通讯与 BIS 达成和解协议，除高额罚金以外，最重要的是中兴通讯后期有关合规管理制度的建设。参见李本灿：《刑事合规理念的国内法表达——以"中兴通讯事件"为切入点》，载《法律科学（西北政法大学学报）》2018年第 6 期。

外发展等方面多次强调了企业合规建设的重要性[1]，引发了学界和实务界的高度关注与研究热潮。理解企业合规有内外两个维度，企业合规既是企业健全内部规章制度以实现自警自监、预防违法犯罪的自身日常合规建设，也是国家通过建立刑事、行政合规激励机制对企业的预防式监管手段。[2]与以往威慑理念下的单方治理模式不同，企业合规转向了合作式执法，奉行激励理念，以责任追究程序上的优待或者实体上的责任减免作为对企业进行合规建设的激励手段。[3]其根本目的和价值在于减少追究企业责任造成的大规模员工失业、大中小投资者被无辜牵连甚至行业震荡等一系列负的外部性，以实现对企业违法犯罪的源头治理、营商环境优化与最大程度的公共利益保护。[4]

当前，我国企业合规改革已经在刑事领域的理论与实践中均取得了较大进展，如已经建立起了刑事合规不起诉制度以及涉案企业合规第三方监督评估机制等。[5]同时，越来越多的刑法学者意识到，企业刑事犯罪往往涉及行刑衔接问题，其前端连接着企业行政违法，而其受到的"吊销营业执照""剥夺特许经营权"等行政处罚往往比刑事处罚中的罚金刑等对企业造成的后果更具有毁灭性。[6]因此有学者提出，行政合规比刑事合规在预防企业违法犯罪中的作用更大，行政监管中的企业合规建设亟需提上日程。[7]

在此背景下，行政法学界也逐渐展开了对企业合规的研究，认为行政合规"是允许企业通过建立合规机制的形式获得行政机关减免行政责任的一种法律制度。"[8]

---

〔1〕 如习近平总书记 2018 年 11 月《在民营企业座谈会上的讲话》指出，"民营企业家要讲正气、走正道，做到聚精会神办企业、遵纪守法搞经营，在合法合规中提高企业竞争能力。"习近平总书记在 2022 年 12 月的中央经济工作会议上强调，"国企、民企、外企都要依法合规经营。"

〔2〕 参见陈瑞华：《论企业合规的性质》，载《浙江工商大学学报》2021 年第 1 期。

〔3〕 参见陈瑞华：《刑事诉讼的合规激励模式》，载《中国法学》2020 年第 6 期。

〔4〕 参见解志勇：《行政法上企业合规治理制度体系的建构思路》，载《法律科学（西北政法大学学报）2023 年第 3 期。

〔5〕 参见李本灿：《刑事合规制度改革试点的阶段性考察》，载《国家检察官学院学报》2022 年第 1 期；参见刘艳红：《涉案企业合规第三方监督评估机制关键问题研究》，载《中国应用法学》2022 年第 6 期。

〔6〕 参见陈瑞华：《论企业合规在行政和解中的适用问题》，载《国家检察官学院学报》2022 年第 1 期；参见张泽涛：《论企业合规中的行政监管》，载《法律科学（西北政法大学学报）》2022 年第 3 期。

〔7〕 参见张泽涛：《行政监管是企业合规之本》，载《民主与法制周刊》2021 年第 29 期。

〔8〕 熊樟林：《企业行政合规论纲》，载《法制与社会发展》2023 年第 1 期。有关行政合规的概念虽然尚未形成共识，但大致相近。有学者使用"行政法上的企业合规制度体系"这一表达，参见解志勇：《行政法上企业合规治理制度体系的建构思路》，载《法律科学（西北政法大学学报）》2023 年第 3 期；亦有学者将其表述为"行政合规整改"，指出其是"监管中以他律促自律的制度设计，即行政机关通过给违法违规企业设定外在义务，将合规机制纳入公司治理结构，督促企业建立一套良好运转机制的内部控制体系。"参见赵阳：《行政合规整改嵌入监管体系的路径及制度保障》，载《西南政法大学学报》2023 年第 2 期。

企业合规制度的核心是激励机制，而作为行政合规核心的"行政合规实体激励"是行政监管部门在作出行政处罚的实体层面，根据企业是否建立或完善合规体系及其合规体系的有效性，对企业的应受行政处罚行为[1]进行免责或从宽处理的制度。[2]行政合规实体激励可以根据企业合规建设时间分为事前和事后两种形式——前者是指企业在违法行为发生之前已经建立合规体系，从而可以免除或减轻行政处罚的制度；[3]后者是指企业在违法行为发生之后，承诺或采取改善合规体系的措施，从而可以获得行政处罚的减免或免责的制度。[4]

实践中部分省市也以《行政处罚法》第 33 条为依托，通过出台规范性文件或确立改革试点逐步推进行政合规改革。[5]如广东省广州市 2023 年 11 月出台的《民营企业首次违法合规免责清单（第一批）》通过改造首违不罚制度引入合规激励机制，还首次将合规整改与行政机关对违法行为的调查过程相结合，是全国第一份建立首次轻微行政违法合规免责清单的文件；[6]江苏省南通市 2023 年 9 月出台的《关于推进涉企行政合规全过程指导优化经济发展环境的实施方案》强调深化实施免罚轻罚柔性执法，对原有免罚清单之外的可以开展企业合规治理的违法企业，根据"一案一议""集体审议"等情况依法处理等。[7]

整体看来，尽管学界对于事前、事后的行政合规实体激励概念都是基于企

〔1〕 "行政违法行为"是行政相对人因违反行政法律规范设定的法律义务，从而应当承担相应法律责任的行为，它还包括了行政相对人不受行政处罚但应承担其他法律责任的违法行为；"应受行政处罚行为"是行政违法行为的下位概念，主要针对的是行政处罚法上的责任。本文针对的是企业合规对其行政处罚责任的减免，因此采用"应受行政处罚行为"这一表述。参见黄锫：《应受行政处罚行为成立要件的法理构造》，载《浙江学刊》2022 年第 2 期；参见熊樟林：《应受行政处罚行为模型论》，载《法律科学（西北政法大学学报）》2021 年第 5 期。

〔2〕 本文之所以将重心聚焦在"实体"激励程序上，主要是认为行政处罚决定的作出时间一般较短，程序负担性较弱，与刑事诉讼程序中检察机关合规不起诉的程序性控制逻辑不同，因此行政法上的合规程序激励意义远不如实体激励。

〔3〕 参见熊樟林：《企业行政合规论纲》，载《法制与社会发展》2023 年第 1 期。

〔4〕 参见熊樟林：《企业行政合规论纲》，载《法制与社会发展》2023 年第 1 期。

〔5〕 参见潘龙：《合规行政监管激励机制与"首违不罚"融合路径探索》，载《上海法学研究》集刊 2022 年第 13 卷。

〔6〕 参见《广州发布全国首个民营企业首次违法合规免责清单》，载广东市司法局网，http://sfj.gz.gov.cn/xxgk/xxgkml/gzdt/sfyw/content/post_9300720.html，最后访问时间：2023 年 12 月 20 日。

〔7〕 参见南通市司法局行政执法协调监督处：《南通召开涉企行政合规全过程指导工作新闻发布会》，载南通市司法局网，https://sfj.nantong.gov.cn/ntssfj/bmdt/content/8920be70-c940-40da-a4c5-1040597e76d1.htm，最后访问时间：2023 年 12 月 20 日；参见赵建峰：《南通印发涉企行政合规全过程指导方案》，载《中国环境报》，2023 年 12 月 12 日，第 6 版。

业合规改革的实践需求和相关内涵来描述的，但定义概念并不能使行政合规实体激励制度的合法性不证自明。仍然有疑问的是：行政合规实体激励能否在《行政处罚法》上找到规范基础与解释空间？如果能，这种规范依据是否足够充分、解释空间是否足够大，而不违反行政法的基本理念呢？如果相关现有理论的解释力不足，仍旧存在一定的困境，是否有相应的改进空间呢？本文将聚焦于行政合规实体激励的合法性问题，详细阐述其合法性解释的空间以及可能遇到的解释难题；同时，本文也将在理论和制度层面对这些解释困境进行回应，旨在为企业合规改革在行政法法治框架内的稳健发展提供有益借鉴。

二、行政合规实体激励的合法性空间

如前文所述，行政合规实体激励的合法性问题核心在于企业合规建设对于行政机关认定企业应受处罚行为，以及确定具体处罚结果上削减效果的合法性。[1]这种处罚效果的削弱或者阻却可以分为两个方面：首先，在"定罚"层面，也即企业应受处罚行为的成立要件层面，事前企业合规建设在成立要件层面阻却了应受处罚行为的成立，企业从而不被予以处罚；其次，在"量罚"层面，由于事后企业合规符合从轻、减轻或者免除处罚的情形，行政机关对应受处罚企业作出了宽大处理。在此逻辑下，行政合规实体激励合法性问题聚焦于《行政处罚法》第33条的解释和适用上，[2]其第2款[3]与事前行政合规实体激励相关，第1款[4]与事后行政合规实体激励相关。

（一）事前行政合规实体激励之合法性空间

明确事前行政合规实体激励的合法性空间大小关键在于对《行政处罚法》第33条第2款的解释，即对"主观过错条款"的解释。该款引入的主观归责原则契合了企业合规通过增强企业自警自检能动性以预防企业违法的价值取向，给企业通过事前合规建设证明自身没有主观过错从而不成立应受处罚行为提供了规范依据与合法性解释空间。

［1］ 参见吴叶乾：《论市场活动中可予激励性监管的范围》，载《新疆社会科学》2023年第4期。

［2］ 参见陈子君：《论从宽处罚背景下企业合规完善路径——以双罚制为切入点》，载《行政法学研究》2024年第2期；参见熊樟林：《企业行政合规论纲》，载《法制与社会发展》2023年第1期。

［3］ 《行政处罚法》第33条第2款规定："当事人有证据足以证明没有主观过错的，不予行政处罚。法律、行政法规另有规定的，从其规定。"

［4］ 《行政处罚法》第33条第1款规定："违法行为轻微并及时改正，没有造成危害后果的，不予行政处罚。初次违法且危害后果轻微并及时改正的，可以不予行政处罚。"

1. 第 33 条第 2 款的责任主义转向

旧《行政处罚法》秉持客观归责原则，对行政违法行为的责任判断不以行为人是否具有主观过错为前提，而只以行为是否违反了法律规范为依据，即故意或过失不影响责任的成立。[1]该原则认为行政违法行为的违法性与有责性是一致的，违法即有责，不需要进一步考察行为人的心理状态；此规定考察主观过错的技术成本太高，不符合行政管理的效率需求。[2]但随着归责理论的不断发展，学界逐渐意识到客观归责原则忽视了人的自由意志，不利于对人格尊严的维护，不利于实现行政处罚的惩戒和预防相结合的目的，甚至可能造成无辜者受到不公正的处罚，有损行政处罚的公正性和合理性。[3]

在此背景下，2021 年新修订的《行政处罚法》增加第 33 条第 2 款"主观过错条款"，转向了责任主义，"以行为人具有责任能力和责任条件（主观过错）为承担行政责任的前提条件"。[4]责任主义是刑罚正当化的基础，要求犯罪行为或违法行为的成立必须以行为人对不法行为的可归责性为前提，而不能仅仅根据行为的客观危害或社会利益来判断；只有当行为人能够避免不法行为的每个环节和要素时，才能对其追究罪责，从而增强相对人对刑罚的信服和认同。[5]这一变化使得责任主义被确立为《行政处罚法》的总则性规定，[6]在构成要件角度明确当事人没有主观过错即不构成应受处罚行为，且应当不予处罚。[7]

2. 责任主义下的事前行政合规实体激励空间

责任主义理念与企业合规理念有异曲同工之妙。如上文所言，责任主义旨在保护被惩处对象的尊严，加强刑罚的正当化，避免无辜者受到牵连；而企业

---

[1] 参见李孝猛：《主观过错与行政处罚归责原则：学说与实践》，载《华东政法大学学报》2007年第 6 期。

[2] 参见熊樟林：《行政处罚责任主义立场证立》，载《比较法研究》2020 年第 3 期。

[3] 参见王贵松：《论行政处罚的责任主义》，载《政治与法律》2020 年第 6 期；参见黄先雄、孙学凯：《过错内外：论行政处罚的主观责任与客观责任》，载《中南大学学报（社会科学版）2022 年第 4 期。

[4] 张倩：《行政处罚减免制度的内在逻辑》，载《政法论丛》2023 年第 6 期。

[5] 参见赵宏：《行政处罚中的违法性认识》，载《中国法律评论》2023 年第 1 期。

[6] 参见章剑生：《行政处罚中的"主观过错"：定位、推定与例外——〈行政处罚法〉第 33条第 2 款评释》，载《浙江学刊》2023 年第 3 期。参见喻少如、姜文：《论行政处罚的主观要件——以新修订《行政处罚法》第三十三条第二款为中心》，载《湖南警察学院学报》2021 年第 3 期。

[7] 参见袁雪石：《中华人民共和国行政处罚法释义》，中国法制出版社 2021 年版，第 220 页；参见熊樟林：《〈行政处罚法〉主观过错条款适用展开》，载《中国法学》2023 年第 2 期。

合规同样旨在通过加强合规建设，保护企业的经营，避免因企业高管等的违法行为导致企业作为无辜独立个体也受到牵连，在"放过企业，严惩责任人"〔1〕的思想下实现个人责任与企业责任的分离，本质也遵循的是责任主义理念。〔2〕

在这种理念的一致性下，《行政处罚法》第 33 条第 2 款引入的责任主义原则，为企业的事前行政合规实体激励措施赋予了法律上的正当性。尽管该条款对企业提出了较高的"自证无罪"证明要求，〔3〕但这也同时意味着，那些在被行政执法机关启动违法程序追究之前就已经积极投入并实施了合规建设的企业，有可能因此不构成应受处罚行为。〔4〕需要注意的是，此时所说的不构成应受处罚行为，是从"量罚"的构成要件层面就阻却了企业应受处罚行为的成立。〔5〕行政执法机关在裁量时，可以将企业的这些事前合规建设情况视为"当事人有充分证据证明其没有主观过错"的有力依据，从而可能对企业采取更为宽容的处理态度。

（二）事后行政合规实体激励之合法性空间

明确事后行政合规实体激励的合法性空间大小的关键在于对《行政处罚法》第 33 条第 1 款的宽大处理情形的解释，即对"轻微不罚"条款和"首违不罚"条款的解释。其中，企业合规建设是否可以被解释为企业违法行为发生后的"改正"措施，决定了其能否得到不予处罚的宽大处理。

1. 第 33 条第 1 款的宽大处理情形

《行政处罚法》第 33 条第 1 款规定了"轻微不罚"和"首违不罚"两个宽大处理情形。虽然两个处理结果都是"不予处罚"，但法律意义与评价效果不同：前者是基于无危害性评价的不罚，后者是以危害性轻微评价为基础的便宜主义下的可以不罚。〔6〕

---

〔1〕 冯卫国、方涛：《企业刑事合规本土化的现实困境及化解路径》，载《河南社会科学》2022 年第 6 期。

〔2〕 参见董文蕙：《涉单位自然人犯罪合规的理据、边界与例外》，载《法学》2023 年第 12 期。

〔3〕 参见贸促会贸易报社、中国贸易报社：《新〈行政处罚法〉施行便利企业合规》，载中国国际贸易促进委员会网 https://www.ccpit.org/a/20210208/202102084kxj.html，最后访问时间：2023 年 12 月 23 日。

〔4〕 参见解志勇：《行政法领域的企业合规立法思考》，载微信公众号"蓟门一体化刑事法讲坛"，2023 年 12 月 1 日。

〔5〕 参见熊樟林：《企业行政合规论纲》，载《法制与社会发展》2023 年第 1 期。

〔6〕 参见谢红星：《不予行政处罚的法理——围绕〈行政处罚法〉第 33 条而展开》，载《广东社会科学》2022 年第 2 期；参见周苏湘：《论"不予行政处罚"的逻辑内涵及其适用展开》，载《行政法学研究》2022 年第 2 期。

具体而言，"轻微不罚"条款适用的是"轻微并及时改正，没有造成危害后果"的违法行为。参考刑法中的"违法性理论"，应受处罚的违法行为前提是具有客观上的违法性。如果没有客观违法层面的危害后果，便不具有危害性，就不认为当事人的行为成立了应受处罚的违法行为，自然属于绝对的不予处罚情形。[1]而"首违不罚"条款中违法行为已然造成"轻微"危害后果，只是基于包容监管的理念以及当事人具有的初次违法与及时改正的量罚情节，"可以"考虑的不予处罚。[2]这种情形下，应受处罚行为已然成立，是否不予处罚由行政机关裁量决定。

2. 宽大处理情形下的事后行政合规实体激励空间

事后行政合规实体激励在"轻微不罚"与"首违不罚"这两个宽大处理情形下均能找到制度空间。如上文所言，这两者的成立条件均为"违法行为及时改正"，而企业违法后的合规建设均可以被视为企业违法后的及时改正方式。实际上，企业违法后的合规建设往往围绕合规计划展开，既可能是对于其该次违法行为的专项整改，也有可能是对于其整体合规风险评估后的全面整改。[3]如果能被认定为是"有效"合规计划，必然通过了关于合规计划有效性的检验，相关标准的通过也一定程度上意味着违法企业对其自身违法行为的相应改正。[4]

另外，企业合规激励的理念同样与"轻微不罚"与"首违不罚"中的宽大处理理念具有一致性，能够实现与《行政处罚法》第 5 条[5]"处罚便宜原则"

---

[1] 参见谢红星：《不予行政处罚行为的确定》，载《学术界》2022 年第 7 期。

[2] 参见周苏湘：《论"不予行政处罚"的逻辑内涵及其适用展开》，载《行政法学研究》2022 年第 2 期。

[3] 参见解志勇、那扬：《有效企业合规计划之构建研究》，载《法学评论》2022 年第 5 期。

[4] 美国联邦量刑委员会制定的《有效的合规与伦理方案》确立的"合规黄金八条"标准在国际上影响力较大，包括：企业要建立预防和监测犯罪行为的标准和程序；领导层理解合规方案并能监督方案实施，同时保障有充足的支持资源确保方案有效实施；阻止存在不当行为的人员担任领导职务；对合规方案标准和程序进行沟通和有效培训；建立监督、审计和报告机制；制定激励和纪律处分机制；对违规事件迅速作出反应并对合规方案及时进行修补；周期性评估企业应对合规风险能力。美国司法部发布的《公司合规计划评估标准》同样具有广泛影响力，对合规计划有效性的评估注重考察"三要素"：①公司合规方案是否设计良好；②该计划是否得到认真和真诚的执行；③公司的合规方案在实践中是否有效。参见邵聪：《涉案企业合规的评估标准研究》，载《苏州大学学报（哲学社会科学版）》2022 年第 4 期。

[5] 《行政处罚法》第 5 条第 2 款规定："设定和实施行政处罚必须以事实为依据，与违法行为的事实、性质、情节以及社会危害程度相当。"

及第 6 条[1]"处罚与教育相结合"原则相耦合。[2]行政处罚的核心目的并非单纯的惩罚，而是旨在维护公共利益和社会秩序。除惩罚功能外，行政处罚还承载着教育公民守法、预防违法行为的重要使命。特别是在传统行政责任出现"威慑失灵"的背景下，以合规激励作为替代单纯罚金的手段，能够从根本上转变企业的违法经营模式，推动其内部治理的完善，从而实现最佳的社会效益。[3]

三、行政合规实体激励的合法性困境

尽管《行政处罚法》第 33 条的两款规定为行政合规在事前和事后的实体激励方面提供了合法性基础，但在实际操作中仍面临一定的解释困境。首先，在事前行政合规实体激励的层面，关于企业合规是否足以作为证明企业无主观过错的充分证据，并据此免除行政处罚，仍存在争议。这主要涉及对企业是否具有主观意志的认定，以及企业合规表现与企业主观过错之间等价性评价的问题。其次，在事后行政合规实体激励方面，虽然企业合规被视作企业违法行为轻微且及时改正的体现，从而可能不予或减轻行政处罚，但这也引发了关于法律责任是否得到有效落实的质疑。同时，如何合理划分企业责任与成员责任也是一个亟待解决的问题。

（一）事前行政合规实体激励之合法性困境

事前行政合规实体激励在合法性方面主要面临两大挑战：首先是关于企业是否拥有独立意志的问题。如果企业被认定为不具备独立意志，那么就无法从主观层面对其进行评价。其次，假设承认企业具有独立意志，如何具体地将企业的事前合规建设情况与主观上的过错缺失评价联系起来，目前仍然缺乏成熟且明确的方案。

1. 企业意志的不独立性

有观点认为，企业的意志并不具备独立性。尽管企业在法律层面上被赋予了法人资格，但其实质仍是由众多自然人构建而成的，缺乏生物学上的实体形态和独立的灵魂。企业的所谓"意志"，只能通过其组成成员——管理者和员

---

[1] 《行政处罚法》第 6 条规定："实施行政处罚，纠正违法行为，应当坚持处罚与教育相结合，教育公民、法人或者其他组织自觉守法。"

[2] 参见金成波：《行政处罚便宜原则研究》，载《华东政法大学学报》2022 年第 2 期。

[3] 参见熊樟林：《企业行政合规论纲》，载《法制与社会发展》2023 年第 1 期。

工等自然人的行为来得以体现。[1]这些自然人在进行决策时，会根据个人的利益取向、知识积累和价值取向形成各自的观点，进而通过企业内部的交流、协商和决策流程，逐步达成某种程度的共识，最终被外界视为企业的"意志"。[2]

然而，企业的"意志"实际上只是其成员个体意志的某种聚合或映射，它像是一面镜子，反映出了事实和现实状态的某个侧面，这种"意志"既缺乏心理学领域的支撑，也无法在规范性的语境下得到充分的论证。[3]因此，企业意志并不能被视为一种真正意义上独立的主体意志。在这种认识下，我们自然无法从主观层面对企业的主观情况进行评价。相应地，因为不能判定其在主观上没有过错，所以也无法依据《行政处罚法》第33条第2款的规定来阻却其应受处罚行为之成立。[4]

2. 企业意志与合规的等效评价标准不明

即使将企业意志独立性的问题暂时搁置，企业事前合规建设与对其主观过错的评估之间的等效性问题仍然显得尤为棘手。具体而言，企业事前合规建设需要达到何种水平，方能在《行政处罚法》第33条第2款的审视下被认定为"没有主观过错"，这仍是一个悬而未决、模糊不清的问题。

如上文所述，这一难题的产生很大程度上归因于2021年修订的《行政处罚法》中责任主义的新近融入。由于与传统的客观归责理论截然不同，行政法学界在行政违法行为的主观过错领域的研究目前尚不充分，多数理论在借鉴刑法时未能充分挖掘行政违法行为的独特性，特别是在企业违法行为的主观过错形态方面缺乏深入细致的探索。[5]因此，在试图确立企业合规建设与主观过错评价之间的等效关系时，我们不得不面对一个尴尬的现实：缺乏明确的认定标准。这种情况不仅增加了企业在合规建设过程中的不确定性和风险，同时也给行政执法部门在行使裁量权时带来了公正性和一致性方面的潜在挑战。

---

〔1〕 参见董学立：《法人人格与有限责任》，载《现代法学》2001年第5期。

〔2〕 参见蔡仙：《组织进化视野下对企业刑事归责模式的反思》，载《政治与法律》2021年第3期。

〔3〕 参见时延安：《合规计划实施与单位的刑事归责》，载《法学杂志》2019年第9期。

〔4〕 参见熊樟林：《企业行政合规论纲》，载《法制与社会发展》2023年第1期。

〔5〕 参见张青波：《论应受行政处罚行为的主观要素》，载《法学》2020年第10期；参见金成波：《行政处罚中违法者主观认识论纲》，载《当代法学》2022年第4期；参见石肖雪：《行政处罚主观过错要件的客观化适用》，载《法学家》2023年第4期；参见赵宏：《行政处罚中的违法性认识》，载《中国法律评论》2023年第1期。

（二）事后行政合规实体激励之合法性困境

事后行政合规实体激励在合法性层面同样遭遇两大挑战：首先是关于法律责任的落空问题。在双罚制下，若出现《行政处罚法》第 33 条第 1 款的"首违不罚"情形，不对企业责任进行追究，那么导致企业违法的企业成员也无法被追究责任，从而造成法律责任落空问题。其次，如果忽略双罚制的影响，那么如何准确评估成员的责任承担将成为一个突出问题。

1. 双罚制下法律责任的落空问题

之所以提及双罚制，是因为它是目前针对企业行政违法的处罚制度。该制度遵循"行政违法责任连带"原则，[1]将企业和自然人一道作为责任主体进行处罚，旨在提高对企业违法的震慑作用。[2]与事前合规中企业通过证明无主观过错来避免应受处罚的行为有所不同，事后合规存在两种不同情形。在"轻微违法不处罚"的情况下，与事前合规相似，该行为本身并不构成应受处罚的行为，因此不涉及法律责任的承担。然而，在双罚制下，对于"首违不罚"情形，如果因企业事后的合规建设而不对企业责任进行追究，将导致企业违法的企业成员也无法被追究相应责任，从而造成法律责任的落空问题。这不符合企业合规"放过企业，严惩责任人"的制度初衷，也不符合民众朴素的正义观。[3]

2. 单位与成员责任的混同问题

即使暂时忽略双罚制下可能出现的责任落空问题，并假设企业责任与成员责任可以不遵循连带责任原则而进行二分，我们仍然面临一个复杂的问题：在企业事后进行合规建设的背景下，如何明确界定企业成员对之前企业违法行为的个人责任承担情形与限度？不同于刑法学界已经逐渐开始提倡单位犯罪主体的分离论，[4]在企业合规改革的视野下，行政处罚领域如何合理划分企业与成员之间的责任界限，以确保法律责任不会落空，目前仍然缺乏明确的指导原则和实践标准，从而导致行政合规实体激励的合法性困境。

四、行政合规实体激励合法性困境之消解

本部分将主动回应并尝试消解上文中提到的行政合规实体激励的合法性困

〔1〕 参见杨东升：《单位行政违法双罚制的立法模式选择》，载《法学》2023 年第 4 期。
〔2〕 参见谭冰霖：《单位行政违法双罚制的规范建构》，载《法学》2020 年第 8 期。
〔3〕 参见熊樟林：《企业行政合规论纲》，载《法制与社会发展》2023 年第 1 期。
〔4〕 参见王志远：《企业合规改革视野下单位犯罪主体分离论与归咎责任论之提倡》，载《比较法研究》2022 第 5 期。

境。对于事前行政合规实体激励的合法性困境，论证承认企业意志独立性的合理性，进而提出通过合规计划有效性的相关制度认定企业过错，解决企业意志与合规的等效评价标准不明问题；对于事后行政合规实体激励的合法性困境，首先提出要破除传统的双罚制下的连带责任，建立组织体责任，以实现企业责任与个人责任脱钩。其次提出可以通过主观过错的认定来进一步实现企业及其成员责任的分离。

（一）事前行政合规实体激励合法性困境之消解

《行政处罚法》第33条第2款对责任主义的引入为企业合规事前激励提供了合法性空间，但也面临着企业是否具有独立意志的争论以及企业意志与合规的等效评价标准不明的问题。对此，本部分提出应当摒弃过往理论中关于企业意志的偏颇认知，明确肯定企业意志的独立存在，并提出可以通过企业合规计划的有效性解决等效性不明的问题。此外，实践中通过发布裁量标准明确其等效性亦不失为一条有效路径。

1. 企业意志独立性之承认

随着全球经济发展与企业治理模式的不断完善，企业的决策过程是一个集体的、按照企业章程规定的议事规则进行的过程，具有自己的目的、政策、制度、文化等，表达的是企业的整体意志，而不仅仅是其组成人员的意志和行为的总和或者反映。[1]企业的行为也是通过其管理制度和组织文化来实现的，而不是传统的单纯的人合或者资合团体。[2]企业的目标与意志基于其对独立财产的支配与利用，其作为法律主体不仅具备构建社会关系的能力，更以其独立意志在市场中追求利益最大化，体现了其作为独立实体的本质特征。[3]

在对企业意志独立性的承认下，刑法领域认为企业可以自身构成犯罪——企业可以因自己的意志和行为构成犯罪，而不是因其从业人员的犯罪承担转嫁或者替代责任。并且企业自身犯罪的认定，应考虑企业的政策、制度、文化、合规计划等因素，而不仅仅是特定的自然人的行为。[4]由于行政处罚与刑事犯罪的历史同一性、法益同一性与规范同一性，[5]在行政处罚领域中，虽然在双罚制下无法实现替代责任的转化，但也可以直接参考刑法学界对于企业意志独

---

[1] 参见陈瑞华：《合规视野下的企业刑事责任问题》，载《环球法律评论》2020年第1期。

[2] 参见黎宏：《企业合规不起诉改革的实体法障碍及其消除》，载《中国法学》2022年第3期。

[3] 参见张伟珂：《企业合规视角下单位意志的认定逻辑》，载《河北法学》2023年第9期。

[4] 参见黎宏：《企业合规不起诉改革的实体法障碍及其消除》，载《中国法学》2022年第3期。

[5] 参见熊樟林：《应受行政处罚行为模型论》，载《法律科学（西北政法大学学报）》2021年第5期。

立性之承认,即明确企业可以因自己的意志和行为而构成违法。[1]

2. 以合规计划有效性评价认定企业过错

合规计划的有效性评价是指对企业制定和执行合规计划的过程和结果进行审查和评估,以判断企业是否尽到了合理注意义务,是否能够防止或减少违法行为的发生。[2]

合规计划的有效性评价应该从合规计划的制定、执行和监督三个阶段进行,并根据不同阶段的特点确定不同的评价标准。第一,合规计划的制定阶段评价标准主要是合规计划的内容是否完整、科学、合理,是否符合法律法规的要求,是否能够反映企业的实际情况和风险特点,是否能够明确企业的合规目标、责任、流程和措施等;第二,合规计划的执行阶段评价标准主要是合规计划的执行情况是否与制定时的预期一致,是否能够有效地解决或减轻企业面临的风险问题,是否能够及时地发现和纠正合规缺陷和违法行为,是否能够形成良好的合规文化和氛围等;第三,合规计划的监督阶段评价标准主要是合规计划的监督机制是否健全、有效,是否能够定期地对合规计划的执行情况进行检查和评估,是否能够及时地对合规计划进行修订和完善,是否能够对合规计划的执行人员进行奖惩和培训等。[3]

通过对合规计划的有效性评价,行政机关可以判断企业是否存在主观过错,即企业是否故意或过失地实施或纵容违法行为,是否忽视或违反合规计划的要求,是否隐瞒或掩盖违法行为的事实和后果等。[4]如果企业存在主观过错,则应当对企业进行行政处罚,以惩戒企业的违法行为,并警示其他企业遵守法律法规。如果企业不存在主观过错,则应当对企业进行合规从宽处理,以激励企业完善合规体系,并促进企业的合法合规经营。

(二)事后行政合规实体激励合法性困境之消解

《行政处罚法》第33条第1款中几种免予处罚的宽大处理情形为企业合规的事后激励提供了合法性空间,但其核心问题集中于"轻微不处罚"情形下的责任落空问题。本部分首先提出要破除传统的双罚制下的连带责任,建立起单

〔1〕 参见熊樟林:《企业行政合规论纲》,载《法制与社会发展》2023年第1期。

〔2〕 参见齐钦、孙昕锴、王路路:《企业合规计划的有效性判断》,载《中国检察官》2022年第3期。

〔3〕 参见陈子君:《论从宽处罚背景下企业合规完善路径——以双罚制为切入点》,载《行政法学研究》2024年第2期。

〔4〕 参见解志勇、那扬:《有效企业合规计划之构建研究》,载《法学评论》2022年第5期。

位固有的组织体责任，实现企业责任与个人责任脱钩；此后提出，可以通过主观过错的认定来进一步实现企业及其成员责任的分离，最终实现"放过企业，严惩责任人"的企业合规目的。

1. 建立单位固有的组织体责任

如前文所述，双罚制下企业责任与成员责任相绑定，对企业的宽大处理往往会导致无法惩处真正的责任人，从而导致责任落空。为了避免这种责任落空的结果，应当确立单位固有的组织体责任，实现企业责任及其成员责任的脱钩。[1]此外，《行政处罚法》第33条第2款引入的责任主义也可以为企业及其成员脱钩提供正当性，[2]因为责任主义下行为主体仅对其存在过错的违法行为承担责任，这一理念要求对单位和个人的违法行为进行区分，而不是一概混同。

组织体责任与组织体成员责任的脱钩有多重优势：首先，可以提高组织体责任的可操作性和有效性，简化认定程序，直接依据组织行为及结果判断其是否犯罪；其次，通过依据组织的社会功能和影响认定责任，而非成员个人意志或过错，体现组织体责任的特殊性和独立性；最后，有利于保护组织成员的权益和公平正义，避免其逃避责任或被无辜牵连，确保根据各自行为和过错进行恰当的认定与处罚。[3]

2. 以主观过错分离企业及其成员责任

区分主观过错不仅可以避免责任落空问题，还有利于激励企业完善治理结构，实现合规监管的目标，同时也有利于保护无过错的企业和个人免受不必要的处罚，实现责任的公平分配。主观过错的确定是根据负责人违法行为与公司治理体系健全程度、监管义务履行之间的因果关系进行判断的。如果负责人通过欺骗性地规避公司内部控制体系而实施了违法行为，或者公司未能尽到合理的监督义务，那么负责人和公司都应承担责任。[4]所谓因果关系，是指负责人的违法行为与公司治理体系的缺陷或失效之间存在必然的联系，即如果没有公司治理体系的缺陷或失效，负责人就不会或不可能实施违法行为。有关因果关系的判断应当综合考虑公司治理体系架构、负责人的职权、违法目的、违法行为的性质、程度和后果，以及公司对负责人的违法行为的知晓、参与和纠正

---

〔1〕 参见黎宏、陈容华：《企业合规改革入刑刍议》，载《法治研究》2023年第5期。

〔2〕 参见陈子君：《论从宽处罚背景下企业合规完善路径——以双罚制为切入点》，载《行政法学研究》2024年第2期。

〔3〕 参见叶良芳：《单位犯罪责任构造的反思与检讨》，载《现代法学杂志》2008年第1期。

〔4〕 参见陈子君：《论从宽处罚背景下企业合规完善路径——以双罚制为切入点》，载《行政法学研究》2024年第2期。

情况。[1]

五、结论

行政合规实体激励在《行政处罚法》中的合法性依据主要体现第 33 条第 2 款所确立的责任主义原则，以及第 1 款所列举的几种免予处罚的宽大处理情形。这些法律条款为企业开辟了一条通过事前合规建设来证明自身无主观过错，或通过事后积极合规整改来表明自身违法行为轻微并及时纠正，从而争取法律免责或从宽处理的合法性路径。

但是，以上解释方式仍面临着理论和制度上的挑战。其中，企业意志独立性的界定、主观过错与企业合规表现之间的等价性评价、法律责任的落空问题，以及企业与其成员之间责任的划分等问题尤为突出。这些困境的存在，使得行政合规实体激励在实际应用中遭遇了一定的解释与适用难题。对此，本文提出了包括通过合规计划的有效性评价来认定企业的过错程度、确立单位作为独立法律主体的组织体责任，以及通过主观过错的认定来实现企业与其成员之间责任的合理分离等理论与制度建议，旨在扩大行政合规实体激励的合法性空间。

在理论层面，虽然有学者主张以实证主义法学为视角对企业合规进行更为灵活的解释和重构，[2]但本文坚持认为，法教义学在回应企业合规挑战时同样能够展现出强大的生命力。通过法教义学的严谨分析，我们不仅能够捍卫行政法的合法性原则，还能够为弥合传统行政法制度与企业合规理论之间的鸿沟提供契机。更重要的是，这种回应和整合有助于推动传统行政法理论在保持稳定性的基础上不断发展创新，以适应新时代法治建设的需要。

---

[1] 参见陈瑞华等：《企业合规的刑法限度》，载微信公众号"蓟门一体化刑事法讲坛"，2022 年 3 月 23 日。

[2] 参见熊樟林：《企业行政合规论纲》，载《法制与社会发展》2023 年第 1 期。

个人信息保护领域主观公权利的建构

梁牧民[*]

摘　要　由于行政行为的高权性与个人信息处理过程的不可知性，现有规范行政机关处理个人信息行为的框架存在失灵风险。个人信息保护领域应引入行政法上的主观公权利用以完善权利体系，同时也有助于保障司法救济，规范行政机关处理个人信息的行为。保护规范理论在个人信息领域的适用具有特殊性，信息主体作为第三人时，辨识保护规范的重心应从私人利益转向公共利益。由于主观公权利的具体权能与个人信息处理规则在内容上具有同构性，完整的主观公权利保护，不仅意味着法院应当对处理行为是否符合法定职责进行客观审查，还应包含对处理行为是否符合处理规则进行审查进而体现对于主观公权利的关照。

关键词　个人信息保护　主观公权利　保护规范理论　个人信息处理规则

一、问题的提出

随着数字政府建设的不断推进，行政机关愈发成为个人信息最大的需求者与控制者。基于行政管理活动的主动性以及多样性，领域多元的行政机关持续介入公民的日常生活，获取并存储了丰富的个人信息用以管理和决策。在行政机关广泛、深度、大量地处理公民个人信息的过程中，可能会限缩信息主体对个人信息所享有的权益并给个人信息保护带来全流程、多领域的风险。目前，学界对行政机关处理个人信息这一行为的关注度不够，仅有的讨论也主要围绕"法定职责、目的限制原则、告知义务的履行"进行客观合法性框架的构建。

---

* 梁牧民，中国政法大学 2023 级行政法学硕士。

问题在于，"法定职责"这一概念的泛化导致目的限制原则的适用缺乏依据。行政机关任何处理个人信息的行为都有可能被宽泛的法定职责包含，对行政机关处理个人信息目的的合法性、手段的必要性以及对公民造成侵害的最小性也就难以证成。显然，围绕"国家机关处理个人信息的特殊规则"建立起的合法性框架已难以对行政机关的信息处理行为起到制约作用。与此同时，《个人信息保护法》[1]在第二章已经对信息处理者处理个人信息时应当遵循的规则进行了较完善的制定，但在行政机关处理个人信息时，似乎缺少了对该行为是否符合信息处理规则的审查。这意味着在法定职责如此宽泛的情形下，行政机关在处理个人信息时是否遵守信息处理规则完全由其自己决定，缺乏公民作为信息主体的监督。

依据《个人信息保护法》现有的规范体系，审查行政机关处理信息是否符合信息处理规则的启动机制在于《个人信息保护法》第四章，公民对行政机关行使的"知情、查阅、更正、删除"等权利，这是公民作为信息主体对行政机关的处理行为进行质疑和监督的有力方式。特别是信息主体知情权的行使，这是破解行政机关处理个人信息逐渐"黑箱化"的"达摩克利斯之剑"。因此，有必要在行政法维度引入主观公权利的概念弥补个人信息权利保护短板，根据主观公权利中不同权能与信息处理规则的同构性，将行政机关对主观公权利的关照转化为遵守对应权能的信息处理规则，在顺应行政诉讼客观合法性审查的框架下充分发挥主观公权利这一概念的全部效能，呈现出个人信息保护的完整图景。

二、主观公权利在个人信息保护领域的引入

主观公权利在个人信息保护领域的引入有助于规范行政机关处理个人信息的行为，完善个人信息保护权利束，以及填补信息主体作为监管第三人司法救济的空白。《个人信息保护法》现有的立法格局、宪法维度，个人信息基本权利的构建，以及单行立法尚未完善的现实都有助于主观公权利在个人信息保护领域的引入。

（一）主观公权利引入的必要性

1. 厘清行政机关处理个人信息行为的权力边界

目前《个人信息保护法》规定关于行政机关信息处理行为的合法性框架的

---

〔1〕 为表述方便，本文凡涉及我国的法律规范均用简称，如《中华人民共和国个人信息保护法》，简称《个人信息保护法》。

构成要件为：属于法定职责范围、符合目的限制原则、有条件地履行告知义务。如上所述，目前仅依据《个人信息保护法》第二章第三节构建出行政机关处理个人信息的合法性框架已无法厘清权力边界。此时，需要引入主观公权利的概念，将《个人信息保护法》第四章规定的知情、更正、删除等权利作为主观公权利的具体权能，基于权利与信息处理规则的同构性，将行政机关对信息主体主观公权利的关照转化为对信息处理规则的遵守，激活《个人信息保护法》当前已经制定的信息处理规则，同时也为未来各部门领域信息处理规则的制定明确靶向。由此，行政机关处理个人信息的合法性框架就不局限于履行法定职责、符合目的限制原则等客观合法行为的审查，还应包括对主观公权利的关照。考虑到行政诉讼客观合法性审查框架已根深蒂固，将主观公权利的考量转化为对具体信息处理规则的遵守，既能顺应当前客观诉讼的现实，也实质发挥了主观公权利这一概念的全部效能。

2. 完善个人信息保护领域的权利束

《个人信息保护法》的领域法[1]性质使其规范内容横跨多个部门法，涉及民事、行政、刑事等多种法律关系。有关《个人信息保护法》的私法保护与公法保护的路径之争在其刚出台时便争议不断。随着学界对个人信息保护领域研究的深入与完善，逐渐形成了公法保护与私法保护并重的共识。[2]但问题在于，私权面向生成的规制手段无法完成规范行政机关处理个人信息这一行为的任务。在公法保护领域，目前的公法规范该行为的路径主要集中在宪法领域，基于《宪法》第33条、第38条或第40条解释出个人信息受保护权或个人信息权，再通过基本权利的国家保护义务作为保护个人信息的规范基础。然而，由于《宪法》本身司法化程度较弱，这一公权面向无法为公民提供较为实际的保护。因此，直接基于行政法层面的主观公权利便成为完善个人信息保护领域权利束的必要板块。主观公权利概念引入后，个人信息保护领域的权利束形成了以基本权利为核心，私权保护与主观公权保护并重的权利模式。如此，能够更好地衔接个人信息保护领域宪法保护、私法保护与公法保护的救济机制，形成公私兼备、相互联结的话语体系。

3. 完善司法救济的框架

行政机关目前在个人信息保护领域存在两种角色：一是收集、存储、使用、

---

〔1〕 参见王利明：《和而不同：隐私权与个人信息的规则界分和适用》，载《法学评论》2021年第2期。

〔2〕 参见程啸：《民法典编纂视野下的个人信息保护》，载《中国法学》2019年第4期。

加工的个人信息的"处理者"角色；二是监督私主体处理个人信息的"监管者"角色。

从"个人信息处理者"的角色而言，目前《个人信息保护法》关于行政机关违法处理个人信息的救济途径规定于第 50 条第 2 款："个人信息处理者拒绝个人行使权利的请求的，个人可以依法向人民法院提起诉讼。"这是对于《个人信息保护法》第四章规定的信息主体享有的知情、更正、删除等权利受损的直接救济。

从"个人信息监管者"的角色而言，具有保护个人信息职责的行政机关怠于履行监管职责或违法作出相关决议造成公民信息权益受损时，《个人信息保护法》规定了两种救济渠道：一是《个人信息保护法》第 70 条规定的可以由检察机关提起的个人信息保护行政公益诉讼；二是《个人信息保护法》第 65 条规定的向行政机关系统内部的投诉、举报权。但是目前立法暂未向个人开放针对监管机构违法作出相关决议进行司法救济的渠道。然而，问题是个人信息保护领域的检察公益诉讼目前尚处于探索阶段，行政系统内部的投诉举报也无法为监管机构提供充分的履责动力。为应对上述困境，欧盟在《通用数据保护条例》第 79 条不仅规定了向个人信息处理者提起司法救济的权利，同时还规定了个人向监管机构申诉的权利，以及个人针对监管机构获得有效司法救济的权利。行政机关作为"监管者"时，公民作为信息主体属于监管行为的第三人，此时公民诉权的取得恰好是保护规范理论适用的典型场景即第三人原告诉讼资格的证成。换言之，在个人信息保护领域引入主观公权利后，可以完善信息主体作为监管行为第三人时提起司法救济的途径。

（二）主观公权利引入的可行性

1. 《个人信息保护法》公私协力的立法格局

当信息主体作为第三人时，基于《个人信息保护法》析出主观公权利，关键是解释行政机关处理个人信息时所依据的法律规范具有保护私人利益的指向。个人信息保护涉及多领域、多主体，在立法层面曾有过"公法保护"与"私法保护"的路径之争，随着《个人信息保护法》的颁布，其公私协力的立法格局已经被确立。而这一立法特点具体到法律规范文本中即会展现出公益保护与私益保护的双重面向。根据《个人信息保护法》的规定，行政机关处理个人信息合法性的构成要件主要是满足"为履行法定职责""符合目的限制原则""在不具有保密义务的前提下对个人履行告知义务"，公益保护与私益保护的要求混杂其中，需要运用目的解释、体系解释等方法仔细析出。但可以确定的是，从行政机关的告知义务这一角度而言，行政机关在处理个人信息时具有保护个人信息权益的明确指向——保护了公民的知情权与参与权，因此以《个人信息保护法》第 35 条作为规范基础，综合运用法解释方法便大概率能够从中析出行政机关在处理个人信息时公民所享有的主观公权利。

2. 基本权利的放射功能

随着旧保护规范理论向新保护规范理论的演变，在析出主观公权利时所遵循的一般法优先原则被确立，宪法上规定的基本权利逐渐从主观公权利析出的直接依据转变为发挥其价值明晰、体系定位的内部规范效果。在主观公权利引入讨论已经较为成熟的环境领域、城乡规划领域，其均不具备宪法上例如环境权、采光权等基本权利进行价值辐射的基础。虽然学界已经对环境权的宪法基础进行了研究，但并未形成关于环境权宪法基础的共识。[1]而在个人信息保护领域，虽然我国宪法文本中没有明确个人信息权或个人信息受保护权，但根据既有研究已经确认可以通过宪法解释的方式将其纳入基本权利的保护范围[2]，只是在保护路径的选择上存在争议。立法机关在《个人信息保护法》草案审议报告中将"根据宪法，制定本法"具体阐释为根据宪法的人权条款、人格尊严条款和通信自由秘密条款。因此，个人信息保护领域基本权利的宪法基础实际上已经达成共识，此时便可以充分发挥基本权利的辐射效应，在主观公权利定位不明、价值不清时，辅助该主观公权利的析出。

3. 单行法仍未完善

主观公权利的析出依据是对立法文本进行目的解释，探寻其中是否存在保护私人利益的指向，这也是保护规范理论适用时面临的核心问题。从旧保护规范理论向新保护规范理论的转变过程中，解释方法也逐渐由主观的历史解释变为客观的目的解释，解释方法的改变虽然能够对立法文本是否具有保护私益目的的析出产生一定影响，但不难发现，该阶段的核心环节仍应是立法者对立法文本含义的最初赋予。立法过程中对冲突利益的权衡是立法机关的特权，也是其义务所在。[3]在环境保护、城乡规划等领域，相关法律规范已成体系，只能通过对解释方法的细致运用辅助私益目的的析出。而在个人信息保护领域，由于《个人信息保护法》2021 年刚刚出台，相关单行立法尚未成型，个人信息保

---

[1] 参见范进学：《作为"权利"的环境权及其反思》，载《中国法律评论》2022 年第 2 期。
[2] 参见王锡锌、彭錞：《个人信息保护法律体系的宪法基础》，载《清华法学》2021 年第 3 期。
[3] 参见赵宏：《主观公权利、行政诉权与保护规范理论——基于实体法的思考》，载《行政法学研究》2020 年第 2 期。

护法律体系的构建正在飞速发展中，有大量的空间供立法者在法律规范制定之初细致衡量公益与私益的保护指向，在立法初始阶段便设置保护规范。在这一背景下，主观公权利的作用范围空前广阔，在个人信息保护领域析出主观公权利大有可为。

三、主观公权利在个人信息保护领域的析出

当主观公权利在个人信息保护领域已有引入的必要和可行性时，进一步要讨论的是在个人信息保护领域行政机关承担着两种不同的角色，在不同情境下主观公权利如何析出？在个人信息保护领域进行保护规范识别时是否具有特殊之处？

（一）公民作为行政机关处理个人信息的相对人

当行政机关直接处理个人信息并对公民信息权益造成影响时，此时公民便成为政府处理个人信息这一行政行为的相对人。主观公权利这一概念发展至巴霍夫时代，基本权利的主观公权利性质已经获得认可。然而，由于行政行为效果的高度弥散性，若广泛承认基本权利所生成的主观公权利，则可能带来撤销诉讼泛滥的问题。此后，公法教义学为了避免基本权利保护泛化，又在干预或称侵害概念的基础上粘合了"目的性"的特征，即该干预必须针对特定个人利益的限制与剥夺，最终导出了"相对人理论"。根据该理论，行政行为的相对人可直接依据宪法中基本权利的防御功能生成主观公权利。在我国，宪法层面目前已经为个人信息基本权利提供了周延的保护，目前在宪法领域构建关于个人信息保护的基本权利已经达成共识，只是由于证成权利的理由不同，存在个人信息权与个人信息受保护权的争议。但无论是上述哪种基本权利，根据其防御功能都足以生成个人信息保护领域的主观公权利。以该项基本权利为基点，以其主观权利和客观法面向所对应的国家消极与积极保护义务为主线，可建构出一套基础更稳固、内容更完整、结构更合理的个人信息保护法律体系。[1]因此，从个人信息权或个人信息受保护权这一基本权利的建构而言，宪法确实已经为个人信息基本权利提供了相对周延的保护，也正是基于这一基本权利，信息主体作为行政机关处理个人信息的行政相对人时，可以依据"相对人理论"当然获得对行政机关的主观公权利。

---

[1] 参见王锡锌、彭錞：《个人信息保护法律体系的宪法基础》，载《清华法学》2021年第3期。

（二）公民作为行政机关处理个人信息的第三人

1. 处理行为的第三人

在政府处理个人信息的场景中，信息主体也可能作为行政第三人存在，例如在政府信息公开、政府公共数据开放以及政府处理其他信息处理者所掌握的个人信息时，信息主体可能成为行政第三人。以政府获取平台信息为例，其中可能涉及部分个人信息，在此种情形下就是最典型的政府处理个人信息的第三人场景。此时，政府处理个人信息的合法性依据主要在于《个人信息保护法》第二章第三节，具体而言应当聚焦到第 35 条"国家机关为履行法定职责处理个人信息，应当依照本法规定履行告知义务……"公民作为行政第三人是否具有主观公权利，依据保护规范理论的适用核心即是判断该条是否具有保护私人利益的指向。具体到该条法律规范的分析中，法定职责的履行具有明显的公益面向，而告知义务的履行主要是要求行政机关依据《个人信息保护法》第 13 条履行与告知——同意原则同等强度的告知义务，即让公民对政府处理个人信息的行为明确知情。在目的解释以外，"刘广明案"的裁判也体现了"适用单个法条就是在适用整部法典"的体系性解释的思路。当行政机关没有妥善履行告知义务时，公民在政府处理个人信息时的参与权与知情权一定程度上被虚化。《个人信息保护法》第 44—49 条关于信息主体权利的规定以及第 50 条关于权利受损时诉权的授予正是为了保障公民的参与，确保信息主体在个人信息处理活动中"保持清醒的在场"。因此，通过体系性解释也可以发掘出《个人信息保护法》第 35 条具有明确的保护公民在政府处理个人信息领域程序参与权的指向。

2. 监管行为的第三人

除了个人信息的直接"处理者"角色，行政机关在个人信息保护领域还承担着"监管者"角色。此时行政机关与被监管的信息处理者之间是监管法律关系，公民作为信息主体属于监管行政行为的第三人。这便又构成了保护规范理论能够适用于个人信息保护领域的典型第三人场域。

目前关于行政机关在监管法律关系下行政行为的合法性基础来源于《个人信息保护法》第六章关于"个人信息保护职责"的规定以及第七章第 66 条和第 67 条的规定。由于《个人信息保护法》原生的对个人信息保护的立法指向，加之在监管法律关系下，行政机关对私人信息处理者监督和管理的目的也是保护个人信息，想要从上述规范中运用目的解释的方式析出其中对私益保护的指向并无太多阻碍。但问题是，由于《个人信息保护法》领域法的属性，负责监管的主体涉及公安、网信、市场监管、教育、医疗等多方管理部门，而上述法律规范过于原则化。未来，行政机关作为监管者所使用的行为规范需要结合其特定的部门法领域，同时关注监管行政行为作出时所依据的行为法、程序法与组织法，构成监管行为合法性的框架体系。[1]在《个人信息保护法》出台后，相关领域的适用细则尚未出台，因此在各领域立法时就应将保护个人信息权益的指向明确内化于法律规范的文义之中，作为监管法律关系下行政机关行使监管职能的合法性基础，如此后续保护规范理论的适用便不必踌躇于解释方法的选择。换言之，立法者应有意识地将利益平衡判断以保护规范形式清晰地呈现于立法中，从而尽量避免相关问题被委诸"凌乱的司法判断"。[2]

3. 保护规范理论在个人信息保护领域适用的特殊性

《个人信息保护法》的立法理念受到权利保护模式的影响较大，其主要体现为通过赋予信息主体程序参与权来制衡信息处理者的处理行为。这一理念因无法满足现代社会对信息快速交流、交换的需求而面临较大质疑，但《个人信息保护法》的立法文本的确在很大程度上吸收了这一理念，比如其以专章方式规定了信息主体享有的权利和信息处理者应履行的义务。也正是在这一理念的指导下，《个人信息保护法》的立法文本中大多都带有保护个人信息权益的指向。与此同时，《个人信息保护法》公私一体的立法模式也导致公法规范与私法规范的混杂。如果某条文具有保护私人利益的指向，其属于私法规范，那么就无法成为保护规范。因此，在个人信息保护法领域适用保护规范理论与传统的环境领域、城乡规划领域的不同之处在于，其在分析规范是否具有保护私益的目的前必须首先判断该规范是否具有公法性质，又因为《个人信息保护法》大多规范都带有保护个人信息权益的指向，此时，规范是否具有保护公益的面向成为个人信息保护领域适用该理论的重点。换言之，在《个人信息保护法》中寻找保护规范的关键就变成在具有明显私益指向的条文中锁定公益，辨识主观公权利的重点也就从传统的私人利益解释转为公共利益解释。[3]

四、个人信息主观公权利保护的完整图景

（一）个人信息主观公权利与信息处理规则的同构性

个人信息主观公权利针对的是国家，是公民作为信息主体向行政机关请求

---

[1] 参见蒋红珍：《〈个人信息保护法〉中的行政监管》，载《中国法律评论》2021年第5期。

[2] ［日］小早川光郎：《行政诉讼的构造分析》，王天华译，中国政法大学出版社2014年版，第295页。

[3] 参见韩思阳：《个人信息保护中的主观公权利》，载《法商研究》2023年第4期。

以防御其个人信息权益因他人的信息处理行为而受到影响的实体权利。《个人信息保护法》第四章规定的信息主体对信息处理者享有的知情、查阅、更正、删除等权利便是个人信息主观公权利的具体权能，也是个人信息权益公法权利属性的体现。[1]这些权利对应着个人信息处理活动的"合规"要求即个人信息处理规则，将行政机关在处理个人信息时应当履行的义务转化为对个人信息处理规则的遵守。由于行政机关在处理个人信息时的地位优势性与处理过程的不可知性，信息主体享有的主观公权利面临着"虚置"的风险，但主观公权利与信息处理规则的同构性恰恰可以将行政机关在处理个人信息时对主观公权利全流程的关照具体化为对相应权能的信息处理规则的遵守。《个人信息保护法》在立法时不仅借鉴了权利保护模式的经验，同时也将行为规制模式体现在立法文本中，《个人信息保护法》在第二章规定了个人信息处理规则，这些规则直接回应了《个人信息保护法》第 1 条设定的立法目标，同时将对主观公权利的关照落实到处理个人信息的全过程。如此一来，行政机关在处理个人信息时对知情、删除等主观公权利的关照应当分别对应至相关的信息处理规则，避免"权利空转"的现象发生。

（二）行政机关对主观公权利全流程的动态关照

1. 行政机关作为个人信息"处理者"

《个人信息保护法》第四章以专章形式规定了信息主体享有的知情、决定权，查阅、复制权，更正、补充权以及删除权。与此同时，《个人信息保护法》第 65 条规定了在监管法律关系下信息主体享有的投诉、举报权。除此以外，学界广泛讨论的可携带权在《个人信息保护法》三审草案中也曾出现。

以知情权为例，《个人信息保护法》第 44 条赋予了信息主体在个人信息处理过程中"保持清醒在场"的权利。然而，仅仅依据该条文很难解读出信息主体相对于行政机关的知情权究竟包含哪些内容以及如何行使，必须结合个人信息处理规则加以理解。涉及知情权的个人信息处理规则主要有：《个人信息保护法》第 17 条关于告知义务如何履行的具体规定；《个人信息保护法》第 24 条关于利用自动化决策行政机关应当说明理由的规定；《个人信息保护法》第 26 条关于利用监控设备收集个人信息时应当设置明确表示确保被收集者的知情参与；《个人信息保护法》第 29 条关于敏感个人信息处理的单独同意规则；《个人信息保护法》第 35 条关于国家机关处理个人信息告知义务的履行规则。上述

---

[1] 参见王锡锌、彭錞：《个人信息保护法律体系的宪法基础》，载《清华法学》2021 年第 3 期。

规定形成了关于知情权内容以及如何在信息处理过程中行使知情权的规则体系，公民在认为其知情权受损依据《个人信息保护法》第 50 条提起诉讼后，法院在司法审查的过程中考察行政机关处理个人信息这一行政行为的合法性时应当要求行政机关在无须履行保密义务的前提下围绕上述规则证成其妥当地保障了信息主体的知情参与权。

以删除权为例，《个人信息保护法》第 47 条对信息主体可以请求信息处理者删除其个人信息的情形进行列举：处理目的已实现；个人信息处理者停止服务或者保存期限已届满；个人撤回同意；等等。因此，行政机关在面对信息主体行使删除权的申请时，应当依据该条规定进行审查，符合上述情形的依法删除相关个人信息，法院在删除权受损诉讼的司法审查中也应当依据第 47 条的规定进行行政行为的合法性审查。

信息主体知情权与删除权的行使分布于个人信息处理全流程中的一首一尾，知情权确保信息主体在个人信息处理前能够保持"清醒在场"，删除权的行使则能将已经对信息主体造成的损害降至最低。相较于查阅、复制权与更正、补充权等过程性权利而言，知情权与删除权在信息处理过程中更具有实体性权利的面向，因此在信息处理规则的设定上对于这两项权利的行使也进行了详细规定。关于查阅、复制权与更正、补充权的规定主要在《个人信息保护法》第 45 条与第 46 条，上述规定明确了个人信息处理者面对信息主体行使查阅或者更正权时有积极配合的义务。除此以外，《个人信息保护法》第 72 条规定了政府部门在统计、档案管理活动中对个人信息处理的规则。根据该条规定，在统计、档案管理以及政府信息公开等法律规范中，行政机关处理个人信息的，个人享有查询、复制权，如果个人认为其信息存在错误，有权向行政机关提出更正请求。例如，在我国社会信用体系制度中，个人有权针对其信息进行查询和修复。[1]同时，《政府信息公开条例》第 41 条也规定，个人对政府信息公开中有关的个人信息，有权请求更正。但是，在《个人信息保护法》具体的信息处理规则中并没有与上述权利相应的规则，主要原因在于查阅、复制权与更正、补充权主要的属性为过程性参与权且其并非直接针对违法处理个人信息的行为，因此尚未制定与之对应的详细的信息处理规则。

上述权利是被明确规定在《个人信息保护法》的立法文本之中，而伴随着个人信息处理活动领域的多样化、风险不断的现实化，将会催生出信息主体越

---

〔1〕《个人信用信息基础数据库异议处理规程》规定了个人对信用信息存在异议时申请、质询与更正的程序。

来越多的权利需求。以可携带权为例，可携带权并未以明确权利化的方式规定在立法文本中，关于狭义可携带权的行使方式，我国《个人信息保护法》目前采取了开放的立法结构规定于第45条第3款，这一权利如何行使取决于未来对该项权利启动要件与行使规则的具体规定。这表明，对个人信息主体进行赋权需要平衡政府、私主体与公民之间的多元利益，立法机关需要以信息处理规则制定作为抓手将利益的衡量与分配内化于规则制定中，同时在其中也对应着对相关权利的关照与考量。

2. 行政机关作为个人信息保护"监管者"

在监管法律关系中，行政机关作为监管主体对私主体处理个人信息的活动进行全流程的行政监管，公民作为信息主体是行政监管关系下的第三人。此时，公民享有的主观公权利主要体现为《个人信息保护法》第65条的投诉、举报权。从立法文本中可知，《个人信息保护法》第65条赋予信息主体对违法处理个人信息的活动进行投诉、举报的权利，但尚未开放当投诉、举报权受损时进行司法救济的窗口，这意味着个人对监管机构作出的涉及信息主体利益的相关决议存在无法获得有效救济的可能。从欧盟《通用数据保护条例》的规定来看，个人信息保护的救济权包括向监管机构投诉的权利（第77条）以及对监管机构提起行政诉讼的权利（第78条）。可见，欧盟个人信息保护的实践，赋予了公民作为监管法律关系下的第三人针对监管机构的投诉、举报权，以及该权利受损时的司法救济权。一般而言，针对个人信息的侵权行为，公民首先可以向履行个人信息保护职责的监管机构进行投诉、举报，如果监管机构未作出回应或者公民对监管机构的相关决议不服，可以针对监管机构提起行政诉讼。而在我国，这一司法救济的渠道尚未开通，具有替代效果的是《个人信息保护法》第70条规定的公益诉讼制度。因此，在监管法律关系中引入主观公权利的概念，有助于为未来开通个人针对监管机构提出行政诉讼的救济渠道留出制度切口，利用保护规范理论论证成第三人的原告诉讼资格。除此以外，在个人信息保护行政监管的领域，由于其涉及多部门、多层级，目前各部门关于具体监管规则的制定仍处于起步阶段，而上述关于主观公权利与信息处理规则同构性的论证已经表明，在立法阶段就对监管法律关系中的投诉、举报权进行利益衡量与关照，可以避免日后诉诸司法解释的凌乱性。因此，在这一领域引入主观公权利确实大有可为，其一方面可以帮助证成第三人的原告诉讼资格，同时也可以为未来各部门监管规则的具体设定提供主观公权利保护的靶向指引。

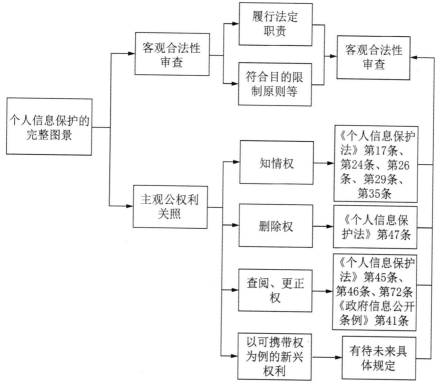

图1　个人信息保护的完整图景

五、结语

行政权利是一个伟大的理想，而主观公权利在各个领域的引入与证成是伟大构想下的生动实践。目前，学界对主观公权利依靠保护规范理论的析出已经具有丰富的文献，但大多将这一概念局限于第三人原告诉讼资格的证成，并没有对公权利概念形成全流程的关照。究其原因，与我国目前行政诉讼中客观合法性的审查框架有关，如何在对行政行为进行客观合法性审查时兼顾考虑主观公权利是否成立并受损是这一概念引入我国后面临的一大难题，也是这一概念无法发挥其全部效能的症结所在。

个人信息保护领域引入主观公权利有其天然的制度优势，一方面我国《个人信息保护法》第50条明确将主观公权利受损的诉权赋予信息主体，避免主观公权利由于保护规范理论适用的不确定性在原告诉讼资格处苦苦纠缠。另一方面，《个人信息保护法》第二章关于个人信息处理规则与《个人信息保护法》

第四章信息主体享有权利之间内容上的同构性，是行政机关在信息处理过程中关照主观公权利的良好制度载体。由此，行政机关对主观公权利的证成与考量转化为对相应权能对应的处理规则的遵守进而适配我国行政诉讼客观审查的框架。本文试图在个人信息保护领域引入主观公权利，但仍然存在诸多问题需要得到细致的讨论，行政权利理论道阻且长。

"无过错不罚"制度适用的困境与规则优化

司银铃[*]

摘　要　《行政处罚法》[1]新增无主观过错作为法定不予处罚事由,这是新近公法理论的一致主张,体现出在行政执法效率性要求下对公平的进一步追求。不同主体在适用"无过错不罚"过程中存在证明对象不明、证明标准模糊、适用边界不明等困境。其出路在于证明已经尽到合理注意义务或存在违法阻却事由等,且要构建多层次证明标准的裁量基准,上述规则的适用边界在于法律、行政法规规定的过错责任和无过错责任等例外情形以及个人无法避免或减轻损害时。

关键词　无过错不罚　证明对象　证明标准　适用边界

一、问题的提出

新修订的《行政处罚法》第 33 条第 2 款新增"无过错不罚"制度。有学者认为,这是主观过错纳入行政处罚考量的一次重要制度创新和突破,也是《行政处罚法》修订的最大亮点之一。[2]对此,学界已有数量可观的研究,但现有研究聚焦于"无过错不罚"制度的必要性以及正当性论证,随着新修订的《行政处罚法》的实施,继续进行此类研究恐无太大实益。然而,对于"无过

---

* 司银铃,中国政法大学 2022 级行政法学硕士。

〔1〕　为表述方便,本文凡涉及我国的法律规范均用简称,如《中华人民共和国行政处罚法》,简称《行政处罚法》。

〔2〕　参见程琥:《论行政处罚过错推定的司法审查》,载《行政法学研究》2022 年第 3 期。

错不罚"制度在执法和司法实践中具体如何适用的问题亟待理论回应。[1]具体来说，主要包括以下几个问题：证明对象不明、证明标准模糊，从适用边界上看，"另有规定"是指什么？法律和行政法规能否规定更为宽松的主观过错要求，从而为行政机关提供豁免通道？刑事犯罪要求主观过错，承担民事责任也要求具备主观过错（除特别规定外）[2]。在行政处罚领域，我国学界对待主观过错的态度主要有以下三种：两要件说、三要件说以及四要件说。两要件说认为应受行政处罚行为包括主体条件和客观方面；[3]三要件说认为应受行政处罚行为由主体条件、主观条件和客观方面三个构成要件组成；[4]四要件说认为应受行政处罚行为由主体条件、主观条件、客观方面和客体条件四个构成要件组成。[5]可见，三要件说与四要件说都肯定主观过错是应受行政处罚行为的构成要件。实定法也承认了主观过错：《行政处罚法》第33条第2款规定除"但书"之外的，"无过错不处罚"。[6]如此规定真的能对实践中行政执法行为或司法行为起到切实的指导作用吗？如果不能，怎么完善才能更好地指导实践？带着此问题，笔者梳理了实践中行政机关和司法机关适用主观过错条款的现状，以此为基点分析问题并解决问题。

二、"无过错不罚"制度适用的现状

"无过错不罚"制度在实践中的适用主体包括执法部门和法院，二者在适用该制度过程中采用不同方式：执法部门在个案中或认可行政相对人的无过错主张，或不认可行政相对人的无过错主张；法院在适用法律过程中会考虑行政相对人主观过错作为衡量行政处罚是否符合比例原则的裁量因素，但法院大都不认可当事人提出的无过错主张。

（一）执法部门：认可或不认可行政相对人无过错主张

在"北大法宝"网站"行政处罚"专栏，输入"主观过错"进行全文检

---

〔1〕 关于主观过错条款适用研究，参见程琥：《论行政处罚过错推定的司法审查》，载《行政法学研究》2022年第3期；黄先雄、孙学凯：《过错内外：论行政处罚的主观责任与客观责任》，载《中南大学学报（社会科学版）》2022年第4期。

〔2〕 参见金成波：《行政处罚中违法者主观认识论纲》，载《当代法学》2022年第4期。

〔3〕 参见余凌云：《行政法讲义》（第二版），清华大学出版社2014年版，第292页。

〔4〕 参见王成栋、杨解君编著：《中华人民共和国行政处罚法概论》，中国人民公安大学出版社1996年版，第147页。

〔5〕 参见关保英主编：《行政处罚法新论》，中国政法大学出版社2007年版，第74页。

〔6〕 《行政处罚法》第33条第2款规定："当事人有证据足以证明没有主观过错的，不予行政处罚。法律、行政法规另有规定的，从其规定。"

索，执法部门适用"无过错不罚"的现状主要有以下两种情况。

第一，执法部门对当事人无故意和过失的主张不予认可。例如，在2022年某危化品运输公司运输车押运员为无证人员而应受行政处罚案中，该公司通过向执法部门演示从网上查证该"无证人员"的从业资质来证明自己没有主观过错，主张适用"无过错不罚"。但执法部门认为该公司的查询结果之所以为虚假结果，是因为其未通过正规途径、到正规部门查询，存在疏忽大意的过失，并且该公司提供的证据和申辩没有形成完整证据链，不能适用"无过错不罚"。

第二，执法部门对行政相对人无过错的理由予以认可。比如，姑苏区芳萍酸菜鱼馆销售的蔬菜抽检不合格，依据该结果，结合《食品安全法》第55条第1款的规定，执法机关认定行政相对人构成违法行为，即购买、使用不合格的食品原料。后行为人提供营业执照、进货商户提供的样品货物采购订单和小青菜检验报告积极行使举证权，证明其确实履行了进货检验的注意义务，真的不可能知道所涉及的蔬菜不符合食品安全标准，这足以证明其原则上没有过错。最后，行政机关决定不予处罚。[1]

（二）法院：不认可行政相对人无过错主张或将其作为裁量因素

根据中国裁判文书网检索结果，法院对主观过错条款的适用主要呈现下列两种情形。

第一，法院对当事人的无过错主张不予认可。在蒋建平对中国证券监督管理委员会行政处罚及行政复议上诉案[2]中，一审法院认为蒋建平未提出其勤勉尽责的证据，现其主张自己只负责汽车视像工作，对本案中涉及的工作并不知情，更没有参与涉案事项一谈，因此，当事人主张自己不存在主观过错。但这种理由并没有法律依据，反而佐证其未勤勉尽责。蒋建平主张的情形不属于免于处罚的事由。至于蒋建平所举中国证券监督管理委员会其他执法案例，因个案情形存在差异，特别是当事人提供的勤勉尽责证据将直接影响到责任的认定，故不能仅依据身份和处罚结果来类推适用本案。因此，法院没有认可其无过错主张。再如，与上述案例相似，在丁立红诉中国证券监督管理委员会案[3]中，丁立红以其在履职过程中积极推动保千里公司相关制度规范、在中国证券监督管理委员会展开立案调查后配合调查、督促保千里公司采取适当补救措施

[1] 姑苏市监不处字〔2021〕00078号。
[2] 北京市高级人民法院（2021）京行终1915号。
[3] 北京市高级人民法院（2021）京行终1916号。

等主张不应担责，该情形亦不属于应予从轻、减轻、免于处罚的事由。因此，法院并未适用"无过错不罚"。

第二，法院将主观过错作为重要裁量因素予以考量。在苏州鼎盛公司诉知识产权行政执法机关一案中，裁判指导意见认为该案中作出行政处罚的主体未考量被处罚主体是否存在故意或过失，而对其罚款 50 万元，致使行政处罚不符合比例原则，是不合法的行政处罚，应当依法予以变更。本案中双方当事人注册商标相似，其中一方构成商标侵权，执法机关本应该有权依法对商标侵权行为进行查处，然而，执法机关在罚款时，未考量行为人是否存在故意或过失。[1]上诉人鼎盛公司在"LOHAS"注册商标获批前，予以装潢并投入生产，因此，对东华公司注册商标的声誉不抱主观不利企图。法院认为，行政处罚作出者在作出行政处罚之前，应当综合考量主客观要素以及结合比例原则，决定是否作出行政处罚以及处罚的程度。

三、"无过错不罚"制度适用的困境

"无过错不罚"即除"但书"外，当事人一要证明自己没有主观过错，二要达到"足以证明"的标准。但没有主观过错到底包括哪些情形？何谓"足以证明"？该款的适用边界在哪里？以上问题都没有明确答案。

（一）证明对象不明

证明对象不明主要包括哪些情形属于不构成违法的情形不明确以及行政法上的违法阻却事由不明。

1. 不构成违法的事实不明

拥有行政处罚权的主体在对被控行政违法的人进行处罚时，通常不需要对被控人的主观过错承担举证责任。只要证明对方存在实施违反行政法规范的行为，就推定其存在故意或者过失。若其认为自身并不存在主观过错，其应当举证来充分证明自己的主张。如果被控人能够"足以证明"自身不存在故意和过失，则其就不成立违反行政法规范的行为。[2]

关于过错导致的行为是否属于违法行为的判断，影响因素包不包括行为人的意识与损害原因的关系？该问题在新修订的《行政处罚法》中并未明确规定。疏忽不是一种精神状态，而是一种低于被认为正常或社会要求的标准的行

---

〔1〕 参见马怀德：《〈行政处罚法〉修改中的几个争议问题》，载《华东政法大学学报》2020 年第4 期。

〔2〕 参见姜明安：《行政违法行为与行政处罚》，载《中国法学》1992 年第 6 期。

为。一个人的过错的主观含义早已被摒弃，取而代之的是非个人标准——相同情形下理性人的表现。责任的产生不可能没有过错，无论是故意还是过失。此外，不法行为也不一定会导致不法行为责任：不法行为和不法行为责任之间没有一致性，没有理由相信这种一致性最终会发生。

综上所述，新修订的《行政处罚法》并未明确规定在考虑行为人的意识与损害原因之间的关系的情况下，某些不构成行政违法的事实。

2. 违法阻却事由范围不明

新修订的《行政处罚法》第 33 条第 2 款仅笼统规定了主观过错适用框架。在具体适用过程中，"没有主观过错"可以包含违法阻却事由等多种情形，这在《行政处罚法》中并未明确规定。

奥地利《行政罚法》中违法阻却事由包括：[1]正当防卫、紧急避险以及职务行为。此处的职务行为仅指法律明确规定的职务行为，对于来自上级命令的职务行为是否属于违法阻却事由则未作规定。在我国台湾地区的"行政罚法"中，上级命令型职务行为也属于违法性阻却事由。与上述二者均不同的是，德国法对于职务行为是否属于违法阻却事由没有相关规定。

综上所述，奥地利在其《行政罚法》中将违法阻却事由表述为正当防卫、紧急避险以及职务行为三种，该法相较于我国台湾地区相关规定和德国法来说关于违法阻却事由规定更为全面。这对于我国在结合国情的基础上，在后续《行政处罚法》相关司法解释中以列举等方式阐明违法阻却事由具有一定借鉴作用。

（二）证明标准模糊

《行政处罚法》第 33 条第 2 款虽对主观过错的证明标准提出了要求——证明自己没有主观过错要达到"足以"证明的程度，[2]但当事人提供的证据达到何种程度才符合"足以"的要求？

1. 理论标准界定模糊

对于足以证明的理论标准问题，一些学者指出，可以按照不同的事实类型来分门别类地提出不同的证明标准，也就是说，针对拥有行政处罚权的主体在作出行政处罚决定过程中收集的证据，采取真实且客观的标准；而对于应受行政处罚者自己提供的证据，应当适用充分证据标准。[3]在行政执法实践中，对

---

〔1〕 参见城仲模：《行政法之基础理论》，三民书局 1980 年版，第 507 页。
〔2〕 参见丁鹄文：《新〈行政处罚法〉下信息披露违法主观要件研究》，载《证券市场导报》2021 年第 6 期。
〔3〕 参见张红哲：《行政执法证据规则：理论重释与体系展开》，载《求索》2021 年第 4 期。

于当事人是否具有主观过错这一事实，虽然从拥有行政处罚权的主体搜集调取的证据中可以推知，但是该行政相对人为了证明自身没有主观过错而自行提供的证据应当属于"无过错不罚"的情形，因此，对该条款中足以证明标准的界定，应当采用证据充分标准。该标准除了出现在行政处罚领域，在行政法其他领域也很常见。比如，在《行政诉讼法》中，对于法院作出行政判决、裁定以及决定所依据的事实证据的要求也是充分证据标准。除此之外，在《行政处罚法》修订之前，《食品安全法》以及《药品管理法实施条例》等法律法规中就有关于充分证明的规定。但在以上述为代表的法律法规中，充分证明的标准还是较为模糊，实际操作起来没有可量化的标准，还是无法给执法、司法实践提供有效的理论指导。

2. 实践标准运用混乱

虽然在签署芳萍酸菜鱼馆销售食材抽检不合格一案中，行政相对人提供营业执照等证据，以此来证明主观上无过错，执法者也认可了其没有主观过错的主张，作出了不予处罚的决定，但在此过程中存在一个问题，即行为人的举证能否达到"足以证明"的标准，并且执法机关作出免予处罚决定的理由也十分含糊。纵观目前立法，"足以证明"很常见，在海关、知识产权法等领域也存在类似规定。然而，通过搜索相关执法案件，笔者发现海关对什么是"足以"的判断标准较为混乱。

从域外角度来看，多数案例仅关注到了至少需要证明实际恶意，或仅笼统规定证据须明确且令人信服，却没有具体说明必须证明的过错程度。诉讼中实际恶意与过失证据的区别在于，实际恶意必须通过"明确和令人信服的证据"来确立，而过失则不必如此。注意义务是原告的举证责任，这一责任介于证据占优势的举证责任和无合理怀疑的举证责任之间。此"中间地带"在不同个案中的标准并不一致。

因此，无论从我国实践角度来看，还是从国外相关实践来看，个案中对证明标准的判断含糊不清。

（三）适用边界不明

"无过错不罚"制度的适用边界是"另有规定"。但"另有规定"究竟是什么，学界/实践中观点不一，主要有"但书"条款、从严规定两种样态。但书条款主要体现为允许其他法律、行政法规规定不需要主观过错，行政机关亦可处罚违法行为人即平衡主观过错和行政效率之间的价值冲突；从严规定主要体现为由行政机关举证证明存在主观过错（更为严格的举证责任），过错原则

（更为严格的归责原则），"故意""重大过失"多、"一般过失"少（更为严格的过错类型）。

1. 适用范围不明

推定过错并非行政法学术名词。行政法借鉴了这一概念，将之应用于行政处罚领域。该做法虽然可提高行政效率，但若被滥用或不对其适用范围加以限制，极容易带来理论争议和实践当中的适用困境。

首先，这在逻辑上是不合理的。如果主观元素被包含在行政处罚的组成元素中，并且采用双重举证责任方式，即除了故意和过失之外的举证责任由作出行政处罚决定的主体承担，而故意和过失的举证责任由行政相对人承担，则难免有"官欺人"的嫌疑。同时在主观因素和客观因素都是违法构成要件时，证明责任的分配为何不同，在逻辑上难以回答。

其次，与行政处罚之功能定位不相符。行政处罚的功能定位是维护行政管理秩序，应当坚持惩罚与教育相结合。一些学者认为，过错推定可以更好地维持行政执法的公平与效率之间的平衡。[1]但夸大惩罚原则是错误的，因为它很难摆脱有罪推定的嫌疑，会使行政相对人对执法部门丧失信心，更不利于维护行政管理秩序。

最后，与价值平衡理论相悖。"无过错不罚"系将证明责任赋予行政相对人。近些年，随着公私合作治理的呼声越来越高，行政相对人的政治参与度也逐渐提高，然而，我们也必须看到，执法部门拥有行政优益权的本质未改变。若一味扩大主观过错条款适用范围，将没有故意或过失的举证责任无条件强加给行政相对人，则会加剧这种不平衡，从而不利于社会管理秩序的良好运转。再者，若这种责任是依据社会需求决定的，那么很有可能出现公权力对私权利的过度干预，从宏观上也影响到人之为人的尊严。[2]

2. 限制条件不明

关于"无过错不罚"的限制条件问题，《行政处罚法》中仅模糊规定了存在例外情形，但法律、行政法规另有规定到底是指哪些情形？该句话的定位是一个模糊的兜底条款还是大纲性质的内容，有待进一步采取列举法等方法来明晰和细化其内容。其中一个重要问题是行政自由裁量权对于该条款适用范围的

---

〔1〕 参见喻少如、姜文：《论行政处罚的主观要件——以新修订〈行政处罚法〉第三十三条第二款为中心》，载《湖南警察学院学报》2021第3期。

〔2〕 参见陈文林：《中国共产党认识公平正义地位的三重维度》，载《四川师范大学学报（社会科学版）》2021年第2期。

影响。在法无明文规定的情形下，执法部门在执法过程中对于在何种领域适用主观过错条款以及确定"足以证明"的程度等拥有自由裁量权，如此可能引发执法部门过度解读该条款适用范围，导致行政权边界不明。此时，不妨参考新古典主义行政法方法来更好地限制行政机构权力。波亚诺夫斯基教授指出，新古典主义的方法是"承认成文法的等级高于司法原则"。新古典主义方法是一种"拒绝司法对法律问题的尊重，同时尊重机构在国会赋予他们的自由裁量空间中立法的政策选择"的方法。[1]在法规中定义什么是补救措施或澄清补救措施的轮廓是一个法律问题。由于补救措施是一个法律问题，法院似乎愿意认真权衡并澄清授权法规。具体而言，法院正在澄清，机构的自由裁量权应该通过传统的公平原则来引导。换句话说，联邦法院指示机构不要对适用法规进行简单的文本分析；相反，机构必须根据传统的公平原则阅读授权法规。机构保留自由裁量权，但这种自由裁量权仅限于传统的公平原则。法院似乎也考虑是否有集中的指导方针或过程以及机构寻求和获得公平的补救措施。

四、"无过错不罚"制度适用的规则优化

针对"无过错不罚"存在的证明对象不明、证明标准模糊以及适用边界不明的困境，笔者对应性地提出了明确"无过错不罚"的证明对象、厘清证明标准以及划定适用边界三条规则优化方案。

（一）明确证明对象

证明对象即"没有主观过错"的具体情形，主要包括尽到合理注意义务、存在违法阻却事由。

1. 尽到合理注意义务

章剑生老师认为，将主观过错客观化为注意义务是主观过错推定的逻辑基点。[2]尽到合理注意义务主要有三种标准：其一，一般理性人标准；其二，个案行为人标准；其三，一般理性人标准与个案行为人标准融合说。[3]行政机关"推定过失"与行为人"自证清白"应采取不同标准：行政机关推定过失采一般理性人标准，行为人自证清白采个案行为人标准。根据过错推定原则的要求，

---

〔1〕 Brian Galle and Murat C. Mungan, "Optimal Enforcement With Heterogeneous Private Costs of Punishment", *The Journal of Legal Studies*, Vol. 50, 2 (2021).

〔2〕 参见章剑生：《行政处罚中的"主观过错"：定位、推定与例外——〈行政处罚法〉第33条第2款评释》，载《浙江学刊》2023年第3期。

〔3〕 参见黄明儒：《刑法总论》（第二版），北京大学出版社2019年版，第202页。

在法律未明确要求行为人须有主观故意的情形下，行政机关只需依据行为人的客观行为于一般理性人之场域下推断行为人是否违反了合理注意义务，而不必苛责其去关注个案中行为人真实的内心状况；行为人则需提供能够证明其尽到合理注意义务之全部证据，进而证明其内心的真实状态，此时应当关注具体个案中的行为人本人，而不能再以一般理性人之标准粗略推断其是否尽到合理注意义务。

对于判断过失破坏行政管理秩序的行为，是否尽到合理注意义务亦是重要考量因素。对于应受行政处罚行为归责模式，有学者主张双重归责方式，即某些情况下适用过错推定原则，而在另一些情况下适用无过错责任原则。[1]笔者认为，对于故意违反行政法规范的行为之所以适用"无过错责任原则"，是因为相对人主观上的故意，其未尽到合理注意义务，因此无论其主观上是否有故意或过失，都构成违法，都应受行政处罚；至于应受行政处罚的人对于注意义务应当预见、能够预见却没有预见的情形，就属于因过失而应受行政处罚；对于虽尽到了合理注意义务以避免危害结果发生，但因自身存在局限性导致违反行政法规范的结果的情况，不构成违法，不需受行政处罚。在怀疑是否存在期待可能性的情况下，应特别考虑从轻减轻处罚或依法免除处罚的便宜原则。

2. 存在违法阻却事由

违法阻却事由系不可抗力、紧急避险、受害人同意等事由。其中最具争议的是"法盲"问题，也就是行为人因不知法而违法的情形。这种法律认识错误在刑法上称为禁止错误理论，即对法规范认知存在偏差。此种情形可以排除当事人故意，但不能排除其过失。过失行为在刑法上若要定罪处罚，必须有明确规定，这对于不知法而违法者有益。但是，《行政处罚法》并无这种规定。因此，在行政处罚领域，尽管当事人不知法而违法系过失行为，其亦应受行政处罚，无论其认识错误系事实错误抑或法规范错误，即不知法者不应受处罚的主张是不成立的。同时，行政法行为规范理论持相同观点，认为我国行政法律规范中规定的义务，皆非"自由义务"，多数属于强制性规定。凭借当事人不懂法而违法的理由，不能判断其行为不违法，上述理由只能作为较轻处罚的裁量情节。

根据我国台湾地区"行政罚法"第8条立法宗旨，判断行为人有无故意、过失，其中不包括行为人对自己是否违法的判断。[2]但是，若违反行政法规范

---

[1] 参见程琥：《论行政处罚过错推定的司法审查》，载《行政法学研究》2022年第3期。

[2] 参见我国台湾地区"最高行政法院"100年度判字第1055号裁判意旨。

者事实上的确不懂法，则由于情节轻微危害不大，酌情对其违法行为所应受处罚予以减轻甚至免除。

那对于"法盲"问题应该如何处理？可以考虑制定针对此种行为予以较轻处罚的裁量基准。若当事人无从知晓未经公告的法律而违反行政法规范，例如某道路并未设置路牌提醒大众不能在路边停放机动车，相对人就无从知晓该规定，若其将机动车停在路边，此时对其进行处罚是不合适的。例如奥地利《行政罚法》第5条第2款，即使也明确否认不知法非免责理由，但也增加了两项另外规定，〔1〕该另外规定具有采酌的价值。〔2〕

（二）厘清证明标准

对证明标准的厘清应当从理论层面和实践层面着手，理论层面可借鉴证据法上的证明成熟性原则，实践层面需达到法官确信状态。

1. 理论层面借鉴证明成熟性原则

证明成熟性原则系证据法理论，在保证行政处罚效率的前提下，应结合行政法实际降低相应标准，提出一种行政处罚领域的新型行政证明成熟原则并以此指导司法和执法实践。理由如下：

一方面，行政执法证据规则与证据法证据规则关联密切。行政机关在行政执法过程中所作的行政行为大概率会进入举证质证阶段，从而被审查合法性，这时行政执法程序中形成的行政执法证据是证据的主要来源；行政法学领域内的证据规则肇端于证据法之中，并逐渐辐射、影响行政执法证据规则。

另一方面，我们也应当认识到行政执法证据规则有别于证据法。首先，证据法的基本价值取向是公平与正义，而行政执法在追求公平与正义的同时也要兼顾效率；其次，证据学中法官所接触到的案件事实主要是双方当事人递交的证据所呈现的法律事实，但在行政执法程序中，行政机关则要积极调查取证，其所掌握的证据大多数来源于其经过调查取证所搜集的客观事实。因此，行政执法证据规则不可照搬证据法上的证据规则，但因二者关系密切，前者或可对后者有所借鉴，换言之，行政执法证明标准只可借鉴但不可照搬证明成熟性原则，应考虑并保有行政执法之特殊性。〔3〕

---

〔1〕 奥地利《行政罚法》第5条第2款中规定："但如能证明其无行为责任时，及行为人在不谙行政法规之情形下，不可能辨认为禁止行为时，不在此限。"

〔2〕 参见陈新民：《行政法学总论》，三民书局1980年版，第396页。

〔3〕 参见张红哲：《行政执法证据规则：理论重释与体系展开》，载《求索》2021年第4期。

2. 实践层面达到行政机关确信状态

如上文所述，应在理论层面借鉴证据法证明成熟性原则并结合行政处罚效率性要求，确立一种行政证明成熟原则。笔者认为，对于行政处罚程序而言，执法机关首先应判断当事人的行为可能受到的行政处罚的种类及幅度，根据行政处罚种类及幅度对当事人合法权益的影响程度选择适当的证明标准。至于当事人提供的证明自己没有主观过错的证据是否达到相应证明标准应允许法院或者拥有行政处罚权的主体自由心证，也就是根据执法实践的经验，结合逻辑法则，达到内心确信的状态。一方面，《最高人民法院关于行政诉讼证据若干问题的规定》[1]采用自由心证作为行政诉讼证据综合评价制度，[2]为行政诉讼证据综合评价提供了制度参考；另一方面，行政执法人员的职业素质不断提高、执法经验日益丰富，其具备依据经验法则和逻辑法则综合评价当事人提供证据的能力。[3]而在行政执法实践中，"足以证明"的标准可以体现为达到作出行政处罚的主体确信的状态。

例如，在蔡某与盘山县市场监督管理局工商行政处罚纠纷案中，该县市场监督管理局认为，在举证层面，蔡某未能提供涉案货物的合格证明以及其购进发票，无从证明该批货物质量合格且来源合法。蔡某没有履行合理的注意义务，同时其提供的证据不能达到足以证明其无主观过错的程度。市场监督管理局结合案件实际情况，作出的处罚适当。可见，该案中行政相对人的举证未达到行政机关确信状态，不能构成"足以证明"。

此时，或可借助行政诉讼的证明标准明晰"足以"二字的具体要求。针对行政诉讼的证明标准问题，学界通说采多元论，不同性质的具体行政行为适用不同的证明标准[4]，即根据行政行为对行政相对人权益的影响程度不同而提出不同的证明要求[5]（见表1）。

---

〔1〕 参见徐庭祥：《论建构我国行政诉讼的一般证明标准》，载《政治与法律》2019年第12期。

〔2〕《最高人民法院关于行政诉讼证据若干问题的规定》（法释〔2002〕21号）第54条规定："法庭应当对经过庭审质证的证据和无需质证的证据进行逐一审查和对全部证据综合审查，遵循法官职业道德，运用逻辑推理和生活经验，进行全面、客观和公正地分析判断，确定证据材料与案件事实之间的证明关系，排除不具有关联性的证据材料，准确认定案件事实。"

〔3〕 参见徐庭祥：《论建构我国行政诉讼的一般证明标准》，载《政治与法律》2019年第12期；姬亚平：《我国行政诉讼证据制度建构之研究》，载《西安交通大学学报（社会科学版）》2013年第3期。

〔4〕 李国光：《努力开创行政审判工作新局面 为全面建设小康社会提供司法保障》，载《中华人民共和国最高人民法院公报》2003年第2期。

〔5〕 参见徐庭祥：《论建构我国行政诉讼的一般证明标准》，载《政治与法律》2019年第12期。

表 1 多元证明标准

行政行为性质	证明标准	行政处罚行为示例
对行政相对人合法权益影响重大者	排除合理怀疑标准	行政拘留；可能适用听证程序
对行政相对人合法权益影响一般者	明显优势证据标准（清晰且有说服力标准）	大多数行政处罚决定
对行政相对人合法权益影响较小且对行政执法效率要求较高者	优势证据标准	可适用简易程序

（三）划定适用边界

"无过错不罚"适用的边界应当是过错责任和无过错责任等情形以及个人无法避免或减轻损害时，即在这两种情况下，一般不应适用"无过错不罚"。

1. 过错责任和无过错责任等情形

"无过错不罚"的适用限制大致可以在《行政处罚法》第 33 条第 2 款中的"但书"规定窥见一二。关于受到行政处罚如何确定责任承担，主要有以下几种学说：过错责任原则[1]；过错推定原则[2]；无过错责任原则[3]。《行政处罚法》第 33 条第 2 款的无过错不罚系过错推定。另外，该款中的"法律、行政法规另有规定的，从其规定"这一规范表述又为过错责任和无过错责任原则的适用留有空间，前者如《道路交通安全法》第 95 条明确将行为人存在"故意"作为遮挡、污染机动车号牌行为的违法成立要件之一，此时需由作出行政处罚决定的主体来证明其处罚的对象确实进行了遮挡、污染机动车号牌的活动且主观上有过错；[4]后者如《药品管理法实施条例》第 75 条规定的销售或者使用假药、劣药的情形。[5]因此，我国《行政处罚法》第 33 条第 2 款确立了以过错推定为原则，[6]以过错责任和无过错责任为例外的主观归责主义，且过

[1] 参见杨解君：《行政处罚适用的主观过错条件》，载《法学天地》1995 年第 3 期。

[2] 参见姜明安：《行政违法行为与行政处罚》，载《中国法学》1992 年第 6 期。

[3] 参见汪永清：《行政处罚运作原理》，中国政法大学出版社 1994 年版，第 164 页。

[4] 《道路交通安全法》第 95 条第 2 款规定："故意遮挡、污损或者不按规定安装机动车号牌的，依照本法第九十条的规定予以处罚。"

[5] 根据《药品管理法实施条例》第 75 条的规定，销售或使用假药或劣药的，虽可以没有主观过错为由免除罚款等其他的行政处罚，但不可免除没收违法所得之行政处罚。

[6] 谭冰霖：《处罚法定视野下失信惩戒的规范进路》，载《法学》2022 年第 1 期。

错责任和无过错责任原则的例外情形[1]以法律、行政法规的明文规定为限。

2. 个人无法避免或减轻损害时

推定过错的适用范围应考虑此人是否以及在多大程度上能够避免损害或减轻损害后果的问题。纵观域外经验，过错可解释为破坏行政管理秩序者的意识和其行为所产生的实害结果之间的联系。因此，就产生了一个问题，即该人是否希望出现后果，他或她是否预见到后果或必须预见到后果。不谨慎程度（不谨慎和严重不谨慎）是根据具体情况确定的。考虑的方面包括诉讼的性质和条件以及违法行为人的个人素质。判断每个特定场合的过错，首要任务是评估该人自己如何理解自己的行为，以及他或她作为个人是否不仅有义务预见，也有能力且有可能预见该破坏行为所造成的危害结果。除此之外，在针对不知情的被动情况下，是否有可能谈论一个人对其行为（不作为）的主观态度，这是值得怀疑的。此时过错推定原则的适用对善意的相对人应当有所区别。

五、结语

《行政处罚法》新增第33条第2款"无过错不罚"制度，完善了责任主义立场，增加并丰富了归责方式，彰显了我国社会主义法治建设的巨大进步。[2]然而应当看到，"无过错不罚"系中间立场——既没有明确主观过错是行政处罚的构成要件，也没有回避这个问题，而是明确以过错推定以及举证责任倒置的方式将主观过错应当在行政处罚中予以考虑这一问题显性化。正是这种模棱两可的态度造成了"无过错不罚"在具体适用中存在诸多困境，未来应该以此为契机，在法治实践中不断探索"无过错不罚"适用的出路，不断完善"无过错不罚"的适用方式。

---

[1] 尹宇杰：《公平责任适用困境的探析与纾解》，载《贵州警察学院学报》2022年第1期。
[2] 参见熊樟林：《行政处罚法引入责任主义彰显法治进步》，载《法治日报》2020年10月9日，第5版。

控制与激励：保护地役权制度何以需要合作规制？

徐佳钰[*]

摘　要　保护地役权协议是生态环境保护规制工具箱中的重要手段。但解析当前我国保护地役权协议中的权利义务构造，无论是供役地人义务还是权利都存在偏离制度设计目的的问题，而这种偏离可以被合作规制相应矫正。这种介入不仅有理论给予正当性证成，且在域外实践中已发挥可观的作用。本文提出将合作规制引入保护地役权制度的初步思路，以"规制下的自我规制"为内核，重构保护地役权协议中的权利义务，优化已经存在于协议中的控制与激励的博弈。

关键词　保护地役权　合作规制　权利义务

一、引言

保护地役权协议，通常是土地所有权人或使用权人与保护机构之间达成的协议，以确保保护土地上的自然或文物特征，大多数国家会规定土地易手后该协议也继续有效，也即买受人仍然受该地役权协议的限制。[1]这一制度的引进与落地实施已经在我国国家公园体系中体现。当前我国正大力建设以国家公园为主体的自然保护地体系，而保护地役权制度引入国家公园体系是对于生态环境保护的又一制度性创新，是政府对于国家公园保护区内达成环境保护目的行为

---

　*　徐佳钰，中国政法大学2023级行政法学硕士。

　〔1〕　Rodgers, C. and Grinlinton, D. , "Covenanting for Nature: A Comparative Study of the Utility and Potential of Conservation Covenants", *The Modern Law Review*, Vol. 83, 2（2020）, p. 340.

进行补偿的举措。[1]虽然在签约主体、协议时长、双方权利义务等方面都存在差异，但各国保护地役权的核心构造都基本相似，大体包括以下几个内容：当事人之间的合意；没有相邻需役地之需要；出于保护目标的作为或不作为义务；约束后续土地权利人；往往伴随经济激励。[2]

（保护地役权的缔约权）可以由多个不同的缔约机构使用，而不仅仅由一个特定的公共机构根据法定权力行事。保护地役权作为具有强烈公法属性的契约，可以根据法律法规授权由契约所涉公共利益的代表人行使，例如生态环境组织、慈善机构、信托机构、政府机构或地方当局。[3]但不同于域外的多元化缔约方，作为提供和确保长期公共利益的工具，我国无疑由政府部门主导保护地役权的全过程，即确定双方权利义务、促进缔约、双方履行权利义务（包括补偿的发放及保护地生态情况监测等）。[4]

虽然缔约方的多元化没有被我国吸收采纳，但是域外保护地役权制度中非政府部门在生态环境保护中的参与所带来的灵活性，使得多元化参与自然保护也为我国政策所吸收。例如《建立国家公园体制总体方案》指出，"建立健全政府、企业、社会组织和公众共同参与国家公园保护管理的长效机制，探索社会力量参与自然资源管理和生态保护的新模式"；《关于建立以国家公园为主体的自然保护地体系的指导意见》亦强调，"探索公益治理、社区治理、共同治理等保护方式"。我国顶层设计为何引入合作规制？合作规制可以为保护地役权制度带来什么？前述两部文件中的"共同参与""共同治理"应当如何设计才得以实现对于保护地役权制度的助力？本文旨在阐释合作规制在保护地役权制度中的正当性与必然性，并厘清将合作规制引入保护地役权制度的大致思路。

在国家政策逐渐认可国家公园保护地役权制度的前提下，学界亦认可保护地役权在国家公园的实施已经初具理论与实践的正当性基础时，如何优化便是制度发展应当研究的方向。

---

〔1〕《国家公园法（草案）（征求意见稿）》第23条第3款规定："国家公园范围内集体所有土地及其附属资源，按照依法、自愿、有偿的原则，通过租赁、置换、赎买、协议保护等方式，由国家公园管理机构实施统一管理。"

〔2〕 阙占文：《保护地役权的功能审视与法律构造》，载《政法论坛》2022年第5期。

〔3〕 Rodgers, C. and Grinlinton, D., "Covenanting for Nature: A Comparative Study of the Utility and Potential of Conservation Covenants", *The Modern Law Review*, Vol. 83, 2 (2020), p. 340.

〔4〕 中共中央办公厅、国务院办公厅印发的《建立国家公园体制总体方案》指出，国家公园由国家确立并主导管理，并建立统一事权、分级管理体制。

二、保护地役权协议权利义务构造是否达到制度设计目的？

保护地役权制度中供役地人的权利义务条款被认为是该制度中的核心部分。由于保护地役权协议内容的本质是行政机关基于公共利益对于私人土地所有权的一种限制，其性质属于公权力的行使在学界基本形成共识。[1]协议中权利义务条款扮演着平衡自然资源保护、利用以及该土地上原有居民生计的角色，在衡量过程中不仅保留了传统地役权节约实现成本和协调所涉及各方利益的优势，同时还强化了公共利益在制度中的地位，规避了传统规制强硬无协商的局限性。本部分致力于审视当前保护地役权协议中的权利义务，同时与制度内核对比以检验实施效果，针对效果不足的部分探讨可以走向何种新路径。

（一）对于私人利益的限制：供役地人的义务

1. 禁止或限制土地的开发或使用

通过与土地所有者签订契约或协议，限制土地的开发或使用从而达到约束土地的目的，[2]是保护地役权制度蕴含公共利益之所在，因此对于自然资源供役地人利用自然资源提出限制是保护地役权制度的应有之义。行为的限制可以划分为禁止性与限制性，通常与所规制行为的危害程度以及规制区域有关。

根据《保护地役权设立与保护技术指南》，负面行为包括：搭建影响环境或景观的建筑物或构筑物、使用未经发酵处理的粪便作肥料、野外用火、私自引入外来物种、私自砍伐林木等。[3]《国家公园法（草案）（征求意见稿）》中区分了核心保护区以及一般控制区的禁止行为，均采用了"一般禁止+正面行为列举"的方式，其中核心保护区的一般禁止是"主要承担保护功能，最大程度限制人为活动"[4]，一般控制区的一般禁止是"在承担保护功能的基础上，兼顾……公众服务功能，禁止开发性、生产性建设活动"[5]。同时，两文件均规定了关于引进外来物种、倾倒放射性废物等有毒有害物质的禁止性行为。该类行为在保护地役权施行的国家公园内大多属于禁止性，而国外保护地役权中限制性行为大致包括界定并确认可在该土地上进行的适当耕作方法，限制对建

---

〔1〕 肖泽晟：《公物法研究》，法律出版社 2009 年版。

〔2〕 S. 8 National Trust Act 1937.

〔3〕《保护地役权设立与保护技术指南》表 B. 1 集体土地保护地役权正负面行为清单，除第 1 项外适用情形均为"林地、耕地、园地、草地"。

〔4〕 参见《国家公园法（草案）（征求意见稿）》第 27 条。

〔5〕 参见《国家公园法（草案）（征求意见稿）》第 28 条。

筑物的改建，限制植物群、动物群的进入等。[1]《钱江源国家公园集体林地地役权改革实施方案》（以下简称《钱江源改革方案》）中，甲方（供役地方）义务是严格遵守钱江源国家公园分区管理办法、森林消防管理办法及其他各项国家公园管理规定；与之对应的是乙方（需役地方）权利"按国家公园建设、管理的法律法规和政策规定实施管控"，以及拥有国家公园范围内集体林地等自然资源的管理权。[2]甲乙双方关于行为规制的协议内容具有很强的公法色彩，是典型的传统"命令-控制"型（command-control）规制。这样的规定本身并无问题，国家公园核心区的禁止性规定是出于生态环境利益考量的应有之义。对比美国《统一保护地役权法》定义保护地役权的含义中提及"（对供役地人）施加限制或肯定义务"使用"limitations"，我国保护地役权的义务中仅存在禁止性规定，有向管制性征收等强规制含义的工具变性之嫌。那么最多限制、最少裁量的"命令-控制"型规制为何要松绑又如何松绑？这一问题将在第三部分予以回应。

2. 接受地役权人的监测、评估

供役地人应当接受地役权人的监督、检查。监督应有助于避免义务处于休眠状态。[3]《钱江源改革方案》规定，供役地人应当协助国家公园管理人员或科研人员开展调查和日常管理。[4]《国家公园法（草案）（征求意见稿）》明确提出国家公园管理机构应当建立巡护制度，组织巡护人员开展日常巡查工作[5]；同时还配套规定了对于不符合管控要求的探矿采矿、水电开发、人工商品林等进行清理整治的权力。[6]《保护地役权设立与保护技术指南》中罗列了保护地役权保护的阶段性流程，例如在保护地役权设立的前期准备阶段，应当根据生态系统自然演替和动态变化规律，在规划技术层面上建立分层级、可动态调整的空间保护单元系统，实现精准化保护[7]；同时明确了集体土地保护地役权实施监测指标，其中包括无人机监测各种植被类型面积和高度的变化等，[8]从

〔1〕 Rodgers, C. and Grinlinton, D., "Covenanting for Nature: A Comparative Study of the Utility and Potential of Conservation Covenants", *The Modern Law Review*, Vol. 83, 2（2020）, pp. 340-356.

〔2〕《钱江源改革方案》附件6：钱江源国家公园集体林地地役权设定合同（范本）。

〔3〕 Reid, C. T., "Conservation Covenants", *Conveyancer and Property Lawyer*, 2013, 77（3）, p.192.

〔4〕《钱江源改革方案》附件6：钱江源国家公园集体林地地役权设定合同（范本）。

〔5〕《国家公园法（草案）（征求意见稿）》第33条。

〔6〕《国家公园法（草案）（征求意见稿）》第36条。

〔7〕《保护地役权设立与保护技术指南》6 保护地役权保护6.1规划、6.2监测。

〔8〕《保护地役权设立与保护技术指南》表C.1集体土地保护地役权实施监测指标体系表。

前中后端多个纬度体现出了对于专业技术的强烈需求。

保护地役权设立后，需役地权利人出于对保护地役权协议实施情况的了解，需要进行监测，对保护地役权实施效果进行评估，由于国家公园及周边社区人口规模庞大、社区类型多样，[1]协议签订后的监测与评估对于技术的依赖性极强。英国学者罗杰斯曾将英国 1949 年《国家公园和进入乡村法》实施的阻力之一总结为技术问题，"这些改革[2]基本上不成功，导致在英格兰和威尔士的开阔地上达成的准入协议很少，部分原因是地方当局在进行战略测绘工作方面无所作为。"[3]国家公园生态标准的具体制定，以及对于是否达到标准的监测与评估，仅依靠单一规制者难以顾全庞大的保护地役权协议对象群体，而要求政府规制者从技术上深刻了解潜在危害的严重性以及危害发生的盖然性亦不现实。[4]技术性组织引入的不充分是政府面对保护地役权监测与评估时，陷入专业性与广泛性双重维度困境的重要原因。同时，保护地役权协议旨在提供"公共产品"，因此有充分的理由通过公共机构的适当监督。[5]土地上的保护地役权项目并不经常受到监控，也使得保护地役权制度的长期影响难以衡量。如果没有任何量化的结果，可能很难为该计划获得持续的政治和财政支持。[6]

3. 积极实施保护行为

部分保护地役权还涵盖了一些积极行为实施的要求，即供役地人应当主动实施某些保护行为。实现自然保护目标不仅要求对自然资源的开发利用进行限制，如禁止砍伐林木和进行矿产开采等活动，同时也依赖于土地权利人对资源的可持续管理，例如定期进行障碍物清理等措施。[7]《钱江源改革方案》规定，"完善村规民约，加强宣传教育，提高原住民和访客的生态保护意识"。这一规

---

[1] 根据 2020 年人口普查数据统计，首批 5 个国家公园涉及的县级行政区 44 个、乡镇级行政区 125 个、行政村 2827 个，总人口 200.19 万人（数据来源：第一届国家公园治理体系研讨会——国家公园多方参与关键制度建设）。

[2] 指英国保护地役权改革。

[3] Rodgers, C. and Grinlinton, D., "Covenanting for Nature: A Comparative Study of the Utility and Potential of Conservation Covenants", *The Modern Law Review*, Vol. 83, 2 (2020), p. 340.

[4] [英]罗伯特·鲍德温、马丁·凯夫、马丁·洛奇：《牛津规制手册》，上海三联书店 2017 年版，第 165 页。

[5] Rodgers, C. and Grinlinton, D., "Covenanting for Nature: A Comparative Study of the Utility and Potential of Conservation Covenants", *The Modern Law Review*, Vol. 83, 2 (2020), p. 357.

[6] England, P., "Conservation Covenants: Are They Working and What Have We Learned", *University of Tasmania Law Review*, Vol. 34, 1 (2015), pp. 103–104.

[7] 阚占文：《保护地役权的功能审视与法律构造》，载《政法论坛》2022 年第 5 期。

定已经初具自我规制雏形，然而由于规定过于粗糙与过强的倡导性，这一规定逐渐滑向无规制的自由而丧失实质性改善作用。

（二）对于私人利益的补偿：供役地人的权利

1. 取得经济补偿与发展类补偿的权利

现有激励措施大致可以概括为，在维持现有自然资源权属不变的前提下，通过村民转让土地权利给国家公园管理方的方式，达到约束村民土地利用行为实现生态保护的目的，村民则获得国家公园方的对应补偿，其执行的逻辑链为：限制使用权利—履行保护义务—提供相应补偿。[1]激励措施往往是弱强制性制度推行的关键。而以钱江源国家公园为例，民众大多宏观上支持生态环境改善、微观上对自己的个人生计发展前途持怀疑态度，[2]即认可钱江源国家公园的社会与生态意义，但对国家公园管理中保护地役权制度的效果持怀疑态度。[3]

美国的环境政策转向体现在从直接法规（或称为"命令–控制"规制）转至通过基于市场的机制来进行环境管理和促进可持续发展，以增强制度灵活性与可接受度。[4]探究村民对于经济成果的满意度低背后的原因，保护地役权市场估值在实际补偿中缺失是主要因素。估值的原理是比较没有负担地役权的财产价值和负担地役权之后的财产价值，两个价值之间的差额就是地役权的公平市场价值。[5]存在的问题是，自然资源的最高利用价值与当前利用价值是不同的，当前估值不能反映出该地区的最高估值水平，对于被补偿者来说估值认可度存疑。[6]

然而，保护地役权制度所实施的保护区域大多位于难以进行市场估值的地区，例如，钱江源地区集体林地中的生态公益林本身并不存在所谓的"公平市场价值"，因此补偿数额等涉及被补偿者权益的问题往往由政府统一定价。例

---

〔1〕 中国科学院科技战略咨询研究院《中国国家公园治理体系下的多方参与关键制度研究》报告。

〔2〕 He, S. and Wei, Y. , "Why Agree to a Forest Easement? Perception of the Residents About the Adaptation of the Conservation Easement in Qianjiangyuan National Park", *Forests*, Vol. 14, 5 (2023), p. 889.

〔3〕 中国科学院科技战略咨询研究院《中国国家公园治理体系下的多方参与关键制度研究》报告。

〔4〕 唐孝辉：《我国自然资源保护地役权制度构建》，吉林大学 2014 年博士学位论文。

〔5〕 Richardson, Jesse J. Jr. and Bernard, A. C. , "Zoning for Conservation Easements", *Law and Contemporary Problems*, Vol. 74, 4 (2011), pp. 100-101.

〔6〕 Baldwin M W. , "Conservation Easements: A Viable Tool for Land Preservation", *Land & Water L. Rev.* , Vol. 32, 2 (1997), p. 89；潘佳：《管制性征收还是保护地役权：国家公园立法的制度选择》，载《行政法学研究》2021 年第 2 期。

如，《钱江源改革方案》规定"钱江源国家公园集体林地地役权改革补偿标准为48.2元/亩·年"。在大熊猫国家公园，社区居民对林地、耕地的使用受到限制，现有生态补偿金额过低难以弥补居民的生计损失，导致许多居民收入降低。[1]在难以市场估值的情况下，如何确定补偿金额是供役地人权利乃至整个保护地役权协议的关键。

"命令-控制"型规制不仅存在缺乏市场化估值的问题，还忽视了各群体对于保护地役权供役地的依赖程度，以及风险认知的"一刀切"规定，导致了不同群体对于保护地役权制度的认可度以及对于补偿的满意度不同。例如由于齐溪镇成为钱江源国家公园的一部分，旅游业的停歇给村民带来的收入损失并没有得到有效的补偿；而相比之下何田乡由于不受任何类型土地使用权的限制，该地区村民拥有的生计资产使得其应对风险的能力提升，故村民对于保护地役权制度也持最为积极的态度。[2]

相比于征地补偿中严格的听证程序要求，以及域外保护地役权协议个性化协商价格的缔约过程，我国统一政府定价后"自上而下"的推行保护地役权政策使供役地方的利益诉求在政策已然出台之时显得无从提出。《钱江源改革方案》推出之时亦已明确了补偿标准，其中实施阶段包括的动员会、村民代表会、户代表会，并没有参与补偿标准的协商过程。而我国人口规模庞大的现状，使得村民的直接参与不具有可行性，因此更贴近保护地役权供役地的社会组织便成为重要的私人利益代表。

除了经济补偿，原住民的特许经营优先权以及使用钱江源国家公园品牌标识的权利亦是重要的补偿方式。虽然国家公园内的各个社区都尝试发展养蜂、民宿等产业，但都处于起步阶段，难以为居民提供充足的工作岗位和收入，激励方式的引入并没有产生预设的效果。

2. 缔约协议过程中协商与救济的权利

保护地役权制度常与几类集体土地权利限制方式相对比以凸显其灵活性优势，例如：征收制度仅凭行政机关单方意志即可生效，手段过于强硬且容易激发社会矛盾，同时征收补偿费用高昂；将集体土地从核心区转移到国家公园外围的置换，由于经济价值与生态价值等的贬损以及迁居带来的实践阻力，其效

---

〔1〕 中国科学院科技战略咨询研究院《中国国家公园治理体系下的多方参与关键制度研究》报告。

〔2〕 He, S. and Wei, Y., "Why Agree to a Forest Easement? Perception of the Residents About the Adaptation of the Conservation Easement in Qianjiangyuan National Park", *Forests*, Vol. 14, 5（2023）, p. 890.

果遭到限制；[1] 管制性征收是 "政府对私有财产的管制达到征收效果"[2]，以低于征收的强制性实现低于征收的补偿标准，然而管制性征收政策实践中的高强制性、低补偿标准使得其在生态环境领域的实施并不理想。相比之下，保护地役权制度鼓励村民自愿申报、自愿接受自然资源使用权限制，却难免为了实现环境保护目的由代表供役地人权利的地方居委会半强制推行。学者潘佳试图构建的管制性征收工具与保护地役权工具在不同国家公园区域使用的分区规制，[3] 实质上有趋同之势。

美国保护地役权的普遍性推广很大程度上归因于其更健全的法律、监管制度和财政背景。美国通过税收减免等激励政策将这种 "本不受欢迎的地役权限制" 推广至几乎每个州。[4] 保护地役权制度在美国有相当悠久和成功的历史，这一点与欧盟因缺乏执行以及更广泛的激励措施而造成的难以推广形成对比。[5] 自愿形式下实质强制的灵活性缺失，同样发生在我国国家公园保护地役权制度之中。而保护地役权制度灵活性的缺失，缘于 "自上而下" 的推广模式，本质上是对补偿方式与具体方案缺乏类型化与差异化制定。而引入多元主体协助协商机制的搭建，是探索自下而上缔约模式的重要路径，也是差异化制定的决策信息基础。[6]

三、正当性证成：保护地役权制度使用合作规制的理论基础

供役地人的权利和义务存在偏离制度设计目的的问题，而无论是协商过程的利益代表，还是技术类事项的辅助完成，合作规制都拥有着相应矫正上述偏离的优势。某类措施能够解决问题最好的正当性证成思路仍然是先用理论检验这类措施可以解决某类问题，而亟待解决的问题属于该类问题，因此本部分审视将合作规制引入保护地役权制度是否具有理论基础。

---

〔1〕 冯令泽南：《自然保护地役权制度构建——以国家公园对集体土地权利限制的需求为视角》，载《河北法学》2022 年第 8 期。

〔2〕 刘玉姿：《从管制到征收：管制性征收的生成逻辑——基于美国法的考察》，载《交大法学》2022 年第 4 期。

〔3〕 潘佳：《管制性征收还是保护地役权：国家公园立法的制度选择》，载《行政法学研究》2021 年第 2 期。

〔4〕 Reid, C. T., "Conservation Covenants", *Conveyancer and Property Lawyer*, Vol. 77, 3（2013），p. 179.

〔5〕 He, S. and Wei, Y., "Why Agree to a Forest Easement? Perception of the Residents About the Adaptation of the Conservation Easement in Qianjiangyuan National Park", *Forests*, Vol. 14, 5（2023），p. 872.

〔6〕 中国科学院科技战略咨询研究院《中国国家公园治理体系下的多方参与关键制度研究》报告。

规制作为一种当代政策工具，其核心含义在于指导或调整行为活动，是"公共机构对那些社会群体重视的活动所进行的持续集中的控制"。[1]为应对并限制环境保护、食品药品等公共领域的风险行为，公共规制通过行政规制路径和司法控制路径对公共利益进行了有效保护。[2]然而政府规制在面对公共任务时出现失灵的尴尬局面使得诸多学者重新探索规制方式。常见的批评包括：①法律施加控制的能力有限；②法律实施的有效性需要与其他秩序相衔接；[3]③传统的命令式调控忽视了调控对象的利益，容易引起调控对象的反感，导致合作意愿的对立，引发反调控行为；④在信息社会中，一些国家的知识储备短板日益显现；⑤传统规制理论疏于创新，缺乏激励措施。[4]规制的无效率，出自规制目标与规制工具的不匹配，[5]"因为我们过度使用我们所谓的命令控制型进路"[6]。由此，探索改变土地使用方式的规制工具箱中其他工具的使用，是应对原本强制性高、成本高、效果局限的规制存在失效情况的重要路径。

规制体系的工具箱中，大致包含以下几种：基本立法或授权立法方式制定的规制标准；通过订立契约形成的不具有普遍适用性的、只约束订立主体的契约标准；公法和契约手段之外的不具有法律约束力的软法标准（例如指导性文件）；构成职业和行业规制标准的协会规则。[7]而以行业协会、社会组织等为代表的合作规制在激活传统"命令-控制"型规制手段中占据重要地位。

保护地役权制度作为舶来品，其在生态环境领域的灵活性优势已经得到了制度确认，而实现保护价值、增加公众进入的机会以及确保私人财产利益之间的适当平衡，成为各国保护地役权制度的共同核心目标，国内学者通常将其概括为"公共利益和私人利益之间的平衡"[8]，或者"实现公共利益与各方利益

〔1〕 ［英］科林·斯科特：《规制、治理与法律：前沿问题研究》，安永康译，清华大学出版社2018年版，第3—4页。

〔2〕 宋亚辉：《论公共规制中的路径选择》，载《法商研究》2012年第3期。

〔3〕 ［英］科林·斯科特：《规制、治理与法律：前沿问题研究》，安永康译，清华大学出版社2018年版，第118页。

〔4〕 金健：《德国公私合作规制理论及其对中国的启示》，载《南京政治学院学报》2018年第1期。

〔5〕 ［美］史蒂芬·布雷耶：《规制及其改革》，李洪雷等译，北京大学出版社2008年版，第50页。

〔6〕 ［英］罗伯特·鲍德温、马丁·凯夫、马丁·洛奇：《牛津规制手册》，上海三联书店2017年版，第29页。

〔7〕 ［英］罗伯特·鲍德温、马丁·凯夫、马丁·洛奇：《牛津规制手册》，上海三联书店2017年版，第115—119页。

〔8〕 He, S. and Wei, Y., "Why Agree to a Forest Easement? Perception of the Residents About the Adaptation of the Conservation Easement in Qianjiangyuan National Park", *Forests*, Vol. 14, 5 (2023), p. 872.

的平衡"〔1〕。而在实现公共利益与各方利益的平衡的过程中，已经存在却有待发挥作用的社群规制主体（包括社会组织、协会、公众、非营利性企业）正是规制实现的关键。〔2〕

规制治理的导控（steer）行为主体已经从初始的政府活动逐步扩充至非政府主体，承担特殊的治理职能并运用比传统政府部门工具更为多样化的手段。保护地役权制度中多元主体的引入已经存在，但"新治理"理念强调国家与非国家主体之间的互相依赖，不断反思政府应该做什么以及其他主体的参与度，使用多样化的、较为缓和的规制工具。〔3〕因此合作规制引入保护地役权制度本身的正当性无疑，然而如何根据制度以及实施情况优化合作？还需将视角回归至制度实施本身。

四、域外实践：保护地役权合作规制经验

域外保护地役权制度中非政府机构的介入已经为该制度输入了活力。苏格兰的保护地役权制度，只能由苏格兰首席部长或指定的保护慈善机构承担。苏格兰首席部长指定的机构有地方当局、国民信托基金、自然遗产组织和慈善机构，包括约翰·缪尔信托基金、伍德兰信托基金、苏格兰野生动物信托基金和皇家鸟类保护协会。〔4〕在大不列颠，保护地役权的相关权力和职能掌握在根据法规设立的非政府部门（苏格兰自然遗产、英格兰自然和威尔士乡村理事会）手中；在北爱尔兰由北爱尔兰环境署〔5〕履行职能。〔6〕

英国使用缘起于本国的信托来进行环境治理，于 1907 年颁布了第一部《国民信托法》，〔7〕通过国民信托基金实现保护地役权协议的达成。国民信托基金的设立，目的是维护国家的利益，促进永久保护具有美丽或历史价值的土地和

---

〔1〕 秦天宝：《论国家公园国有土地占主体地位的实现路径——以地役权为核心的考察》，载《现代法学》2019 年第 3 期。

〔2〕 ［英］科林·斯科特：《规制、治理与法律：前沿问题研究》，安永康译，清华大学出版社2018 年版，第 258—260 页。

〔3〕 ［英］科林·斯科特：《规制、治理与法律：前沿问题研究》，安永康译，清华大学出版社2018 年版，第 4—5 页。

〔4〕 Rodgers, C. and Grinlinton, D., "Covenanting for Nature: A Comparative Study of the Utility and Potential of Conservation Covenants", *The Modern Law Review*, Vol. 83, 2（2020）, p. 340.

〔5〕 该署是北爱尔兰行政院环境部的一个机构。

〔6〕 Reid, C. T., "The Privatisation of Biodiversity? Possible New Approaches to Nature Conservation Law in the UK", *Journal of Environmental Law*, Vol. 23, 2（2011）, pp. 203-231.

〔7〕 The National Trust Acts 1907, 1919, 1937, 1939, 1953, and 1971.

房屋，并保护土地的自然面貌和动植物生命。[1]1937年《国民信托法》赋予了信托基金更大的权力——通过与土地所有者签订契约或协议，限制土地的开发或使用从而达到约束土地的目的。[2]由此，信托基金可以通过与土地保有者签订保护地役权的管理协议，约束土地的使用，用以达成自然保护的目的。《2022—2023年国民信托年报》显示，英国国民信托共有会员数量570万人，年总收入为6.819亿英镑，筹款收入1.104亿英镑，会员收入2.765亿英镑，商业和直接财产收入2.717亿英镑，保护地面积约为250 433公顷。由于英国国民信托组织体量庞大，其承担着协商洽谈、组织缔约、资金支持、后续监测等一系列保护地役权协议的职责，有效地实现了公共利益与私人利益的平衡。

除了以资金支持功能为主的非政府机构，管理功能是合作规制所想要实现的重要目标。英国《2006年共用地法》为应对共用地管理的低效设立了法定机构共用地理事会，而法律并未规定理事会的统一行为模板，而是通过设立这种需要当地支持的理事会施行自主治理，引进新的合作管理模式以更好地满足管理需求，该组织的主要职责是促进可持续的共用地管理。[3]

1972年澳大利亚《维多利亚州保护信托法案》成立了一个法定公司自然信托（TFN），其运作独立于任何政府部门。然而法定公司自然信托在保护地役权制度中的权力与许多政府部门一样，有权购买和出售土地并就自愿达成的保护地役权契约进行谈判；也有一些额外的法定权力使其有别于政府部门，包括接受来自公众的捐赠、提供教育和培训项目等。[4]

学者塞克斯顿、默多克和马库斯认为，"合作的环境能力"是成功的环境伙伴关系中一个重要的先决条件。先前项目遭遇挫折的首要原因是，公共和私营部门组织都缺乏与多元利益相关者合作才能具备的关键资质、专业知识和技能。这些基本的组织能力或称为合作环境能力，包括能力、资质、禀赋、专业知识、熟练程度和技能。[5]英国学者罗杰斯认为，保护地役权协议的主体应包括公共机构、保护慈善机构和在自然保护土地管理方面具有专业知识的机构，如

---

[1] The National Trust Acts.

[2] S. 8 National Trust Act 1937.

[3] 文黎照：《英国共用地的环境治理研究》，法律出版社2016年版，第135—142页。

[4] England, P., "Conservation Covenants: Are They Working and What Have We Learned", *University of Tasmania Law Review*, Vol. 34, 1 (2015), pp. 97—98.

[5] England, P., "Conservation Covenants: Are They Working and What Have We Learned", *University of Tasmania Law Review*, Vol. 34, 1 (2015), pp. 104-105.

公益公司。[1]

五、思路探寻：保护地役权制度如何引入合作规制

域外保护地役权实践中引入合作规制较早，且社会组织形态较为发达，例如英国等国家依赖的国民信托组织发展时间长、体量大，同时政府与社会组织在行政事务，尤其是涉及公共利益的生态环境领域发挥作用有着各国不同的历史惯性，因此合作规制的思路仍需围绕我国保护地役权制度框架构建。

（一）合作规制的进路选择：规制下的自我规制

前文论证了保护地役权协议中权利义务构造存在的缺陷，完成了合作治理在国家公园保护地役权制度中实施的正当性证成以及必要性论证，同时辅之以域外合作规制实践的效果。因此本部分我们试图用合作规制厘清不同的非政府主体在规制与治理网络中有着怎样的角色分工，又如何实现激活保护地役权的共同任务。[2]但在此之前，我们应对替代传统"命令-控制"型规制方式的合作治理方式进行分类，根据不同主体在我国制度中的特征，置入不同的合作治理模式。

自我规制（self-regulation）与元规制（meta-regulation）的分类是常见的合作治理模式区分。自我规制的范围，包括非政府主体实施的任何规则，以及被规制者自身制定和实施的规则，是规制对象对自身施加命令，体现为规制者和规制对象的同一性。而元规制，则是"国家对自我规制安排的监督"，是将元规制视为"对规制者的规制"（regulating the regulators）过程，这里的规制者包括公共机构、作为私人企业的自我规制者，简而言之就是外部规制者通过多种方式要求或塑造规制对象的自我规制。[3]还有学者对"合作规制"与"受规制的自我规制"进行概念区分，认为合作规制中的国家参与度比受规制的自我规制更深入，前者国家预设了一定的框架且私主体共同参与了框架的搭建过程，非政府主体可以发挥实质性影响。[4]在规制领域中，合作规制各类概念的区分无非是政府主体的规制与非政府主体的灵活性及参与度的比例差别，因此本文

---

[1] Rodgers, C. and Grinlinton, D., "Covenanting for Nature: A Comparative Study of the Utility and Potential of Conservation Covenants", *The Modern Law Review*, Vol. 83, 2（2020）, p.390.

[2] 宋华琳：《论政府规制中的合作治理》，载《政治与法律》2016 年第 8 期。

[3] [英] 罗伯特·鲍德温、马丁·凯夫、马丁·洛奇：《牛津规制手册》，上海三联书店 2017 年版，第 163—268 页。

[4] 金健：《德国公私合作规制理论及其对中国的启示》，载《南京政治学院学报》2018 年第 1 期。

不再列举其中具有细微差异的合作规制模式，本部分旨在大致区分并分析不同主体适用类型的原因及途径。

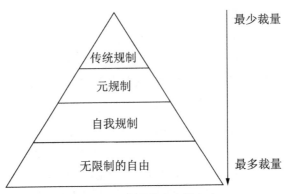

图1 规制裁量的金字塔[1]

何种主体应对应何种程度的裁量？我们常常批评传统规制模式的弱点在于，对于规制者的能力与信息提出了极高的要求，其中包括需要平衡的利益、达到这一目标的手段、具体需要强制规制对象的行为，以及监督和执法的成本。当规制者难以透视问题的本质或对于问题的理解有偏差时，其命令就会大范围在规制对象身上将偏差放大为极严重的问题。然而就在我们大力鼓吹"从'命令-控制'型向更少限制、基于激励的规制转型"时，市场化解决方案中政府角色的重要性却不断被忽略，如何市场化、市场化的激励机制的涉及，无一不需要政府的控制。当我们希望在保护地役权机制中引进激励机制时，立法性建议本身就是对政府在新型规制中发挥作用的肯定。例如欧盟碳排放交易权的实施在2006年左右并没有实现预期的排放减少，市场失灵之下可交易排放权的价格从每吨30欧元降至每吨12欧元。[2]因此对于直接关系国家公园环境公共利益的主体，应当存在传统"命令-控制"型规制的硬性规定，我们深信灵活性是建立在基础秩序之上的。现有国家公园保护地役权，主要通过国家公园关于保护地役权制度的改革实施方案实现。制度伊始需要统一方案的指导，而灵活性即体现了允许一定范围内各参与主体的自治性。目前纯自我规制的过度裁量并

---

[1] ［英］罗伯特·鲍德温、马丁·凯夫、马丁·洛奇：《牛津规制手册》，上海三联书店2017年版，第168页。

[2] ［英］罗伯特·鲍德温、马丁·凯夫、马丁·洛奇：《牛津规制手册》，上海三联书店2017年版，第34页。

不适用于正在建设中的尚不完善的保护地役权制度，对于自我规制进行引导的必要性较强，考虑到影响元规制的外部力量来源于使命或利益同整体公共利益更为一致的主体，相较于自我规制而言其发展更趋于接近整体公共利益。[1]

（二）控制与激励并存：重构协议中权利义务的思路

目前，将合作规制引入保护地役权制度，存在深厚的理论基础与域外实践经验，同时我国已经实现政府的主导下治理参与主体多元化的探索，也将社会组织引入了保护地役权制度的建设中。然而存在多元主体并不等于合作规制的弊端，所期望构建的"规制下的自我规制"仍未实现。因此参考域外经验后，在规制控制之下的、具有一定独立性的自我规制理念中，重构目前保护地役权协议中的权利义务关系，是实现权利义务灵活性释放的思路。保护地役权协议中权利义务确定的前端，应当通过更加协商性的方式确定，采取更加开放、合作的方法，让地役权人与供役地人在制定具体规定时有更多的参与权，以充分考虑双方的利益和可行性。

英国学者建议从协议订立内容与执行的角度来实现永久性与灵活性的平衡。这种平衡在某种程度上可以通过具体说明协议目的来实现，例如具体说明保护地役权协议要实现的结果以及要达成的目标，而并不规定具体步骤与细节，充分释放土地保有人的主观能动性。当然这种做法的弊端是，由于生态环境领域的特殊性，很多情况难以简单地以"协议目的是否达成"作为评估的标准，在执行时可能会有一些不确定性引发的争议。不过可以通过更具体的专业标准降低这种不确定性的风险，但应当保证上述标准的不断更新。[2]在引入非政府主体进行监测评估、协助确定补偿方式与具体方案时，通过规制明确所要达成的目标，将达成目标的具体方案设计交给相关非政府主体，是控制与激励并存的实现路径。

六、结语

我国当前保护地役权协议中的权利义务构造，存在命令控制过强、缺乏协商参与、后端效果检验缺失等问题，而非政府主体深度参与的引入，可以为制度松绑以实现公共利益与私人利益的有效平衡。本文着重分析了将合作规制引

---

〔1〕 ［英］罗伯特·鲍德温、马丁·凯夫、马丁·洛奇：《牛津规制手册》，上海三联书店2017年版，第181页。

〔2〕 Reid, C. T., "Conservation Covenants", *Conveyancer and Property Lawyer*, Vol. 77, 3（2013），p. 184.

入保护地役权制度具有一定的理论基础，且域外非政府主体参与保护地役权制度合作规制的主体多元、形式多样。故基于以上构建以"规制下的自我规制"为核心的合作规制保护地役权思路，提出重新构造保护地役权协议中的权利义务的设想，规定协议所要达成的具体目标，充分发挥非政府主体构思具体方案的灵活性。

互联网平台的行政合规治理模式

袁明扬[*]

摘　要　目前，互联网平台治理面临着治理初期的违法识别难题、治理中期的过程性监管缺位、治理末期的高权威慑陷阱等"全程失范"的现实困境。行政合规制度能够带来平台治理的理念革新。行政合规之治的逻辑理路，表现为价值取向、规范基础以及社会功能上的鲜明优势；行政合规之治的实践资源，包括行政指导、行政和解、违法行为宽大处理等制度准备，以及平台义务体系和合规指南的规范普及。为因应合规资源适用过程中的现实挑战，一方面，应当在微观层面构建"合规互信—合规履行—合规激励"的合规流程，围绕合规承诺履行、企业独立意志、依法行政原则等学理基础作出充分回应；另一方面，应当在宏观层面依托既有实践资源完成行政合规的体系性建构，明晰行政合规的适用场域以及合规计划的制度设计。

关键词　网络平台　企业合规　行政规制　行政合规

一、问题的提出

进入 21 世纪，随着移动互联网、大数据、人工智能等数字化技术的加速渗透，人类社会正在经历着一场"平台革命"。[1]在市场逻辑的主导下，平台企业的机会主义倾向衍生出责任脱嵌危机，数据信息的"圈地运动"以及"平台

---

* 袁明扬，中国政法大学 2023 级行政法学硕士。

[1]　随着纯技术视角的平台逐步向生产与消费领域演化，"平台革命"体现为互联网平台型企业（platform firms）的兴起。本文中的"互联网平台"，是指能够为用户提供技术及内容服务的，具有开放性、双边性以及跨边网络效应的互联网平台型企业。

权力"的失范风险不断加剧。[1]迄今为止，学术界提出了包括治理主体的多元参与[2]、治理行为的公私协作[3]、治理责任的平台强化等观点[4]，却始终未跳脱出"命令-服从"式传统规制理念的桎梏，公私互动格局下有关自治激励的制度设计亦是付之阙如。对此，行政合规制度能够带来平台治理的理念革新。企业合规（Corporate Compliance）发端于美国，最早出现在企业财务管理和反腐败领域。[5]我国最高人民检察院的合规不起诉改革试点工作让该制度近年来受到了我国刑法学者的广泛关注，但遗憾的是，行政法学界的回应一直较少。行政合规是合规体系的行政法治面向，指企业为了防范特定合规风险，使公司减轻或免除承担行政责任而建立的一种包含防范、识别、应对机制的内生性治理方式。在企业"大而不能倒"的逻辑之下，其传递出事前预防优于事后严惩的价值理念，强调通过"自警自监"和"抓早防小"，提升行政执法效能，牢牢把握着由行政违法滑向刑事犯罪的行为边界。

高权行政监管模式的局限性和平台经济活动的隐蔽复杂性之间产生了巨大张力，这为行政合规提供了适用空间。然而，企业合规的既有研究集中在刑事领域，始终缺乏行政法上完整成熟的学理论证和体系支撑；此外，行政合规的实践资源排布分散且实效不足，亟需系统性的整合与完善。有鉴于此，本文尝试以网络平台治理为研究视阈，分析当前平台治理模式的实施困境，论证并梳理行政合规的逻辑理路与实践资源，反思其适用过程中的现实挑战，进而完善互联网平台行政合规治理模式的体系化构建。

二、现状检讨：网络平台治理的现实困境

梳理网络平台治理立法的实践样态可以发现，我国网络平台治理观经历了

---

〔1〕 谢新洲、宋琢：《游移于"公""私"之间：网络平台数据治理研究》，载《北京大学学报（哲学社会科学版）》2022年第1期。

〔2〕 比如赵玉林：《构建我国互联网多元治理模式——匡正互联网服务商参与网络治理的"四大乱象"》，载《中国行政管理》2015年第1期；刘权：《分享经济的合作监管》，载《财经法学》2016年第5期。

〔3〕 比如李洪雷：《论互联网的规制体制——在政府规制与自我规制之间》，载《环球法律评论》2014年第1期；沈岿：《互联网经济的政府监管原则和方式创新》，载《国家行政学院学报》2016年第2期。

〔4〕 比如刘文杰：《网络服务提供者的安全保障义务》，载《中外法学》2012年第2期；赵鹏：《私人审查的界限——论网络交易平台对用户内容的行政责任》，载《清华法学》2016年第6期。

〔5〕 Carole L. Basri, *Corporate Compliance*, Carolina Academic Press, 2017, p. 64.

由"平台工具理性观"到"平台价值理性观"的阶段性转向,〔1〕但在实践中仍暴露出一定不足之处。概言之,治理初期的违法识别难题、治理中期的过程性监管缺位、治理末期的高权威慑陷阱,共同构成了当前网络平台治理模式"全程失范"的现实困境。

（一）治理初期的违法识别难题

首先,数据技术的复杂程度正日益加深,而既有立法却未能实现"技术规范的法律化",〔2〕巨大的信息壁垒使得众多违法违规现象在算法庇护下实现了监管逃逸;其次,平台经济带来了互联网产品的迭代升级和类型化产业的边界模糊,平台经济横向上的混业属性给分行业监管体制带来冲击,纵向上的跨区域特征对属地管理原则形成挑战〔3〕,传统违法应对机制的效率大幅降低;最后,平台基于私法自治原则行使"准立法权""准行政权"和"准司法权"的现象频发,〔4〕成为平台逃避公权力审查以及挤压私权范围的违法动因。

（二）治理中期的过程性监管缺位

当前,我国针对互联网平台采取了"以措施为基础"的规制思路,核心是为达致某一行政管理目标而要求平台企业采取特定技术和规定动作,〔5〕具体包括"设计标准规制"和"绩效标准规制"二元路径。〔6〕"设计标准规制"体现为平台企业应当或禁止采用的具体行为措施与技术标准,属于前端控制,平台治理领域的多数法律规范均属此类;〔7〕"绩效标准规制"则体现为平台企业的服

---

〔1〕 第一个阶段是 2000—2017 年,《消费者权益保护法》《网络安全法》《电子签名法》（为表述方便,本文凡涉及我国的法律规范均用简称,如《中华人民共和国消费者权益保护法》,简称《消费者权益保护法》）等法律规范围绕平台的中立属性进行了"避风港原则"和平台责任强化的实践探索;第二个阶段是 2018 年至今,《电子商务法》的出台标志着我国第一部网络平台治理专门立法的诞生,并协同此后的《个人信息保护法》《数据安全法》等共同构建了网络平台多元共治的实践样态,而不再一味强调平台中立与责任主义。

〔2〕 程关松、苗运卫:《相对人参与算法行政的困境与出路》,载《东南法学》2021 年第 2 期。

〔3〕 马丽:《网络交易平台治理研究》,中共中央党校 2019 年博士学位论文。

〔4〕 参见刘权:《网络平台的公共性及其实现——以电商平台的法律规制为视角》,载《法学研究》2020 年第 2 期。

〔5〕 参见洪延青:《以管理为基础的规制——对网络运营者安全保护义务的重构》,载《环球法律评论》2016 年第 4 期。

〔6〕 参见［美］史蒂芬·布雷耶:《规制及其改革》,李洪雷等译,北京大学出版社 2008 年版,第 157 页。

〔7〕 例如《电子商务法》第 27 条、第 28 条规定了平台内经营者身份报备措施,《网络安全法》第 10 条规定了网络安全国家强制性标准措施等。

务与产品所需达到的结果目标，属于末端控制。[1]二者具有规则明确和便于执法的优点，但"结果主义"导向忽视了经营计划、决策程序等企业内部管理瑕疵，"案结事了"后，平台企业在审计、监督、人事等方面仍存有明显隐患，[2]过程性监管措施的缺位造成了"治标不治本"的成功假象。

（三）治理末期的高权威慑陷阱

在强监管模式之下，高额行政处罚已成为平台治理领域最为普遍的行政执法方式，[3]但其固有缺陷亦不断暴露出来：第一，威慑陷阱。处罚应当避免出现"既不足以威慑违法行为，也不会超出企业所能够承受范围"的惩戒陷阱，[4]但算法技术和信息壁垒使对平台企业的违法成本和资产阈值进行精准估量变得艰难。第二，溢出效应。处罚后果可能溢出平台自身界限而造成负外部性，金钱损失和违法责任可能被转嫁给公司股东、公司员工等其他主体，或对物资供应、公共服务等社会保障制度造成负面影响。[5]第三，价值虚化。单一的罚款容易被视为"企业违法行为的许可费用"，[6]平台企业可以将罚款责任纳入经营成本进而执行"理性违法"，造成行政处罚的价值湮灭。

三、理念革新：行政合规之治的逻辑理路

按照哈贝马斯对现代法的分析框架，可以从"内在理性""规范理性"和"系统理性"三个维度透析互联网平台行政合规之治的逻辑理路。[7]其中，"内在理性"蕴含法的理论因应，揭示治理观念的价值革新；"规范理性"指涉法的正当化基础，寻求治理体系的宪法根基；"系统理性"标榜法的社会功能，

---

〔1〕 例如《电子商务法》第 13 条、第 29 条规定了商品服务质量标准与处置措施，《网络安全法》第 23 条规定了网络关键设备和网络安全专用产品认证检测标准等。

〔2〕 陈瑞华：《论企业合规在行政和解的适用问题》，载《国家检察官学院学报》2022 年第 1 期。

〔3〕 以平台治理领域的两部核心法律《电子商务法》和《网络安全法》为例：在《电子商务法》第六章规定的 15 类电商平台经营者法律责任中，有 9 类违法行为适用"行政罚款+责令限期改正"的责任配置模式，有 4 类违法行为适用"行政罚款+责令停业整顿"的责任配置模式；《网络安全法》第六章规定的 10 类网络运营者及网络产品服务提供者的法律责任，则均采取了"责令整改+给予警告+行政罚款"的责任配置，其中 4 类违法行为在情节严重时可以责令暂停相关业务、停业整顿、关闭网站、吊销相关业务许可证或者吊销营业执照。

〔4〕 喻玲：《从一元到多元：寡头的反垄断法规制》，复旦大学出版社 2016 年版，第 72 页。

〔5〕 Brent Fisse, "Reconstructing Corporate Criminal Law: Deterrence, Retribution, Fault, and Sanctions", 56 *S. Cal. L. Rev.*, Vol. 56, 6 (2014), pp. 1219–1220.

〔6〕 See United States *v.* Wise, 370 U. S. 409 (1962).

〔7〕 Habermas, überlegungen zum evolutionären Stellenwert des modernen Rechts. S. 262ff. ; Theorie des kommunikativen Handelns1, S. 349ff.

探析治理模式的制度优势。三者共同构成一个"价值—规范—功能"的自治体系，分别回答了行政合规之治"何以必要—何以可行—何以有效"的时代之问。

（一）内在理性

行政合规的创造性价值在于为企业实施自治性内部管理提供清晰的条目指引，并且当企业发生不合规行为时，能够以此前建立并实施了相应的合规体系而获得责任减免的抗辩权。

1. 由表及里：从外部规制到内部管理

面向企业内部的经营战略、人事管理、决策程序、盈利机制等方面进行规制是一种更为"根治"的策略，能够"通过影响法人组织体的意思决定过程来抑制违法犯罪"。[1]这种由内而外的规制呈现出鲜明的"反身法"路数，即政府应采取抽象和间接的干预形式，为企业提供组织上和程序上的规范前提，[2]借鉴但不依赖"以措施为基础"的规制思路。

2. 由点到面：从单点处罚到全面风控

基于既定措施和标准对平台经济活动进行传统的"行为-结果"框架分析，其结论往往是静态的、底线的、难以应对风险社会挑战的。[3]行政合规一改"点对点"式的事后规制思路，强调以事前预防为主的"点面结合"式治理，从企业的组织架构和决策流程入手，防止平台企业在商业诱惑面前动摇立场。

3. 由刚至柔：从"命令-控制"到"协商-互动"

行政合规体现出鲜明的"柔性执法"色彩，平台企业构建合规体系的动力很大程度上源于事后减免处罚的合规激励，而非单纯惧怕高额处罚的惩戒效果。涉案企业基于合规情况拥有了与行政机关协商互动的契机，由此达致的处罚金额与合规条件更有利于实质化解行政争议，而行政机关也在执法过程中吸纳了平台主体的智识和专业技术，提升了执法水平和执法经验。

（二）规范理性

行政合规具有内部管理型规制的鲜明特征，具体表现为国家机关主动介入平台企业内部并干预其经营管理流程，论证行政合规的规范理性即为寻找宪法层面的正当性依据。企业的自主经营权源自《宪法》第 16 条和第 17 条，其内

---

〔1〕 〔日〕佐伯仁志：《制裁论》，丁胜明译，北京大学出版社 2018 年版，第 134 页。

〔2〕 参见〔德〕贡塔·托依纳：《魔阵·剥削·异化——托依布纳法律社会学文集》，泮伟江等译，清华大学出版社 2012 年版，第 281 页。

〔3〕 参见〔德〕乌尔里希·贝克：《世界风险社会》，吴英姿、孙淑敏译，南京大学出版社 2004 年版，第 191 页。

涵是市场主体基本的经济权利，具体包括市场主体依法享有的产、供、销、人、财、物及其他权利[1]，《行政诉讼法》第 12 条亦将自主经营权受到侵犯纳入了行政诉讼的受案范围。公权力最低限度干预经济社会发展的原则源自启蒙时代的理性自然法，但现如今，国家责任和国家义务的现实需求愈加明显。《宪法》总纲部分的基本政策条款，又被称为基本权利、政府组织与权限规范之外的"第三种结构"，[2]其功能是确认了国家在实现发展目标的过程中所应当承担的基础性责任，[3]具有国家积极干预社会生活的内容表征。《宪法》在第 11 条规定了国家对非公有制经济的监督管理职责，第 14 条要求国家"完善经济管理体制和企业经营管理制度"，这两个条款构成我国经济宪法的基本政策，使得国家机关介入平台企业内部经营管理具有正当性依据，可以据此颁布立法和制定规范，并具体开展网络平台的规制。

（三）系统理性

行政合规的系统理性体现在其不仅能够克服既有弊端，而且得以实现额外的社会效果。第一，"超越遵从"的制度效应。"关注安全底线的、静态的、具体的措施性规定"只是企业合规的基础标准，[4]行政合规引导企业在实践中自我反思、自我创造，打破了传统规制的"天花板效应"，释放了企业的守法潜能。[5]第二，"文以化企"的制度能量。长期且有效的合规能树立企业的道德责任和社会责任，[6]这种"合规文化"的形成预示着企业社会责任（CSR）4.0 时代到来，即实现平台企业由社会回应与趋利工具到创造综合价值的视角转向。[7]第三，"有的放矢"的制度收益。自发式的治理完善了千篇一律的规制措施与标准，实现了"量体裁衣"与"对症下药"，降低了管制和遵从成本，在整体上优化了网络空间的执法资源配置。

---

〔1〕 董成惠：《负面清单管理模式下市场主体经营自主权的经济法视角》，载漆多俊主编：《经济法论丛》（2015 年上卷），法律出版社 2016 年版，第 30 页。

〔2〕 参见苏永钦主编：《部门宪法》，元照出版公司 2006 年版，第 34 页。

〔3〕 殷啸虎：《对我国宪法政策性条款功能与效力的思考》，载《政治与法律》2019 年第 8 期。

〔4〕 洪延青：《"以管理为基础的规制"——对网络运营者安全保护义务的重构》，载《环球法律评论》2016 年第 4 期。

〔5〕 See Andrew Hopkins, *Beyond Compliance Monitoring: New Strategies for Safety Regulators*, Law & Policy Press, 2007, p. 223.

〔6〕 陈瑞华：《论企业合规的中国化问题》，载《法律科学（西北政法大学学报）》2020 年第 3 期。《合规管理体系要求及使用指南》亦对合规文化作出了界定：合规文化是价值观、道德准则和信仰在整个组织中的存在，并与组织的结构和控制系统相互作用，从而产生导致合规结果的行为规范。

〔7〕 阳镇、许英杰：《平台经济背景下企业社会责任的治理》，载《企业经济》2018 年第 5 期。

四、实践资源：行政合规之治的本土探索

构建互联网平台行政合规治理模式的实践资源，是指除对涉案平台企业的强制惩戒之外，亦能体现出内部整改、风险防控、合规激励、协商互动等合规价值理念的规范依据和执法范式。从行政合规的推进路径上看，行政机关主要依靠行政指导、行政和解以及违法行为宽大处理等方式推进涉案企业的合规建设；从行政合规的内容设定上看，行政机关为平台企业设定的守法义务及其颁布的合规指引构成了合规内容的主要来源。

（一）行政合规的推进路径

1. 行政指导

行政指导是行政机关在其职责范围内采取说服、教育、示范、劝告、建议、协商、政策指导、提供经费等非强制手段，获得相对人的同意或者协助，指导相对人采取或不采取某种行为的行政管理形式。[1]其具备柔性执法的灵活性优势，是强制性行政行为的良好补充。例如，2021 年 4 月，国家市场监督管理总局召开互联网平台企业行政指导会，对 34 家互联网平台企业进行整改指导。[2]再如，国家市场监督管理总局对滥用市场支配地位的阿里巴巴和蚂蚁金服发出《行政指导书》，要求其制定相应的合规整改方案。[3]

2. 行政和解

我国行政和解制度主要存在于反垄断和证券期货监管领域，在网络平台治理中，其适用对象包括网络平台的不正当竞争行为、互联网券商平台的日常运营以及证券公司租用第三方网络平台开展的证券业务活动。[4]行政和解

---

[1] 参见杨建顺主编：《行政法总论》，中国人民大学出版社 2012 年版，第 240 页。

[2] 美团、携程、网易等 34 家互联网平台企业集中参与了国家市场监督管理总局召开的互联网平台企业行政指导会。会议要求各平台企业在一个月内全面自检自查、逐项整改，充分履行合规义务，集中向社会公布《依法合规经营承诺》。《互联网平台企业向社会公开〈依法合规经营承诺〉》（第一批），载 http://www.cac.gov.cn/2021-04/16/c_1620179180102903.htm，最后访问日期：2023 年 12 月 23 日。

[3] 2021 年 4 月，阿里巴巴公司因滥用市场支配地位被处以高达 182 亿元的行政处罚，国家市场监督管理总局同时向其发出一份《行政指导书》，要求该公司据此制定合规整改方案，每年报送"自查合规报告"以接受社会监督；2020 年 12 月，中国人民银行、中国银行保险监督管理委员会、中国证券监督管理委员会、国家外汇管理局对蚂蚁金服进行了约谈，同样以行政指导的方式对其不正当竞争行为提出了合规整改要求。参见《市场监管总局对阿里巴巴的行政处罚决定书》，载 https://mp.weixin.qq.com/s/ny3Awnkjy0E2ly2VkM4F5Q，最后访问日期：2023 年 12 月 23 日。

[4] 平台治理领域行政和解的相关规范依据包括：《反垄断法》第 45 条确立的行政执法承诺制度；国务院反垄断委员会发布的《垄断案件经营者承诺指南》；《证券法》第 171 条确立的行政和解制度以及国务院发布的《证券期货行政执法当事人承诺制度实施办法》。

制度的实质就是在行政调查的过程中，涉嫌违法的经营者作出有关消除后果、积极赔偿、纠正行为的承诺，行政机关对履行承诺协议的经营者终止调查。[1]其中，行政和解协议的内容可以包括内部整改、风险防控等合规要素，而行政机关视承诺履行情况而决定是否终止调查亦体现了合规激励的制度面向。

3. 违法行为宽大处理

在一般法上，对涉案平台企业进行宽大处理的条款主要存在于《行政处罚法》和《行政强制法》。《行政处罚法》第 32 条至第 34 条集中体现了一定的合规理念：第 32 条规定了从轻处罚、减轻处罚的五类情形，平台企业可以通过消除后果、配合调查、主动整改等合规行为达成从轻、减轻处罚的适用条件；[2]而在第 33 条免于处罚的三种情形中，"违法行为轻微并及时改正"可以与事后合规承诺相衔接，"没有主观过错"可以与事前日常合规相匹配，即事先建立合规体系并履行合规管理义务可以作为平台企业证明其不具有主观过错的情形之一；[3]第 34 条有关行政处罚的裁量基准则有利于合规激励条件、激励幅度、激励程序等内容的细化。《行政强制法》第 42 条中，行政机关与相对人达成的执行协议，为相对人通过采取合规路径进行补救措施预留了制度空间。[4]在部门法上，《反不正当竞争法》引入了严格责任制度以及企业的免责抗辩权，[5]《证券公司和证券投资基金管理公司合规管理办法》也规定了违法行为

---

〔1〕 陈瑞华：《论企业合规在行政和解中的适用问题》，载《国家检察官学院学报》2022 年第 1 期。

〔2〕《行政处罚法》第 32 条规定："当事人有下列情形之一，应当从轻或者减轻行政处罚：（一）主动消除或者减轻违法行为危害后果的；（二）受他人胁迫或者诱骗实施违法行为的；（三）主动供述行政机关尚未掌握的违法行为的；（四）配合行政机关查处违法行为有立功表现的；（五）法律、法规、规章规定其他应当从轻或者减轻行政处罚的。"

〔3〕《行政处罚法》第 33 条规定："违法行为轻微并及时改正，没有造成危害后果的，不予行政处罚。初次违法且危害后果轻微并及时改正的，可以不予行政处罚。当事人有证据足以证明没有主观过错的，不予行政处罚。法律、行政法规另有规定的，从其规定。对当事人的违法行为依法不予行政处罚的，行政机关应当对当事人进行教育。"

〔4〕《行政强制法》第 42 条规定："实施行政强制执行，行政机关可以在不损害公共利益和他人合法权益的情况下，与当事人达成执行协议。执行协议可以约定分阶段履行；当事人采取补救措施的，可以减免加处的罚款或者滞纳金。执行协议应当履行。当事人不履行执行协议的，行政机关应当恢复强制执行。"

〔5〕《反不正当竞争法》第 7 条第 3 款规定："经营者的工作人员进行贿赂的，应当认定为经营者的行为；但是，经营者有证据证明该工作人员的行为与为经营者谋取交易机会或者竞争优势无关的除外。"

从宽处理的情形。[1]

（二）行政合规的内容来源

1. 法定义务

平台企业的法定义务可以归纳为国家安全保护义务、违法犯罪预防义务、用户权益保障义务、依法依规经营义务、辅助执法义务等类型。[2]然而，当前的义务性规定有明显的外部控制倾向，针对平台企业的"内部管理型规范"较少，[3]"内部管理型规范"不规定特定的技术要求或绩效结果，而是要求"企业针对行政目标，制定适合自身的内部经营计划、管理流程及决策规则，从而将社会价值内部化"，[4]如《网络安全法》第21条的网络安全等级保护制度，[5]以及《企业内部控制基本规范》《证券公司内部控制指引》《商业银行内部控制指引》等非强制或半强制性的规章等。

2. 合规指南

在法律法规、部门规章和规范性文件之外，行政机关也常常通过发布合规指南的方式指引平台企业具体建立合规机制，其具有清晰明确、可操作性强的优点，能够对履行合规义务的方式路径进行细化和完善，如《中央企业合规管理指引（试行）》《企业境外经营合规管理指引》以及《经营者反垄断合规指南》等。

---

〔1〕《证券公司和证券投资基金管理公司合规管理办法》第36条第1款规定："证券基金经营机构通过有效的合规管理，主动发现违法违规行为或合规风险隐患，积极妥善处理，落实责任追究，完善内部控制制度和业务流程并及时向中国证监会或其派出机构报告的，依法从轻、减轻处理；情节轻微并及时纠正违法违规行为或避免合规风险，没有造成危害后果的，不予追究责任。"

〔2〕 参见黄卫东：《网络平台的行政规制：基于行政合规治理路径的分析》，载《电子政务》2022年第11期。

〔3〕 参见谭冰霖：《论政府对企业的内部管理型规制》，载《法学家》2019年第6期。

〔4〕 See Cary Coglianese and David Lazer, "Management-Based Regulation: Prescribing Private Management to Achieve Public Goals", *Law & Society Review*, Vol. 37, 4 (2003), p. 692.

〔5〕《网络安全法》第21条规定："国家实行网络安全等级保护制度。网络运营者应当按照网络安全等级保护制度的要求，履行下列安全保护义务，保障网络免受干扰、破坏或者未经授权的访问，防止网络数据泄露或者被窃取、篡改：（一）制定内部安全管理制度和操作规程，确定网络安全负责人，落实网络安全保护责任；（二）采取防范计算机病毒和网络攻击、网络侵入等危害网络安全行为的技术措施；（三）采取监测、记录网络运行状态、网络安全事件的技术措施，并按照规定留存相关的网络日志不少于六个月；（四）采取数据分类、重要数据备份和加密等措施；（五）法律、行政法规规定的其他义务。"

表1　网络平台治理领域的行政合规实践资源

合规要素	制度准备	实践案例与规范资源
合规推进路径	行政指导制度	34家平台企业合规经营之道承诺案 阿里巴巴滥用市场地位指导整改案 蚂蚁金服不正当竞争指导整改案
	行政和解制度	《反垄断法》第45条 《证券法》第171条 《国务院反垄断委员会垄断案件经营者承诺指南》 《证券期货行政执法当事人承诺制度实施办法》
	违法行为宽大处理制度	《行政处罚法》第32条至第34条 《行政强制法》第42条 《反不正当竞争法》第7条 《证券公司和证券投资基金管理公司合规管理办法》第36条
合规内容来源	法定义务体系	国家安全保护义务 内容审核义务 违法犯罪预防义务 用户权益保障义务 依法依规经营义务 辅助执法义务
	合规范本指南	《中央企业合规管理指引（试行）》 《企业境外经营合规管理指引》 《经营者反垄断合规指南》

（三）适用合规资源的现实挑战

首先，从宏观层面上看，行政合规的制度布局呈现出较大的分散性，集中出现在反不正当竞争、反垄断等高风险区域以及平台券商等高风险主体身上，未能实现平台治理的全覆盖。与此同时，各制度之间的衔接配适程度不高，各种合规路径往往相互独立、各自作战，缺乏各取所长、相互促进的整体性思维。

其次，从微观层面上看，各制度本身亦分别暴露出一系列现实问题：其一，现行合规"柔性"过强，行政指导、行政和解、合规指南等推进路径缺乏强制属性，这赋予了平台企业较大的合规选择空间，加之相关激励措施不足，最终导致合规管理的"符号化"现象显著，[1]即企业为满足责任减免的形式要件，

---

〔1〕 郑雅方：《论政府介入企业合规管理的风险及其防范》，载《法商研究》2021年第3期。

仅建立具备外部表征的合规组织体系，缺乏合规流程与合规监管等行动落实；其二，合规内容缺乏科学性设计标准，全面风控、正本清源的制度目的湮没了对于平台企业自主经营权益和规模差异的充分关照，导致平台企业付出高额合规成本，疲于应对合规管理要求，造成了经济效益和治理逻辑的双重破坏；其三，合规激励制度的执法动能匮乏，行政机关对于实施责任减免存有犹疑与彷徨，例如，实践中适用合规免责与行政和解的案例极少，这充分反映出执法机关尚未充分掌握行政权力处分的基本原理与实践意义。

五、思路调适：合规适用挑战的理论回应

聚焦到行政合规的微观层面，一次完整的合规实践可以解构为三个阶段："合规互信阶段—合规履行阶段—合规激励阶段"。为化解适用合规资源时的三个现实挑战，可以围绕行政合规的三个阶段分别作出学理回应与路径修正，由此，实践难题与理论回应呈现出一一对应的逻辑构造。详言之，合规互信阶段需要解决合规承诺的约束力大小以及合规路径的强制性高低问题；合规履行阶段需要探讨行政机关介入企业自主经营权的方式与界限；合规激励阶段则需要论证行政职权处分与依法行政原则的逻辑关系。

（一）合规互信阶段：合规承诺的性质之辨

合规互信阶段是指行政机关与平台企业达成合规合意，双方相互作出包含合规管理目标、行政激励与制裁措施的合规承诺的阶段。达成合意的标志往往是平台企业接受行政指导建议、自愿履行宽大处理条件、形成书面和解协议等。这种协商合作、互信互让的执法方式具有鲜明的契约性特征，更有学者将其称为行政契约在企业合规中的直接表现[1]，指出企业合规协议的法律属性是行政协议[2]。笔者认为，行政合规仅是行政相对人作出的有关遵守法律法规的单方承诺，行政合规中不存在行政协议的制度构造，合规承诺并没有强制约束力。为化解合规"符号化"的失灵现象，需要有充分的制度激励来激发平台企业的自治动力，让行政合规在"外化于行"的同时"内化于心"。

在事后合规的语境下，合规承诺协议一般由行政机关主导，平台企业已经达成被动接受严格执法的违法性要件，与行政机关并不处于完全平等的主体地

---

[1] 陈瑞华：《论企业合规在行政监管机制中的地位》，载《上海政法学院学报（法治论丛）》2021年第6期。

[2] 周佑勇：《契约行政理念下的企业合规协议制度构建——以工程建设领域为视角》，载《法学论坛》2021年第3期。

位，作为协议核心内容的合规义务亦不具备通过协商进行调整和变通的可能，因此合规承诺协议并不属于传统意义上的行政协议。在日常合规的语境下亦然：其一，合规内容是协议相对人本就应当履行的法定义务的具体化，不存在新的行政法律关系的设立、变更或终止；其二，传统契约理论强调行政契约行为和行政处分行为之间存在竞争与取代的关系，[1]以避免出现"行政遁入私法"的现象，[2]而合规协议与行政处分行为却呈现出依附乃至融合的异化结构，合规协议的履行情况直接影响着行政处分行为的内容；其三，如若合规协议属于行政协议，那么单方变更、解除等协议特权将极大影响行政合规的制度实效，将使得行政激励的设计完全落空。

（二）合规履行阶段：自主意志的存续之争

合规履行阶段是指平台企业根据行政机关的合规指导或指南，制定内部合规计划，建立具体合规体系，落实行政合规管理目标的过程。公权力介入企业自主经营权的界限，决定了合规内容的合理性以及企业履行的积极性。相较于经济利益而言，企业进行自主经营和管理的权益显得更为根本且重要，[3]行政机关侵犯平台企业自主经营权的途径有两种：第一，当合规内容本就是法定义务时，自主经营权的侵蚀风险体现在行政机关对企业选择具体合规进路时的决策性干预。企业法人是具有独立意志的"由职位（而不是由个人）组成的行动系统"，[4]有权结合自身的市场定位和发展战略，寻求合规义务所致的行为受限与商业原理引导下的盈利策略之间的价值平衡。第二，当合规内容本属于倡导性或任意性规定，但行政机关基于"治标兼治本"的制度追求而一并纳入合规内容时，法人自主经营权的侵犯体现为额外义务的负担。在违法背景下，企业新接纳的合规"义务束"往往大于其只为避免本次违法行为所应尽的义务，此时这些额外义务即存在从"自愿向附条件强制"的转向[5]，如若拒绝履行则丧失了在整体上获取宽大处理的权利，这些"约定性义务"造成了变相强制合规的执法局面。因此，行政机关介入平台企业自主经营的范围限度应当受到

---

〔1〕 袁文峰：《论行政形式自由选择权》，载《财经法学》2018 年第 1 期。

〔2〕 梁凤云：《行政协议案件适用合同法的问题》，载《中国法律评论》2017 年第 1 期。

〔3〕 See Robert Aaron Gordon, *Business Leadership in the Large Corporation*: *The Brookings Institution*, Stanford University Press, 1945, p. 305.

〔4〕 参见 [美] 詹姆斯·科尔曼：《社会理论的基础》，邓方译，社会科学文献出版 1990 年版，第492 页。

〔5〕 参见喻玲：《从威慑到合规指引 反垄断法实施的新趋势》，载《中外法学》2013 年第 6 期。

法律的严格把控，确保介入方式、介入程度有相应的法律和职权依据。

（三）合规激励阶段：依法行政的悖反之问

合规激励阶段是指行政机关根据平台企业的合规体系建设以及合规义务履行情况，对行政违法行为作出责任减免决定的行政执法过程。实践中适用宽大处理和行政和解的案例却十分有限，这与行政权力处分的执法逻辑有密切联系。行政合规的制度精髓在于责任减免所带来的合规激励，而依法行政的传统逻辑则是违法行为必被惩处，二者之间存在"出罚"与"入罚"的形式背离，由此产生了行政合规制度逃逸依法行政原则的理论质疑。

为防止"行政主体贩卖公权"，传统理论一般认为"行政权具有不可处分性"，即行政权的减少和丧失只能由法律规定，行政主体不得随意放弃。[1]随着协商和解的执法实践愈发增多，学界围绕行政权处分的正当性形成了以下几种观点：第一，认为行政和解的对象是行政机关享有的行政和解权，而非对行政处罚权的处分；[2]第二，主张行政处分与行政自由裁量权之间的概念迁移，认为行政权处分是对行政行为方式的一种自由选择（选择裁量权），[3]外在表现即为实现与相对人的协商和解；[4]第三，主张单独设置行政合规的行政权处分规则，将行政合规作为一个单独区别并独立的概念[5]。笔者认为，传统行政理论将"行政权不得处分"奉为圭臬，目的在于防范公权机关怠于履职或滥用职权的行为，确切地说，该原理的规制对象是"行政职权的随意处分"，而非指向宽泛意义上的"行政权处分"。[6]因此，在符合职权法定原则的前提下，行政机关依法享有包括行政裁量在内的职权处分权。[7]行政机关对符合一定合规条件的平台企业进行责任减免，具有一般法和部门法上的充分依据，因此，

〔1〕 张尚鷟：《走出低谷的中国行政法学——中国行政法学综述与评价》，中国政法大学出版社1991年版，第57页。

〔2〕 参见岳卫峰：《我国构建证券执法和解制度的逻辑缺陷和可能路径》，载《河北法学》2015年第3期。

〔3〕 例如，日本学者南博方认为，即使符合一定要件的事实存在，也需要赋予行政机关决定是否采取行为以及采取行为时选择何种行为的自由。参见［日］南博方：《行政法》（第六版·中文修订版），杨建顺译，商务印书馆2020年版，第48页。翁岳生主编：《行政法》（上册），中国法制出版社2009年版，第261页。

〔4〕 参见周佑勇：《行政裁量治理研究——一种功能主义的立场》，法律出版社2008年版，第248页。

〔5〕 熊樟林：《企业行政合规论纲》，载《法制与社会发展》2023年第1期。

〔6〕 解志勇、刘娜：《行政职权之处分研究》，载《中共浙江省委党校学报》2014第2期。

〔7〕 关保英：《论行政主体的职权处分权》，载《东方法学》2008第1期。

合规激励实则属于行使行政职权的行为，即便在形式上表现为行政职权的处分，但实质上并未违反依法行政的基本原理。

六、因应进路：平台行政合规的体系建构

互联网平台的行政合规治理模式需要从微观和宏观两个层面分别展开。在微观层面，行政合规需遵循"合规互信—合规履行—合规激励"的流程结构；在宏观层面，行政合规则需要依托既有制度资源完成体系性的整合再造，具体包括行政合规的适用场域以及制度设计。

（一）适用场域

1. 日常经营中的行政合规建设

日常经营中的行政合规建设是指平台企业为防范法律和经营风险，在行政机关的柔性指导或刚性监管下，提前建立的行政合规管理体系，也被称作"事前合规"。事前合规的推进路径有两种，一种是柔性行政指导，包括针对特定企业发出《行政指导书》以及对非特定企业发布《合规指引/指南》，并匹配充分的合规激励政策，另一种是刚性行政监管，又被称作"强制合规"，[1]即法律针对某些平台企业设定了应当建立合规管理体系的法定义务，行政机关对不履行合规义务的平台企业进行处罚。

2. 违法背景下的行政合规治理

违法背景下的行政合规治理是指平台企业在出现违法违规行为而接受行政机关调查的过程中，通过达成合规整改条件而换取宽大处理的模式，也被称作"事后合规"。事后合规的推进路径有两种，一种是行政和解。我国在反垄断和证券监管领域确立了行政和解制度，但至少从书面规定来看，该制度并没有实现对合规制度的完整纳入：[2]首先，应当将企业建立合规机制作为签订和解协议的前提条件；其次，应当在和解协议中引入完整的合规条款，如针对特定合规风险设计专项的合规计划，强化后续的跟踪指导以及验收标准等。推进事后合规的第二种路径是附条件的宽大处理，该路径适用于反垄断和证券监管外的其他领域，即行政机关根据法律上的责任减免条款对符合条件的违法企业宽大处理。与此同时，应当警惕事后合规成为涉案企业逃逸处罚的制度通道，采用

---

〔1〕 根据《保险公司合规管理办法》以及《证券公司和证券投资基金管理公司合规管理办法》，互联网保险平台以及券商平台应当根据法定合规管理义务建立合规组织、聘任合规人员、设计合规流程、完善合规监督，并由行政机关进行监管。

〔2〕 陈瑞华：《论企业合规中行政和解的适用问题》，载《国家检察官学院学报》2022年第1期。

收取高额承诺金、向社会公开合规协议、对不履行和解协议的企业加重处罚等措施，在兼顾"大而不能倒"的治理逻辑下，实现对平台企业的充分威慑。

（二）制度设计

规制法理论认为，有效的控制体系包含三个要素：①明确的目标和价值；②全面的信息和监控；③及时的调整和反馈。[1]此外，行政合规还直接面向企业内部的组织建制。由此，行之有效的行政合规应当贯彻一套由"组织体系""标准制定""监督验收"和"实施反馈"等内容构成的制度体系。

1. 组织体系

《企业内部控制基本规范》规定，董事会和审计委员会是企业内部管理的统筹和审查机构；而在具体执行人员上，德国法将"内部管理员"视为政府规制的"反射角色"，[2]在平台治理领域，我国《网络安全法》第21条规定的"网络安全负责人"即有着相似的角色定位，其工作职责应当包括参与评估平台合规风险、参与拟定具体合规方案、审查经营管理流程并对失范行为提出处理建议等。

2. 标准制定

"公司应该建立可以预防和纠正违法犯罪的合规标准和程序"。[3]制定合规标准的前提是对合规风险进行精准溯源，应当结合平台商业模式、主营业务、经营范围、内控机制等，对公司经营管理的风险领域、风险链条、风险节点进行全面排查；平台企业应当对行政机关面向不特定主体发布的《合规指南》进行有针对性的吸收借鉴，将法定标准转化为具体实施标准，避免行政机关"一刀切"式的合规政策带来过重的合规负担。

3. 监督验收

行政合规的制度流程应当"有始有终"，而当前行政和解、行政指导等制度资源中却鲜见合规的后续反馈机制，如忽视合规监管人的设置、缺乏合规跟踪指导、遗漏合规验收标准等。根据最高人民检察院等部委《关于建立涉案企业合规第三方监督评估机制的指导意见（试行）》，行政监管部门可以指派或要求企业聘请第三方独立监督机构对企业整改进程进行监督并向行政监管部门报告，或者自行开展行政检查，根据企业整改的效果对企业作出处罚减免决定。

---

〔1〕 参见［英］科林·斯科特：《规制、治理与法律：前沿问题研究》，安永康译，清华大学出版社2018年版，第114页。

〔2〕 参见［德］汉斯-海因里希·特鲁特：《设备法中的国家风险管理——来自德国的报告》，载刘刚编译：《风险规制：德国的理论与实践》，法律出版社2012年版，第330页。

〔3〕 United States Sentencing Commission, Guidelines Manual §8B2.1（b）（Nov. 2004）.

4. 实施反馈

对合规行为进行及时反馈和纠正，才能激励平台企业守法乃至作出更优表现，这种反馈机制主要是合规激励阶段更为合理的责任配置。应当将法律责任细分为平台与员工责任、平台与第三方企业责任、母子公司责任等具体类型，实现精准的责任切割。[1]例如，"原则单罚+例外双罚"的处罚构造使得企业一旦被豁免或减轻处罚，相关责任人员便随着案件的终结而完成了责任逃逸，"原则单罚"在合规体系下会造成公法责任落空，"例外双罚"也使得讨论如何对两类主体分别适用减罚规则成为必然。[2]因此，应当拟定平台应受处罚的主观方面判断规则，并构建起行政合规中企业豁免而个人应受处罚的情形，如当员工未尽到事前审慎管理义务、事后整改不力时应受处罚等。

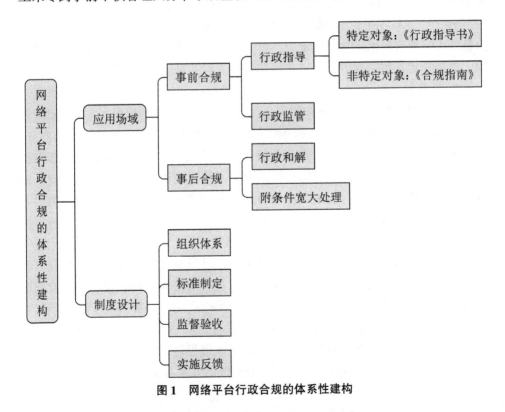

图 1　网络平台行政合规的体系性建构

---

〔1〕 参见解志勇：《行政法上企业合规治理制度体系的建构思路》，载《法律科学（西北政法大学学报）》2023 年第 3 期。

〔2〕 参见谭冰霖：《单位行政违法双罚制的规范建构》，载《法学》2020 年第 8 期。

七、结语

在平台经济和平台社交日益广泛的当下，传统规制模式已经不足以应对一系列治理难题，对此，行政合规制度带来了平台治理的理念革新。行政合规并非对原先治理体系的颠覆性改造，而是呼吁治理思维的转向，并对既有制度准备进行资源完善与整合再造。在行政机关广泛且分散的实践探索中，应当认识到互联网平台的行政合规治理是一套体系化建构，既需要在微观层面上对行政合规的学理基础和流程结构进行充分审视，也需要在宏观层面上完成行政合规适用场域和合规计划的制度设计。行政合规之治走向成熟的过程中，包含行政主体的理念革新、包含立法主体的全面保障、包含平台企业的积极回应，只有多方协同发力，才能达成最优治理效果。

公物视角下公共数据授权运营的有偿利用研究

张泽坤*

摘　要　公共数据授权运营的有偿利用是指行政机关将不宜直接开放但具有高价值的公共数据授权特定市场主体运营，特定市场主体向行政机关支付对价的行为。公共数据授权运营的有偿利用是公共数据开放制度的有益补充，制度价值在于解决行政机关在管理公共数据时面临的技术不足、缺乏激励等问题。从性质上看，公共数据承载公共利益，在事实上由行政机关持有且被行政机关用作公共目的，行政机关与公共数据之间呈现出公物管理关系。从利用方式上看，行政机关在有偿性的授权运营中把公共数据用作德国法上的特别用物，采取特许经营的方式实现行政目的。作为具有试点性质的制度，地方以"国家所有"为权属基础、以"国有资产有偿使用"为利用路径进行探索，符合公共数据授权运营有偿利用的公物管理理念，但存在地方越权立法和行政机关过度逐利的风险。

关键词　公物　公共数据　授权运营　地方试点评介

一、问题的提出

《中共中央、国务院关于构建更加完善的要素市场化配置体制机制的意见》于2020年将数据确定为一种新型生产要素，数据所蕴含的政治价值、社会价值和经济价值被国家战略正式确定。若将数据誉为"信息时代的石油"[1]，公共

---

* 张泽坤，中国政法大学2023级法学实验班硕士。

〔1〕《东风万里绘宏图——习近平总书记指引数字中国建设述评》，载 https://baijiahao.baidu.com/s？id=1764169409208399803&wfr=spider&for=pc，最后访问日期：2023年12月20日。

数据则因其数量大、质量高、标准相对统一等特点[1]被视作当之无愧的资源富矿。目前，公共数据以免费开放的供给方式为主，已供给的数据量十分有限[2]，甚至出现提供的数据没价值，有价值的数据不提供[3]的问题。基于此，公共数据授权运营制度应运而生，重点内容是推进建设公共数据的价格形成机制，通过有偿利用机制激励公共数据持有者提供数据，促进数据要素市场健康发展。

关于公共数据的概念范畴，现有学说和实践争议不穷[4]。无论采取何种学说，行政机关都持有海量的公共数据，必然是公共数据授权运营有偿利用制度的重要参与主体。值得注意的是，行政机关参与公共数据授权运营有偿利用的法律基础尚不明确，在金钱的诱惑下可能走向"乱作为"的极端，这显然不符合依法行政的要求。由于公共数据契合法律意义上的公物概念，本文希望借助公物理论厘清行政机关有偿利用公共数据的理论基础，并以此检视地方试点的立法情况，探究公共数据授权运营有偿利用的合适路径，以此确保行政机关依法行政。

二、公共数据的公物属性证成

公物由行政主体予以管理，是行政活动的基础和前提[5]，行政主体负有保护公物、管理公物、发挥公物作用的义务。根据《中共中央、国务院关于构建数据基础制度更好发挥数据要素作用的意见》（以下简称《数据二十条》），政府应发挥在数据要素收益分配中的引导调节作用，具体包括合理收益、服务

---

[1] 参见马颜昕：《公共数据授权运营的类型构建与制度展开》，载《中外法学》2023年第2期。

[2] 参见门理想等：《公共数据授权运营的收益分配体系研究》，载《电子政务》2023年第11期。截至2017年，现已开放的政府数据中满足科技格式要求的数据比例不足67%，满足开放性非专属格式的比例更是不足20%；政府同步实时更新的数据比例仅占总数据的1/5。郑磊、熊久阳：《中国地方政府开放数据研究：技术与法律特性》，载《公共行政评论》2017年第1期。

[3] 参见时祖光：《公共数据授权运营的理论阐述与规则构建》，载《科技与法律（中英文）》2023年第6期。

[4] 有论者采狭义说，认为公共数据只包括政府在履行职责过程中收集或形成的数据，不包括立法机关、司法机关产生的数据。参见赵加兵：《公共数据归属政府的合理性及法律意义》，载《河南财经政法大学学报》2021年第1期。有地方实践采广义说，例如江西，认为公共数据包括政务数据和公共服务数据。政务数据是指国家机关和法律、法规授权的具有管理公共事务职能的组织履行法定职责收集、产生的各类数据。公共服务数据是指供水、供电、供气、公共交通等提供公共服务的组织提供公共服务过程中收集、产生的各类数据。

[5] 参见侯宇：《行政法视野里的公物利用研究》，清华大学出版社2012年版，第3页。

公益、安全合规等方面〔1〕。不难看出，《数据二十条》确定的"政府–公共数据"管理模式暗含行政机关管理公物的认识。

（一）拨开遮眼云雾——厘清公共数据公物论的学界迷思

针对公共数据是否属于公物的问题，学界存在公物否定论和公物肯定论。公物否定论中，有学者认为部分公共数据采集自行政相对人，同时具备人格属性和财产属性，并非作为单纯的财产而存在，因而不得作为公物〔2〕；有学者认为公共数据常常变动，难以构成边界清晰的权利客体，不属于民法上的物，因此不能被视作公物〔3〕。公物肯定论中，有学者指出公共数据属于无体物，几乎没有主体可以通过独占性的排他手段阻隔其他主体对公共数据的使用，公共数据因此被视作公物〔4〕；有学者认为公共数据具有非竞争性等特征，因此属于公物〔5〕。

就公物否定论而言，上述观点对公共数据的认识并不正确。第一，公共数据具备人格属性并不妨碍行政机关将之视作公物。根据《数据二十条》，数据来源者的合法权益与数据持有者的持有权益〔6〕可以分离。在公共数据领域，行政相对人是数据来源者，行政机关是数据持有者，前者的合法权益主要体现为人格属性〔7〕，后者的持有权益仅具备财产属性。公物侧重于物的利用，即

---

〔1〕《数据二十条》第 13 条指出应更好发挥政府在数据要素收益分配中的引导调节作用：加大政府引导调节力度，探索建立公共数据资源开放收益合理分享机制……提高社会整体数字素养，着力消除不同区域间、人群间数字鸿沟，增进社会公平、保障民生福祉、促进共同富裕。第 14 条指出应创新政府数据治理机制：充分发挥政府有序引导和规范发展的作用，守住安全底线，明确监管红线。

〔2〕参见李元华、于立深：《公共信用数据开放的逻辑转向与体系形塑》，载《河北法学》2023 年第 10 期。

〔3〕参见方凯：《论政府数据开放情境下数据交易行为的法律性质》，载《中国法律评论》2022 年第 6 期。参见金耀：《数据治理法律路径的反思与转进》，《法律科学（西北政法大学学报）》2020 年第 2 期。

〔4〕参见喻少如、黄卫东：《论公共数据的分权治理》，载《党政研究》2023 年第 5 期。

〔5〕参见崔若雨：《数据信托的本土化问题研究：公共数据治理的新思路》，载《重庆理工大学学报（社会科学）》2023 年第 10 期。

〔6〕参见申卫星：《论数据产权制度的层级性："三三制"数据确权法》，载《中国法学》2023 年第 4 期。

〔7〕有学者认为应当重视数据来源者在数据经济中的作用，可以通过确立数据来源者的财产权益以激励数据来源者。参见郭兵：《个人数据银行——一种基于银行架构的个人大数据资产管理与增值服务的新模式》，载《计算机学报》2017 年第 1 期，第 132 页；参见申卫星：《论数据产权制度的层级性："三三制"数据确权法》，载《中国法学》2023 年第 4 期。更为普遍的观点是认为少量数据并没有价值，赋予数据来源者财产权益没有意义。即便能够实现少量数据的定价，采取数据税等方式进行的二次分配更为合适。参见包晓丽：《数据四象限分类确权规则研究》，载《法学杂志》2023 年第 6 期；参见张永忠、张宝山：《构建数据要素市场背景下数据确权与制度回应》，载《上海政法学院学报（法治论丛）》2022 年第 4 期。

仅关涉物的财产属性。因此，在剥离公共数据的人格属性后，行政机关仍能在财产管理的意义上对公共数据进行管理。第二，"公共数据不是民法上的物""公共数据常常变动"的观点并不影响其公物属性。公物在性质上有别于民法上的物[1]，提供公用并不意味着行政机关对公物享有完整的财产权利，仅限定于物上权利[2]。此外，该物上权利不会因公共数据在范围上的变动而设置不能，《民法典》[3]第396条所规定的浮动抵押便是最好的例证。

就公物肯定论而言，通过非排他性、非竞争性认定公共数据是公物的论证实际上混淆了法学视角下的公物和经济学视角下的公共物品。根据萨缪尔森和穆斯格雷夫的定义，公共物品的核心标准是"消费的非竞争性"[4]和"受益的非排他性"。在法学意义上，公物则以符合特定的实体要件和程序要件为前提，符合实体要件意味着公物承载着公共利益且由行政机关适用公法规则管理，符合程序要件意味着行政主体已经对财产作出提供公用的意思表示[5]。法学意义上的公物并不拘泥于物的性质，而关注物的利用，欲探知公共数据是否具备公物属性，必须从公物的构成要件入手分析。

（二）看见当空耀日——分析公共数据的公物构成要件符合性

国家为公众提供公物在内的物质保障，这对于公民生存权的实现具有基础性作用[6]。不同于近代宪法所确立的自由权[7]，福利国家视野下的保障理念要求国家为公民提供生存的物质基础，这意味着国家负有妥善管理公物以增加社会福祉的义务。公共数据虽不符合人们对传统公物的认识，但公物的范围并非一成不变。随着我们步入信息时代，公共数据在经济、政治、科研等领域即将发挥愈发重要的公共作用，事关公民生产、生活的方方面面。就此，公共数据应当被认定为新型公物，由行政机关妥善管理。

---

〔1〕 侯宇：《行政法视野里的公物利用研究》，清华大学出版社2012年版，第25页。

〔2〕 参见 Hans-Jürgen Papier, Straβenrecht, in: Besonderes Verwaltungsrecht I, 1990 Heidelberg, S. 519（522）. 转引自蔡宗珍：《宪法与国家》（一），元照出版公司2004年版，第285页。

〔3〕 为表述方便，本文凡涉及我国的法律规范均用简称，如《中华人民共和国民法典》，简称《民法典》。

〔4〕 参见 Samuelson, P. A., "The Pure Theory of Public Expenditure", The Review of Economics and Statistics, Vol. 36, 4（1954）, p. 387.

〔5〕 参见肖泽晟：《公物法研究》，法律出版社2009年版，第24—25页。

〔6〕 参见 [日] 大须贺明：《生存权论》，法律出版社2001年版，第57—58页。

〔7〕 近代立宪主义型市民宪法中以自由权为中心的人权保障，对于以工人为中心的民众来说，甚至意味着保障失业的自由、饿死的自由、平均寿命低下的自由。

1. 公共数据符合公物的实体要件

关于公物的实体标准，学界存在多种学说[1]。结合各种学说，公物的实体要件显著体现于两个方面：公物符合"公的目的"，这主要体现为公共利益；公物由行政主体提供，受到公法的支配[2]。以下将进行详细论述。

第一，公共数据承载着公共利益，这可以从公共属性和利益内容两个角度进行理解[3]。就公共利益的公共属性，德国学者纽曼将公共利益二分为主观公益和客观公益[4]。前者从民主多数的角度入手，从"量"上评价公共利益，即公共利益是大多数人的利益；后者从社会国家的角度入手，从"质"上评价公共利益，即公共利益是一种对国家社会具有重大意义的国家任务[5]。在信息时代，公共数据能够推动数字经济发展和提升行政治理效能[6]，有利于全民共享数字经济和政府精准实现公共政策，这符合以"量"为标准的主观公益。此外，公共数据涉及大量个人信息甚至是敏感个人信息，行政机关处分公共数据必须受到《个人信息保护法》[7]的限制，不得侵害作为个体的公民，这

---

〔1〕 关于公物的一般性判断标准，学术界存在两要件说、三要件说和四要件说，两要件说认为公物的实体要件是直接供公的目的使用且处于国家或其他行政机关的支配之下；三要件说在前者基础上认为公物不限于单一的有形物；四要件说认为公物需具备以下要件：公用目的、公法上的支配权、提供主体是行政主体、必须是有形物。参见吴庚：《行政法之理论与实用》（增订八版），中国人民大学出版社2005年版，第135页；参见［日］盐野宏：《行政法》，杨建顺译，法律出版社1999年版，第751页；参见陈敏：《行政法总论》，三民书局1998年版，第841—842页。

〔2〕 本文舍弃了公物必须是有形物的认识，这符合公物理论在各国的发展，例如德国学者已经普遍放弃公物的有形性要求，将领空、海洋、无线电波等不符合有形物特点的物纳入公物范畴。参见肖泽晟：《公物法研究》，法律出版社2009年版，第25—27页。

〔3〕 所谓公共利益，学界一般采取"公共+利益"的理解模式。参见胡建淼、邢益精：《公共利益概念透析》，载《法学》2004年第10期；参见胡锦光、王锴：《论我国宪法中"公共利益"的界定》，载《中国法学》2005年第1期；参见张千帆：《"公共利益"是什么——社会功利主义的定义及其宪法上的局限性》，载《法学论坛》2005年第1期。

〔4〕 参见 Das öffentliche Interesse mit Bezug auf Gebühren-und Steur-wesen, Exropriation und Scheidung von privat-und öffentlichen Recht, Hirths Annalen des Deutschen Reiches, 1886, S. 357; E. Krüger, s. 13. 转引自陈新民：《德国公法学基础理论》（增订新版·上卷），法律出版社2010年版，第232—235页。

〔5〕 客观公益实质上是对主观公益的一种限制，旨在防止"多数人的暴政"，亦防止国家机关打着多数人的旗号对少数群体进行剥削，进而确保一种实质公平。例如《宪法》第10条规定国家即便基于公共利益进行征收、征用土地，也需要给予相对人补偿。

〔6〕 参见《我国数字经济发展的顶层设计——读习近平总书记〈发展数字经济，抢占未来发展制高点〉》，载 https://www.ccps.gov.cn/dxsy/202308/t20230823_159011.shtml，最后访问日期：2023年12月20日；参见陈礼、吕佩安：《数字政府治理中的类 ChatGPT 模型研究》，载《征信》2023年第10期。

〔7〕 为表述方便，本文凡涉及我国的法律规范均用简称，如《中华人民共和国个人信息保护法》，简称《个人信息保护法》。

符合以"质"为标准的客观公益。就公共利益的利益内容，德国学者耶利内克认为利益是一种价值判断，其随着人们观念的变化而变化，不局限于物质利益，还包括形而上属于理想式的利益[1]。自2010年以来，数字科技以一种前人无法想象的方式赋能我们的生活，也增加了我们生活中的烦恼。各方主体，尤以行政机关为多，事无巨细地将公民的信息收集、存储于自身的数据库。在这个维度，公共数据可能成为行政机关侵扰公民的入口，涉及公民免于他人干扰而安宁生活的理想式利益。除此之外，公共数据影响着行政主体对行政相对人进行的利益判断，涉及行政相对人免于歧视性决策而得到公平对待的物质利益。

第二，公物由行政主体提供，受到公法的支配。实践中，行政主体自身掌握一部分公共数据，而公共管理和服务机构所掌握的公共数据[2]最终也会汇聚到数据主管机关控制的公共数据平台，行政主体对公共数据享有事实上的支配权。由于我国当下的政府职能定位已转变为服务型政府[3]，政府因此当仁不让地负有实施给付行政的义务，数据经济时代对服务型政府提出的要求正是促进公共数据流通利用、实现数据红利全民共享、保障公众的发展权[4]。就此，行政机关基于权力和义务的双重作用应当向社会提供公共数据，该提供行为属于公共行政的范畴而受到公法支配，符合行政机关提供公物的实体要件。

2. 公共数据符合公物的程序要件

公物的程序要件是指行政机关宣布"该物已基于特定之公法上目的而受特殊的公法上使用规则拘束"[5]，这在学理上被称作"公物的命名"[6]，可以通过法律、法规、规章、其他规范性文件规定，也可以通过具体行政行为以及行政内部行为实现[7]。行政机关命名公物的前提是对该物享有正当的权原，

---

〔1〕 参见 H. Kelsen, Vom Wesen und Wert der Demokratie, 2Aufl. 1929, S. 22；Dazu, E. Gassner, Die Überwindungslast bei der abwä-gung öffentilcher Interessen durch die Verwaltung, DVBI 1984, S. 703. 转引自陈新民：《德国公法学基础理论》（增订新版·上卷），法律出版社2010年版，第230页。

〔2〕 目前公共数据的范畴虽有争议，但各地立法（浙江、江西、吉林等省）已有将公共数据来源二分的做法，区分了行政机关采集或者产生的数据与公共服务机构或公共管理机构采集或者收集的数据。基于本文论证行政主体在事实上对公物具备支配力的需要，故在此处采用这种区分方式。

〔3〕 参见刘熙瑞：《服务型政府——经济全球化背景下中国政府改革的目标选择》，载《中国行政管理》2002年第7期

〔4〕 参见邢会强：《政府数据开放的法律责任与救济机制》，载《行政法学研究》2021年第4期。

〔5〕 参见林锡尧：《行政法要义》（第3版），元照出版公司2006年版，第559页。

〔6〕 参见肖泽晟：《公物法研究》，法律出版社2009年版，第24页。

〔7〕 参见陈敏：《行政法总论》，三民书局1998年版，第845页。

该权原既可以通过行政机关享有对物的支配权以满足，也可以通过取得原本支配该物之人的同意以满足[1]。

第一，公共数据已被行政机关赋予供公用的意思表示。公共数据被冠以"公共"之名，因此具有以下属性：其一，有学者指出公共数据属于我国宪法所规定的社会主义公共财产范畴[2]；其二，有学者指出公共数据归国家所有[3]，这也意味着归全民所有[4]。就此，公共数据作为社会主义公共财产的神圣不可侵犯性[5]并不意味着将其束之高阁，毋宁说是应该在分配公平、数据安全的情况下"飞进"寻常百姓家。中央层面，《数据二十条》等文件旗帜鲜明地强调公共数据应该开放；地方层面，各省级地区陆续以省级地方性法规、省级规章的方式确定公共数据的开放。[6]实践中，各省纷纷开展公共数据授权运营的探索，已经形成多元发展格局[7]。由此观之，行政主体已经通过行政立法、签署授权运营协议等方式作出赋予公共数据以公用的意思表示。

第二，行政机关命名公物的行为具有正当权原。根据数据获取方式的不同，公共数据来源于以下两种途径：其一，行政机关采集自公民的数据，例如国家统计局下派调查员记录公民的工作情况以形成全国性就业、失业数据；其二，行政机关自主收集的数据，例如中国气象局在观测气象过程中所形成的气象数据。针对前一种数据获取方式，根据《个人信息保护法》第13条，行政机关采集数据为履行法定职责或者法定义务所必需时可免于同意；针对后一种数据获

---

[1] 参见侯宇：《行政法视野里的公物利用研究》，清华大学出版社2012年版，第49页。

[2] 参见张玉洁：《国家所有：数据资源权属的中国方案与制度展开》，载《政治与法律》2020年第8期。

[3] 参见赵加兵：《公共数据归属政府的合理性及法律意义》，载《河南财经政法大学学报》2021年第1期；参见衣俊霖：《论公共数据国家所有》，载《法学论坛》2022年第4期。

[4] 《民法典》第246条第1款："法律规定属于国家所有的财产，属于国家所有即全民所有。"

[5] 《宪法》第12条第1款："社会主义的公共财产神圣不可侵犯。"

[6] 例如《吉林省大数据条例》第34条："省大数据主管部门会同数据提供部门应当以需求为导向，遵循统一标准、便捷高效、安全可控的原则，依法有序推进公共数据面向自然人、法人和其他组织开放。"《江西省数据应用条例》第11条第1款："省人民政府应当建立健全公共数据资源体系，加强公共数据治理，提高公共数据共享效率，扩大公共数据有序开放，促进公共数据的授权使用，发挥公共数据在推动经济社会数字化转型中的驱动作用。"《四川省数据条例》第22条："省数据管理机构应当会同相关部门按照国家要求，深化数据要素市场化配置改革，培育公平、开放、有序、诚信的数据要素市场，推进公共数据共享、开放、授权运营，规范数据交易，促进数据要素依法有序流通。"此外，海南、贵州、浙江等亦有规定。

[7] 参见孙清白：《公共数据授权运营营利性与公益性的冲突及其制度协调》，载《行政法学研究》2024年第3期。

取方式，行政机关对自主收集的数据享有支配权。结合二者，行政机关具备命名公共数据为公物的正当性基础。

三、公物类型与公共数据授权运营有偿利用的方式选择

所谓公物利用，一般指人民依照管理者、指导者或依照法令规定或依照习惯在符合公物本来目的和功能的情况下进行的使用[1]，体现为以公众自由使用为原则的平等使用、免费使用[2]。凡一般便有例外，部分公物具备特殊性质，公众自由使用可能不利于实现公物的本来目的，甚至会产生巨大风险。此时，行政机关可采取必要措施以限制公众自由使用或允许特定人特殊使用。公共数据是一种新型公物，其类型与利用方式亟须确定。就此，本文将首先进行类型定位，进而探索公共数据授权运营的有偿利用方式。

（一）三幅面孔如何选择：公共数据的特别用物属性

我国公物理论源自法国法，受到德国法的重要影响，具有明显的大陆法系公物理论烙印[3]。在大陆法系的公物理论中，根据使用目的，公物的分类可采取二分法或三分法。所谓二分法，是法国法的分类方法，将公物分为公务用公物和共用公物。前者指供行政机关内部使用的公物，后者指供社会公众使用的公物[4]。所谓三分法，是德国法的分类方法，将公物分为行政用物、公共用物和特别用物。行政用物是指供行政机关内部使用的公物，公共用物是指供社会公众使用且原则上自由使用的公物，特别用物是指供特定符合条件者使用的公物[5]。根据学界的认识，公共数据具有"多副面孔"，在不同领域呈现出

---

[1]　参见翁岳生主编：《行政法》（上），元照出版公司 2020 年版，第 451 页。

[2]　参见侯宇：《行政法视野里的公物利用研究》，清华大学出版社 2012 年版，第 164—165 页。

[3]　我国的公物理论以"国家所有权"作为主要的体系基石，这显著体现了法国公产理论的影子；我国公物的公物范畴不断扩张，产生着由有体物向无体物的变迁，这借鉴了德国公物概念的扩张模式。参见马允：《美国公共信托理论评介》，中国政法大学 2011 年硕士学位论文。

[4]　根据法国公产理论，1946—1947 年民法改革起草委员会建议将供行政机关内部使用的公物命名作公务用公物，将供社会公众使用的公物命名作共用公物。

[5]　法国公产理论随着奥拓·迈耶的介绍被引进德国，公物理论因此在德国生根发芽，德国公物理论也根据公物的使用目的进行分类，将供行政机关内部使用的公物命名作行政用物，将供社会公众使用的公物命名作公共用物。值得注意的是，德国公物理论在法国公产理论的基础上有所发展，摆脱了以"国家所有权"为主导的法国公产体系，在分类上更注重公物在利用上的特殊性。在此意义上，部分原属于公共用物（法国法上的共用公产）的公物因其物质上的特殊性而在原则上不能由所有公民平等享有，只能由特许少数人使用，德国公物理论将此类公物命名为特别用物，并列于行政用物、公共用物。

行政用物、公共用物和特别用物〔1〕的不同属性〔2〕。据此，本部分将梳理授权运营制度的发展过程，进而分析公共数据在授权运营有偿利用下的公物属性。

1. 公共数据因实践需要而具备多重公物属性

随着时代发展，我国对公共数据的理解不断深化，公共数据的公物属性随之发生变化。一开始，行政主体对公共数据的认识局限于服务行政主体的履职活动，没有充分认识到公共数据的其余价值。因此，行政机关对公共数据的早期管理模式限于内部使用〔3〕，公共数据此时仅作为行政用物对公共利益发挥间接作用。随后，受到世界范围数据开放浪潮的影响，我国逐渐意识到数据向社会开放的重要性〔4〕。此时，行政机关对公共数据的管理模式发生转变，旨在发挥公共数据的公共用物作用。

现在，公共数据开放具有重大价值的命题已被接受〔5〕，但行政机关普遍存在不愿开放、不敢开放的问题。一方面，公共数据包含的信息涉及个人隐私、国家机密，若任由公众使用可能导致"信息开盒"、国家秘密泄露等恶性事件，行政机关开放公共数据存在安全风险〔6〕；另一方面，公共数据开放以无偿为原则〔7〕，该模式不具备经济上的激励性，行政机关缺乏足够的经济来源以持续推进数据开放〔8〕。基于此，公共数据授权运营的有偿利用应运而生，行政

---

〔1〕 出于用语一致的考虑，本文采取德国公物理论的表达。

〔2〕 参见吴亮：《政府数据授权运营的公私协作趋向及其法治完善》，载《东方法学》2023 年第 6 期；崔若雨：《数据信托的本土化问题研究：公共数据治理的新思路》，载《重庆理工大学学报（社会科学）》2023 年第 10 期。

〔3〕 以《突发事件应对法》（2007 年）为例，第 41 条规定建立健全基础信息数据库是为了突发事件监测制度的有效运行。虽然《统计法》（2009 年）等法律规定行政机关负有定期公布数据的义务，但其中"数据"的含义并非本文所说的可机读式的数据，而是加工后的信息。

〔4〕 就公共数据开放的地方试点，北京于 2012 年先行下发《关于做好通过北京市政务数据资源网向社会开放政务数据相关工作的通知》要求北京政务数据资源开放。中央政策层面，2017 年出台《公共信息资源开放试点工作方案》肯定并鼓励公共数据开放。地方关于公共数据开放的首部省级政府规章是 2019 年发布的《上海市公共数据开放暂行办法》。

〔5〕《数据二十条》在工作原则中指出：包括公共数据在内的整体数据应坚持共享共用、强化优质供给。

〔6〕 参见李强：《中国数字经济治理体系嬗变轨迹》，载《哈尔滨工业大学学报（社会科学版）》2023 年第 5 期

〔7〕 参见高富平：《公共机构的数据持有者权——多元数据开放体系的基础制度》，载《行政法学研究》2023 年第 4 期。

〔8〕 参见齐英程：《公共数据增值性利用的权利基础与制度构建》，载《湖北大学学报（哲学社会科学版）》2022 年第 1 期。

机关仅授权特定市场主体对该部分公共数据进行开发利用，并收取一定费用作为对价，公共数据因此作为特别用物发挥作用。

2. 公共数据是特殊的特别用物

值得注意的是，随着公共数据授权运营制度的出现，交由被授权主体运营的公共数据在公物性质上发生了奇妙的改变。

首先，公共数据的特别用物属性得到确认。特别用物并非社会公众均可自由利用的公物，其仅由行政机关交付特定人使用。在这个意义上，特别用物具有明显的资产属性，实现公共利益的方式存在不完全性和间接性[1]。一方面，公共数据授权运营有偿利用所适用的公共数据往往涉及公众不愿为外人所知、组织不愿披露、国家不愿外泄的重要且敏感信息，这部分公共数据不应该由社会公众直接接触，只能交由具备合规资质的特定主体运营。另一方面，数据的经济性质决定了数据的价值与其所能推算的信息深度呈正相关。公共数据具备标准好、数量大、质量高的特征，授权运营主体能通过公共数据进行全面人物画像和深度机器学习，其推算的信息深度非一般数据源能比拟。因此，公共数据具备巨大经济效益，这证成了其资产属性[2]。

其次，公共数据的行政用物属性未被完全消解。由于公共数据所具备"消费的非竞争性"，现有技术完全支持公共数据同时由行政机关和被授权的运营主体使用，而且二者的使用在事实上可以互不干扰。然而，受到公共数据授权运营制度历史发展的影响，公共数据的特别用物属性也可被看作是公务特许权人对行政用物的使用。换言之，公共数据产生于行政机关履行法定职责或者法定义务的过程，一开始服务于行政机关履行公共职能的必要，随后才发展出供行政相对人使用的功能。不难看出，公共数据因其"出身"而被打上了行政用物的烙印，授权运营主体在运营公共数据时虽然享有充分的使用权和收益权，但不能偏离公共数据的公用使命。

最后，公共数据的公共用物属性会影响公共数据的特别用物属性。制度上，公共用物的一般利用和特别使用与特别用物的利用互相排斥。一方面，公共用物的一般利用以所有公民自由获取为原则，被授权运营的公共数据往往涉及重要内容，不得为所有人知晓。另一方面，公共用物的特别使用是对行政相对人事实上能够作为但法律不允许其作为的解禁。公共数据授权运营制度下，公共

---

[1] 参见李惠宗：《公物利用之类型及其法律性质之探讨》，载《经社法制论丛》2008年第4期。

[2] 参见吴亮：《政府数据授权运营治理的法律完善》，载《法学论坛》2023年第1期。

数据由行政机关持有，行政相对人未经行政机关赋权在事实上求用无门，这有悖于公共用物特别使用的前提。由此观之，公共数据授权运营的有偿利用不具备公共用物性。但是，公共数据授权运营的有偿利用极有可能限制公共数据开放，行政机关可能出于逐利的目的不断限制公共数据的公开[1]。因此，公共数据授权运营的有偿利用范围需要受到法律保留的控制，不得交由行政机关自由裁量。

（二）多种方案择一定性：有偿利用的特许经营模式

根据德国公法理论，行政机关就特别用物的授权使用被称作特许利用[2]，可以通过具体行政行为或者行政协议的方式展开。就公共数据授权运营的有偿利用而言，学界对行政机关与授权运营主体签订的授权运营协议属于何种性质已展开广泛讨论。有学者认为其属于行政许可[3]，有学者认为是特许经营[4]，还有学者从广义的 PPP（公私合营）模式进行讨论[5]。笔者认为，公共数据授权运营的有偿利用属于行政机关对授权运营主体的一种特许经营，以下将结合公共数据的特别用物性质进行说明。

第一，公共数据授权运营的有偿利用与行政许可不兼容。首先，根据《行政许可法》第 2 条，行政许可是指行政机关根据行政相对人申请，准予其从事特定活动的单方行为。公共数据授权运营的有偿利用通过授权运营协议展开，以双方共作意思表示为前提，并不仅由行政机关单方赋权[6]。其次，行政许可是对一般性禁止的解除，属于行政主体对行政相对人自由的恢复[7]。如前所述，行政机关在事实上控制着公共数据，其他主体不具备使用公共数据的

〔1〕 参见龚芳颖等：《公共数据授权运营的功能定位与实现机制——基于福建省案例的研究》，载《电子政务》2023 年第 11 期。

〔2〕 参见侯宇：《行政法视野里的公物利用研究》，清华大学出版社 2012 年版，第 208 页。

〔3〕 参见冯祥：《公共数据授权运营的行政许可属性与制度建构方向》，载《电子政务》2023 年第 6 期；周林枫：《公共数据流通的理论基础与制度进路——以行政权运行为视角》，载《重庆邮电大学学报（社会科学版）》2024 年第 2 期。

〔4〕 参见沈韵、冯晓青：《公共数据商业利用边界研究》，载《知识产权》2023 年第 11 期；刘阳阳：《公共数据授权运营：生成逻辑、实践图景与规范路径》，载《电子政务》2022 年第 10 期。

〔5〕 参见常江：《公共数据开放立法原则反思和开放路径构建》，载《华东理工大学学报（社会科学版）》2022 年第 5 期；参见常江、张震：《论公共数据授权运营的特点、性质及法律规制》，载《法治研究》2022 年第 2 期；参见沈斌：《公共数据授权运营的功能定位、法律属性与制度展开》，载《电子政务》2023 年第 11 期。

〔6〕 参见时祖光：《公共数据授权运营的理论阐述与规则构建》，载《科技与法律（中英文）》2023 年第 6 期。

〔7〕 参见 [日] 盐野宏：《行政法》，杨建顺译，法律出版社 1999 年版，第 775 页。

"自由基础"。最后，行政许可仅在法律、行政法规明确规定的情况下可以收费。目前公共数据授权运营的依据以地方性法规、规章为主，并不具备法律、行政法规的明文确定[1]，这会对公共数据授权运营的有偿利用造成阻碍。

第二，公共数据授权运营有偿利用的 PPP 讨论不具有法律意义。PPP 是指政府和社会资本合作的公私协作模式，是政府克服自身缺陷以实现行政管理目的的重要方式。广义 PPP 包括 BOT（建造—运营—转让）、TOT（转让—运营—转让）、OM（运营—维护）等多种模式，行政机关最终选择何种方式系自由裁量范围。而且，PPP 属于开放概念，种类会随着社会的变迁而不断增加，市场的智慧最终将为公共数据授权运营的有偿利用提供足以容身安置之所，学界不必越俎代庖。此外，若将公共数据授权运营的有偿利用纳入广义 PPP，其确实抓住了公共数据授权运营的公私协作性质，但广义 PPP 是一个宽泛概念，无法在法律上提供有益指引[2]。

第三，公共数据授权运营的有偿利用属于特许经营。其一，特许经营之选择具有正当性。公共数据具有自然垄断性，在业务开展的初期需要进行数据清洗、格式转换、合规审查等诸多步骤，时间、技术与资金的先期投入巨大。因此，公共数据授权运营可以通过集中供给以避免过度竞争，进而降低成本、产生规模效益[3]。就此意义，行政机关对运营主体的选择不适宜采取一般许可模式，应该采取优中选优的特许模式[4]。其二，特许经营之选择具备必要性。公共数据授权运营的有偿利用系特别用物范畴，行政机关必须向利用者征收利用费用，进而平衡利用主体和非利用主体之间的利益，只有这么做才符合有效配置公共资源的原则[5]，特许经营模式的有偿原则与此不谋而合。

四、公共数据授权运营有偿利用的地方试点评介

根据《国民经济和社会发展第十四个五年规划和 2035 年远景目标纲要》，公共数据授权运营的有偿利用应通过"地方试点"展开，若探索到较为普遍的

---

[1] 参见张新宝：《产权结构性分置下的数据权利配置》，载《环球法律评论》2023 年第 4 期。

[2] 参见沈斌：《公共数据授权运营的功能定位、法律属性与制度展开》，载《电子政务》2023 年第 11 期。

[3] 参见马颜昕：《公共数据授权运营的类型构建与制度展开》，载《中外法学》2023 年第 2 期。

[4] 行政机关对特别用物的特许在性质上属于一种自由裁量权，因为此时行政机关发挥着公物主管机关的职权，代表社会公众进行决策。该自由裁量也需要受到一定限制，不得因许可某些人的特别利用，进而使一般利用被排斥。参见翁岳生主编：《行政法》（上），元照出版公司 2020 年版，第 466—467 页。

[5] 参见肖泽晟：《公物法研究》，法律出版社 2009 年版，第 184 页。

成功经验则由中央立法统一标准。目前，我国地方立法对公共数据授权运营的有偿利用已有一定实践积累，重点体现为一种以"国家所有"为权属基础，将公共数据授权运营有偿利用纳入"国有资产有偿使用"范围的方案。故此，本部分将讨论"国家所有"和"国有资产有偿使用"的规定，检视相应规范的合法性。

（一）公共数据"国家所有"条款的正当性检视与法律保留

就公共数据能否归"国家所有"的问题，各省立法呈现出不同情况。有的地方认为公共数据应归"国家所有"，有的地方对此进行回避，有的地方则态度反复[1]。具体而言，山西、重庆、福建等地规定公共数据归国家所有[2]，而其他省（自治区、直辖市）的主流做法是在相关立法中略过权属定性问题，或者存在虽有关联但不明确的规定[3]。针对上述现状，学界存在国家所有权肯定说与国家所有权否定说。笔者赞同国家所有权肯定说，但认为由地方立法规定公共数据归"国家所有"并不妥当，应尽快上升到法律层面。

第一，公共数据的"国家所有"条款具备正当性。就公共数据的国家所有权否定说，有学者认为所有公共数据都存在原本的权利主体，政府对公共数据不享有所有权[4]；还有学者认为将公共数据的权属分配给国家，容易导致"政府优先"意识，不利于数据资源的配置[5]。就此，笔者将通过厘清"国家所有"的概念以进行回应。其一，"国家所有"并不会影响数据来源者的权利。不可否认，公共数据的产生过程往往涉及双方主体，即行政机关作为数据收集主体从公民等数据来源主体处获得数据。这一过程中，数据来源主体享有私主体权益，由人格权益和财产权益组成。就人格权益而言，"国家所有"仅意味着

---

〔1〕 以广东省为例。一方面，广东省首先在《深圳经济特区数据条例（征求意见稿）》第21条明确公共数据归国家所有，但该法律条款在正式发布的《深圳经济特区数据条例》中被删除。另一方面，《广东省政务数据资源共享管理办法（试行）》第4条也明确规定公共数据归政府所有，但新出台的《广东省公共数据管理办法》没有对公共数据的权属进行界定。

〔2〕 《山西省政务数据资产管理试行办法》第7条规定政务数据资产是重要的生产要素，属于国有资产，其所有权归国家所有。《重庆市政务数据资源管理暂行办法》第4条规定政务数据资源属于国家所有。《福建省政务数据管理办法》第3条规定政务数据资源属于国家所有，纳入国有资产管理。

〔3〕 例如《江西省数据应用条例》第19条规定政务部门承担对公共数据质量的主体责任。

〔4〕 参见冯晓青：《数字经济时代数据产权结构及其制度构建》，载《比较法研究》2023年第6期。

〔5〕 参见庞琳：《数据资源的国家所有：权属反思与重构》，载《北京行政学院学报》2022年第5期。参见卢荣婕、周佑勇：《政务数据产权的界定标准》，载《信息资源管理学报》2023年第6期。

国家在财产权意义上对公共数据享有权能，该财产性可以与人格权益分离[1]。就财产权益而言，少量的数据在事实上并不具有价值，讨论数据来源主体的财产利益没有意义[2]。其二，"国家所有"不仅不会导致公共数据的配置障碍，反而有利于公共数据的流通。具言之，"国家所有"不同于私法上的所有权，是一种混合法律关系，兼具私权和公权的二重性[3]。就"国家所有"的公权方面，其强调国家应积极履行公法上的管理职能[4]，应通过立法等方式促进公共数据的使用。

第二，"公共数据归国家所有"应由全国人大立法。学者蔡定剑指出，在重大国有财产的处分上，唯有全国人大能代表人民行使国家所有权[5]。现在，公共数据的权属问题还未界定，公共数据归"国家所有"系从无到有地创设国家所有权，这一重大决定显然只能由全国人大作出[6]。此外，根据《立法法》第 11 条，基本经济制度只能由法律作出规定。所谓基本经济制度，涉及社会经济中生产资料的归属问题。根据《中共中央、国务院关于构建更加完善的要素市场化配置体制机制的意见》，数据要素已被国家战略定位为生产要素，其归属问题关乎基本经济制度，只能由法律作出规定。由此观之，地方立法对此进行规定存在越权的问题。

（二）"国有资产有偿使用"规则的法概念定位与风险防治

《数据二十条》指出，推进公共数据授权运营制度的过程中，应探索用于产业发展、行业发展的公共数据有条件有偿使用。从各地立法的角度来看，地方对公共数据授权运营有偿利用的探索并不乐观。具言之，省级地方性法规或省级规章往往止步于"可以探索建立公共数据授权运营机制"等[7]笼统规定，而具体办法另行制定[8]。值得欣慰的是，浙江省正在进行立法探索，湖州、

---

[1] 参见熊丙万、何娟：《数据确权：理路、方法与经济意义》，载《法学研究》2023 年第 3 期。

[2] 少量数据的经济价值并不高，不够支撑数据来源者直接获得经济回馈。参见申卫星：《论数据产权制度的层级性："三三制"数据确权法》，载《中国法学》2023 年第 4 期；参见石先梅：《非物质劳动与数字商品的劳动价值论审视》，载《内蒙古社会科学》2023 年第 3 期。

[3] 参见衣俊霖：《论公共数据国家所有》，载《法学论坛》2022 年第 4 期。

[4] 参见马俊驹：《国家所有权的基本理论和立法结构探讨》，载《中国法学》2011 年第 4 期。

[5] 参见蔡定剑：《谁代表国家所有权》，载《社会科学报》2004 年 10 月 28 日，第 1 版。

[6] 参见衣俊霖：《论公共数据国家所有》，载《法学论坛》2022 年第 4 期。

[7] 例如《吉林省大数据条例》第 36 条、《四川省数据条例》第 22 条、《江西省数据应用条例》第 20 条等。

[8] 例如《广西壮族自治区大数据发展条例》第 47 条第 1 款、《辽宁省大数据发展条例》第 20 条、《重庆市数据条例》第 31 条第 3 款等。

温州、杭州三市以规范性文件的方式规定"将公共数据授权运营纳入政府国有资源（资产）有偿使用范围"[1]。笔者认为，该做法具有可取之处，但应该适用更精准的法律概念，而且要警惕公物私有化的风险。

所谓政府国有资产，地方立法想表达的应该是政府所持有的国有资产，但这并不是一个法律概念。根据现行实定法的划分，国有资产可分为行政事业性国有资产和企业国有资产两类，公共数据授权运营的有偿利用应在企业国有资产的框架下讨论。根据《行政事业性国有资产管理条例》第2条，所谓行政事业性国有资产，包括行政机关使用财政资金形成的资产。在这个意义上，行政机关所持有的公共数据是履行公共职能时采集或收集的，行为的经济成本由财政资金负担，形式上符合行政事业性国有资产的定义。然而，根据《行政事业性国有资产管理条例》第12条，行政事业性国有资产仅能用于行政机关履行职能的需要，不具备增值性利用的可能，这有悖于公共数据授权运营的有偿利用。反观企业国有资产，根据《企业国有资产监督管理暂行条例》第1条，其可用于保值增值，符合公共数据授权运营的激励性质。此外，根据《企业国有资产监督管理暂行条例》第3条，企业国有资产是指国家对企业各种形式的投资或投资所形成的权益。在这个意义上，交付运营的公共数据可被视作投资，行政机关因此具有一种类似于股东的身份，公共数据授权运营的有偿利用不必局限于一时的行政收费，行政机关可以通过分红机制获得受偿，这有利于公共数据授权运营的制度探索。

需要注意的是，行政机关在公共数据授权运营的有偿利用上存在道德风险。根据《数据二十条》，行政机关对公共数据的管理由数据开放和数据授权运营两部分组成，在数据不涉及敏感信息时应采取数据开放模式。而且，即便因公共数据涉及敏感信息而采取授权运营模式，行政机关也只能对用于行业发展、产业发展的公共数据进行有偿收费，对用于公共治理、公益事业的公共数据应无偿授权。不难看出，行政机关对公共数据的增值利用与其公共履行数据管理职责间可能发生矛盾[2]，行政机关存在将公共数据尽可能纳入有偿利用范围

---

〔1〕《湖州市公共数据授权运营管理实施细则（试行）》第7条："……逐步将公共数据授权运营纳入政府国有资源（资产）有偿使用范围……"《温州市公共数据授权运营管理实施细则（试行）》使用定价方式：将公共数据授权运营纳入政府国有资源（资产）有偿使用范围。《杭州市公共数据授权运营实施方案（试行）》"运营收益及分配"：探索将公共数据授权运营纳入政府国有资源（资产）有偿使用范围，反哺财政预算收入。

〔2〕参见齐英程：《公共数据增值性利用的权利基础与制度构建》，载《湖北大学学报（哲学社会科学版）》2022年第1期。

的趋利性动因。针对这一问题，可采取立法控制和司法控制。就立法而言，应更加具体地确定划定数据开放与数据授权运营的界限，明确"公共治理、公益事业"与"行业发展、产业发展"的区分，可采取数据目录、负面清单等模式。就司法而言，数据开放可以参照政府信息公开的救济渠道，由社会公众实时监督行政机关是否过度扩大授权运营的范围。此外，数据授权运营中，行政相对人可就行政协议提起诉讼，法院可借此矫正行政机关指"公共治理、公益事业"为"行业发展、产业发展"的不当行为。

五、结语

2023 年 11 月，湖南省衡阳市以 18.02 亿的超高价格起拍衡阳市政务数据资源和智慧城市特许经营权。2023 年 12 月，湖南省怀化市以超过 3 亿的价格拍卖大数据处置项目的特许经营权。显然，公共数据授权运营的有偿利用已初显峥嵘，笔者对此既感惊喜又感担忧。一方面，中国经济正面临一场大考，笔者惊喜于公共数据授权运营的有偿利用有望成为破题关键；另一方面，任何权力都倾向于自我膨胀，笔者担忧于地方政府走向行政垄断的极端。权衡再三，笔者最终认为不能因噎废食，遂撰此文以公物理论探索行政机关的行权依据，希望公共数据授权运营有偿利用早日开出"第一单"。需要注意的是，"能够作为"不等于"能乱作为"，公物理论虽然给行政机关进行公共数据授权运营的有偿利用提供了理论依据，同时也清楚地划定了"公用目的"这一条红线，行政机关决不可过度逐利而损害公共利益。

至此，本文已毕，希望 2024 年能迎来公共数据授权运营有偿利用的"第一单"，希望公共数据授权运营有偿利用制度能实现全民共享数字经济的既定目标，希望我国的行政法治蒸蒸日上！

论内幕交易行为罚款倍率的裁量基准

——以威慑功能的引入为视角

郑小烨*

摘　要　《证券法》[1]将内幕交易行为的行政处罚区分为数值数距式和倍率数距式两种处罚方式。其中倍率数据式处罚常年畸低，未能充分适用裁量空间，修法提高处罚标准后仍未改善。究其原因是缺少威慑功能指引下的裁量基准。出于实现行政目的的需要，威慑理论可以作为裁量基准制度的指引。内幕交易行为的行政处罚制度应当根据一般威慑、特殊威慑和补充威慑的理论，建立符合内幕交易行为特征和实务需求的裁量基准。

关键词　威慑　裁量基准　内幕交易

一、引言

内幕交易是我国证券市场上多发的违法行为。如何摘掉"信息市"的帽子已经成为我国证券市场监管亟待解决的问题。为进一步规制内幕交易行为，许多学者主张加大对内幕交易行为的处罚力度，充分适用高倍率罚款。2019年《证券法》进一步提高了内幕交易行政处罚的罚款数额。根据对现有行政处罚案例的统计，无论是《证券法》修改以前还是修改以后，内幕交易行政处罚中的罚款依然停留在较低水平。未能充分适用裁量空间已经成为内幕交易

---

* 郑小烨，中国政法大学2023级行政法学硕士。

〔1〕 为表述方便，本文凡涉及我国的法律规范均用简称，如《中华人民共和国证券法》，简称《证券法》。

领域行政处罚一个亟待解决的问题。

二、内幕交易中罚款倍率裁量的现状分析

内幕交易中罚款倍率选择集中在低位可以借由历年中国证券监督管理委员会（以下简称"中国证监会"）公开的行政处罚案例观察，并从中总结出导致这一问题的原因。

（一）现状总结

内幕交易行政处罚中存在着行政处罚多选择较低罚款倍率的情况，使得内幕交易行政处罚难以发挥实际的威慑作用，不利于对证券市场的长久规制。2019 年《证券法》进行修改，将原来的"没收违法所得，并处以违法所得一倍以上五倍以下的罚款"修改为"没收违法所得，并处以违法所得一倍以上十倍以下的罚款"，并将区分适用数值数距式和倍率数距式的门槛由原来的违法所得三万元提高至五十万元。[1] 已有学者对 1994 年到 2021 年 12 月 31 日中国证监会中央机关公开的 417 个内幕交易案件进行了实证统计。统计结果显示地方监管局在此期间从未适用过四倍和五倍的倍率进行处罚，[2] 并指出"截至 2021 年 12 月 31 日的内幕交易处罚案件因早已启动调查处罚程序，故仍适用《证券法》（2005 年修订）的规定"。[3] 笔者接着对 2022 年 1 月 1 日开始到 2023 年 11 月 6 日中国证监会中央机关公开的内幕交易案件进行统计。[4] 在此期间中国证监会官网一共公示了 120 个内幕交易行政处罚案件，其中共有86 个案件适用了 2019 年《证券法》进行处罚。此为之前统计数据中的新现象。

---

〔1〕 《证券法》（2019 年）第 191 条第 1 款："证券交易内幕信息的知情人或者非法获取内幕信息的人违反本法第五十三条的规定从事内幕交易的，责令依法处理非法持有的证券，没收违法所得，并处以违法所得一倍以上十倍以下的罚款；没有违法所得或者违法所得不足五十万元的，处以五十万元以上五百万元以下的罚款。单位从事内幕交易的，还应当对直接负责的主管人员和其他直接责任人员给予警告，并处以二十万元以上二百万元以下的罚款。国务院证券监督管理机构工作人员从事内幕交易的，从重处罚。"

〔2〕 吕成龙：《内幕交易规制研究》，法律出版社 2023 年版，第 64 页。

〔3〕 吕成龙：《内幕交易规制研究》，法律出版社 2023 年版，第 55 页。

〔4〕 参见中国证监会官网：http://www.csrc.gov.cn/。

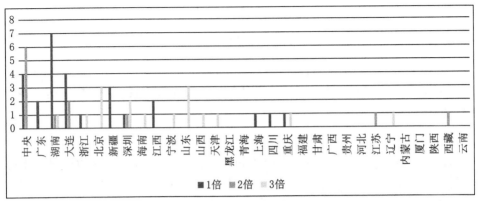

图1　新《证券法》中各地倍率裁量选择总计图

在86个适用新《证券法》进行处罚的案件中，一个案件里可能出现数个处罚对象且适用不同处罚方式的情况，因此以处罚对象进行统计，该86个案件一共处罚了129个对象，其中违法所得超过五十万元，适用"区间倍率式"[1]处罚的有55个对象。其中1倍处罚共有27个，2倍处罚有12个，3倍处罚有16个，且从未出现过4倍至10倍的罚款倍率（见图1）。可见在2019年《证券法》提高了罚款的数额之后，在适用处罚倍率上并没有如期待中那样充分利用裁量空间，在倍率选择上与修法前保持了一致。

目前内幕交易领域内并未出现公开的裁量基准。对内幕交易行政处罚案件进行总结，可以发现行政机关在部分案件的情况说明中提及了部分裁量所考虑的因素，主要包括以下内容（见表1）。

表1　新《证券法》裁量情节汇总表[2]

序号	因素	所涉案件示例	备注
1	当事人是否配合调查	江苏〔2023〕6、西藏〔2023〕2、浙江〔2022〕32、湖南〔2022〕1、〔2022〕2、〔2022〕3、〔2022〕4、〔2022〕5、中央〔2023〕22	

---

　〔1〕　区间倍率式是指法律、行政法规在罚款基数的基础上规定倍率系数的选择空间。参见张红：《行政罚款设定方式研究》，载《中国法学》2020年第5期。

　〔2〕　为区分不同的行政处罚案件，本文对行政处罚案件的命名规则为"地区+年份+编号"，均可在中国证监会官网找到对应的处罚决定书。

序号	因素	所涉案件示例	备注
2	家庭困难		江西｛2022｝2予以否定
3	是否为初次违法	厦门｛2022｝2	
4	执法惯例	新疆｛2023｝1、深圳｛2023｝9	
5	违法情节	湖南｛2022｝1、湖南｛2022｝2、湖南｛2022｝3、湖南｛2022｝4、湖南｛2022｝5	
6	"坚持处罚与教育相结合"的原则	湖南｛2022｝1、湖南｛2022｝2、湖南｛2022｝3、湖南｛2022｝4、湖南｛2022｝5	

针对上述要素的总结，可以把我国内幕交易行政处罚裁量规则的特点总结如下：①涉及要素并非内幕交易行为的专门要素。上述总结中所涉及的因素多出现于其他领域的行政处罚，并没有体现内幕交易领域的特殊性。②模糊性极高。个别案例中提及了参考以往的执法惯例进行处罚，但是并没有指明以往处罚惯例的具体内容。③常常与从轻、减轻、免除处罚的要件糅合。多个案件在论证行政机关已经作出合理的处罚裁量时，引用了《行政处罚法》中有关减轻、从轻处罚规则，说明相对人不存在上述行为。④案件之间的标准不统一。在统计案例中，存在着部分案例肯定了某一要素，而部分案例否定该要素的情形。这种情况反映出因没有明确统一的裁量基准而导致裁量要素不统一，这不利于证券处罚的体系化发展，也存在着同案不同处理的不公正的法内涵。

同时还涉及了多种被认定为无关的要素，如当事人在本案以外的企业经营和社会服务[1]、任职及获得荣誉[2]。其也可以作为对内幕交易行为裁量的负面清单。综上可以看出，目前内幕交易领域的裁量情节没有统一，存在较大的混乱。

（二）产生原因

关于行政机关一直倾向于选择较低倍率的原因已经有学者进行总结，可以分为如下几点：①多层级的内部行政控制程序之下形成的裁量偏好；②模糊的行政处罚委员会机制无法形成连贯的裁量惯例；③听证程序的矫正功能未能完

---

〔1〕 宁波｛2022｝24号行政处罚案件。

〔2〕 山东｛2022｝5号行政处罚案件。

全发挥；④避免追缴数额越大越无法实现〔1〕。这些原因的总结着眼于中国证监会运作机制的特色，对中国证监会作出行政处罚实务现状作了深刻的分析。行政处罚倍率选择单一的问题还可以转化为行政处罚裁量空间未能用尽的问题，如何最大限度地发挥法律给予的行政裁量权效用，充分对内幕交易行为进行规制，还应着眼于在过罚相当原则下充分利用裁量空间。

立法中给予的裁量权与实践中实际裁量选择不符的问题并非单独出现在内幕交易领域，在其他多个领域也存在着同样的问题。〔2〕"执法实践却一再表明罚款倍数的'弹性'与执法的'可操作性'是一对难以破解的矛盾。"〔3〕此问题的出现归根结底是立法固有的模糊性给予行政机关过大的裁量空间，以致在法定的裁量空间内，行政机关因种种原因自发形成了某种裁量习惯，而没有根据立法设置行政处罚的规制目的作出合理的裁量选择。

具体到我国内幕交易规制领域，产生倍率裁量结果集中问题的原因可以归结为如下三点：

首先，金融规制的威慑理念不成熟。内幕交易领域的行政处罚发挥着威慑违法行为人的功能。随着经济的发展，内幕交易这一违法行为所象征的违法数额越来越大，是一种严重影响投资者对证券市场公平公开透明原则信心的违法行为。如果行政处罚不能充分发挥威慑功能，则难以实现对证券违法行为的规制。学者们已经多次提出现有处罚数额太低，无法发挥威慑意义，乃至立法提高罚款数额标准后仍未见成效，可见行政机关对金融规制目的的威慑理念仍存有顾虑或理解不足。

其次，缺少统一的裁量基准。裁量基准作为行政机关自发形成的自我控制，通过处罚的格化技术为行政机关适用行政裁量权提供更多约束和指引。这种约束不仅能克服"人情社会"给裁量带来的干扰，还可以缓解行政执法人员面对执法风险的压力。而这两种压力恰恰与前述学者们所总结的内幕交易罚款倍率选择困难原因相关联。无论是中国证监会繁复的决定流程还是中国证监会人员的变动问题，都可以归结为面对执法风险时，行政机关趋向于选择保守的处罚

---

〔1〕 吕成龙：《中国证监会内幕交易处罚的裁量之治》，载《法学评论》2021年第5期；徐向华、郭清梅：《倍率式罚款的特定基数与乘数倍率之实证研究》，载《中国法学》2007年第5期。

〔2〕 汤洁茵：《避税行为可罚性之探究》，载《法学研究》2019年第3期；何香柏：《我国威慑型环境执法困境的破解——基于观念和机制的分析》，载《法商研究》2016年第4期。

〔3〕 徐向华、郭清梅：《倍率式罚款的特定基数与乘数倍率之实证研究》，载《中国法学》2007年第5期。

标准，尤其是在证券行政处罚往往数额较大的情况下，行政机关更趋向于选择折中的处罚方式。可见，设定裁量基准是实现加大内幕交易领域处罚力度的重要方法。

最后，裁量理由的公开不足。在笔者所统计的 120 个行政处罚案件中，所有案件均以"根据当事人违法行为的事实、性质、情节与社会危害程度"[1]作出处罚概括，并没有详细说明作出处罚决定的详细理由是什么。仅有部分案件经过听证，对其中小部分理由进行了说明，但具有非常高的概括性，整体上裁量理由并未公开。裁量理由的不公开使得行政机关行使裁量权的约束更少，相对人无法明确知道自己被施以处罚的理由，既使得相对人难以自证维权，也使得行政机关在选择裁量倍率时更加无所顾忌。

三、以威慑功能视角审视罚款倍率裁量

"倍率式罚款具有一定的不法利益追缴功能，它以违法收益基准和倍率相乘来计算罚款，在一定程度上考虑了罚款数额与违法行为危害或不法利益之间的关系"，[2]但是宽泛的倍率区间形成了极大的裁量空间。裁量基准的存在价值是制约行政机关的裁量权。而行政处罚的威慑功能指通过法律责任为违法行为设置后果，从而为行为人创造在事前放弃违法行为的激励[3]。威慑能否成为设计裁量基准的指引需要考虑以威慑为目的构建的裁量基准是否会导致违背过罚相当原则。笔者认为，威慑目的指引裁量基准的设计是符合裁量基准制度的存在价值的，以威慑目的构建裁量基准可以充分发挥裁量基准制度的功能。同时裁量基准制度还可以反向对威慑目的指引下的行政行为进行约束。

（一）威慑引入裁量基准的必要性论证

裁量基准"指行政机关在法律规定的裁量空间内，依据立法者意图以及比例原则等的要求并结合执法经验的总结，按照裁量涉及的各种不同事实情节，将法律规范预先规定的裁量范围加以细化，并设以相对固定的具体判断标准。"[4]裁量基准的制度目的在于加强行政机关的自我控制，其行政法意义上的"限权"功能明显。笔者赞同以功能主义视角进行的定性。要实现行政机关的自我控制，需要考虑的是，行政机关进行自我规制的目的是什么？

---

[1] 该表述为根据《行政处罚法》（2021 年修正）第 5 条确定的表述。
[2] 谭冰霖：《环境行政处罚规制功能之补强》，载《法学研究》2018 年第 4 期。
[3] 戴昕：《威慑补充与"赔偿减刑"》，载《中国社会科学》2010 年第 3 期。
[4] 周佑勇：《裁量基准的正当性问题研究》，载《中国法学》2007 年第 6 期。

在缺少裁量基准的情况下，行政机关面临法律授权过于宽泛的问题。但是行政机关作出具体的处罚决定时，为相对人所施加的制裁必然会是一个具体的结论。法律规范的宽泛性和行政决定作出时的具体结果之间出现了行政机关选择结论的空间。面对宽泛的裁量空间，行政机关可以自由选择法定裁量空间内的某一具体数值作为处罚结果。这种宽泛的裁量空间使得行政机关可以出于各种因素的考虑，将处罚结果集中体现于某一区间。较常见的讨论情形是行政机关选择处罚结果时具有随意性，而往往处罚畸高的行为会被认为是对过罚相当原则的违背，出于行政法"限权"目的的考虑，更多被行政法学者关注。但是当处罚结果集中于过低区间时，又因似乎不侵犯当事人之权益而被忽略。

但是处罚畸低意味着裁量空间未被用尽。法律授予行政机关的行政处罚裁量空间意在通过设计行政处罚的最高惩戒和最低惩戒。不仅仅是为了给行政机关提供多样化的选择空间，为行政执法实践预留余地，更是为了以法律规范之形式，指明该种违法行为应当被给予的惩罚力度，实现该领域的执法意义。如果以威慑作为行政处罚的功能指向，裁量空间未被用尽意味着原本应当给予充分制裁以进行威慑的行为未能达到预期的威慑效果，呈现的结果是行政之目的未达成。

依法行政原则的核心是行政权必须依法行使。"行政要依法而行，此为法治国家的当然结论。若遵循此原则，行政尚不足以完成其行政任务，因此，行政还必须兼顾合目的性。"[1]行政目的的实现也同样为依法行政之内涵。行政机关在执法过程中若一味强调对相对人之保护，则行政处罚难以实现行政目的，也就失去了行政机关存在之意义。因此行政目的的实现也应作为行政处罚结果的考虑因素，而裁量基准作为行政机关的自我约束规范，也应包含推进行政目的实现的价值追求。

在部门行政法中，有部分领域基于其自身的执法特点，存在较低的执法概率，难以实现对全部违法行为的制裁。这种行政执法领域往往高度依赖行政处罚的威慑功能，寄希望于威慑功能的运用可以减少潜在的违法行为，以达到规制之效果。"从规制理论角度观察，罚款数额的确定还应关注监管目的的实现。"[2]如金融证券领域的行政执法便是如此。证券违法行为的高发性、隐蔽性导致证券执法的困难，《证券法》等法律给予行政机关高额度的罚款权限也是基于实现威慑效果的目的。此时高数额罚款的威慑功能便是实现行政目的的

---

〔1〕 章剑生：《现代行政法总论》（第 2 版），法律出版社 2019 年版，第 8 页。

〔2〕 刘宏光：《证券监管机构如何罚款？——基于行政裁量基准视角的研究》，载《财经法学》2020 年第 4 期。

手段。若为此种领域设计裁量基准，只有充分适用法律给予的裁量空间，才能达到法律所要求的威慑目的，才能实现法律所给定的行政目标。设计裁量基准将法律授予的裁量空间予以格化，裁量权的行使不会集中于某一畸低领域，而是根据基准合理分布在法律授予的空间内，更能充分适用裁量空间，针对违法行为之危害大小落实违法责任，实现威慑目的。

（二）威慑功能的裁量制度设计

基于威慑功能的运用设计裁量基准制度需要综合考虑裁量基准制度的建构模型和行政处罚中威慑功能实现的基本方式。基于"统一裁量观"，裁量基准包含两种技术：效果格化和情节细化。[1]效果格化是指裁量基准将处罚种类和量罚幅度分割为若干裁量格次，而情节细化是指对违法行为的各种主客观事实情况加以具体列举和区分。[2]针对威慑功能，已有学者总结：在行政处罚中，尤其是罚款数额的确定中，行政处罚的威慑逻辑应从三个维度展开，分别是一般威慑、特别威慑和威慑补充。[3]为实现威慑功能在裁量基准制度中的发挥，应充分将威慑的三个维度纳入效果格化和情节细化两项技术进行裁量基准设计。

1. 一般威慑

一般威慑涉及的是运用社会危害和执法概率之间此消彼长的动态关系明确行政处罚的威慑要求。如果执法概率高则最佳罚款低，如果社会危害高，则最佳罚款高。一方面，在讨论裁量基准中威慑功能的设置时，针对社会危害视角，重点讨论的应是社会危害的考量如何置入裁量基准。一般情况下，社会危害程度越高的行为越具有可制裁的意义，也越具有威慑的必要性。大多数的行政处罚是根据行为之危害程度作为基本裁量情节进行设计的。社会危害可以体现为多种形式，包括违法的手段和方式、危害后果、主观过错的大小等。在裁量基准构建时，这些反映社会危害的形式会转化为不同的裁量情节和格化基准。

另一方面，针对执法概率视角，应该重点讨论的是，是否存在某一个会导致同一违法行为的执法概率变化的情节。如果存在执法概率变化的可能性，那么这一情节应当作为裁量基准进行设计，同时作为实现威慑功能的路径之一。

2. 特别威慑

特别威慑是在个案中实现威慑之效果。包括不法利益的剥夺和边际威慑两

---

〔1〕 周佑勇：《行政裁量基准研究》，中国人民大学出版社 2015 年版，第 88 页。

〔2〕 周佑勇：《行政裁量基准研究》，中国人民大学出版社 2015 年版，第 16 页。

〔3〕 谭冰霖：《行政罚款设定的威慑逻辑及其体系化》，载《环球法律评论》2021 年第 2 期。

个层次。[1]其中不法利益的剥夺多通过设计"没收违法所得"等行政处罚种类予以实现，与裁量权的限制行使的关系不大。因此以特别威慑视角构建裁量基准应将目光置于边际威慑的效果上。

边际威慑要求按照行为性质对违法行为进行类型化，按照其性质的轻重分别设定不同数额的罚款，并使其保持合理差距，从而激励行为人避免实施更严重的违法行为。边际效应的运用要求行政处罚结果具有格次特征，这与裁量基准的格化效果技术不谋而合。裁量基准从约束行政权的角度出发，而边际威慑从潜在违法行为的减少角度出发，同样指向了对违法行为的进一步类型化并附加不同处罚的结果。

至于如何合理划分不同的类型，威慑理论强调的是基于违法行为的危害程度予以划分。而裁量基准理论提出了经验评估、寻找基础值、数学方法三种模式。目前较为常见的是寻找基础值的方法，而且有向综合考虑更多因素的数学方法模式演进的趋势。但是仍离不开对基础值的确定需求[2]，如果以威慑理论构建裁量基准，基础值应能充分反映行为的危害程度，而如前文所述，体现危害程度的情节很多，应结合具体领域的充分科学依据予以确定。

3. 威慑补充

威慑补充意在提示有可能存在其他部门法的威慑功能可以对行政法的威慑功能提供补充。在行政处罚中一般体现在罚款的竞合。如民事领域和刑事领域的责任承担应该在行政法领域的责任承担中有所体现，如果针对同一违法行为的惩罚性超过其应有程度，将出现违背比例原则的风险。因此已经通过其他程序或可能通过其他程序承担责任的情况应作为裁量情节予以纳入。

（三）威慑之限制

实现行政处罚的威慑目的构成对行政裁量权的约束，要求行政裁量权的行使应当能够有效地实现行政目标。但是威慑功能指引下的行政处罚结果已经包含了对相对人可能造成的未发生的社会危害的处罚，如何保证基于威慑功能设计的行政处罚可以符合比例原则？裁量基准的设计反之为基于威慑功能作出的行政处罚进行了约束。尽管裁量基准本身即为对现在裁量权的制约，但是基于威慑功能进行的行政处罚更加依赖裁量基准的限权价值。

裁量基准的制度设计也对威慑功能进行了制约，将通过行政处罚实现的威

---

〔1〕 谭冰霖：《行政罚款设定的威慑逻辑及其体系化》，载《环球法律评论》2021 年第 2 期。

〔2〕 周佑勇：《行政裁量基准研究》，中国人民大学出版社 2015 年版，第 115 页。

慑功能通过效果格化和情节细化的方式，有序、确定地进行威慑。实际上是将行政机关的威慑手段进行了公开，通过向相对人公开裁量过程的方式实现了对相对人权益的保护，也就同时实现了对基于威慑作出的裁量的监督。

以裁量基准制度进行威慑功能之限制可以从以下三个方面进行建构：

首先，建构裁量基准时的比例原则适用。建构裁量基准时仍应谨记行政处罚比例原则的适用。裁量权的适用要求实现行政的合目的性。行政手段与行政目的之实现之间必须存在合理的连接。以比例原则为指导要求裁量基准构建时虽然以威慑功能为目标，但也必须将行政处罚的制裁效果限制在实现相应威慑功能的最小范围。

其次，逸脱程序的引入。裁量基准是行政机关自我约束的解释性规范，并不意味着遵守的必然结果。尤其是基于威慑功能实现构建的裁量基准，如果遇到不必强调威慑功能的特殊情形，还需要更加多元的选择空间，以避免出现违背过罚相当原则的情况。为实现个案的公平正义，逸脱程序的设计有利于在出现不宜适用威慑功能的个案时，采用特殊的决定程序和处罚结果。

最后，公开裁量基准及裁量理由。裁量基准意在实现羁束与裁量之间的平衡。裁量基准已经在一定程度上对裁量权进行了限缩，尽管仍存有裁量空间，但是进行公开已经可以大体上为相对人提供处罚预期和解释。在个案中裁量理由的公开也是有必要的，实现裁量理由之公开能展现具体案件中的裁量情节，有利于公开抽象规则转化为具体结果的行政执法过程。

内幕交易行政处罚罚款倍率选择集中问题的解决需回归至内幕交易行政处罚的功能。制定符合规制目的的裁量基准，辅之以理由公开制度进行监督，才可以充分适用法律授予的裁量空间，发挥证券行政处罚的金融规制功能。

四、内幕交易中罚款倍率裁量的适用建议

（一）金融规制的威慑功能目标

目前学者对我国内幕交易罚款倍率裁量讨论比较少，多以罗列法条的方式简要带过[1]，部分论及的学者也仅指出现行裁量水平过低，为加强对内幕交易行为的威慑，应该进一步提高处罚水平。[2]但是对内幕交易进行规制的理由

---

[1] 朱伟一：《证券法》，中国政法大学出版社 2017 年版，第 358 页；刑会强主编：《证券法学》（第三版），中国人民大学出版社 2023 年版，182—183 页；彭冰：《中国证券法学》（第二版），高等教育出版社 2007 年版，第 385—386 页。

[2] 邢会强：《美国惩罚性赔偿制度对完善我国市场监管法的借鉴》，载《法学》2013 年第 10 期。

的讨论已经较为充分，内幕交易是违法行为已经得到多个国家立法的确认。从对内幕交易规制的理由中，亦可以窥探对内幕交易罚款设定倍率裁量基准所应当考虑的处罚效果期待。

"内幕交易是指从事交易的一方知道某种影响证券价格的重要信息，在社会公众和交易对方都不知情的情况下买卖证券，从中牟利。"[1]对内幕交易行为进行规制的理由主要有两种，一种是较早出现的"信息不对称理论"，另一种是以美国为代表所遵循的信义义务理论。信息不对称理论认为信息是投资者作出决策的依据，信息不对称会损害投资者对证券市场的信息获取，而投资者的不信任乃至离场是对证券市场的巨大打击，因此内幕交易行为应当被禁止。信义义务理论在美国 "Chiarella v. United States" 案中被正式确定，其指出只有公司"内部人"因为对公司和股东负有信义义务，才有拒绝交易的义务。但是通过后来一系列案例对"信义义务"作扩大解释，最终还是回归到了维护投资者信息公平和证券市场健全性上。可见，反内幕交易制度的规制目的还是维护投资者信息公平和证券市场的健全性。内幕交易行为出现之概率是影响投资者信息公平的重要因素。基于保护投资者信息公平和证券市场环境的公平、公正、公开，减少内幕交易行为出现的概率是内幕交易领域行政执法的目的。换言之，对内幕交易行为施加行政处罚不仅仅是为了处罚内幕交易行为人，还是为了减少未来内幕交易行为发生的可能性。这种减少违法行为发生的期待借由行政处罚的威慑功能实现。

不同于环境执法领域对威慑型规制的诟病[2]，金融领域的行政处罚更强调行政处罚的威慑功能。金融领域并不像环境执法领域一般负担着提高相对人环保理念、增加相对人自主保护环境之动力等软性目标，反之，金融领域的行政执法强调的是以行政处罚的威慑功能解决违法行为多发且难以全部侦查的问题。其中典型为内幕交易行为，其本身具有隐蔽性，行政机关的侦查多依赖举报人、信息系统检测等方法，无法主动发现，也无法处理全部的内幕交易行为。在执法概率无法达到百分之百的情况下，充分发挥行政处罚的威慑功能可以有效减少内幕交易行为的发生概率。威慑功能的运用便成为实现证券行政之目的的手段，应在证券行政处罚中运用威慑功能。而在设计内幕交易行为行政处罚的裁量基准时，考虑威慑功能之运用也就成了顺理成章。

---

[1] 朱锦清：《证券法学》（第五版），北京大学出版社 2022 年版，第 255 页。
[2] 胡苑：《论威慑型环境规制中的执法可实现性》，载《法学》2019 年第 11 期；何香柏：《我国威慑型环境执法困境的破解——基于观念和机制的分析》，载《法商研究》2016 年第 4 期。

（二）内幕交易的威慑功能裁量基准构建

从前述实践总结中看，目前行政处罚所考虑的裁量情节也存在着混乱之处。内幕交易行为的裁量基准构建同样需要遵循将三种威慑与效果格化和情节细化结合的技术。

1. 效果格化

在效果格化的技术中应分别对一般威慑和特别威慑的效果进行考虑。

一般威慑中要求考虑社会危害程度，并选择最适合表现社会危害程度的情节作为效果格化中的基准情节。"法律意义上的分格必须要与法律要件结合在一起，具体搭建裁量决定的形成路径。"[1]内幕交易领域应当以危害后果作为基准情节，其具体表现形式应选择违法所得。原因是内幕交易行为损害的是投资者对证券市场的信心，对于投资者的损害效果是通过抽象的经济学演算得出的。这种经济学推论最后将投资者的损失具体化为行为人的违法所得。且内幕交易行为的行为模式多样，难以通过行为手段进行责任格化。综合来看选择损害后果作为基准情节是最为适宜的。我国《证券法》对内幕交易的规定以违法所得五万元为区分标准，划分了数值式处罚和倍率式处罚。这种划分基准可以解释为在内幕交易领域，其社会危害结果以违法所得体现。"裁量基准的设定必须根据授权法的旨意，受到并体现'法的约束'。"[2]基于法律的划定标准，在为倍率处罚设计一般裁量情节时，也可以选择违法所得作为基础才符合法律的统一标准。

由于目前《证券法》对倍率处罚范围构建了明确的最高值十倍和最低值一倍，可以采用"中间值法"先行构建框架。以违法所得为基础，将较多的违法所得对应七倍至十倍，中间的对应四倍至六倍，较少则对应一倍至三倍。这种划分虽然较为粗糙，但是有利于最大限度地拉开处罚差距，对获得高数额违法所得的行为进行威慑。

2. 情节细化

裁量情节可以进一步划分为基本裁量情节和辅助裁量情节，辅助裁量情节又可进一步划分为特殊情节和普通情节。[3]对罚款倍率的裁量问题是对行政处罚最终处理结果的裁量，在《证券法》中并没有给出更为具体的要件细节，仅

---

〔1〕余凌云：《行政自由裁量论》（第三版），中国人民公安大学出版社 2013 年版，第 341 页。

〔2〕周佑勇：《裁量基准的制度定位——以行政自制为视角》，载《法学家》2011 年第 4 期。

〔3〕周佑勇：《行政裁量基准研究》，中国人民大学出版社 2015 年版，第 19 页。

对何种行为构成内幕交易进行了定义，且该定义以利用内幕信息为内容，并不涉及程度用词，因此此处的情节细化并不能针对程度进行划分，而应着眼于内幕交易行政处罚中的特殊要点。

在内幕交易领域还需要考虑加入诸多特殊的裁量情节，如信息链传递远近因素、行为人身份因素等具体因素。这些情节是内幕交易所独有的情形，应该综合进行考虑。考虑特殊情节时需要结合一般威慑和特别威慑的效果实现，加入无法通过一般裁量情节纳入考虑的情节。如考虑信息链传递远近情节时，目前我国内幕交易领域行政处罚问题中，对信息传递人的处罚比较有限，多局限于第一环的处罚和直接行为人的处罚，甚至大部分案件中仅处罚了直接行为人。原因是对于内幕交易行为的监测难以实现对多个信息传递环节后的当事人进行追踪。对于泄露信息的相对人，应该根据信息链传递远近的因素进行区分。再比如，对行为人身份因素的考虑，如泄露信息之人为公司的关键人员，如直接参与管理的高级管理人员、董事、股东等，应该予以较重的处罚，而对于无意间获得信息的普通员工，其处罚应该较轻。尽管公司的商业秘密规范问题是公司应尽之义务，但是内幕交易领域重在解决公平信息的问题，即掌握更多信息的高级管理人员泄露信息对于市场信任的打击更为沉重。

为符合补充威慑之效果，情节还需包括民事责任、刑事责任的承担情况。在民事责任方面，我国目前的内幕交易领域还存在很大的学理争议和实践混乱，在构建民事责任机制时应注重与行政执法机制的协调，在作出行政处罚时应有意识考虑民事责任的承担程度。在刑事责任方面，内幕交易行政执法多作为刑事程序的前置程序，在责任承担上应综合进行考虑。

（三）内幕交易裁量基准对威慑功能之限制

一方面，目前内幕交易行政处罚多存在裁量理由和裁量基准不公开的问题。裁量理由多以含糊用语概括表述，裁量基准更是尚未有明确之依据。但是公开裁量理由和裁量基准对于行政处罚的相对人是十分有必要的。"基准是裁量决定的具体实现路径，它也成为说明理由中必须引用的依据"[1]。《证券法》给予的裁量空间之大，给予的处罚之重，都对相对人的权利保护提出了更高的要求。在尚未形成成熟的裁量基准时，也应先对裁量理由进行阐释，便于积累行政经验。

另一方面，构建裁量基准时应综合考虑比例原则。如前述进行效果格化的

---

[1] 余凌云：《行政自由裁量论》（第三版），中国人民公安大学出版社2013年版，第351页。

制度设计时，每一格化之情节，中间值的选择都应当考虑处罚的必要性及适当性。如后续有足够技术发展系统判断之方法，则应当及时予以更新。同时在构建裁量基准时，也应当纳入逸脱机制。内幕交易领域的行为种类多样，且随着实务的发展不停变化，逸脱机制的设计有利于行政机关处理复杂的现实情况。

五、结语

诸多行政执法领域存在处罚畸低的问题，但是对此进行研究的学者多为经济法学学者，行政法学者更多关注对人权损害之效果而忽视处罚畸低问题也可以借由威慑理论和裁量基准机制进入行政法的视野。内幕交易领域为此问题之典型，本文以举例讨论之，以求为实务提供借鉴思路。

第 五 部 分

立法学

设区的市立法权中"基层治理"的内涵与边界问题研究

——以 70 个设区的市的立法为例

郑斯锴[*]

摘　要　新修改的《立法法》[1]增加了"基层治理"作为设区的市的立法事项。此举回应了党的二十大报告中对于基层治理提出的要求，观照了地方基层治理的迫切需要。但是基层治理含义模糊、边界不清且没有成体系的立法解释划定基层治理的范围，导致了地方立法积极性不高、越权立法及备案审查衔接制度不完善等问题，本文在基层治理内涵层面坚持"1+2+N"的思路，在 70 个设区的市的基层治理法规搜集、汇总的基础上进行问题分析，并提出完善建议。

关键词　设区的市立法权　立法权限　基层治理　完善建议

一、问题的提出

2023 年《立法法》在设区的市立法权的立法事项中增加了"基层治理"的表述，表明设区的市获得了在基层治理范围内制定地方性法规的权力，但是其用语过于抽象和概括，且目前并无立法解释加以具体化明确其具体的调整范围，故而产生诸多问题：首先，"基层治理"的内涵如何界定？社会治理层面的基层治理与作为立法事项的"基层治理"之间显然存在不同，如何在借鉴的同时做好二者区分？其次，如何厘清"基层治理"与其他几类立法事项，尤其是与

＊　郑斯锴，中国政法大学 2023 级行政法学硕士。

[1]　为表述方便，本文凡涉及我国的法律规范均用简称，如《中华人民共和国立法法》，简称《立法法》。

"城乡建设与管理"的关系？最后，设区的市在基层治理立法方面应当遵循什么原则？哪些领域应当尽快立法？本文在梳理"基层治理"现有理论研究成果和争议的基础上，对已经有"基层治理"相关立法的 70 个设区的市的实际情况和实践经验进行归纳、总结和分析，明确"基层治理"的内涵，廓清其边界，避免出现"越权立法"等情况，破除国家立法的地域局限性，促进各地因地制宜自主处理本地方的事务，科学平衡公民权益与公共利益，为以良法推进善治提供坚实基础。

二、"基层治理"内涵与边界的理论研究

（一）理论争议

新《立法法》中对于"基层治理"描述的模糊性导致在"基层治理"立法方面面临巨大的困难。公共管理学家聚焦政府与社会两个主体之间的双向互动，通过政府行政手段与社会之间的分工协作来解决问题，如陈家刚在《基层治理》一书中将基层治理定义为，在一个政治制度框架或政治结构之中，最基层的权力运作过程。[1]燕继荣立足社会关系的三级划分，认为基层社会是介于个人和国家之间的中间地带和可扩展的空间领域[2]，并将其内涵限定为：保证人的需求得到最大实现。法学研究中也存在不同观点，徐勇认为，基层治理包括两个方面，一是国家对基层社会的治理，即以国家为主体，为实现国家目的而对基层社会的治理；二是基层社会的自我治理，即以社会民众为主体，对与自我相关的事务进行治理。[3]作为设区的市的立法事项，学者孙莹认为，基层就是指乡镇（街道）和城乡社区；治理则是多主体的、网络化、立体化的，除了政府，还有市场、社会和公民等多个主体的参与。对设区的市立法权限范围中"基层治理"的把握，需要结合设区的市基层治理的实践经验。[4]学者顾强认为，"基层"上限应为"县、不设区的市、市辖区"，下限应为"村庄、社区"，并且"基层治理"调整事项不同于 2015 年《立法法》增加的设区的市三项立法权限。[5]

通过梳理不难发现，对于基层治理，管理学的认定相对宽泛许多，且多是

〔1〕 陈家刚主编：《基层治理》，中央编译出版社 2015 年版，第 1 页。
〔2〕 燕继荣：《基层治理的理想与现实》，载《探索与争鸣》2023 年第 1 期。
〔3〕 徐勇：《中国式基层治理现代化的方位与路向》，载《政治学研究》2023 年第 1 期。
〔4〕 孙莹：《把握"基层治理"内涵 推进地方立法实践》，载《人民之声》2023 年第 9 期。
〔5〕 顾强：《论设区的市立法权限中"基层治理"的范畴》，载《人大研究》2023 年第 6 期。

在社会治理体系中进行宏观、中观研究，而法学对于基层治理的内涵界定则往往依据法律或政策性文件，秉持着依法立法的态度，并不愿意随意拓展基层治理的内涵范围。大量学者持基层即乡镇和城乡设区的观点，对于治理的边界认定则更为谨慎。

（二）规范分析

1. "基层治理"的内涵分析

"基层治理"应当从"基层"与"治理"两个角度把握。"基层"是一个较为含混的概念，学者顾强认为，"基层"应该理解为广义的"基层"，应当包括"区、县和不设区的市"，而不是仅限于乡镇和城乡社区。本文较为认同此观点，主要理由有三：第一，乡镇、城市社会和街道并不是一级行政区划，其职能具有片面和穿透力弱的特点。县乡一体化依旧是普遍存在的情形，县域依旧是我国基层治理中的重要一环。学者古洪能就认为，乡镇不具备一级政权的属性，没有行政许可权、行政处罚权和行政强制权。特别是农村税费改革后，"乡财县管"以及各地多次进行的撤乡并镇、乡镇合并等举措，早已把乡镇变成为县的派出单位或代理机构，呈现出县乡一体化趋势。[1]第二，有效缩短政策时差。政策时差是管理学意义上的概念，是指政策从知道到发挥作用并最终对社会产生影响的传导时间。学者曹佳分析了政策实施的四个条件：政策特征、政策执行主体、政策目标群体、政策环境，[2]通过县一级政策主体的增加能够创造有效的政策环境、而乡镇治理本就是县域治理的对象，其政策目标导向性较强，能够缩短政策时差，尽快完成基层治理的任务。"基层治理"立法的制定主体是设区的市，生效的层级为乡镇、街道，也即该地方性法规的法律效力需要经过县一级行政单位下沉，目前新《立法法》已经施行，但是相关的立法并不多，从缩短基层治理立法时差的目标出发，将区县和设区的市纳入"基层"的内涵中较为妥当。第三，与设区的市其他立法事项保持一致。《南平市城市防洪排涝管理办法》第4条[3]、《杭州市生态文明建设促进条例》第

---

〔1〕 古洪能：《中国县域治理体系现代化研究》，中国社会科学出版社2020版，第123—126页。

〔2〕 曹佳：《从政策公布到生效：政策实施的时间差分析》，载《公共行政评论》2020年第5期。

〔3〕《南平市城市防洪排涝管理办法》第4条："市、县（市、区）人民政府领导城市防洪排涝工作。市、县（市、区）人民政府应当将城市防洪排涝工程设施建设纳入国民经济和社会发展计划，加强城市防洪排涝治理工作和工程设施建设，建立多部门统筹协调的工作机制和城市防洪排涝工作评估机制，将防洪排涝工作纳入政府工作绩效考核体系，提高城市防洪排涝能力。市属各类开发区、工业园区等管理机构应当参照县（市、区）人民政府的职责分工，做好管理区域内的防洪排涝工作。"

4 条〔1〕、《苏州市大运河文化保护传承利用条例》第 4 条〔2〕分别是"城乡建设与管理""生态文明建设"和"历史文化保护"领域的地方性法规，三者对区县一级行政区划进行调整，为保持与三者之间调整范围的统一性和纵向效力一致性，基层治理应当涵盖区县和设区的市。

"治理"与"管理"相对。管理是指，管理者通过一系列手段来安排他人的行为和活动，具有单向、强制、刚性的特点，带有明显的高权色彩。治理则指两个以上主体为了公共的利益或目的，通过协商、合作的方式规范权力运行从而解决具体的问题，治理强调过程的共同性、协作性，蕴含着平等、自治的精神。基层治理是在基层纵向维度内，各主体通过协商、合作来规范和引导权力解决横向治理所要解决的问题。

2. "基层治理"的边界分析

基层治理的边界问题主要在于廓清基层治理的外延，也即基层治理与城乡建设与管理、生态文明建设、历史文化保护之间的关系，尤其是与城乡建设与管理之间的张力问题。第十二届全国人大法律委员会在 2014 年《立法法修正案（草案）》的审议结果的报告中对部分事项的内涵作出了解释，从保留立法原意出发，城乡建设与管理包括城乡规划、基础设施建设、市政管理 3 个方面；环境保护包括大气、水、海洋、土地等 11 个方面。而关于历史文化保护的范围，该文件并没有作出具体解释，学者易有禄将其范围界定为：文物保护、历史文化遗址等 9 个方面。〔3〕本文认为如此认定过于照本宣科，无论是《城乡规划法》、还是《文物保护法》对于相关领域的规定都有其特殊的法益存在，而

---

〔1〕 《杭州市生态文明建设促进条例》第 4 条："市人民政府应当将生态文明建设放在突出的战略位置，统一领导、组织、协调全市生态文明建设工作，履行下列职责：（一）组织编制和实施生态文明建设规划；（二）制定生态文明建设指标体系；（三）完善自然资源资产产权、国土空间开发保护制度的实施细则；（四）推进空间规划编制工作；（五）落实资源总量管理和全面节约制度，制定资源有偿使用、生态补偿等政策措施；（六）建立用能权、碳排放权、排污权、水权交易机制；（七）建立环境污染公共监测预警机制，组织制定预警方案；环境受到污染，可能影响公众健康和环境安全时，依法及时公布预警信息，启动应急措施；（八）建立生态文明建设决策、协调、合作和激励机制；（九）制定生态文明建设目标责任体系、考核办法和奖惩机制。区、县（市）人民政府负责组织、协调、实施本行政区域内的生态文明建设工作。市和区、县（市）人民政府应当明确生态文明建设协调机构，具体负责本行政区域内生态文明建设的指导、协调和监督管理工作。有关部门按照各自职责做好生态文明建设工作。"

〔2〕 《苏州市大运河文化保护传承利用条例》第 4 条："市、区人民政府应当加强对本行政区域内大运河文化保护传承利用工作的领导，将大运河文化保护传承利用工作纳入国民经济和社会发展规划。县级市人民政府应当按照规定做好本行政区域内的大运河文化保护传承利用相关工作。镇人民政府、街道办事处应当按照规定做好本辖区内的大运河文化保护传承利用相关工作。"

〔3〕 易有禄：《设区市立法权的权限解析》，载《政法论丛》2016 年第 2 期。

基层治理并不是一个"孤岛"性质的概念，它更多表现出一种基层治理主体与问题相结合的权利义务关系，所以通过其他领域法律的列举来划定基层治理的边界未免过于刻板。但本文并非主张全盘抛弃立法事项之间的界分以赋予基层治理统筹全局的解决力，而是在交叉领域对基层治理的边界进行制度性的放宽。

通过内涵和边界的分析，本文认为设区的市把握"基层治理"的内涵与边界应该遵循"1+2+N"的思路。"1"即一个出发点，即问题的解决与人民需求的满足。基层治理本质上还是为了化解基层目前普遍存在的、亟待解决的问题，做好国家治理的"最后一公里"，因此在界定基层治理时应当坚持治理为上、问题解决的出发点，凡是属于基层治理领域亟待解决的，应当纳入基层治理调整范围尽快制定地方性法规予以规制。"2"即两个层面，基层层面和治理层面。从基层层面分为两个维度——纵向维度和横向维度，在纵向维度层面把握好基层涵括的范围，将县域治理纳入基层治理体系，换言之，基层治理立法不能跳过区县和不设区的市，从而造成立法真空地带。在横向维度层面做好与基层治理边界的划定，着重处理好其与城乡建设与管理之间的关系问题。"N"即以各设区的市基层治理立法实践经验为补充，不断为基层治理的发展提供新的经验与教训。基层治理作为问题导向性的立法事项，仅通过理论研究能解决的问题十分有限，必然要从实践中汲取经验，有学者对立法领域外的政府、法院的基层治理实践进行分析和归纳，将基层治理的实践归纳为"既包括多部门联合建立矛盾纠纷解决机制的维持社会秩序职能，也包括通过定点化精准司法机构设置维护地方特色产业发展的经济发展职能。"该总结可以对基层治理后续立法提供丰富的实务经验借鉴，但是未免陷入关联性强、可参考性弱的窠臼中，鉴于各地已经开始尝试性立法，且数量并不少，"N"的扩容为我们直接分析提供了更多的实践样本，所以应当对一批先行基层治理立法进行分析，对普遍认为属于基层治理的事项予以认可，对部分地方进行的创新经验及时推广。

三、"基层治理"立法的实践分析

（一）样本选取情况

较大的市较早的获得了立法权，有相对完善的实践经验和体系性的立法规划，而对基层治理进行相关立法的其他城市主要集中于社会治理体系较为完善的城市，其基层治理经验较为丰富，本文选取了 49 个较大的市以及 21 个对基层治理进行相关立法的城市作为研究对象，共计 70 个城市，并以"基层治理""社会治理""基层组织工作规定""城乡网格化服务管理"为关键词，对关联地方性法规检索、汇总，制成了表1。

表1

序号	城市	相关立法
1	鞍山市	《鞍山市物业管理条例》 《鞍山市文明行为促进条例》
2	抚顺市	《抚顺市文明行为促进条例》
3	吉林市	《吉林市文明行为促进条例》
4	白城市	《白城市文明行为促进条例》
5	沈阳市	《沈阳市城市社区建设促进条例》 《沈阳市文明行为促进条例》
6	齐齐哈尔市	《齐齐哈尔市物业管理条例》
7	哈尔滨市	《哈尔滨市文明行为促进条例》
8	长春市	《长春市城乡社区治理促进条例》 《长春市街道办事处工作条例》 《长春市文明行为促进条例》
9	本溪市	《本溪市文明行为促进条例》
10	黑河市	《黑河市网格化管理服务条例》
11	通化市	《通化市社区治理促进条例》
12	天津市	《天津市法治宣传教育条例》
13	呼和浩特市	《呼和浩特市街道办事处工作条例》 《呼和浩特市接诉即办工作条例》 《呼和浩特市社会治理促进条例》 《呼和浩特市文明行为促进条例》
14	包头市	《包头市物业管理条例》
15	乌鲁木齐市	《乌鲁木齐市公共文明行为条例》
16	银川市	《银川市文明行为促进条例》
17	大同市	《大同市文明行为条例》 《大同市物业管理条例》
18	阳泉市	《阳泉市物业管理条例》 《阳泉市文明行为促进条例》
19	延安市	《延安市文明行为促进条例》

序号	城市	相关立法
20	太原市	《太原市城乡社区治理促进条例》 《太原市文明行为促进条例》 《太原市流动人口服务管理条例》
21	济南市	《济南市文明行为促进条例》
22	临沂市	《临沂市法治乡村条例》
23	青岛市	《青岛市物业管理条例》 《青岛市文明行为促进条例》
24	东营市	《东营市社会治理网格化服务管理条例》 《东营市文明行为促进条例》
25	大连市	《大连市物业管理条例》 《大连市文明行为促进条例》
26	淄博市	《淄博市物业管理条例》
27	石家庄市	《石家庄市数字经济促进条例》 《石家庄市城市居民委员会组织条例》 《石家庄市公共文明行为条例》
28	唐山市	《唐山市物业管理条例》 《唐山市文明行为促进条例》
29	郑州市	《郑州市文明行为促进条例》 《郑州市消防条例》
30	洛阳市	《洛阳市住宅物业管理条例》
31	安阳市	《安阳市社会治理促进条例》
32	鹤壁市	《鹤壁市社会治安综合治理条例》
33	西安市	《西安市文明行为促进条例》 《西安市社区教育促进条例》
34	宁波市	《宁波市地名管理条例》 《宁波市养犬管理条例》 《宁波市文明行为促进条例》 《宁波市住宅小区物业管理条例》 《宁波市法治乡村建设促进条例》 《宁波市城乡网格化服务管理条例》
35	绍兴市	《绍兴市物业管理条例》 《绍兴市文明行为促进条例》

续表

序号	城市	相关立法
36	龙港市	《龙港市社区治理条例》
37	杭州市	《杭州市街道居民议事工作规定》 《杭州市文明行为促进条例》 《杭州城市大脑赋能城市治理促进条例》
38	湖州市	《湖州市物业管理条例》 《湖州市法治乡村建设条例》 《湖州市文明行为促进条例》
39	金华市	《金华市物业管理条例》 《金华市文明行为促进条例》
40	台州市	《台州市企业信用促进条例》
41	衢州市	《衢州市物业管理条例》 《衢州市城乡网格化服务管理条例》
42	徐州市	《徐州市矛盾纠纷预防化解条例》 《徐州市城乡网格化服务管理条例》 《徐州市住宅物业管理条例》 《徐州市文明行为促进条例》
43	苏州市	《苏州市平安建设条例》 《苏州市文明行为促进条例》 《苏州市住宅区物业管理条例》
44	无锡市	《无锡市社会治理促进条例》 《无锡市物业管理条例》 《无锡市文明行为促进条例》
45	南京市	《南京市社会治理促进条例》 《南京市文明行为促进条例》
46	合肥市	《合肥市文明行为促进条例》
47	武汉市	《武汉市文明行为促进条例》 《武汉市街道办事处条例》 《武汉市区人民代表大会常务委员会街道工作委员会工作条例》 《武汉市多元化解纠纷促进条例》
48	长沙市	《长沙市文明行为促进条例》
49	成都市	《成都市文明行为促进条例》 《成都市社区发展治理促进条例》 《成都市社区教育促进条例》

续表

序号	城市	相关立法
50	南昌市	《南昌市文明行为促进条例》
51	贵阳市	《贵阳市街道办事处工作条例》 《贵阳市人民调解条例》
52	铜仁市	《铜仁市住宅物业管理条例》
53	广州市	《广州市数字经济促进条例》 《广州市文明行为促进条例》 《广州市社会工作服务条例》
54	清远市	《清远市城乡基层网格化服务管理条例》
55	珠海市	《珠海市文明行为条例》 《珠海经济特区防台风条例》 《珠海市人民代表大会常务委员会关于镇街综合行政执法的决定》
56	汕头市	《汕头经济特区数字经济促进条例》 《汕头经济特区乡村振兴实施条例》 《汕头经济特区文明行为促进条例》 《汕头经济特区预防与化解纠纷促进条例》
57	揭阳市	《揭阳市住宅小区物业管理条例》
58	西宁市	《西宁市文明行为促进条例》
59	北海市	《北海市民宿管理和促进条例》
60	福州市	《福州市城市养犬管理条例》 《福州市文明行为促进条例》
61	厦门市	《厦门经济特区城市综合管理条例》 《厦门经济特区数据条例》
62	昆明市	《昆明市文明行为促进条例》
63	曲靖市	《曲靖市城乡网格化服务管理条例》
64	拉萨市	《拉萨市网格化服务管理条例》 《拉萨市文明行为促进条例》
65	克拉玛依市	《克拉玛依市社会信用条例》
66	海口市	《海口市房地产中介服务管理办法》
67	三亚市	《三亚市爱国卫生管理办法》
68	海东市	《海东市基层社会治理促进条例》

序号	城市	相关立法
69	平凉市	《平凉市养犬管理条例》
70	山南市	《山南市城乡社区治理促进条例》

（二）分析结果

1. 特点

经过归纳和对比分析，当前基层治理立法的特点主要表现为三点：第一，直接立法数量极其有限。新《立法法》已经施行，但是设区的市在"基层治理"方面的立法迟迟未推进，对基层治理进行直接立法的如《海东市基层社会治理促进条例》屈指可数，这不仅反映了地方立法的谨慎态度，更反映了基层治理内涵不清带来的立法障碍。第二，相关性立法较多，边界模糊。比如《衢州市养犬管理条例》[1]《延安市文明行为促进条例》[2]和《洛阳市住宅物业管理条例》[3]分别将养犬管理工作、文明行为促进工作、住宅物业管理工作纳入基层治理体系，除此以外还有部分设区的市将乡村振兴、社会建设、社会信用体系、养老服务等纳入基层治理之中。这些事项是否真的属于基层治理的调整范围？由于没有标准，无从判断。第三，地域化特点明显、差异化大。无锡市和石家庄市将数字经济发展促进工作与基层治理结合，推动基层治理数字化；郑州市将消防工作纳入网格化基层治理体系；而三亚市则将爱国卫生纳入基层治理体系中。

2. 类型

对样本进行类型化分析，可以将基层治理法规分为两类：一般性法规与关联性法规。一般性基层治理法规主要包括两种，第一种是社会治理或城乡管理

---

[1]《衢州市养犬管理条例》第5条："市、县（市、区）人民政府应当将养犬管理工作纳入基层治理体系，建立养犬管理工作协调和保障机制，将养犬管理工作经费纳入本级财政预算。乡（镇）人民政府、街道办事处应当组织开展犬只疫病防控、文明养犬宣传教育，负责所辖一般管理区流浪犬（大型犬、烈性犬除外）的捕捉，配合相关部门做好辖区内养犬管理工作。"

[2]《延安市文明行为促进条例》第5条："市、县（市、区）人民政府应当将文明行为促进工作作为精神文明建设和基层治理的重要内容，纳入国民经济和社会发展规划及年度计划，所需经费列入本级财政预算，保障文明行为促进工作的开展……"

[3]《洛阳市住宅物业管理条例》第5条："市、县、区人民政府应当加强对住宅物业管理工作的领导，将其纳入基层治理体系，建立联席会议制度，协调、处理住宅物业管理活动中的重大问题，督促相关部门、机构履行与住宅物业管理有关的监督管理职责。"

类，较为综合和全面的进行治理或者服务治理的法规，如《海东市基层社会治理促进条例》《清远市城乡基层网格化服务管理条例》等。第二种是基层组织工作规定，如《呼和浩特市街道办事处工作条例》结合呼和浩特市的实践从机构职责、公共服务、基层治理等方面作出规定。基层治理关联性法规主要指在其他法规中涉及"基层治理"的内容，此类地方性法规数量比较多，需要作区分的是哪些仅仅是作衔接性规定，哪些是真正属于"基层治理"内涵的法规。

3. 问题

首先，基层治理立法积极性不高、一般性基层治理法规数量少。较大的市获得立法权较早，理论上对于基层治理的实践应当较多，但是事实上制定的"基层治理"法规数量很少。而部分设区的市立法能力有限，无法进行一般性基层治理立法也是积极性不高的原因，可能进行一些关联性的尝试，比如在其他地方性法规中先行写入"基层治理"的内容，在积累一定实践经验，建构基层治理框架雏形后逐步推进立法，或者对基层治理的某一方面制定单行的地方性法规，如徐州市施行的《徐州市矛盾纠纷预防化解条例》主要针对的就是社会治理中矛盾纠纷的预防与化解。但是即使是此类法规，目前数量也并不多。

其次，"基层治理"内涵不明，争议性事项较多。由于地方治理的特殊性以各地立法规划和进度不同，不同事项是否属于基层治理产生了较大的争议。第一，文明行为促进工作是否需要纳入基层治理体系中？对此存在不一致的看法。经过检索和归纳，发现几乎每个市都制定了文明行为促进工作相关的地方性法规，但是只有延安市将文明行为促进工作纳入了基层治理之中。而通过控制时间变量排除新《立法法》时间差对于各地立法反应时间的影响，发现此后很多地方（杭州市、绍兴市、宁波市等）制定或修改文明行为促进条例时依旧未将文明行为促进工作纳入"基层治理"的调整范围。第二，物业管理服务是否属于基层治理的范围？在70个样本中进行检索，发现几乎所有城市都有物业管理服务的相关法规，但是只有包括洛阳市在内的12个市将其纳入了基层治理的调整范围，并且呈现出与基层治理深度融合的状态，究竟是突破了"基层治理"的创新边界还是拓展了"基层治理"的边界，不得而知。第三，养犬管理条例是否属于"基层治理"？对样本的检索中，只有平凉市、衢州市、湖州市将养犬管理纳入了基层治理体系，而其他67个设区的市都没有在相应的养犬管理条例中规定与基层治理的关系。第四，其他领域。如郑州市将消防安全工作纳入基层治理体系，三亚市将爱国卫生工作纳入基层治理体系，宁波市将地名管理纳入基层治理体系。广义上看基层治理，这些事项确实与其有关联，但是如果过于宽泛的界定基层治理的立法范围，则可能会出现与城乡规划与建设立法范围相重合的地方。从争议事项众多也可以看出，无论是新《立法法》、相应的法律法规，还是地方性的一般性基层治理综合立法，对于基层治理的实践都无法弥合关于其内涵的分歧。

再其次，出现越权立法问题。《立法法》的基本原则之一就是维护国家法秩序统一，通过中央与地方分权的行使，实现了央地立法权的统一与协调。而实现法秩序统一的方式之一便是控制设区的市的立法权，不违背上位法。基层治理虽然是新《立法法》的赋权事项，但显然不能违背其基本原则，更不能破坏法秩序，而在部分地方"基层治理"的立法中却出现了越权立法的现象，比如《呼和浩特市街道办事处工作条例》规定，街道办事处享有应急处置和行政执法的职权，并应当依法履行行政处罚的职责，这显然与《行政处罚法》相悖。因为《行政处罚法》第 24 条〔1〕规定，只有对于符合基层管理迫切需要、具备有效承接能力的条件的街道办事处才能享有行政处罚权。而此类法规直接将行政处罚权规定为街道办事处的职责，属于对上位法赋予权力的扩展，显然拓展了街道办事处的权力边界，会陷入越权立法的困境。

最后，备案审查衔接制度不完善。一方面，为了激活地方立法权，激发设区的市在基层立法方面的主动性，创新基层治理的方式、拓宽基层治理的边界，需要放宽地方立法权的行使边界。另一方面，为避免破坏法秩序统一性以及基层治理法规内容出现违背宪法、越权的情况，应构建备案审查中对于基层治理的审查标准，既要通过备案审查一般标准，如合法性、政治性、合理性、合宪性，也要符合基层治理的权限，而目前备案审查制度尚无法回应对基层治理的审查问题，衔接问题处理的好不好将直接决定该问题被放大还是缩小。

四、结论：完善"基层治理"立法权的建议

（一）重视立法解释，明确基层治理含义

基层治理的含义模糊是造成相关问题的最大原因。由于其模糊性，部分设区的市担忧越权立法，违反不抵触原则，倾向谨慎保守态度，导致了立法不足

---

〔1〕《行政处罚法》第 24 条："省、自治区、直辖市根据当地实际情况，可以决定将基层管理迫切需要的县级人民政府部门的行政处罚权交由能够有效承接的乡镇人民政府、街道办事处行使，并定期组织评估。决定应当公布。承接行政处罚权的乡镇人民政府、街道办事处应当加强执法能力建设，按照规定范围、依照法定程序实施行政处罚。有关地方人民政府及其部门应当加强组织协调、业务指导、执法监督，建立健全行政处罚协调配合机制，完善评议、考核制度。"

和立法滞后，还有部分设区的市进行基层治理立法的创新，但是并不成功，反而陷入"违法"和"被审查"的现实困境。因此，通过立法解释厘清"基层治理"的内涵、作出权威性的认定并对部分事项进行列举是当务之急。学者顾强认为，可以在权威解释出台前，贯彻全国人大常委会"合法性推定"的推论，只要立法项目纳入《立法法》第 81 条列举的地方立法事项且没有明显抵触上位法规定或损害公共利益等违法情形，就可以认为符合地方立法权限。[1]本文认为此举并不合适，如此进行合法性推定，看似在初期对设区的市进行一定程度的放权，实则可能会加剧不同立法事项之间的张力，更有可能导致设区的市在其他立法事项中随意加入基层治理的内容，对其他立法事项的认定带来问题，进而会加剧不同立法机关之间的矛盾。因此，全国人大常委会应当作出全面的立法解释文件，对基层治理的内涵，基层治理与城乡建设与管理、生态文明建设、历史文化保护之间的关系与区别、设区的市人大常委会立法权与政府规章制定之间的边界等问题进行规定，规避相应的问题。

（二）赋予设区的市一定程度的变通权

所谓变通权，指在立法明确的基层治理范围外，对一些基层迫切需要解决的问题，这些问题可能不属于一般意义上的基层治理或者暂时未被纳入基层治理的范围内对于基层治理实践经验丰富的地方，鼓励其在基层治理方面进行拓展性立法；对于基层治理起步比较晚的城市，更要以有条件的放权赋能，激活其立法的自主性。由此鼓励各设区的市将地方特殊治理问题写入基层治理法规中，比如珠海市应当将防台风治理工作纳入基层治理法规，《珠海经济特区防台风条例》第 4 条[2]规定，城乡各方主体都应当积极做好教育宣传、制定应急方案、应急演练工作，台风问题属于东南沿海省份，尤其是福建和广东面临的主要自然灾害，给基层社会带来的问题非常复杂，且关涉利益广泛，属于沿海地区独特的社会治理问题。珠海市的规定已经具备基层治理规定的基本雏形，

---

〔1〕 顾强：《论设区的市立法权限中"基层治理"的范畴》，载《人大研究》2023 年第 6 期。

〔2〕《珠海经济特区防台风条例》第 4 条："市、区人民政府（以下简称市、区政府）应当加强对防台风工作的组织领导，将防台风工作纳入本级国民经济和社会发展规划，建立健全防台风工作机制，提高全社会防灾减灾救灾能力，协调解决防台风工作中的重大问题。镇人民政府、街道办事处（以下简称镇政府、街道办）负责本辖区内防台风工作知识宣传和技能普及、预案制定、应急演练、风险隐患排查处置、灾情险情报告、人员转移安置、抢险救灾等具体工作。村民委员会、居民委员会应当在政府的指导下制定防灾避险应急预案，开展防台风知识宣传和应急演练，按照所在地政府的决定、命令，传达预报、预警、转移、避灾等信息和收集、上报灾情，组织村民、居民开展自救和互救，协助维护社会秩序。横琴新区、经济功能区管理机构履行区政府的职责。"

将其纳入基层治理体系中，还可以充分发挥基层中党组织的领导作用，将一切可以解决问题的力量紧紧团结在党的周围，共同应对灾害问题。同理，还有《郑州市消防条例》《宁波市地名管理条例》《三亚市爱国卫生管理办法》都是极具地方特色的基层治理创新行使，可以从相关性基层治理立法逐步过渡到一般性基层治理立法。

（三）汲取设区的市的实践经验

1. 总结一般经验

针对目前基层治理法规施行的普遍情况，文明行为促进工作、物业管理服务应当纳入基层治理范围。《延安市文明行为促进条例》显然并非仅仅为了呼应立法工作，在该条例草稿征求意见时虽未将"基层治理"写入其中，但是其表述[1]已十分接近，可见基于实践情况、立法目的、社会治理等因素考量，有必要将文明行为促进工作纳入基层治理范围。《洛阳市住宅物业管理条例》第3条和第4条[2]明确引入党建引领原则，在党的领导下协调各方主体和资源，形成治理合力；第5条[3]更是规定建立联席会议制度，协调、处理住宅物业管理活动中的重大问题。对"基层治理"的把握，最重要的是坚持党在基层的领导[4]，《洛阳市住宅物业管理条例》第5条不仅明确了物业管理服务中党的领导，而且强调在党的领导下凝聚多方合力已经表现出明显的基层治理特征。洛阳市立法机关认为物业管理服务属于"基层治理"，无独有偶，除洛阳市外还有11个市也将物业管理服务纳入基层治理体系，虽然规定上可能给立法留有转圜余地，但是也表现出了大部分地方是认可将物业管理服务纳入基层治理体系的。

---

[1] 《延安市文明行为促进条例（草案征求意见稿）》第5条："国家机关、人民团体、社会团体、企业事业单位、基层群众性自治组织等应当组织开展文明实践活动，推进文明建设，塑造和展现新时代延安人的精神风貌。公民应当树立中国特色社会主义共同理想，遵守社会公德，恪守职业道德，传承家庭美德，提升个人品德，遵守法纪、公序良俗和文明行为规范。"

[2] 《洛阳市住宅物业管理条例》第3条："住宅物业管理应当坚持党建引领、政府主导、业主自治、多方参与、专业服务、行业自律的原则。"第4条："坚持中国共产党的领导，充分发挥社区党组织的战斗堡垒作用和党员带头作用，建立健全社区党组织领导下的居（村）民委员会、业主委员会或者物业管理委员会、物业服务人协调运行机制，形成治理合力。"

[3] 《洛阳市住宅物业管理条例》第5条："市、县、区人民政府应当加强对住宅物业管理工作的领导，将其纳入基层治理体系，建立联席会议制度，协调、处理住宅物业管理活动中的重大问题，督促相关部门、机构履行与住宅物业管理有关的监督管理职责。"

[4] 孙莹：《把握"基层治理"内涵 推进地方立法实践》，载《人民之声》，2023年第9期，第61页。

2. 学习创新经验

广东地区进行基层治理工作的起步较早，社区治理、政务公开、民主协商、心理服务、文明发展、节能减排等方面都作出了创新实践，为提升中国基层治理水平提供了深圳经验。深圳市龙华区对社会工作参与城中村服务和治理的实施积极探索，进行了"大和实践"，从信息化着力把党建的传统优势与新的信息技术有机融合起来，积极打造"党建+科技+治理"模式，创建"党建引领基层治理"平台，推动社区资服务管理、管理服务精细化、精准化水平。[1]将基层治理与数字技术结合，提升了基层治理的效率。深圳市福田区从社区关爱出发，通过设区网格化管理，提出"物质+服务"的观点，打造了关爱联盟，有效应对社区治理中服务空间少、资源散和功能弱的问题。深圳市南山区实施助人工作者倦怠介入项目，帮助助人工作者获得职业认同、改善精神和身体状况。

（四）完善备案审查对基层治理法规的审查标准

2022 年备案审查工作情况的报告表示，将要持续开展重点领域规范性文件集中清理和专项审查工作，推动党中央重大决策部署、国家重要法律和法治措施的贯彻落实，继续加大涉及生态资源与环境保护、污染防治、城市绿化等方面法规审查力度。[2]由此可推知，在未来基层治理立法面临的将是专项审查，这对目前基层治理备案审查的发展具有一定的参考价值，即在赋予设区的市基层治理较为宽松的立法权力的同时，应当做好基层治理法规的审查工作，在基层治理立法发展期做到宽进严出，而首要解决的就是备案审查的标准衔接与完善问题。

备案审查的标准衔接与完善即政治性、合法性、适当性和合宪性的审查标准在基层治理法规审查中的适用问题。政治性标准主要看基层治理法规是否与中央的方针政策、国家和社会的改革方向保持一致。基层治理的主要制度功能是服务与治理，如果基层治理立法重在规定公民需要在治理中履行的义务而非基层治理主体的义务，地方性法规就会沦为管理和控制的工具，违背政治性标准。合法性标准主要看是否超越权限、违反上位法和违背法定程序，如前所述，

〔1〕 深圳市马洪经济研究发展基金会编著：《深圳基层治理创新案例研究》，中国社会科学出版社 2022 版，第 22—35 页。

〔2〕 沈春耀：《全国人民代表大会常务委员会法制工作委员会关于十三届全国人大以来暨 2022 年备案审查工作情况的报告——2022 年 12 月 28 日在第十三届全国人民代表大会常务委员会第三十八次会议上》，载 http://www.npc.gov.cn/npc/c2/c30834/202212/t20221230 _ 321013. html，最后访问日期：2023 年 12 月 30 日。

基层治理法规违法设定的街道行政处罚权与《行政处罚法》相抵触，明显违背合法性标准。适当性标准主要看基层治理规定的内容能否为一般社会公众所接受和理解。[1]基层治理的核心是解决公民的问题，以公民需求为导向，因此适当性原则的适用除了自由、公平等标准外，首要的就是民众问题是否得到解决，治理是否有成效。合宪性问题由于立法法的修改已经将其归入宪法与法律委员会，并不在审查的范围。

---

[1] 全国人大常委会法制工作委员会法规备案审查室：《〈法规、司法解释备案审查工作办法〉导读》，中国民主法制出版社 2020 版，第 127 页。

第 六 部 分

党内法规

执纪执法指导性案例参照适用的逻辑探赜与优化方向

介思娇*

摘 要 执纪执法指导性案例制度作为纪检监察领域的一项制度创新，是指导性案例制度从国家法律领域到党内法规领域的逻辑延伸，为中国特色社会主义法治理论体系与实践发展提供了生动鲜活的素材。以案释法、以案释纪、以案论理，执纪执法指导性案例制度为明确立法立规目的、阐释文本含义、统一纪法处置标准、提高纪检监察工作的公正性、规范性、精准性水平发挥了重要的作用。通过与最高人民法院发布的指导性案例进行比较研究，厘清执纪执法指导性案例在体例结构与内容上的特殊性。在参照适用的过程中，除了对执纪执法指导性案例全面参照外，执纪执法调查人员还应当遵循科学的技术方法：以关键事实作为类案比较的基点，借助类比推理与区别技术进行相似性比较，基于案件的价值取向进行最终的判断。执纪执法指导性案例制度的合理建构，需要从明晰执纪执法指导性案例的遴选标准，建立类型化的指导性案例体例，加强执纪执法业务能力培养，完善执纪执法指导性案例制度的配套措施等方面寻找优化方向。

关键词 执纪执法指导性案例 参照适用 完善路径

习近平总书记在十九届中央纪委五次全会上强调："要健全党和国家监督体系，以党内监督为主导，不断完善权力监督制度和执纪执法体系，各种监督协调贯通，形成常态长效的监督合力。"[1]作为党内监督和国家监察专责机关的

---

* 介思娇，中国政法大学 2022 级党内法规硕士。

[1] 《习近平在十九届中央纪委五次全会上发表重要讲话》，载 https://www.gov.cn/xinwen/2021-01/22/content_ 5581970.htm? ivk_ sa=1023197a，最后访问日期：2023 年 7 月 14 日。

纪检监察机关是推进全面从严治党、全面依法治国的重要力量，肩负着深化反腐败斗争的时代使命与重大的政治责任。为精准开展对下业务的指导，在中共中央纪律检查委员会（以下简称"中央纪委"）办公厅印发的《关于加强和改进案件审理工作的意见》等规定的指导下，中央纪委国家监委案件审理室建立起了执纪执法指导性案例制度，并于 2021 年 8 月 4 日、2021 年 12 月 29 日与 2022 年 6 月 29 日分三批次发布共 11 个"执纪执法指导性案例"。2023 年 1 月 9 日，李希在中国共产党第二十届中央纪委二次全会上的工作报告中强调："持续发布执纪执法指导性案例，促进办案质量提升。"[1]执纪执法指导性案例的建立与发展，不仅反映出纪检监察机关执纪执法水平精准化、科学化、规范化的趋势，还为中国特色社会主义法治理论体系与实践发展提供了生动鲜活的素材。

法规制度的生命力在于执行。然而，作为"同案同处"样板标尺的执纪执法指导性案例制度面临着体量小、更新慢、参照适用不明等诸多问题，应当引起学界对该制度的高度重视。本文拟以执纪执法指导性案例为研究对象，希冀通过对该制度参照适用的理论基础与功能的厘清，借助与最高人民法院发布指导性案例的比较研究，明晰参照适用的对象、内容、方法等问题，为进一步廓清执纪执法指导性案例的合理路径架构提供可行性建议。

一、价值探赜：执纪执法指导性案例参照适用的理论基础与功能厘清

习近平总书记在庆祝中国共产党成立 100 周年大会上明确指出，我们党已经"形成比较完善的党内法规体系"。"有了好的制度如果不抓落实，只是写在纸上、贴在墙上、锁在抽屉里，制度就会成为稻草人、纸老虎。"[2]我们党一贯重视典型性案例的作用，执纪执法指导性案例正是深入剖析反面典型，以案释法明纪的典范，为明确立法立规目的、阐释文本含义、统一纪法处置标准、提高执法执纪的公正性、规范性、精准性水平、增强警示教育目的发挥了重要的作用。

（一）公正性是执纪执法指导性案例参照适用的正当性基础

公正性具有明显的价值取向，《词源》将其解释为："不偏私，正直。"谈及对公正的理解，往往采用古希腊学者亚里士多德的正义划分标准，他将正义

---

[1] 《李希在二十届中央纪委二次全会上的工作报告》，载 https://www.ccdi.gov.cn/specialn/dwjyzd/jyzdtpxw/202304/t20230427_ 261182. html，最后访问日期：2023 年 7 月 14 日。

[2] 中共中央纪律检查委员会、中共中央文献研究室编：《习近平关于严明党的纪律和规矩论述摘编》，中央文献出版社、中国方正出版社 2016 年版，第 308 页。

分为分配正义和矫正正义两类。[1] 依据此分类，执纪执法公正偏重矫正正义的范畴。公正性的实现，依赖于立法的表述、司法的矫正、监督的深入。同类案件能否得到同等的处理结果已经成为判断法律适用是否公平公正的基本标准。正义的核心是平等。[2] 执纪执法指导性案例"同案同处"效果的实现是统一案件审理与执纪执法尺度的关键所在。从执纪执法的实践中看，尽管我国反腐败斗争成效显著，但是反腐败斗争的形势仍然严峻且日趋复杂多样，加之执纪执法建设的经验不足，各地、各级监察机关在执纪执法过程中对案件分析与纪法适用存在不同的认识，因此在面对相似案件的审理时会产生不同的处置结果。执纪执法活动有赖于监察裁量权的行使，执纪执法调查人员面对相关案件时拥有较大的裁量空间，存在着裁量标准不一的风险，指导性案例的参照适用通过明晰处置标准、准确阐释立规立法目的为公正性的实现保驾护航。

（二）提高规范性与精准性是执纪执法指导性案例参照适用的功能定位

纪检监察案件的审理依据主要是以《中国共产党纪律处分条例》为代表的党内法规和以《监察法》[3] 为代表的国家法律。一方面，由于党内法规兼具党性和法律性的双重属性，不可避免地具有语言原则性强的特点。尽管党内法规的解释在一定程度上能够弥补立规语言模糊、原则性的问题，但是也难以替代执纪执法指导性案例发挥明晰行为性质、统一处置标准、解决法条竞合等技术性工作的作用。另一方面，《监察法》与《中国共产党纪律处分条例》虽然搭建起了监察处置的规则体系，但是抽象的法律文本与执纪执法人员能够准确适用文本内容并作出公正的处置结果之间存在着较大的差距。执纪执法指导性案例结合具体的案情，通过演绎推理等方法，明晰纪法条文内容的实质含义，厘清相关概念，明确违法违纪行为定性的要素，从而统一相似案件的裁量标准，提升法律文本的可操作性，提高执纪执法处置行为的规范性与精准性。

（三）发挥警示作用、强化宣传教育是参照适用指导性案例的价值体现

习近平总书记强调，我们要警示党员、干部自觉抵制腐败、杜绝腐败、远离腐败。[4] 一方面，执纪执法指导性案例的参照适用能够对党员同志尤其是党

〔1〕 ［古希腊］亚里士多德：《尼各马可伦理学》，廖申白译注，商务印书馆 2003 年版，第 134 页。

〔2〕 ［德］考夫曼：《法律哲学》，刘幸义等译，法律出版社 2004 年版，第 12 页。

〔3〕 为表述方便，本文凡涉及我国的法律规范均用简称，如《中华人民共和国监察法》，简称《监察法》。

〔4〕 习近平：《论党的自我革命》，党建读物出版社、中国方正出版社、中央文献出版社 2023 年版，第 305 页。

政领导干部的行为起到警醒作用；另一方面，该制度的发展与完善亦能推动党内法规与监察法律宣传教育深入人心。第一批执纪执法指导性案例的发布就是为了持续释放整治违反中央八项规定精神问题"越往后越严"的强烈信号，[1] 纪检监察机关通过以案释法释规，借助对执纪执法典型案例的深度解读，从而使反腐败斗争的精神与严格自律的硬约束内化于心、外化于行，深入到党政领导干部的灵魂深处并形成高度的行为自觉。党员干部通过深入学习执纪执法指导性案例，进而做到"存戒惧、知敬畏、守底线"[2]。从案例遴选方式上看，执纪执法指导性案例兼具典型性与普遍性，其参照适用创新了党内法规普及方式，这不仅为地方各级纪检监察工作人员执纪执法工作提供了指引，还夯实了知规学规守规的社会基础。

二、体例检视：与最高人民法院发布指导性案例对比

2010 年，最高人民法院印发《关于案例指导工作的规定》以改善与突破我国司法裁判过程中仅凭借法律条文无法应对疑难复杂案件的困境，这标志着我国案例指导制度的建立。伴随着最高人民法院指导性案例制度配套措施的完善，该制度已经逐渐趋于成熟。截至 2023 年 7 月，案件审理室共发布了三批次共 11 个执纪执法指导性案例，推动了指导性案例制度在纪检监察领域的新发展。通过对两类指导性案例的对比研究，能够为执纪执法指导性案例的完善路径寻找新的突破口。

（一）两类指导性案例在宏观结构上基本相似

中央纪委国家监委发布的执纪执法指导性案例在组成结构上分为六个部分：案件名称、关键词、执纪执法要点、基本案情及处理结果、指导意义、相关条款；最高人民法院指导性案例则分为七个部分：案件名称、关键词、裁判要点、相关法条、基本案情、裁判结果、裁判理由。通过图 1 可知，两类指导性案例在组成结构上基本存在着一一对应的关系。但是，从宏观体例上看两类指导性案例存在以下细微差异：其一，"基本案情及处理结果"对应最高人民法院指导性案例中"基本案情""裁判结果"两个部分；其二，"指导意义"对应最高人民法院指导性案例中的"裁判理由"；其三，"相关条款"对应最高人民法院

---

〔1〕《中央纪委国家监委发布第一批执纪执法指导性案例》，载《人民日报》2021 年 8 月 6 日，第 12 版。

〔2〕 张洋：《案例指导推动精准执纪执法》，载《人民日报》2021 年 8 月 26 日，第 7 版。

指导性案例中的"相关法条"。[1]存在这样细微差异的原因在于执纪执法活动具有政治属性与纪法衔接的特殊性。首先，与司法裁判相比，执纪执法活动的处置对象单一，主要为公职人员；执纪执法案件的处分种类固定为警告、记过、记大过、降级、撤职、开除等六种；因此处理结果无须单独列出。其次，执纪执法指导性案例尚处于初步发展阶段，政策驱动色彩浓厚，更强调对纪检监察案件审理工作的技术性引导，使用"指导意义"为名更为合理贴切，而最高人民法院指导性案例参见裁判文书的固定体例结构，使用"裁判理由"更符合司法实务工作的共识。最后，执纪执法指导性案例的规范依据除了《监察法》《公职人员政务处分法》等法律外，也需要参照《中国共产党纪律处分条例》等党内法规，使用"相关条款"更符合执纪执法指导性案例的多样化依据类型。

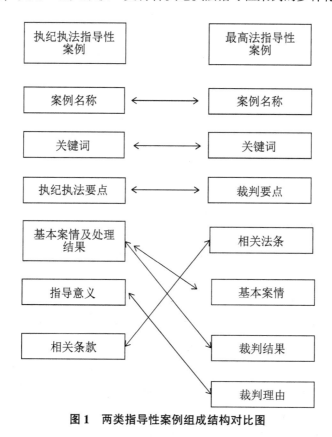

图 1　两类指导性案例组成结构对比图

---

　　[1]　参见屠凯、张天择：《论执纪执法指导性案例的参照适用问题——与最高人民法院指导性案例比较的视角》，载《山东大学学报（哲学社会科学版）》2022 年第 2 期。

（二）两类指导性案例在微观内容上存在差异

尽管两类指导性案例在组成结构上基本一一对应，但是在具体内容上存在着一定的差异。明晰两类指导性案例在内容构成上的不同，为执纪执法指导性案例制度"因地制宜"地发展提供经验基础。

1. 两类指导性案例"关键词"的选择标准存在差异

作为正文第一部分的关键词对指导性案例发挥着提纲挈领的作用，需要高度概括案例的内容，并简明扼要地解释案件的裁判争议与要点。通过对最高人民法院发布的200余个指导性案例关键词进行梳理，笔者发现第一个关键词一般用于说明此案例的性质，如民事、行政等，随后的几个关键词重点在于总结概括案件的核心焦点、行为认定的分析解释、新事物新内容的辨析等。同时，关键词与裁判要点、裁判理由部分的内容存在着高度的关联性，是抽象到具体的系统的统一。而通过对已经发布的11个执纪执法指导性案例关键词的总结发现，第一个关键词一般是对案例所违反的党风廉政精神之总结，如"违反中央八项规定精神"；后续的几个关键词侧重于对违纪违法行为的生动概括、政策性语言的解读、程序性问题的凝练，如"吃公函""三个区分开来""问责简单泛化"等。

2. "执纪执法要点"与"裁判要点"的表达提炼存在差异

裁判是兼具事实与法律双重意义的"抽象裁判规范"，由"假定条件""行为模式"与"法律后果"三个部分构成，裁判要点就是指导性案例主旨的概括性表达，是最高人民法院通过特定编撰程序对个案生效判决中的裁判规范的确认，是具有应当参照效力的一般性司法规范。[1]因此，在具体的指导性案例中，裁判要点往往只是用一句话来概括凝练出案例的核心裁判规则。执纪执法指导性案例的"执纪执法要点"则与之不同，该部分从执纪执法所审理案件核心问题的直接相关背景出发，详细论述对此问题惩戒的目的、理由与处置方法。以执纪执法指导性案例第8号为例，该案例主要针对的是贪污侵占问题，其执纪执法要点针对"空白公函""一函多吃"问题的发生现状、原因及必要性进行了阐述，接着对纪检监察机关提出"从政治上看、从政治上抓"的审理要求，明晰审理该问题的工作方法，最后强调"切实做到匡正风气、严肃党纪"的反腐败目的。通过两类指导性案例在"要点"内容上的不同，我们不难发现"执纪执法要点"较"裁判要点"内容更加丰富具体，表达更显生动形象，但

---

[1] 杨知文：《指导性案例裁判要点的法理及编撰方法》，载《政法论坛》2020年第3期。

对抽象性"要点"规则的抓取与提炼并不突出。

3."指导意义"与"裁判理由"的内容倾向存在差异

尽管执纪执法指导性案例的"指导意义"与最高人民法院指导性案例的"裁判理由"部分在本质上都是对关键争议性问题的辨析，但是两者所侧重的方面有着明显的差异。最高人民法院指导性案例中的"裁判理由"与"裁判要点"部分的关联性与逻辑性保持一致，是对"裁判要点"中裁判规则的展开论述，着重阐释说明提炼该规则的原因与法律适用过程中的判断标准。而执纪执法指导性案例的"指导意义"部分内容丰富且具体，不仅对问题性质认定、行为表现梳理、处置标准与执纪尺度统一进行阐释，还对责任认定的规范依据、审理案件的程序性处置方法、实践中能够适用的关联性情形进行全方位地归纳总结。

与最高人民法院发布的指导性案例内容进行深入比较分析，我们不难发现执纪执法指导性案例结合纪检监察工作与反腐败斗争的自身特点，通过深刻阐述执纪执法要点，详细披露案情及处理结果，深入剖析指导意义和制度依据，从而在内容呈现上更加丰富且具体，形成了处理同类问题的样板标尺，不仅有利于纪检监察调查人员精准执纪执法，也有助于防止执纪执法权力滥用。但是值得注意的是，执纪执法指导性案例在处置规则的提炼概括方面存在增进空间。

三、实然剖解：执纪执法指导性案例参照适用的内容与技术方法

2021 年，中央纪委国家监委在发布第一批执纪执法指导性案例时明确要求，各级纪检监察机关在办理同类案件、处理同类问题时，"应当参照"执纪执法指导性案例。[1]在中国特色党政体制[2]之下，作为党和国家监督专责机关的纪检监察机关具有强烈政治属性，这也决定了其所遴选的执纪执法指导性案例在参照适用的内容与方法上存在着自身的独特属性。

（一）执纪执法指导性案例参照适用的内容

对于指导性案例具体参照内容，司法实践中存在两种主要的观点：其一，"裁判要点说"，认为指导性案例的参照适用仅限于"裁判要点"部分。雷磊教授认为，指导性案例的裁判要点与英美法系国家判例中对司法裁判具有形式拘

---

〔1〕《中央纪委国家监委发布第一批执纪执法指导性案例》，载《人民日报》2021 年 8 月 6 日，第 12 版。

〔2〕 参见景跃进、陈明明、肖滨主编：《当代中国政府与政治》，中国人民大学出版社 2016 年版，第 6 页。

束力的判决理由没有质的区别，"是指导性案例中真正有拘束力（如果有的话）的那个部分"，与司法解释规定"几乎没有什么区别"。[1]《〈最高人民法院关于案例指导工作的规定〉实施细则》第9条即是该观点的规范性证明。其二，"复合说"，认为参照指导性案例的内容不应限于裁判要点部分，而应当与案例的其他部分内容相结合；如果仅仅将"裁判要点"等同于司法解释规定，则将会严重减损指导性案例在"法律适用—法律论证"的价值。笔者认为，结合执纪执法指导性案例的自身特点，"复合说"的观点对执纪执法指导性案例的参照适用更具有借鉴价值，执纪执法指导性案例应当被"全部"参照。"党内法规是一种特殊的制度现象，是一种特殊的法规范。"[2]尽管国家法律与党内法规同属于纪检监察机关案件审理的处置依据，但是从案件梳理中可以发现，执纪执法指导性案例的处置依据除了法律制度外，更多的是有赖于党内法规与党的政策性文件精神，规范依据的范围更加广泛。因而，执纪执法指导性案例中"执纪执法要点"部分在撰写方面较最高人民法院指导性案例制度具有一定的自主性与创新性空间。同时，从指导意义上看，执纪执法指导性案例的"指导意义"论述具体且丰富，涉及案件的处置目的、背景、依据，以及执纪执法工作中类似情况归纳、技术性方法等内容，这与最高人民法院指导性案例中"裁判理由"存在极大的差异。对于执纪执法案例审理而言，"指导意义"中的内容能够为类似情形对应、行为的定性、执纪标准统一等提供重要的指导性意义。据此，执纪执法指导性案例的全部内容均能为纪检监察处置调查活动提供统一的标尺与方向，在尚未有规范性文件对参照适用内容进行明确规定前，纪检监察机关在案件审理处置过程中应当采取对其全面参照的原则；同时，在参照适用过程中应当重视行为性质认定与结果处理两个方面内容。

（二）执纪执法指导性案例参照适用的技术方法

明确执纪执法指导性案例参照适用的技术方法是纪检监察机关审理案件的工作准则。指导性案例参照适用的技术方法不等同于简单的法条涵摄所遵循的演绎论证，而需要遵循类比推理的方法，在待决案件与指导性案例的类似关系辨析中实现事实与规范的对接。执纪执法指导性案例的参照适用首先需要以关键事实作为类案比较的基点，通过案件关键词与执纪执法要点的辨析，确定案

〔1〕 雷磊：《指导性案例法源地位再反思》，载《中国法学》2015 年第 1 期。

〔2〕 肖金明、冯晓畅：《新时代以来党内法规研究回顾与展望——以 2012—2018 年 CNKI 核心期刊文献为分析对象》，载《党内法规理论研究》2018 年第 1 期。

件与指导性案例之间的一致性；其次，借助类比推理与区别技术围绕基本案情的争议焦点与相关条款规范，进而在此框架内对处置结果的构成要素相似性进行判断；最后，结合指导意义对案件的价值取向进行最终的判断，从而验证能否作为类案进行参照适用。

1. 以关键事实作为比较基点

判断是否构成"类案"，首先应当着眼于关键事实的构成是否相似。关键事实作为基本的比对点，不仅决定着案件与指导性案例是否类似，同样也决定着指导性案例的规范适用问题。在执纪执法指导性案例中，关键事实的提取集中反映在体例中的"关键词"部分，其高度概括了指导性案例拟解决的问题、争议性的定性分析、关键性的工作技巧等内容。在纪检监察调查人员进行案件审理时，首先需要对案件的关键事实与争点进行提取与识别，通过反向寻找，解释支撑案件审理的关键事实。执纪执法指导性案例第 9 号中，对违规摊派行为详细地论述并将之与接收捐赠行为进行了对比区分，在对违规摊派行为的不同定性意见进行论述后，结合纪检监察实务给出类似的事实举例，为类似案情的判断提供了明确的指引。

2. 借助类比推理与区别技术进行相似性判断

基本案情与相关条款的规范适用作为判断案件类似性的两个基本项目，分别指向了类比论证中的事实类比与规则类比。然而，两者之间并非非此即彼的，而是存在着积极互动、同步进行的关系，在执纪执法指导性案例的参照适用中，"基本案情"部分作为对案件事实形成的具体陈述在一定程度上也决定着对该事实规范适用的选择。通过对"基本案情"的对比，待决案件中的争议性问题在与指导性案例建立比较联系点的过程中被认清，基于对待决案件的主要事实与指导性案例的争议事实进行类比分析，进而判断两者之间是否构成实质性类似关系。而在这一类似性判断的过程中不仅需要类比推理的适用，还需要引入区别技术。区别技术是对比较点的相同点和不同点重点程度的评估、权衡、考量的技术，是判断相关指导性案例是否对待决案件具有支配力、拘束力的一种实践技艺理性。案件区别技术与类比推理之间有着紧密的内在联系，两者共同构成一个完整的案件指导制度法律推理方法。[1] 在对类似点判断时，需要在案情描述中找出待决案件的主要事实与指导性案件基本案情事实的类似性特征，

---

[1] 孟祥磊、徐平：《论类比推理在案例指导制度中的适用》，载《法律适用》2015 年第 8 期。

使两者"恰好在法评价有关的重要观点上相互一致"〔1〕。在对差异点判断时，通过对待决案件与指导性案例比较点的分量进行权衡以实现校验的目的。执纪执法指导性案例第5号针对问责简单泛化的问题，详细说明了问责过程中存在的不规范、不精准等问题并明确了对类似案例的判断标准；执纪执法指导性案例第7号针对公车私用、私车公养的行为的事实判断与行为定性进行了要素提炼，以此帮助审理人员进行主要事实的判断；而执纪执法指导性案例第6号对党纪政务处分如何实现匹配这一法律适用问题进行了详细地阐释，并对"重处分"与"轻处分"两种处分情形的判定作出了技术处理规范。

3. 基于案件的价值取向进行最终的判断

"坚持以严的基调强化正风肃纪""反腐败是最彻底的自我革命"；〔2〕强化作风建设，锲而不舍落实中央八项规定精神，坚持党性党风党纪一起抓；坚持不敢腐、不能腐、不想腐一体推进，同时发力、同向发力、综合发力，是我们纪检监察工作的重要价值取向。这些价值取向在所发布的11个执纪执法指导性案例中可见一斑，如执纪执法指导性案例第1号重点针对"违反中央八项规定精神"的行为，将"形式主义、官僚主义"问题作为反面典型案例进行惩戒；如执纪执法指导性案例第9号针对"群众身边腐败和不正之风"，就基层"微腐败"问题作出惩戒，也是对十九届中央纪委六次会议所强调的"把解决群众身边腐败和不正之风摆在更加突出位置"的有力回应。

四、合理架构：执纪执法指导性案例制度的完善路径

执纪执法指导性案例作为以案释纪、以案说法、以案论理的制度载体，为维护法治统一、深化纪检监察体制改革、提高执纪执法工作水平提供了鲜活的素材与重要的指引。然而，当前我国有关监察法律规范与党内法规并未对执纪执法指导性案例的参照适用、效力水平进行细化与澄清，同时，在纪检监察实践活动中执纪执法指导性案例亦存在着遴选标准不明、遴选类型单一、参照适用标准不一、技术能力不足等现实困境。因此，探索执纪执法指导性案例制度的合理建构成了在法治轨道上推进纪检监察工作规范化、法治化，深化腐败治理现代化的题中之义。

---

〔1〕 [德]卡尔·拉伦茨：《法学方法论》，陈爱娥译，商务印书馆2003年版，第301页。

〔2〕 习近平：《论党的自我革命》，党建读物出版社、中国方正出版社、中央文献出版社2023年版，第1页。

（一）明晰执纪执法指导性案例的遴选标准

执纪执法指导性案例是"经得起历史和实践检验的案例，它是案例中的精品案例、模范案例"[1]。尽管《中国纪检监察报》《中国监察》等刊物以及各级纪检监察机关会公布数量庞大的典型案例，但是截至 2023 年 7 月，也仅仅发布了 11 个执纪执法指导性案例。如何从海量的典型案例中遴选出执纪执法指导性案例，是我们构建执纪执法指导性案例制度的前置性问题。执纪执法指导性案例的遴选应当具备下述条件。

1. 所涉案情具有典型性

指导性案例的遴选应当考虑案情所涉问题属于新型问题还是疑难复杂问题。一方面，新型问题说明之前的传统类型案件对该问题并未涉及，存在行为定性难、关联性概念辨析难等问题，因此在案件处理过程中容易因认知不一致而产生不同的处置结果。另一方面，疑难复杂问题说明该问题在处置技术方法上具有复杂性与特殊性，因此需要审慎对待。同时，这类典型性案例亦需要具备社会关注度高这一特点，才能充分发挥指导性价值。

2. 案件所依据的规范性条款具有可解释性

具有可解释性内容是指导性案例指导意义的重点所在。通过执纪执法指导性案例可以将规范条文涵摄到事实中从而发现最佳证力结果的处置经验，框定不确定的法概念的意义范围以及统一法律规范的适用。规范性条款需要被解释源于以下原因：其一，党内法规的条文存在原则性规定，需要被具体化解释才能适用；其二，部分党内法规语言具有模糊性，文意理解容易产生歧义；其三，由于法律规范的制定天然具有滞后性，对于新问题新情况缺乏明确规定；其四，执纪执法活动所依赖的党内法规与国家法律可能存在规范冲突，需要通过解释予以明晰。

3. 案件具有多次反复发生的可能性

反复多次发生的案件一定具备普遍性，才有通过指导性案例进行明确的必要性。如果执纪执法案情只是偶然发生的，不具有典型性，那么对此案的处置不具有示范效力。因此，执纪执法指导性案例的遴选需要将被选案例的参考性与普适性作为重要的判断标准，以增强指导性案例的权威性与价值性。

（二）建立类型化的指导性案例体例

相比于每年执纪执法案例浩如烟海的数量，截至目前仅发布的 11 个执纪执

---

〔1〕 蒋安杰：《人民法院案例指导制度的构建》，载《法制日报》2011 年 1 月 5 日，第 11 版。

法指导性案例所能发挥的作用非常有限。同时，所发布的 11 个执纪执法指导性案例类型辐射面狭窄，无法广泛参照适用于多样化的执纪执法实践活动。从类型化角度看，执纪执法指导性案例应当包括规范解释型指导性案例、业务指导型指导性案例、社会影响型指导性案例三类。其中，规范解释型指导性案例旨在对原则性规定予以细化、对类似性概念进行辨析、对违纪违法行为表现予以定性等，如执纪执法指导性案例第 8 号对使用"空白公函"报销个人费用问题的性质予以准确认定；业务指导型指导性案例旨在通过着重强调工作程序与技术规范对执纪执法实践过程中的程序性问题予以明示，从而引导执纪执法人员牢固树立程序正当的意识，引导调查程序走向规范化、合法化，指引调查人员统一裁量尺度，如执纪执法指导性案例第 11 号中对规范容错纠错工作程序进行了详细地规定；社会影响型指导性案例旨在剖析反腐败斗争中出现的新情况新问题、重点审视对社会影响力大、群众重视程度高的案例，以实现对反腐败工作的正向引导，如执纪执法指导性案例第 9 号重点对发生在群众身边、对群众侵害最直接的违规摊派行为予以惩戒。

（三）加强执纪执法业务能力培养

对执纪执法人员应当加强业务能力培养，提高执纪执法工作方法的运用水平。其一，通过举办执纪执法业务培训活动、开展执纪执法业务巡讲活动，将执纪执法工作过程中的技巧性方法予以广泛推广，如加强对类比推理思维方法的能力培训。其二，通过有组织、有计划地发布指导性案例解析的方式，将对指导性案例的研讨学习渗透到纪检监察机关日常的工作会议、"三会一课"学习中。其三，综合采用轮岗交流、交叉办案、"传帮带"等方式，加强执纪执法工作人员工作方式的交流与学习，提高调查处置的工作水平。其四，通过案件评比、自检自查等方式积极主动向指导性案例看齐，在学干结合中练就过硬的本领，不断提升执纪执法的能力 。

（四）完善执纪执法指导性案例制度的配套措施

完善配套措施为执纪执法指导性案例制度的发展保驾护航。首先，明确指导性案例的创制机关与发布程序。执纪执法指导性案例制度所具有的"应当参照"的效力来自一定的权威，基于上级对下级的业务指导，因此需要由中央纪委国家监委按照遴选标准进行选择并予以确认，同时，该创制机关与详细的发布程序亦需要在党内法规中予以明示。其次，进一步明确指导性案例在实践中"应当参照"的含义、参照的体例内容、方法等。再其次，提高对执纪执法指导性案例的编纂频次，扩大案例数量，为执纪执法活动提供充足的鲜活素材。

最后，建立执纪执法指导性案例的退出机制，当指导性案例被新的党内法规、法律规范或法律解释所取代时，应当及时依职权或者依申请废止该指导性案例的适用。

五、结语

执纪执法指导性案例制度作为反腐败斗争与纪检监察实践、党内法规制度体系发展过程中一项新的制度创新成果，是我国案例指导制度适用突破司法领域、进入执纪执法领域的生动体现。执纪执法指导性案例制度的建立有助于促进精准执纪，增强监督的靶向性与严肃性，提升执纪执法的规范性与权威性，达到"同案同处"的效果。然而，我们必须意识到作为新事物的执纪执法指导性案例面临着参照适用标准模糊、思维方法不明等现实问题，如何规范发布、有效实施、充分适用，仍然需要理论学者与实务人员的深入研究。

党内法规合宪性审查的法理证成及实现

张茂霖*

摘　要　党内法规的合宪性审查关涉中国特色社会主义法治体系的统一和完善。党内法规接受合宪性审查基于理论、制度、实践等多重考量，其必要性不容置疑。宪法解释权不是进行合宪性审查的必要条件，党内法规的合宪性审查应当立足于党内备案机构合宪性审查的基础性地位，结合现有制度实现党和全国人大常委会的衔接协调，在党的领导下充分发挥全国人大常委会合宪性审查的保障性作用。

关键词　党内法规　合宪性审查　备案审查　宪法实施

一、问题的提出

党的二十大要求"健全保证宪法全面实施的制度体系，更好发挥宪法在治国理政中的重要作用"[1]，同时"党内法规既是管党治党的重要依据，也是建设社会主义法治国家的有力保障"[2]，因此，"全面推进依法治国，必须努力形成国家法律法规和党内法规制度相辅相成、相互促进、相互保障的格局。"[3]因此，需要有效协调党内法规和宪法的关系，在推进党内法规制度建设的同时，

---

* 张茂霖，中国政法大学 2023 级党内法规硕士。

〔1〕习近平：《高举中国特色社会主义伟大旗帜 为全面建设社会主义现代化国家而团结奋斗》，载《人民日报》2022 年 10 月 26 日，第 1 版。

〔2〕《中共中央关于全面推进依法治国若干重大问题的决定》，2014 年 10 月 23 日中国共产党第十八届中央委员会第四次全体会议通过。

〔3〕中共中央文献研究室编：《习近平关于全面依法治国论述摘编》，中央文献出版社 2015 年版，第 112 页。

加强宪法实施和监督。

针对是否应当将党内法规纳入合宪性审查范围这一问题，有学者从加强和保障宪法实施的立场出发，认为党是保障宪法实施的义务主体，保证党内法规遵守宪法是党实施宪法的重要方式，党内法规可能存在与宪法不一致的情况，因此需要对其进行合宪性审查。[1]对此，有学者基于党章和宪法的关系以及合宪性审查理论，认为党内法规纳入合宪性审查范围的主张缺乏足够的理论支撑，必要性和可能性存在不足。[2]第一种观点仅说明了进行党内法规合宪性审查的必要性，没有解决党内法规接受合宪性审查正当性的问题。第二种观点虽然发现党内法规合宪性审查在理论与实践方面存在不足，但没有回应实践需求。同时，《中国共产党党内法规和规范性文件备案审查规定》（以下简称《备案审查规定》）要求党内备案机构对党内法规"是否同宪法和法律相一致"进行审查。有学者认为合宪性审查的基础是宪法解释权，只有全国人大及其常委会才有权进行合宪性审查。[3]然而，基于党对全国人大及其常委会工作的领导，如果由全国人大常委会对党内法规进行合宪性审查不免在党和国家权力机关之间形成一种紧张关系。[4]为此，需要对党内法规接受合宪性审查的理据进行更加充分地分析，以进一步在法理上证成其正当性。

既有党内法规合宪性审查实现路径的研究大多围绕审查主体展开，主要可以分为三种观点。第一种观点强调全国人大及其常委会的合宪性审查权，认为宪法解释是合宪性审查的前提，党内备案机构不享有宪法解释权，由党的机构进行合宪性审查与全国人大的职权相悖；[5]或是主张党内备案机构可以向全国人大常委会提出审查意见，但全国人大及其常委会仍具有终局性的合宪性审查

---

〔1〕 参见薛小涵、秦前红：《党内法规实施宪法的内在机理与调适路径》，载《河南社会科学》2022 年第 11 期；李忠：《论健全保证宪法全面实施的制度体系》，载《西北大学学报（哲学社会科学版）》2023 年第 2 期；范进学、马冲冲：《论习近平法治思想中的全面贯彻实施宪法重要论述》，载《学习与探索》2023 年第 9 期。

〔2〕 参见肖金明、冯晓畅：《合章性审查与合宪性审查协同共治的中国式图景》，载《社会科学研究》2021 年第 3 期。

〔3〕 参见刘志刚：《我国合宪性审查权的功能定位与合理配置》，载《政法论丛》2022 年第 5 期。

〔4〕 参见李玮：《论党内法规的合宪性审查》，载《苏州大学学报（哲学社会科学版）》2019 年第 4 期。

〔5〕 参见秦前红、周航：《论我国统一合宪性审查制度的构建》，载《江苏行政学院学报》2019 年第 4 期；邱曼丽：《依法治国和依规治党有机统一的基础、耦合与实现路径》，载《法学论坛》2023 年第 1 期；胡锦光：《论法规备案审查与合宪性审查的关系》，载《华东政法大学学报》2018 年第 4 期。

决定权。[1]第二种观点认为基于我国的政治体制，对党内法规的审查需要在党的领导甚至直接参与下进行，必然只能是党内自查自纠的一种制度。[2]第三种观点则提出建立联席会议制度[3]、合并设立审查机关[4]，或是依赖"备案审查衔接联动机制"的有效运转[5]，实现对党内法规的合宪性审查。以上三种观点差异的根源在于，对党的领导和全国人大常委会宪法解释权之间关系的认识不同。然而，现有研究对实现党内备案机构与全国人大常委会在合宪性审查上张力关系的有效协调探讨较少，在党内法规合宪性审查的制度设计方面尚存在完善的空间。因此，如何实现党内备案机构和全国人大常委会关系的协调，并在此基础上实现对党内法规合宪性的审查就成了一个值得研究的问题。

虽然学界对党内法规这一概念存在不同用法，但是《中国共产党党内法规制定条例》已就党内法规的内涵作出明确规定。本文将基于这一界定展开论证，首先，对党内法规合宪性审查的必要性加以阐释；其次，就宪法解释权在合宪性审查中的地位加以分析，进而在此基础上确定党内备案机构和全国人大常委会在党内法规合宪性审查过程中的定位；最后，基于前述定位就党内法规的合宪性构建审查框架。

二、党内法规接受合宪性审查的必要性

党内法规是否应被纳入合宪性审查的范围尚是一个存在争议的问题。为此，首先需要对党内法规接受合宪性审查的必要性从理论、制度、实践的角度，加以更加充分地阐释。

（一）维护法治统一的理论要求

中国特色社会主义法治体系需要确保其体系的内部统一性，党内法规体系和国家法律体系作为其两大构成应当相互协调、相辅相成。一方面，二者的协调是实现全面依法治国的要求。建设中国特色社会主义法治体系是全面依法治

---

[1] 参见温泽彬、苏升：《党内备案审查机关的合宪性审查职能》，载《河北法学》2023年第6期。

[2] 参见范进学：《论〈合宪性审查程序法〉的制定与起草》，载《苏州大学学报（哲学社会科学版）》2019年第3期；李玮：《论党内法规的合宪性审查》，载《苏州大学学报（哲学社会科学版）》2019年第4期。

[3] 参见马立新：《党内法规与国家法规规章备案审查衔接联动机制探讨》，载《学习与探索》2014年第12期。

[4] 参见张玲玲：《论加强中国共产党在宪法实施中的领导作用》，载《学习与探索》2021年第7期。

[5] 参见门中敬：《我国合宪性审查的法理困境及其排除》，载《政法论坛》2021年第4期。

国的总抓手，[1]需要有效协调其内部各个子系统之间的关系。完善的党内法规体系作为其重要组成，有必要同以宪法为统领的国家法律体系相协调，进而以有机统一的法治体系推进全面依法治国。另一方面，中国特色社会主义法治体系需要实现党的领导、人民当家作主和依法治国的统一，这既是我国法治建设的基本经验，也是法治建设的根本遵循，[2]党内法规作为中国共产党统一意志的体现，必须同反映人民意志的国家法律有效衔接。

党内法规能否接受合宪性审查的关键在于党内法规与国家法律之间的关系，对此，学界主要存在两种观点。第一种观点认为党内法规是社会主义法规范的一种，试图将党内法规纳入国家法律体系，党内法规是宪法的下位法，党内法规须与宪法保持一致。[3]第二种观点认为党内法规和国家法律并行不悖，相互之间没有高低之分，不能主观地将党内法规纳入合宪性审查范围。[4]但是，上述观点不尽合理，第一种观点立足党内法规的法属性，认为党内法规是法规范的一种，在肯定党内法规规范性的同时，忽视了党内法规所体现的党的意志以及党内法规制度体系的独立性。第二种观点虽然强调了党内法规与国家法律的差异性，但没有充分考虑到二者同属中国特色社会主义法治体系。虽然二者反映的意志具有一致性，但在规范层面仍然可能出现不一致的情况，如果仅在各自场域内进行合宪性审查或合章性审查则无法实现二者相互之间的有效协调。

实际上，虽然国家法律体系与党内法规体系是两套并行不悖的规范体系，但是这并不意味着不需要实现国家法律体系同党内法规体系的衔接和协调，全面推进依法治国需要有效实现二者的衔接协调，这需要党内法规主动向国家法律对标对表。[5]在这种情况下，党内法规首先需要同宪法保持一致，而对党内法规的合宪性审查正是实现这一目标的必然要求。因此，进行党内法规合宪性审查的理论依据在于维护中国特色社会主义法治体系的内在统一性。

（二）全面实施宪法的制度需要

宪法为中国共产党设定了遵守宪法的义务，同时构成党内法规合宪性审查

〔1〕 参见习近平：《关于〈中共中央关于全面推进依法治国若干重大问题的决定〉的说明》，载《理论学习》2014 年第 12 期。

〔2〕 参见张文显：《建设中国特色社会主义法治体系》，载《法学研究》2014 年第 6 期。

〔3〕 参见郑贤君：《论宪法作为党内法规的审查标准》，载《中国延安干部学院学报》2020 年第 1 期。

〔4〕 参见肖金明、冯晓畅：《合章性审查与合宪性审查协同共治的中国式图景》，载《社会科学研究》2021 年第 3 期。

〔5〕 参见宋功德：《坚持依规治党》，载《中国法学》2018 年第 2 期。

的规范基础，在法治建设的过程中具有重要作用。《中华人民共和国宪法》第 5 条为各政党设定了遵守宪法的义务，规定中的"各政党"当然包括中国共产党，据此，宪法也是党的活动准则，党的各类行为不能违反宪法和法律。党内法规作为党的抽象行为自然也需要在宪法范围内活动。相应地，党内法规的规范也必须同宪法保持一致，不能超过宪法所规定的界限。

在宪法为进行党内法规的合宪性审查提供规范基础的同时，党内法规的合宪性审查也回应了全面实施宪法的制度需要。党既是领导宪法实施的权力主体，也是保证宪法实施的义务主体，[1]党内法规是中国共产党实施宪法的重要方式。一方面，党通过党内法规对经济建设、政治建设、文化建设、社会建设等方面进行领导，发挥其总揽全局、协调各方的领导核心作用，领导宪法实施。另一方面，党通过党内法规对党组织和党员的行为加以规范，保证党在宪法和法律范围内活动。基于此，党内法规不仅是党基于其领导地位，领导宪法实施的重要途径，还是党保证宪法实施的有力支撑。因而，党内法规的规定必须符合宪法，在宪法所限定的场域内活动。

（三）规范权力运行的实践考量

党内法规一般仅就党组织和党员的行为作出规定，但是基于党的执政和领导地位，党内法规在一定程度上会对党外的主体和事务产生"溢出"效应。党内法规的"溢出"效应具有正当性，但并非所有的"溢出"效应都值得追求。[2]党内法规的大部分"溢出"效应对国家和社会都产生了积极的影响，但其中一部分"溢出"效应也可能产生消极影响，而对党内法规所进行的合宪性审查可以及时发现党内法规与宪法不一致的情形并加以有效解决，可以有效地保障公民基本权利的实现。

除此之外，党基于其执政地位所行使的权力属于公权力，也需要受到监督与制约。一方面，党通过对国家机关的领导将自身意志贯彻到国家治理之中。另一方面，"我国公务员队伍中党员比例超过百分之八十，县处级以上领导干部

---

〔1〕 参见李忠：《论健全保证宪法全面实施的制度体系》，载《西北大学学报（哲学社会科学版）》2023 年第 2 期；薛小涵、秦前红：《党内法规实施宪法的内在机理与调适路径》，载《河南社会科学》2022 年第 11 期。

〔2〕 参见欧爱民、贺丽：《正当性、类型与边界——党内法规溢出效力的理论建构》，载《湘潭大学学报（哲学社会科学版）》2020 年第 4 期；朱林方：《党内法规若干基本范畴思辨》，载《国家检察官学院学报》2021 年第 6 期。

中党员比例超过百分之九十五",〔1〕党通过公务员队伍中的党员影响国家治理。与此相对应，党内法规的制定是一种特殊的公权力。〔2〕党内法规就党的领导和党的建设进行规范，并通过前述方式对国家治理产生重要影响。"只要公权力存在，就必须有制约和监督",〔3〕党内法规作为公权力的实现形式，同样应当受到制约和监督。宪法是每个公民享有权利、履行义务的基本遵循。〔4〕党必须在宪法法律范围内活动，党内法规的制定与实施必须在宪法所规定的范围内进行。据此，党内法规所涉及的公权力属性首先需要受到宪法的制约和监督，党内法规的规定必须与宪法保持一致。推动党内法规的合宪性审查工作是加强权力制约和监督的实践需要，将党内法规纳入合宪性审查，可以有效避免公权力侵犯公民基本权利，推进公权力运行法治化。

三、党内法规合宪性审查中不同主体的定位

党内法规的合宪性审查需要对党内备案机构与全国人大的定位加以明确。目前，有观点认为由党的机构进行党内法规的合宪性审查与宪法对全国人大及其常委会的职权配置相悖。〔5〕这种观点错误地理解了《备案审查规定》的要求，混同了党内备案机构进行的合宪性审查与全国人大所进行的合宪性审查的性质。为此，需要厘清宪法解释权在合宪性审查中的地位，进而确定党内备案机构进行的合宪性审查的性质与全国人大常委会在党内法规合宪性审查过程中的定位。

（一）宪法解释权在合宪性审查中的地位

我国的宪法和法律尚未对合宪性审查这一概念作出明确规定，学界对此的界定也存在差异。一种观点认为，合宪性审查是指根据宪法对公权力是否符合宪法进行审查并作出法律判断。〔6〕另一种观点认为，合宪性审查是有权机关审

〔1〕 中共中央党史和文献研究院编：《习近平关于全面从严治党论述摘编》（2021年版），中央文献出版社2021年版，第401页。

〔2〕 参见秦前红：《党政联合制定党内法规的规范路径研究》，载《政法论坛》2023年第2期。

〔3〕 习近平：《论坚持全面依法治国》，中央文献出版社2020年版，第240页。

〔4〕 中共中央党史和文献研究院编：《习近平关于尊重和保障人权论述摘编》，中央文献出版社2021年版，第148页。

〔5〕 参见邱曼丽：《依法治国和依规治党有机统一的基础、耦合与实现路径》，载《法学论坛》2023年第1期。

〔6〕 参见翟国强：《我国合宪性审查制度的双重功能》，载《法学杂志》2021年第5期。

查某个对象是否存在违宪问题，作出宪法判断并校正违宪行为。[1]两者的区别主要在于是否需要由专门的有权机关进行合宪性审查，相较而言，前者更具合理性。目前，我国已经形成包括党委、人大、政府、军队在内的多套备案审查体系，在这些审查机制中宪法是审查机关判断规范是否具有效力的重要依据。[2]如果从主体拥有宪法解释权的角度对合宪性审查进行定义，那么必然得出合宪性审查的主体只能是全国人大及其常委会，[3]其他机关依据宪法对各类规范进行的审查将被排除出合宪性审查的范围。但是，党和国家机关负有保证宪法实施的职责，而合宪性审查恰恰是实施宪法的重要方式。

实际上，党和国家机关实施宪法的一切行为都涉及对宪法的解释和理解，将宪法解释权作为合宪性审查的前提暗含了有权解释宪法的主体才可以实施宪法的结论，这与宪法作为根本活动准则的规定并不一致。在合宪性审查的过程中，全国人大常委会对宪法规范的含义所进行的解释是终局性的，具有法律上的效力。但这并不意味着党和其他国家机关在合宪性审查的过程中不能对宪法加以解释和理解，这种解释不同于全国人大常委会所作出的有权解释，仅是一种学理性的宪法解释。学理解释是解释者的自由活动，既不需要法律授权，也不受法律在解释方面的严格限制。[4]党内备案机构进行党内法规的合宪性审查时对宪法所进行的解释，仅在党内产生效力，并不产生全国人大常委会宪法解释的普遍约束力。由此，全国人大及其常委会并非合宪性审查的唯一主体，党内备案机构对宪法规范所进行的解释并不侵犯其宪法解释权。因此，党内备案机构同样可以进行合宪性审查，只是全国人大常委会基于其宪法解释权可以作出终局性的、具有普遍约束力合宪性审查结论。

（二）党内备案机构合宪性审查的性质

"党在宪法和法律范围内活动"的要求不仅源自宪法的规定，更是党自身意志的反映。"党章是全党必须遵循的总章程，也是总规矩"[5]，规定"党必须在宪法和法律范围内活动"。党内法规的合宪性审查是中共中央为了贯彻党章

---

[1] 参见李少文：《备案审查与合宪性审查关系重构》，载《政治与法律》2023年第2期。

[2] 除《备案审查规定》要求党内法规及规范性文件"同宪法和法律相一致"外，《国务院办公厅关于全面推行行政规范性文件合法性审核机制的指导意见》要求备案机关审核行政规范性文件内容是否符合宪法，福建、广东等多地将宪法作为行政规范性文件备案审查的依据。

[3] 参见朱学磊：《论法律规范合宪性审查的体系化》，载《当代法学》2020年第6期。

[4] 参见王利明：《法律解释学》，中国人民大学出版社2011年版，第20页。

[5] 中共中央文献研究室编：《习近平关于全面依法治国论述摘编》，中央文献出版社2015年版，第107页。

中关于遵守宪法的规定，对全党行为进行的监督，与全国人大及其常委会的职能配置并不重合。

首先，党内法规的合宪性审查是党章所反映的党的统一意志的必然要求。宪法实施可以分为宪法遵守和宪法适用，在宪法实施的过程中遵守宪法是基础。[1] 党保证宪法实施首先要遵守宪法，在这层含义下，中共中央对党内法规进行合宪性审查，保证党的各级组织所实施的各类行为符合宪法，实际上是中国共产党作为整体遵守宪法的体现。其次，党章中关于遵守宪法和法律的规范是中共中央对党内法规进行合宪性审查的直接依据。党的各级组织都需要以党章作为行动遵循，制定的党内法规应当与党章规定保持一致。党章以外的其他党内法规同样是党的统一意志的体现，与党章所反映的党的意志应当是一致的。但是基于党章在党内法规体系中所具有的最高性，其他党内法规应当主动同党章保持一致。党必须监督党章的执行情况，而且要在行动上纠正违反党章的行为，[2] 对党内法规进行合宪性审查并作出相应处理是中共中央对各级党组织执行党章情况的监督。党内法规的合宪性审查由中共中央进行，在党内法规存在合宪性疑虑时，中共中央对此作出的处理实质上是中共中央根据"下级服从上级，全党服从中央"的民主集中制原则对下级党组织所作出的决定。最后，党内法规的合宪性审查实质上是党中央对党组织的严格要求，这体现为党内法规合宪性审查的标准较国家法律的审查标准更加严格。《备案审查规定》为党内法规设定的合宪性审查标准是"同宪法和法律相一致"，全国人大常委会为法规、司法解释设定的标准则是"违背宪法规定、宪法原则或宪法精神"。从文义上看，"相一致"指的是规范内容完全相同，审查的基准明显较"违背宪法规定、宪法原则或宪法精神"更加严格。因此，党内法规的合宪性审查实质上是中共中央为了保证全党在宪法和法律范围内活动，维护党中央权威，确保全党统一意志而进行的自我监督，是中国共产党基于民主集中制原则从严管党治党的制度实践。

（三）全国人大常委会合宪性审查的定位

全国人大的民意代表机关性质为其履行宪法监督的职责，对党内法规进行合宪性审查提供了基础。首先，中国共产党是中国人民和中华民族的先锋队，

---

〔1〕 参见童之伟：《宪法适用应依循宪法本身规定的路径》，载《中国法学》2008 年第 6 期。

〔2〕 中共中央马克思、恩格斯、列宁、斯大林著作编译局编：《列宁专题文集：论无产阶级政党》，人民出版社 2009 年版，第 347 页。

但是不可能预料到社会生活的全部变化。历史"总是比最优秀的政党、最先进的阶级的最觉悟的先锋队所想象的更富有内容，更形式多样，更范围广阔，更生动活泼，'更难以琢磨'。"[1]其次，人民代表大会是人民行使国家权力的机关，对人民负责，受人民监督，可以反映人民意志，体现人民利益。最后，"党的领导不会没有错误，但是党和人民的亲密团结必定能够纠正这种错误。"[2]即使中国共产党没有任何自己的特殊利益，党的利益和人民的利益是一致的，但是并不能保证党内法规与宪法在规范上始终保持一致。因而，中国共产党需要通过听取人民意见来不断改进自身的工作。人民代表大会作为代表人民意志的机关，可以对党内法规的合宪性进行监督并提出意见，以消除党在实践中可能出现的错误。

全国人大的各项工作需要在党的领导下进行，党在全国人大的合宪性审查工作中具有重要地位。党对宪法规范的原意有着深刻的理解。我国的宪法修改历来都是由中共中央向全国人大常委会提出修改建议，由全国人大常委会形成宪法修正案草案，再向全国人大提交。而中共中央的修改建议正是宪法修正案最初的蓝本。由此，党基于其领导地位在宪法修改的进程中发挥了重要作用。此外，宪法文本中许多规范来自党的报告，[3]宪法规范中存在大量的政治性内容，其作为宪法的一部分是合宪性审查所不能回避的问题。然而，全国人大常委会缺乏对此进行解释的能力，必须依靠中国共产党的力量对政治性内容加以审查，而党内法规具有的鲜明的政治性使这一问题更加突出。基于此，全国人大常委会必须在党的领导下进行党内法规的合宪性审查。

四、党内法规合宪性审查的框架构建

实践表明，党内法规的合宪性审查模式尚待完善，[4]有必要基于前述合宪性审查中党内备案机构和全国人大常委会的不同定位，立足于现有制度，对党内法规合宪性审查的框架加以构建。

---

[1] 中共中央马克思、恩格斯、列宁、斯大林著作编译局译：《列宁：共产主义运动中的"左派"幼稚病》，人民出版社1991年版，第75页。

[2] 中共中央文献研究室编：《十一届三中全会以来重要文献选读》（上册），人民出版社1987年版，第345页。

[3] 参见刘连泰：《中国合宪性审查的宪法文本实现》，载《中国社会科学》2019年第5期。

[4] 参见胡东、王冲：《党内法规和规范性文件备案审查在推动振兴发展过程中的作用及其实现——以近年来H省党内法规和规范性文件备案审查实践为考察》，载《理论探讨》2023年第2期；伊士国、吉利：《健全省级党内法规制定权制度研究》，载《河南社会科学》2021年第10期；刘国、成溢：《论我国合宪性审查的规范依据及基本框架》，载《四川师范大学学报（社会科学版）》2022年第4期。

（一）党内合宪性审查的基础性

党内法规的合宪性审查首先需要中国共产党自身进行，这既源自宪法为中国共产党设定的义务，又体现党在宪法和法律范围内活动的自身意志。同时，现有制度为党内法规的合宪性审查提供了丰富的规范依据，因而党内法规的合宪性审查应当发挥其基础性地位。

首先，基于党在宪法和法律范围内活动的自我约束，党内法规在制定阶段就应当重视同宪法保持一致。现有规范已经在制定阶段对党内法规的合宪性作出规定，[1]在此过程中，应当适用最为严格的基准对合宪性进行审查。一方面，党内法规"同宪法与法律一致"的规定源自党章所作出的"在宪法和法律范围内活动"的要求。制定机关对党内法规草案合宪性的审查本质上是贯彻党的意志，确保自身同党中央保持一致，自觉维护党中央权威的行为。因此，制定机关必须基于党的民主集中制原则，以最严格的标准贯彻党的意志，确保党内法规符合宪法。另一方面，在党内法规制定阶段对党内法规中的错误进行纠正最为便捷。党内法规制定机关在起草和前置审核阶段对党内法规草案的合宪性加以审查，如果发现存在合宪性疑虑由起草部门进行修改即可，相较党内法规经审议批准后再行纠正，程序更为简便。为此，有必要在制定阶段以更加严格的标准保证党内法规的合宪性。

其次，党内法规的备案审查主体是中共中央，相应的备案审查工作是中共中央对下级组织制定的党内法规进行的监督。在这一过程中，应当充分维护党中央的核心地位，同时注意发挥下级党组织的积极性。基于民主集中制原则，中共中央对进行备案审查的党内法规所作出的决定，下级党组织应当坚决服从。中共中央在备案审查过程中发现党内法规违反宪法的，下级组织应当按照中共中央的意见加以纠正。同时，中共中央对下级组织制定的党内法规的合宪性应适用较制定机关更为宽松的审查基准，尽量少作出党内法规违反宪法的判断，否则不利于维护下级组织的权威。但是，中共中央采取的合宪性审查基准必须较全国人大及其常委会采取的基准更为严格，这是"党内法规严于国家法律"的必然要求。

最后，中共中央应当注意听取党员和下级组织对党内法规合宪性审查的意

---

〔1〕《中国共产党党内法规制定条例》将"坚持党必须在宪法和法律的范围内活动"作为党内法规的制定原则，要求党内法规审议批准机关的所属法规工作机构需要对党内法规草案进行前置审核，内容包括党内法规草案"是否同宪法和法律不一致"。

见，对必要的党内法规合宪性加以审查。针对党内法规的合宪性审查模式，有观点认为现有模式缺少被动审查机制，应当建立社会公众、党员或党组织提出审查建议的被动审查机制。[1]这种观点未对现有的党内法规制度体系进行全面的分析，结论并不合理。其一，目前已经有丰富的规范为党员和下级党组织向中共中央提出党内法规的合宪性疑虑提供依据。[2]其二，党的群众工作路线为社会公众提供提出党内法规合宪性审查建议的渠道。[3]据此，在现有规范已经提供相应依据的基础上，为党内法规的备案审查工作建立专门的被动审查机制的必要性和科学性都存在不足。因而，加强党内法规合宪性审查工作的关键并非建立新的专门的被动审查机制，而在于进一步发挥现有制度的功能。这一方面需要中共中央尊重党员和下级党组织的权利，使广大党员群众对存在合宪性疑虑的党内法规及时提出意见；另一方面需要中共中央注意听取相关意见，对可能违背宪法的党内法规及时加以审查和处理。

（二）全国人大常委会合宪性审查的保障性

全国人大常委会应当尊重中共中央对党内法规进行备案审查的过程，在备案审查完成之后再进行审查。同时，全国人大常委会作为宪法规定的唯一具有宪法解释权的主体，应当尽可能地作出合宪性解释。因此，全国人大常委会在党内法规合宪性审查工作中应当发挥保障性的作用，这需要全国人大有效协调其同中共中央的关系。

党内法规的合宪性审查涉及党内备案机构和全国人大常委会两个主体，对于二者的关系，学界主要存在以下两种观点。第一种观点主张二者的合宪性审

---

〔1〕 参见胡肖华、聂辛东：《论党内法规二元双维备案审查机制的建构》，载《湘潭大学学报（哲学社会科学版）》2017 年第 1 期；李国梁：《论党内法规制定体制的发展与完善》，载《探索》2019 年第 1 期。

〔2〕《中国共产党章程》第 4 条第 1 款规定："党员享有下列权利：……（三）对党的工作提出建议和倡议。……（七）对党的决议和政策如有不同意见，在坚决执行的前提下，可以声明保留，并且可以把自己的意见向党的上级组织直至中央提出。（八）向党的上级组织直至中央提出请求、申诉和控告，并要求有关组织给以负责的答复。"第 10 条规定："……（四）党的上级组织要经常听取下级组织和党员群众的意见，及时解决他们提出的问题……"《中国共产党党员权利保障条例》第 11 条规定"党员有党内监督权，有权在党的会议上以口头或者书面方式有根据地批评党的任何组织和任何党员……"党员对党内法规合宪性存在的疑虑属于对党的工作存在的意见和建议，据此，党员有权就党内法规的合宪性向中共中央提出建议或意见，中共中央也有义务对此加以审查。

〔3〕《中国共产党章程》第 3 条规定："党员必须履行下列义务：……（七）密切联系群众，向群众宣传党的主张，遇事同群众商量，及时向党反映群众的意见和要求，维护群众的正当利益。"据此，党员需要密切联系群众，当群众对党内法规的合宪性存在疑虑时应当及时向党反映。

查机构应当合并设立或合署办公，组建新型的党政一体的合宪性审查机构。[1]第二种观点认为可以通过建立二者之间的沟通机制，如联席会议制度，以会议的形式进行合宪性审查。[2]这两种观点都不尽合理，第一种观点没有充分考虑党和全国人大常委会在党内法规合宪性审查中的不同地位，实质上是试图在全国人大常委会之外设立专门的合宪性审查机关，这既缺乏宪法规范的依据，也同人民代表大会制度的内涵相悖。第二种观点忽视了党和人民的意志是统一的，错误地理解了党和全国人大之间的关系，认为二者在合宪性审查的过程中对同一问题可能存在冲突与对立，因而需要以联席会议这一中介性质的平台加以调和。实际上，党和人民的根本意志始终是统一的，二者的衔接协调完全可以依托现有的党组和重大事项请示报告制度展开。

首先，全国人大常委会针对党内法规的合宪性审查必须在党的领导下进行，为此应当充分发挥全国人大常委会机关党组的作用。党组在非党组织的领导机关中发挥领导作用，全国人大常委会工作过程中的重大问题应当由全国人大常委会机关党组讨论决定。全国人大常委会在监督宪法实施的过程中对党内法规进行的合宪性审查显然属于重大问题，不能在未经党组讨论的情况下作出决定。基于此，全国人大常委会进行党内法规的合宪性审查的过程必然是在全国人大常委会机关党组的具体领导下进行。其次，在这种情况下，面对党内法规的合宪性问题这一显然属于需要向中共中央请示的重大事项，无论全国人大常委会在审查党内法规过程中是否发现存在合宪性审查疑虑，全国人大常委会机关党组都应当以党内程序向中共中央请示。如果中共中央认为党内法规确实存在应当予以纠正的情形，在全国人大常委会作出合宪性审查结论前，中共中央可以通过党内程序加以处理。最后，全国人大常委会最终作出的合宪性审查结论，仍要经由全国人大常委会机关党组讨论决定。然而，全国人大常委会机关党组不能擅自决定应当由党中央决定的重大事项，因此，全国人大常委会作出的合宪性审查结论与中共中央的意见必然是一致的。但是，这并不意味着中共中央可以代替全国人大常委会作出最终的合宪性审查结论。一方面，全国人大常委会是宪法规定的唯一具有宪法解释权的主体，只有其作出的宪法解释与合宪性

---

[1] 参见张玲玲：《论加强中国共产党在宪法实施中的领导作用》，载《学习与探索》2021年第7期。

[2] 参见马立新：《党内法规与国家法规规章备案审查衔接联动机制探讨》，载《学习与探索》2014年第12期；王立峰、李洪川：《党内法规同国家法律衔接和协调中的主体定位及其职责完善》，载《探索》2021年第4期。

审查结论才具有法律上的约束力。另一方面，党的领导与全国人大常委会行使自身的职权是统一的。党既要保证自己总揽全局、协调各方，又需要支持人大"依法依章程履行职能、开展工作、发挥作用"[1]。

具体而言，全国人大常委会在进行党内法规合宪性审查时应当通过全国人大常委会机关党组以现有的党内程序及时向中共中央请示报告。如果中共中央认为党内法规确实存在合宪性疑虑则根据党内程序加以处理，否则全国人大常委会机关党组就应当按照中共中央的意见领导全国人大常委会作出党内法规符合宪法的审查结论。

五、结论

质疑党内法规合宪性审查正当性的根源是对不同主体进行的宪法解释在合宪性审查中的定位未能有清晰认识。从理论、制度、实践等方面出发，可以阐明对党内法规进行合宪性审查的必要性。基于对合宪性审查中不同主体进行的宪法解释性质的区分，可以确定党内备案机构与全国人大常委会的不同定位，由此发现党内备案机构进行的合宪性审查源自党基于实施宪法而进行的自我约束，不同于全国人大常委会的合宪性审查权，进而可以证成党内法规合宪性审查的法理正当性。此外，全国人大常委会进行合宪性审查必须坚持党的领导。与之相对应，在党内法规的合宪性审查过程中，党内备案机构进行的合宪性审查具有基础性，全国人大常委会需要在党的领导下对党内法规进行合宪性审查，发挥其党内法规合宪性审查的保障性作用。

---

〔1〕 习近平：《习近平著作选读》（第二卷），人民出版社 2023 年版，第 30 页。

第 七 部 分

军事法学

国际人道法对平民数据的保护

冉 雨[*]

摘 要 民用数据是数字领域的重要组成部分，是许多社会生活的基石，是大多数平民生活运行的关键。近年来，平民数据遭到网络行动攻击的频率增加，对平民财产和人身安全造成威胁。通过条约法对国际人道法的目的和宗旨的善意解释和国际社会的嗣后实践，可以将"数据"纳入国际人道法"物体"的概念下保护。目前对网络攻击数据的后果判断存在分歧，但都需要遵循区分原则、比例原则和预防措施原则。将数据纳入"物体"概念会带来军民两用基础设施中军事目标的识别难度增加、比例原则中附带损害范围的扩大、网络环境中预防措施的变通适用等结果。在责任认定方面，对数据的攻击可能因"破坏财产""攻击非军事目标"构成战争罪，还可能带来国家履行保护数字文化财产的义务。

关键词 国际人道法 平民数据 嗣后实践 数据

一、引言

"物体"是国际人道法的核心概念，保护平民和民用物体是国际人道法的核心价值和使命。网络环境下，对"物体"范围的界定对于整个国际人道法规则的适用都有决定性的影响，这一概念对后续一系列国际人道法规则与制度的适用框架起奠基作用。数字时代下，随着物联网技术的普及和人工智能水平的提高，数据与民用关键基础设施的结合日益紧密，民用数据集、与数据结合的

---

* 冉雨，中国政法大学 2023 级军事法学硕士。

诸多领域的场景对平民的人身安全和生命财产有重大影响。随着各国的军事战略向网络空间的拓展，不同类型的网络军事行动会对民用数据的完整性、保密性、可用性造成损害，包括医疗数据、生物识别技术、社会保障文件和税务记录等诸多民用领域。网络空间的非物理性质、军事、民用网络的互通互联，以及共用基础设施等特点对适用国际人道法保护平民和民用物体的一般原则和规则带来了挑战。

物联网技术的发展使网络空间的攻击逐步拓展到物理空间。越来越多的国家在武装冲突期间使用网络行动，这种在进攻性网络行动方面的操作将影响民用信息的可用性、损害民用基础设施，可能对平民人身安全造成危害。例如在俄乌冲突中，乌克兰计算机应急响应小组（CERT-UA）最近表示，其挫败了隶属于俄罗斯军事情报的黑客组织 Sandworm 的网络攻击，该攻击主要针对乌克兰某能源供应商，旨在破坏电力系统的运行。[1]

目前，国际社会对于从攻击数据延伸至物理空间造成实际物理损害后果的网络行动应受到国际人道法的规制达成共识，但对于只停留在网络空间造成的数据毁损、系统暂停、功能损坏等行为是否应纳入规制范围存在争议。本文从国际人道法中"物体"的含义入手，通过条约解释方法中对目的和宗旨的善意解释以及对各国对于"数据"是否构成"物体"的态度与实践的考察，判断当今社会"数据"的属性。通过对数据进行攻击的行为及后果的界定，分析在区分原则、比例原则、预防措施原则框架下对数据进行攻击的网络行动。对于"物体"含义的认定与战争罪中对"财产"和"物体"的认定，国际人道法对数字财产的认定逻辑一脉相承，对于战争罪和保护数字文化财产的义务的认定情形进行详细展开。

二、数据的界定

在开始将国际人道法应用于武装冲突中针对的"数据"的网络行动之前，有必要进行一些概念上的澄清。首先也是最重要的"数据"本身的概念。在最一般的意义上，计算机数据是指：由计算机处理或存储的信息。该信息可以是文本文档、图像、音频剪辑、软件程序或其他类型数据的形式。计算机数据可由计算机的 CPU 处理，并存储在计算机硬盘上的文件和文件夹中。在最基本的层次上，计算机数据是一堆 1 和 0，作为二进制数据。由于所有计算机数据都是

---

[1] "Disrupting cyberattacks targeting Ukraine", available at https://blogs.microsoft.com/on-the-issues/2022/04/07/cyberattacks-ukraine-strontium-russia/, last visited on 2023-12-23.

二进制格式，可以创建、处理、保存和数字存储。这允许使用网络连接或各种媒体设备将数据从一台计算机传输到另一台计算机。多次使用后，它也不会随着时间的推移而变质或质量下降。[1]

珍妮弗·达斯卡尔（Jennifer Daskal）对数据这一客体的特性进行了概括："数据削弱了其载体物理距离的限制，移动性、可分割性、位置独立性、混合性和第三方控制性，这些特性导致对传统上以物理上固定的客体为对象的法律提出了挑战。"[2]《塔林手册2.0版》将数据定义为"计算机能够处理或产生以传送信息的基本元素，以字节计算"，[3]侧重于从内容层面界定数据。

网络行动中植入恶意软件可以损害整个算法系统的功能，如破坏交通中传感器的实时分析[4]或工业控制设置[5]，造成交通事故和工业生产紊乱。桑迪亚国家实验室的研究人员已经发现有人通过恶意软件渗透进入基因分析软件，并通过该恶意软件改变个体基因组中的DNA序列片段。[6]直接作用于数据的网络行动虽然可能未构成物理损害，但同样能造成大规模的民用财产损失和人身危害。

三、数据能否构成国际人道法的"物体"？

目前理论界对于数据能否落入国际人道法保护中的"物体"存在争议。在互联网兴起和普及之前，红十字国际委员会（以下简称ICRC）在《第一附加议定书》（全称《1949年8月12日日内瓦四公约关于保护国际性武装冲突受难者的附加议定书》，以下简称API）的评注中指出"物体"仅限于物质和有形物。[7]

---

〔1〕 根据TECHTERMS（2006），载 https://techterms.com/ definition/data，最后访问日期：2023年12月23日。

〔2〕 J. Daskal，"The Un-Territoriality of Data"，*Yale Law Journal*，Vol. 125，2（2015），p.365.

〔3〕 M. Schmitt，*Tallinn Manual* 2.0 *on the International Law Applicable to Cyber Operations*，Cambridge University Press，2017，p437.

〔4〕 "Lifelong and Robust Machine Learning"，available at https://www.youtube.com/watch? v = CmewHNg WQWY&t=1s，last visited on 2023-12-23.

〔5〕 "Cyber-biosecurity: How to protect biotechnology from adversarial AI attacks"，available at www. hybridcoe. fi/wp-content/uploads/2021/05/20210503_ Hybrid_ CoE_ Strategic_ Analysis_ 26_ Cyber_ biosecurity_ WEB. pdf，last visited on 2023-12-23.

〔6〕 "Personalized medicine software vulnerability uncovered by Sandia researchers"，available at www. sandia. gov/app/uploads/sites/81/2021/06/labnews_ 07-19-19. pdf，last visited on 2023-12-23.

〔7〕 Y. Sandoz，C. Swinarski and B. Zimmerman，"Commentary on the Additional Protocols of 8 June 1977 to the Geneva Conventions of 12 August 1949"，*International Review of the Red Cross Archive*，Vol. 26，255（1986），p. 58.

《塔林手册2.0版》中大部分专家赞同此观点，并指出："军事目标（及物体）可包括计算机、计算机网络和网络基础设施，但不包括计算机数据本身"。[1]施密特倾向于将数据排除在物体的范畴，采用较窄的解释方法。他认为破坏数据的行为类似于主观上的操作，如果将数据作为保护对象会过于包容。[2]而ICRC倾向于将数据纳入保护范围，理由是将数据纳入保护范围体现了国际人道法的目的，尤其是在网络行动造成政府服务和私人企业的停止运转，以及在此过程中对平民造成的损害。[3]麦克阿克认为，从目前条约采用的语义而言（尤其是法语和西班牙语的语词的解释下），对"物体"的要求并不局限于现实世界中实际存在的物体，因此不要求"有形性"。[4]他认为数据更类似于一种"有形的"事物，可以被获得、销毁或占用，并非像军人士气一样是不可衡量的完全主观的物体。数据的销毁、丢失是客观存在的，不取决于主观的评价或信念。[5]笔者认为，通过条约解释方法中对目的宗旨的善意解释和嗣后实践的解读，可以将数据纳入"物体"的范畴。

（一）结合条约目的和宗旨，以善意原则进行解释

《维也纳条约法公约》第31条规定了条约解释的规则，对于缔约国而言，具有约束力。对于非缔约国而言，该条约解释的原理构成习惯国际法，应同样予以适用。

从国际人道法条约的目的来看，将"数据"纳入"物体"能够更好地保护平民，贯彻国际人道法保护平民的宗旨。同时弥补在国际人道法对"民用物体"狭义的定义下暴露出的保护程度的差异和漏洞。如果不将其纳入"物体"

---

〔1〕《塔林手册2.0版》，规则38。

〔2〕 K. Macak，"Military Objectives 2.0：The Case for Interpreting Computer Data as Objects underInternational Humanitarian Law"，*Israel Law Review*，Vol. 48，1（2015），pp. 71-72. See also H. A. Harrison Dinniss，"The Nature of Objects：Targeting Networks and the Challenge of Defining Cyber Military Objectives"，*Israel Law Review*，Vol. 48，1（2015），p. 43.

〔3〕 "International Humanitarian Law and Cyber Operations during Armed Conflicts：ICRC Position Paper"，available at https://www.icrc.org/en/document/international-humanitarian-law-and-cyber-operationsduring-armed-conflicts，last visited on 2023-12-23.

〔4〕 K. Macak，"Military Objectives 2.0：The Case for Interpreting Computer Data as Objects underInternational Humanitarian Law"，*Israel Law Review*，Vol. 48，1（2015），pp. 71-72. See also H. A. Harrison Dinniss，"The Nature of Objects：Targeting Networks and the Challenge of Defining Cyber Military Objectives"，*Israel Law Review*，Vol. 48，1（2015），p. 43.

〔5〕 K. Macak，"Military Objectives 2.0：The Case for Interpreting Computer Data as Objects underInternational Humanitarian Law"，*Israel Law Review*，Vol. 48，1（2015），p. 73.

的保护范围，那么删除、销毁基本的平民数据集，如税务记录、医疗记录、社会保障数据、银行账户信息等不构成受保护的对象，逃离武装冲突法的管制范围，这样就违反了平民人口不受敌对行动的影响而享有普遍保护的基本原则。[1]将数据排除在"物体"的概念之外意味着只要网络行动的后果未延伸到物理领域，只停留在网络空间，仍然不受规制，但这种排除会造成明显不合理的后果。鉴于民用数据存储于诸多对平民人身和财产有重大影响的领域，需要仔细斟酌"物体"概念是否必须包含有形物、物质等要素的存在。[2]

（二）基于嗣后实践对"物体"的含义进行解释

网络时代下，需要对条约中"物体"的含义的演进进行考察。长期以来，《维也纳条约法公约》第 31 条[3]的解释通则为条约解释提供了解释顺序和解释方法的指引。由于条约的缔约时间较早，条约缔结后国际法实践发生了很大的变化，条约的具体含义在不同的时代背景下存在不同解读的可能，国际法委员会从 2008 年开始着手对"条约随时间演变"的主题展开研究，后因为该主题涉及的内容过多，范围过大，操作难度大，需要统一的共识过于庞杂，所以转向其中的"某些因素"对条约解释产生的作用，将重点放在嗣后协定和嗣后实践的研究上。

国际法委员会在 2018 年经过二读后通过了关于此问题的结论草案，为嗣后实践作为条约解释的参考提供了具体的操作方案和衡量尺度。对于嗣后实践的识别最具参考意义的是结论草案的第二部分与第三部分，这两部分构建起嗣后实践的含义、内容、识别和影响等对各国嗣后实践进行考察的核心框架与视角，为各国对条约含义实践提供了考察的框架与视角。同时，嗣后实践与上下文、宗旨和目的等方式是并列关系，没有适用上的先后顺序。

---

〔1〕 M. Schmitt, *Tallinn Manual 2. 0 on the International Law Applicable to Cyber Operations*, Cambridge University Press, 2017, p. 437.

〔2〕 Harrison Dinniss, "The Nature of Objects: Targeting Networks and the Challenge of Defining Cyber Military Objectives", *Israel Law Review*, Vol. 48, 1 (2015), p. 54.

〔3〕《维也纳条约法公约》第 31 条以"解释的通则"为题，对条约解释进行了如下规定："一、条约应依其用语按其上下文并参照条约之目的及宗旨所具有的通常意义，善意解释之。二、就解释条约而言，上下文除指连同弁言及附件在内之约文外，并应包括：（甲）全体当事国间因缔结条约所订与条约有关之任何协定；（乙）一个以上当事国因缔结条约所订并经其他当事国接受为条约有关文书之任何文书。三、应与上下文一并考虑者尚有：（甲）当事国嗣后所订关于条约之解释或其规定之适用之任何协定；（乙）嗣后在条约适用方面确定各当事国对条约解释之协定之任何惯例；（丙）适用于当事国间关系之任何有关国际法规则。四、倘经确定当事国有此原意，条约用语应使其具有特殊意义。"

嗣后实践分为广义的嗣后实践与狭义的嗣后实践，广义的嗣后实践的表现形式更广泛，可能是一国发表的声明或缔约时表达的立场，国内的司法实践的结论等，属于《关于条约解释的嗣后协定和嗣后实践的结论草案》第32条下补充解释的资料，不需要满足第31条第3款（b）项对嗣后实践要求的构成要件，但其对条约的解释发挥的作用也相对较弱。狭义的嗣后实践需要满足《关于条约解释的嗣后协定和嗣后实践的结论草案》第31条第3款（b）项的各项要素。[1]对条约的解释既可以扩大文本的范围，也可以缩小文本的范围。

针对嗣后实践行为的认定问题，结论草案给出了分析思路。首先是对"行为"的认定，国际法委员会认为嗣后实践可以包括任何行为，此处"行为"的内涵与国际法委员会的国家对国际不法行为的责任条款中第2条"行为"的范围一致，包括形成并确认一致意见的行为，官方行为（不限于国际还是国内），不作为和沉默也构成行为，以及对条约的遵守和履行情况。就具体的表现形式而言，包括针对条约解释的官方声明，如外交会议中表明的立场、法律争议中的说明，国内立法，国内法院的判决，条约产生的官方函件。对嗣后实践认定的另一要素是"就条约解释"这一目的，该内涵与《关于条约解释的嗣后协定和嗣后实践的结论草案》第31条第3款（a）项嗣后协议的"就条约解释"的内容一致。实践中"适用条约"的行为与"就条约解释的目的"的行为存在交叉，较难分辨。解释条约是适用的前提条件，适用条约的行为某种程度上体现了该主体对条约解释的立场，但不能将适用条约的行为和解释条约的立场混为一谈。

各国对"物体"是否包括数据的看法有限且不一致。[2]以色列基于有形性是门槛要求，将数据排除在对象类别之外。[3]相比之下，法国明确指出，民

---

〔1〕　"Draft Conclusions on Subsequent Agreements and Subsequent Practice in Relation to the Interpretation of Treaties", available at https://legal. un. org/docs/? path = .. /ilc/texts/instruments/english/commentaries/1_ 11_ 2018. pdf&lang=EF, last visited on 2023-12-29.

〔2〕　L. Gisel, T. Rodenha¨user and K. Do¨rmann, "Twenty Years on: International Humanitarian Law and the Protection of Civilians against the Effects of Cyber Operations during Armed Conflicts", *International Review of the Red Cross （IRRC）*, Vol. 102, 913 （2020）, p. 317; Organisation of American States: Improving Transparency, *International Law and State Cyber Operations*, *Fifth Report*, Presented by professor Duncan B. Hollis （'Hollis Report'）, OEA/Ser. Q, CJI/doc. 615/20 rev. 1, para. 36, last visited on 2023-12-27.

〔3〕　R. Schondorf, "Israel's perspective on Key Legal and Practical Issues Concerning the Application of International Law to Cyber Operations", available at https://www. ejiltalk. org/israels-perspective-on-key-legal-and-practical-issues-concerning-the-application-of-international-law-to-cyber-operations/, last visited on 2023-12-27.

用数据尽管是无形的,但仍是国际人道主义法下的受保护对象,因为排除数据的数字依赖手段将"违反国际人道主义法的目的和宗旨"。[1]同样,挪威军事手册承认,数据可以是一个对象,只要是合法目标(如军事数据),就可以直接受到攻击。[2]

其他国家对这一解释的实践也表达了他们的观点。丹麦军事手册指出,虽然数据通常不构成国际人道主义法下的对象,但有时对数据的损害或删除对平民的影响与对物理对象的损害相同。[3]在此基础上,要求丹麦武装部队将"不可替代数据"的损害视为附带损害。[4]秘鲁和智利似乎认为,如果数据不是军事目标,至少有些数据是受到保护的。[5]圭亚那着重于网络行动的影响,指出"数据的删除、压制、破坏可能会产生深远的后果"。[6]虽然澳大利亚不排除数据受到国际人道主义法的保护,但是它似乎赞成有形效果的要求。它指出,如果网络行动上升到与动态根据国际人道主义法进行的攻击相同的阈值,则武装冲突间管理此类攻击的规则将适用于该行动。[7]伊朗曾表示,如果网络行动导致"财产和/或人员重大损害",则相当于使用武力。[8]2016年,美国国务院法

〔1〕 French Ministry of the Armies, "International Law Applied to Operations in Cyberspace", available at https://www. defense. gouv. fr/content/download/567648/9770527/file/internationalþlawþappliedþtoþoperationsþ inþcyberspace. pdf , last visited on 2023-12-27.

〔2〕 Norwegian Chief of Defence, "Manual on the Law of Armed Conflict" (1st edn. , 2013), available at https://usnwc. libguides. com/ld. php? content_id 1/4 47416967, at 210, para. 9. 58, last visited on 2023-12-23.

〔3〕 Danish Ministry of Defence, "Military Manual on International Law Relevant to Danish Armed Forces in International Operations", available at https://forsvaret. dk/globalassets/fko--forsvaret/dokumenter/publikationer/-military-manual-updated-2020-2. pdf, at 310, last visited on 2023-12-23.

〔4〕 Danish Ministry of Defence, "Military Manual on International Law Relevant to Danish Armed Forces in International Operations", available at https://forsvaret. dk/globalassets/fko--forsvaret/dokumenter/publikationer/-military-manual-updated-2020-2. pdf, at 310, last visited on 2023-12-23.

〔5〕 Organisation of American States: Improving Transparency, *International Law and State Cyber Operations*, *Fifth Report*, Presented by professor Duncan B. Hollis ('Hollis Report'), OEA/Ser. Q, CJI/doc. 615/20 rev. 1, para. 36, last visited on 2023-12-27.

〔6〕 Organisation of American States: Improving Transparency, *International Law and State Cyber Operations*, *Fifth Report*, Presented by professor Duncan B. Hollis ('Hollis Report'), OEA/Ser. Q, CJI/doc. 615/20 rev. 1, para. 36, last visited on 2023-12-27.

〔7〕 Australia Department of Foreign Affairs and Trade, "Australia's International Cyber Engagement Strategy: Annexes", available at https://www. dfat. gov. au/publications/international-relations/international-cyber-engagement-strategy/aices/chapters/annexes. html#Annex-A, last visited on 2023-12-27.

〔8〕 "General Staff of Iranian Armed Forces Warns of Tough Reaction to Any Cyber Threat", available at https://nournews. ir/En/News/53144/GeneralStaff-of-Iranian-Armed-Forces-Warns-of-Tough-Reaction-to-Any-Cyber-Threat, last visited on 2023-12-27.

律顾问允许数据成为国际人道主义法的对象，只要该网络行动构成"攻击"。[1]

虽然捷克共和国没有讨论数据是否是受国际人道主义法保护的对象，但其发表的评论表明，捷克共和国对国际法对网络行动的适用有着广泛的看法。报告指出，如果网络行动破坏，或破坏网络或其他基础设施，从而对国家安全、经济、公共健康或环境造成重大影响，或者如果网络行动干扰对行使政府固有职能必不可少的任何数据或服务，从而严重扰乱这些职能的行使，则一国的主权将受到侵犯。[2]该报告举例说明，某项行动严重拖延了退休金的支付。[3]目前尚不清楚，这是否意味着受该行动影响的数据将成为国际人道主义法下的受保护对象。同样，新西兰没有对数据采取明确的立场，但指出国际法适用于所有国家在网络空间的活动，包括"其无形的、虚拟的组成部分"。[4]

通过以上对在联合国大会上表明立场的发言，各国国防部、外交部、司法部等官方部门制定的军事手册和发布的官方声明来看，已经针对"物体"的含义进行了明确的表态，已经可以认定为是"物体"概念大规模的、有体系的嗣后实践，因此可以对"物体"概念进行扩大解释，认为其包括"数据"。

四、网络行动中对数据的攻击

（一）网络行动中攻击的含义

国际人道法框架下对网络行动中"攻击"的认定是区分原则、比例原则和

---

〔1〕 B. J. Egan, "Remarks on International Law and Stability in Cyberspace", available at https://www. law. berkeley. edu/wp-content/uploads/2016/12/egan-talk-transcript-111016. pdf, last visited on 2023-12-27.

〔2〕 Czech Republic, "Statement by Richard Kadlcˇák at the 2nd Substantive Session of the Openended Working Group on Developments in the Field of Information and Telecommunications in the Context of International Security of the First Committee of the General Assembly of the United Nations", avaiable at https://www. nukib. cz/download/publications_ en/CZ%20Statement%20-%20OEWG%20-%20International%20Law%2011. 02. 2020. pdf, last visited on 2023-12-27.

〔3〕 Czech Republic, "Statement by Richard Kadlcˇák at the 2nd Substantive Session of the Openended Working Group on Developments in the Field of Information and Telecommunications in the Context of International Security of the First Committee of the General Assembly of the United Nations", avaiable at https://www. nukib. cz/download/publications_ en/CZ%20Statement%20-%20OEWG%20-%20International%20Law%2011. 02. 2020. pdf, last visited on 2023-12-27.

〔4〕 New Zealand Ministry of Foreign Affairs and Trade, "The Application of International Law to State Activity in Cyberspace", avaiable at https://www. mfat. govt. nz/en/media-and-resources/ministry-statements-and-speeches/cyber-il/, last visited on 2023-13-27.

预防措施原则等重要的国际人道法原则适用的前提，这些规则是保护平民和民用物体的重要制度保障。国际人道法的禁止、限制和要求是以"攻击"为前提和依据的。对于"攻击"概念解释的范围决定了适用于国际人道法的网络行动的范围。如果一项网络行动构成了国际人道法框架下的"攻击"，则适用禁止各种针对平民和民用物体的攻击，采取的攻击行动应当接受区分原则、比例原则、预防措施原则的审查。

API 中的第 49 条将攻击定义为"无论是在进攻还是防御中，攻击是针对对手的暴力行为"。《塔林手册 2.0 版》根据该立场进一步将攻击界定为"无论是进攻还是防御，合理预期会造成人员伤亡或物体损坏或破坏的网络行动"。[1]无论伤害是由攻击目标造成，还是与攻击目标有牵连。将造成这些后果的网络行动定性为攻击似乎没有实质性的异议。专家们没有将"网络攻击"的概念限制在物理破坏性或伤害性的网络行动。他们中的大多数同意"如果恢复功能需要更换物理组件，则对功能的干扰属于损害"。[2]但专家们对于"功能丧失"的判断标准存在分歧，有些将功能丧失限制在需要修复或更换目标网络基础设施的物理组件的情况下，但另一些则愿意将该概念扩展到需要重新安装操作系统或定制数据的恢复功能；还有一些人不关注功能丧失的原因，认为只要系统不再按设计运行即构成功能丧失。[3]

（二）网络行动中对数据进行攻击的应符合区分原则、比例原则、预防原则

一旦确定某一物体符合军事目标的条件，该行动还必须遵守相称规则和攻击预防措施。在法律审查中应首先考虑哪一条规则的问题上存在分歧，但毫无争议的是，如果可以预见民用物体的损害，就必须同时考虑这两项规则。这两项规则不禁止对民用物体造成损害，称为"附带损害"，而在损害与预期获得的军事利益相比"过分"时排除攻击。

考虑到网络环境的复杂性，比例评估主要用于两个要素：一是军事优势的数量和程度要极度满足，二是意外伤害水平或预期造成的附带损害。给定所涉及因素的复杂性，此处的标准是基于行动者在行动时已知的可用证据的合理评估。与区分规则中清晰明确的二元标准不同，相称性计算的军事优势是基于预期获得的优势数量的灵活的衡量程度。然而，军事优势必须是可预见的，不是

---

〔1〕《塔林手册 2.0 版》，规则 92.

〔2〕 Cordula Droege，"Get off My Cloud：Cyber Warfare，International Humanitarian Law，and the Protection of Civilians"，*International Review of the Red Cross*，Vol. 94，886（2012），pp. 533-578.

〔3〕 William H. Boothby，*The Law of Targeting*，Oxford University Press，2012.

依靠潜在的影响，而是预料不到的效果，对影响的发生时间没有限制。因此，即使这些后果直到以后才会客观发生，但在分析中必须考虑。

除了相称性分析外，可能影响民用物体的暴力军事行动还必须遵守"攻击预防措施"规则。该规则要求采取"可行的"预防措施，以尽量减少对民用物体的损害。但是向平民提供预先警告将使敌军获悉作战行动并降低任务效力；特别是在网络环境下，这可能导致操作无效，因此，消除预先警告要求。

（三）比例原则下附带损害的范围的认定

比例评估的第二部分涉及附带损害或附带损害的数额、伤害。其影响可以是直接的或间接的，直接影响是直接的、一阶的；间接影响是延迟的、二阶或三阶的或更高阶，通过中间事件产生的行动后果或机制。大多数针对数据的军事行动肯定包含间接和潜在的级联效应。但是这一项仅基于行动前已知信息或本应已知信息的事前评估，与比例分析中的许多计算一样，本标准高度依赖于背景。这可能是违反相称性规则从未被视为技术意义上的战争罪的部分原因。

此处值得探讨的问题是附带损害中间接影响的范围和因果关系的认定。正如前文所述，将"数据"纳入"物体"的保护范围必然导致负担损害范围的扩大，其中一部分包括网络空间中对数据的损害，另一部分包括由该部分数据造成的现实物理空间中的损害的扩大，由此对军事利益和保护平民的价值判断，以及对比例原则保护程度的衡量提出了新的挑战。

五、对数据攻击的责任认定

（一）符合《罗马规约》第 8 条项下的"非军事目标的物体"和"财产"，构成战争罪

《日内瓦公约》和《海牙公约》规定的破坏、侵占和扣押财产的战争罪为针对民用数据的网络行动追究刑事责任提供了一条途径。"财产"的通常含义是"一个人或一群人的东西——通常是物质"[1]。《罗马规约》中对战争罪条款的规定没有添加任何限制性的形容词，因此可以采用"能够拥有的任何东西"的财产这种广义解释。[2]

在网络行动中攻击数据的行为不仅受到国际人道法的规制，同时可能符合

---

〔1〕 Oxford English Dictionary Online, avaiable at https://www-oed-com. ezproxy. library. uq. edu. au/view/Entry/152674? rskey 1/ 4 XIsbBl&result 1/ 4 1&isAdvanced 1/ 4 false#eid, last visited on 2023-12-27.

〔2〕 S. McKenzie, *Disputed Territories and International Criminal Law*: *Israeli Settlements and theInternational Criminal Court*, Routledge, 2019, pp. 461-463.

《罗马规约》第 8 条战争罪下对 "非军事目标的物体" 的攻击的构成要件，导致个人刑事责任。网络空间中同样能够实施《罗马规约》中的一些罪行，如通过社交媒体实施煽动种族灭绝的行为。[1]正如前文所述，通过条约法解释的原理，运用善意解释和条约演化的理论将 "物体" 的内涵进行扩大解释后，对数据的销毁、删除、占用或扣押也是对 "物体" 的销毁、删除、占用、扣押的行为。

该问题不仅出现在国际人道法中，在国际法院的案件中同样存在。国际法院对于数据是否应作为财产保护的态度同样值得参考。虽然国际法院关于计算机数据财产属性界定的案例非常有限，但在 "国际法院东帝汶诉澳大利亚与扣押和扣押某些文件和数据有关的问题" 的案件中，东帝汶辩称，应将数据视为动产。虽然，最终国际法院没有对数据作为财产的地位进行裁决，但也没有明确拒绝这种做法。[2]《塔林手册 2.0 版》的评书中没有明确界定数据能否作为财产，但提到了 "知识产权" 这种财产形式。这种财产由数据构成，制度设计是允许数据被 "拥有" "交易" "获得" 和 "被盗"。但这种制度保护仍然存在风险，如果信息被盗或被滥用，在没有其他信息记录的情况下，存储信息的物理设备损坏时信息会消失。

国际人道法对财产的保护有非常悠久的历史和较为完善的规范体系。1899年和 1907 年《海牙公约》23 (g) 规定除非战争需要，禁止交战方破坏或扣押敌人的财产。《日内瓦公约》针对不同的受保护财产制定了不同的保护标注，例如，对被占领领土上的民用医院和私人财产的保护采取不同标准。此外，占领期间对平民和国家财产采取广泛保护。[3]

近期，国际刑事法院预审分庭采取了一种似乎比较狭窄的方法，明确地将财产的定义与客体的定义联系起来[4]，在加丹加和崔一案中解释说，"民事财

---

〔1〕 N. Hakim, "How Social Media Companies Could Be Complicit in Incitement to Genocide", *Chicago Journal of International Law*, Vol. 21, 1 (2020); M. Roscini, "Gravity in the Statute of the International Criminal Court and Cyber Conduct that Constitutes, Instigates or Facilitates International Crimes", *Criminal Law Forum*, Vol. 30, 2019, p. 251.

〔2〕 Questions Relating to the Seizure and Detention of Certain Documents and Data (Timor-Leste v Australia) (Provisional Measures), ICJ Reports (2014), §§ 24-26.

〔3〕《日内瓦第四公约》第 53 条：禁止占领国对个人、国家、其他公共当局、社会或合作组织单独或集体所有的不动产或动产进行任何破坏，除非军事行动使这种破坏成为绝对必要。

〔4〕 Simon McKenzie, Cyber Operations against Civilian Data: Revisiting War Crimes against Protected Objects and Property in the Rome Statute, *Journal of International Criminal Justice*, Vol. 19, 5 (2021), pp. 1165-1192.

产构成了不属于 API 第 52（2）条规定的'军事目标'定义范围内的物体"[1]，最后一种方法虽然狭隘，但它的好处是确保不同犯罪中"财产"和"客体"含义的一致性。

同时，对"物体"的扩大解释并不违反国际刑法罪刑法定的基本原则，因为对这一概念的解释并非类推适用，而是在网络时代下对"物体"概念的演化解释。同时，这种解释并不会将每一项攻击数据的网络行动纳入战争罪，因为还需要满足《罗马规约》17（d）的严重性的审查，只有具有足够严重后果的网络行动才会成为调查和潜在起诉的对象，此外还需要考虑案件的可受理性。通过严重性和可受理性的审查，不必担心这种解释方法会降低战争罪的入罪门槛。

（二）国际人道法对数字文化财产的保护

在数字文化财产的保护问题上，同样存在"物体"概念的争论。ICRC 1987 年附加议定书评注中，"物体"被描述为"可见且有形"的东西。[2]根据这一分析，国际专家组的一些成员得出结论，文化财产必须是有形的，因此不包括数字文化财产。[3]然而，其他成员认为，只要无形物品具有文化性质，就可以成为文化财产。[4]通过类比推理，这些专家指出，知识产权等其他无形物质在国际法和许多国内法律体系中已被广泛视为"财产"。[5]因此，文化遗产不必以实物形式表现出来，就有资格作为文化财产受到保护。[6]

具体到文化财产这一客体，在数字创作和复制的时代，确定数字文化财产

---

[1] Decision on Confirmation of Charges, Katanga and Chui (ICC-01/04-01/07-717), Pre-Trial Chamber I, 30 September 2008, §§ 312-313.

[2] Yves Sandoz, Christophe Swinarski and Bruno Zimmermann (eds.), Commentary on the Additional Protocols of 8 June 1977 to the Geneva Conventions of 12 August 1949, ICRC, Geneva, 1987, paras 2007-2008.

[3] Roger O'Keefe et al., Protection of Cultural Property Military Manual, UNESCO, Paris, 2016 (UNESCO Manual), p. 14.

[4] Michael N. Schmitt, *Tallinn Manual on the International Law Applicable to Cyber Warfare*, Cambridge University Press, 2013; Michael N. Schmitt, *Tallinn Manual 2. 0 on the International Law Applicable to Cyber Operations*, Cambridge University Press, 2017.

[5] Michael N. Schmitt, *Tallinn Manual on the International Law Applicable to Cyber Warfare*, Cambridge University Press, 2013; Michael N. Schmitt, *Tallinn Manual 2. 0 on the International Law Applicable to Cyber Operations*, Cambridge University Press, 2017.

[6] Michael N. Schmitt, *Tallinn Manual on the International Law Applicable to Cyber Warfare*, Cambridge University Press, 2013; Michael N. Schmitt, *Tallinn Manual 2. 0 on the International Law Applicable to Cyber Operations*, Cambridge University Press, 2017.

的内涵范围，并使其获得与其物理类似物相同的保护，已成为越来越重要的考虑因素。《文化财产公约》规定在发生武装冲突时保护文化财产的义务。根据其第 3 条，领土所属国有保护文化财产的义务，以及领土所属国和与其发生武装冲突的国家有尊重此类财产的义务。但未明确"采取它们认为适当的措施"中措施的具体做法。传统国际人道法中保护文化财产的制度内容还包括采取它们认为适当的措施、合理通知、标记等。

针对数字文化财产难以明确界定的内涵，这种传统的保护方式需要根据数字文化财产的属性和特征进行调整。《塔林手册 2.0 版》包含一项规则，要求各国在武装冲突中尊重和保护文化财产，包括"数字文化财产"。[1]

《塔林手册 2.0 版》第 142 条明确规定："武装冲突各方必须尊重和保护可能受网络行动影响或位于网络空间的文化财产。特别是，禁止他们将数字文化财产用于军事目的。"[2]《塔林手册 2.0 版》对"规则 142"的讨论提到了数字材料的两大类：①原始数字作品；②原始物理作品的数字副本。文化财产的所有数字表现形式都有权得到保护；只有原件"不可访问或已被毁坏"或可以制作的数字副本数量有限。[3]这是因为"文化财产的保护基于艺术品原件的价值和不可替代性，以及复制原件的忠实副本所涉及的难度、时间和费用"。[4]因此，"本规则所依据的逻辑不适用于可制作大量高质量复制品的情况"。[5]

评注解释说，只有"篡改、破坏、删除或销毁数据以及将其用于军事目的"，（例如利用数字化历史档案协助实施种族灭绝）才是非法行为；仅仅暂时拒绝或降低访问，例如，通过影响用于访问的电子设备的功能，超出了文化财产保护的范围，并不属于非法行为。[6]从规范的观点来看，对数字文化财产的这种做法显然比将其完全排除在保护之外更可取。它基本上是采用"严重性方法"，使

〔1〕 Michael N. Schmitt, *Tallinn Manual on the International Law Applicable to Cyber Warfare*, Cambridge University Press, 2013; Michael N. Schmitt, *Tallinn Manual 2.0 on the International Law Applicable to Cyber Operations*, Cambridge University Press, 2017.

〔2〕 Michael N. Schmitt, *Tallinn Manual on the International Law Applicable to Cyber Warfare*, Cambridge University Press, 2013; Michael N. Schmitt, *Tallinn Manual 2.0 on the International Law Applicable to Cyber Operations*, Cambridge University Press, 2017.

〔3〕 Eugene Ch'ng, "The First Original Copy and the Role of Block chain in the Reproduction of Cultural Heritage", *Presence*, Vol. 27, 1 (2019), p. 153.

〔4〕 《塔林手册 2.0 版》第 142 条。

〔5〕 《塔林手册 2.0 版》从未明确指出该组织的大多数成员都持这一立场。

〔6〕 《塔林手册 2.0 版》。国际专家组成员采取这一立场断言，一切数字化文化财产的各种表现形式都有权受到本规则的保护。

得保护不取决于数据作为财产的一般特征，而是取决于其销毁的后果。[1]

为了实现这一目标——如何最好地保存数字文物编码的遗产信息，而不是如何保存数字文物的"最佳"版本，即唯一或最真实的版本——各国应明确指定一个受文化财产保护的数字作品示例，并明确指出其位置。[2]指定数字文化财产的方式有两种：①使用区块链技术；②专门标记此类财产。在武装冲突期间，只有国家指定的样本，无论是单个样本还是现有作品的许多复制品之一，才会受到文化财产的所有保护；而未指定的副本将无权获得相同的保护。[3]

在不依赖其他技术的情况下，受保护的数字示例的特定标记可用于引起攻击者的注意。尽管不存在《文化财产公约》独特标志的数字等效物，但各国可以修订《文化财产公约》，为数字文化财产纳入新的独特数字标识符，或以其他方式采用特殊标识符。《文化财产公约》第39条概述了条约的修订程序。[4]据第39条，新的数字标识符可以作为《文化财产公约》的附加标志添加到第16条，并且可以修改后续条款以规定其使用。[5]

六、结语

《日内瓦公约》及其附加议定书中对"物体"的定义已经不能满足数字时代对于平民和民用物体保护的需要，因此，通过条约法中对国际人道法的目的和宗旨的解释，综合考察各国官方行政部门的声明、各国在外交会议上的表态等多种实践形式，可以将"数据"纳入"物体"的概念之下。这一起点为整个国际人道法的适用提供了新的视角，为网络时代下对平民和民用物体的保护提供了强有力的支撑。

在此观点下，网络行动中对于数据的攻击即相当于物理攻击，通过对"攻击"行为含义和范围的讨论，目前主要聚焦于攻击的效果。对于数据的攻击同样适用国际人道法的区分原则、比例原则和预防措施原则，同时网络环境也为这些原则的适用带来了挑战，具体体现为：将区分原则用于军民两用基础设施的军事目标的确定，比例原则下附带损害范围的确定和网络环境下预防措施原则的适用对于军事利益的影响。

---

[1] 《塔林手册2.0版》。

[2] 《塔林手册2.0版》中的"技术手段"可以被同于这个目的。

[3] Alcala, Ronald, "Cultural evolution: Protecting 'digital cultural property' in armed conflict", *International Review of the Red Cross*, Vol. 104, 919 (2022), pp. 1083-1119.

[4] 《文化财产公约》第39条

[5] 《文化财产公约》第16、17条。

　　通过将"数据"纳入"物体"的概念，对数据进行攻击的行为可能构成《罗马规约》战争罪下"攻击非军事目标的物体"和"无军事上的必要，非法和恣意地广泛破坏和侵占财产"的构成要件。同时，这一观点也为国际人道法对数字文化财产的保护提供了有力的支撑，国际需要履行由此带来的保护数字文化财产的义务。

第 八 部 分

法与经济学

平台经济垄断事前规制新范式

——以市场调查报告为核心

许 峭*

摘 要 我国的反垄断规制途径主要为"相关市场界定""垄断协议""市场份额""滥用市场支配地位"等传统路径。从美团平台案看，上述垄断规制手段与平台经济的特征并不相契合，未能起到平台垄断规制的效果。规制平台经济垄断的核心在于"数据""算法"两大要素，通过数据的流动性和算法的用户偏好性对平台垄断进行评估，以此为基础发挥平台经济市场调查报告的范围优势与救济优势，规制平台经济垄断。

关键词 平台垄断 垄断规制 市场调查报告

一、问题的提出

互联网平台经济作为近年来新兴经济的热门领域，成为国家反垄断局行使监管职能的重点对象。2021年以来，国家监管层一直在释放互联网经济平台反垄断的信号。如2021年1月，中共中央办公厅、国务院办公厅印发《建设高标准市场体系行动方案》，其中强调"加强平台经济、共享经济等新业态领域反垄断和反不正当竞争规制。"2021年2月，国务院反垄断委员会印发《关于平台经济领域的反垄断指南》（以下简称《平台反垄断指南》），将平台经济反垄

---

* 许峭，中国政法大学2023级行政法学博士。

断的浪潮推向另一高峰。2022 年《反垄断法》[1] 新增第 9 条："经营者不得利用数据和算法、技术、资本优势以及平台规则等从事本法禁止的垄断行为。"第 22 条也新增第 2 款："具有市场支配地位的经营者不得利用数据和算法、技术以及平台规则等从事前款规定的滥用市场支配地位的行为。"但究竟何为"数据优势""算法优势"，又如何判定平台具有并滥用市场支配地位，这些问题在新《反垄断法》中均未得到明确。

现有平台经济垄断规制似乎并没有脱离传统经济反垄断模式，以 2021 年《平台反垄断指南》为例，目前对平台垄断的判断主要从"相关市场界定""垄断协议""滥用市场支配地位"三个角度切入，与传统市场垄断的标准并无本质区别。2021 年 2 月 8 日，国务院反垄断委员会负责同志在答记者问中也已经承认二者的高度相似性："从总体框架上看，平台经济领域垄断协议形式与传统产业并无实质差别，在判断总体适用原则上也具有一致性。"[2] 但同时《平台反垄断指南》又承认平台经济在"市场份额""市场控制能力""财力与技术条件""依赖程度""进入相关市场"方面具有相当程度的特殊性。遗憾的是，《平台反垄断指南》并未指出平台经济垄断的特殊性体现在哪些地方。若《平台反垄断指南》与传统的垄断规制手段具有同质性，那么《平台反垄断指南》自不具有单独列明的必要性；若不存在同质性，以与传统垄断经济同质的规制方式予以处理又是否妥当？为了厘清上述问题，本文将从 2021 年美团平台案为切入点，深入分析平台垄断特征与我国反垄断执法穿透力不足的问题，并尝试构建以"市场调查报告"为核心的事前平台垄断规制模式。

二、美团平台垄断案的反思

2021 年，国家市场监督管理总局（以下简称"市场监督总局"）对美团平台作出 34.42 亿元的高额处罚[3]，从市场监督总局作出的处罚决定书看，其判定美团平台具备垄断特征的方式包括相关市场考量与滥用市场支配地位。但根据《中国反垄断执法年度报告（2021）》与《中国反垄断执法年度报告（2022）》两份报告内容，市场监督总局虽在规制"美团平台'二选一'垄断案"上持续

---

[1] 为表述方便，本文凡涉及我国的法律规范均用简称，如《中华人民共和国反垄断法》，简称《反垄断法》。

[2] 新华社：《"二选一""大数据杀熟"等行为如何认定？——解读平台经济领域的反垄断指南》，载 https://www.gov.cn/xinwen/2021-02/08/content_5586110.htm，最后访问日期：2023 年 11 月 8 日。

[3] 国市监处罚〔2021〕74 号。

发力〔1〕，但未能起到理想效果〔2〕。其根本原因在于需求替代分析与供给替代分析都无法契合平台经济的垄断结构。

（一）平台经济的相关市场界定困难

在美团平台案中，市场监督总局花了近 1/4 的篇幅去界定美团平台的相关市场。在传统商品市场领域，判定垄断的前提是要先界定相关市场。〔3〕从表面上看，相关市场的界定是在寻找与该基准商品具有替代关系的同类产品，但最终目的是在探明生产者之间的相互关系，识别目标企业的竞争者，并考察力量对比状况。〔4〕但随着数字化时代的到来，平台经营者一方面进行数字化整合不断提升服务质量，另一方面不断投入技术成本发展产品服务，在原有功能上增加新的功能，形成多种功能聚合的复合型产品〔5〕，复合型产品的不同功能面向可能构成不同的相关市场。

（二）消费者需求替代分析的不足

从美团平台案看，需求替代分析并不到位，说理也不够清晰。尽管美团平台《行政处罚决定书》，以及《平台反垄断指南》均列明"平台经济领域的垄断分析需要适用需求替代分析与供给替代分析"。然而，消费者需求替代分析所内涵的消费者选择理论并不适契于平台经济。以价格为例，平台经济常见免费/零定价模式〔6〕，这就导致价格要素在相关市场的重要性下降。从商品功能来看，平台经济商品可以通过更新或升级的方式在原有功能上实现多功能的复合〔7〕，从而满足不同用户的个性化需求。然而正因为商品功能的个性化，不同用户在使用商品时存在一个/几个不同的需求，不同需求之间有主次之分，所以在通过商品功能对相关市场进行划分时，除了考量功能外，更需要对消费者基础需求进行关

〔1〕 参见《中国反垄断执法年度报告（2021）》第29—32页;《中国反垄断执法年度报告（2022）》第33—36页。

〔2〕 除了"大数据杀熟"问题外，美团平台还存有"高佣金""算法偏好"等常见平台垄断问题。

〔3〕 参见张江莉：《论相关产品市场界定中的"产品界定"——多边平台反垄断案件的新难题》，载《法学评论》2019年第1期。

〔4〕 参见许光耀：《互联网产业中双边市场情形下支配地位滥用行为的反垄断法调整——兼评奇虎诉腾讯案》，载《法学评论》2018年第1期。

〔5〕 参见张江莉：《多边平台的产品市场界定——兼论搜索引擎的产品市场》，载《竞争政策研究》2018年第1期。

〔6〕 零定价模式（Zero Pricing Model）：一种商业策略，企业免费提供产品或者服务而不收取任何费用。通过吸引大量用户进而建立用户基础，然后利用这一用户基础来获得收益。

〔7〕 陈兵：《数字经济下相关市场界定面临的挑战及方法改进》，载《中国流通经济》2021年第2期。

联考察。

（三）供给替代分析的不足

在数字平台垄断领域，供给替代分析主要考量以下两个因素，一是数据转移难度，亦或称为转产难度，二是市场转移难度。就数据转移而言，数据与算法是平台运行的基础，平台扩张很大程度上取决于其掌握的数据。[1]一方面，平台流量优势转化为历史数据积累，一定程度上形成了锁定效应。用户在使用平台的过程中，产生并留存各种数据积累，循环往复形成的海量数据积累形成了平台的独特数据资产，也增强了用户对平台使用的依赖度。也故而《经济学家》如此评价道："21世纪的数据就如同上世界的石油，促进了新型基础建设、新型商业模式、新型垄断模式，以及新型经济。"[2]

但从美团平台案的处罚决定书看，处罚论述意见的供给替代分析仅仅分析了外卖市场与线下餐饮服务的区别，并未针对平台本身的特征进行数据转移难度与市场转移难度的分析。易言之，市场监督总局将美团平台视作一般垄断商品/服务的提供者予以规制，并未触碰其平台垄断的核心特征，自然导致规制效能不足。

（四）消费者福利背后的隐忧

美团处罚决定涉及消费者利益的论述的核心在于美团平台的"二选一"行为，其理由包含"减少了消费者的选择范围""消费者无法获得更优质的价格和服务""降低了消费者长期福利水平"。现有的垄断分析基本奉行芝加哥学派的立法目标，局限在狭义的消费者福利，但奇怪的是目前垄断监管并未采取如同芝加哥学派那般全面的经济分析模型，也未充分考虑平台市场结构、跨平台生态垄断等特点。在这种浅显分析下作出的垄断规制行为无异于"隔靴搔痒"。当然现有的垄断分析模式与芝加哥学派本身拘泥于数字分析的弊端具有一定的关联。2016年以后兴起的"新布兰代斯学派"（Neo-Brandeisian school）认为，反垄断法的目的不能仅仅局限在消费者福利，而应该定位在社会公平正义乃至民主。[3]在"新布兰代斯学派"的影响下，2019年英国竞争与市场监督局出具

---

〔1〕 孙晋：《数字平台垄断与数字竞争规则的建构》，载《法律科学（西北政法大学学报）》2021年第4期。

〔2〕 "Data Is Giving Rise to a New Economy", available at www.ecnomist. com/briefing/2017/05/06/data-is-giving-rise-to-a-new-economy, last visited on 2023-12-27.

〔3〕 参见焦海涛：《反垄断法上的竞争损害与消费者利益标准》，载《南大法学》2022年第2期，第18页。

了 Furman 研究报告[1]，同年欧盟委员会竞争总司出具了 Vestager 报告[2]，美国 Stigler Committee 出具了 Strigler 报告[3]。三份报告对数字经济的看法趋于一致，也最终推动了 2020 年美国众议员司法委员会发布《数字市场调查报告》，自此数字平台反垄断政策发生巨大转向。

三、以市场调查报告为核心的平台垄断规制模式

（一）平台垄断的核心："数据"与"算法"

无论是事前监管抑或是事后处罚，其本质都是对平台垄断的规制措施，其核心理念是"公共机构针对社会共同体认为重要的活动所施加的持续且集中的控制。"[4]何为重要活动？在数字平台垄断中，"重要活动"应该是数据、算法以及二者的关系。因此我们认为，要从根源上规制平台垄断问题，就应当先厘清上述两个基本问题。

1. 数据

数据是平台竞争的关键因素[5]，平台之间的竞争主要围绕数据展开，或者因数据争夺而产生竞争问题。所谓数据，是指用户在使用用户平台提供的网络服务的过程中"产生的被网络平台收集、存储、传输、处理和使用的各种电子数据"。[6]数据本身兼具"私财产属性"与"公共财产属性"，在大数据时代，数据的公共属性明显增强，也变得更为复杂。平台对数据的强制控制导致了"数据孤岛"和"数据垄断"的困境。大多数的数字平台将数据视为其核心资产和商业秘密，将其定义为私有区域，不断维护数据搜集、使用和控制方面

---

〔1〕 Jason Fuman, "Unlocking digital competition, Report of the Digital Competition Expert Panel", available at https://openresearch–repository. anu. edu. au/bitstream/1885/277716/1/UKComp_ 72. pdf, last visited on 2023–12–27.

〔2〕 Montjoye, Y., Schweitzer, H., Crémer, J., *Competition policy for the digital era*, Publications Office of the European Union, 2019, avaiable at https://data. europa. eu/doi/10. 2763/407537, last visited on 2023–12–27.

〔3〕 Strigler Center, "Strigler Committee on Digital Platforms: Final Report", available at https://public-knowledge. org/wp-content/uploads/2021/11/Stigler–Committee–on–Digital–Platforms–Final–Report. pdf, last visited on 2023–12–27.

〔4〕 P. Selznick, "Focusing Organizational Research on Regulation" in R. Noll ed., Regulatory Policy and the Social Sciences, University of California Press, 1985, pp. 1–2.

〔5〕 Anja Lambrecht and Catherine Tucker, "Can Big Data Protect a Firm from Competition?", 2015–12–18.

〔6〕 陈荣昌：《网络平台数据治理的正当性、困境及路径》，载《宁夏社会科学》2021 年第 1 期，第 72—80 页。

的优势，拒绝与其他主体分享或仅在极为严苛的条件下有限共享数据，保证其垄断的中心化。[1]

数据垄断与平台垄断之间存在着紧密联系，这一点在司法判例中也已得到证实，如在"新浪诉脉脉非法抓取微博用户数据案"[2]中，二审法院承认了"用户同意+平台同意+用户同意"的三重授权原则，但二审法院同时承认数据于平台而言具有重要商业价值，"经过用户同意收集并进行商业利用的用户信息不仅是社交媒体平台开展经营活动的基础，也是其向不同第三方应用提供平台资源的重要商业资源。"[3]换言之，数字平台会将其从用户身上获取的数据视为商业秘密进行排他性独占，而法院判定这一数据独占行为属于"正常商业竞争行为"。当然，随着《平台反垄断指南》的出台，数据作为平台反垄断的核心之一，其重要性也逐渐凸显。相当一部分学者围绕"数据性质"展开，试图通过数据了解垄断的发生并予以规制[4]，从目前平台垄断的趋势看，这似乎具有一定价值但显然不具有效率性。正如"新浪诉脉脉非法抓取微博用户数据案"中法官认为，数据的商业价值在于其"流动性"，平台数据流动性的降低直接造成了"数据孤岛"与"数据垄断"，因此，相较于分析"数据本身的属性"，探索数据的流动性对平台垄断可以起到更为直接的规制作用。

数据的流动性一般可以分为三类，用户之间的数据流动、用户与平台之间的数据流动以及平台间数据流动，三者各自发挥着不同作用，见表1。

表1　数据流动性及其作用

数据流动的主体	作用
用户—用户	增加用户依赖性，捕捉更多用户数据
用户—平台	收集用户数据的主要途径
平台—平台	不流动，导致数据孤岛与数据垄断

---

〔1〕 参见谢新洲、宋琢：《游移于"公""私"之间：网络平台数据治理研究》，载《北京大学学报（哲学社会科学版）》2022年第1期。

〔2〕 北京市知识产权法院民事判决书（2016）京73民终588号。

〔3〕 北京市知识产权法院民事判决书（2016）京73民终588号。

〔4〕 如 Borgesius, F. 与 Gray, J., Eechoud, M. 将数据定性为"公共数据"（公共财产），参见 Borgesius, F., Gray, J., Eechoud, M. "Open Data, Privacy, and Fair Information Principles: Towards a Balancingframework", *Berkeley Technology Law Journal*, Vol. 30, 2 (2015), pp. 2073-2132; 如胡凌将数据视为"生产资料"，参见胡凌：《超越代码：从赛博空间到物理世界的控制/生产机制》，载《华东政法大学学报》2018年第1期，第6—21页。

单一考虑某一面向的数据流动均不足以满足有效规制平台垄断的要求，应当综合考量三个维度的数据流向，市场调查报告则可以对数据的流动进行综合性、全盘性分析，如在美国对谷歌垄断调查报告中，其分析的核心点主要在于"谷歌搜索引擎扒取用户搜索数据""其他搜索引擎的数据来源基本来自谷歌""利用其庞大用户基数获取用户数据"等，并推导出谷歌可能因为数据涉嫌平台垄断。因此，通过市场调查报告对数据流动性进行观测可以较为直接地判定平台是否构成垄断。

2. 算法

从互联网 1.0 时代将算法作为普通技术，到互联网 2.0 时代将算法作为中立技术，再到平台时代算法权力的出现，算法逐渐从黑箱技术延伸到平台私权力的崛起。长期以来，网络平台责任的视野一直停留在事后的严格责任或者间接责任式的归责模式，这就导致了平台责任追责的社会效果与法律效果不理想。平台通常自辩：自己处于技术中立的地位，算法与损害结果之间存在的是"技术上因果关系"而非"法律上因果关系。"如"快播案"中，创始人王欣在法庭抗辩理由即"技术是中立的"；"今日头条"的创始人张一鸣在多个场合也提到"算法是没有价值观的。"

一般而言，法律责任的大小应该与平台的过错程度相当，但平台算法技术的"中立性"外观导致平台责任缺乏明显的主观过错认定机制，与主客观相一致的基本原则也相悖，在实践中则表现为平台法律责任体系的混乱和随机。如何刺透"技术中立"，使得主客观相一致同样适用于"平台算法责任"是目前学界讨论的焦点之一，较为可行的方法是深入平台底层的技术逻辑——算法，改变现有监管层次过浅的现状，修正长期以来"主体—行为—责任"的追责路径。[1]可以预见，算法规制是未来平台监管的趋势。

但这同样引发另外一个问题，算法不似行为那样有迹可循，它往往寄存于（或表现为）一种平台的商业行为，加上"算法黑箱"的存在，识别算法并规制算法并非易事。换言之，目前较适合我国情况的方式是先识别平台的"可疑行径"，再从行为中剥离出底层算法予以规制，且在算法布置中往往可以看到平

---

[1] 如 Borgesius, F. 与 Gray, J., Eechoud, M. 将数据定性为"公共数据"（公共财产），参见 Borgesius, F., Gray, J., Eechoud, M. "Open Data, Privacy, and Fair Information Principles: Towards a Balancingframework", *Berkeley Technology Law Journal*, Vol. 30, 2 (2015), pp. 2073-2132; 如胡凌将数据视为"生产资料"，参见胡凌：《超越代码：从赛博空间到物理世界的控制/生产机制》，载《华东政法大学学报》2018 年第 1 期，第 199—200 页。

台的价值观与主观意图。如在"司法部诉谷歌垄断数字广告技术"案[1]中，美国司法部先是捕捉了谷歌平台垄断行为如不合理的高价、黑箱运营、限制选择等，再深入分析了谷歌平台的实时线上广告买卖匹配系统，包括广告科技的基本原理、技术平台的利润获取方式、谷歌 AdX 广告交易系统原理等，不同于我国目前对平台规制尚处于浅层阶段，美国司法部的调查分析是更为深入的。以谷歌平台的"初见"系统为例，广告商在正式进入谷歌广告交易系统前，会先进入"初见"系统与其他竞争者竞价，但范围仅限于谷歌本身所拥有的广告，若是其他网页提供的广告位，"初见"系统则是直接排除竞争。

算法中立的假象隐藏了平台设计和部署中包含的价值观和主观意图，在破除这一假象后，我们可以得出一个简短的结论：无论是平台设计还是算法部署，都承载着平台公司的主观意图。但这就引发了第二个问题，如何固定平台、算法中的过错，我们认为，由于平台经济始终是一个动态、不断发展的架构，适用传统的事后规则显然不足以捕捉平台过错，应从"事前评估"与"事后追责"两个维度予以考量。

（1）事前评估

我国《个人信息保护法》第54条规定了个人信息处理者应当定期对其处理个人信息遵守法律、行政法规的情况进行合规审计；第54条规定利用个人信息进行自动化决策必须进行事前影响评估。我们似乎已经看到了自动化算法适用的事前评估，但目前仅限于个人信息保护，而未对整体的算法进行评估。反观欧美经验，欧盟《通用数据保护条例》中的数据处理评估制度（DPIA）就是针对高风险数据处理活动对数据控制者设置的预警自查义务。[2]美国《2022年算法责任法案》（草案）提出要求公司对其使用或销售的自动系统进行评估，保证全自动系统的使用时间、方式的透明性。[3]

除了设置算法的事前评估外，算法问责点的设置也同样重要。所谓算法问责点，是指应以算法处理的数据所涉及的利益、对用户行为的干预程度、社会动员程度，确立不同的算法风险等级并设定不同的干预程度。[4]比如欧盟《通

---

[1] 参见 UNITED STATES OF AMERICA U. S. Department of Justice v. GOOGLE

[2] 参见欧盟《通用数据保护条例》，第35—36 条。

[3] 参见 "Algorithmic Accountability Act of 2022", available at https://www. wyden. senate. gov/imo/media/doc/2022-02-03%20Algorithmic%20Accountability%20Act%20of%202022%20One-pager. pdf, last visited on 2023-12-27.

[4] 参见张凌寒：《权力之治：人工智能时代的算法规制》，上海人民出版社2021年版，第214—215 页。

用数据保护条例》要求对"高风险数据处理活动"进行评估；德国数据伦理委员会对数字服务企业使用五级风险评级制度。具体到平台经济中，需要特别关注的风险点包括市场背景、垄断力量、市场交易、市场集中度、电子广告等等。

（2）事后追责

在平台危害结果发生后，如何对平台的算法过错进行认定？从实践看，我国目前对算法责任的识别与判定尚处于空白或表层阶段。如美团平台案与阿里巴巴平台案中，相关部门主要针对平台的市场份额、支配地位、相关市场进行分析，并没有针对平台的算法布局、市场结构作出认定；算法责任与算法解释并不常见于我国司法与行政实践中，究其原因是目前我国对平台的运行机制、算法逻辑及其垄断的深层原因分析不清，对平台垄断的判定体系仍限制于市场份额、滥用市场支配地位等等。

需要特别指出的是，算法解释属于技术性问题，行政机关一般不具有与之相匹配的专业能力，加上技术黑箱、商业秘密，除非平台公司主动解释算法，否则主管行政机关一般难以通过算法解释分析垄断问题。较好的方式是通过举证责任倒置，如美国《竞争与反垄断执法改革法案》（草案）中就要求加强对并购企业的审查，但与传统的"主管机关判断是否构成垄断式合并"不同，美国《竞争与反垄断执法改革法案》提高允许合并的法律标准，由"实质降低竞争标准"提高到"可能降低竞争标准"；同时在举证责任方面，实现举证责任转移，即由合并主体证明其合并行为没有造成市场竞争降低。

综上，只有深入平台系统、算法架构，通过算法解释与举证责任倒置的方法，方能解决平台责任主客观一致的问题，进而对平台起到规制作用。

（二）市场调查报告的契合优势

横向比对美团平台案与欧美地区平台垄断调查报告书，不难发现我国现行平台垄断调查分析严重不足，导致平台垄断事前规制缺位，事后处罚效能不佳。如前所述，平台垄断规制的核心在于数据与算法的规制，同时还应考虑市场动态变化关系，最终消除垄断影响，促进竞争。市场调查报告的优势更契合平台垄断规制，因此应当构建以市场调查报告为核心的新型平台垄断规制模型。

1. 范围优势

在传统垄断行为的调查中，调查报告仅仅发挥着补充性作用，但在平台垄断中，市场调查报告分析逐渐主导化。其发挥的效能也不同于传统垄断行为调查。

（1）通过发挥更加主动的作用促进竞争

大部分的竞争法聚焦于防止竞争逐渐恶化，如规制并购、合谋、滥用市场地位等问题。而市场调查报告的一大优势就是不断促进竞争，如开放新的市场来调整不同的竞争关系[1]；及时发现新技术、新运营模式来开发潜在市场。

（2）市场调查可以提供更加全面的分析

传统的竞争法主要关注公司的行为，尽管在考量平台垄断行为时会考虑市场的部分因素，但这不足以涵盖市场的全部特征。相比之下，市场调查报告的设计初衷就是为了尽可能多的考虑市场相关因素，尤其是对可能影响市场竞争的因素予以充分调查。虽然这些因素或多或少会体现在平台不当竞争中，但在平台生态垄断效应下，这些因素也可能表现在经济规模、网络效应、市场结构障碍、消费者偏好中。市场调查报告所带来的救济措施也就不仅针对公司的不当竞争，而是对整个市场竞争失序的规制。

从供应端看，市场调查报告可以识别出平台、公司间微妙的交互关系，如"默契协调"[2]协议。这一功能早在2014年竞争委员会发布的《轻骨料、水泥和预拌混凝土市场调查报告》[3]中就有所体现。该案中，竞争委员会识别了一系列结构协调与价格不正常上涨问题，并最终通过一系列的结构性措施予以解决（比如市场剥离与提高市场透明度），而并非直接要求垄断公司禁止相关不正当竞争行为。除此之外，市场调查报告还会考虑垂直并购、委托代理合同、监管障碍等其他因素对平台垄断的影响。

从需求端看，市场调查可以识别平台的不正当竞争、给消费者的消费选择制造阻碍的行为，常见的搜索引擎制造阻碍的行为：自我优待、拒绝使用网络比价服务、通过格式条款增加消费者转移成本。这些反竞争情形与消费者权益保护法有着相当程度的重合部分[4]，但又不能被消费者权益保护法全部涵盖，因此需要发挥市场调查报告的功能，要求平台公司作出相应的调整。

总之，市场调查报告不同于传统垄断规则仅仅关注某单一问题或者某单一

---

[1] 比如，开放银行是一种金融领域的新兴概念，旨在促使银行和其他金融机构共享客户的金融数据和银行账户信息，实现更开放、竞争更激烈和创新的金融服务市场。

[2] 经济学中的默契协调是指，竞争者调整价格或者经营策略时，往往会基于对其他人的期待而作出相同调整的期待，这样才能稳定市场，避免价格战。

[3] "Ready-mix Concrete Market Reports", pp. 6-2—6-4, 6-21—6-24, available at https://assets. publishing. service. gov. uk/media/552ce1d5ed915d15db000001/Aggregates_final_report. pdf, last visited on 2023-12-27.

[4] 如《消费者权益保护法》第20条规定："经营者向消费者提供有关商品或者服务的质量、性能、用途、有效期限等信息，应当真实、全面，不得作虚假或者引人误解的宣传。经营者对消费者就其提供的商品或者服务的质量和使用方法等问题提出的询问，应当作出真实、明确的答复。经营者提供商品或者服务应当明码标价。"

滥用市场支配地位的平台公司，其主要是针对"泛市场"问题进行整体性分析，尤其是针对错综复杂的市场结构问题和市场行为问题。

（3）跳脱出传统反垄断思路

长期以来，我国的反垄断都是从市场份额、滥用市场支配地位、垄断协议方面进行界定。美团平台案的垄断分析与《平台反垄断指南》中的相关内容也同样承袭了传统垄断规制思路。如前文所述，传统反垄断规制措施与平台经济并不相契合。而市场调查报告则可以摆脱反垄断先例与规范的束缚，为平台反垄断提供更多的经济分析自由度。如市场调查报告不会如传统垄断规制那样，将目光仅聚焦于平台的垄断地位，而是以市场竞争分析为重点，更加彻底的调查、了解平台相关市场，厘清平台涉及的竞争、隐私、消费者权益、环境等领域之间的复杂关系。

（4）小结

市场调查报告这种关注市场全局联动性问题而不全聚焦于垄断可归责性的特征，尤其符合数字平台市场。正如 2019 年英国《解锁数字竞争报告》中提到，数字平台中对有效竞争的挑战不完全来自个体的反竞争行为与并购政策。[1]在数字平台中，平台不正当竞争包含了一系列因素的杂糅，如平台行为、消费者行为、经济特征、技术因素等等。在这样的前提下，仅仅通过打击平台反竞争行为来促进市场竞争并不可行，因此需要市场调查报告这样的积极规制手段，从现有的市场调查报告看，主要针对平台下述风险点予以调查（见表2）。

表2　平台经济的算法风险点

风险点	主要内容	
背景	数字市场背景调查	1. 市场结构
		2. 相关市场的进入难度
	数字平台的垄断力量	创新与盈利
		个人隐私与数据保护
		表现的形式与自由度

---

〔1〕　Jason Furman, "Unlocking digital competition, Report of the Digital Competition Expert Panel", available at https://openresearch-repository.anu.edu.au/bitstream/1885/277716/1/UKComp_72.pdf, last visited on 2023-12-27.

风险点	主要内容	
市场	线上检索	
	线上交易	
	社交网络与社交媒体	社交网络与社交媒体的不同
		市场集中度
	移动端使用数	
	电子广告	

欧盟委员会对市场调查报告予以高度评价，认为其具有以下优势：①市场呈现出的系统性问题已经超出了一家具有市场垄断地位的公司；②垄断市场结构加大了静默合并的风险[1]，而这些问题正是市场调查报告所关注并着力解决的。欧盟委员会同时强调了数字垄断平台事前规制的必要性，规制工具的早期干预可以有效防止市场结构出现倾斜[2]，这与我国目前试图构建"事前规制+事后处罚"的新型平台经济垄断规制模式不谋而合，因此，市场调查报告与平台垄断高度契合，应以"市场调查报告"为核心，规制平台经济垄断问题。

2. 救济优势

市场调查报告的一个重要功能是其能调查市场的集中力量，因此可以帮助我们更好地理解平台垄断，但市场调查报告的功能不应如此局限，倘若市场调查功能仅限制于调查市场，而其他规制手段（如部门调查）也有类似的效果，市场调查的必要性也就不那么强烈。我们认为，市场调查报告中的调查效能仅仅是手段而非目的，其目的价值应表现为市场调查报告的救济优势。

---

〔1〕 European Commission, "Interplay between the New Competition Tool and Sector-Specific Regulation in the EU Expert Study", available at https://ec. europa. eu/competition/consultations/2020_ new_ comp_ tool/kd0120577enn. pdf, last visited on 2023-12-27.

〔2〕 European Commission, "Interplay between the New Competition Tool and Sector-Specific Regulation in the EU Expert Study", available at https://ec. europa. eu/competition/consultations/2020_ new_ comp_ tool/kd0120577enn. pdf, last visited on 2023-12-27.

（1）一个更宽泛的救济工具箱

一旦发现不利于市场竞争的行为，反垄断部门就应该采取尽可能全面、合理的解决方案，由此市场调查报告本身就是一个极大的潜在救济工具包。虽然在某种程度上，过于宽泛的救济手段会被视为"超出合理干预"范围而遭受否定评价，但不能否认"宽泛的救济"可以带来一系列的好处。传统的竞争法救济倾向于有针对性的（narrow）事后评价（backward-looking），而市场调查报告的救济则偏向于事前评价（forward-looking）、泛市场化（market-wide）的救济。[1]为了应对市场可能出现的各种失衡问题，市场调查报告列举了"一揽子"救济措施，如在供给端方面，可以直接通过弱化垄断公司市场力量或者限制其扩张的可能性（比如直接限制默契协调或排他行为）；需求端的救济措施则通过加强消费者的参与程度、改进信息披露要求来降低消费者转移成本，进而保护消费者免受不公平对待。

除此之外，市场调查报告分析可以超越具体个案，即通过经济学分析认为其是合理的，就可以超越个案对类似行为进行规制。目前垄断规制仍囿于传统垄断规制理论，以谷歌购物案[2]为例，欧盟委员会竞争总部只能对谷歌购物平台的相关行为（如自我优待）进行规制，但无法发现其与谷歌公司在其他搜索平台垂直市场的密切关系。如果引进市场调查机制，就可以对某一领域的市场进行调查，只要证明相同的结论能够适用，就可以限制谷歌在其他领域内从事类似的反竞争行为，使得规制效果源于个案分析，但不局限于个案。

（2）市场调查报告的高度透明性与事前规制

市场调查报告的一个重要优点就是透明性，这也为垄断事前规制所必须。反垄断执法部门在进行市场调查时需要时刻保持过程透明，如英国市场竞争局会在市场调查过程中发布初步调查声明、研究报告、问题声明、依据检索，以及公开可能相关的救济措施，并在最后发布一份最终报告。在这漫长的调查过程中，任何的利益相关主体在市场调查的过程中都可以对任一文件提出建议。除了少数的涉密信息外，基本所有的相关信息都会公开，其中也包含了利益相关主体对上述文件的意见和态度。

市场调查报告也有着更强且主动的规制效能，在英国市场调查的关键阶段，

---

〔1〕 Amelia Fletcher, "Market Investigations for Digital Platforms: Panacea or Complement?", *Journal of European Competition Law & Practice*, Vol. 12, 1 (2021), pp. 44-55.

〔2〕 General Court of the European Union, Google and Alphabet v Commission (Google Shopping), Judgement in Case T-612/17.

决策小组的全体成员与所有利益相关主体均会出席听证会，听证会的核心内容是以市场调查报告为核心的经济学分析，而调查报告与经济学分析往往又是客观的，因此听证会的对抗性会有所减弱。客观的调查报告与经济学分析对各方都有一定的利益，即使是对认定存有垄断行为的公司而言也有出乎意料的积极影响，如 1993 年英国燃气公司案中，垄断规制后，原先一家公司被分拆成两家，但两家公司的综合估值迅速超过了原先一体化的公司。

市场调查报告申诉率不高也足以证明其事前垄断规制的效能。在英国，对市场调查报告的审查只能以司法审查（Judicial Review）的形式进行，1998 年竞争法案（Competition Act 1998）就已经要求市场调查报告需要全面审查，在数字市场领域，较为有名的案件如谷歌 APP 分布案、亚马逊市场地位案、谷歌广告技术案、苹果商店案等[1]，除了透明度和程序保障发挥了作用外，市场调查报告的结果也同样重要，一方面市场调查报告的透明性与客观性让反垄断机构作出一个基本中立的决定，从内容上看，市场调查报告也确实能够迅速发现市场不当竞争问题，而在作出决定时，垄断机构也秉承有效性与比例原则，这让市场调查报告本身并不具有过多的可责性；另一方面，市场调查报告本质上是一种事前规制手段，不存在罚款，因此没有可供量化的金额用于申诉。加之市场调查报告所针对的平台不正当行为通常涉及多个主体，市场调查报告的普遍性要让其他平台公司享受市场调查报告的积极影响，直接或间接地提高市场调查报告的可接受度。

四、结语

无论是从"美团平台案"还是《平台反垄断指南》的出台，平台经济反垄断规制仍未脱离传统规制手段的桎梏，而传统垄断行为的规制特征与平台经济并不相契合，因此也一直导致规制效能不足。平台经济垄断是因其本身的经济属性所导致，且平台经济本身的多边市场、生态垄断等特征都证明事前规制手段更加适用于解决平台经济垄断问题。因此应当围绕"数据""算法"两大平台经济核心要素，构建以平台市场调查报告为基础的新型垄断规制模式。

诚然，本文仅仅是一个暂时的结论，甚至仅仅是思考方向，尚有许多不足之处，如未对平台经济市场调查报告的风险点进行进一步分析，具体的调查权

---

[1] "Competition Act 1998 cases in the regulated sectors", available at https://www.gov.uk/government/publications/competition-act-1998-cases-in-the-sectors-regulated-by-ukcn-members/competition-act-1998-cases-in-the-regulated-sectors, last visited on 2023-12-27.

限也尚未与我国相关行政部门相结合，下一步应当考虑细化完善市场调查报告机制，同时在现有行政体制下，将市场调查权限落实到相关反垄断执法部门，构建"事前+事后"的新型反垄断规制模式，以期对我国平台经济发展有所助益。

书面证明影响借款合同纠纷判决结果的实证研究

涂丽星*

摘　要　在司法实践中，借款合同纠纷一直处于数量多、事实认定复杂的重要位置。为规范和统一裁判规则，最高人民法院于 2015 年出台了《审理民间借贷案件适用法律若干问题的规定》，其中第 15 条和 16 条对债权凭证和转账凭证的证明效力、当事人的证明责任仅作了模糊规定，法官在证据认定和作出判决结果上具有较大的自由裁量空间。为了探究法官在审判借款纠纷时受到哪些因素影响，本文利用 BERT 模型对 400 余份借款合同纠纷判决书中的自动识别结果建立了随机森林模型和因果森林模型。模型返回的结果显示，"借贷证明""还款承诺书"等书面证明与判决结果存在因果关系，但对判决结果影响的重要程度不高。用成本收益方法分析法官在法律模糊地带如何认定证据效力，可以解释这一结果并为借款纠纷中的证据认定提供新的思路。

关键词　借款纠纷　书面证明　随机森林模型　成本收益分析

一、问题的提出

借贷指的是一种重要的资金融通活动，由资金持有者向资金需求者转移资金，在市场主体的生产、生活、投资，以及国民经济的健康发展中发挥着重要作用。在大多数国家，专门从事资金融通活动必须取得行政许可，并在经营存续过程中持续受到金融监管机构的检查和指导，典型代表就是受到严格监管的金融行业。比如，银行有资格向不特定主体吸收存款并利用存款发放贷款，证

---

* 涂丽星，中国政法大学 2022 级法与经济学硕士。

券机构为资金需求者的融资目的向不特定的投资者销售股票债券，信托机构只能受特定人的委托管理运用委托资金。一般法人（比如民营企业）往往借助金融机构进行融资，并受到一定的监管。而自然人之间的资金融通活动则非常自由，几乎不受监督限制，完全属于私法自治的领域。

《民法典》[1]第 667 条规定，借款合同是借款人向贷款人借款，到期返还借款并支付利息的合同，即所有主体为从事借贷这一资金融通行为而达成的合意都属于借款合同。金融机构、普通法人和自然人从事资金融通时的交易习惯、监管程度不同，法院在受理因借款合同产生的纠纷时又产生了包括金融借款合同纠纷、企业借贷纠纷、民间借贷纠纷等不同案由。其中民间借贷的涵射范围最广，根据《最高人民法院审理民间借贷案件适用法律若干问题的规定》（2020 修正）（以下简称《民间借贷司法解释》），除经金融监管部门批准设立的从事贷款业务的金融机构及其分支机构因发放贷款等相关业务引发的纠纷外，自然人、法人和非法人组织之间的资金融通行为都属于民间借贷。

民间借贷作为借款合同的一种形式，原告如果提起民间借贷诉讼要求被告承担还款责任，就需要证明借款合同的成立以确定民间借贷关系的成立。[2]合同由具备民事行为能力的民事主体作出的一致意思表示构成，因此原告需要举证双方作出成立借贷关系的合意。依照《民法典》第 679 条规定，金融借款合同属于自合意达成时即成立的诺成合同；自然人之间的借贷合同属于需要借贷合意和交付行为的实践合同。自然人参与的借款往往发生在较熟悉的主体之间，具有明显的频繁性、私密性和随意性，双方可能不会依照严格的程序来交易资金，在发生纠纷时难以找到证明借款合同成立过的债权凭证或转账凭证。

为"统一裁判规则，为司法实践提供指引"[3]，最高人民法院在 2015 年颁布司法解释对这一问题作出了回应。根据《民间借贷司法解释》第 15 条规定，原告仅依据借据、收据、欠条等债权凭证提起民间借贷诉讼，若被告抗辩借贷行为尚未实际发生并能作出合理说明，人民法院应当结合借贷金额、款项交付、当事人的经济能力、当地或者当事人之间的交易方式、交易习惯、当事人财产变动情况以及证人证言等事实和因素，综合判断查证借贷事实是否发生。

---

[1] 为表述方便，本文凡涉及我国的法律规范均用简称，如《中华人民共和国民法典》，简称《民法典》。

[2] 王毓莹：《民间借贷纠纷案件裁判思路研究》，载《中国应用法学》2023 年第 4 期。

[3] 杜万华主编：《最高人民法院民间借贷司法解释理解与适用》，人民法院出版社 2015 年版，第 3 页。

第 16 条规定，原告仅依据金融机构的转账凭证提起民间借贷诉讼，被告抗辩转账系偿还双方之前借款或者其他债务的，被告应当对其主张提供证据证明，被告提供相应证据证明其主张后，原告仍应就借贷关系的成立承担举证责任。由此可见，单独的债权凭证（如借据、收据和欠条）可以使借贷合同是否成立进入一种模糊地带，一旦遭到被告合理说明的"抗辩"，借贷合同是否成立就完全由法官依照其他因素判断；单独转账凭证的证明效力也较弱，在遭到抗辩时原告需要继续提供证据完成对借贷合同成立的举证。该规定出台后，理论和实务对该条给出的解决方案并不满意，吴泽勇认为该条在术语使用和条文逻辑上的明显混乱给司法实务造成了新的混乱，但法官完全可以在没有司法解释下作出妥当的裁判。[1] 王雷认为应当区分借据真伪纠纷、只有债权凭证纠纷、只有转账凭证纠纷、名为买卖实为借贷纠纷等不同类型，对每种借款合同纠纷类型的举证责任作具体分析。[2] 陈群峰、张衡认为在仅存在转账凭证的情况下，司法实践中原被告双方均利用第 17 条将证明责任推向对方，但第 17 条并未明确该原被告在举证和抗辩中的证明责任应当服从何种标准。[3] 王凤认为，《民间借贷司法解释》对证明责任分配与《最高人民法院关于适用〈中华人民共和国民事诉讼法〉的解释》第 90 条的规定相左，混淆了主观证明责任与客观证明责任、抗辩与否认、本证与反证，证明责任分配不当。[4] 潘学文阅读 200 余件案件后认为，法官在判决时对"合理说明"的理解不一致，在原告完成"合理说明"后如何裁量也采取了不同做法。[5]

现有研究大多从证明责任分配和证明标准的理论角度讨论法院在纠纷中应该如何行为和判决，肯定服从理论的行为而否定与理论不符的行为，而并没有关注法官在实际审判中行为的原因和合理性。小部分学者结合案例研究了法官中在具体案件中如何行动并给出优化意见，但对案例的选择和描述往往带有作者的前见，提出的建议也是从理论出发而没有考虑法官的现实困境，尤其是法官选择某种行为的成本和收益。本文则希望从裁判文书文本出发，提供一个法

〔1〕 吴泽勇：《民间借贷诉讼中的证明责任问题》，载《中国法学》2017 年第 5 期。

〔2〕 王雷：《借款合同纠纷中的举证责任问题》，载《四川大学学报（哲学社会科学版）》2019 年第 1 期。

〔3〕 陈群峰、张衡：《论民间借贷案件中借贷合意的事实审查与举证责任——以〈民间借贷司法解释〉第 17 条的适用为视角》，载《法律适用》2020 第 22 期。

〔4〕 王凤：《民间借贷纠纷要件事实证明责任论》，载《重庆工商大学学报（社会科学版）》2024 年第 1 期。

〔5〕 潘学文：《仅有债权凭证的民间借贷纠纷证明责任问题研究》，扬州大学 2023 年硕士学位论文。

官在借款纠纷中如何判决的新思路，即建立法律要素出现频率和判决结果之间的关系模型。社会科学研究普遍使用潜在结果模型来进行因果推断，如倾向值匹配、逆概加权估计、工具变量、断点回归和双重差分。[1]随着机器学习方法的发展，统计学、计算科学和社会科学研究者开始使用机器学习的方法助力因果推断。[2]由于借款合同、民间借贷纠纷法律要素复杂，存在内生性、时间序列不平稳等因素。与传统模型相比，一些前沿机器学习方法对信息的运用更加充分、数据分析更深入、预测表现更优异。因此本文希望通过随机森林模型探究，从法官的角度出发，分析不同法律因素对借贷纠纷判决的影响，提供基于审判实践的实证研究。

二、随机森林模型设计

（一）法律要素识别

本文利用自然语言处理（Natural Language Processing，NLP）领域中的BERT（Bidirectional Encoder Representations）模型对以下标签进行识别，每个标签代表一种法律要素，BERT首先以分号或句号将一段判决文书分为多个句子，然后按照每个标签的识别规则判断该句中是否存在该法律要素。比如，"原告向本院提出诉讼请求：1、被告某某偿还原告贷款本金人民币 310 062.82 元，利息（含复息、罚息）25 334.32 元（计至 2016 年 12 月 12 日）；"中，同时存在"返还借款"和"支付利息"两个法律要素，模型就为该句话赋予 LN5 和 LN9 两个标签。

表1　标签的名称及识别准确率

标签	说明	准确率
LN1	债权人转让债权	0.92
LN2	借款金额 x 万元	0.84
LN3	有借贷证明	0.86
LN4	贷款人系金融机构	0.88
LN5	返还借款	0.92

〔1〕 贾小双：《社会科学中的因果分析——潜在结果模型、因果网络模型与ABM》，载《社会研究方法评论》2022年第1期。

〔2〕 陈云松等：《社会预测：基于机器学习的研究新范式》，载《社会学研究》2020第3期。

续表

标签	说明	准确率
LN6	公司 | 单位 | 其他组织借款	0.85
LN7	连带保证	0.91
LN8	催告还款	0.98
LN9	支付利息	0.92
LN10	订立保证合同	0.93
LN11	有书面还款承诺	0.69
LN12	担保合同无效 | 撤销 | 解除	0
LN13	拒绝履行偿还	0.47
LN14	免除保证人保证责任	0.84
LN15	保证人不承担保证责任	0.81
LN16	质押人系公司	1
LN17	贷款人未按照约定的日期 | 数额提供借款	0.67
LN18	多人借款	0.8
LN19	债务人转让债务	0.83
LN20	约定利率不明	0.5

那么，这些法律要素对判决结果存在影响吗？如果存在因果关系，那么某一法律要素对判决结果的影响是正向的还是负向的，能对其进行数值上的衡量吗？如果因果关系难以确定，可以运用这些法律要素预测判决结果吗？预测的准确率又是多少呢？

（二）变量设置

从2015—2022年裁判文书网中随机抽取400份案由为"借款合同纠纷"的裁判文书，一份裁判文书为一个样本。法官心目中对判决结果起作用的法律因素可能有以下四方面，①书面证明，②借贷双方性质，③债务性质，④债权人行为。根据BERT模型可识别的对象和准确率，书面证明可以分解为借贷证明和书面还款承诺，对应LN3和LN11；借贷双方性质可以分为借款人是否为单位/公司/其他组织，贷款人是否为金融机构，对应LN6和LN4；债务性质包括债权被转让、为债务订立了保证合同、承担连带保证，对应LN1、LN10、LN7；债权人行为包括债权人催告还款、债权人要求支付利息，对应LN8、LN9。本文的目的是从法官的视角判断不同法律因素对判决结果的影响，所以 BERT 模型的识别对象为每份判决文书的法官说理部分，即"本院认为"段落。由于 BERT 模型是以句号或分号为分割找出这句话中是否含有法律要素并贴上标签，说理部分往往包含多句话，所以一份判决的说理部分可能出现多个相同标签，每份判决的标签总量也不同。一般来说，法官会把自认为越重要、越具有说服力的证据在说理中多次提及。因此，在 BERT 识别完一份样本后，继续统计 LN3、LN11、LN6、LN4、LN1、LN10、LN7、LN8、LN9 标签出现的频率[1]，以此衡量 9 类法律要素在审理法官心中的重要程度；解释变量 X1、X2、X3、X4、X5、X6、X7、X8、X9 即为 LN3、LN11、LN6、LN4、LN1、LN10、LN7、LN8、LN9 标签出现的频率。

表 2　标签识别规则与示例（1）

label	规则	示例
LN3	若"有借贷证明"则该句被赋予标签 3（不局限于有"借贷合同"）	"sentence"："根据上述《有追索权国内保理合同》和《应收账款质押/转让登记协议》，建行洛江支行受让了被告美格兰公司对被告百鑫公司所享有的 6 133 981.40 元和 6 877 251.16 元以及 12 235 958.69 元三笔应收账款债权，总计 25 247 191.25 元"，"labels"：［"LN6""LN3""LN4"］
LN11	"有书面还款承诺"则该句被赋予标签 11	"sentence"："约定该笔欠款由解广瑞分六次还清，如有一期不偿还，原告可以全额起诉"，"labels"：［"LN11"］
LN6	若借款主体为"公司/单位/其他组织"则该句被赋予标签 6	"sentence"："2013 年 5 月 30 日，巴州若谷商贸中心向法院起诉后，长虹公司所认可的公司员工黄思红签收了诉讼文书"，"labels"：［"LN6"］
LN4	若"贷款人属于金融机构"则该句被赋予标签 4	"sentence"："签订合同后，恩平市工商银行依约发放了全部贷款"，"labels"：［"LN4"］
LN1	若"债权人依法转让了债权"则该句被赋予标签 1	"sentence"："2014 年 9 月 1 日，原告信达公司与中国建设银行股份有限公司福建省分行签订了编号 FJ007 号《债权转让协议》，依法受让上述债权，并在福建日报上进行债权转让及催收公告"，"labels"：［"LN1""LN8""LN4"］

---

[1]　标签出现次数/总标签个数。

label	规则	示例
LN10	"订立了有效保证合同"则该句被赋予标签10	"sentence"："本院认为，广发银行武汉分行与信诚和公司、淮化公司、朱建国、王桂凤分别签订的《授信额度合同》及《补充协议》《厂商银预付款三方合作协议》《最高额保证合同》《最高额抵押合同》及《补充协议》，均系各方当事人真实意思表示，不违反法律规定，均合法有效，当事人均应全面履行合同义务"，"labels"：［"LN3""LN10"］
LN7	若"被告承担连带保证责任"则该句被赋予标签7	"sentence"："2. 保证：李挑、易商公司提供连带责任担保"，"labels"：［"LN7"］
LN8	若"贷款人进行了催告还款"则该句被赋予标签8	"sentence"："贷款期限届满后，恩平市金沙煤矿未依约偿还贷款本息，经恩平市沙湖信用合作社多次催收仍未清偿"，"labels"：［"LN8"］
LN9	若句子意思含"要求支付利息"则该句被赋予标签9	"sentence"："原告向本院提出诉讼请求：1. 被告侯明刚偿还原告贷款本金人民币 310 062.82 元，利息（含复息、罚息）26 334.32 元（计至 2016 年 12 月 12 日）"，"labels"：［"LN9""LN5"］

被解释变量为法院裁判结果"target"，在同一份裁判文书的"判决结果"段落识别是否含有"返还借款"，若 Bert 模型识别出含有该标签则认为法院判决还款，则被解释变量 target 取 1；若模型未识别出含有"返还借款"这一标签，则认为法院未判决还款，被解释变量 target 取 0。

表 3　标签识别规则与示例（2）

label	规则	示例
LN5	若句子意思含"要求返还借款"则该句被赋予标签5	"sentence"："按照《中华人民共和国合同法》第二百零六条规定："借款人应当按照约定的期限返还借款"，被告应按合同约定偿还借款"，"labels"：［"LN5"］

得到 400 组 X1—X9 与对应的 target 取值后，删除 97 组解释变量均为 0，但被解释变量不为 0 的样本，最终得到 303 组最终样本。

三、借款纠纷判决结果影响因素的实证分析

随机森林是一种集成学习算法，能通过多个决策树的组合得到高效、稳定的预测结果。首先，计算机将从原始数据集中进行有放回抽样，创建多个训练数据子集。模型使用每个数据子集来构建一棵决策树，每一棵决策树将从已有特征中随机抽取一个包含 k 个特征的特征子集，从中选择一个能使分裂后各子集节点样本差异最小的属性对子样本进行分类。重复上述步骤直到满足某特定条件停止分裂，比如若分类后每个类别只剩下一个样本则停止。每棵决策树按上述步骤将数据划分为不同的类别或值，"森林"将根据所有决策树投票结果或平均值，选择得票最多的类别作为最终的分类结果，或者计算平均值作为回归的最终预测值。[1]

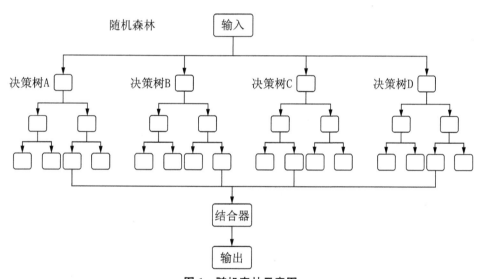

图1　随机森林示意图

本文建立随机森林模型的步骤为：将数据集划分为训练集和测试集，利用 Random Forest Classifier 函数对训练集数据建立随机森林模型，将训练好的模型用于测试集进行预测，以准确率[2]、召回率[3]、精确率[4]评估模型的效果，

---

〔1〕　周志华：《机器学习》，清华大学出版社 2016 年版，第 179—181 页。

〔2〕　准确率指模型预测准确的样本数（TN+TP）在全部样本（TP+FP+FN+TN）中所占比例。

〔3〕　召回率指模型正确预测的正例数（TP）在真正正样本（TP+FN）中所占比例。

〔4〕　精确率指模型正确预测的正例数（TP）在被预测为正的样本（TP+FP）中所占比例。

最后使用训练效果最好的模型为我们返回 9 个解释变量对被解释变量的重要程度排序。

由于样本数量较少，为了得到更好的训练结果，随机抽取样本中 80% 组数据为训练集，20% 组数据为测试集。利用 Random Forest Classifier 函数对经过逐轮尝试，设置决策树个数（n_ estimators）为 15，每次随机抽取特征个数（max_ features）为 3（总变量数开平方取整），最小分割样本数（min_ samples_ splits）为 2（若叶子结点上样本数小于 2 则停止向下分割），此时模型预测准确率最高。

训练后随机森林模型训练集输出混淆矩阵如表 4 所示，模型在训练集上准确率为 85.95%、精确率为 86.46%、召回率为 98.51%。

表 4　运用随机森林模型在训练集上输出的混淆矩阵

训练样本 N＝242		实际值	
		判决还款	未判决还款
预测值	判决还款	TP＝10	FP＝31
	未判决还款	FN＝3	TN＝198

运用 Predict 函数将最终确定的随机森林模型运用于测试集，预测结果如表 5 所示。测试集上模型预测准确率为 83.61%、精确率为 83.3%、召回率为 100.00%，这说明模型总体预测效果较好。

表 5　运用随机森林模型在测试集上输出的混淆矩阵

测试样本 N＝61		实际值	
		判决还款	未判决还款
预测值	判决还款	TP＝1	FP＝10
	未判决还款	FN＝0	TN＝50

以这一预测效果较好的模型为基础，随机森林为我们返回了 9 个解释变量对预测法院判决结果的重要程度排序。由表 6 可以看出，对判决结果前三重要的因素分别为债权人要求支付利息的出现频率（X9）、借贷证明的出现频率（X1）、为债务订立了保证合同的出现频率（X6）；其中，债权人要求支付利息的重要程度遥遥领先，甚至大于借贷证明和保证合同重要程度之和。债权人催

告还款的出现频率（X8）的影响程度最小。

表6　解释变量重要程度的排序

解释变量	含义	重要程度
X9	债权人要求支付利息的出现频率	0.3244
X1	借贷证明的出现频率	0.1430
X6	订立保证合同的出现频率	0.1415
X7	被告承担保证责任的出现频率	0.1235
X3	借款主体为公司/单位/其他组织的出现频率	0.0949
X4	贷款人为金融机构的出现频率	0.0880
X5	原债权人转让了债权的出现频率	0.0320
X2	有书面还款承诺的出现频率	0.0273
X8	债权人催告还款的出现频率	0.0254

四、进一步讨论

（一）因果关系分析

因果森林是一种衡量处理效应的增益模型，与传统监督学习重点关注解释变量对被解释变量的影响不同，因果森林专注于估计处理变量对每个被解释变量（或称响应变量）的影响，即处理效应 θ。

$$\theta_i = E\ (Y_i \mid T_i = 1,\ X_i)\ -E\ (Y_i \mid T_i = 0,\ X_i)$$

同随机森林相似的是，因果森林模型也设立多棵决策树，每个决策树下通过有放回抽样得到一定数量的子样本，每棵决策树根据一定规则分裂和停止，模型借此学习处理变量与平均处理效应的非线性关系并进行预测。与随机森林不同的是，因果森林中节点的分裂规则"使分裂后两个子集的处理效应差异最大"；另外，总样本中一部分样本受到处理、一部分未受处理，每棵决策树下的子样本也同时包括了受到处理和未受处理的样本，这使得因果模型中的每棵树中都包含实验组个体（接受了处理）和对照组个体（未受处理），可以估计出每组的处理效应。

借鉴郭立仑和周升起分析随机森林模型中解释变量与被解释变量之间是否

存在因果关系的思路，[1]本文构建了因果森林来探究 9 个解释变量与被解释变量之间是否存在因果关系。首先，仍然将 80% 数据分作训练集，20% 分作测试集。随机生成 242 个二项分布的 0/1 变量，记作处理变量 T。若我们研究 X9 与被解释变量是否存在因果关系，则将训练集中的 X9 与 T 相乘的 XNINE 和训练集中其他变量组成新解释变量 X。将训练集上的 X、Y、T 传递给 CausalForest-DML 函数，得到因果森林模型，因果森林模型根据训练集数据给出训练集中每个样本的处理效应。最后，使用测试集中每个样本的处理效应估计平均处理效应（Average treatment effect，ATE），即 X9 存在（T = 1）与不存在（T = 0）时被解释变量 target 取值差额的均值，使用 Std 和 Percentile 函数估计标准差和95% 水平下置信区间。进一步地，将其他解释变量按上述步骤与 T 相乘并代入模型，即可得到每个变量的平均处理效应、标准差和置信区间。由于置信区间篇幅较长，表 7 只报告了每个解释变量对被解释变量的平均处理效应估计值和标准差，可以看到每个平均处理效应估计值在 1% 水平上显著，也就是说每个解释变量都与被解释变量存在因果关系。

表 7　解释变量的平均处理效应

	X9	X1	X6	X7	X3	X4	X5	X2	X8
ATE	0.0372	0.0804	0.0781	0.0806	0.0369	0.0423	0.0804	0.0761	0.0676
Std. err	0.0827	0.2480	0.0884	0.0979	0.0818	0.0820	0.2480	0.0905	0.0848

（二）模型比较

传统回归模型可以测度解释变量与被解释变量间是否存在统计上显著的因果关系，应用于本文即可以探究不同法律要素在多大程度上影响判决结果。但由于本文未考虑时间序列是否平稳、内生性等因素，传统回归模型在这里仅起到实验和比较作用。被解释变量 target 是一个布尔响应变量（判决结果要么取 1 要么取 0），我们采用 Logit 模型构建 target 取值概率与解释变量 X1—X9 的关系：

$$P(target = 1) = \frac{e^{k0+k_1x_1+k_2x_2+k_3x_3+k_4x_4+k_5x_5+k_6x_6+k_7x_7+k_8x_8+k_9x_9}}{1+e^{k0+k_1x_1+k_2x_2+k_3x_3+k_4x_4+k_5x_5+k_6x_6+k_7x_7+k_8x_8+k_9x_9}}$$

---

[1]　郭立仑、周升起：《商业银行流动性：风险测度、影响因素和对策研究》，载《经济学报》2023 第 3 期。

采用极大似然估计法得到估计结果如表 8 所示，在 1% 置信水平下，解释变量 X9 对被解释变量有显著影响，其平均偏效应约为 1.5969；这意味着在其他要素保持不变的情况下，"要求支付利息"这一法律要素出现频率的均值每变动一单位将使法院判决还款的概率增加约 160%。在 5% 的置信水平下，解释变量 X4 对被解释变量有显著影响，其平均偏效应约为 3.1016；该系数表示在其他要素保持不变时，"贷款人是金融机构"这一法律要素出现频率的均值每变动一单位将使法院判决还款的概率增加约 300%。其他解释变量对被解释变量的影响系数均超过了 10% 的置信区间，即借贷证明、还款承诺、借款人性质等 7 类法律要素的出现频率对判决结果并无统计上显著的影响。

表 8　Logit 回归结果

VARIABLES	(1) target
X1	0.8326
	−0.699
X2	−
X3	−0.6821
	−1.378
X4	3.1016**
	−1.502
X5	0.0996
	−1.032
X6	−0.5392
	−1.019
X7	0.7244
	−0.772
X8	−0.0098
	−2.368
X9	1.5969***

	（1）
	-0.581
Constant	0.7631**
	-0.339
Observations	296

Standard errors in parentheses：

*** p〈0.01，** p〈0.05，* p〈0.1

五、研究结论

虽然学界认为，交付凭据能够直接推导出借贷合意的规定，减轻了原告的诉讼负担，从理论上对债务人举证责任应当产生何种程度的"举证责任转移"、被告提供的证据应当达到何种标准提出了多种标准；并指出在实务上，基于对司法解释字面含义的理解，绝大多数法院愿意"推定"原告主张的借贷事实。但根据模型结论我们发现，"书面还款承诺"甚至"借贷证明"这类书面证明的出现频率对法官判决"是否还款"的影响并不高，而"要求支付利息"的出现频率对法官判决结果存在显著影响，并且能较大地提高判决还款的概率。

在借款关系纠纷中，不承认借款关系的一方常常以"名为借款，实为投资"等理由不承认双方在某次资金移转中达成了资金融通的合意。在实际生活中，货币作为"交易媒介"（物与物、物与行为、行为与行为依靠货币进行"广泛"的交换）不可避免地需要在三方以上不同主体间移转甚至一对主体间反复移转，一旦在某个移转环节产生交易混杂或主观误解，证明某次资金转移是否基于"资金融通"的合意就需要主张借贷关系成立一方付出高成本。同样的，这种交易混杂和当事人的主观分歧也会令审理法官付出高成本去判断某次资金移转是否基于"资金融通"的合意。

借款合同的成立需要"达成借贷合意"和"交付借款"两个要件。在现代社会，取得交付某笔款项的证据（如转账记录）是低成本的，当事人的诉讼成本集中在证明借贷合意以及证明被交付的款项正是借贷关系的标的物。本文的讨论集中在"证明借贷合意"这部分，即什么样的证据能最低成本、高说服力地体现"借贷合意"。司法似乎已经找到了这样一种证据——并非司法解释中所提到的债权凭证或转账凭证，而是当事人对于利息的约定，那么为什么利息约定能低成本地证明借贷合意的存在呢？这可以从利息的经济意义来说明。利息是在某个时期使用资金的机会成本，衡量了如果不将该笔资金"投入"借款人而用作其他用途的最低收益。虽然现实中利率的确定并不直接由社会各生产部门利润率计算得出，而是以平衡经济增长、通货膨胀和金融稳定为目的由央行确定，但其和理想状态下的"机会成本"一样指导了裁判者和当事人为资金准确定价——如果取得资金的一方为得到资金付出了远超利率价格的成本，那么大概率该笔资金移转的基础就不是"借贷合意"或者说双方没有达成"借贷关系"这一合意。从反面来想，通用的利率标准（如法定利率）一般是极低的，如果该笔资金移转的基础不是"借贷合意"，那么大多数情况下双方会提高对资金的定价。从经济意义出发，利息约定的强说服力能使裁判者以较低成本判断某次资金转移是否基于"资金融通"的合意。

因此，与其要求出借人为严格证明某次资金转移具备"借贷合意"付出高成本，如仅有转账、存款等交付凭证不足以证明借贷合意成立，或者法官让当事人承担很高的证明标准，不如放宽要求降低出借人证明成本，仅有交付凭证就可初步证明借贷合意成立。对裁判者来说，与其执着于书面证明的语义，不如将利息约定作为重要判断标准。这也能解释为什么"书面还款承诺"甚至"借贷证明"这类书面证明的存在对判决结果影响不大，而"支付利息"的出现频率更重要地影响了判决结果。

破产企业用户个人信息转让规则的检视与完善

——以法经济学为分析视角

吕顺显[*]

摘　要　我国法律对破产企业个人信息转让采取了同意豁免的规范要求，独到的功能性价值并不能遮蔽其与个人信息转让复合法律结构的理论扞格之处。卡-梅框架视域下，"自由主义的温和专制主义"的管制规则调和了告知同意与同意豁免的规则刚性，有助于协调破产情形下多方主体在个人信息之上的多元利益平衡，结合个人信息的类型化差异构造出规则协同的共治路径。博弈论视域下，管制规则的运行实效取决于利益相关方的互动决策，完善企业信息处理成本相关的双向激励措施，有益于解决法律规则抵达规范目标的"最后一公里"问题。

关键词　同意豁免　卡-梅框架　退出权方案　博弈论

一、问题的提出

党的十八大以来，党中央高度重视发展数字经济，将其上升为国家战略。[1]在产业数字化和数字产业化如日方升的背景下，高速发展的网络信息技术使生产、收集、存储、整理、分析个人信息[2]比以往任何时候都更广泛、快捷和深入。企

---

[*]　吕顺显，中国政法大学 2022 级法与经济学硕士。
[1]　习近平：《不断做强做优做大我国数字经济》，载《求是》2022 年第 2 期。
[2]　个人数据是符号，个人信息是内容。但是，如果无法从个人数据中解析出个人信息，个人数据并无价值。当数据与内容一一对应时，无法区分形式与内容，对数据的复制必然也是对内容的复制。进入数字时代，个人信息秩序无法脱离数据媒介而单独建立，个人信息的交易也都是通过个人数据交易完成的。因此，本文在同等意义上使用个人数据与个人信息。

业商业化利用个人信息的能力达到了前所未有的高度，巨大的经济价值也使得以数据为载体的个人信息成为企业间商业交易的新兴标的。但数字经济的发展伴有明显的"破坏性创造"特征，技术驱动下的产业革命与行业革命导致被市场淘汰的企业源源不断地进入破产程序，破产企业的用户个人信息转让[1]问题应运而生。《个人信息保护法》[2]是我国目前调整个人信息转让的主要法律规范，其第23条明确了一般情形下的个人信息转让适用"告知-同意规则"[3]。但其第22条规定，因被宣告破产的原因[4]转移个人信息的，个人信息处理者只需履行告知义务，免除了破产企业征求信息主体同意的义务要求。相比之下，现行的《企业破产法》尚未对个人信息转让作出规定。

《个人信息保护法》豁免破产企业用户个人信息转让同意的应有之意为何，此同意豁免规则是否真正有助于个人信息保护与个人信息利用内生性矛盾的化解，抑或只是以用户个人信息权益的让渡，促成破产程序中债权人利益最大化与数字经济利益流通需求的实现。在后者的情形下，有必要深入讨论破产程序中如何通过规则之治实现用户个人信息权益、债权人利益和数字经济发展需求的整体平衡。现有研究集中于个人信息保护的传统法学分析视角，遵循以规范文本为中心的法教义学路径，从解释论层面提出对策建议，而且就破产企业个人信息转让的学术讨论也是微乎其微。为此，本文依循法学和经济学双向校验互动的研究进路[5]，兼顾法学研究对正义目标的关注和经济学对效率价值的追求。从同意豁免规则的功能性价值与法律结构缺陷切入，援引法经济学的分析工具，利用卡-梅框架的规则菜单厘清不同法益保护规则的规范目的的差异，尝

---

〔1〕 依据交易主体的不同，个人数据交易（个人信息转让）大致分为三类：大数据交易所模式、企业之间的传输模式、企业和个人之间的交易模式，本文所涉的个人信息转让概念仅指《中华人民共和国企业破产法》所适用的企业法人之间的个人信息转让。

〔2〕 为表述方便，本文凡涉及我国的法律规范均用简称，如《中华人民共和国个人信息保护法》简称《个人信息保护法》。

〔3〕 《个人信息保护法》第23条规定："个人信息处理者向其他个人信息处理者提供其处理的个人信息的，应当向个人告知接收方的名称或者姓名、联系方式、处理目的、处理方式和个人信息的种类，并取得个人的单独同意。接收方应当在上述处理目的、处理方式和个人信息的种类等范围内处理个人信息。接收方变更原先的处理目的、处理方式的，应当依照本法规定重新取得个人同意。"

〔4〕 在我国的破产法律制度中，破产宣告属于破产受理与财产变价分配之间的程序，学界主流的观点是对破产宣告做狭义的理解，即理解为破产清算的宣告，进一步说是理解为破产清算程序中企业财产进入拍卖、变卖等变现过程的时间起点。本文采此种理解，故下文所涉企业破产情形、企业破产、破产程序均特指破产清算程序。

〔5〕 赵海怡：《当代法和经济学发展的第三条进路——法学与经济学的双向校验互动》，载《政法论坛》2022年第4期。

试建构类型化保护的规则协同共治路径。在此基础上，本文借助博弈论工具分析具有明确规范效力的法律规则的运行实效，进而提出保障法律规则实现理想均衡状态的配套激励措施，解决法律规则抵达规范目标的"最后一公里"问题。

二、同意豁免的功能性价值与理论扞格

尽管告知同意规则在全球范围已成为绝大多数国家个人信息保护领域立法所承认的基本规则，在我国更是覆盖网络安全、消费者权益保护等诸多领域，成为占据主流的规范表达。但客观来看，该规则的局限性导致其所发挥的作用乏善可陈。基于此，在企业破产的特殊情景下创设同意豁免规则，其应有之意是发挥同意豁免促进信息生产性流通与保障债权人利益最大化的功能性价值。但该功能性价值的实现以无条件让渡用户个人信息权益为基础，背离了个人信息保护与利用的平衡性要求。从理论基础来看，同意豁免与个人信息转让的复合法律结构存在扞格之处，不利于个人信息转让的负外部性风险调整。因此，全面明晰同意豁免的功能性价值与理论扞格，是探讨破产企业个人信息转让规则完善进路的必要前提。

（一）告知同意的局限性

其一，告知同意规则的适用前提是信息主体对个人信息享有排他性的权利，且关于个人信息的交易成本极低。但从"主体—权利—客体"的结构来看，个人信息缺乏民事客体须有确定性、特定性以及独立性这一基本要求[1]，并且想要满足信息主体与信息控制者就处理行为的目的、过程、结果、方式等达成一致成本极高。其二，个人信息具有显著的非竞争性。从经济学角度来看，"产权的概念仅仅是针对稀缺物品而言的，因为稀缺才有分配的效率问题，从而产生了产权与交易的需要，对于像阳光和空气这样不稀缺和不排他的充裕物品是没有竞争性的，因而也不需要产权制度来规范其使用"[2]。因此，法律应当更多从规制信息使用的角度出发解决个人信息保护与利用的问题，而非以告知同意这一保护财产等私权客体的方式赋予信息主体决策权来达到数据治理的目的。其三，实践中信息主体作为自然人的理性局限，以及面对信息控制者的智识差距滋生了"决策困境"等问题，使得即使进一步赋予信息主体限制处理权等权利也未必能很好地保护其权益，[3]严重阻碍了信息的流通利用。

---

〔1〕 梅夏英：《数据的法律属性及其民法定位》，载《中国社会科学》2016 年第 9 期。

〔2〕 ［美］约瑟夫·E. 斯蒂格利茨：《公共部门经济学》（第三版）（上），黄险峰等译，中国人民大学出版社 2013 年版，第 7 页。

〔3〕 丁晓东：《个人信息保护：原理与实践》，法律出版社 2021 年版，第 108 页。

（二）同意豁免的功能性价值

从契约和产权的角度，破产法改变了企业原来的合同束，并根据新的合同束界定利益相关人对企业的产权。[1]根据剩余控制权理论，当企业陷入资不抵债的破产困境，股东享有的所有者权益已基本清零，此种情况下债权人成为企业剩余收益的索取人和事实上的风险承担者，公司的控制权转移至全体债权人。因此，企业破产的特殊情形下，个人信息转让不仅要考虑用户可能面临的隐私风险，此为其作为信息主体享有的信息权益保护需求，还要兼顾债权人的利益保护。同意豁免的功能性价值由此展开。

其一，同意豁免有利于保障债权人利益最大化。数字时代个人信息具备了显著的商业价值，简化破产企业个人信息转让的法定要求有助于商业价值的及时变现，实现破产财产价值的最大化，提高债权人受偿水平。是故破产情形下的个人信息转让存在信息主体权益与债权人利益间的衡平比较，《个人信息保护法》规定的同意豁免实质上认可了债权人利益在一定程度上优位于信息主体权益。其二，同意豁免有利于信息的生产性流通。个人在面对信息数据处理时的理性是非常有限的，甚至在一定程度上可以被视为数据领域的"非完全行为能力人"。[2]在破产程序紧迫的情形下，疾在腠理，不治将恐深，个人实际需要有着专业判断与分析能力的企业代理其作出最优决策。同意豁免将信息转让的决策权交由破产企业掌握，很大程度上杜绝了个人的非理性决策，促进了信息的流通共享。

（三）同意豁免的理论扞格

同意豁免功能性价值的实现排除了用户在破产企业个人信息转让中的自决权，本质上是以无条件让渡个人信息权益为基础促进债权人利益最大化和信息生产性流通需求的实现，这与个人信息转让调整负外部性风险的复合法律结构存在扞格之处。个人信息转让的动态性[3]和非排他性[4]决定了其具有基础合同关系和个人信息处理关系构成的复合法律结构。原因在于，持续性的个人信

---

[1] 李曙光，王佐发：《中国破产法实施的法律经济分析》，载《政法论坛》2007年第1期。

[2] 张硕：《论个人信息处理中的优位利益豁免规则》，载《行政法学研究》2023年第2期。

[3] 个人信息转让的动态性在于：一次性的个人信息转让对接收方的价值有限，不足以满足刻画用户画像的需求，只有借助持续更新的数据，接收方才能不断推测出用户的喜好、行为习惯或信用等信息，因此，接收方的主要交易目的是获取实时更新的个人信息。

[4] 个人信息转让的非排他性在于：原信息处理者在传输或开放接口后需持续更新个人信息，故接收方始终并未获得所转让个人信息的排他性控制。此外，用户作为个人信息主体，可以持续地影响转让后的个人信息的处理活动。《个人信息保护法》第44条及以下规定的限制处理权、拒绝权、访问权、更正权和删除权等权利，贯彻个人信息处理活动的全生命周期，并不随个人的同意而丧失。

息汇集，导致个人信息被算法滥用的可能性显著提升，出让方与受让方企业之间的信息转让行为具有明显的负外部性风险。调整转让交易关系的合同规则仅能依靠合同无效实现事中和事后的救济，解决负外部性风险力有不逮。因此，有必要从理论上剥离个人信息转让中基础合同关系之外的法律关系，以合同规则外的法律规则干预基础合同关系造成的负外部性，其中又以个人信息处理关系最为契合。

调整个人信息处理关系的个人信息保护规则以信息主体的同意作为负外部性内部化的依据。申言之，个人信息转让中的基础性合同关系与个人信息处理活动的效力相互独立，所以基础合同的有效不能免除个人信息处理活动的违法性，只有征得信息主体同意的个人信息转让行为才具有复合法律结构的合法性。此时，信息主体的同意将其转化为个人信息转让中内部的一方，因其同意的做出往往取决于出让方及受让方提供的合理对价，此时个人信息被算法滥用的风险不再具有负外部性。但破产情形下的同意豁免实质上排除了个人信息转让行为中个人信息保护规则对于负外部性风险的调整，导致复合的法律结构趋向于单一的合同关系。具体而言，豁免同意后破产企业作为信息处理者只需履行告知义务，而单方的告知并不能替代告知-同意分配负外部性风险的功能，而且这种告知义务存在被合同规则吸收的理论空间。因此，同意豁免本质上是以基础性的合同效力代替了排除违法性的同意，理论的扦格之处照应的是其无条件让渡用户个人信息权益，背离了个人信息保护与利用的平衡性要求。

三、卡-梅框架视域下的规则协同

基于前文分析，破产企业的个人信息转让不只是简单的合同交易，也是受让方企业持续的个人信息处理活动的开端。在告知同意规则局限明显，同意豁免规则因其理论扦格导致信息滥用风险加剧的情况下，本文认为，法经济学中的卡-梅框架分析工具有益于提供丰富的规则菜单参考。"卡-梅框架"是卡拉布雷西（Guido Calabresi）和梅拉米德（Douglas Melamed）于 1972 年在《财产规则、责任规则以及不可转让性：大教堂的一个景观》[1]一文中所提出的一套评判法益[2]保护效果并决定规则选择的理论模型，学界简称为"卡-梅框架"

---

［1］ Guido Calabresi, Douglas Melamed, "Property Rules, Liability Rules, and Inalienability: One View of the Cathedral", *Harvard Law Review*, Vol. 85, 6（1972）.

［2］ "卡-梅框架"中所谓的"法益"（legal entitlement），指代的是所有受法律保护的权利和利益，既包含受到绝对权利保护的"权利化"的利益，也包括有待法院在具体情形加以确定的绝对权利保护之外的"纯经济利益"。也就是说，即便是在民法上尚未实现权利化的个人数据，也可以适用该框架来进行分析。

（C&M Framework）。其原初结构是以法益的转移自由和定价权利为标准划分的"禁易规则"[1]、"财产规则"[2]和"责任规则"[3]，后继者又依据国家对私人交易的干预添置了"管制规则"[4]。

（一）告知同意与同意豁免的规则刚性

在卡-梅框架的法益转移自由和定价权利标准的判断下，告知同意与同意豁免可分别对应财产规则与责任规则。其一，告知同意要求企业转让用户个人信息必须获取其同意，即以法益拥有者（信息主体）的自愿让与作为该法益转移的前提条件，符合对财产规则的基本界定。从形式上看，财产规则提供了除禁易规则外最为严格的法益保护，因为该规则下的法益流转以取得法益拥有者的同意为必要条件。其二，同意豁免允许个人信息转让不再以信息主体的意愿为准，而信息主体也只有在信息控制者违反相关法律法规的情况下享有损害赔偿的请求权，符合对责任规则的基本界定。责任规则能够在高交易成本的情形下突破信息主体自愿，强制完成法益流转，有助于充分发挥个人信息的商业价值，实现对破产企业债权人权益的优位保障。与前文的分析相符，责任规则客观上增加了信息主体隐私被侵害的风险甚至减损人格尊严的可能。

整体来看，告知同意映射的财产规则对应个人信息转让的需要用户明示同意，而同意豁免映射的责任规则对应个人信息转让的无需用户同意，两者定位于用户信息自决权全有或全无的两端，表现出明显的规则刚性。在破产企业个人信息转让的场景下，债权人利益保护与信息主体权益保护之间存在明显的张力，理想状态应是在微观的权益张力中寻求兼顾双方利益的平衡点，并在宏观层面促进个人信息的生产性流通。刚性的财产规则或责任规则只是将微观的利益张力偏向了其中的一方，反而加剧了利益冲突的紧张程度，并未实现张力的良性调和。相比之下，卡-梅框架中的管制规则明显具有更好的利益衡平效力。

（二）管制规则的折中方案

管制规则的特点在于，它不会直接界定法益的交易价格，而是通过限定交易条件促使双方当事人按照预期的方向从事行为，具有行为法经济学中助推

---

[1] 禁易规则旨在取缔特定市场，完全禁止特定法益的自由转移。

[2] 财产规则只允许法益以自愿交易的方式转移，法益拥有者有自愿决定法益交易价格的充分而完整的权利。

[3] 责任规则额外允许了非自愿的法益转移，只要相对人支付了法律设定的"买断价格"。

[4] 管制规则支持自愿的法益转移，但国家应严格限定法益转让的法定条件。

理论[1]"自由主义的温和专制主义"的意蕴。与财产规则相比，其可以遏制单一财产规则下，市场失灵对于自由市场的干扰和破坏，财产规则下的法益定价是私人之间的自愿交易，而管制规则下的法益定价则受到了法定条件的严格限制。与责任规则相比，尽管两种规则的法益定价都受到了法律限制，但责任规则是对交易价格的法律界定，而管制规则是对交易方式的法律界定。这表现在，责任规则常用于事后救济，而管制规则是对潜在或者正在受损的法益的事前或事中救济。通过考察域外立法与实践，美国对企业在破产程序中的个人信息转让有较为全面的立法和判例[2]，其基于判例形成的"退出权方案"[3]基本契合管制规则的意旨。

一方面，退出权方案以"沉默拟制同意+事后退出"的形式保留了信息主体的自决权，本质上仍然是信息主体基于自愿发生的法益流转。与传统的事前明示同意相比，退出权方案设计了形式上的个人信息转让在先，并在交割当天或之后的一个工作日内由受让方以邮件等形式向信息主体充分地提示行使退出权。如果信息主体选择退出，则受让方应删除相关个人信息；如果用户在规定的期限内没有行使该权利或者明确表示同意，则个人信息转让正式完成，受让方可以合法使用相关个人信息。此方案显著节约了事前征求用户明示同意而花费的巨大时间和经济成本，提升了破产企业转让用户个人信息用于扩充破产财产的可行性。

---

〔1〕 助推理论是由美国行为经济学家理查德·泰勒和法学家桑斯坦共同提出的，这一理论以丹尼尔的人类思维系统理论作为论证基点，认为社会人的非理性选择源于他们思维中的偏差与谬误，而助推的原理就是通过选择框架的优化来弥补社会人思维中的偏差与谬误，促使人们自觉作出最有利的选择。

〔2〕 美国在破产程序中形成了以企业隐私政策为核心的个人信息保护模式。但有别于大多数国家通过合同或者行业自律的方式对隐私政策进行调整，美国法主要是以联邦贸易委员会（Federal Trade Commission, FTC）为主导对隐私政策进行调整的。

〔3〕 这一处理方式主要成型于 Borders 案和 RadioShack 案。其中，Borders 集团公司曾是美国最大的书籍和音乐零售商之一，持有大量用户数据。2011 年 Borders 公司进入破产程序，其竞争对手 Barnes&Noble 公司（B&N 公司）收购了部分资产，包括用户的个人信息。破产法院许可了这一交易，并对交易相关事宜作了如下规定：①收购方即 B&N 公司应采取与出让方 Borders 公司实质上相同的隐私政策。自交割之日起，B&N 公司应遵循该政策。如果该隐私政策在个人信息方面发生任何实质性变动，B&N 公司应通知相关权利人，其有选择退出相关变动的权利。②所有的个人信息都会在交割时转让给买方。在交割当天或之后的一个工作日内，买方即 B&N 公司应向原 Borders 的用户发送邮件，邮件中必须清晰明确地披露以下内容：a. 说明用户的个人信息已转让，告知其在 15 日内行使退出权，并应当包含 B&N 公司隐私政策的链接；在退出权行使期间，B&N 公司不得使用相关个人信息；b. 告知相关数据自转让之日起，将受 B&N 公司隐私政策的约束；c. 邮件中可包含折扣等广告内容，买方可自行决定。对于电子邮箱地址不活跃的用户，应以网站公告的方式通知，给予其 30 日的期间行使退出权。③B&N 公司应采取合理的信息安全保护措施，受数据保护行业标准和相关法律的约束。

另一方面，退出权方案要求出让方和受让方具有实质相同的隐私政策且处于同一行业，这也是退出权方案的前置条件。申言之，相同的隐私政策且处于同一行业是为了保障用户的合理期待，在一定程度上确保了用户个人信息的使用场景和目的不发生改变，符合用户对其个人信息使用的合理预期，减少了用户意料之外的隐私风险发生的可能性。退出权方案要求，仅在达到用户合理期待标准的情况下，个人信息转让才可以沉默拟制同意的方式赋予用户选择退出的权利。基于以上特点，退出权方案由"强自愿"转向"弱自愿"模式，既以提升效率的方式促进了破产情形下债权人利益最大化的实现，又保障了信息主体能以其自决权影响利益协调。因此，退出权方案作为折中的管制规则，可以有效化解告知同意与同意豁免的规则刚性。

（三）类型化保护的规则协同共治

管制规则的引入有助于调和个人信息保护与债权人利益最大化之间的冲突张力，但退出权方案"弱自愿"的法益流转方式，一旦涉及敏感个人信息的转让会产生明显的风险敞口。考虑到统一的个人信息转让保护模式忽视了个人信息的差异性，采取类型化保护的规范路径成了一种可行方案。关于个人信息的类型化区分，理论与规范层面存在不同观点，本文采《个人信息保护法》中一般个人信息与敏感个人信息[1]的分类。一是此种分类符合国际立法趋势[2]与我国司法实践，二是此种分类能统筹兼顾信息主体利益与信息处理者利益，有益于实现信息保护与信息利用之间的动态平衡。[3]通过财产规则、责任规则与管制规则的分析比对，本文认为对于一般个人信息可以采用管制规则下的退出权方案，对于敏感个人信息则采用严格的财产规则保护。

其一，相较于一般个人信息，敏感个人信息承载的利益与人格尊严密切相关，侵害敏感个人信息对信息主体造成的损害更为严重。无论是责任规则的法

---

〔1〕《个人信息保护法》第 28 条第 1 款规定："敏感个人信息是一旦泄露或者非法使用，容易导致自然人的人格尊严受到侵害或者人身、财产安全受到危害的个人信息，包括生物识别、宗教信仰、特定身份、医疗健康、金融账户、行踪轨迹等信息，以及不满十四周岁未成年人的个人信息。"没有列举的个人信息并非不属于敏感信息，而是需要在具体场景中结合用户的身份、使用的目的方式以及可能带来的隐私风险等进行综合判断。

〔2〕目前，比较法上大多数国家和地区采取区别规制个人敏感信息与个人一般信息的立法体例。例如，1981 年欧洲理事会颁布的《有关个人数据自动化处理之个人保护公约》、2018 年生效的欧盟《通用数据保护条例》、2018 年日本修正的《个人信息保护法》等。

〔3〕朱荣荣：《个人信息保护"目的限制原则"的反思与重构——以〈个人信息保护法〉第 6 条为中心》，载《财经法学》2022 年第 1 期。

益强制转移抑或管制规则的国家间接限制交易方式都存在不当干预法益转移的风险，所以财产规则单一的自愿交易方式有助于最大限度地维护用户的信息自决。此外，鉴于实践中出现的同意失灵与异化问题，在我国大数据等相关技术创新进入稳定发展期的过程中，可以考虑由财产规则向禁易规则过渡。其二，对于与信息主体联系不甚紧密的一般个人信息，应当采取管制规则，在保障用户合理期待的前提下，允许先行转让个人信息，并充分提示用户行使退出权，必要时辅之以责任规则的事后救济途径。如果破产企业的个人信息转让未满足用户合理期待的前提，即使用户在充分获悉退出权的情况下作出了默示同意的行为，事后因其个人信息权益受损，仍然应当支持用户的损害赔偿请求权。原因在于，该情形并未满足沉默拟制同意的前提条件，所以发生的个人信息转让行为应当认定为责任规则下法益的非自愿流转，此时信息主体享有法定的求偿权。至此，破产企业的个人信息转让问题已经从规范目的层面完成了法律规则协同共治模式的建构。

四、博弈论视域下管制规则的有效实现

卡-梅框架的规则菜单为破产企业个人信息转让的规则协同共治模式提供了有力支撑，关于破产企业个人信息转让的规范思路已经明晰。传统的法学研究往往止步于此，以法律规范的解释和构建作为法律问题解决的终点，重规范意义上有效的法，而轻事实意义上有效的法，天然地容易忽视具有明确规范效力的法律规则本身的运行实效如何。针对破产企业的个人信息转让问题，规则协同共治模式固然具有良好的规范目标，但就管制规则中的退出权方案来看，它允许破产企业将个人信息转让至受让方控制下的时间早于信息主体获悉其可以行使退出权的时间。这种情况下，信息主体退出权的实现有赖于受让方企业的配合，如果受让方企业在信息主体明确表示退出个人信息转让后仍分析利用其个人信息进行商业谋利，以致侵损信息主体的个人信息权益，可能会造成管制规则的规范目的落空。

法律制度本质上是利益相关方博弈的产物，只有在特定条件下使各方的利益趋于均衡，才能证明该规则已经获得参与者的普遍接受，从而构成事实上有效的"法"。[1]管制规则亦是如此，其能否得到信息主体和受让方企业的普遍接受，取决于该规则之外的条件约束对双方行为利益的影响。法经济学中研究

---

〔1〕 ［德］哈贝马斯：《在事实与规范之间：关于法律和民主法治国的商谈理论》（修订译本），童世骏译，生活·读书·新知三联书店商务印书馆 2014 年版，第 132 页。

行为主体互动决策及其均衡结果的博弈论可作为合适的分析工具，为研究"如何促进规则的有效实现"提供了全新的视角。

（一）管制规则的运行实效分析

本部分的博弈分析以信息主体和受让方企业为研究对象，双方均旨在追求自身效用的最大化，这被认为是"个人理性"的体现。[1]考虑到现实中博弈方分析判断能力和决策执行能力的不足、周围环境的影响等因素，破产企业与信息主体均应被定位为有限理性。双方以管制规则（退出权方案）为行为框架，博弈阶段发生在受让方企业向信息主体发出充分提示退出权的通知之后，此时用户"是否行使退出权（是否退出个人信息转让）"与受让方企业是否"利用个人信息"构成一个典型的相互影响、相互作用的双方博弈关系。为便于分析，相关参数设置如下。

其一，当信息主体选择不退出策略且受让方企业选择利用策略时。受让方企业因利用个人信息获得的收益为 R_1，利用个人信息过程中分析和处理数据的成本为 C_1。信息主体获得的收益为 R_0，因为个人信息的承继利用能在一定程度上维持用户之前享受到的产品或服务便利（由受让方企业作为新的信息处理者提供）。此时，信息主体与破产企业的总收益分别为 R_0 和 R_1-C_1。

其二，当信息主体选择不退出策略且受让方企业选择不利用策略时。由于信息主体的收益主要源于信息处理者企业基于个人信息提供的产品或服务，此策略组合下信息主体的总收益变为 0。受让方企业由于不利用个人信息，此后也不会产生与此次个人信息转让相关的成本和收益，受让方企业的总收益也为 0。

其三，如果信息主体选择退出策略且受让方企业选择不利用策略时（即受让方企业配合信息主体行使退出权）。此时受让方企业仍无法从此次个人信息转让中产生后续的成本和收益，且配合信息主体完成个人信息删除对于企业而言操作成本极低，可忽略不计，故受让方企业的总收益为 0。信息主体行使退出权会产生一定的成本，比如在受让方企业的通知中寻找与自身利益有关的信息（如阅读晦涩、冗长的隐私条款），联系受让方企业并确认最终的个人信息处理结果等，此类成本合计为 C_0，故信息主体的总收益为 $-C_0$。

其四，当信息主体选择退出策略但受让方企业仍选择利用策略时。首先，

〔1〕［美］冯·诺依曼、摩根斯顿：《博弈论与经济行为》，王文玉、王宇译，生活·读书·新知三联书店 2004 年版，第 13 页。

信息主体选择行使退出权往往基于其个人信息在受让方处可能被不当利用并导致个人信息权益受损，故该情形下受让方企业选择利用策略对信息主体造成的隐私泄露相关损失为 L。其次，受让方企业因不当利用个人信息存在一定风险成本 I，如被监管机构处罚或者陷入司法纠纷，信息主体基于此可获得相应的赔偿为 R_2。由于信息主体产生了行使退出权的成本 C_0，信息主体的总收益为 R_2-L-C_0。最后，受让方企业之所以突破管制规则下的法益自愿流转，违法利用个人信息，一般是基于此类个人信息的分析和使用可以创造更大的商业收益 R_3（$R_3>R_1$），此时受让方企业仍然会产生处理个人信息的基础成本 C_1，故受让方企业的总收益为 R_3-C_1-I。列出博弈收益矩阵如表1。

表1 信息主体（用户）和破产企业的博弈收益矩阵

信息主体（用户）	受让方企业	
	不利用	利用
不退出	$(0, 0)$	(R_0, R_1-C_1)
退出	$(-C_0, 0)$	(R_2-L-C_0, R_3-C_1-I)

管制规则运行的理想博弈均衡应该有两种。一是信息主体选择不退出时，"不退出，利用"的策略均衡。此为管制规则下多方利益协同最大化的理想状态，在保障信息主体权益的基础上完成个人信息转让，实现破产企业债务人财产价值的最大化，受让方企业也得以利用个人信息挖掘商业价值，并在宏观层面促进数字经济发展。此种策略均衡要求"不退出，利用"比"不退出，不利用"策略下受让方企业的收益更大，即 $R_1-C_1>0$。其中，R_1 代表受让方企业合法利用个人信息的收益，该变量主要受科技发展水平与市场环境的影响，法律激励的作用相对间接且有限。因此，为促进"不退出，利用"的均衡策略选择，应当以降低企业合法利用个人信息的成本 C_1 为正向激励措施。

二是信息主体选择退出时，"退出，不利用"的策略均衡。此为管制规则下个人信息人格权益保护的目标状态。此种策略均衡要求"退出，不利用"比"退出，利用"策略下受让方企业的收益更大，即 $R_3-C-I<0$。其中，R_3 与 R_1 的法律激励局限性相同，C_1 又属于激励"不退出，利用"策略中应当被降低的变量。因此，为促进"退出，不利用"的均衡策略选择，应以提高受让方企业违法处理个人信息的风险成本 I 为反向激励措施。

（二）理想均衡状态的激励措施

根据博弈分析可知，为使管制规则的运行实效接近理想的博弈均衡，应以降低企业合法利用个人信息的成本 C_1 为正向激励，提高企业违法处理个人信息的风险成本 I 为反向激励。

对于正向激励。根据新制度经济学理论，法律制度的完善可以减少不确定性，并降低当事人之间的交易成本[1]。换言之，通过明确个人信息合理利用的范围，可以为企业从事信息处理行为提供稳定预期，从而降低其合法利用成本。《民法典》第 999 条、第 1036 条和《个人信息保护法》第 13 条以列举形式规定了个人信息处理中无需"同意"的例外情形，便于企业迅速判断哪些信息"无须信息主体同意即可使用"，为个人信息的合理利用设定了清晰明确的边界。但随着科技发展、社会变迁，合理利用的情形也会发生变化，列举形式欠缺灵活性[2]，可能导致个人信息过度保护或保护不足。为降低企业合理利用个人信息的成本，应发展情景化的个人信息合理使用考察方法。在凌某某与"抖音"隐私权纠纷案中[3]，北京互联网法院主要从信息的特点与属性、信息使用的方式和目的、对各方利益可能产生的影响三方面进行分析。[4]总的来看，此种综合考察的方式在界定个人信息合理使用的情形时更具灵活性，能在个案中有效平衡个人信息的保护和合理利用，不失为列举形式的一种补充。

对于反向激励。实践中，企业违法利用个人信息可能面临的法律风险包括民事赔偿、刑事处罚和行政处罚三个方面。但因刑法的谦抑性理念，刑事处罚一般不轻易介入个人信息处理。为此，应从民事赔偿和行政处罚的角度提高企业违法处理个人信息的风险成本。其一，可以加大行政处罚力度。比如提高现有的罚款金额上限，形成对潜在个人信息违法利用行为的有效震慑。我国《个人信息保护法》第 66 条充分借鉴欧盟《通用数据保护条例》（GDPR）第 83 条，规定违法处理个人信息最高可能面临"五千万元或上一年度营业额百分之五的罚款"，迫使潜在违法者从事合法利用行为。但有关罚款标准的规定仍然不够细致明确，有必要在解释适用上作进一步完善。其二，可以提高民事赔偿标准。大数据背景下侵害个人信息造成的损害多为新型损害，难以量化，受害人在证明

---

〔1〕 钱弘道：《经济分析法学》，法律出版社 2005 年版，第 122 页。

〔2〕 谢琳：《大数据时代个人信息使用的合法利益豁免》，载《政法论坛》2019 年第 1 期。

〔3〕 参见北京互联网法院（2019）京 0491 民初 6694 号民事判决书。

〔4〕 其一，相关信息是具体情境中经常被使用的个人信息。其二，信息使用的方式必须是具体情境中必要的步骤，且符合使用的目的。其三，信息处理行为必须符合信息主体的利益或社会公共利益，且不会对信息主体造成不合理的损害。该案中，法官就充分考虑了社交情境，并综合考虑信息使用的方式、目的等因素，对是否构成合理使用作出了判断。

实际损害和因果关系时存在较大困难。事实上，即使适用举证责任倒置规则[1]，在传统的损害赔偿框架下，受害人所能获得的赔偿以其遭受损失为限，与数据企业违法利用个人信息所获的收益相去甚远。为此，可以考虑在个人信息保护领域适用惩罚性赔偿制度[2]，能兼具补偿和惩戒的双重功效。具体而言，可以参考《民法典》中对产品责任、损害生态环境、侵犯知识产权适用惩罚性赔偿的做法，引入惩罚性赔偿制度。但为避免过度适用产生阻碍数据产业创新发展的"寒蝉效应"，法院在适用时应保持谨慎的态度，须在同时满足"故意"和"情节严重"两个条件时，方可支持权利人的惩罚性赔偿请求。

五、结论

企业破产情形下的个人信息转让在微观层面要协调个人信息权益保护和债权人利益最大化，宏观层面要服务于数字经济战略制高点的守卫。尽管告知同意规则已经成为个人信息保护领域的主流规范表达，但该规则的局限性导致其在实践中所发挥的作用乏善可陈。基于此，我国创设了破产企业个人信息转让的同意豁免规则，其应有之意是发挥同意豁免促进信息生产性流通与保障债权人利益最大化的功能性价值。但该功能性价值的实现以无条件让渡用户个人信息权益为基础，背离了个人信息保护与利用的平衡性要求。从理论基础来看，同意豁免与个人信息转让的复合法律结构存在扞格之处，不利于个人信息转让的负外部性风险调整。

在告知同意规则局限明显，同意豁免规则因其理论扞格导致信息滥用风险加剧的情况下，本文认为，法经济学中的卡-梅框架分析工具有益于提供丰富的规则菜单参考。参考美国的判例法经验，管制规则映射下的退出权方案既以提升效率的方式促进了破产情形下债权人利益最大化的实现，又保障了信息主体能以其自决权影响利益协调，调和了告知同意与同意豁免的规则刚性。在此基础上对个人信息类型化区分，可以建构管制规则、财产规则和责任规则协同共治的规范模式。法律规则也是利益相关方博弈的产物，法学和经济学双向校验互动的研究进路要求对规范意义上有效的法能否实践成为事实意义上有效的法进行前瞻性研究。故本文借助博弈论工具分析具有明确规范效力的法律规则的运行实效，进而提出保障法律规则实现理想均衡状态的企业信息处理成本激励措施。

---

[1] 王雷：《〈民法总则〉中证据规范的解释与适用》，载《法学家》2018 年第 6 期。

[2] 张新宝：《侵权责任编起草的主要问题探讨》，载《中国法律评论》2019 年第 1 期。

第 九 部 分

法律职业伦理

法律服务公司监管问题研究

吴则毅[*]

摘　要　法律服务公司作为商业主体在涉足专业的法律服务市场时准入宽松，为扎根其中，法律服务公司先通过模糊与法律职业者的差异实现"合界"，再赋予自身别于其他法律职业者的独特价值以试图"分界"，使法律服务市场的环境与秩序受到严峻挑战。司法行政与市场监督机关在法律服务公司"定界"中的疲乏、法院在诉争裁判上的"维界"倾向使对法律服务公司的既有监管失序失效。为形成适应国际竞争的法律服务统一大市场，应在强力而统一的监管原则引领下，遵循对法律服务公司先予即时打击、再行引导退出的路径，构建在全面依法治国委员会牵头协调下的中国式的二阶递进规制模式。

关键词　法律服务公司　律师　法律职业　定界　监管

《国民经济行业分类》[1]将法律服务定义为"律师、公证、仲裁、调解等活动"，克莱门蒂（Clementi）[2]认为法律服务是关于权利、义务及纠纷解决的咨询与帮助。[3]

＊　吴则毅，中国政法大学 2022 级法律职业伦理硕士。

〔1〕　中华人民共和国国家质量监督检验检疫总局、中国国家标准化管理委员会《国民经济行业分类》（GB/T 4754-2017），2017 年 6 月 30 日发布。

〔2〕　英国《法律服务法》的主要制定决策者，曾著《英格兰与威尔士法律服务规制框架最终审查报告》。

〔3〕　参见 David Clementi, "Final Report of the Review of the Regulatory Framework for Legal Services in England and Wales", avaiable at http://www. avocatsparis. org/Presence_ Internationale/Droit_ homme/PDF/RapportClementi. pdf, last visited on 2023-11-25. （即"与法律权利的运作或者行使、法律义务的履行相关的咨询和帮助，以及与所有形式的法律纠纷解决有关的咨询和帮助。"）

法律服务的供给水平与法律服务队伍[1]人员的职业活动紧密相关；共同的法学专业背景、相似的职业资格准入、严格的职业伦理规范、相通的社会责任担当使他们同享法律职业共同体的称谓。

随着法律服务的普及、推广，以法律咨询服务公司[2]（以下简称"法律服务公司"）为代表的一类特殊主体饱受关注。法律服务公司根据相关市场管理法规注册成立，一般以法律咨询、服务、顾问等为主要营业方式。[3]

一、问题的提出

法律服务公司的设立、运营、税收等与律师事务所截然不同，营业执照上均显著注明了不得从事专属律师事务所提供的业务服务。然而，为赢得信任，部分法律服务公司通过采用"搭便车"字号[4]，冒充执业律师；为占据市场，"倾销式"低价揽客并夸大承诺或作"虚假承诺"；为攫取利润，巧立收费名目并肆意以风险代理结算；为扩大业务，缔结"阴阳合同"超经营范围揽业，恶意借"公民代理"代为参加诉讼[5]；更有甚者仿照法徽、资格证件等样式制作识别标志[6]，以"擦边"增强提供服务的触及度。同时，部分律师等法律职业人员为法律服务公司的违法业务提供便利，与之沆瀣一气。法律服务公司的不断扩张伴随着不当乃至严重违法的竞争手段，冲击了法律职业人员的业务活动，扰乱了法律服务市场的竞争秩序，损害了社会公众对法律服务的公允评价；对司法权威构成挑战，对法律工作队伍的公信力形成削减，对中国司法的综合形象造成破坏。

当前，法律服务公司的主管部门为市场监督管理机关（以下简称"市监机

---

〔1〕 习近平总书记强调，要"着力建设一支忠于党、忠于国家、忠于人民、忠于法律的社会主义法治工作队伍"。在习近平法治思想的视阈下，社会主义法治工作队伍可以分为以法官、检察官等为主体的社会主义法律工作队伍和以律师、公证员、仲裁员、基层法律服务工作者等等为主体的法律服务队伍，二者统称为社会主义法治工作队伍。

〔2〕 包含法律咨询公司、法律服务公司、法律咨询服务公司、法律服务咨询公司等相近的组织名称。

〔3〕 参见贵阳市市场监督管理局《关于开展法律咨询服务类市场主体突出问题专项治理的通告》。

〔4〕 如"律帅事务所""虑师事务所"等，或以具有一定社会知名度的律师事务所名称谐音、近似字符注册。

〔5〕《中华人民共和国律师法》第13条规定："没有取得律师执业证书的人员，不得以律师名义从事法律服务业务；除法律另有规定外，不得从事诉讼代理或者辩护业务。"为表述方便，本文凡涉及我国的法律规范均用简称，如《中华人民共和国律师法》，简称《律师法》。

〔6〕 多为利用天平、五角星、红旗、麦穗、流苏缀带等在通常的社会认知习惯上与司法公权力存在紧密关联的元素组合以及发放外观高度近似律师执业证或法、检公职人员工作证的"执业证书"。

关"）。市监机关更为侧重对法律服务公司业务活动的行为外观进行合法性的形式审查，而非对其行为活动的正当性与否加以实质审查。纯粹商业化运作的法律服务公司不属于法律职业者，提供专业化法律服务无需具备法律职业资格；因此对于法律职业者最主要的监管单位司法行政机关而言，即便拥有对不当法律服务进行查处的规范基础[1]，却并不"积极"地对法律服务公司进行广泛全面的监管，机关"惰性"在零星的行政处罚书中可见一斑。法律服务公司正被置于同传统法律服务工作者迥异的监管框架中，这一差异使其在与其他法律服务主体参与法律服务市场竞争，向公众提供法律服务中存在重大隐患风险。

如何合理选择抑或重构对法律服务公司监管策略，是中国法律服务市场向高质量发展亟需回应的突出问题。

二、法律服务公司发展与监管的历史流变

（一）法律服务公司的发展流变

20世纪90年代初，我国执业律师仅10万余人，律师事务所仅9000余家，[2]大部分业务集中于诉讼领域，难以满足市场对法律服务的需求，法律服务公司作为一类弥补服务缺口的替代性法律服务提供者应运而生。过往10年，法律服务公司增长迅猛[3]，经粗略推算，已具有超100万从业人员，已成为与现今包括67万余名律师[4]在内的法律服务队伍等量齐观的规模化的法律服务市场参与者，渗透在中国法律服务市场的各个场域，并具有广泛的地域分布。

法律服务公司的快速发展既来自法律服务市场内生性的需求，也受到外部性对供给把关疏松的影响。

（1）"近用司法"色彩满足了迫切而负担能力有限的部分市场需求。我国法律服务市场结构分化严重，传言"80%的律师争夺20%的业务"[5]，人民对

---

[1] 《律师法》第55条规定："没有取得律师执业证书的人员以律师名义从事法律服务业务的，由所在地的县级以上地方人民政府司法行政部门责令停止非法执业，没收违法所得，处违法所得一倍以上五倍以下的罚款。"

[2] 徐家力、吴运浩编著：《中国律师制度史》，中国政法大学出版社2000年版，第234页。

[3] 据"天眼查"平台检索，截至2023年11月12日，全国经营范围中含"法律咨询"的公司超20万家，以"法律服务"为行业属性并已成立的公司超4.1万家，以"法律咨询"作为企业名称的公司超过3.5万家。仅2023年1月1日至今，新设立的，注册地为北京的，且公司注册名称中写明"法律咨询"的相关法律服务公司便高达126家。

[4] 《我国现有律师67.7万多人 律所3.9万多家》，载 https://www.gov.cn/lianbo/bumen/202307/content_ 6889557. htm（中华人民共和国中央人民政府网站），最后访问日期：2023年11月29日。

[5] 即意大利经济学家维尔弗雷多·帕累托（Pareto）的"八二法则"的延伸。

获得法律服务的需求十分旺盛，但这种旺盛的需求并不等同于对律师服务的热情与期盼。在历史上，封建官僚便对讼师挑词架讼、借讼牟利、以讼生事高度戒备，通过官方话语体系为讼师描摹锚定"贪利"的形象，[1]"无讼"文化传统下的政治偏向穿越千年，获得了诸如劝诱禁止、规制风险代理收费、禁止利益冲突代理等现代律师职业伦理的共鸣。然而，商业主义却不可避免地成为现代律师职业发展的驱动因素，[2]这一元素在受节制的同时也成为律师的职业共识，律师收费规则的设置便是最佳例证：律师事务所不仅具有收费的上限，同样具有收费的下限，存在一定的计费门槛[3]。部分潜在委托人对此并不理解，加之部分律师低下的职业伦理操守，因此对律师群体的刻板偏见与不信任挥之不去。于是，相较"高高在上"、充斥"专业行话"与庞杂冗长规则的律师事务所与律师们，办公场所更接地气、服务态度与观感更亲民、定价更低廉、服务承诺更大胆的法律服务公司便得到了尤其是经济水平有限、文化程度一般、社会认识粗浅的人群的青睐。同时，在部分地区，律师事务所数量较少，部分律师事务所对"入门"的法律业务的关注精力有限，留予法律服务公司填补空白的机会。法律服务公司客观上为获得法律服务提供了既有的基层法律服务所、律师事务所等渠道外的多元选择，客观上使法律服务更加易得，法律服务公司采用别于法律职业人员的进路，以增进"近用司法"（Access to Justice）的方式完成了对法律服务市场与传统法律职业人员的渗透与包抄。

（2）兴办设立审核条件从严向宽的转变推动了法律服务公司快速扩张。1989年，司法部与国家工商行政管理局联合发布文件[4]，明确了法律服务公司成立前"先批准，后注册"[5]的审批规则。行政许可法实施后，对依规范性文件设定的行政许可进行了大规模的法律清理[6]，受依法行政原则驱使，国务院出台

---

〔1〕 参见尤陈俊：《"讼师恶报"话语模式的力量及其复合功能》，载《学术月刊》2019 年第 3 期。

〔2〕 参见李学尧：《非道德性：现代法律职业伦理的困境》，载《中国法学》2010 年第 1 期。

〔3〕 参见《律师法》第 25 条第 1 款，《律师事务所管理办法》第 47 条等规定，另有以《深圳市律师协会恶性低价竞争行为查处工作规则》为代表的一系列地方律师协会的相关规定。

〔4〕 《司法部、国家工商行政管理局关于加强对法律咨询服务机构管理的若干规定》（〔89〕司发办字第 117 号），1989 年 7 月 15 日公布。

〔5〕 《司法部、国家工商行政管理局关于加强对法律咨询服务机构管理的若干规定》（〔89〕司发办字第 117 号），1989 年 7 月 15 日公布，明确规定：成立法律咨询服务机构，须先经司法行政机关批准，后向工商行政管理机关申请登记注册。

〔6〕 根据《行政许可法》第 14 条第 1 款规定，法律和行政法规可以设定行政许可事项。

配套规范性文件〔1〕，司法行政机关不再拥有对"社会法律咨询服务机构设立审核"的行政许可权。目前法律服务公司营业执照上登记的"法律咨询（不含依法须律师事务所执业许可的业务）"业务属无需取得许可的一般性经营事项，法律服务公司按照《市场主体登记管理条例》等规定依法办理登记后即可运营，无需符合特殊的资质要求，从业人员亦不必进行法律职业资格审查。

（二）法律服务公司的监管流变

法律服务公司短暂的监管史"见证"着司法行政机关的"弃权"。在司法行政机关对设立法律服务公司拥有审批核准权时，法律服务公司除在设立前要经受双重审核外，在开展业务服务的过程中也要接受司法行政机关与工商管理机关的双重管理。〔2〕2004年司法部发布相关规范性文件〔3〕，在取消对法律服务公司的设立前审批核准程序的同时，指出"后续监管措施……另行规定"，但这一"后续措施"再无下文，自此，司法行政机关对法律服务公司的监管从统一化、集中化走向了"地方自治"，并以"运动式"治理的形式呈现。相较于司法部机构职能对"律师、法律援助、司法鉴定、公证、仲裁和基层法律服务管理工作"的"指导、监督"〔4〕的清晰列明，对法律服务公司的关注凝结在"统筹和布局城乡、区域法律服务资源"〔5〕的"语焉不详"中。诚然《律师法》规定对非律师提供律师专属法律服务的，由司法行政机关惩处，〔6〕但司法行政机关依据本条文行使规管权的实际情形寥寥〔7〕，囿于模糊的执法流程、稀缺的执法人手、繁重的其他管理职能，司法行政机关事实上逐步放弃了对法律服务公司的系统监管。此外，法律服务公司也不具有类似律师协会等自治性

---

〔1〕《国务院关于第三批取消和调整行政审批项目的决定》（国发〔2004〕16号，2004年5月19日发布）。

〔2〕《司法部、国家工商行政管理局关于加强对法律咨询服务机构管理的若干规定》（〔89〕司发办字第117号，1989年7月15日公布）明确规定，相关机构"应接受司法行政机关和工商行政管理机关的管理。"

〔3〕《司法部关于废止〈司法部、国家工商行政管理局关于加强对法律咨询服务机构管理的若干规定〉等三件规范性文件的决定》（司发通〔2004〕117号），2004年8月17日发布。

〔4〕《机构职能》，载 http://www.moj.gov.cn/jgsz/jgszjgzn/，最后访问日期：2023年11月28日。

〔5〕《机构职能》，载 http://www.moj.gov.cn/jgsz/jgszjgzn/，最后访问日期：2023年11月28日。

〔6〕《律师法》第13条、第55条。

〔7〕纵然有熊某某不服望城县司法因持无效律师执业证代理案件对其处罚决定案（人民法院2002年案例选）、石某诉重庆两江新区司法局行政处罚案（重庆市高级人民法院2021年行政诉讼十大典型案例）等典型案例，但司法行政机关依据本规定对法律服务公司作出规管的案例数整体很少。

的行业协会，不具有自治性的特征。

以司法行政机关为代表的，约束法律职业人员的主责机关在对法律服务公司的监管上愈行愈远，使法律服务公司已经实现了自设立之初的作为补充专业性法律职业人员的邻接主体向以经济利益为导向，以市场占有率为目标的商业性优位的市场主体的转变。这些不具有专业性背景，不需要自治性约束，不奢求承担公共性责任的法律服务公司与法律职业主义视角下[1]法律职业人员的联系，也便仅仅存在称谓上的形似了。

三、法律服务公司发展与监管的现实样态

自韦伯开法律社会学之先河以来，社会学理论解析法律服务市场发展成为可能，并形成了以阿伯特为代表的职业社会学研究学派。阿伯特认为，在"职业化"的过程中，各个职业间因"管辖权冲突"而构成了一个在彼此交错互动中发展的生态系统。[2]刘思达据此进一步以"定界""交换"指代各类主体争夺业务领域，互换展业资源的博弈过程。[3]具体而言，一个社会主体试图界定它相对于其他社会行为主体的生态位置的文化过程即为"定界"[4]；根据社会主体与其他主体间关系区分运动的不同形态，"定界"又可分为主体与主体间自我区分切割的"分界"、主体与主体间试图模糊既存界限的"合界"及外部主体利用权力在相互冲突的主体间基于某种自身利益而尽力维持现状的"维界"。[5]法律服务公司业务的开展反映出其与法律服务市场不同主体间不同样态的"定界"过程，把握、厘清法律服务公司在法律服务市场这一"生态系统"中的现实样态才是实现有效监管的前提。

（一）法律服务公司发展的现实样态：从"合界"到"分界"

（1）生存基础：争取与法律职业人员的"合界"。法律服务公司最为常见的经营手段便是模糊身份，佯装提供法律服务的雇员是执业律师。与当事人的

---

〔1〕 参见李学尧：《法律职业主义》，载《法学研究》2005 年第 6 期。

〔2〕 Abbott, Andrew, "Jurisdictional Conflicts: A New Approach to the Development of the Legal Professions", *American Bar Foundation Research Journal*, Vol. 11, 2 (1986).

〔3〕 参见刘思达：《割据的逻辑：中国法律服务市场的生态分析》，上海三联书店 2011 年版，第 5 页。

〔4〕 参见刘思达：《割据的逻辑：中国法律服务市场的生态分析》，上海三联书店 2011 年版，第 7 页。

〔5〕 参见李学尧：《法律职业主义》，载《法学研究》2005 年第 6 期。

沟通中将所收取的法律咨询服务费用以"律师费"指代[1]，声称公司具有"律师支持"[2]，会"联系律师"[3]以达到服务效果。法律知识匮乏的当事人对此种模糊化的说辞难以甄别，往往信以为真，认为法律服务公司雇员与律师事务所律师别无二致。法律服务公司极力仿效律师，期待当事人实现职业身份的"认识错误"，就是为了攀附律师的职业声誉。在企图消弭与执业律师专业性差距的"合界"中，不仅法律服务公司单方"努力"，令人遗憾的是，部分律师事务所为规避税率[4]等，而主动与法律服务公司发生利益勾结，默许法律服务公司利用律师或律师事务所的视觉识别形象开展宣传；甚至还有律师事务所"一套人马，两块牌子"，将法律服务公司作为违规揽业、收费的"阵地"。法律服务公司的设立依据、程序、资金、场地、资质要求都与律师事务所有显著差异，律师事务所具有更为严苛的准入要求。如美国称律师为"对正义肩负特殊责任的公民"[5]，日本称辩护士为"在野法曹"[6]，法律职业人员被赋予了更崇高的责任要求；正是因法律职业人员具有系统的职业行为规则，法律才通过强制性的保留条款赋予律师诸如进行刑事辩护，提供出庭代理等专属性权利。[7]然而，一些法律服务公司通过挂靠或成立社会团体，从而以诉讼法中"有关社会团体推荐的公民"这一途径[8]为其所谓"法务咨询师"取得合法的出庭资格，

---

[1] 参见武汉市中级人民法院（2019）鄂01民终11861号民事判决书（湖北省楚天维民法律事务服务有限公司与沈某法律服务合同纠纷一案）等。

[2] 参见广西壮族自治区北海市中级人民法院（2020）桂05民终62号民事判决书（胡某某与广西正法法律咨询有限责任公司法律服务合同纠纷一案）等。

[3] 参见湖南省长沙县人民法院（2021）湘0121民初6059号民事判决书（湖南速赔法律服务有限公司与廖某法律服务合同纠纷一案）等。

[4] 律师事务所目前采取的税收政策与税率结构和按公司运营的法律服务公司间存在显著差异，法律服务公司通常而言采用比一般律师事务所业务更低的税率征收水平。

[5] 《美国律师协会职业行为示范规则》在序言和范围中指出："A lawyer, as a member of the legal profession, is areorensentative of clients, an officer of the legal system and a public citizen having special responsibility for the quality of justice."

[6] 苏志强：《滥用诉讼程序治理中的律师责任》，载《政法论丛》2020年第4期。

[7] 《律师法》第28条规定："律师可以从事下列业务：（一）接受自然人、法人或者其他组织的委托，担任法律顾问；（二）接受民事案件、行政案件当事人的委托，担任代理人，参加诉讼；（三）接受刑事案件犯罪嫌疑人、被告人的委托或者依法接受法律援助机构的指派，担任辩护人，接受自诉案件自诉人、公诉案件被害人或者其近亲属的委托，担任代理人，参加诉讼；（四）接受委托，代理各类诉讼案件的申诉；（五）接受委托，参加调解、仲裁活动；（六）接受委托，提供非诉讼法律服务；（七）解答有关法律的询问、代写诉讼文书和有关法律事务的其他文书。"相关专属性权利在诉讼法上也有体现。

[8] 《民事诉讼法》第61条第2款第3项规定，当事人所在社区、单位以及有关社会团体推荐的公民可以作为民事诉讼代理人。

扩大了所能提供的法律服务范围，进一步增强参与法律服务市场竞争的能力。这一手段已成为相关法律服务公司的重大"卖点"。通过此种"合界"，法律服务公司更加名正言顺地回避现行委托代理制度规定，[1]更多准入资格阙如的非职业人员进入专业化的法律服务市场，法律服务公司已不止满足于同律师事务所等争夺一般性的法律业务，进一步向律师的专属业务范围"合界"已具端倪。

（2）发展野心：提出与法律职业人员的"分界"。由"合界"实现对法律服务市场的初步侵蚀后，法律服务公司并不安于现状，面对部分律师、律师事务所、基层法律服务工作者对不断"合界"的抵制与驳斥，部分法律服务公司提出了"法务经纪人≠律师"的宣传呼声，指出进行法律服务的这些"法务经纪人"是"律师的前端市场助理"，是帮助对接当事人与执业律师的桥梁及纽带。[2]如果说前期的"合界"是试图在律师及律师事务所的服务边缘、交叉处迂回隐匿以寻求立足，那么这种主动与律师队伍分庭抗礼的自我标榜，则意味着法律服务公司向法律职业人员对法律服务市场的垄断发起了正面而激烈的挑战，试图在法律服务市场中塑造一个新的"职业"活动场域，为自身参与法律服务市场的正当性添付更为冠冕堂皇的理由。

越来越多的法律服务公司通过"合界"进入法律服务市场，随着"合界"程度的加深，"分界"成为法律服务公司的进阶目标；它们正以"合界"缓缓消解着法律职业共同体的建立基础，又借"分界"渐渐挑战着法律职业共同体未来发展的空间。

（二）法律服务公司监管的现实样态：疲乏、勉力、积极的三分

对于法律服务公司在法律服务市场中的"合界"与"分界"活动，当前对法律服务公司的监管存在不同的面向。

（1）疲乏"定界"的行政机关。法律服务公司的设立门槛降低后，法律服务公司在规范层面与法律职业的联系便极为松散，司法行政机关与原工商行政机关的二元监管模式发生变动，并无规范性文件或指导政策明确表明司法行政

---

〔1〕《最高人民法院关于适用〈中华人民共和国民事诉讼法〉的解释》第 87 条对"有关社会团体推荐的公民"的代理资格要件作出规定，要求社会团体属于依法登记设立或者依法免予登记设立的非营利性法人组织，且代理事务属于该社会团体章程载明的业务范围等，而法律服务公司成立或依托的用以"推荐代理"的社会团体严格而言并不符合司法解释的限制性规定。

〔2〕参见法务经纪人专委会：《深度聚焦 | 法务经纪人与律师的区别》，载 https：//mp. weixin. qq. com/s/g9uBS8JQgFrN678KzTOySA，最后访问日期：2023 年 11 月 28 日。

机关丧失了对法律服务公司的管辖权力〔1〕，同时《律师法》〔2〕为司法行政机关开展监管活动提供了刚性的法律工具，但是主管法律服务队伍的司法行政机关主动选择"矮化"《律师法》这一强制性条款的实际效力，在司复〔2008〕3号〔3〕文件中司法部以两个"不宜适用"〔4〕对该条款的适用主体进行了"仅限个人"的限缩解释，主动"让渡"了监管权的适用空间，为后续司法行政机关的惩处范围所限，惩处力度下降，实际上大大削减了《律师法》条文对法律服务公司与法律职业人员进行"合界"活动的震慑力度。这同刘思达所言的 21 世纪初司法部在企业法律顾问、公司律师、公职律师的管理、设置上与国资委和法制办对管辖权争夺"定界"的"宫廷战争"失败的原因如出一辙——司法部在国家政治系统中的职权配置居于结构性弱势地位，与当前主要监管法律服务公司的市监机关管控的职业领域或角色间欠缺交换关系。〔5〕司法行政机关的"弱势"令其在法律服务公司与职业性的法律服务队伍间缺乏进行"定界"的政治魄力与资源禀赋。

在市监机关的视野中，法律服务公司的活跃客观上增长了税收绩效、接纳了就业人口、促进了法律服务供给的多元，市监机关的监管活动围绕"简政放权"与"维护市场自由竞争"的价值维度展开，至于法律服务公司提供类似、混同的法律服务将为法律服务市场这个"发展小生境"〔6〕带来何种影响，并非

---

〔1〕 与之恰恰相反，根据《国务院关于加强和规范事中事后监管的指导意见》（国发〔2019〕18号）和《国务院关于深化"证照分离"改革进一步激发市场主体发展活力的通知》（国发〔2021〕7号）的有关精神，法律服务公司理论上应由司法行政机关和市场监督管理机关经协调后共同监管。

〔2〕 对没有律师执业证书而以律师名义从事法律服务的，司法行政机关可以予以罚款等处罚。

〔3〕 《司法部关于社会法律咨询服务机构从事诉讼代理或辩护业务能否适用〈律师法〉第四十六条第二款进行处罚的批复》于 2008 年 2 月 14 日发布，该批复是对广东省司法厅就社会法律咨询服务机构"从事诉讼代理或辩护业务"能否依据《律师法》的上述强制性条款加以处罚的请示的回复。

〔4〕 在前注 3 中的批复中，司法部回复："一、《律师法》第四十六条第二款的适用范围仅限于没有取得律师执业证书，为牟取经济利益从事诉讼代理或者辩护业务的个人。对于中山市古镇国安法律咨询服务中心超出经营范围擅自有偿代理民事诉讼和参与刑事案件等行为，不宜适用《律师法》第四十六条第二款的规定。二、没有取得律师执业证书的人员，为牟取经济利益，虽在与委托人签订的委托合同中有代理诉讼或者辩护业务的约定，但案件没有进入诉讼程序就已经调解或者结案的，也不宜直接适用《律师法》第四十六条第二款的规定情形。"

〔5〕 参见刘思达：《割据的逻辑：中国法律服务市场的生态分析》，上海三联书店 2011 年版，第 180 页。

〔6〕 "发展小生境"理论指每一物种都有适合其生长的区别于其他物种的独特的、相对封闭的小生境；这一理论也被一些学者借鉴并作为构建儿童友好发展的社区环境的理论基础。类似地，法律服务市场某种意义而言也是一种依据法律职业人员特点展开的小生境，应具有别于其他市场的特质与规则。参见 C. M. Super and S. Harkness，"The Development Niche：A Conceptualization at the Interface of Child and Culture"，*International Journal of Behavioral Development*，Vol. 9，4（1986）.

其兴致所在。市监机关缺乏对法律服务公司进行"定界"的压力及动力。

（2）勉力"维界"的人民法院。由于行政机关对"定界"的疲乏，导致法律服务公司存在有效监管的缺位，相关消费者的权益也难以得到有效保障，与法律服务公司之间的纠纷也只得诉诸法院。作为定分止争的最后一站，法院对涉法律服务公司有关纠纷的态度摇摆，裁判尺度不一。

2021—2023 年，以"法律服务合同纠纷"为案由，以法律服务公司的服务性质等为争议焦点的案件共 36 件（撤诉 4 件），部分法院（20 件）认为法律服务公司开展的相关服务活动处于营业执照准许范围之内，且相关的服务条款和服务合同都得到了当事人的承认，根据民事活动的意思自治原则，法院承认法律咨询服务公司提供的服务合法有效；在这批案件中，部分法院仅就当事人与法律咨询服务公司缔结的委托代理合同、委托咨询合同等服务合同的外观进行形式审查，而规避对合同实质性内容的穿透分析。还有部分法院（12 件）对法律服务公司提供的法律服务深入审查，认定法律服务公司同当事人缔结委托协议，具有类似律师及律师事务所提供法律服务的实质特征，因此法律服务公司实际上突破了营业执照的许可范围，扰乱社会公共秩序，违背公共利益；或认为法律服务公司以咨询合同之名，行有偿代理之实，侵犯律师的专属性权利，违反公共利益，据此对当事人和法律服务公司之间的合同效力持负面评价，更早年份的裁判文书中有法院对此展开了详细说理；[1]在这些案件中，部分法院（4 件）实则进行了"折中"裁判，认为即便当事人和法律服务公司之间的合同存在瑕疵，也因提供的服务活动具有律师服务的近似外观，故当事人得比照适用律师的收费管理办法向法律服务公司给付费用。

归结而言，相对更多的法院无意涉足法律服务公司与职业性的法律服务者之间的"定界"，不愿能动地进行实质性审查。在法院的逻辑下，"和稀泥"趋向的中庸型裁判将更好地维持诉争双方的衡平，从而规避归咎于裁断失当的司法责任，这实际上使法院的裁判活动具有了"维界"的色彩。

---

〔1〕 如浙江省宁波市鄞州区人民法院（2012）甬鄞望民安初字第 251 号民事判决书（韩亚定诉任忠辉诉讼代理合同纠纷案）中法院认为"诉讼代理业务属于特许经营业务范围，未取得诉讼代理执业资格的公民不得从事诉讼代理或者辩护业务。未取得诉讼代理执业资格的公民代理他人进行诉讼并约定收取诉讼代理报酬，其行为扰乱了社会秩序，损害了社会公共利益，依据《中华人民共和国合同法》第五十二条的规定，应当依法认定双方之间的委托代理合同无效。"

河南省平顶山市中级人民法院（2011）平民终字第 6 号民事判决书（宝丰天瑞发电有限公司与王国杰法律服务合同纠纷上诉案）中法院认为"若允许当事人在未取得律师执业证书的情况下，为他人提供有偿法律服务，不利于法律服务市场的健康发展，因此双方签订的法律服务合同无效"。

（3）积极"分界"的自治组织。2023 年 11 月中旬，与法律服务公司相关的舆情迅速发酵，北京市通州区、重庆市、合肥市、信阳市等多地律师协会相继发出通知，[1]告知社会公众法律服务公司及其雇员不属于执业律师的身份性质，提醒广大群众准确识别正规执业律师的方法；并对本辖区律师及律师事务所发出坚决抵制、积极检举法律服务公司及与法律服务公司存在业务往来活动的号召与告诫。律协针对法律服务公司的密集发声，代表了律师行业大多数职业人员与法律服务公司的混淆、攀附进行明确清晰的"分界"的呼声。

行业性自治组织终于因法律职业队伍外部的共同挑战而在"服务保障不力，惩处收费专精"的戏谑中，为数不多地回忆起了其职能配置中与"监管"一体两面的"服务"，展示出了"分界"的坚决与果断。"分界"的努力已有所成效。辽宁省社会组织管理局于 2023 年 3 月业已发布《社会组织开展法律服务活动提示单》，要求对开展推荐代理诉讼等法律服务活动情况进行自查自纠；亦有法院通过裁判文书对"法务经纪人"的委托代理资格予以驳斥。[2]

四、法律服务公司监管的策略构建

（一）原则：强力而统一的监管

法律服务是事关人民切身利益，体现国家治理能力的专业性服务。当前我国法律服务市场的需求体量庞大、类型丰富、潜力性强，而法律服务的供给主体繁多，服务零散，竞争秩序性有限，制约中国法律服务市场现代化、国际化的矛盾在于供给水平不能满足需求状况，而非供给数量，因此，优化法律服务市场的供给侧是改革所向，要确保法律服务供给有效率、提高法律服务供给质量、促进法律服务供给可持续，法律服务市场同样是全国统一大市场这一新发

---

〔1〕 参见 https://mp.weixin.qq.com/s/UL-XJU5CRHK5tRC0Q-XlIQ，最后访问日期：2023 年 11 月 18 日。

〔2〕 比如，有法院在审理中认为：根据《民事诉讼法》第 58 条及《最高人民法院关于适用〈中华人民共和国民事诉讼法〉的解释》第 85 条至第 88 条的规定，具有委托代理人身份的人员可以归类为律师、法律工作者、单位工作人员、公民。此种规定应当属于排他性的规定，不属于该范围之内的人员，诸如"律师经纪人"等类似身份的人员不可以作为委托诉讼代理人参与诉讼。作为律师、法律工作者，应当有国家司法机关颁发的相应证件。但其所持有的"律师经纪人证"仅为"金装律师法律服务平台"认证，该平台并非政府机关设立，该认证并不产生法律效力。并且按照字面解释"律师经纪人"的性质定位应当为"经纪人"，而非"律师"，原国家工商行政管理总局颁布的《经纪人管理办法》所作定义，经纪人是指在经济活动中，以收取佣金为目的，为促成他人交易而从事居间、行纪或者代理等经纪业务的自然人、法人和其他经济组织。详见辽宁省本溪市中级人民法院民事判决书，（2020）辽 05 民终 1128号民事判决书。

展格局的基础支撑与内在要求[1]的重要组成部分。统一大市场意味着有统一的市场准入制度、统一的公平竞争制度、统一的监管规则、统一的监管执法，在法律服务市场，法律服务的最终判准必须统一在公平正义的实现，而法律职业人员因职业主义中蕴含的专业性、自治性、公共性，而使不同职能、领域的法律职业人员已经在专业背景、准入程序、自我管理、社会责任等方面上具有了统一性，而统一的市场需要统一的监管，统一的监管将有助于减轻因部门利益而致使的积极"分界"或消极"维界"，提高对法律职业人员"定界"的能力。司法行政机关既往失败的"定界"斗争[2]已经揭示，统一的监管有赖于更加强势的职权配置，增加统一监管的刚性与强度是题中应有之义。

（二）路径：从快从严的打击到稳妥有序的退出

（1）打击法律服务公司的"合界"行为。无论是借助"公民代理"还是假冒"律师身份"，法律服务公司试图在当前营业执照的业务范围外通过"合界"努力达成服务本身便具有规避法律监管、利用法律疏漏的主观恶意，对法律服务市场的竞争秩序带来了不良影响。因此，对法律服务公司的"合界"行为的规制刻不容缓。

对此类行径应用足当下的制度，坚决取缔，严厉打击。律师协会等法律职业团体协会应继续坚持职业人员与非职业人员清晰"分界"的坚决态度，建立健全信息收集渠道，接纳当事人对接受不当法律咨询服务的线索反馈；接收执业律师对于法律咨询服务公司或其他律师、律师事务所涉嫌开展违规、失范情况的举报投诉；对反映强烈、问题集中的线索交司法行政机关、市监机关开展联合执法。在现行的监管系统下，应充分激活法院、检察院能动司法的效能，及时对开展不当业务活动的法律服务公司的行政监管缺位与迟滞制发司法建议、检察建议；法院原则上应根据提供服务的内容、对象、收费等方式对法律服务公司提供的服务进行实质审查，对于涉嫌侵犯法律职业人员专属性权能的行为活动应积极宣告无效，维护法律职业共同体成员的合法权益；必要时，探索由检察院以消费者权益保护为由提起公益诉讼，通过法律解释赋予人民检察院公益诉权，加强监管矫治的刚性。

（2）阻却法律服务公司的"分界"尝试。法律服务公司最初是作为一类专

---

〔1〕《中共中央、国务院关于加快建设全国统一大市场的意见》，2022年12月17日中央全面深化改革委员会第二十三次会议审议通过。

〔2〕参见刘思达：《割据的逻辑：中国法律服务市场的生态分析》，上海三联书店2011年版，第180页。

业法律服务的补充而出现，其是法制秩序重建时的特殊产物，类似美国依《法律服务公司法》[1]设立的旨在增强公民平等诉诸司法机会的具有法律援助性质的组织体[2]。随着法律援助法的出台，我国的法律援助工作已被纳入公共法律服务体系建设之中，向商业化转变的法律服务公司与法律援助活动突出的公共性相去甚远，今天的法律服务公司难言是适格的、专职的、值得托付的法律援助服务的提供者。

截至 2022 年底，全国共有 65.16 万余名律师，3.86 万余家律师事务所；基层法律服务机构达 1.3 万多家，基层法律服务工作者达 5.6 万人，[3]法律服务队伍已经得到了快速的发展。随着法律服务队伍的不断完善，自然和法律服务公司的预设业务领域产生竞合，除传统的法律咨询，争议解决，以律师为代表的法律服务队伍的业务活动涉足合规、跨境投融资等新兴领域，新兴领域的高度复杂、高附加值对从业人员的专业水平、职业伦理提出了更高的要求。尤其是律师队伍，正成为跨越国界、推进涉外法治、代表中国参与全球治理的直接力量，律师参与国家治理的深度、广度，是其他任何一个新兴社会阶层、体制外行业都无可比拟的，做大律师行业，走规模化道路是提高中国法律服务市场国际竞争力的必然选择。在这种情形下，法律服务公司因不具有显著的不可替代的专业能力，必须与律师的业务活动刻意区分，试图衔接律师等职业人员与法律服务需求，并提供法律服务的"初级产品"，这反而增加了法律服务获得的交易成本，与律师等职业人员的系统服务存在"叠床架屋"的重复建设，造成了资源不必要的分散和浪费，并平添了潜在的利用不正当竞争方式干扰市场的风险。

不适合承担推进公共法律服务职能的、不具有独特活动价值的法律服务公司试图通过"分界"而增加存续的可能，与规范化、统一化、国际化的法律服务市场的发展方向背道而驰，其存在的必要性已经不足。

未来，对法律服务公司的监管重点在于要建立逐步的退出机制，引导法律服务公司向自动化、信息化、智能化的法律科技公司转型，将业务模式的重点

---

[1] Legal Services Corporation Act of 1974, Pub. L. No. 93-355, 88 Stat. 378, 42 U.S.C. §§ 2996-961, 2971e (Supp. IV, 1974).

[2] 美国 1974 年《法律服务援助法》的目的宣言中指出："有必要为寻求纠正冤情的个人提供平等的诉诸我国司法系统的机会""有必要向那些无力负担适当法律顾问费用的人提供高质量的法律援助"等。详见 https://www.lsc.gov/about-lsc/who-we-are，最后访问日期为 2023 年 11 月 29 日。

[3] 《2022 年度律师、基层法律服务工作统计分析》，载 http://www.moj.gov.cn/pub/sfbgw/gwxw/xwyw/szywbnyw/202306/t20230614_480742.html，最后访问日期：2023 年 11 月 29 日。

转移到以科技赋能法律职业；同时，对法律服务公司雇员进行分流疏导，鼓励其努力通过职业资格认证而进入法律职业或转而承担律师等法律职业人员的辅助工作。在法律服务公司转型过渡期间，相关部门可以适时给予一定的政策支持与便利。

（三）方法：建立中国式的二阶递进规制模式

监管路径从针对现状的即时性打击到着眼将来的有序化退出，在目标两极之中，存在较长的过渡时期，这一时期对法律服务公司的监管相较即时打击时期各部门"应急性"的联合执法应更具效率、更加集中。有必要在强力而统一的原则指导下设计监管方法，这一方法也将持续服务于法律服务公司退出后的统一法律服务市场监管。

英国对法律服务提供者采取了元规制者—核准规制者的共同规制模式（见图1），[1]此种规制模式将法律服务理事会（Legal Services Board，以下简称LSB）作为规制的统一协调机构，并通过LSB联系事务律师协会、出庭律师公会、法务员特许协会、商标、专利律师特许协会等规制特定法律职业人群的一线规制者，[2]由一线规制者对管辖范围内的具体法律职业人员加以规管。同时，平行设立法律投诉办公室（Office for Legal Complaints）以对一线规制者的规管行为进行制衡。二阶式的规制模式并不影响核准规制者对具体法律职业的监管技术性规定，而是通过元规制者组织集中议事、协调、指导，从而增强核准规制者监管理念、标准、策略的一致性，增进法律服务市场的整体性、统一性。LSB突出对公共利益的关切、对法律职业独立有效的鼓励、对职业原则的维护，[3]通过施以监管，LSB实现了对法律职业人员职业属性、职业声誉、职业利益的坚定"定界"。

---

〔1〕 参见王进喜：《律师管理体制比较研究》，中国法制出版社2021年版，第97页。

〔2〕 英国2007年《法律服务法》第30条规定，法律服务理事会必须制定内部治理规则，列明核准规制者应当达到的要求，以保证核准规制者对规制职能的运用，不会受到其代表职能的损害。

〔3〕 英国2007年《法律服务法》第1条规定：保护和促进公共利益、消费者利益；鼓励独立、强大、多样和有效的法律职业；增进对公民法律权利和职责的理解；促进和维护坚守职业原则。

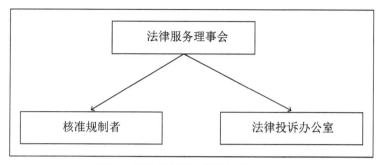

图1 英国法律服务共同规制示意图

二阶式的共同规制可以最大程度地利用现有的部门架构，最大程度地保留各部门现有的监管权力，减轻监管权由某一部门或某一新设部门集中统一行使的重新"定界"与"交换"而致的割据与困难，其可行性与易用性均在我国对法律服务公司乃至法律服务市场的监管模式构建中可资镜鉴。中国共产党中央全面依法治国委员会是《深化党和国家机构改革方案》中统筹协调全面依法治国工作，研究全面依法治国重大事项、问题的中共中央议事协调机构，[1]作为代表最广大人民最根本利益的执政党设立的议事协调机构，在政治地位、机构定位方面都具有承担牵头协调，统筹规划的便利与优势，并切实保有"以人民为中心"对法律服务市场"定界"的澄澈初心。因而可以考虑将中央全面依法治国委员会作为法律服务公司监管的中国式"元规制者"，活化其现设于司法部的全面依法治国办公室的机能，与现行的司法行政机关、知识产权局[2]等监管主体形成递进式的二阶规制模式，推进针对构建统一法律服务市场的统一监管。

五、结语

法律服务公司与法律职业人员在法律服务市场的"定界"争夺并非一朝一夕，交锋的日趋激烈与矛盾的日益紧张反映出专业、公共、自治的法律职业主

〔1〕 参见《中共中央关于深化党和国家机构改革方案》，2018年2月28日中国共产党第十九届中央委员会第三次全体会议通过。具体而言，中央全面依法治国委员会的主要职责包括：统筹协调全面依法治国工作，坚持依法治国、依法执政、依法行政共同推进，坚持法治国家、法治政府、法治社会一体建设，研究全面依法治国重大事项、重大问题，统筹推进科学立法、严格执法、公正司法、全民守法，协调推进中国特色社会主义法治体系和社会主义法治国家建设等。

〔2〕 国家知识产权局对于商标代理人及商标代理机构、专利代理人及专利代理机构等提供广义法律服务的职业人员具有监管的权能。

义已经在中国法律服务市场得到了进一步的发展与深入。法律职业人员与专业性这一概念语词的紧密联结、法律职业人员与提供法律服务之间的耦合特性，使"法律服务—法律职业者"之间的联系被一般社会经验和惯习认知所接纳与固定——至少对于正在从事法律行业的职业人员而言，尤其是广大的律师群体，这种关系更加不容置喙；此种稳定的联系被循环往复地建立的同时，也习焉不察地伴随着一种职业活动和职业话语的"垄断"。法律服务市场的统一诉求在某种意义上是维护法律职业"垄断"的心声流露，而法律服务具有的特殊意义与重大价值使职业人员准入与参与的"垄断"得到容认。非职业人员的"合界"抑或"分界"只会加剧统一法律服务市场的动荡与内耗。打破监管机构"事不关己"的"维界"思维，在强力统一的监管原则下不断增强"定界"的决心，推动对于法律服务市场的统一监管，既还法律职业人员的执业环境以清朗，又助法治国家统一法律服务大市场的建设夙愿以成就。

与法律科技发展并进的律师技术称职规则研究

武才媛[*]

摘　要　中国律师 20 年内增加了 50 万余人并在实践中与法律科技深度互动。而中国律师职业伦理滞后于法律科技实践发展，难以发挥职业伦理规范、指引和保护律师的作用。职业伦理对技术回应存在的规制空白也使律师难以与法官、检察官等法律职业共同体"智能"必进，难以和域外的律师技术称职规则展开对话。本文首先明确律师与法律科技互动的三种样态、与律师提供法律服务相关的技术的范围、法律职业已有的职业称职传统；其次，以律师职业伦理的法律规范属性为前提，采用法律规则的"假定条件加法律后果"的逻辑结构阐释律师技术称职规则；最后，说明技术称职规则在律师职业伦理中的理论定位、意义和实施保障。

关键词　律师　法律科技　职业伦理　技术称职

一、引言

中国律师队伍正在快速发展，体现在律师和律师事务所的数量、律师的文化水平和业务类型等方面。1997 年至 2022 年，中国律师人数从 9 万余人发展到 65 万余人（见图 1）。2018 年至 2022 年，中国律师的文化水平整体呈上升趋势。大学本科学历、硕士研究生学历和博士研究生学历的人数正逐步增加。

＊　武才媛，中国政法大学 2022 级法律职业伦理硕士。

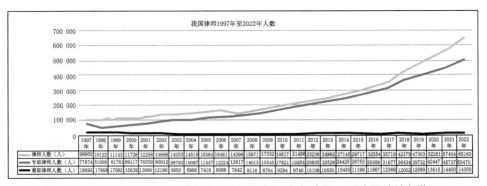

图 1　1997 年至 2022 年中国律师人数发展数据（数据来源于《中国统计年鉴》）

在律师队伍发展的同时，全球法律服务行业的法律科技也在迅速发展。2023 年《全球法律科技行业蓝皮书》发布，将法律科技的发展分为三个阶段：①以 LexisNexis、FirmManager 律师事务所管理系统为代表的"法律+信息化"阶段；②以 Legal Zoom、Rocket Lawyer 等在线法律服务提供商为代表的"互联网+法律"阶段；③以 ROSS、eBrevia、无讼、理脉法律科技产品为代表的"法律+科技"阶段。[1]同时，法律科技具有三项新特征：以人工智能、区块链为代表的使能技术的融合、以泛法律服务机构为代表的服务模式的融合、创新从法律服务市场向司法领域延伸等。

在法律科技发展的趋势下，律师行业法律科技产品的使用已初具规模。比如，易法通作为上市法律服务平台，提供法律咨询 200 万次，注册用户 200 万人，服务企业 10 万余家。[2]Rocket Lawyer 为近 30 万用户提供可负担的法律服务。[3]Legal Zoom 自 2001 年以来共创立 3 万余份遗产规划，提供 2 万余次企业

---

　　[1]　与法律相关的科学技术在律师执业领域广泛运用，而单就某项技术进行研究尚不足以支持对本文主题律师技术称职的讨论，因此，本文借鉴《全球法律科技行业蓝皮书》中法律科技的分类和特点引出文章背景，而未聚焦如人工智能的特定技术。具体到"法律科技"概念的讨论中：第一，《全球法律科技行业蓝皮书》将法律科技定义为提升法律服务效率和体验的 IT 技术、平台和服务，包括项目管理、运营分析、知识分享、在线咨询等，以及辅助法律从业人员进行信息检索、合规审查、案件预测等专业法律服务的技术和产品。第二，汪政《再议"法律科技"》将法律科技定位为与立法、执法、司法和法律服务等法律职业活动相关的科学技术，包括科技产品和技术服务。第三，在两者中，前者包含技术、平台和服务，并不限制于法律职业，概念更为广泛，而本文的研究尚不足以完全兼顾。且本文主要从律师职业角度进行职业技术称职理论的探讨，所以采用后者，即强调法律科技是与法律职业活动有关的科技产品和技术服务。马群主编：《全球法律科技行业蓝皮书》，《法律出版社》2023 年版，第 20—30 页。

　　[2]　参见 http://www.yifatong.com/about，最后访问日期：2023 年 10 月 28 日。

　　[3]　参见 https://www.rocketlawyer.com/about-us，最后访问日期：2023 年 10 月 28 日。

法律服务。〔1〕律师使用法律科技进行法律研究、文档管理、尽职调查，从繁杂事务中解放，节约计时收费成本，并有更多时间与委托人交流。〔2〕同时，技术的使用也伴有风险；〔3〕学术界已经对法律人工智能等法律科技问题展开过讨论。〔4〕

　　中国律师职业伦理是法律职业伦理的重要组成部分，它指导和规范律师执业、保护律师依法执业并维护法律职业理想。法律职业伦理越来越受到重视。法律职业伦理是法学专业学生必须完成的 10 门专业必修课之一，是健全法学教学体系的重要环节，是法律职业资格考试内容，是法律职业人员统一职前培训的重要内容。〔5〕

---

〔1〕 参见 https://www.legalzoom.com/about-us，最后访问日期：2023 年 10 月 28 日。

〔2〕 参见 https://www.clio.com/blog/lawyer-ai/，最后访问日期：2023 年 10 月 28 日。

〔3〕 比如，法律科技产品设计可能受法律体系、设计人员和训练数据中隐含偏见的影响、法律职业人员对技术依赖有余而审查不足，并存在算法黑箱与算法独裁、法律解释和法律推理模拟难题等。技术广泛侵入初级律师从事的简单、批量化和标准化的执业领域。在法律服务更易为公众所得的同时，法律职业的垄断正在受到侵扰。以上是技术使用可能存在的问题，但不是本文主要关注的职业伦理问题，因此不详细展开论述。

〔4〕 法律科技发展下，与技术称职规则构建相关的国内外文献可以分为三类：分类一，根据研究问题更多关涉技术还是法律职业，将文献分为技术回应类和职业研究类。技术回应类文献往往先介绍法律科技的定义、特征、发展和应用现状，比如法律人工智能，并在此基础上提出可能存在的技术问题。比如，技术依赖、技术鸿沟、算法黑箱以及隐藏在数据和程序设计中的偏见等问题。职业研究类文献往往将技术的应用现状及存在问题作为背景，更多将目光投向具体的法律职业人员，并研究技术对职业造成的影响。比如，法律人工智能产品对法律职业的替代问题、法律职业的垄断问题、技术广泛使用之下委托人隐私的保护等。分类二，根据法律科技发展的动力来源不同，将文献分为国家协力发展类和职业自主发展类。国家协力发展类典型的例子是智慧法院和智慧检务，他们体现出国家主导下的法律职业与法律科技问题。学者们在这部分的关注包括：智慧法院建设与数字正义问题、智能辅助系统的使用与法官中立性问题、技术参与决策与法官司法责任制问题等。职业自主发展类的特征是自主装备法律科技产品，体现出职业的自力发展与行业自治相结合。比如，律师是否会被机器取代以及律师如何拥抱技术、技术如何改变了律师提供服务的状态、法律科技产品赋能律师行业的发展、技术是否表现或加固律师行业分层问题、技术是否影响律师对法律服务的垄断问题、是否规模化的律师事务所更能发展法律科技、智慧律所相关的评选和评价机制（即商业性和公共性关系）等。分类三，根据适用范围的不同，将文献分为职业共性要求类和职业特殊要求类。法律职业共性要求类重在思考技术发展之下"法律人"的相关法律问题。比如，法律职业人员独立性、价值判断、法律职业的公共性和法律科技发展的商业性的关系。法律职业特殊要求类集中体现在证券律师、值班律师、注册会计师、司法鉴定人的勤勉义务。这类研究整体具有较为详细的职业原则和行为规则。

〔5〕 《关于推进习近平法治思想纳入高校法治理论教学体系的通知》（2021 年）、《关于加强新时代法学教育和法学理论研究的意见》（2023 年）、《关于完善国家统一法律职业资格制度的意见》（2015 年）、《关于建立法律职业人员统一职前培训制度的指导意见》（2022 年）。

二、中国律师职业伦理没有对法律科技作出回应

（一）规范滞后于律师行业实践

律师职业伦理规范滞后于律师行业实践的发展。律师执业人数和执业活动的快速开展需要律师职业伦理提供行为指导、行为规范、法律行为后果预测和保护。国内已形成初具规模的法律科技产品及市场，各地律师协会也开展过法律科技相关的业务培训，学术界也就律师行业的科技运用展开讨论，但一直缺少律师技术称职理论。律师职业伦理仍停留在技术到来之前的时代，没有对律师如何使用法律科技产品、如何参与产品的设计和治理作出正式回应。

（二）规范缺失影响职业共同体与技术并进

律师职业伦理规范的缺失影响法律职业共同体与技术并进。律师行业自发配备法律科技，但法院和检察院是国家自上而下主导配置法律科技。"智慧法院是国家信息化和治理现代化的一部分。法院不是自己主动使用信息通信技术，而是得到党和政府政策的推动和科研专项的支持。"[1]2015 年至今，全国人民代表大会决议、国务院行政法规、最高人民法院和最高人民检察院司法解释、党内法规多次提到智慧法院[2]。然而，律师事务所和律师使用法律科技产品更多依靠自己付费购买。智慧律师系统建设相对缓慢，缺乏全国统一规划、数据资源不足，以及律师对系统建设参与度不高。由此可见，法律职业共同体内部对法律科技的装备能力强弱不同，律师行业没有跟上法院和检察官发展的步伐，不利于与技术共进的法律职业共同体建设。

（三）现有规范不能和域外技术称职规则互动

律师职业伦理缺少与技术相关的行为规则，难以和域外技术称职理论互动。美国律师协会《律师职业行为规范》规则 1.1 注释 8 在对称职的解释中加入了

---

[1] 支持此观点的包括郑戈：《在法律与科技之间——智慧法院与未来司法》，载《中国社会科学评价》2021 年第 1 期；刘品新：《智慧司法的中国创新》，载《国家检察官学院学报》2021 年第 3 期。

[2] 梳理智慧法院的法律规范可以发现：首先，第十三届全国人民代表大会第三次会议和第四次会议、第十四届全国人民代表大会第一次会议《关于最高人民法院工作报告的决议》提到智慧法院。其次，行政法规《"十三五"国家信息化规划》提到智慧法院。同时，2015 年至 2022 年，最高人民法院和最高人民检察院共发布与智慧法院相关的 36 份司法解释性质文件和 81 份工作文件。最后，党内法规《国家信息化发展战略纲要》也提出用智慧法院促进司法便民，让人民感到公平正义，推进民主政治建设和国家治理现代化。

"与技术并进"的表达。[1]截至 2023 年 4 月，亚利桑那州、佛罗里达州、纽约、伊利诺伊州等 39 个州在职业行为规则中采用技术称职的表述（或称为 Ethical Duty of Technology Competence），有 8 个州没有直接规定技术称职但有注释说明，剩下 5 个州对技术称职没有作出明确规定（见图 2）。[2]英国发布《人工智能司法工作人员指南》提出律师应该对在人工智能支持下的研究和援引的判例进行独立的审查，确保其真实性。[3]而中国《律师法》[4]《律师执业行为规范（试行）》没有相关规定。

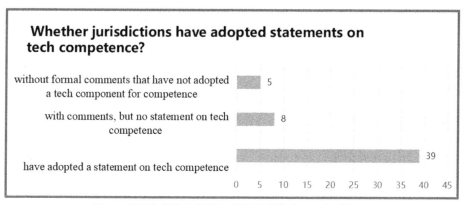

**图 2　美国律师协会数据：美国各州律师职业行为规则
是否采纳了律师技术称职义务？**

（四）反思规范滞后的原因

中国律师职业伦理为什么滞后？首先，法律追求明确、稳定和可预期，有时自然具有滞后性。同时，中国律师职业伦理的发展，不是行业自治发展到一定阶段的产物，而是国家主导的发展。因此，职业伦理本身缺乏随机应变性。这种滞后已经不合时宜，中国职业伦理有必要保持开放和与时俱进。

---

〔1〕 参见 https：//www. americanbar. org/groups/professional_ responsibility/publications/model_ rules_ of_ professional_ conduct/rule_ 1_ 1_ competence/comment_ on_ rule_ 1_ 1/，最后访问日期：2023 年 7 月 17 日。

〔2〕 参见 https：//www. americanbar. org/content/dam/aba/administrative/professional_ responsibility/mr-pc1-1-comment-8. pdf，最后访问日期：2023 年 7 月 17 日。

〔3〕 参见 https：//www. judiciary. uk/guidance－and－resources/artificial－intelligence－ai－judicial－guidance/，最后访问日期：2023 年 12 月 29 日。

〔4〕 为表述方便，本文凡涉及我国法律规范均用简称，如《中华人民共和国律师法》，简称《律师法》。

三、构建律师技术称职规则的可能性分析

律师职业伦理有必要对技术作出回应，在此基础上，本部分侧重分析律师职业伦理建构律师技术称职规则的可能性。在中国构建律师技术称职规则具有以下基础：法官、检察官等法律职业有职业称职规则的传统。同时，律师职业伦理中，称职虽然更多指向年度检查考核，但也为技术称职规则的提出打下基础。此外，证券、法律援助等特殊领域的勤勉义务也为技术称职规则的构建提供示范。

（一）法律职业已有称职规则的传统

《现代汉语词典》中，"称职"是指水平和能力符合所任职务的要求。[1]《韦氏大词典》（Merriam-Webster）中，"competence"指有足够知识、技能和判断力的状态或素质。[2]称职与职业、职务密切相关。称职是职业的应有之义。注册会计师、职业经理人、企业技术人员、司法精神鉴定人等职业都有称职性的讨论。[3]此外，《公务员法》《法官法》《检察官法》《监察官法》《人民陪审员培训、考核、奖惩工作办法》《基层法律服务工作者管理办法》条文中都规定了称职。自1995年以来，《法官法》《检察官法》规定年度考核结果分为优秀、称职、基本称职和不称职四个等级，并规定称职的判断标准和影响后果等。[4]

（二）律师职业伦理已有称职规则

技术称职规则构建在已有的称职规则上。称职规则在规范上与年度检

---

〔1〕 辞书编委会编：《新编现代汉语词典》（规范版），吉林出版集团有限责任公司2012年版，第168页。

〔2〕 参见 https://www.merriam-webster.com/dictionary/competence#legalDictionary，最后访问日期：2023年8月7日。

〔3〕 陈劲、徐笑君分析微软、波音和西部电子等企业的职称等级，提出在企业中建立多等级技术职称评定体系等建议。经理人的称职是理论和经验的结合，取决于道德、专业能力和做事方法等。刘鑫、陈薛妍认为，精神鉴定过程依赖于鉴定人的个人经验、知识水平和工作态度。而以学历、专业和从业经历为要素的准入门槛只是在形式上作出资格认证，不是评定鉴定人是否称职的唯一标准。详见陈劲、徐笑君：《研究开发人员职业发展轨道与称职评定研究——对美国部分公司的考察与分析》，载《科研管理》1999年第3期。刘鑫、陈薛妍：《司法精神障碍鉴定的伦理原则》，载《中国法医学杂志》2021年第4期。

〔4〕 考核法官是否称职的因素包括思想政治素质、遵守职业伦理情况、审判业务能力、作风、责任心、廉洁性、工作完成度（如办案数量）、办案效率以及过错等。这些考核因素体现政治纪律和职业伦理的要求，是职业称职抽象概念的具体化，但多种解释版本也明确表明称职的内涵、外延。比如，"接受请客送礼、与律师不正当交往、插手过问案件、在委托评估中徇私舞弊、泄露工作秘密"等也是法官不称职的表现。年度考核结果影响工资晋升、等级晋升、奖金发放和员额身份。绩效考核不称职意味着法官的履职能力有限，对法官降职或辞退具有规范和理论的正当性。详见：最高人民法院《高级法官等级选升标准（试行）》（2006年）、最高人民法院《关于加强和完善法官考核工作的指导意见》（2021年）。

查考核中的称职评价相联系，在理论上与律师对委托人的忠诚义务、律师职业的公共性相联系，并回应实践中律师不称职不尽责等有违职业伦理的负面事件。

规范层面，《律师法》《律师执业行为规范（试行）》没有直接规定称职，但很多条文间接地与称职相关。[1]理论层面，律师称职义务来源于委托合同约定或者法律援助的机构指派。除了民事法律关系，称职性与律师职业的商业性和公共性有关。律师职业具有商业性。"律师事务所的人员和业务追求国际化，文件、流程、团队分工和知识管理追求标准化，"[2]律师专业素质的提高，使律师在知识、技能和经验方面更称职，而不称职的律师可能面临淘汰。同时，律师职业也具有公共性。律师职业有别于追逐私利的商业或营业（Business）。尽管，律师跟其他行业一样需要经济收入，甚至需要较高收入，但是高收入不是首要目的而只是附带的结果，其最根本的价值是为公众服务的精神。[3]最后，称职不只是中国律师职业伦理的要求，域外也有观点讨论律师职业的称职。[4]实践层面，律师是否称职会影响律师的考核，影响公务员、公职律师、公司律师和社会律师之间的职业流动，影响职业准入和退出。[5]此外，媒体曝光、舆

---

〔1〕 比如，2017 年《律师法》规定：律师接受委托或者指定，应当维护当事人权益，维护法律正确实施，维护社会公平正义；申请律师执业应当通过国家统一法律职业资格考试以及在律师事务所实习满一年；律师应当具有 3 年以上职业经验；律师协会应当总结、交流律师工作经验、组织律师业务培训。

〔2〕 徐家力：《我国律师事务所管理基本问题探析》，载《中国律师》2018 年第 6 期。

〔3〕 李学尧：《法律职业主义》，中国政法大学出版社 2007 年版，第 30 页。

〔4〕 称职的律师应当具有法律知识和法律技能，可以就法律向委托人提供足够的信息，以便有效解决法律问题。陈宜以美国《律师职业行为示范规则》1.1 条以及英国《巴律师行为守则》第 603 条论证称职是律师职业行为规则的重要组成部分。此外，美国《律师职业行为示范规则》序言中规定"律师应当称职、迅捷和勤勉"。称职包括作为律师本身的称职性以及提供法律服务的质量和过程中的称职。称职的律师应当在提供法律服务前进行充分细致的准备、在长期职业生涯中接受继续教育，应当具有知识、技能、经验和合作能力。《律师职业行为示范规则》1.1 要求律师"具备代理所合理必要的法律知识、技能、详尽细致的准备工作以及保持称职。"这种规定是对抽象的称职概念的具体解释。澳大利亚《律师行为规则》4.1.3 要求律师在合理范围内胜任、勤勉地提供法律服务。称职的律师应当具有法律知识和法律技能，可以就法律向委托人提供足够的信息，以便有效解决法律问题。详见陈宜：《略论实习律师培训制度的完善》，载《中国司法》2007 年第 2 期。

〔5〕 单位考核公职律师和公司律师遵守法律法规、职业道德、履行岗位职责、工作数量和质量等因素，并提出称职、基本称职或者不称职的意见。律师称职影响公务员、公职律师、公司律师和社会律师之间的职业流动。律师称职性影响职业准入和退出。如果律师严重不称职，司法行政部门可以取消律师资格，律师事务所可以将律师辞退或除名。详见：《公职律师管理办法》《公司律师管理办法》（2018 年）、《海事法律顾问和公职律师管理规定》（2019 年）、《律师暂行条例》（1980 年）、《关于律师担任企业法律顾问的若干规定》（1992 年）。

论关注、律师受行政处罚等也会引发对职业称职性的讨论。[1]

1. 年度检查考核规则为技术称职规则作铺垫

技术称职中的称职与律师执业年度检查考核中的称职不同[2]，后者范围更大、更全面，是对律师职业伦理的宏观阐释，但年检制度中称职概念的提出为技术称职的构建作了铺垫。技术称职规则中的称职与《律师执业年度考核规则》中"律师办理法律服务业务的数量、类别和服务质量，办理重大案件、群体性案件的情况"相近。

2. 勤勉义务为技术称职规则提供示范

称职和勤勉都是对律师的要求。[3]称职不同于勤勉，但勤勉为技术称职提供了示范。称职是对整体律师的年度检查考核和职业要求的表述，勤勉是对诸如值班律师、证券律师、作为破产企业管理人和期货服务机构的律师等几类律师的特殊要求。[4]根据《期货和衍生品法》《律师事务所从事证券法律业务管理办法》和《律师执业年度考核规则》可知，不称职与未尽勤勉义务指向不同的后

---

[1] 比如，中国证监会处罚欣泰电气股份有限公司，引发证券律师是否"专业全面地衡量利弊，严格执行法律和职责准则并做好职业分内之事"的讨论。董明怀、张逸凡和郑依彤等人对此作出讨论。详见董明怀：《论注册会计师的勤勉尽责》，载《中国总会计师》2019年第3期。张逸凡、郑依彤：《新〈证券法〉视野下证券律师勤勉尽责义务的实证分析》，载《上海交通大学学报（哲学社会科学版）》2022年第2期。

[2] 律师考核称职需要符合诸多义务，可以归纳为遵纪守法义务、忠诚义务、公益义务和身份义务。遵纪守法义务要求律师遵守宪法、法律、职业道德、执业纪律和行业规范等；忠诚义务要求律师依法、诚信、尽责地为当事人提供法律服务；公益义务要求律师履行法律援助义务并参与其他社会公益活动；身份义务要求律师遵守律师协会的章程和会员规则。

[3]《律师执业年度考核规则》（2010年）将考核结果划分为不同程度的称职性。《联合国关于律师作用的基本原则》第14条要求律师根据法律和公认的准则以及律师的职业道德，自由和勤奋地采取行动。最高人民法院《关于深入推进律师参与人民法院执行工作的意见》规定律师协助当事人起草执行和解协议时应秉持勤勉和专业的要求。同时，称职与勤勉都是抽象的概念，具体的内涵总是可变化的、不确定的。勤勉可以追诉到罗马法，包含善良家父之勤勉、处理个人事务之勤勉以及极谨慎的勤勉。律师勤勉的一般认定标准包含尽力、及时、善始善终、不得无礼地提供服务。

[4] 勤勉的使用则常带有特殊场景。马明亮提出值班律师的勤勉义务包含准确充分地提供法律知识、及时维护程序性权益、实质履行在场义务，以及有针对性和建设性地提供法律意见。《企业破产法》（2007年）和《期货和衍生品法》（2022年）规定律师事务所担任破产企业管理人和期货服务机构时应勤勉尽责。《律师事务所从事证券法律业务管理办法》（2007年）规定律师事务所及其指派的律师从事证券法律业务应勤勉尽责，审慎履行核查和验证义务，保证其所出具文件的真实性、准确性、完整性。最高人民法院指出：资本市场中的律师事务所是披露信息、保护投资人、促进资本市场正常运行的看门人，应当勤勉尽责。

果。[1]

四、中国律师技术称职性规则的构建

上文分析全球法律科技、中国律师行业和中国律师职业伦理的现状，梳理法官、检察官等法律职业人员已有的称职传统，律师年度检查考核称职性的规定和律师勤勉义务，并借鉴域外律师技术称职规则的规定和学术讨论。这些讨论为中国律师技术称职规则的构建提供基础。接下来的部分将明确律师技术称职规则的范围和语境，并在此前提下，提出技术称职规则的构成要件和行为后果。最后，以理论定位、理论意义和保障为技术称职规则的构建收尾。

（一）律师技术称职规则的范围和语境

律师与法律科技的互动有深浅之别、不同地区经济发展有高低之别、法律服务需求有精细和基本之别。因此，律师技术称职规则应根据律师执业情景的不同而具有灵活性，根据技术的不同层次有不同规定。

1. 律师了解技术的优先顺序

"除了职业自身的核心技能，来自其他职业的边缘技能也很重要。专业技能的社会建构过程是不同领域学术知识彼此互动的实践化过程。"[2]律师技术称职义务中"技术"的范畴是什么？"如果律师不能高效使用电子邮件、互联网等，可能会错失客户。"[3]Hedda Litwin 认为律师应当合理了解的技术包括三种：①与当前律师执业领域相关的特定技术以及与律师承办的法律事务相关的技术。[4]

---

〔1〕《期货和衍生品法》（2022 年）规定，作为期货服务机构的律师事务所未勤勉尽责，所制作、出具的文件有虚假记载、误导性陈述或者重大遗漏的，承担的法律责任类型包括责令改正、没收业务收入、罚款、警告和赔偿损失。《律师事务所从事证券法律业务管理办法》（2007 年）规定，从事证券法律业务的律师未勤勉尽责，对所依据的文件资料内容的真实性、准确性、完整性进行核查和验证，承担的法律责任的类型包括中国证监会及其派出机构的责令改正、监管谈话、出具警示函等措施，如果未勤勉尽责，制作或出具的文件有虚假记载、误导性陈述或者重大遗漏的，承担法律责任的情形包括警告、罚款、责令改正、没收业务收入、暂停或撤销证券业务服务许可、撤销从业资格等。《律师执业年度考核规则》（2010 年）规定，如果律师年度检查考核结果为不称职，律师协会书面责令律师改正，要求律师参加培训、通报批评、公开谴责、建议司法行政部门给予行政处罚、建议律师事务所解除聘用关系或进行合伙人会议除名。

〔2〕 刘思达：《新发展格局下的当代中国职业研究——从劳动分工到专业技能》，载《中国社会科学》2023 年第 4 期。

〔3〕 参见 https://www.law21.ca/2008/07/core-competence-6-new-skills-now-required-of-lawyers/，最后访问日期：2023 年 7 月 23 日。

〔4〕 不仅包括律师实际上正在使用的技术，也包括律师同行业通常使用的"应然"层面的技术。比如，如果律师手里的案件涉及电子存储信息的审查，则律师需要掌握识别电子存储信息保管人的技术等。

②律师在法律实践中使用的技术。比如，计算机、扫描仪、打印机、复印机、电子邮件和云存储，以及律师事务所统一使用的专门为律师设计的软件和程序。③律师的客户正在使用的技术。[1]纽约律师协会《律师职业行为规则》规定，技术包括与律师为客户提供服务相关的技术，以及律师为存储、传输客户机密信息使用的技术。

律师擅长的是法律，不加区分地要求律师掌握所有流行的法律科技是没必要而且不可能做到的。那如何缩小技术的范围呢？"与职业相关的技术"启发我们，从与律师执业的相关度对技术进行排序，[2]即根据与律师执业的相关度来排序律师需要了解的技术的优先顺序。

第一，委托人原则。委托人如果对律师使用法律科技产品有期待和要求，律师应尽可能学习。[3]该原则来自律师委托人关系的要求，体现律师对委托人忠诚义务的遵守。第二，法律事务原则，律师应了解与为委托人提供的法律服务事务直接相关的技术，比如，非诉事务指向的法律科技产品，以及律师参与调解、诉讼和仲裁涉及的技术。该原则来源于律师与法官、检察官、仲裁员等法律职业人员的互动需要，也是法律职业共同体技术并进的要求。第三，管理律师原则。律师应当熟练掌握本律师事务所正在使用的法律科技产品以及司法行政机关和律师协会要求律师使用的法律科技。该原则来源于中国律师受到的律师事务所日常管理、律师协会行业自律管理，以及司法行政机关监督指导的需要。

2. 律师技术称职规则的语境

律师与法律科技的互动是有区分和动态发展的，因此，技术称职规则也应该具有灵活性。根据律师与法律科技互动的三种样态确定技术称职的语境。根据律师与技术互动的不同程度，分为律师了解与职业相关的技术的利益和风险、律师参与相关技术的设计，以及律师主导法律科技产品的开发和应用三个层面。

第一，律师处于使用技术的层面，此时，律师应当积极了解与执业相关的技术的利益和风险。比如，对于律师和律师事务所正在使用的法律科技，律师应当知悉其风险。[4]第二，律师参与法律科技产品的研发设计层面，此时，律

---

〔1〕 参见 https://www.naag.org/attorney-general-journal/the-ethical-duty-of-technology-competence-what-does-it-mean-for-you/，最后访问日期：2023 年 7 月 23 日。

〔2〕 可以说，法律科技看似挑战传统律师职业纯洁性理论，但根据执业的相关性对技术进行排序又体现了对职业纯洁度的尊重。

〔3〕 此处也包括为促进委托人利益实现和委托目的满足所需要的技术，此为第 1 条的扩大解释。

〔4〕 比如，Freshfields Bruckhaus Deringer 律师事务所提出的法律科技产品输出结果时，是否存在侵犯版权和间接侵权索赔的风险，是否存在不准确、疏忽和欺诈的建议导致客户损失的风险，是否合理平

师作为产品设计人，需尽到更谨慎的注意义务。第三，律师主导法律科技产品的开发和应用，此时，律师对技术的了解不限于使用，而应该更多考虑技术如何与法律服务结合并产生效益。但需要进行区别的是，中国律师职业伦理要求律师事务所不能从事法律服务之外的经营活动，以保持其专注于法律服务，并有足够的清偿能力。律师虽然主导法律科技产品的开发和应用，但应限制在法律科技产品系统内的主导，产品需要服务于律师的忠诚义务、真实义务和公益义务。

（二）律师技术称职规则作为法律规则的逻辑结构

规则构建时，考虑到律师技术称职规则本质属于律师职业伦理，而律师职业伦理具有法律属性，其中的具体规则应当具有法律规则的品格。因此，本文借鉴法律规则的"假定条件、行为模式和法律后果"的逻辑结构进行律师技术称职规则的构建。

1. 技术称职规则应当是法律规则

法律职业伦理曾长期被认为是法律职业人员的特殊道德要求。但从应然的角度来说，法律职业伦理应该具有法律属性。[1]法律职业伦理从不具备独立地位到成为独立的法学二级学科，并逐渐纳入中国法律职业资格考试的范围，这就印证了其法律属性不断加强的趋势。

作为特殊职业伦理的律师职业伦理也具有法律属性，比如，法律、司法解释或行业规范。[2]律师技术称职规则作为律师职业伦理的内容，也具备作为法律规则的可能性。更重要的是，在中国现有的律师职业伦理中引入技术称职规则是回应本文一开始提到的问题——律师职业伦理落后于法律科技实践，难以

（接上页）衡收集大量数据训练系统以提高精读和遵循数据最小化原则等。详见 https://www.lexology.com/library/detail.aspx? g=345551d9-2b2b-4de8-85e6-34b70f1b6879，最后访问日期：2023 年 7 月 23 日。

〔1〕"法律职业伦理本质上是法律，只有是法律，才能超越各个法律职业本身的狭隘性而得到广泛的适用，才能在实践中与法律背景相适应。不同于一般的道德，违反法律职业伦理应当承担如刑事、民事、行政和行业责任的法律后果，否则法律职业伦理就会因为缺乏执行机制而被束之高阁。"详见王进喜：《法律职业伦理》（第二版），中国人民大学出版社 2021 年版，第 40 页。

〔2〕比如，《律师法》《律师暂行条例》《刑事诉讼法》等法律，《律师执业管理办法》《律师和律师事务所违法行为处罚办法》《律师事务所管理办法》等部门规章，《关于依法保障律师执业权利的规定》等司法解释，《律师执业行为规范（试行）》《律师执业年度考核规则》《律师职业道德和执业纪律规范》等行业性规范更进一步证明了律师职业伦理的法律规范的属性，而这种法律规范属性也在实践中体现为中国政法大学律师学研究中心。详见：中国政法大学律师学研究中心（http://fxy.cupl.edu.cn/info/1441/7679.htm），中国人民大学律师学院（http://lawyer.ruc.edu.cn/），中国法学会律师学研究会（https://www.chinalaw.org.cn/portal/page/index/id/50.html）。

发挥职业伦理指导律师与法律科技互动实践的规范、指引、预测和保护作用。因此，技术称职规则应采用法律规范的构建模式，而非一般的道德义务。[1]

2. 法律规则的逻辑结构

雷磊《法律规则的逻辑结构》系统回溯了法律规则逻辑结构发展史上传统的三要素说、二要素说、新三要素说，并依次作出回应和提出了"构成要件和法律后果"的新二要素说。[2]本文借鉴此观点并在此基础上结合律师执业情景，展开对律师技术称职规则可能的逻辑结构分析，以期为技术称职选定规则的逻辑框架。

传统的三要素说包含假定、处理和制裁，但律师技术称职规则的构建中，处理的后果不一定只是带有国家强制力的制裁。[3]

传统二要素说包括行为模式和法律后果，放弃了假定。然而，律师与法律科技存在不同层次的互动，指向律师不同的权利义务。技术称职规则本就是为了回应实践中缺少规则指引的问题，因此假定条件不宜模糊和省略。

新三要素说包括假定条件、行为模式和法律后果。新二要素说包括构成要件和法律后果。首先，不管是律师使用法律科技产品、律师参与法律科技产品设计以及律师最终主导法律科技产品的发展，都可能涉及不能归入新三要素行为模式的法律事件，而法律事件可以归入新二要素的构成要件中。在这个意义上，新二要素说更具有包容性。此外，如果需要根据行为规则和裁判规则的不同，分别将法律规则构建为"假定条件+行为模式""行为模式+法律后果"或者其他组合，则新三要素说追求的三个要素难以按其理想状态同时存在，既适用于裁判规则，也适用于行为规则。[4]新二要素说放弃以行为模式为核心的构

---

[1] 技术称职规则在律师称职规则之下构建，且主要针对具体的执业情景，尚不能抽象为职业伦理基本原则的高度，因此主要作为法律规则来构建。

[2] 雷磊：《法律规则的逻辑结构》，载《法学研究》2013年第1期。

[3] 比如，律师事务所不当使用法律科技产品给委托人造成损失，应当赔偿委托人的损失。又或者，如果律师已经为学习正在执业领域的法律科技产品做了准备和实践，则不得被轻易判定为技术不称职而遭受其他不利后果。此处的结果不是制裁而是保护性的。

[4] 如果按照新三要素说构建律师技术称职规则：例一："律师已经可能了解和掌握相关领域的法律科技，此时律师不得被（裁判者）轻易判定为技术不称职。"该规则是指引裁判者的裁判规则。前半段"律师已经做了相当程度的努力了解和掌握法律科技"涉及律师的行为模式，后半段"律师不得被轻易判定为技术不称职"涉及裁判者的法律后果。例二：诉讼两造对抗中，公诉人享有国家提供和配备的法律科技产品，如果因技术的使用影响到案件争点的走向，此时律师有更迫切的了解、学习和使用相关技术的需要。该规则是指向律师的行为规则，其中前半段是针对公诉人或对方律师的假定条件，后半段是针对律师的行为模式。综合例一和例二，例一裁判规则包含行为模式和法律后果，而例二行为规则包含假定条件和行为模式。

建范式，只将法律规则的逻辑结构区分为构成要件和法律后果，适应法律规则作为小单元的简洁需要，也适应行为规则和裁判规则的解释需要。因此，本文选择新二要素说作为技术称职规则构建的基础。

3. 技术称职规则的构成要件和法律后果

技术称职规则的构成要件包括主体（律师、律师事务所）、行为、事件、情景（律师与法律科技互动的三种样态）。法律后果是技术称职构成要件被评价和被赋予的后果，包括律师法律行为的后果和法律事件的法律后果。

规则一：律师主要作为使用者使用法律科技时，应优先了解和熟练使用与委托人相关的技术、与提供法律服务相关的技术以及与管理律师相关的技术。[1]

规则二：律师参与法律科技产品的设计时，应发挥法律专业优势，参与监测和应对数据可能带有的偏见，在产品发布之前确保产品经过测试、符合已有的标准[2]、行业惯例或经过同行评价。如果因律师故意或者重大过失导致产品有瑕疵或缺陷而给委托人或第三人造成损失，律师应承担民事和刑事等法律责任[3]，并可能受相应程度的行业处分和行政处罚[4]。

规则三：律师主导法律科技产品的开发、运用和未来走向时，除了关注具

---

〔1〕 如果委托人对律师有使用某种法律科技的期待，且有理由证明律师这种期待，律师应尽可能满足这种期待而掌握技术。一般情况下，如果律师已经有证据证明已经为掌握技术做了了解、学习、参与培训等努力，则律师不得被轻易评价为技术称职（侧重保护律师）。紧急情况下，是否熟练技术急迫关乎法律事务的走向和结果、律师不能证明自己为使用技术已经作出尝试、努力和实践，律师可能被评定为技术不称职（侧重保护委托人）。

〔2〕 包括但不限于：国家标准、地方标准、团体标准和行业标准等。

〔3〕 关于法律科技产品的责任承担问题，学界研究不多，但对法律人工智能产品引发的责任规制则讨论更多，比如，第一，对刑事责任展开的讨论：高铭暄、王红提出人工智能产品的设计者应履行保障产品安全的法定义务。产品的所有者应严格遵守人工智能产品的安全操作、管理规范，未履行合理注意义务、安全管理义务，造成严重后果的，相关责任人还有可能承担相应的刑事责任。刘宪权、林雨佳提出人工智能缺陷产品研发者的刑事责任以及利用技术实施犯罪行为的刑事责任，并讨论确立智能机器人的刑事责任主体地位，增设删除数据、修改程序、永久销毁等刑罚种类。第二，对民事责任展开的讨论：刘洪华提出产品的责任规制应以人的行为为中心，确定以人为本的最高技术发展原则，构建以产品责任和具体侵权责任为认定基础，以责任认定的科技手段和责任分担的保险制度和赔偿基金制度。李坤海、徐来在侵权责任之外补充提出区别对待归责、行政监管体制、商业保险与智能基金、免责事由等。此外，区分责任承担主体时应当注意律师和律师事务所的问题。通常情况下，中国律师应当在律师事务所执业，不能单独执业。因此，如果律师是代表律师事务所参与法律科技产品的设计，考虑到律师事务所更加具有清偿能力，以及侧重保护委托人的利益，此时，律师事务所参与承担民事责任。同时，律师事务所可以向故意或者有重大过失的律师追偿。然而，如果律师参与法律科技产品的研发和设计是个人的行为，与其所在的律师事务所无关，则此时不由律师事务所参与责任的承担，而由律师参与责任的承担。

〔4〕 律师参与产品设计中，此时律师具有律师和产品设计人的双重身份，分别对应不同的行为规则。因此，律师技术称职规则应与个人信息保护、侵权责任承担等相关的法律法规相衔接。

体的法律科技产品细节，律师还应当关注宏观层面的技术依赖、偏见、算法独裁等问题[1]。该规则的义务来源是律师作为法律职业人员的"维护法律正确实施，维护社会公平正义"的公益义务。国际法律与人工智能协会研讨会对法律人工智能的讨论从法律检索、法律预测等具体的人工智能应用到对人工智能的主体地位、承担责任、监管和不公平等风险的转变也印证了这一趋势（见表1）。

表1　国际法律与人工智能协会研讨会近二十年主题

时间（年）	讨论主题	
	浅层关注	深层关注
	关注具体的人工智能应用	关注系统的人工智能地位、风险、责任和监管
2001—2005年	案例推理、法律信息检索、机器学习方法、知识系统、逻辑方法等、专家证人数据库、评估罪犯记录、算法、可视化法律系统、法律文件的自动摘要和自动语义提取、判决分类、在线模拟法庭、	歧视、公平
	启发式搜索自动构建判例法、自由裁量决策的建模、律师事务所文档等	
2007—2011年	证据推理、本体论、博弈论、法律检索、法律推理、法律论证、法律建模、自然语言处理、法律文本整合、元数据提取、原因和先例、证据智能评估、管理法律选择的工具、诉讼风险分析、解释和预测趋势、在线争议解决、合同语言库等	
2013—2017年	法律解释、法律推理、法律审查、判例法自动评级模型、犯罪场景建模、可视化工具、业务流程合规检查、法律专家助理平台、机器学习、自然语言处理、道义逻辑和表示、法律知识和表示、大数据、法律文本分析、法律检索、分析陪审团裁决和判决评估、人工智能支持决策、量刑分类、法律文本自动生成、诉讼预测等	机器学习导致的不公平、人工智能作为法人、人工智能系统和产品责任、可解释的人工智能、人工智能的监管
2019—2021年	可解释法律预测、判决要点提取、诉讼评估、法律词典自动构建、人工智能辅助法律研究、法律检索、机器学习、在线争议解决工具、累犯预测工具、电子谈判系统、法律规范检索、法律语言模型等	

---

〔1〕 高奇琦、张鹏：《论人工智能对未来法律的多方位挑战》，载《华中科技大学学报（社会科学版）》2018年第1期。

此外，律师如果技术不称职，可能面临什么后果？首先，律师职业具有商业性。特别是在中国律师人数增长较快的背景下，不称职的律师难以满足委托人的需要和期待，并将被市场负面评价。其次，年度评价考核是对律师遵守职业行为规则的全盘考核。可以说，职业行为规则规定什么，年度检查就考核什么。未来如果律师技术称职规则被正式纳入职业伦理中，则技术称职规则也将一并纳入年度检查考核中，成为对律师综合考核的部分。[1]

（三）技术称职规则的理论定位

律师技术称职是律师称职的下位概念，本质上属于律师的职业行为规则。正如《律师法》所规定的，"律师应当维护当事人合法权益，维护法律正确实施，维护社会公平和正义"。职业称职性来源于律师职业维护法治程序与正义的要求，也来源于委托合同、法律援助机构指派和咨询等事实行为。

从忠诚义务、公益义务到称职，再从称职到技术称职是单线发展的理论。但考虑到律师保密义务[2]、律师与委托人的沟通交流[3]以及律师与其他擅长技术的律师合作[4]的规则，可以将这些规则同技术称职规则一起，作为律师职业行为规则对法律科技应用的应然回应，并使技术称职规则的定位由简单走向复杂和系统（见图3）。

---

[1] 此外，因技术称职规范尚未在我国律师职业伦理中正式确立，更很难谈及律师技术不称职是否会导致律师受行政处罚或者行业处分。但律师技术称职的上位概念——律师称职性是否有讨论的空间？从司法部2019年至2021年政府公开信息可以看出，司法部以"严重不负责任"作出行政处罚6份，但都与司法鉴定人有关。没有因为律师"严重不负责任""不称职""不负责"而处以行政处罚的文书。

[2] 律师事务所使用法律科技产品为潜在委托人提供法律咨询，因为法律科技产品的工具属性，律师和律师事务所是保密义务的承担主体。"准确预测人工智能可能将数据用于什么目的以及它们将如何学习是不可能的，因此事先确保数据保护至关重要。"法律科技产品收集委托人信息时需遵循《个人信息保护法》规定的"合法、正当、必要和诚信原则"。

[3] 律师与委托人的沟通交流。律师应根据对法律科技产品的依赖程度、产品对其提供服务的影响力大小等告知委托人相关信息，尊重委托人对使用产品的选择权。同时，律师应注重提供更个性化的专业服务。

[4] 律师与其他律师合作以取得律师技术上的称职。中国律师职业伦理要求律师事务所不能从事法律服务之外的经营活动以及律师不得帮助非律师人员间接执业。但未禁止律师与会计师、造价工程师、税务师等人员就法律服务开展合作为委托人提供一站式的法律服务。更进一步，律师能否与其他人就法律科技产品的使用合作以更好满足技术称职的期待？佛罗里达律师协会就技术称职规则注释"律师可能需要具有技术能力的非律师的帮助"。这也意味着在没有穷尽努力之前，律师很难因为自身技术能力不够而豁免技术称职的要求。

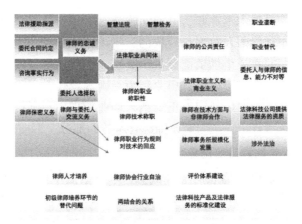

图3　律师技术称职规则的定位

技术称职理论虽然相对"新颖"，但需要"去魅"。[1]法律科技产品对律师行业有所侵扰但目前不是绝对意义上的颠覆，对法律科技相关问题的讨论需要具有普适性，这也正是为什么，本文讨论的技术称职理论没有针对某项特定的技术，而是采用法律科技的表达，并尝试探索中国律师技术称职的一般理论的原因。

（四）技术称职规则的理论意义

律师技术称职规则作为律师职业伦理的一部分，指引律师的职业行为、并为律师使用法律科技产品提供确定性的指引和稳定性的预期。如果律师已经按技术称职职业伦理的规则行事，则律师将不被定义为不称职。

正如"机器代劳管理案件和填写文件，则法官可以更轻松和清醒，真正把

---

〔1〕　从人工智能在法律行业运用的三十多年历史看，早在1970年，Buchanan和Headrick在《斯坦福法律评论》发表文章 *Some Speculation about Artificial Intelligence and Legal Reasoning*，提出：创建模拟法律推理的系统面临的自然语言和编程语言之间的差异、理解律师决策的过程并将其编程化，以及如何表述规则才能让计算机更好执行等问题。Heuristic DENDRAL程序可以帮助模拟律师确定目标、认定事实、选择规则和类比等法律决策过程。Carole Hafner发表票据领域的法律信息检索应用文章。唐纳德·沃特曼等人建立专家系统用于帮助侵权产品案件中责任问题。1987年，国际法律与人工智能协会（ICAIL）召开第一届人工智能与法律研讨会，讨论文本检索系统、基于自然语言的法律专家咨询和辅导系统。之后，ICAIL每隔两年都召开一届研讨会。在法律人工智能技术的发展下，"最初基于法律规则进行逻辑推理的专家系统面临挑战。针对专家系统的不足，里斯兰和凯文·阿什利设计出模拟对抗式法律推理的案例分析程序HYPO。HYBO程序之后，Thomas F·Gordon构建出既支持规则推理也支持多种规则推理的Carneades论辩模型。凯文·阿什利：《法律人工智能系统：法律实践的新工具》，黎娟、王春穗译，载《自然辩证法通讯》2020年第6期。

时间和精力集中在审判。"〔1〕律师技术称职理论辅助明确律师职业与法律科技互动的界限和双方分工的事项，为律师和委托人展开具有法律专业性的、面向客户的个性化的和充满人文关怀的交流留下时间和精力，这就最终指向律师对委托人的忠诚义务。

此外，在中国搭建技术称职理论是对已有法律科技和将有的法律科技的实践作出理论回应，更是在最终意义上体现关注律师主体性的人文关怀。〔2〕律师技术称职理论的主体是人，人应该始终参与到法律科技实践的"循环"中。

（五）技术称职规则的实施保障

第一，律师协会可以充分发挥行业自治的作用，为律师提供便利、集约化的办公地点。〔3〕在律师事务所规模化发展的趋势下，律师协会可以借鉴"律师大厦"，节约基础设施费用和运营成本，为中小型律师事务所使用法律科技产品提供机会，为律师技术称职的养成创造条件。

第二，司法行政机关和律师协会在制定与法律科技相关的部门规章和行业规范时，应注重协调律师行业内存在的差距。律师行业整体智能化发展，但作为个体的律师事务所因为经济实力、规模和组织架构的不同而智能化程度不同。〔4〕

第三，律师协会应发挥正面的评选鼓励作用。律师技术不称职很难直接导致行政处罚，但律师协会可以积极开展法律科技优秀律师事务所和律师的评选，鼓励律师行业的法律科技发展。比如钱伯斯 2024 年发布的报告对一些在使用人工智能和自动化技术方面领先的律师和律师事务所开展评价。〔5〕

---

〔1〕 郑戈：《在法律与科技之间——智慧法院与未来司法》，载《中国社会科学评论》2021 年第 1 期。

〔2〕 工作不仅是任务，人们也从中学习和获得满足感，学生和初级律师将学习如何和机器合作并实现自己的成就感。工具改变法律实践和人类贡献的性质，但工具始终不能代替人，并促使思考如何培养和激励律师的创造力和分析能力。详见：https://clp. law. harvard. edu/knowledge-hub/magazine/issues/generative-ai-in-the-legal-profession/ethical-prompts/，最后访问日期：2023 年 9 月 20 日。

〔3〕 一方面，智慧法院和智慧检务的建设需要律师具有相匹配的技术使用能力和办公条件；另一方面，律师事务所购买法律科技产品付出的成本可能转嫁到委托人身上。

〔4〕 律师行业内有"两个半球"的理论，即从事高端涉外和非诉法律服务的律师与小城镇和乡村的律师之间存在地理区位、业务种类、经济收入和职业地位的差异。同样，"两个半球"理论也体现在律师事务所的智能化发展方面。比如，从事涉外、非诉等高端业务的律师事务所有资金用于投入法律人工智能产品的研发设计和购买，而小型律师事务所缺少成本购买法律人工智能产品。法律科技应用可能固化和加剧职业内的分层。因此，不同地区律师行业发展不同，对技术称职的要求也存在区别。

〔5〕 这些评价可以为律师事务所配备法律科技产品提供决策参考，但目前也主要集中在对国外的法律科技产品以及法律科技供应商的关注，对亚太地区等关注较少，而这也正是未来中国法律科技领域发展方向所在。详见《钱伯斯全球法律指南 2024》，载 http://chambers.con/legal-guide/global-2，最后访问日期：2024 年 7 月 4 日。

第四，发展面向律师参与的技术培训。[1] 近年来，各地律师协会开展了与法律科技相关的培训。比如，北京律协开展"律师人工智能系统的使用和风险"讲座[2]。北京、天津和广东律协举办关于 ChatGPT 等人工智能生成物的法律保护网络研讨会。[3] 北京律协科技与大数据等委员会在北京律师学院召开专题培训会，谈到"以新一代生成式人工智能（AI）等为代表的前沿技术正在推动着人类科技创新迈上一个更高的台阶。"[4] 未来，随着法律科技技术咨询公司的发展，也将产生如 cenza 的一站式提供面向法律职业人员的法律技术培训。

五、结论

为回应中国律师与法律科技的互动，弥补律师职业伦理对技术零回应的问题，突出法律职业伦理的法律规范属性，发挥技术称职规则指引、评价和保护作用，本文根据律师与法律科技互动时使用技术、参与设计和参与主导三种样态为规则适用情景，并以委托人原则、法律事务原则和管理律师原则为技术排序。在此基础上，以法律规则的逻辑结构为律师技术称职规则的骨架，分别构建律师使用技术、参与设计和参与主导的技术称职规则。律师技术称职规则与法律职业共同体的称职性相衔接、与域外律师技术称职规则开展对话，并与律师保密规则、委托人律师关系规则一道作为律师职业伦理对法律科技发展的理论回应。最后，"徒法不足以自行"，律师技术称职规则作为称职规则的下位规则，虽然可以从律师忠诚义务和职业主义找到理论源流，但不是律师职业伦理的核心规则，其实施需要额外保障。律师协会应当发挥行业自治作用，积极主动为律师学习和使用法律科技提供便利、集约条件，协调推进不同地区律师业法律科技发展，并鼓励技术称职评选活动。

---

〔1〕 2017 年国务院《新一代人工智能发展规划》提出"高等院校、职业学校和社会化培训机构等开展人工智能技能培训，大幅提升就业人员专业技能，满足我国人工智能发展带来的高技能高质量就业岗位需要。"

〔2〕《北京律协两专委"大学习、大培训、大交流"活动动态（八）》，载 https://www.beijinglaw-yers.org.cn/cac/1688526294610.htm，最后访问日期：2023 年 8 月 2 日。

〔3〕《北京市律师协会 2023 年 4 月工作通报》，载 https://www.beijinglawyers.org.cn/cac/1684892350584.htm，最后访问日期：2023 年 8 月 2 日。

〔4〕《北京律协举办以优质法律服务，促知识产权创新—4·26 知识产权专题培训会》，载 https://www.beijinglawyers.org.cn/cac/1682389095695.htm，最后访问日期：2023 年 8 月 2 日。

监察官准入制度的缺失与完善

——以"互涉案件"管辖冲突为切入点

刘　龙*

摘　要　职务犯罪转隶以后，《监察官法》[1]对监察官的任职条件规定简略，而《监察法》[2]第34条关于"互涉案件"的管辖归属，引发了学界对监察官是否具备应对职务犯罪的法律能力的讨论。作为监察官职业伦理中的重要组成部分，监察官准入制度受到了不应该的轻视，而现有的规定已不足以应对实践中的复杂情况，亟须通过法考纳入监察官任职条件，出台具有中国特色的监察官职业伦理，回应"打铁还需自身硬"的号召，构建党内法规为核心的评价体系，系统地完善监察官准入制度。

关键词　监察官　准入制度　职业伦理

一、问题之提出

2018年通过的《宪法修正案》增加了有关"监察委员会"的相应条款，国家监察委员会作为新的国家机关被赋予宪法地位。此后，与宪定的行政权、司法权、检察权相互对应，从而突破了数十年以来"一府（政府）两院（法院、检察院）"的传统格局，完善了中国国家权力体系的配置。作为一个极具中国

---

*　刘龙，中国政法大学2022级法律职业伦理硕士。

〔1〕　为表述方便，本文凡涉及我国的法律规范均用简称，如《中华人民共和国监察官法》，简称《监察官法》。

〔2〕　本文所引用《监察法》均是2018年颁布的。

特色的反腐败机制，在习近平法治思想的指引下，监察委员会自设立以来，取得了举世瞩目的效果，为反腐败工作凝聚了强大合力，对腐败分子起到了震慑作用。根据中华人民共和国国家监察委员会官网的数据，仅 2022 年一年，全国纪检监察机关共处分 59.2 万人。[1]

自监察委员会运行以来，学界的讨论一直方兴未艾。其中，《监察法》将管辖进行了切割，引发了学界关于监察委员会管辖冲突问题的讨论。基于"宜粗不宜细"的立法与修法指导思想，《监察法》于国家监察体制运行之初多采用概括性规定，其中第 34 条规定了"互涉案件"的管辖归属。行文至此，我们可以先对这其中的基本概念下个定义，便于后续的讨论。[2]"互涉案件"，是指同一犯罪主体涉嫌数罪，部分归监察机关管辖，部分归检察机关、公安机关等其他机关管辖。[3]粗略来看，似乎是将职务犯罪的管辖一分为二，一部分由监察机关主导进行管辖，另一部分由检察机关为主导进行管辖，有学者将其称为"职务犯罪双轨调查体系"。[4]

但是，这种职务双轨调查体系其实存在着隐患，与《刑事诉讼法》采取传统的以罪分案的方法不同，《监察法》采取的是一种以人分案的方法，根据不同划分标准出现的结果有所重合是不可避免的，"互涉案件"的管辖冲突亦成为法律人面前难以回避的窒碍。而二者的相关制度也不尽相同，其中最受外界诟病的，莫过于《监察官法》第 12 条关于监察官任职条件的规定，[5]与以往检察官、法官的任职条件不相同的是，未要求监察官通过"国家统一法律职业

〔1〕 《中央纪委国家监委通报 2022 年全国纪检监察机关监督检查审查调查情况》，载中央纪委国家监委网站：https://www.ccdi.gov.cn/toutun/202301/t20230113_241621.html，最后访问日期：2023 年 2 月 18 日。

〔2〕 《监察法》规定，人民法院、人民检察院、公安机关、审计机关等国家机关在工作中发现公职人员涉嫌贪污贿赂、失职渎职等职务违法或者职务犯罪的问题线索，应当移送监察机关，由监察机关依法调查处置。被调查人既涉嫌严重职务违法或者职务犯罪，又涉嫌其他违法犯罪的，一般应当由监察机关为主调查，其他机关予以协助。

〔3〕 张泽涛：《规范"互涉"案件中监察机关与刑事司法机关管辖制度》，载《当代法学》2022 年第 5 期。

〔4〕 叶青、王小光：《职务犯罪双轨调查体系构造及改革展望》，载《探索与争鸣》2019 年第 11 期。

〔5〕 《监察官法》第 12 条规定了担任监察官应当具备下列条件：（一）具有中华人民共和国国籍；（二）忠于宪法，坚持中国共产党领导和社会主义制度；（三）具有良好的政治素质、道德品行和廉洁作风；（四）熟悉法律、法规、政策，具有履行监督、调查、处置等职责的专业知识和能力；（五）具有正常履行职责的身体条件和心理素质；（六）具备高等学校本科以上学历；（七）法律规定的其他条件。本法施行前的监察人员不具备前款第六项规定的学历条件的，应当接受培训和考核，具体办法由国家监察委员会制定。

资格考试"。有学者指出，实践中在"一般应当"的引导下，监察机关的一线监察官甚至认为应该享有"互涉案件"中非职务犯罪的管辖权。[1]而且由于涉及监察机关并不擅长的非职务犯罪领域，当非职务犯罪为主罪而职务犯罪为从罪，监察机关强制并案进行管辖时，可能是对职权原则的背离。

"互涉案件"之管辖冲突，理论上不乏争论，以往的研究往往仅从一个方面进行观察，或从宪法之角度论证，[2]或从刑事诉讼法之视野推敲，[3]几乎没有学者从监察官准入制度的要求对该问题进行观察，难免失之偏颇。监察官的任职条件是监察官职业伦理的重要组成部分，而且起着监察官选任的门槛作用，决定着监察官的工作能力。因此，监察官的任职条件对于"互涉案件"冲突的解决有着不可忽视的作用，亟须厘清相关概念，并在理论上给出充分的回应。

二、监察官准入制度的必要性

（一）建设法律职业共同体的必然要求

培养新时代德才兼备高素质的法治人才，离不开法律职业共同体的建设，而作为反腐主力军的监察官，无疑是法治工作队伍中耀眼的新星。国家治理不仅依赖于治理制度，更依赖于治理主体，国家机关中工作人员是确保国家正常运转的基础和核心，其能力实质上决定了国家治理能力的高度。[4]任何机关都是由人来运行的，监察机关也概莫能外。事在人为，监察机关的责任最终要落实到监察官个人身上。为了使监察委员会有效行使监察权，充分发挥监督职能，除了需要有完善的法律规定和相应的配套制度以外，还离不开机关运行中的监察官。而外界对于监察委员会的评价，也主要来源于对于监察官的主观感受，因此监察官能否依法行使监察权，是监察委员会能否回应人民群众期待的重要标尺。从建设法律职业共同体的角度进行观察，共同体内部具有共同的认知和荣誉感，在法治精神和职业理想上高度统一。监察官应当作为法律职业共同体

〔1〕 董坤：《论监察机关与公安司法机关的管辖衔接——以深化监察体制改革为背景》，载《法商研究》2021年第6期。

〔2〕 秦前红：《困境、改革与出路：从"三驾马车"到国家监察——我国监察体系的宪制思考》，载《中国法律评论》2017年第1期。郭世杰：《论宪法对监察法的确认与制约》，载《行政与法》2022年第6期。

〔3〕 董坤：《法规范视野下监察与司法程序衔接机制——以〈刑事诉讼法〉第170条切入》，载《国家检察官学院学报》2019年第6期。孟松：《监察法与刑事诉讼法衔接中的监察管辖问题探讨》，载《理论探索》2021年第3期。

〔4〕 袁钢：《国家治理视阈下中国特色监察制度研究》，载《南京大学学报（哲学·人文科学·社会科学）》2019年第2期。

的组成部分，其职业伦理既具有一般共性，又具有反腐倡廉的特殊性。整体而言，共同体内部的矛盾应正确化解，维持各职业之间的和谐关系。对于《监察法》第 34 条引发的管辖冲突，必须进行妥善处理，提高监察工作的规范化和法治化，否则容易造成管辖权争夺，共同体内部撕裂，并引发人民群众的质疑和不信任。管辖冲突问题背后其实是新兴权力的配给，解决其不仅有助于监察官依法行使监察权，而且有利于树立监察官廉政为民的友好形象，更能缓和监察官与其他职业之间的紧张关系，形成团结一致的一股绳，为法律职业共同体的长远发展添砖加瓦。

（二）构建监察官职业伦理体系的必然要求

因为目前人民检察院对监察委员会无法形成有效的制约，除了监察委员会上级监督下级等内部监督机制以外，较为行之有效的外部监督机制还有法律职业伦理。党的十八届四中全会审议通过的《中共中央关于全面推进依法治国若干重大问题的决定》，对法治工作队伍提出了职业伦理要求。监察官职业伦理主要体现在政治伦理、准司法伦理、政务伦理和监督伦理四个方面。[1]监察官作为法律职业共同体的一部分，监察官职业伦理既具有法律职业伦理的一般共性，也具有其反腐倡廉的特殊性。由于单独的监察官职业伦理尚未制定，学界的讨论基本集中在其内容上，认为其应兼具法律性和政治性。[2]监察官肩负着打击腐败的重任，其职业素养直接关系到其能否高效履行职责，因此应对监察官职业伦理提出高标准和严要求，[3]尤其是反腐倡廉方面，防止"灯下黑"。

三、监察官准入制度缺失的现状

（一）《监察官法》对任职条件的规定过于简略

《监察官法》对上述学界的讨论作出了回应，制定了一些概括性条款，仍需从立法规范、考核机制、监察责任及职业伦理教育等方面，系统地建构监察官职业伦理体系。[4]值得注意的是，《监察官法》第 12 条并没有要求监察官通

---

〔1〕 刘志强、周圆圆：《论我国监察官职业伦理规制》，载《法律与伦理》2021 年第 1 期。

〔2〕 陈光斌：《监察官职业伦理：概念、渊源和内容》，载《法学评论》2020 年第 5 期。刘练军：《监察官立法三问：资格要件、制度设计与实施空间》，载《浙江社会科学》2019 年第 3 期。

〔3〕 袁钢：《构建中国特色监察官制度：意义、原则与任务》，载《武汉科技大学学报（社会科学版）》2020 年第 5 期。

〔4〕 许身健：《规范伦理学视阈下监察官职业伦理制度体系之建构》，载《浙江工商大学学报》2022 年第 2 期。

过国家统一法律职业资格考试。有部分学者认为，监察官不同于检察官和法官，不需要通过国家统一法律职业资格考试。[1]这些论证不无道理，短期内要求所有监察官通过国家统一法律职业资格考试略有难度，但是从长远的发展来看，建设高水平的法律职业共同体确有必要要求监察官通过国家统一法律职业资格考试。结合《监察法》第34条来看，管辖冲突的隐患逐渐凸显，由于不需要通过国家统一法律职业资格考试就可以成为监察官，其能力与通过国家统一法律职业资格考试的检察官和法官之间必然存在差距。而"监察主导"下的监察官在调查"互涉案件"中的非职务犯罪时能否胜任也是存疑的。与专门进行犯罪侦查的公安机关警察相比，原本只是党内纪律检查委员会工作人员的监察官在故意杀人、抢劫、强奸等传统刑事案件上的经验明显不足，特别是当非职务犯罪为主罪而职务犯罪为从罪时，这种差距感可能会更大。职务犯罪和非职务犯罪案件侦破取证等方面存在着明显的差异，监察官作为专职反腐工作人员，其调查资源集中于职务犯罪，强制并案会导致全案在证据收集上产生系列问题，降低案件处理效率。[2]《监察官法》第12条未规定监察官需要取得法律职业资格，不代表监察官不应当取得法律职业资格，二者并不是等价关系，监察权是一个综合性的权力，行使监察权的监察官无疑必须具备相当专业的法律知识和能力。[3]作为办理职务犯罪案件的关键一环，监察官应该采取更高的标准，因此，笔者认为，从法律职业伦理的角度出发，应该将"通过国家统一法律职业资格考试"作为监察官的任职资格要求。[4]

（二）管辖范围的重叠要求具备相应能力

根据《刑事诉讼法》第19条的规定，检察机关管辖司法工作人员的职务犯罪。《关于人民检察院立案侦查司法工作人员相关职务犯罪案件若干问题的规定》（以下简称《侦查规定》）将检察机关负责立案侦查的相关职务犯罪进一步明确为14个罪名。而从《监察法》第3条的表述看，监察委员会的管辖标准

〔1〕褚宸舸、王阳：《我国监察官制度的立法构建——对监察官范围和任职条件的建议》，载《浙江工商大学学报》2020年第4期。刘练军：《监察官立法三问：资格要件、制度设计与实施空间》，载《浙江社会科学》2019年第3期。

〔2〕董坤：《法规范视野下监察与司法程序衔接机制——以〈刑事诉讼法〉第170条切入》，载《国家检察官学院学报》2019年第6期。

〔3〕谷雨：《论监察官的任职能力与条件——从〈中华人民共和国监察官法〉第十二条切入》，载《广西政法管理干部学院学报》2022年第5期。

〔4〕袁钢：《国家治理视阈下中国特色监察制度研究》，载《南京大学学报（哲学·人文科学·社会科学）》2019年第2期。

具有身份和权力两个要件，范围为能够行使公权力的全体公职人员。《监察法实施条例》进一步作了补充和调整，其中第 52 条明确将人民检察院管辖的 14 个罪名纳入其中，监察机关有权管辖罪名共计 101 个。[1]毋庸讳言，所有公职人员与司法工作人员之间是包含与被包含的关系，上述《侦查规定》等多项规定更是说明了这一点，监察委员会的管辖范围与人民检察院的管辖范围之间也是包含与被包含的关系。由此可以得出监检互涉案件的特征：第一，行为主体为具有公职身份的司法工作人员；第二，行为主体涉嫌监检管辖两种不同的职务犯罪。

监公互涉案件其实在前文中也有所提及，其特征是具有公职身份的行为主体，既实施了职务犯罪行为，也实施了非职务犯罪行为，分别属于监察机关和公安机关的管辖范围。由于《刑事诉讼法》对公安机关依旧采取"原则上管辖，法律另有规定的除外"的方式，而监察机关采取"以人分案"的方式，二者必定存在重合。据统计，监察机关和公安机关共同管辖的罪名有 37 个。需要注意的是，根据《监察法》第 15 条的规定，监察机关监察的对象比刑法明文规定的职务犯罪主体更加宽泛，[2]有些非国家工作人员可能仍然属于公职人员，[3]实践中往往以公职人员进行分野。这看起来清楚明了，但是依然存在灰色地带，比如临时从事与公权力事务相关的人员，实践中还是存在争议的。[4]监公互涉案件在一定程度上与前文已经提及的监检互涉问题具有共性，而且由于涉及监察机关并不擅长的非职务犯罪领域，当非职务犯罪为主罪而职务犯罪为从罪，监察机关强制并案进行管辖时，对于案件监察机关可能会"消化不良"，尤其是"互涉案件"中的非职务犯罪部分，监察机关可能缺乏时间、精力和能力进行处理，造成案件积压，这可能是对职权原则的背离。此外，由于涉及公安机关更为擅长的非职务犯罪领域，一个基本事实是，当非职务犯罪为主罪而职务犯罪为从罪时由公安机关进行管辖，会比监察机关更加符合职权原则的初衷。

（三）监察官职业伦理仍未出台

国家监察体制改革是党中央作出的治吏政治决策，是将中国共产党的权力监督思想融贯于国家权力监督实践的重大改革行动，关涉国家监察制度的顶层

---

[1] 史卫忠：《监察机关与检察机关办案衔接难点问题解析》，载《人民检察》2021 年第 Z1 期。

[2] 陈伟：《监察法与刑法的衔接协调与规范运行》，载《中外法学》2019 年第 2 期。

[3] 除了典型意义的直接履行国家公职权力的相关人员之外，还明确包括了党的机关、人大机关、政协机关、民主党派中的公务员，以及参照《公务员法》管理的人员、基层群众性自治组织中从事集体事务管理的人员。

[4] 孟松：《监察法与刑事诉讼法衔接中的监察管辖问题探讨》，载《理论探索》2021 年第 3 期。

设计。2018 年 3 月 20 日通过的《监察法》第 14 条规定"国家实行监察官制度，依法确定监察官的等级设置、任免、考评和晋升等制度"，为国家实行监察官制度确立了坚实的法律基础，提供了法律依据。2021 年 8 月 20 日，《监察官法》的出台及时回应了国家监察体制改革的人力保障需求，与《公务员法》等法律和党规党纪共同形成对国家监察机关工作人员及其他相关人员的行为引导、规制与约束。从法律职业伦理规范体系性角度看，上述法律文件处于引导监察官职业行为的统率和支柱性地位。但是，仅原则化的制度规范远远不够，还需要更具操作性的从属性规范作为其行为规制的必要规则，与上述较为稳固的核心制度共同组成监察官职业伦理规范体系，进而强化监察官队伍建设，实现监察体制改革与社会主义法治国家建设步伐的同频共振。因此，全面梳理、深入挖掘并理性探析监察官职业伦理规范体系的生成逻辑，建立具有实操性相关理论，是监察体制改革的核心任务之一。

综上，研究构建我国监察官职业伦理规范是推进国家治理体系和治理能力现代化的重要举措。但学界对监察官这一新生职业的伦理研究仍略显单薄，毋宁谈其体系完善。审视现行监察官职业伦理规范是否科学，考察职业伦理规范体系的建构，既要从监察官职业伦理的概念、渊源、原则、规则、具体规范等基础理论着眼，还要理顺监察官职业伦理的运行机制、完善机制、内化养成、奖励惩戒、职业责任等实施机制，进而尝试建构符合时代要求的监察官职业伦理规范体系。

（四）外部监督制约机制失灵

从国家机关整体的体系上来看，行使监督权的国家机关三分天下，形成了如今的"三元"体制：[1]第一，"国家权力机关"——人民代表大会，监督其他国家机关及其首要负责人员是否遵守宪法和法律。第二，"国家法律监督机关"——人民检察院，监督侦查机关、法院和执行机关等司法机关工作人员在诉讼活动中遵守诉讼法律的情况。[2]第三，"国家监察机关"——监察委员会，对全体公职人员廉洁从政等方面进行监督，尤其是贪污贿赂等职务犯罪的情况。[3]"三元"体制看上去似乎非常和谐，但实际上暗流汹涌。人民代表大会

---

〔1〕 秦前红：《困境、改革与出路：从"三驾马车"到国家监察——我国监察体系的宪制思考》，载《中国法律评论》2017 年第 1 期。

〔2〕 包括需要由人民检察院直接受理的，公安机关管辖的国家机关工作人员利用职权实施的重大犯罪案件，以及行政机关是否存在行政违法和行政不作为的情况。

〔3〕 陈瑞华：《论国家监察权的性质》，载《比较法研究》2019 年第 1 期。

监督的其他国家机关，明显是包含人民检察院和监察委员会的，而且《宪法》第3条明文进行了规定，更是为其背书，人民代表大会是人民检察院和监察委员会的上级机关，监督范围上并不存在冲突问题。真正存在问题的应该是平级之间的人民检察院和监察委员会，单纯从文义上进行解释，所有公职人员无疑是包含司法工作人员在内的。为了缓和这一冲突，《宪法》第127条有所调整，该条的初衷可以理解为有三层含义：人民检察院和监察委员会既配合，又制约，并且处理好二者之间的均衡。但是囿于现今监察权配置和运行的情况，实质上其位阶已然凌驾于检察权之上。[1]因为检察官也包含在所有公职人员范围内，而监察官并不包含在司法机关工作人员的范围之中，实质上人民检察院受制于监察委员会，无法形成有效的制约，相互配合和制约往往沦为单向的配合和制约。《监察法》第4条照搬了该条，没有从根本上解决冲突问题，并且还进一步要求"有关机关应当予以协助"，这实际上不仅使得监察委员会在职务犯罪的情形下取得了绝对的主导权，而且使得人民检察院在对非职务犯罪案件的监督和制约机制无法适用于同时具有职务犯罪情形的案件。[2]这其实是造成《监察法》第34条隐患的根源。正如前文所述，在这种"三元"体制之下，人民代表大会监督人民检察院和监察委员会，毫无疑问，人民检察院和监察委员会本应该相互监督形成制约，但是《监察法》第34条只规定了监察机关可以主导案件的管辖，检察机关只能予以协助。职务犯罪侦查权的剥离使得检察机关"今不如昔"，"并在很大程度上滋生出普遍性的失落情绪"，[3]这其实也不符合《宪法》相互配合、相互制约的初衷。

四、监察官准入制度的完善路径

（一）将通过法考纳入监察官任职条件

通过研究欧盟各国监察专员制度，不难发现，欧盟各国监察专员在受理穷尽其他法律救济后而提起的投诉，进行调查并根据调查结果作出声明、建议乃至诉讼的职权设置几乎是相通的，并以瑞典和芬兰为古典监察专员制度代表国，以丹麦、挪威为现代监察专员制度代表国，探究四国监察专员资格条件与职权

---

〔1〕 秦前红、夏纪森：《国家监察体制改革的法与理——秦前红教授访谈》，载《法律与伦理》2022年第1期。

〔2〕 郭世杰：《论宪法对监察法的确认与制约》，载《行政与法》2022年第6期。

〔3〕 李奋飞：《检察再造论——以职务犯罪侦查权的转隶为基点》，载《政法论坛》2018年第1期。

充分发挥之制度条件，总结可知，四国监察专员需精通法律，权力来源至高，职权行使必须以独立和公正受到绝对保障为前提，所采用的保障手段包括排除任何政府解除其职务之可能。待遇方面，欧盟监察专员位同欧盟法院大法官，享有与之一样的薪资待遇。欧盟监察专员的职权取决于其公共形象是否良好，树立并维护这种公众形象是每年有上千民众愿意向其提出申诉之根本，否则监察专员将毫无地位可言。因此，监察官需要具备相当专业的法律知识和能力作为其职权的支撑。《监察官法》第 12 条未规定通过法考，不等于监察官不应当通过法考，二者并不是等价关系，监察权是一个综合性的权力，行使监察权的监察官无疑必须具备相当专业的法律知识和能力。[1]法治实施的核心在于人，作为办理职务犯罪案件的关键一环，监察官应该采取更高的标准。因此，笔者认为，应该重新调整监察官任职资格要求，将"通过国家统一法律职业资格考试"纳入其中，[2]并且应当尽快制定监察官职业伦理，将高标准、严要求落到实处。此外，考虑到反腐倡廉工作的现实要求，反腐形势依然十分严峻，需要大量的监察工作人员，可以使用"老人老办法，新人新办法"的原则，先对新入职或者首次从事监察工作的监察官进行"通过国家统一法律职业资格考试"的要求，后续再逐步统一规定。

（二）出台具有中国特色的监察官职业伦理

监察官职业伦理规范体系的构建与臻于完善是监察机关回归法治职能的现实要求，也是继续深化监察体制改革、全面从严治党的现实需要。《宪法》第 123 条明确监察委员会是国家的监察机关，《监察法》第 1 条进一步确定，监察机关的核心任务是"加强对所有行使公权力的公职人员的监督，实现国家监察全面覆盖，深入开展反腐败工作"。具言之，监察委员会与纪律检查机关合署对我国所有党员及公职人员的职务违法和职务犯罪行为进行监督、调查与处置。一方面，这一新生机关如何适应我国法治化进程，又该怎样通过手中权力的运行促成社会和谐稳定，牵动着全国民众的心。另一方面，腐败之隐秘性、复杂性、狷獗性与广泛性又使监察工作面临严峻挑战。作为国家祛疴治乱的末端执行者，监察官在推进监察体制改革和全面从严治党中担负着特殊使命，这一现实也对他们的伦理质素提出了较高要求。换言之，监察官职业伦理的建设已然

---

[1] 谷雨：《论监察官的任职能力与条件——从〈中华人民共和国监察官法〉第十二条切入》，载《广西政法管理干部学院学报》2022 年第 5 期。

[2] 袁钢：《国家治理视阈下中国特色监察制度研究》，载《南京大学学报（哲学·人文科学·社会科学）》2019 年第 2 期。

成为我国监察体制改革的重要内容，有必要给予重视，以期通过德行伦理的塑造与完善，推进监察权科学、合理、高效运行，实现监察职能的全面发挥，纵深推进国家监察体制改革与全面从严治党。

监察官职业伦理规范体系建设也是对监察官职业进行监督的迫切需要。"善禁者，先禁其身而后人；不善禁者，先禁人而后身。"监察官身处反腐前线，相比于其他公职人员，其权力具有为己为人提供便利的天然属性，故而被"腐蚀"的可能性较大。另外，监察体制改革后监察权不当膨胀的现象也令人担忧。作为监察公权的先锋，监察官必先保证自身品格与能力适正，之后才谈得上正确、规范用权，方能承担得起党和人民的重托。职业伦理规范的建设与完善就能够及时回应这种时代要求，最大程度帮助摒弃监察队伍中存在的斗争本领不强，实干精神不足，形式主义、官僚主义突出的弊端，促进监察官积极能动履职与自我约束的兼容，满足监察官成熟发展的理论与现实要求。

（三）回应"打铁还需自身硬"的号召

新时代以来，习近平总书记多次在中央纪委全会上对纪检监察机关自身建设作出重要指示，提出要解决"谁来监督纪委"问题、"清理好门户"、防止"灯下黑""清除害群之马"等要求，并明确指出"纪检监察机关要接受最严格的约束和监督"。"打铁还需自身硬"不仅仅是党的十八大的庄严承诺，更是对监察机关的严格要求。在笔者看来，"打铁还需自身硬"具有双重含义。一方面，监察机关需要建立外部监督。正如前文所述，监察机关目前缺乏有效的外部监督，而检察机关是与其同级的法律监督机关，自然应当担此重任。笔者认为，应当修订《宪法》，赋予检察机关对监察机关的反腐败特别调查活动实施监督的权力，进而完善监察权与检察权之间的制约关系。[1]通过建立检察机关对监察机关反腐败调查的监督机制，防止监察机关在调查职务犯罪时涉嫌职务犯罪，起到相互制约的作用。另一方面，监察机关需要加强内部监督。须进一步类型化上下级之间的监督，建立一定的制约体制，加强对内部成员的监督。"打铁还需自身硬"是全面从严治党的军令状，反腐败斗争不可松懈，只能进不能退，监察机关更需要注意自身的整体形象，用实际行动回应人民群众的期待。

（四）构建党内法规为核心的评价体系

目前，我国监察委员会与党的纪律检查委员会是"一套人马，两块牌子"，

---

〔1〕 徐汉明：《国家监察权的属性探究》，载《法学评论》2018 年第 1 期。

纪检监察机关的双重属性导致其职业伦理是不可分的，既要行使监督、调查、处置等执法职能，又要做好监督、执纪、问责等执纪工作，既要讲法律职业的职业伦理，又要讲党的自我纪律。从实践来看，监察官的党员身份虽未明文规定于法律中，但我国各地招录监察官时明确将中国共产党党员身份列为基本要求。换言之，中国共产党党员这一政治身份是监察官之所以为监察官的必要非充分条件。实践中，尽管《监察官法》并未将对监察官的党性要求列明，但监察机关在招录监察官时明确要求必须是党员，这是成为监察官的前置性要求。之所以有此项规定，是因为监察机关本身就是党的组织，所以人员构成也必须是全党员。作为党的人，党的纪律就具有优先地位，对于所有党员的要求需要优先遵守，党员需要遵守的义务高于一般法律职业伦理。比如，《中国共产党入党誓词》中有一句是"保守党的秘密"，这就要求监察官需要保守的秘密不仅是一般性的秘密，还要包括党的秘密；"对党忠诚"就不仅仅是法官、检察官职业伦理中对党和人民忠诚的程度，而是高于法检的，是一种随时准备为党和人民牺牲一切的忠诚。既如此，需要构建党内法规为核心的评价体系。"四种形态"为党内监督树立了范式[1]，可以借鉴其指导思想系统建立党内法规为核心的监察官综合评价体系。

五、结语

习近平总书记指出，要加强对权力运行的制约和监督。[2]监察权作为一种国家权力，同样需要在法治的轨道上运行，把权力关进制度的笼子里。监察权是一种综合性权力，在实践中往往有扩张的趋势，更应当受到制约和监督。《监察官法》第12条规定了监察官的任职条件，由于规定的简略性，监察机关的理解与适用往往存在偏差。监察权的制约和监督不能单纯依赖内部监督，还应当建立行之有效的外部监督。监察权运行不到十年，还在探索当中，制度和实践绝非一蹴而就，需要国家机关之间相关配合，也需要留待时间进行检验。

---

[1]《中国共产党党内监督条例》第7条规定，党内监督必须把纪律挺在前面，运用监督执纪"四种形态"，经常开展批评和自我批评、约谈函询，让"红红脸，出出汗"成为常态；党纪轻处分、组织调整成为违纪处理的大多数；党纪重处分、重大职务调整的成为少数；严重违纪涉嫌违法立案审查的成为极少数。

[2] 2013年1月22日，习近平总书记在十八届中央纪委二次全会上的讲话中提及。

第 十 部 分

体育法学

论 FIFA 体育继承规则的适用

——基于 CAS 裁决的分析

郭星宇*

摘　要　体育继承规则是国际足联为维护体育行业秩序和保障利益相关人权益而设置的重要规则，在国际体育仲裁中的适用日益普遍。通过对国际体育仲裁院裁决的分析可以得出初步结论，目前国际体育仲裁院对体育继承者的内在识别标准、体育继承外部构成要件的判断以及体育继承引发的法律后果尚未形成一致意见，造成规则适用的不确定性。基于目的解释方法和对国际体育仲裁实践的反思，国际体育仲裁院应当构建识别体育继承者的体系化客观审查标准，同时以债权人用尽全部救济手段作为体育继承的外部要件。在允许体育继承者有限继承相应权利的前提下，应当要求其原则上继承全部债务，从而实现利益相关者权益与体育继承者权益之平衡。我国体育俱乐部亦可以此为参考，充分理解体育继承规则，避免债务继承之风险。

关键词　体育继承　国际体育仲裁　国际足联

一、引言

近期，国际足联纪律委员会公布的一份处罚决定引起社会广泛关注，该决定要求现参加中甲联赛的辽宁沈阳城市足球俱乐部继承已解散的辽宁足球俱乐

---

*　郭星宇，中国政法大学 2023 级体育法硕士。

部约 1.9 万欧元债务。[1]根据辽宁沈阳城市足球俱乐部的最新公告：国际体育仲裁法庭（以下简称"CAS"）已于 2023 年 10 月 3 日正式作出裁决，辽宁沈阳城市足球俱乐部不是辽宁足球俱乐部的体育继承者，撤销国际足联纪律委员会于 2022 年 11 月 3 日作出的全部决定。

虽然最终辽宁沈阳城市俱乐部无需继承此笔债务，但是仍有必要进一步关注和研究体育继承规则。原因在于，根据 CAS 公开裁决及国际足联纪律委员会处罚决定，自 2019 年以来体育继承规则的适用频率明显增加。然而体育继承规则与普通民事债务继承规则截然不同，在我国足球俱乐部因债务问题退出联赛甚至解散现象频发的背景下，若缺乏对体育继承规则的了解，极有可能导致"中性名"政策下新设立的俱乐部面临体育债务继承之风险。故而有必要探明体育继承规则的来源与制定目的，结合 CAS 裁决分析其适用中存在的问题，进而提出相应完善建议，这也为我国体育俱乐部充分理解和运用体育继承规则提供借鉴。

二、体育继承规则在国际体育仲裁中的适用

根据体育继承规则，在原俱乐部脱离行业秩序后，之所以允许债权人向构成体育继承者的新俱乐部主张债权，原因在于体育行业的特殊考量，因而对该规则在国际体育仲裁中的适用分析不应当脱离其制度背景和制定目的。

（一）体育继承规则的缘起

体育继承规则是从 CAS 判例发展而来，[2]尽管 CAS 并未确立"遵循先例"的原则，但是部分仲裁员认为在体育继承问题上保持一致性有助于当事人形成合理预期。[3]CAS 2018/A/5647 号裁决中所引用的判例表明 CAS 较早关注到了体育俱乐部的自我识别性，仲裁庭认为俱乐部的特性是由其名称、代表色、球迷、体育成就、支持者、奖杯、体育场、球员、历史特征等要素构成的，运营

〔1〕 Decision FDD - 11332, avaiable at https://digitalhub.fifa.com/m/1863b28bb1b2ffc6/original/Liaoning - Shenyang-Urban-FC_ 03112022.pdf, last visited on 2023-12-30.

〔2〕 CAS 2021/A/8061, "Association Sporting Club Bastiais & SC Bastia v. FIFA & RCD Espanyol de Barcelona", avaiable at https://jurisprudence.tas-cas.org/Shared%20Documents/8061.pdf, last visited on 2023-12-30.

〔3〕 CAS 2020/A/7290, "ARIS FC v. Oriol Lozano Farrán & FIFA", avaiable at https://jurisprudence.tas-cas.org/Shared%20Documents/7290.pdf, last visited on 2023-12-30.

主体的变化不影响体育俱乐部的传承和存续。[1]随后，国际足联（以下简称"FIFA"）将体育继承规则分别纳入 2019 年版《国际足联纪律准则》（以下简称"FDC"）和 2021 年版《球员身份和转会条例》（以下简称"RSTP"），根据规定，违约方（债务人）的体育继承人也应被视为违约方（债务人）。评估一个实体是否被视为另一个实体体育继承者的标准，除法律规定的法人主体继承之外，还包括其总部、名称、法律形式、球衣颜色、球员、股东、利益相关方、所有权以及参赛的类别。因此，尽管作为体育继承者的俱乐部并不是有关债权债务协议的一方当事人，甚至与原俱乐部不存在任何合同关系，但依然需要承担原俱乐部的债务。[2]

（二）体育继承规则的立法目的

在民事债务继承规则之外构建体育继承规则是基于体育行业特殊性的考量。一方面，根据 FIFA 第 1681 号通告，其在 2019 年版 FDC 中明文规定体育继承规则的原因在于维护财务公正，由于近年来俱乐部逃避对其他俱乐部、球员、教练员承担债务的现象越来越普遍，明确体育继承者的债务继承责任目的在于遏制此类行为。[3]另一方面，从管辖权的角度考量，当原俱乐部因破产、解散等原因退出所属足协后，FIFA 将失去对原俱乐部的管辖权，体育行业中其他利益相关者救济路径受到严重限制。根据体育继承规则，FIFA 或 CAS 可以基于对新俱乐部的管辖权，要求构成体育继承者的新俱乐部履行债务，维护行业秩序稳定。

此外，体育继承规则并非为了维护行业秩序稳定而置公平原则于不顾，应当注意的是支持体育继承规则存在的另一合理性依据在于对体育俱乐部无形资产的保护和公平竞争秩序的维护。职业体育俱乐部不同于普通企业，其生产要素提供者除了投资者以外，还包括提供专业技能的运动员、贡献热情与资金并支持俱乐部的球迷、给予政策扶持以及体育场馆等基础设施支持的城市当局等，[4]因此，应当认识到除有形资产外，无形资产对俱乐部的自我造血功能和盈利能力

---

〔1〕　CAS 2018/A/5647, "Civard Sprockel v. FIFA & PFC CSKA-Sofia", avaiable at https://jurisprudence. tas-cas. org/Shared%20Documents/5647. pdf, last visited on 2023-12-30.

〔2〕　CAS 2018/A/5618, "Shabab Al Ahli Dubai Club v. Shanghai SIPG Football Club", avaiable at https://jurisprudence. tas-cas. org/Shared%20Documents/5618. pdf, last visited on 2023-12-30.

〔3〕　Circular no. 1681, avaiable at https://digitalhub. fifa. com/m/6c72d1b0d64b3be2/original/os7adxtj00xfqw3kdpl3-pdf. pdf, last visited on 2023-12-30.

〔4〕　闫成栋：《职业体育俱乐部剩余权利的归属》，载《成都体育学院学报》2018 年第 1 期。

具有重要价值。[1]如果新成立的俱乐部随意使用原俱乐部历经数年建立的球迷认同、品牌声誉等无形资产而无需承担任何义务，那显然造成了对原俱乐部无形资产的掠夺，因而，通过这一规则为继承者设定债务继承的责任，将有效避免以低成本投入继承原俱乐部人气和历史以获取高额利益的不公平竞争行为。

基于体育继承规则的立法目的分析，尽管体育债务的继承逻辑有别于单纯民事主体间的债务继承，但其对体育俱乐部无形资产的保护、公平竞争秩序的维护以及行业秩序的稳定均具有重要价值，因而应当认识到体育继承规则存在的必要性。

（三）体育继承规则在国际体育仲裁中的具体实践

尽管 FIFA 分别在 FDC 和 RSTP 中将体育继承者的识别标准进行了列举式规定，但是从实际适用来看，国际足联纪律委员会在不同案件中的解释仍具有一定模糊性，CAS 裁决之间亦存在分歧。基于此，本文为深入分析体育继承规则在国际体育仲裁中的适用情况以及体育继承者的判断标准构成要素，以 CAS 公开的相关裁决作为初步分析样本，剔除同一俱乐部发生的相似案例后，根据案例中涉及要素进行分类归纳，如表 1 所示。

表 1　体育继承规则在国际体育仲裁中的适用

序号	案号	案例简称	客观因素		主观欺诈因素	是否构成体育继承者
			相同/相似因素	不同因素		
1	CAS 2021/A/8079	SC East Bengal 案	名称、徽标、球衣、历史、球员、成立日期、协会权利	/	/	是
2	CAS 2020/A/7543	FC Rapid 1923 SA 案	名称、徽标、代表色、球衣、历史、荣誉、外宣	所有权、体育资产、执照资质、协会权利	/	是

---

〔1〕 施万君、刘东锋：《基于球迷视角的中国职业足球俱乐部品牌资产构成、测量及驱动关系》，载《上海体育学院学报》2022 年第 6 期。

续表

序号	案号	案例简称	客观因素		主观欺诈因素	是否构成体育继承者
			相同/相似因素	不同因素		
3	CAS 2020/A/7290	ARIS FC 案	名称、徽标、球衣、历史、主场、办公地址、外宣	球员、执照资质、法律形式	无	是
4	CAS 2020/A/7092	Parma Calcio 1913 案	名称、徽标、球衣、历史、主场、社交媒体	总部、法律形式、球员、股东/董事会成员、竞赛类别、体育资产	无	否
5	CAS 2020/A/6884	PFC CSKA-Sofia 案	名称、徽标、代表色、球衣、主场、历史、办公地址、社交媒体	所有权、执照资质、法律实体	不予考虑	是
6	CAS 2019/A/6461	Tartu Jalgpall-ikool Tammeka 案	名称、徽标、代表色、办公地址、主场、竞赛类别	/	/	是
7	CAS 2018/A/5618	Shabab Al Ahli Dubai 案	名称、球员、教练、主场、管理层、荣誉、外宣	/	/	是
8	CAS 2016/A/4550 & CAS 2016/A/4576	Újpest 1885 FC 案	名称、徽标、球衣、注册地址、管理层、竞赛类别	/	/	是
9	CAS 2011/A/2646	Club Rangers de Talca 案	名称、徽标、球衣、代表色、队歌、协会权利、体育资产	/	/	是
10	CAS 2007/A/1355	Politehnica Timisoara SA 案	名称、球衣、代表色、历史、队歌	/	/	是

根据表 1 内容，共有 10 个涉及体育继承者判定标准分析的裁决，其中 9 个裁决中的俱乐部被判定构成体育继承者，需承担原俱乐部的遗留债务。自 2019 年以来，适用该规则的案例明显增加，其原因在于 FIFA 在 2019 年版 FDC 中明确规定了体育继承规则，尽管 FIFA 试图通过明文规定的方式提高规则适用的精确性和稳定性，但是实践中仍然存在着大量的解释方案，严重影响了法律的稳定性和可预测性。

三、体育继承规则在国际体育仲裁中适用面临的问题

随着体育继承的相关案例日益增加，有关体育继承规则适用的分歧与问题也暴露得愈发明显，根据 CAS 的公开裁决，体育继承规则主要面临内在识别标准模糊不清、外部条件认定存在争议以及体育继承法律后果存在分歧等问题。

（一）体育继承的内在标准之缺陷

体育继承规则的内在标准就是从可能构成体育继承者的俱乐部内部要素出发，判断其与原俱乐部是否具有一致性，然而根据表 1，CAS 在对体育继承者进行识别时，在客观方面和主观方面始终未建立明确统一的标准。

1. 识别标准之客观要素模糊

根据表 1 内容，仲裁庭所提到的客观识别因素主要包括名称、徽标、球衣、代表色、主场、体育资产、协会权利、参赛类别、球队历史、球员、股东、管理者、荣誉、外宣等，大部分仲裁庭仅从正面角度论证新俱乐部与原俱乐部的相似要素，从而确认其是否构成体育继承者，但是亦有部分仲裁庭不仅论证其正面相似因素，亦从反面角度论证其不相似的因素，通过积极要素和消极要素的权衡比较从而得出结论。例如在 CAS 2020/A/7092 号裁决中，仲裁员认为尽管新俱乐部与原俱乐部之间具有较多相同或相似要素，但是在球员、股东、竞赛类别等重要因素方面两个俱乐部并不相同，从而否认新俱乐部是原俱乐部的体育继承者。[1]由此观之，CAS 尚未明确此类案件的审理思路和客观审查标准，其对体育继承者的认定往往是基于数个要素的随机组合，并无明确的次序和体系，因而难以对潜在当事人作出明确指引，也难以令当事人信服仲裁庭的裁决理由。

在个别要素的认定上，CAS 裁决之间以及 CAS 与 FIFA 之间亦存在分歧。根据 Parma Calcio 1913 一案中国际足联纪律委员会的意见，即便新成立的俱乐

---

〔1〕 CAS 2020/A/7092, "Panathinaikos FC v. FIFA & Club Parma Calcio 1913", avaiable at https://jurisprudence. tas-cas. org/Shared%20Documents/7092. pdf, last visited on 2023-12-30.

部与原俱乐部之间存在诸多相同或相似要素，但是由于新俱乐部并未直接取代原俱乐部在高级别联赛中的位置而是参与低级别联赛，从而中断了新俱乐部与原俱乐部的体育继承。[1]因而根据国际足联纪律委员会的意见，协会权利的继承在体育继承者的判断中具有决定性作用，在本案后续的 CAS 程序中，仲裁庭亦确认了这一观点[2]。然而，并非所有仲裁庭都认可此观点，在 CAS 2020/A/7290 号裁决中，仲裁员认为"上诉人并未直接取代老俱乐部进入同一级别联赛这一事实并不具有决定性价值，更应当参考新俱乐部是否从老俱乐部的无形资产中获益。"[3]由此观之，实践中就协会权利这一要素的重要性程度尚缺乏一致意见。

2. 识别标准之主观要件分歧

体育继承规则在 CAS 的适用中不仅未形成一致的客观判断要素，在主观欺诈层面也存在不同的观点。关于主观欺诈要素的争议主要由 FIFA 第 1681 号通告所引发，根据该通告，2019 年版 FDC 中明确规定体育继承的目的在于解决近年来愈发普遍的俱乐部逃避债务的行为。基于此，在 CAS 2020/A/7092 号裁决中，仲裁员根据 FIFA 第 1681 号通告，将案涉俱乐部的主观欺诈因素作为识别体育继承者的主要依据。[4]

然而，其他仲裁庭并不支持上述观点，例如在 CAS 2020/A/7290 号裁决中，仲裁员认为这当然是一个需要考虑的因素，但当事人试图逃避债务的欺诈行为，并不构成判断体育继承者的必要条件，[5]换言之，即使不存在欺诈，体育继承也可以成立。显然，对 FIFA 第 1681 号通告的不同观点导致了 CAS 在处理体育继承案件时对主观欺诈因素采取了截然不同的两种态度，此种态度分歧将导致未来体育继承案件的审理和裁决具有极大不确定性，不利于各利益相关方产生合理预期。

---

〔1〕 Decision 200216, avaiable at https://digitalhub.fifa.com/m/671239de670e2bd7/original/nwj0ykmahfz nbv50p7oy-pdf.pdf, last visited on 2023-12-30.

〔2〕 CAS 2020/A/7092, "Panathinaikos FC v. FIFA & Club Parma Calcio 1913", avaiable at https://ju-risprudence.tas-cas.org/Shared%20Documents/7092.pdf, last visited on 2023-12-30.

〔3〕 CAS 2020/A/7290, "ARIS FC v. Oriol Lozano Farrán & FIFA", avaiable at https://jurisprudence.tas-cas.org/Shared%20Documents/7290.pdf, last visited on 2023-12-30.

〔4〕 CAS 2020/A/7092, "Panathinaikos FC v. FIFA & Club Parma Calcio 1913", avaiable at https://ju-risprudence.tas-cas.org/Shared%20Documents/7092.pdf, last visited on 2023-12-30.

〔5〕 CAS 2020/A/7290, "ARIS FC v. Oriol Lozano Farrán & FIFA", avaiable at https://jurisprudence.tas-cas.org/Shared%20Documents/7290.pdf, last visited on 2023-12-30.

（二）体育继承的外部条件之争议

根据体育继承规则，新俱乐部不仅需要内部要素同原俱乐部具有足够的相似性，还应当具备一定的外部条件，才能要求其承担原俱乐部债务责任。根据CAS 2011/A/2646号裁决，若债权人未在原债务人破产程序中积极勤勉地主张权利，新俱乐部就无需对此债务承担责任。[1]CAS 在 CAS 2019/A/6461、CAS 2020/A/6745、CAS 2020/A/6941、CAS 2020/A/7290 等裁决中亦确认了这一规则，即除了俱乐部自身具有一定内在相似要素外，外部债权人还应当向原俱乐部积极主张其债权。

1. 债权人知情状态之认定争议

按照"法律不保护躺在权利上睡觉的人"之要旨，只有债权人尽到勤勉职责方可要求体育继承者承担债务。但是基于程序正当原则的要求，债权人积极行使权利的前提是知道或者应当知道其拥有该项权利。FIFA 和 CAS 在认定债权人是否对破产程序知情足以触发其勤勉行权之要求时，方法并不一致。FIFA 采取了形式审查的方式，即从外在客观表现判断是否收到破产程序即将进行或者已经开始的通知，从而判断债权人是否知情。根据国际足联纪律委员会 FDD-12425 号决定，鉴于债权人未及时收到来自官方或非官方途径的通知，因而判断债权人没有获悉破产清算程序的可能性，其在债权主张方面不存在疏忽，体育继承者应当承担责任。[2]

CAS 则在部分案件中采取了事实推定的方式，即鉴于破产程序的公开性，有理由推定当事人具有足够动力关注债务人的债务情况，并能够及时获取债务人启动破产程序的信息。在 CAS 2020/A/6884 号裁决中，仲裁员认为尽管债权人未得到相关正式通知，但是破产信息已经公开，因而有理由相信债权人对此知情。[3]债权人对破产程序的知情与否是判断体育继承的外部条件是否满足的先决问题，而 FIFA 和 CAS 在此问题上的意见分歧不利于体育继承规则适用的统一。

---

〔1〕 CAS 2011/A/2646, "Club Rangers de Talca v. FIFA", avaiable at https://jurisprudence.tas-cas.org/Shared%20Documents/2646.pdf, last visited on 2023-12-30.

〔2〕 Decision FDD-12425, avaiable at https://digitalhub.fifa.com/m/18583b28ff68d5bc/original/FC-Metalist-Kharkiv_08062023.pdf, last visited on 2023-12-30.

〔3〕 CAS 2020/A/6884, "Soukeyna Ba Bengalloun v. FIFA & PFC CSKA-Sofia", avaiable at https://jusmundi.com/fr/document/decision/en-soukeyna-ba-bengalloun-v-federation-international-de-football-association-fifa-pfc-cska-sofia-arbitral-award-friday-29th-january-2021-1, last visited on 2023-12-30.

2. 债权人勤勉行权之标准不明

按照 CAS 2011/A/2646 号裁决中确定的规则，在债权人对破产程序知情的前提下，其应当勤勉行使权利，否则体育继承者无需承担原俱乐部的债务责任，[1]而与之密切相关的问题是，作为体育继承成立的外部条件，债权人应当采取何种行动才能够达到 CAS 裁决中所要求的勤勉程度，甚至在涉及索菲亚中央陆军足球俱乐部几个类似的体育继承案例中，CAS 分别作出了不同裁决。

在 CAS 2020/A/6831 号裁决中，债权人按照法律规定在破产程序启动后登记了其债权，故仲裁庭认为其已经满足勤勉要求，体育继承者应对此债务负责。[2]在 CAS 2020/A/6941 号裁决中，尽管债权人明知破产程序正在进行且未积极主张权利，但仲裁庭认为不应当认定其未勤勉行权，其理由在于根据保加利亚的相关法律，即便债权人在破产程序中予以登记，该笔债权也不被承认，因而不具有理论上的获偿可能性，故无需苛责债权人的消极行为。[3]在这两个案件中，仲裁庭显然采取了较低的勤勉判断标准，一方面，根据相关国家破产法规定，当债权可能不被承认时，仲裁庭则不再考量债权人的勤勉行为。另一方面，债权人仅进行债权登记就认定其尽到勤勉义务，从而满足体育继承的外部条件，足以要求体育继承者承担责任，这显然对债权人仅科以较低的注意义务。

在另外两个裁决中，仲裁庭则采取了明显高于上述两案件的审查标准。在 CAS 2020/A/7504 号裁决中，债权人的债权同样未得到法院承认，然而债权人并未就此放弃主张债权，其又向上诉机构提起上诉，从而在国内法层面用尽了所有救济，因此 CAS 认定其满足了积极行使权利的要求，[4]显然这一案件中的债权人相较于其他案件的债权人尽到了更为充分的勤勉义务。在 CAS 2020/A/6923 号裁决中，仲裁庭认为，当债权人部分请求被认可后，未提出异议主张剩余的数额，同时也没有提供相应的银行账号以接收得到认可的部分款项，从而认定债权人未能勤勉行使其权利，体育继承的外部条件未满足，故体育继承者

---

〔1〕 CAS 2011/A/2646, "Club Rangers de Talca v. FIFA", avaiable at https://jurisprudence.tas-cas.org/Shared%20Documents/2646.pdf, last visited on 2023-12-30.

〔2〕 CAS 2020/A/6831, "PFC CSKA-Sofia EAD v. FIFA & Civard Sprockel", avaiable at https://digitalhub.fifa.com/m/4df8f7d2def85358/original/CAS-2020-A-6831-PFC-CSKA-Sofia-EAD-v-FIFA-Civard-Sprockel.pdf, last visited on 2023-12-30.

〔3〕 CAS 2020/A/6941, "Youness Bengelloun v. FIFA & PFC CSKA-Sofia", avaiable at https://jurisprudence.tas-cas.org/Shared%20Documents/6941.pdf, last visited on 2023-12-30.

〔4〕 CAS 2020/A/7504, "PFC CSKA Sofia v. FIFA & Sergio Felipe Dias Ribeiro", avaiable at https://digitalhub.fifa.com/m/31c205cd5bc337de/original/CAS-2020-A-7504-PFC-CSKA-Sofia-v-FIFA-Sergio-Felipe-Dias-Ribeiro.pdf, last visited on 2023-12-30.

无需承担相应责任。[1]在这两个案件中，仲裁庭对债权人的勤勉审查标准非常之高，其不仅要求用尽所有可能的救济手段，而且不得有任何疏忽和注意义务的不足，显然同前两个案件中的仲裁庭未能形成一致的审查意见，不利于对体育继承外部条件之成就形成一致判断标准。

（三）体育继承的法律后果之分歧

根据 CAS 的相关裁决，尽管体育继承者通常仅仅意味着对原俱乐部的债务的承担，但是从 FIFA 相关规定出发，体育继承引发的法律后果仍具有讨论空间。根据 RSTP 第 25 条规定，债务人的体育继承者应被视为债务人。然而债权债务关系中的债务人并非仅有义务，同样享有一定权利。那么，作为体育继承者的债务人能否完全替代原法律关系中的债务人地位，换言之，体育继承是对权利义务的概括继承还是单纯的债务继承仍有待明确。同时，债务继承的范围是全部继承还是部分继承亦有待考究。

1. 债权债务的承担：概括继承抑或债务继承

当新设立的体育俱乐部被判定为体育继承者时，通常仅涉及债务的移转与承担，然而应当意识到解散或者破产的俱乐部除遗留债务外，可能还享有某些因其解散或破产等原因尚未实现的债权，例如尚未收取的转会费、培训补偿费等，而新俱乐部是否有权继承相关债权却尚未明确。CAS 实践中虽然尚未出现与体育继承相关的债权继承案例，但亦有类似案例作为参考。根据 CAS 2020/A/7265 号裁决，文茨皮尔斯足球俱乐部本应根据 FIFA 的裁决向一家尼日利亚俱乐部支付培训补偿费，由于该债权人俱乐部已经破产清算，FIFA 裁决该债权由尼日利亚足协继承。然而，仲裁员认为 FIFA 的裁决无效，因为 FIFA 没有依据重新指定债权人，故文茨皮尔斯足球俱乐部无需支付该培训补偿费用。[2]尽管 CAS 认为债权的转移没有法律依据，但是这与体育继承的情形仍有区别，原因在于体育继承者作为第三方俱乐部已然承担原俱乐部债务，若以缺乏依据为由否认体育继承中相应债权的移转，将有违公平原则，因而 CAS 和 FIFA 仍应就债权债务的移转问题进一步明确。

---

〔1〕 CAS 2020/A/6923, "PFC CSKA-Sofia EAD v. FIFA & Guido Di Vanni", avaiable at https://digitalhub. fifa. com/m/290eb4c37700c24a/original/CAS-2020-A-6923-PFC-CSKA-Sofia-EAD-v-FIFA-Guido-di-Vanni_ 01062022. pdf, last visited on 2023-12-30.

〔2〕 CAS 2020/A/7265, "FK Ventspils v. FIFA", avaiable at https://www. tas-cas. org/fileadmin/user _ upload/Bulletin_ TAS-CAS_ 01-2022_ . pdf, last visited on 2023-12-30.

2. 债务承担的范围：部分清偿抑或全部清偿

尽管对体育继承所引发的法律后果尚存争议，但是能够达成共识的一点在于构成体育继承者的俱乐部应当对原俱乐部的债务承担责任。然而根据 CAS 相关裁决，当涉及破产程序时，对于债务数额的确定仍未形成一致意见，其分歧主要在于，是应当按照 FIFA 所确定的数额或者当事人合同所载数额全部清偿，还是尊重各国破产法的规定，以破产程序中所能获得清偿的债权数额进行部分清偿。根据 CAS 2020/A/7423 号裁决，新俱乐部的债务范围无需根据各国破产法来决定，因为国内的破产程序与体育继承程序是两个平行的救济途径，基于维护足球行业利益相关人权益的考量，新俱乐部仍应当全部履行 CAS 2014/A/3740 号裁决中所确定的应当由原俱乐部履行的债务，但是应当扣除在破产程序中已被列为优先债权的款项。[1]然而在 CAS 2020/A/6831 号裁决中，仲裁庭则以截然相反的方式确定体育继承者的债务范围，仲裁庭主张应当以保加利亚破产法为依据，按照破产程序中确定的数额作为体育继承者应当清偿的范围。[2]据此可见 CAS 在债务承担范围确定方面摇摆不定的态度，这也使得体育继承者难以产生合理的债务预期。

四、体育继承规则适用争议之解决方案

CAS 裁决前后矛盾，以及 FIFA 相关规定的模糊不清导致体育继承规则适用中产生了种种争议，对此应当结合体育继承规则的制定目的和国际体育仲裁实践中的相关经验予以妥善解决。

（一）优化体育继承者的识别标准

体育继承规则之适用以体育俱乐部内部要素的高度相似为前提，基于体育继承之立法目的和制度运作成本的考量，体育继承者的识别应当采取体系化客观审查标准，且不应以主观过错为识别要件。

1. 构建体系化客观审查标准

构建体系化客观审查标准首先应当明确其所参考的客观要素范围，基于本文对 CAS 相关裁决的总结，为各仲裁庭所普遍采纳的用以判断体育继承者的客

---

〔1〕 CAS 2020/A/7423, "PFC CSKA Sofia v. FIFA & Nilson A. Da Veiga Barros", avaiable at https://digitalhub. fifa. com/m/23675706138d65e3/original/CAS-2020-A-7423-PFC-CSKA-Sofia-v-FIFA-Nilson-A-Da-Veiga-Barros. pdf, last visited on 2023-12-30.

〔2〕 CAS 2020/A/6831, "PFC CSKA-Sofia EAD v. FIFA & Civard Sprockel", avaiable at https://digitalhub. fifa. com/m/4df8f7d2def85358/original/CAS-2020-A-6831-PFC-CSKA-Sofia-EAD-v-FIFA-Civard-Sprockel. pdf, last visited on 2023-12-30.

观要素主要包括名称、徽标、代表色、球衣、历史、主场、协会权利、球员、社交媒体、荣誉等，而体育继承者识别的关键在于其在公众眼中的形象是否具有一致性，[1]因为新成立的体育俱乐部获取的不正当竞争优势主要来源于球迷的支持，而上述要素显然不具有同等重要性。首先对于主场而言，其与俱乐部并不具备较强关联性，同城俱乐部使用同一个主场并不意味着球迷的支持，以国际米兰和 AC 米兰为例，使用同一个主场的俱乐部亦可能是同城死敌。其次，球员的归属亦难以构成俱乐部的重要识别要素，自博斯曼案以后，职业球员的自由流动成为职业体育运营的特征之一，[2]球员归属不再具有俱乐部识别之功能。最后，针对 CAS 裁决中关于协会权利和参赛类别之争议，不应当将其作为决定性因素，体育继承者并非只有出现在同级联赛才会获取不正当优势，仍要结合其他要素予以综合考量。

针对识别体育继承的客观要素应当按照一定次序予以审查，基于客观要素与俱乐部的关联性分析，应当将其分为重要要素和次要要素，其中与俱乐部的识别密切相关的名称、徽标、竞赛类别、历史和荣誉应当构成重要因素，其他因素属于次要考量要素。判断体育继承的存在与否首先应当对重要要素予以审查，当重要要素层面新俱乐部与原俱乐部高度相似时，应当认定构成体育继承者而无需审查次要要素。反之，若重要要素层面新俱乐部与旧俱乐部具有本质区别时，应当否认其构成体育继承者，因为次要要素同俱乐部的弱相关性决定其只能起辅助参考作用，只有重要因素层面的相似要素和不同要素势均力敌时，方可参考次要要素予以辅助识别。

2. 采用无过错主观归责原则

根据 CAS 2020/A/7423 号裁决，体育继承的目的在于维护竞赛的公平性，避免新俱乐部无成本利用原俱乐部的无形资产以获取不正当竞争优势。[3]基于此种考量，适用体育继承规则时，无需将当事人是否具有逃避债务的主观恶意作为判断体育继承的参考依据。从立法目的出发，新俱乐部沿用原俱乐部的名称、徽标、历史等无形资产时，无论其是否具有主观恶意，都以极低成本获取

---

[1] CAS 2020/A/7290, "ARIS FC v. Oriol Lozano Farrán & FIFA", avaiable at https://jurisprudence.tas-cas.org/Shared%20Documents/7290.pdf, last visited on 2023-12-30.

[2] 董金鑫：《论球员转会协议理论与实践中的法律问题》，载《武汉体育学院学报》2021 年第 1 期。

[3] CAS 2020/A/7423, "PFC CSKA Sofia v. FIFA & Nilson A. Da Veiga Barros", avaiable at https://digitalhub.fifa.com/m/23675706138d65e3/original/CAS-2020-A-7423-PFC-CSKA-Sofia-v-FIFA-Nilson-A-Da-Veiga-Barros.pdf, last visited on 2023-12-30.

了球迷的支持和相关无形资产所带来的利益，因此要求其继承原俱乐部的债务符合公平原则的要求，也有利于维护体育行业公平竞争秩序。

同时，基于仲裁成本的考量，证明当事人的主观欺诈意图无论对当事人的举证还是仲裁庭的审理均具有较大难度，在 CAS 审理的体育继承案件中也无一案件证明当事人存在主观欺诈意图，仲裁庭大多采取回避的方式未提及当事人的主观意图，因而将主观欺诈恶意作为体育继承的判断标准将大大提高当事人的成本投入，且不利于构建统一的裁量基准，因而体育继承规则的适用应当采取无过错主观归责原则，仅以俱乐部的客观要素判断是否构成体育继承者。

（二）完善体育继承外部条件判断方法

按照 CAS 2011/A/2646 号裁决中确定的规则，除俱乐部自身因素构成相似外，在债权人对破产程序知情的前提下，其应当勤勉行使权利，从而满足体育继承之外部条件，否则体育继承者将不再承担相应债务。[1]

1. 构建债权人知情之事实推定规则

作为体育继承外部条件的先决问题，债权人往往以其未收到正式通知为由主张对原债务人的破产程序不知情，从而避免仲裁庭苛责其消极行为。鉴于各个国家的破产法对相关的通知程序规定不一致，CAS 无需根据各国程序判断债权人是否收到正式通知进而判断债权人是否实际知情，应当直接构建债权人知情的事实推定规则，基于一般生活经验，有理由认为债权人会密切关注债务人的财务状况，同时债权人亦有足够的动力主动获取相关信息。因此，破产程序一经启动，应当推定债权人对此知情，除非债权人有相反证据足以推翻。采取此项规则也将产生有利激励，鼓励债权人积极关注债务人行为，主动寻求债权的实现，从而最小化社会成本。

2. 确立用尽救济的债权人勤勉标准

根据 CAS 裁决，各仲裁庭审查债权人之勤勉程度时采取标准各异。基于利益相关者权益与体育继承者权益平衡的考量，应当要求债权人用尽其对原俱乐部债务人的全部救济手段，当涉及破产程序时，应当在破产程序中积极登记其债权，对于国内程序中未予以认可的债权应当积极通过上诉等方式用尽对原俱乐部的所有国内救济手段，以最大限度实现其债权。采取这一标准的目的在于督促债权人积极主张债权，从而推动纠纷在当事人之间有效解决，减少对案外

---

[1] CAS 2011/A/2646, "Club Rangers de Talca v. FIFA", avaiable at https://jurisprudence.tas-cas.org/Shared%20Documents/2646.pdf, last visited on 2023-12-30.

第三人即新俱乐部的不当干涉，亦避免当事人之间的恶意串通损害体育继承者之利益，因而要求债权人用尽债务人国内的所有救济手段有助于缓解体育继承规则对新俱乐部产生的不利影响。

（三）明确体育继承规则法律后果

体育继承规则的法律后果，是指新俱乐部被判定为体育继承者所引起的权利义务关系的变动，因而法律后果的明确直接影响着规则制定目的之实现，应当在公平原则的基础上充分考量体育行业的特殊性质，平衡案涉当事人的相关利益。

1. 允许体育继承者有限继承权利

根据 RSTP 第 25 条之规定，体育继承规则仅明确了新俱乐部对原俱乐部的债务继承责任，尽管权利的移转问题未在 FIFA 相关条例中予以明确，但是通过对民事继承规则的参照以及公平原则的考量，作为债权债务关系外第三人的体育俱乐部因被判定为体育继承者而应当承担原俱乐部债务，那么也应当允许其在法律关系中取代原俱乐部的主体地位，从而得以主张归属于原俱乐部的相关债权，这既是权利义务一致性原则的要求，也是实现体育继承规则下利益平衡的必要举措。

为保障体育继承规则的目的之实现，尽管允许新俱乐部享有主张某些权利的资格，但是此举仅仅为了弥补新俱乐部因承担原俱乐部债务而产生的损失，应当坚持填平原则和有限继承原则，即实现的债权数额不得超过其承担的债务数额，防止新俱乐部利用体育继承规则获取额外利益，从而与制度目的相悖。

2. 债务范围应以全部清偿为原则

根据体育继承规则维护行业公平竞争秩序和保护体育相关人利益之目的，体育继承者的债务范围应当以 FIFA 所裁定的原俱乐部承担的全部债务为准。当涉及原俱乐部的破产程序时，尽管债权人可能已经从破产程序中获得部分清偿，但是鉴于新俱乐部仍在利用原俱乐部之无形资产获取利益，如果不要求其全额清偿，则会产生明显的不正当竞争优势，英国也基于这一考量建立了"足球债权人规则"。[1] 此外，允许体育债权人利用体育继承规则在 FIFA 或 CAS 救济程序中实现全部债权并不违反破产法的债权人平等原则，因为破产程序与体育继承程序二者是平行关系，债权人对体育继承者的诉求不会影响其他普通债权人在破产清算程序中所能获得的金额，因而并不会侵害其他普通债权人的利益，

---

〔1〕 姜熙：《英国职业足球俱乐部破产制度研究》，载《西安体育学院学报》2014 年第 4 期。

因此体育继承者应当清偿债权人在破产程序中已获得清偿部分以外的全部债务。此外，债务范围的确定也应当考虑某些特殊情形，例如，债务人在破产重组或者破产和解中达成协议减免了债权数额，那么基于对债权人自由处分权的尊重和当事人协议的约束力，体育继承者无需再对全部的债务承担清偿责任。

五、结语

从体育继承规则在国际体育仲裁中的适用实践来看，FIFA 相关规定的不明确和 CAS 仲裁实践的前后矛盾导致体育继承者的内部识别标准、外部条件的合理判断以及法律后果的分担等事项始终未形成一致标准，本文在对 CAS 仲裁实践经验总结的基础上结合体育继承规则之立法目的，从优化识别标准、完善判断方法和明确法律后果方面提出体育继承规则的相关完善建议，以期能够推动体育继承规则适用的统一。同时，基于当前我国足球俱乐部退出联赛和解散事件频发，为做好退出与准入的衔接工作，未来我国也应当在参考 CAS 实践和 FIFA 规则的基础之上探索构建体育继承制度，一方面可以充分预告相关俱乐部的准入风险，另一方面也为国内体育债权人提供同样的救济方式，从而解决目前国内外体育债权人的不平等问题。

教育法学

论教育惩戒的概念界定及权属构造

王进威[*]

摘 要 随着全面"依法治教"工作的推进，如何依法实施教育惩戒成为立法者与学界需要思考的问题。尽管已颁布相关法规，但关于教育惩戒的基本概念尚需深入探讨。本文将以现行教育惩戒规定为依据，对教育惩戒的主体、对象、方式等进行阐释。在此基础上，通过分析教育惩戒权性质的多重面向，根据权利与权力性质之间、法律文本与教育活动规律之间的不同特点，为教育惩戒的法治化提供相应的路径建议。

关键词 教育惩戒 教育惩戒权 教师惩戒 学校章程

一、引言

随着《中小学教育惩戒规则（试行）》（以下简称《惩戒规则》）的施行，依法实施教育惩戒工作取得了重要进展。一方面，法律对教育惩戒进行约束和控制，进而解决"乱惩戒"的乱象；另一方面，法律为教育惩戒提供正当性的基础，来缓解因合法性忧虑导致的"不惩戒"问题。但在教育实践中，学校、教师依旧面对法律、学校章程、教师专业自主之间的冲突与矛盾，其对教育惩戒的概念及其性质的认知上的困惑，对于教育惩戒实施的效果具有深远影响。这些问题的根源在于学界与现行规范对基础性概念的理解仍有待进一步提升。而本文基于教育惩戒的教育活动特性，在界定教育惩戒概念的基础上，类型化

---

[*] 王进威，中国政法大学 2023 级教育法硕士。

分析教育惩戒权背后的多重面向，并提出法治化路径从而完善现有规则。

二、教育惩戒概念的前置界定

要解决上述问题，需要对教育惩戒的概念作一个前置性界定，而《惩戒规则》为此提供了规范视角。《惩戒规则》所规定的教育惩戒，是指"学校、教师基于教育目的，对违规违纪学生进行管理、训导或者以规定方式予以矫治，促使学生引以为戒、认识和改正错误的教育行为"。该条款将教育惩戒的性质界定为教育行为。但是，根据语义解释与规范文本现状，"教育行为"的表述因缺少必要的内容明确性、边界清晰性、规范上的价值性与功能性等特征[1]，并不是通常意义上的法律表达，那么这就需要通过对教育惩戒权的性质进行探讨和界定，从而通过立法修正或者在沿用基础上增加具有法律内涵的解释。因此，本文将在《惩戒规则》的基础上进行扩充和修正，来对教育惩戒进行完整界定。

（一）教育惩戒的主体要件

学校和教师是教育惩戒的主体要件。对此，学界的观点可以分为一元论与二元论。前者又可分为：①教师一元论。这种观点主张，应将教师视为教育惩戒的唯一主体，学校对学生实施的负面干预行为应视为纪律处分和学业处理，而非教育惩戒。[2]②学校一元论。这种观点认为，教育惩戒仅包括学校对学生实施的书面处罚。[3]二元论则与《惩戒规则》的立场一致，主张教师与学校均是教育惩戒的主体。笔者认为，一元论都存在各自的缺陷。教师主体说忽视了教育惩戒由学校依照规范和程序作出，不宜由教师作出惩戒措施；而学校主体说则缺失对教师惩戒行为的法律规制，与当下依法规范教师惩戒权的立法基调并不相符。故本文主张二元论。此外，有观点认为，学生在高等教育阶段，既享有学习的自由，同时也有选择不学习的自由。[4]基于此，主张大学教育无教育惩戒权，并认为这是教育惩戒在中小学领域专门立法的原因。[5]笔者并不认同此种观点，理由在于虽然高等教育有其特殊性，但高校教师应当具有维护教

---

〔1〕 曾亚梅：《教师教育惩戒行为"社会公权力说"的提出与证成》，载《大连理工大学学报（社会科学版）》2023年第3期。

〔2〕 张克雷：《教师惩戒权的立法考量》，载《教师教育研究》2016年第5期。

〔3〕 鄢超：《论司法对高校惩戒学生行为的合理审查》，载《行政法学研究》2008年第4期。

〔4〕 李惠宗：《教育行政法》，台湾元照出版社2004版，第120页。

〔5〕 陈斯彬：《论教育惩戒权的二元三重结构》，载《法律科学（西北政法大学学报）》2023年第4期。

学秩序与促进学生发展之义务，而教育惩戒权则是履行该义务的必备手段。

（二）教育惩戒的对象要件

学生违规违纪行为是教育惩戒的对象要件。对于涉及成绩评定与学术评价等问题，不应在教育惩戒适用范围内。尽管有学者认为教育惩戒包括学业惩戒。其理由主要是，学业惩戒与纪律惩戒同样是违反规定而遭到否定性评价从而遭受不利后果。另外，也方便借用教育惩戒的路径，为学业惩戒提供充分的权利救济手段。[1]

但从语义角度来看，《辞海》中"惩戒"的含义是："惩治过错，警戒将来。"惩戒实施的前提是存在过错行为，进行处罚予以警戒，而学业能力不能完全纳入过错的范围，学业惩戒更应用"学业评价"的中性表述。教育惩戒针对的是违反学校的管理和纪律规定，蕴含着违反者的主观过错。而学业评价准确来说是没有达到规定的学业标准，多数不是出于学生的主观过错，而是客观能力之不足。抛开语义的范围，强行将学术评价纳入教育惩戒的范围之内，会使本就存在模糊和歧义的概念增添识别难度。在救济渠道上，首先，学业评价即使不纳入教育惩戒的概念中依然具有救济的可能。自从田永案以来，行政诉讼的大门就已经对学生打开，如果学业评价影响学生学籍管理与学位授予，学生可以通过申诉、诉讼等路径进行救济。其次，二者的区分具有意义。教育惩戒面对的是学生不当行为的认定，侧重于事实判断，司法机关的介入程度更高。而学业评价尤其是学术性事由，则侧重于学术领域的专业性评价，司法机关需要更大程度地遵循"学术"原则的束缚，尽可能保障学校的自主权限。[2]将学业评价（学业惩戒）与教育惩戒分离讨论，按照各自的特点和性质进行研究和建构来避免概念的含混，有助于提升学生权益保障的实效性。

（三）教育惩戒的方式要件

从《惩戒规则》第10条规定来看，教育惩戒、纪律处分、矫治教育是以区分的概念呈现。故有学者主张要警惕教育惩戒概念的泛化，将纪律处分、学业处理与教育惩戒相区分。[3]但亦有观点认为，从体系性与实质性解释出发，教

---

[1] 任海涛：《"教育惩戒"的概念界定》，载《华东师范大学学报（教育科学版）》2019年第4期。

[2] 林华：《人民法院在学位撤销案件中如何进行审查——基于司法审查强度的裁判反思》，载《政治与法律》2020第5期。

[3] 段斌斌、杨晓珉：《警惕教育惩戒概念使用的泛化——兼评〈中小学教育惩戒规则（试行）〉》，载《湖南师范大学教育科学学报》2021年第1期。

育惩戒在广义上包括狭义的教育惩戒、纪律处分、强制措施、教育矫治。[1]

1. 与教育矫治的关系

首先，对于教育矫治而言，笔者主张区分说，因为教育惩戒与教育矫治存在性质上的差异。二者的区别主要表现为行权主体上的差异，无论是立法还是学理上，教育惩戒的实施主体限于学校与教师之间，而教育矫治更多的是由校外的主体承担。教育惩戒具有教育专业性的特色，围绕着学校这一特定场域，而教育矫治则强调对未成年人这一特定身份群体的行为矫正。二者不可一概而论。

2. 与纪律处分的关系

教育惩戒与纪律处分从概念和性质上并无本质区别，均是对于学生违规违纪的惩戒。虽然有观点认为，在《普通高等学校学生管理规定》（以下简称《管理规定》）中已经对"纪律处分"作出规定的情况下，再将其纳入教育惩戒概念之中，既是对有限立法资源的浪费，还可能产生法律规范之间的兼容性问题。[2]但是，笔者认为该观点是仅从字面意义上理解法律文本，而忽视学理上探讨的空间。首先，无论是《管理规定》还是《惩戒规则》，二者均为教育部的部门规章，且出台的时间间隔较大。然而，未将高等教育的教育惩戒纳入《惩戒规则》，是出于满足中小学领域的急切需求。因此，教育惩戒依然存在后续更高层级立法的可能，以工具主义的立法导向将教育惩戒概念外延并进行强行切割，不仅破坏教育惩戒概念的完整性，还阻塞后续高阶立法的空间。而对教育惩戒进行完整的讨论并建构相应的法律规则，恰是对后续立法资源的节约。其次，《惩戒规则》以情节严重与否作为教育惩戒与纪律处分的区分标准，更是佐证了二者并无性质之差异，只有程度之不同。因此，《管理规定》所规定纪律处分作为高等教育阶段最重要的惩戒措施应涵盖在教育惩戒概念之中。

三、教育惩戒权性质的"二难推理"困境

解决教育惩戒法律规制问题需要明确教育惩戒权的性质属于权力还是权利。通过爬梳现行相关法律规定，我们发现立法者更多是以权利来进行表述。如《教育法》[3]第29条第1项规定了学校的处分权利。《教师法》第7条第3项

---

[1] 任海涛：《"教育惩戒"的概念界定》，载《华东师范大学学报（教育科学版）》2019年第4期。

[2] 段斌斌、杨晓珉：《警惕教育惩戒概念使用的泛化——兼评〈中小学教育惩戒规则（试行）〉》，载《湖南师范大学教育科学学报》2021年第1期。

[3] 为表述方便，本文凡涉及我国的法律规范均用简称，如《中华人民共和国教育法》，简称《教育法》。

亦是权利表述，且蕴含着教师惩戒权。权利的行使逻辑是法无禁止即自由，且是可放弃的，而这又与当下类似授权的立法方式相冲突。教育惩戒权在性质上的不明，一直延续到《教师法（修订草案）（征求意见稿）》（以下简称《意见稿》）。《意见稿》第9条沿袭《教师法》的权利表述，将教育惩戒作为教师的一项权利予以明确。但《意见稿》第45第3款又将教育惩戒权定性为职权。这体现出立法者对于教育惩戒权性质的理解还存在模糊和歧义，甚至是在同一法律文本之中。对此，学界进行了大量的研究与讨论。

（一）教育惩戒公权力说及其困境

教育惩戒公权力说最早可以追溯到特别权利关系理论。特别权利关系是指行政主体为达公法之特定目的，基于特别之原因，在一定范围内对相对人有命令、强制、惩戒等权利。例如，行政机关与公务员的关系、学校与学生的关系等。[1]虽然随着现代法治的发展，特别权力关系理论因其历史局限而逐渐受到冲击，但是以公法关系界定学校与学生之间关系的立场，在当下仍具有一定的影响力。余雅风认为教育惩戒权的性质属于公权力。他认为，作为法律对学校和教师职业群体的赋予，教育惩戒权既是他们的权力，也是他们应遵循的职责，这是一种权力与义务的复合体现。[2]任海涛认为教育惩戒是基于学校"教育管理权"而实施的一种行为，"教育管理权"是国家授予学校的一种准行政权力。[3]

公权力说将教育惩戒归结为国家与法律的赋权，这似乎与其表现出的支配面向相契合，但其背后仍存在理论困境。理由如下：第一，公权力说与教育权属的发展历史脉络不符。从发生学上，在家庭尚未出现以前，教育权由社会（氏族）享有，而后逐步演化出家庭、国家教育权，社会教育权是最原初的教育权并独立存在。而教育惩戒权应当与教育权的发展脉络保持逻辑上的一致性。换言之，社会教育惩戒权乃先国家的产物，至今仍然具有一定独立性。然而，公权力说将教育惩戒权认定为行政权，过分依赖国家与法律，没有认识教育惩戒的独立价值。第二，它无法解释教师惩戒权与民办教育惩戒权的正当性问题。

---

〔1〕 湛中乐主编：《教育行政诉讼理论与实务研究》，中国法制出版社 2013 年版，第 22 页。

〔2〕 余雅风、张颖：《论教育惩戒权的法律边界》，载《新疆师范大学学报（哲学社会科版）》2019 年第 6 期。

〔3〕 任海涛：《"教育惩戒"的概念界定》，载《华东师范大学学报（教育科学版）》2019 年第 4 期。

按照公权力说，教师作为教育惩戒权力的行使者，应当具有执法者之身份。[1]可是，执法者并不符合教师作为教育管理者的身份，并且教育惩戒权力对教师是如何赋权的，授权还是委托？都需要进一步地阐述。对于民办学校亦然，如将教育惩戒限于公办学校，将有悖于教育惩戒立法的适用范围。第三，它蕴含的职权法定理念与教育活动规律难以调适。将教育惩戒权的性质认定为行政权力，就必须遵循依法行政原则，即只有存在明确的法定授权，才能由法定的惩戒主体实施惩戒行为，这便是公权力说背后蕴含的职权法定理念。但僵化适用行政法原则可能与教育活动的特质与规律相悖。以比例原则为例，有学者支持教育惩戒应当严格适用比例原则。[2]但这也意味着不同教师在考虑手段必要性的基础上，需要对违规违纪行为实施相同的惩戒。如果只要低强度的惩戒就足以实现教育目标，那么高强度的惩戒就是不合比例的。[3]然而这种类似国家刑罚的统一标准，并不符合教育教学活动的本质。

（二）教育惩戒权利说及其困境

教育惩戒权利说在学界亦有市场。陈新民认为，在探讨学生与学校之间的关系时，必须充分考虑学校的法律性质。在我国，学校被视为"事业单位"，并在此基础上采取民法定位。因此，学校与学生之间的关系应归属于民事关系。[4]日本学者兼子仁认为教育惩戒权属于民事权利，认为学校与学生的关系属于民事关系，私学作为公共教育机关与公立学校本质并无不同。[5]申素平认为教师的教育教学和学生指导等专业自主权在性质上不是行政权力，而是职业权利。[6]正如前文所述，现行教育法律文本中"权利"的表述成为佐证权利说的重要依据，但是权利的可放弃性与"权利自由"原则始终钳制着教育惩戒权利说，前者意味着学校与教师具有放弃进行惩戒的自由，这容易放纵惩戒不作为的发生，而后者则无法规制选择性惩戒、不平等惩戒等现象。换言之，权利的特性难以回应督促与规制教育惩戒权的需求，一定程度偏离了当下立法重心，这是权利说

---

〔1〕 段斌斌、杨晓珉：《警惕教育惩戒概念使用的泛化——兼评〈中小学教育惩戒规则（试行）〉》，载《湖南师范大学教育科学学报》2021年第1期。

〔2〕 任海涛等：《教育法学导论》，法律出版社2022年版，第241页。

〔3〕 刘亦艾：《"依法实施教育惩戒"的法理诠释：职权法定抑或章程自治》，载《教育发展研究》2023年第Z2期。

〔4〕 陈新民：《中国行政法学原理》，中国政法大学出版社2002年版，第71页。

〔5〕 ［日］兼子仁：《教育法》（新版），有斐阁出版社1978年版，第415页。

〔6〕 申素平：《教育惩戒立法研究》，载《中国教育学刊》2020年第3期。

遭遇的第一大困境。[1]此外，惩戒权的行使可能涉及学生的受教育权，受教育权不具有为私主体进行任意协商的空间，尤其表现在学籍管理层面。公民以约定方式对基本权利进行处分是不容现代宪法所容许的。实践中，大多认为开除学籍这一教育惩戒措施属于法律法规授权学校行使的权力，性质上属于国家公权力。这便是权利说面对的第二大困境。对此，亦有教育惩戒权利说的学者，主张将纪律处分不包括在教育惩戒概念范围之内，从而回避涉及受教育权的相关问题。[2]但如前文所述，纪律处分纳入教育惩戒概念范围具有一定合理性。此外，根据《管理规定》，纪律处分包括警告、严重警告、记过、留校察看、开除学籍等五类。笔者认同开除学籍要由法律法规授权。无论是根据关系区分说抑或是重要性理论，开除学籍将导致学生脱离学校的教育关系，对学生受教育权的实现产生了直接影响。因此，该惩戒权应当保留国家公权之手，由法律授权的方式交由学校行使，并以公权力行使的原则与相关法律规则加以限制。但是对于另外四种处分，究竟是国家法律保留范围还是学校自治权限，仍然有进一步探讨的空间，但从司法实践中对于另外四种处分引起的诉讼的消极态度而言，无疑是后者。

当然，在权力与权利之争引发的困惑外，亦有部分学者试图采用折中的方式，来弥合二者的矛盾。有学者认为教师惩戒权是教师依法对学生的惩戒权力。在一定程度上也是教师的权利。[3]可这在笔者看来，模棱两可的回答是缺乏解释力的，无法实质性地解决问题。权利行使有时也会产生事实上的支配力，但这里的支配力或者说"权力"与法律意义上的权力并不一致，折中说的论证中存在混淆事实上的"权力"与法律意义上的权力之嫌。

四、教育惩戒权的多重面向及法治化路径

（一）教师惩戒权的权利面向及法治化路径

1. 教师惩戒权利性质界定

教师惩戒权经历了价值取向的历史演化。中国传统的教师惩戒以师道尊严的崇高性为价值基础，赋予教师惩戒学生的权力，传统的权力观意味着支配和

---

〔1〕 段斌斌、杨晓珉：《警惕教育惩戒概念使用的泛化——兼评〈中小学教育惩戒规则（试行）〉》，载《湖南师范大学教育科学学报》2021 年第 1 期。

〔2〕 刘亦艾：《"依法实施教育惩戒"的法理诠释：职权法定抑或章程自治》，载《教育发展研究》2023 年第 Z2 期。

〔3〕 白雅娟、李峰：《教师惩戒权的流失与救赎》，载《教育探索》2016 年第 4 期。

不平等的存在。而随着民主法治与现代教育的发展，教师惩戒权力遭到一定程度的冲击。在权力法定、制约的思潮之下，将教师惩戒定性为权力成为规制教师惩戒的选择。但是，以对待公权力之苛刻要求来规范教师惩戒权忽视了教育活动的特点。多样化的教学需求和学生禀赋性格的不同，决定了教师惩戒权必须存在一定的自由空间，而不是局限于法律列举的种类。教师的职业性身份以及教育活动开展之特性为教育惩戒权提供了权利基础，而这事实上的权利依然需要法律规范的确认，赋予权利之法定化。我国《教师法》中的"权利"表述，以及《惩戒规则》中的"可以"表述，二者为教师惩戒权利说提供了立法依据。《教师法》第7条规定了教师享有的教学活动权利与指导学习权利，而教育惩戒正是实现教育教学活动正常进行与指导学生学习发展的重要手段，是由教师权利延伸而来的权利。但权利性质的界定也容许存在事实上的权力表象，按照霍尔菲德的权力规范构造分析，"权利可以"区分为"严格意义上的权利""特权""权力"和"豁免"等四种子概念，而教师惩戒时的表现支配特征仅仅是教师惩戒权利的"权力"内容。[1]换言之，学校和教师享有教育的优势地位获得了教育上的权力，但这不等于法律上的权力，老师与学生之间在法律上是平等的民事法律关系。[2]

2. 权利性质界定对教育实践的回应

面对"不敢惩"的问题，权力定性无法解决"惩戒不作为"的问题。教师惩戒的特性决定了其不作为的认定难度高于行政不作为：一是因为行政不作为依赖于申请人的申诉、复议和诉讼，当事人能在维护自身利益的驱动下对行政不作为进行监督和制约。但是，教育惩戒则不同，以未成年人为多数主体的学生，虽然是教育惩戒从长期、远端上的受益者，但被惩戒的即时不利感，使其没有动力去督促教师的不作为。二是外部力量诸如学校和家长也会受到教师专业知识与特定空间的优势，而备受制约。所以，对教师惩戒权利性质的正本清源，恰恰是对教师积极行使教育惩戒的正向激励。以教师职业的荣誉感和良好教学开展的需求取代国家施加的权力，发挥教师作为惩戒的主体作用，更能符合教育活动之特性。同时，法律与学校章程对教师惩戒权利形成了双重制约。如果说《教师法》第8条第4款规定为教师促进学生发展的积极作为提供了倡导性规定，那第3款规定便为教师对学校负责履职的义务提供了法律依据，再

---

〔1〕 钱大军、马光泽：《受教育权：教师惩戒权之后设来源与规范限制》，载《教育发展研究，》2020年第2期。

〔2〕 ［日］兼子仁：《教育法》（新版），有斐阁出版社1978年版，第415页。

加上学校与教师之间的聘用合同关系，教师不能随意地放弃教育惩戒的权利，否则便构成对教师职业义务与对学校忠实勤勉义务的双重违反。

针对"乱惩戒"的现象，法律的边界控制也是不可缺少的，包括以下两方面：①相关立法需要对教师惩戒标准、措施进行正面列举。诸如《惩戒规则》第 7 条规定的教师实施惩戒的条件与第 8 条列举的措施，并为学校校规校纪或者班规、公约作兜底规定条款。以立法列举的方式来对教师惩戒权的行使进行引导是可取的。但正如部分学者所警惕的"过度强调立法细化和法律解释的思维"，在立法跟进的同时，更要充分发掘与鼓励校纪校规作为自治章程的作用，在推动教师行使惩戒权有章可循的同时，为教师选择和创造惩戒形式的自由保留一定的空间。[1]否则，部分个性化的惩戒可能由于没有事先的依据而陷入违法的境地。例如，语文老师要求的抄写惩戒、体育老师要求的跑步惩戒等。相较于制定法律，学校自治章程具有成本低、个性化程度高、针对性强等优势。中国历史上具有制定清晰具体惩戒校规的传统，以清代为例，有关教师惩戒内容涉及许多具体数字，便于操作。如《钦定国子监志》就载有"杖一百""计日倍罚""如该监生逾限 15 天方回，则扣去其监期 30 天"等条款。[2]这种学校章程细化规定从而提升惩戒可操作的思路值得继承。②法律应当施加"不当惩戒的立法禁止"的约束。例如，我国绝对禁止的"体罚"与"变相体罚"以及侵犯学生人格尊严的规定，又如《惩戒规则》第 12 条前 3 款的规定，都是立法禁止的体现。但笔者认为目前立法的列举还远不足够，特别是在体罚问题上。对此，笔者认为可以借鉴日本的经验。一方面，通过立法对体罚的判断标准进行说明与解释，筛选与吸收典型司法案例；另一方面，加强实证调研，广泛征集意见，对现实存在的体罚事例予以列举。[3]③法律应当完善对教师惩戒的救济路径。除严重侵犯人身权益的情形，其他教师惩戒措施由于惩戒的及时性和判断的专业性在民事诉讼途径得到救济难度较大。因此，校内申诉与校外投诉等非诉制度必须得到一定程度地完善与应用。《惩戒规则》对于教师惩戒纠纷仅仅作出"学校应当及时进行处理"的规定，而对校内申诉的处理主体、处理程序、处理方式的规定还远远不足。在诉讼之外，依靠专业性的学校与教育行

〔1〕 刘亦艾：《"依法实施教育惩戒"的法理诠释：职权法定抑或章程自治》，载《教育发展研究》2023 年第 Z2 期。

〔2〕 施克灿、程春玉：《清代教师惩戒权的文化内涵与制度特征》，载《河北师范大学学报（教育科学版）》2023 年第 5 期。

〔3〕 秦惠民、杜颖杰：《如何认识和界定学校教育中的体罚——基于对日本禁止体罚立法的研究》，载《清华大学教育研究》2023 年第 4 期。

政主管部门对教师惩戒纠纷进行处理，对于纠纷的实质性化解尤为重要。

（二）学校惩戒权的双重面向及法治化路径

1. 学校惩戒权的权利面向及相关规则完善

《教育法》所规定的学校"按照章程自主管理"的权利为学校惩戒权提供了法律渊源。但学校法人地位认定的困扰，一定程度上影响着学校惩戒权的性质认定。具备法人资格的学校，在符合《民法典》所规定条件之下成立事业单位法人是不无疑问的。虽然公立中小学在责任承担上依赖当地行政机关的特性成为部分学者否认其私法人地位的理由。[1]但无论公私学校还是中小学或高校，均在内部教育管理活动中依靠学校章程运转，保持一定的独立性，与行政机关存在较大差异，故学校具有社团组织之定性应该是可以被接受的。从功能主义角度出发，回避法人争议，以社团组织代之是具有可行性的。

笔者认可对高校教育惩戒的"类社团罚"定性，而中小学校在教育惩戒层面与高校并无二异。徐健认为，教育惩戒由高校基于章程作出，有关权利义务均由章程设定，而非直接来自法律的授予或推导，高校在外观上呈现出对学生拥有的单向支配性关系。[2]综上，笔者认为学校教育惩戒是学校经社团成员同意或推定同意，而非国家直接授予，作为社团组织在内部开展的活动。但这显然不能解决开除学籍的情形，这便是下文提到的学校惩戒权的权力面向。另一争议便是高校领域的惩戒措施是否局限于《管理规定》所列举的纪律措施。笔者认为无论是《管理规定》还是《惩戒规则》，除开除学籍外，其余惩戒措施种类和标准的制定权依旧是保留在学校之章程自治领域。这点在《惩戒规则》得到体现，其全文共出现"校规校纪"或"违规违纪"文字17处。但是《管理规定》未能有效地区分警告、严重警告、记过、留校察看4项处分与开除学籍之间的差异，并未留下高校章程自治的空间。但随着概念的澄清与修法工作的推进，给予学校按照自身办学特色和管理需要制定惩戒措施和标准的权限确是有必要的。

与教师惩戒权利一样，学校惩戒权利的行使依然要以法为界。虽然社团具备整体意志，可以决定社团处罚的种类和适用条件，但其行使依然存在限度，需要受到法律的节制。首先，必须由立法明确规定不当的惩戒行为。此处与教

---

〔1〕 任海涛等：《教育法学导论》，法律出版社2022年版，第240页。

〔2〕 徐键：《论高校教育惩戒的法律性质》，载《华东师范大学学报（教育科学版）》2020年第3期。

师惩戒相一致，不再赘述。其次，应当结合教育活动特性来适用法治原则。正如凯尔森所言："在国家共同体之下的社团则是构成国家的整个法律秩序的一些部分法律秩序。"[1]而学校作为自治社团应当遵循国家法律秩序中的一些基本价值或原则，包括以下：①正当程序原则。学校惩戒权应该满足"查清事实、告知和听取陈述申辩"的程序三要件。《管理规定》与《惩戒规则》共同规定了上述要件进行程序的法律控制。但与《管理规定》相比，《惩戒规则》在处分的形式规定上有所疏漏。《管理规定》第 53 条规定了处分决定的书面形式要求，并且列举了决定书的内容。这既是告知程序的形式外化，也是后续学生权利救济的重要依据。对于《惩戒规则》第 10 条"停课停学""安排专门的课程或者教育场所"等严重惩戒措施，笔者认为由于二者涉及学生正常学习生活的重大权益，可以增加书面形式要求，并且可以效仿《管理规定》列举一定的内容范本。②比例原则。行政法上的比例原则包括：适当性原则、必要性原则、狭义的比例原则。笔者认为适当性原则与狭义的比例原则应当类推适用于学校教育惩戒，特别是在学校拥有创制惩戒种类与适用条件的前提下。前者要求学校惩戒措施必须能够实现或有助于教育目的，后者要求学校惩戒措施不能给学生带来超过教育目的之价值的损害。二者与《管理规定》《惩戒规则》要求的"育人为本""过罚相当"的价值理念不约而同。但是对于必要性原则，即学校在多种可供选择的手段中，应当选择对学生权益损害最小的手段，受到部分学者的质疑，有观点认为比例原则不利于学校与教师在教育教学活动上展示自身特性。[2]笔者认为，教育惩戒要保持一定的谦抑主义，不应负载过度的警示作用，优先考虑"不惩戒"或"轻惩戒"正是对教育育人本质的回归。对于教师惩戒权，由于其客观上的及时性、当场性，导致教师无法充分权衡多种手段，并且主观上教师个体风格差异巨大，又加之惩戒的条件和措施严重性程度较低，放弃移植必要性原则具有合理性。但学校惩戒权本就只有在行为严重程度较高的时候才会作出，所采取的惩戒措施也更为严厉，并且具有一定的决定过程，拥有充分的时间权衡多种手段，故应受到必要性原则的制约。

2. 学校惩戒权的权力面向及相关规则完善

授权的学校教育惩戒权是指由国家以法律法规授权的方式，交由学校行使的惩戒权力，其性质上属于行政权，必须遵守职权法定的基本原则，这一权力

---

[1] [奥]凯尔森：《法与国家的一般理论》，沈宗灵译，商务印书馆 2013 版，第 160 页。

[2] 刘亦艾：《"依法实施教育惩戒"的法理诠释：职权法定抑或章程自治》，载《教育发展研究》2023 年第 Z2 期。

并不因为公立或私立改变其性质。在此，可以借鉴特别权力关系以及相关的理论，学校自治惩戒权不能侵犯学生基于基础关系获得的身份或者涉及此类关系或者基本权利者，必须有法律的授权。不同于上述的其他惩戒措施，作为最严重的纪律处分，由于开除学籍涉及学生的重大利益及宪法上的受教育权利，应当将实施教育惩戒的标准交由法律。《管理规定》第52条采用封闭式列举明确了开除学籍的适用条件，反映了立法者对开除学籍的限制意图和慎重精神。[1]但是，相较于学位授予与撤销案件，在开除学籍案件中认定学校行使的是否是行政权力仍有一定的障碍。无论是《管理规定》还是《惩戒规则》，其效力层级停留在教育部规章，远远比不上《学位条例》在法律层面的授权，这使得开除学籍的国家授权性质仍不清晰。此外，学校校规滥用开除学籍的现象也并不罕见。另外，《惩戒规则》规定对高中阶段学生可以适用开除学籍的教育惩戒，而适用的条件仅只有"违规违纪情节严重，或者经多次教育惩戒仍不改正"一条，笼统授权色彩明显，不利于对学校惩戒权的约束。

对此，笔者建议如下：第一，对于开除学籍的条件应当由更高位阶的地方进行封闭式的列举，学校不再具有开除学校教育惩戒的自治权，只能根据法律进行实施细则的规定，类似于行政法律与行政裁量基准之间的关系。第二，学校行使开除学籍的惩戒权力时必须遵守行政法的基本原则，如职权法定原则、正当程序原则、比例原则等。第三，完善开除学籍惩戒的多元救济途径。开除学籍直接影响学生受教育权，不同于学校惩戒权利的申诉、投诉两种救济途径，其公权力性质意味着司法应以行政诉讼进行更高程度的介入。

五、结语

"教育惩戒"的概念界定作为基石，必须在既有规则的基础上得到一定的明确和共识。本文认为教育惩戒是学校、教师基于教育目的，对违规违纪学生以符合教育目的、学校章程或法律规定的方式进行惩戒的自治行为。根据主体的区别，教育惩戒权可以分为教师惩戒权与学校惩戒权。教师惩戒权表现为权利面向，其权利来源于教育教学活动之特性以及教师职业身份的法律确认。其法治化方式包括正当行为列举与不当行为禁止。学校惩戒权的主要面向为权利，根植于学校章程自治属性。但对于剥夺学生身份关系的惩戒必须由国家教育权来控制，立法实践中以法律法规授权的方式交由学校来行使。通过区分性的适用法律原则来实现章程自治与法律监督的统一。

---

[1] 任海涛等：《教育法学导论》，法律出版社2022年版，第241页。